【锡山数字（2010）】

〖人口〗41.41万人

〖土地面积〗399.11平方公里

〖地区生产总值〗402.82亿元

〖财政收入〗108.25亿元

〖一般预算收入〗36.08亿元

〖社会消费品零售总额〗116.15亿元

〖协议注册外资〗4.64亿美元

〖到位注册外资〗3.51亿美元

〖进出口总额〗35.60亿美元，其中出口23.97亿美元

〖城镇居民年人均可支配收入〗27846元

〖农民年人均纯收入〗13974元

【锡山文化名胜】

〖国家级乡镇企业博物馆〗中国乡镇企业博物馆

〖国家级台湾农民创业园〗锡山台湾农民创业园

〖国家级非物质文化遗产〗吴歌

〖中国历史文化名镇〗荡口古镇

〖国家农业旅游示范点〗绿羊温泉农场、寨门晨东绿色休闲农庄

〖二十世纪华人音乐经典作品〗《二泉映月》

〖华东地区三大剧种之一〗锡剧

〖江苏省文物保护单位〗倪瓒墓、姚桐斌故居、荡口华氏建筑群、三公祠（含步弓石刻）、植福庵（含戏楼及殿堂）

〖江苏省历史文化名村〗羊尖镇严家桥村

2011

无锡市锡山区人民政府主办

无锡市锡山区档案局　编

方志出版社

图书在版编目（CIP）数据

锡山年鉴. 2011/无锡市锡山区档案局编. —北京：方志出版社，2011.8
ISBN 978—7—5144—0153—0
I.①锡…　II.①无…　III.①无锡市—2011—年鉴　IV.①Z525.33
中国版本图书馆CIP数据核字（2011）第119468号

锡山年鉴（2011）

编　　者：无锡市锡山区档案局
责任编辑：陈菁

出 版 者：方 志 出 版 社
（北京市建国门内大街5号中国社会科学院科研大楼12层）
邮编　100732
网址　http://www.fzph.org
发　　行：方志出版社出版发行部
（010）85195814　85196281
经　　销：新华书店总店北京发行所
法律顾问：北京市大禹律师事务所
印　　刷：无锡市证券印刷有限公司

开　　本：889×1194　　1/16
印　　张：29.75
字　　数：774千
版　　次：2011年8月第1版　2011年8月第1次印刷
印　　数：0001—1100册

ISBN 978—7—5144—0153—0/K・122　　定价：120.00元

编辑说明

《锡山年鉴》指导思想：以马克思列宁主义、毛泽东思想、邓小平理论和“三个代表”重要思想为指导，全面贯彻落实科学发展观，坚持辨证唯物主义和历史唯物主义的立场、观点和方法。

《锡山年鉴》是由中共锡山区委领导、区政府主办，各有关部门共同参与编撰的综合性地方资料工具书。其前身为《锡山区概览》，自2002年起，每年编印一册，2007年更名为《锡山年鉴》。其宗旨是全面、系统、翔实地载录锡山区经济社会的基本面貌和发展情况，为社会各界和海外人士了解和研究锡山提供基本资料。

《锡山年鉴》采用类目、分目和条目三个层次的结构形式，在少数分目中增加子分目的层次。其中条目是本书反映情况的主要形式，其标题统一在前面加方头括号【 】表示。全书前有目录，后有索引，具有比较完善的检索系统。

《锡山年鉴》以出版年号为刊次名称，《锡山年鉴（2011）》主要载录锡山区2010年经济社会发展的基本资料，设有特载、大事记（2010年）、锡山区概况、中共锡山区委员会、锡山区人大常委会、锡山区人民政府、政协锡山区委员会、中共锡山区纪律检查委员会、人民团体·民主党派·工商联、武装·政法、农业·水利、工业、开放·开发、服务业·商贸·旅游、经济管理、财政·税务·金融、城镇建设和管理·环境保护、交通·电力·邮政、信息化建设、教育·科技、文化·体育·卫生、社会生活、各镇（街道）、人物·荣誉栏、经济和社会发展统计资料、文件汇编26个类目。

本卷年鉴的条目由各撰稿单位确定专人撰写，并经单位主要领导审定。撰稿人姓名署于条目之后，若数个条目同一人撰写又连在一起的，则在最后一个条目下署名。

本卷年鉴所用统计数据，因统计来源、口径、方式、方法和时间的不同而有一定的差异，使用时请以锡山区统计局提供的数据为准。

本卷年鉴在编辑过程中得到各撰稿单位和社会各界的大力支持，在此深表谢意。如有疏漏和错误之处，恳请读者批评指正。

《锡山年鉴》编纂委员会

主　任： 陆志坚

副主任： 张映雪　宋永敏

成　员： 陈秋峰　王立新　周忠林　冯锡生　孟静卫
陈新宇　孙军伟　朱洪元　蔡　伟　张　晔
倪　勇　范嘉明　张　瑜　鲍雪峰　郁　枫
曹敏伟　陶　波　徐志军　唐中明　王利江

《锡山年鉴》编辑部

主　编： 宋永敏

副主编： 周红亚　倪　勇　蔡宏楠　钱惠芳

编　辑： 钱惠芳　张　彤　吴　霞
孙剑光　吴　双

绘　画： 鲁金林

篆　刻： 吴规划

编　务： 孙　怡　马　蓉　吴晓平

审稿领导名单

（按姓氏笔画为序）

丁益民	马其兴	方　力	方云生	方宏伟
王　彪	王　耀	王双庆	王立新	（区法院）
王立新	（区政府办）	王利江	王祖庚	王黎华
邓加红	邓重高	冯冬雁	冯锡生	包　鸣
乔金龙	任　栋	华　兴	华　炜	华　星
华炳泉	华荣清	吕　斌	孙军伟	朱洪元
朱晓军	过文洁	严卫中	严健媛	吴建元
吴建伟	宋永敏	宋吉雯	张　杰	张　栋
张荣兴	张晓庆	李佩东	杨自安	沈家琪
邹纬青	陈亚萍	陈旭东	陈建清	陈秋峰
陈荣伟	陈新宇	周　挥	周文栋	周国平
周建伟	周忠林	周皖红	孟静卫	唐　佳
唐中明	唐珏如	席子南	徐　悦	徐　颖
徐卫兵	曹国平	曹敏伟	黄永炎	黄懿斌
童建伟	蒋　群	蒋文伟	鲁晓东	窦　虹
虞伟军	蔡　伟	蔡　昌	魏　良	

《锡山年鉴》部分机构（单位）简称全称对照表

简称	全称	简称	全称
区委	中国共产党锡山区委员会	区供销社	锡山区供销合作总社
区委办	中国共产党锡山区委员会办公室	区人防办	锡山区人民防空办公室
区人大常委会	锡山区人民代表大会常务委员会	区住保房管局	锡山区住房保障和房产管理局
区政府	锡山区人民政府	团区委	中国共产主义青年团锡山区委员会
区政府办	锡山区人民政府办公室	区妇联	锡山区妇女联合会
区政协	中国人民政治协商会议锡山区委员会	区科协	锡山区科学技术协会
区纪委	中国共产党锡山区纪律检查委员会	区残联	锡山区残疾人联合会
区法院	锡山区人民法院	区工商联	锡山区工商业联合会
区检察院	锡山区人民检察院	民革锡山支部	中国国民革命委员会无锡市委锡山区支部委员会
区委统战部	中共锡山区委统一战线工作部	民盟锡山总支	中国民主同盟锡山区总支部委员会
区侨办	锡山区人民政府侨务办公室	民建锡山总支	中国民主建国会锡山区总支部委员会
区委政法委	中共锡山区委政法委员会	民进锡山总支	中国民主促进会锡山区总支部委员会
区委农办	中共锡山区委农村工作办公室	区人武部	锡山区人民武装部
区委台办	中共锡山区委台湾工作办公室	锡山公安分局	无锡市公安局锡山分局
区级机关党工委	中共锡山区委区级机关工作委员会	锡山工商局	无锡市锡山工商行政管理局
区经信局	锡山区经济和信息化局	区国税局	无锡市锡山区国家税务局
区科技局	锡山区科学技术局	锡山地税局	无锡市锡山地方税务局
区人保局	锡山区人力资源和社会保障局	海关锡山办事处	无锡海关驻锡山办事处
区环保局	锡山区环境保护局	锡山质监局	无锡市锡山质量技术监督局
区安监局	锡山区安全生产监督管理局	锡山国土分局	无锡市国土资源局锡山分局
区城管局	锡山区城市管理局	锡山规划分局	无锡市规划局锡山分局
区重点办	锡山区重点工程建设管理办公室	红豆集团	江苏红豆集团有限公司

无锡市锡山区区域示意图

5月3日，商务部部长陈德铭（前排中）一行在江苏大明金属制品有限公司视察　　（东北塘街道　供）

4月29日，农业部部长韩长赋（前排左二）一行考察锡山区高科技农业　　（孙剑光　摄）

10月27日，林业局局长贾治邦（前排右二）一行到红豆集团考察红豆杉产业发展情况

（红豆集团　供）

4月1日，江苏省委常委、副省长黄莉新（右五）在锡山区踏勘并督察走马塘工程建设情况

（《新锡山》　供）

10月12日，原江苏省政协主席、党组书记孙颔（左四），省委组织部副部长盛克勤（左三）一行考察中国乡镇企业博物馆

（《新锡山》　供）

7月3日，江苏省副省长曹卫星（右二）一行在锡山区视察太湖水稻示范园　　（东港镇　供）

8月2日，无锡市市长毛小平（中）在锡山经济开发区科创园调研　　（《新锡山》　供）

9月7日，区委书记朱爱勋（右一）会见以色列驻上海领事馆总领事艾雅克（左一）一行

（《新锡山》 供）

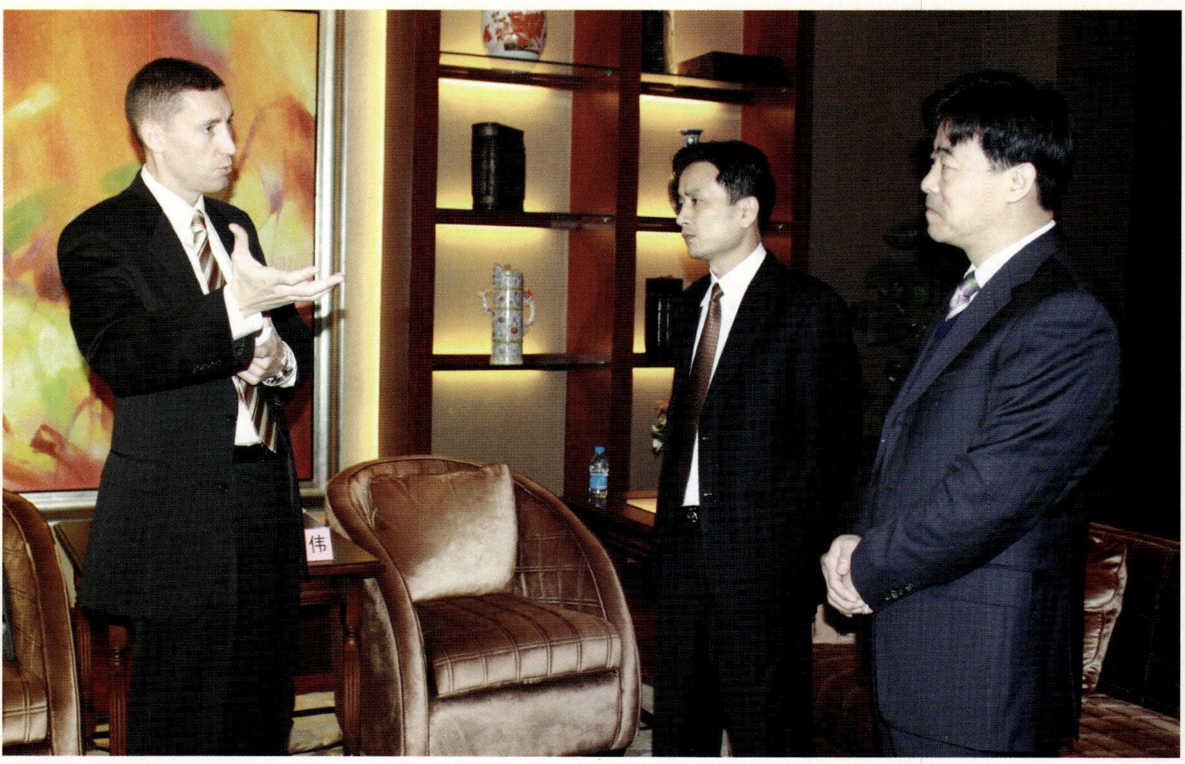

3月24日，区长陆志坚（中）会见美国伊顿公司新任亚太区总裁克特·哈庆斯（左）一行

（《新锡山》 供）

12月16日，柬埔寨首相洪森（前排左二）到红豆集团考察　　（红豆集团　供）

10月18日，芬兰代表团在无锡高铁站商务区管委会考察　（《新锡山》　供）

10月18日，搜狐公司董事局主席兼CEO张朝阳作客天一中学“名人课堂”　（《新锡山》　供）

10月19日，丹麦拜瑟克伦城市联合体文体代表团一行40余人到无锡市东北塘中学（锡山区体校）参观交流　（区教育局　供）

7月16日，哈佛大学合唱团与天一学子同台献艺　　　　（区教育局　供）

9月15日，日本新闻协会访华团考察锡山区新农村建设情况　　　　（《新锡山》　供）

7月30日，靖江市党政代表团考察锡山经济开发区科创园　　（孙剑光　摄）

10月14日，新疆自治区伊犁州霍城县委副书记、县长扎克·左尔东（右一）一行30余人参观考察锡山区　　（《新锡山》　供）

4月1日，区人大常委会主任吴富生（右三）带队考察无锡新区　　　　（区人大办　供）

5月6日，区政协主席周积生（右三）率团赴浙江平湖市参观考察　　　　（区政协办　供）

12月22日，江苏省锡山经济开发区科技创业园被科技部认定为“国家级孵化器”，已落户“530”项目120个，聚集博士200余人，有20人先后入选“江苏省高层次创业创新人才培育计划”

（锡山经济开发区　供）

'2010无锡锡山金秋国际经贸月开幕式暨锡山高端合作项目签约授牌仪式上，无锡市宇寿医疗器械有限公司、无锡兴达泡塑新材料有限公司、江苏聚慧科技有限公司、无锡中科超声技术有限公司等9个省级企业院士工作站集中授牌

（孙剑光　摄）

发展循环经济，实现节能降耗与提升效益的双赢。健鼎（无锡）电子有限公司累计投入节能资金3500余万元，实现年节电3780万千瓦时、年节水200万立方米的目标任务，单位产品用水和用电量远低于同行业水平，几年来健鼎因节能降耗直接增加效益累计突破亿元。

（孙剑光　摄）

锡山把引进高层次人才作为推动全区转型发展的头等大事，赴日韩、印度、欧洲等国家和地区的宣传推介和引才引智活动全面推进，同时在法国、德国等地建立海外引才工作站和海外引才顾问体系。图为成功设立无锡锡山（德国）海外人才工作站　　（《新锡山》　供）

3月17日，布莱德网络技术（无锡）有限公司在江苏省锡山经济开发区V-Park服务外包园“搜客天地”举行开业仪式，标志着美国布莱德网络技术公司在中国的研发中心启动

（《新锡山》 供）

6月13日，无锡——浙大生物农业研究中心揭牌暨生物农业产业园项目签约仪式在无锡现代农业博览园举行

（《新锡山》 供）

6月22日，无锡锡山—北京科技合作发展恳谈会重大创新创业平台项目集中签约，为锡山区转型发展注入强劲动力　　　　　　　　（《新锡山》　供）

7月2日，红豆集团与麻省理工学院签署合作协议，红豆集团成为麻省理工学院产业联络计划在中国合作的第三家企业　　　　　　　　（《新锡山》　供）

12月1日，以江苏大明金属制品有限公司为境内主要控股公司的大明国际控股有限公司（01090.HK）在香港联合交易所挂牌上市　　　　　　　（江苏大明金属制品有限公司　供）

12月22日，江苏物联网研究发展中心农业分中心在锡山区揭牌，开启了物联网技术与高效化农业融合发展的崭新篇章。图为中国科学院副院长施尔畏（右）和无锡市副市长谈学明（左）共同为中心揭牌　　　　　　　　　　　　　　　　　　　　　　　　　　（《新锡山》　供）

12月23日，锡东科技产业园聚智创富中心项目奠基，该项目总投资约4亿元，是集科技研发办公、中试生产、咨询服务及研发人员居住等为一体的特色精品科技社区

（《新锡山》　供）

就业富民工程

全年实现城乡劳动力就业6796人，职业培训12294人，本地农村劳动力充分就业率达93.1%；开发公益性就业岗位545个，推动城镇就业困难人员再就业894人，开展创业培训1141人，重点扶持1083人自主创业，创业带动就业5868人，认定创业实习基地6个，创业孵化基地6个。（《新锡山》 供）

社会保障工程

完善“新农保”制度，农村养老保险综合覆盖率达94%。企业退休人员社会化管理服务网络和管理体制基本建立。全区正科级以上领导和慈善企业家代表与216户深度贫困家庭结对，发放走访慰问金187.7万元；开展深度贫困家庭学生帮扶工作，为全区108名深度贫困家庭学生发放助学金54.73万元；对患有重大疾病或严重慢性病的深度贫困家庭成员开展医疗救助；加快老年服务设施建设，基本完成港下敬老院扩建工程，新建居家养老服务站26家。（《新锡山》 供）

交通通达工程

加大道路建设力度，基本完成资景路、柏庄路改造，建成新韵路、先锋路、润锡路，启动建设锡港南路、廊下路等骨干道路及锦绣路等主次干道。全年新开通公交线路10条，优化公交线路5条，新建公交候车亭30个，完成危桥改造340座。（郅恒发　摄）

安居保障工程

全年安置房施工面积454.71万平方米，其中新开工213.05万平方米，竣工83.92万平方米，累计竣工604万平方米。严格落实廉租房制度，新增廉租房储备31套。加大老新村整治力度，完成柏庄一村B区5.7万平方米整治项目。完成50户农村特困户旧房改造和100户残疾人家庭房屋修缮，总投入达172万元。（厚桥街道　供）

生态治理工程

基本完成锡山湿地公园46万平方米地形整理；全年铺设一、二级污水管网90.7公里，创建排水达标区212个，东港污水处理厂二期扩容工程建成投运。污染源在线监控系统升级改造工程全面完成。全年造林绿化513.73公顷，新增城镇绿地100万平方米，林木覆盖率提高0.84个百分点。基本建立“四集中”（村、社区集中收集，镇、街道集中清运，区集中转运，市集中处理）的生活垃圾收运模式，东亭主城区垃圾机械化收集覆盖率达100%；云林、安镇、东北塘街道及羊尖镇相继购置机械化收集的相关设施设备，主城区生活垃圾无害化处理率继续保持100%。

（孙剑光　摄）

教育优化工程

启动建设锡东高级中学、天一实验学校。加快推进全区校舍安全改造加固工程，对全区各类学校校舍开展排查鉴定，对存在安全隐患的11.8万平方米校舍全部列入改造加固计划，已开工建设3.65万平方米，完工2.33万平方米。图为在建的锡东高级中学效果图　（《新锡山》　供）

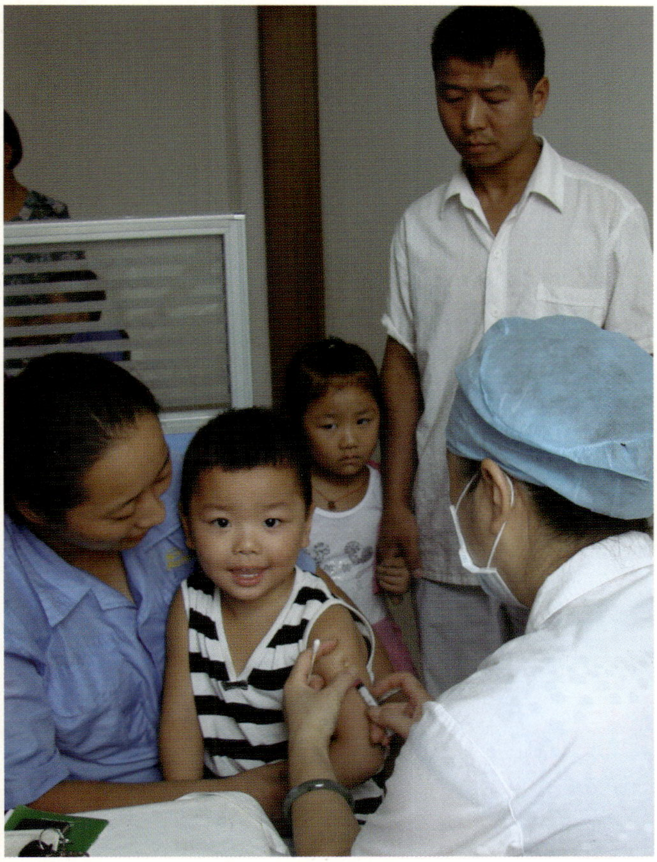

医疗惠民工程

优化调整社区医疗卫生服务机构布局，筹备建设新锡山人民医院；巩固完善医疗保障，全年农民“新农合”参合总数18.43万人，实施医疗结报补偿和医疗救助57.6万人次，金额7418万元。深化医疗体制改革，认真落实基本药物制度，社区卫生服务中心门急诊均次费用同比下降40.15%、住院均次费用同比下降24.28%。深入实施老年居民幸福工程和医疗惠民工程，全年减免费用894.78万元。加强重性精神疾病患者登记管理康复指导，积极创建白内障无障碍区，投入资金89.15万元，实施白内障免费复明手术834例。（《新锡山》 供）

文体建设工程

中国乡镇企业博物馆建成开馆并免费向社会开放。新建锡山天一体育馆，两栋单体体育馆及游泳馆的主体工程基本完成，进入装修阶段。加快推进荡口古镇保护性修复工程，实施华蘅芳故居修缮工程，须家米行修复工程完成招投标。全年组织开展“幸福锡山”优秀文艺节目巡回演出9场、“走进新锡山”广场文艺活动61场次，观众超15万人次。

（《新锡山》 供）

区委书记朱爱勋（右三）等有关领导春节前慰问深度贫困人员　　（孙剑光　摄）

6月30日，区长陆志坚（右五）率队视察全区防汛工作　　（《新锡山》　供）

1月29日，副区长张映雪（左）代表区红十字会为全区173名白血病、尿毒症患者送去爱心慰问款和新春祝福　　（《新锡山》　供）

3月4日，锡山区举行“家和万事兴”家庭美德系列创建活动的启动仪式（《新锡山》　供）

2月26日，“春风行动”专场招聘会举办，130余家用人单位提供就业岗位近万个，500余人与用人单位达成初步就业意向。（《新锡山》　供）

老年健身气功展示（孙剑光　摄）

锡山区计生协会带领计生困难家庭积极开展“一富带多富”活动。图为东港镇黄土塘村西瓜种植大户蒋建康为计生家庭传授西瓜种植经验

（《新锡山》 供）

踊跃响应无偿献血活动 （孙剑光 摄）

锡山健儿包揽十七届省运会棒球冠军

（区教育局 供）

《吴风颂》大型文艺演出展示了吴地文化的悠久历史　　　　　　　　（区教育局　供）

无锡市东北塘实验小学学生韦奕（左一）再次荣获2010年国际象棋世界青少年锦标赛男子12岁组冠军　　　　　　　　（区教育局　供）

东亭街道赛维拉小区居民兴致勃勃地观看自编自演的电影《新沙家浜》 （东亭街道　供）

馨和园广场成为人们晨练的好去处 （区委宣传部　供）

锡山区社区广场鼓、舞大赛 （《新锡山》　供）

2010年7月28日，中国乡镇企业博物馆正式对外开馆，该博物馆位于锡山区春雷造船厂（我国最早的乡镇企业之一）旧址，项目总占地面积为4.5公顷，建筑面积为1万平方米。主要由博物馆室内展示场馆、春雷造船厂旧址两部分组成，主展馆面积4570平方米。展馆内分为序厅、成就馆、历程馆、区域馆和无锡馆五部分。通过伟大成就、风雨兼程、星火燎原、勇立潮头四个章节，一部波澜壮阔的乡镇企业发展史诗跃然于眼前。

展馆一角 （《新锡山》 供）

乡镇企业发展群英榜 （《新锡山》 供

各级领导参观中国乡镇企业博物馆　　（《新锡山》　供）

全年建成锡山大道、新韵路、东安路等道路15条52公里，锡东新城路网框架体系基本成形。图为新韵路一角（郅恒发　摄）

全年造林绿化513.73公顷，新增城镇绿地100万平方米，林木覆盖率提高0.84个百分点，创建为省村庄绿化整体推进区（孙剑光　摄）

无锡市运东大包围配套工程——双泾河拓浚工程开工典礼现场　　　　　　　　（区水利局　供）

完成锡北运河等5条区级河道综合整治，水环境质量持续改善　　　　　　（《新锡山》　供）

9月28日至10月7日，无锡现代农业博览园举行“缤纷农博嘉年华”活动。通过“政府搭台、企业唱戏、市场运作”的方式，集中开放园内新建农业休闲旅游、交易物流、现代园艺等项目　　（区委宣传部　供）

12月28日，连接团结路和锡沪路的北中路竣工通车，沿途经过云林街道、安镇街道、锡北镇、东港镇以及羊尖镇，全长17公里。北中路的建成对分流现有锡沪路交通流量，完善锡东路网结构，增强无锡主城区与高铁站商务区、锡东新城的联系具有重要意义　　（孙剑光　摄）

北兴塘水利枢纽工程，是无锡市城市防洪控制工程的重要组成部分，具有防洪、排涝、航运和改善城市水环境等综合功能　　（《新锡山》　供）

总 目

目 录

特 载
Special Edition

大事记（2010年）
Chronide of Events (2010)

锡山区概况
Survey of Xishan District

中共锡山区委员会
CPC Xishan District Committee

锡山区人大常委会
The Standing Committee of Xishan District National People's Congress

锡山区人民政府
Xishan District People's Government

政协锡山区委员会
National Committee of the Chinese People's Political Consultative Conference of Xishan District

中共锡山区纪律检查委员会
Xishan District Discipline Inspection Committee of the CPC

人民团体·民主党派·工商联
People's Organizations , Democratic Party , Industry , Commerce Union

武装·政法
Armed Force , Politics & Law

服务业·商贸·旅游
Service Industry , Commercial Trade,Tourism

经济管理
Economic Management

发展改革管理
Development and Reform Management

统计管理
Statistics Management

物价管理
Pricing Control

土地资源管理
Land Resources Management

审计管理
Auditing Management

安全生产监管
Safety Production Supervision

工商行政管理
Industrial and Commercial Administration

财政・税务・金融
Finance , Taxation , Banking

城镇建设和管理·环境保护
Urban Construction and Management , Environmental Protection

交通・电力・邮政
Transportation , Power Supply , Post Service

交通运输
Transportation

电力
Power Supply

邮政
Post Service

信息化建设
IT Construction

政务信息化
Informationization of Government Affairs

软件和信息服务产业
Software and Information Outsourcing

电信
Telecommunication

教育・科技
Education , Scientific Technology

教育
Education

综述
Briefs

基础教育
Basic Education

文化·体育·卫生
Culture , Sports , Health

安镇街道
Anzhen Street

羊尖镇
Yangjian Town

鹅湖镇
E-Hu Town

东北塘街道
Dongbeitang Street

锡北镇
Xibei Town

东港镇
Donggang Town

云林街道
Yunlin Street

厚桥街道
Houqiao Street

人物・荣誉栏
Figures , Honor List

先进人物
Advanced Figures

荣誉栏
Honor List

经济和社会发展统计资料
Statistics of Economic and Social Development

综合
Integration

文件汇编
Document Collection

索引
Index

图片专辑
Picture Edition

特载

奋战五年　实现赶超

——在区委二届八次全会结束时的讲话

区委书记　朱爱勋

（2010年12月20日）

同志们：

这次区委全会是在两个五年规划承前启后、赶超发展进程继往开来的重要时刻召开的一次重要会议。上午，由我代表区委常委会向全会报告了今年以来的工作情况，陆区长就明年的工作安排作了总体部署，蒋区长对《锡山区国民经济和社会发展“十二五”规划纲要（讨论稿）》编制情况作了说明。在分组讨论中，大家围绕会议内容，以奋发有为的精神和求真务实的态度，结合各自工作实际，畅所欲言，各抒己见，群策群力，集思广益，对常委会的工作给予了充分肯定，对明年和“十二五”时期锡山加快转型提升、赶超发展提出了许多中肯的意见和建议，应该说，通过这次会议大家进一步统一了思想，认清了形势，明确了目标，鼓舞了斗志。刚才，大会审议通过了决议。下面，我根据区委常委会讨论的情况，再强调四点意见。

一、“十一五”发展取得巨大成就

“十一五”以来，全区各级党组织团结带领广大干部群众，认真贯彻中央和省委、市委的一系列决策部署，坚持以解放思想为先导，以转型提升为动力，以赶超发展为目标，坚持“三高”原则，奋力攻坚克难，全面推动产业转型、城乡一体、生态建设、民生改善等各项工作，基本完成了“十一五”各项目标任务，夯实了“十二五”赶超发展基础，锡山经济、政治、社会、文化以及生态文明和党的建设各个方面取得了令人瞩目的成就。

1．立足转型提升，经济实力跃上新台阶。到“十一五”期末，预计地区生产总值在“十五”基础上实现翻番，人均（按常住人口计算）突破1万美元，工业总产值突破1000亿元，财政总收入和一般预算收入以年均超过20%的速度实现递增。新型工业化发展提速，高起点规划、高标准推进了机械装备、金属材料、轨道交通等12个专业园区建设，全区高新技术产业增加值占规模以上工业增加值的比重达45%，工业总产值、增加值和利税分别是“十五”期末的1.65倍、1.83倍和1.94倍。现代服务业量质齐升，区内5家公司成功入围市服务外包“123”计划企业，全区服务外包接包合同金额累计达7.3亿美元，位居全市前列。农业园区化成效明显，以江苏省现代农业产业园、国家级台湾农民创业园和“一村一园”为核心的现代农业园区区镇村三级联动建设发展模式和路径日趋清晰，全区各类农业园区累计投入资金超11.5亿元，建设总面积3666.6公顷，培育企业115家，催生了10家市级以上农业龙头企业和30家农民专业合作组织。创新驱动力显著增强，累计注册“530”落户项目突破120个，科创园、聚智广场、索立得科技社区等重点载体建设步伐加快，累计建成各类载体超70万平方米，全社会R&D支出占GDP比重达2.5%，连续四次蝉联“全国科技进步先进区”荣誉称号。

2．着眼城乡一体，城市格局呈现新面貌。以科学规划为龙头，以统筹发展为目标，坚定不移地走以城带乡、城乡一体的发展道路。城市发展框架全面拓展，锡东新城以实施“市政支撑、环境先行、公建引领、居住启动、产业蓄力”五大行动计划为抓手，启动两年来累计投入资金70亿元，新城框架全面拉开、迅速成形。“两东”主城区积极实施“西联东进”战略，大力推进形态开发和功能建设，丰汇广场、晶石国际等城市综合体和高端商务楼建成完工，城市发展层次和品位不断提升。基础设施功能更为完善，大力推动以道路交通为重点的基础设施建设，锡沙线、锡沪路、锡太路等主干道路完成新建拓建，北中路、润锡路等骨架道路即将建成通车。城乡发展格局更为优化，以推动赶超发展、提升服务效能为核心，加大了镇村合并和撤镇（村）建街（社区）力度，安镇、东北塘、云林、厚桥新设街道，撤并行政村26个，新增居委7个，鹅湖、东港、羊尖、锡北4个新市镇初具规模，城市现代化水平取得新的突破，城乡一体化梯次发展格局初步形成。

3．实施环保优先，生态建设取得新突破。以实施环保优先“666”行动和开展水生态综合整治六大工程为重点，大力推进环境建设和生态修复工程。节能减排效果明显，落后产能加快淘汰，全区累计关停和整治“五小”及“三高两低”生产企业344家；万元GDP能耗、COD、SO_2累计削减量均超额完成预定目标。环境整治深入实施，新建污水处理厂4座，所有污水厂完成一级A提标改造，新增污水集中处理能力是2005年的6.6倍，污水管网基本实现城乡全覆盖。生态修复成效显著，“绿色锡山”深入推进，全面构建了以生态防护林带、绿化隔离林带、生态景观林带为线和斗山、翠屏山、嵩山、北兴塘、宛山荡、鹅湖“三山三水”为面的生态绿地系统，全区林木覆盖率达到19.75%，比2005年提高了5.5个百分点，成功跻身国家生态区行列。

4．坚持以人为本，民生保障取得新提升。坚持把以人为本理念贯穿推动经济社会发展的全过程，加快推进“幸福锡山”建设。社会综合保障能力有效提升，城镇养老保险覆盖率、农村养老保障综合覆盖率分别达到99%和94%；就业创业体系更加健全，城乡一体的就业政策体系、培训体系和管理服务体系建设全面加强，农村劳动力充分就业率达到93.1%。社会事业均衡发展，怀仁中学、东亭实验小学、东湖塘中心幼儿园等一批新校区全面落成，学生在实验（示范）学校等优质校园就读比例持续提高；社区卫生服务机构、体系健全率均达100%，成功创建为江苏省社区卫生服务先进区；人口管理服务水平有效提升，低生育水平持续稳定，出生人口素质不断提高，高标准通过省人口发展“十一五”规划终期评估。文体事业繁荣发展，中国乡镇企业博物馆建成开馆，荡口古镇开发建设高效推进，“百村康乐”工程深入实施，区、镇（街道）、村（社区）、文化开放户四级公共文化服务网络不断完善，市区衔接、城乡一体的民生保障网络基本建立。

五年取得的成绩来之不易，积累的经验弥足珍贵，创造的精神财富影响深远。我们要认真总结归纳好、发展运用好、继承创新好，以更好地指导今后的发展实践。主要有：注重创新创业，努力提升科技竞争力；注重深化改革，努力提升体制竞争力；注重结构调整，努力提升产业竞争力；注重城乡统筹，努力提升城市竞争力；注重集约节约，努力提升环境竞争力。

二、加快步入赶超发展新阶段

建区以来，在历任领导班子的不懈努力和全区上下的共同奋斗下，全区经济社会发展取得了显著成绩。但是，由于历史上农业区域的定位和乡镇工业的发展惯性影响，我区经济社会发展水平渐渐滞后于全市的平均水平。虽然经过过去几年的努力，我们将赶超发展作为主题，在基础设施、产业构建、城市建设、民生保障等方面全面加大了投入力度，迅速提高了经济社会发展的平台，为实现赶超打下了较为扎实的基础。但客观地说，和周边地区强劲的发展态势相比，我们的赶超进程显得动力不足，赶超线路也仍然不是十分清晰，需要我们进一步理清思路、加大力度、全方位步入赶超发展的新阶段。

研究赶超发展的路径，寻找赶超发展的引擎，需要认真研究国际国内客观经济环境。总体来说，我们仍处于可以大有作为的重要战略机遇期，发展面临难得机遇。虽然今后几年我们将面对美欧经济复苏乏力、贸易保护主义持续抬头的国际形势和通货膨胀压力持续加大、宏观调控复杂多变的国内形势以及社会矛盾多发、环境资源制约加重等不利因素的挑战，但经济全球化深入发展，中国经济地位持续提升，新技术革命风起云涌，城市化进程方兴未艾，一系列有利于发展的重大利好，依然持续推动着经济社会的快速发展，也必将给我区的赶超发展持续添加强劲的动力。

研究赶超发展的路径，寻找赶超发展的引擎，更需要认真研究我们的对手，认真研究我们对手的优势弱势差异。虽然我们面对着经济总量较小、产业基础较弱、人才支撑不足等不利条件，但我们也同样拥有工商文化底蕴深厚、区位条件优越、纵深腹地广阔等优势条件，只要我们应对得当、扬长避短，我们就完全能够实现赶超发展的目标。

研究赶超发展的路径，寻找赶超发展的引擎，尤其需要研究我们走过的历史和面临的现实机遇。上个世纪八十年代，以无锡县为代表的苏南地区，抓住工业化起步的历史机遇，率先解放思想，大规模兴办乡镇企业，走出了一条农村工业化的先行之路，创下了领先发展的辉煌；上个世纪九十年代，以顺德为代表的华南地区，抓住市场经济起步的历史机遇，率先解放思想，大规模推动产权制度改革和民营经济发展，赢得了后来居上的荣耀；本世纪初，以昆山为代表的先进地区，抓住国际产业大规模转移的历史机遇，率先大力发展外向型经济，推动经济国际化进程，取得了举世瞩目的成就。今天，我们再次走到了历史转折点，新技术革命的蓬勃开展，正推动着区域经济实现产业重构；长三角区域一体化的加速，正悄然改革着城市格局。在这样一个激荡人心的转型时代，我们再一次面对着千载难逢的历史机遇，能否把握这样的机遇，使锡山顺利搭上轨道时代的高铁快车，将从根本上决定能否实现赶超的目标。

赶超发展，犹如田径赛跑，奋发进取的精神状态能够激发自身全部的潜力；而弯道技巧，将更多地决定赶超进程。今天的转型时代，正是这样的一种弯道，我们必须顺势而为，抢抓机遇，因势利导，弯道超越。我们要紧紧跟上新技术革命的步伐，充分发挥我们的后发优势，高点定位、高端合作，进一步重构我们的产业体系；我们要充分利用京沪高铁带给我们的优势，高起点规划、高标准建设锡东新城，在区域城市重构的进程中，再造我们的城市地位。

“天与弗取，反受其咎；时至不行，反受其殃”。面对“十二五”时期千载难逢的历史机遇，全区上下当百倍珍惜，奋发进取，以时不我待的紧迫意识，牢牢扭住“科技、人才、园区、载体、拆迁、生态、基础设施、城市功能”等核心重点，加快推进全区经济社会的赶超发展，为率先基本建成现代化奠定扎实基础。

三、全面实现赶超发展战略目标

“十二五”时期，是锡山创新发展的攻坚期、城乡建设的关键期、普惠民生的提升期。赶超发展是今后五年锡山发展的总目标。全区“十二五”发展，必须坚持以邓小平理论和“三个代表”重要思想为指导，深入贯彻实践科学发展观，坚持“高点定位、高端合作、高品质环境打造”联动，实施创新驱动战略，全面提升经济发展水平；实施城市化和城乡一体战略，全面提升区域功能地位；实施“普惠民生”战略，全面提升百姓生活福利水平，建设一个矗立无锡东部的现代化新城区。

1．全面实施创新驱动战略，提升区域经济核心竞争能力。锡山的赶超发展，产业是基础。要紧紧抓住创新技术革命带来产业重构这一重大机遇，以创新为内核，着力培育壮大战略性新兴产业，着力提升优化传统制造产业，以后发优势来构造我们的产业竞争能力。一是加快战略性新兴产业培植与园区再造。加快实施园区再造工程，加快打造与新兴产业捆绑、与专业方向匹配的产业园区。坚持方向，根据《战略性新兴产业培育发展六年行动计划》和产业园区总体规划布局，进一步明确园区的产业定位与专业特色，加快拉开框架、实施整体开发，推动新兴产业向集群化、高端化方向发展；打造内核，引导园区核心企业与相关科研院所对接交流、深层合作，借助高校、科研院所的科技和人才优势全面构建校企联盟，努力帮助企业研发尖端技术、引育优质项目、开拓创新领域，打造园区发展和企业转型的深层内核和内生动力，使产业园区真正能够支撑一方经济发展；推动集聚，突出集群化布局、专业化招商、职能化服务，大力推广沿链引进、集群承接等有效模式，围绕核心产业在引进战略投资、核心企业、配套产业等前道和后道环节方面实现新突破，推动园区真正实现产业集聚；完善环境，加快推进资源整合、功能创新，全面拉开园区框架、合理配置功能设施，打造优质硬环境。加快构建强大的金融服务能力和创新孵化能力，优化园区软硬环境。二是加快传统产业提升与企业再造。引导企业实施科技进步与创新发展战略，全面增强企业核心竞争力和持续拓展力。扭住重点，以“双百新增长工程”、“双百技术改造工程”为抓手，鼓励规模骨干企业加强技术改造、培育核心技术、建立自主品牌，通过规模骨干企业再造全面带动传统产业提升发展；把握关键，重点引导规模骨干企业加快科技创新创业，建立自主知识产权，形成企业自身发展内核。继续引导企业在市场营销、商业模式方面实现新的突破，推动企业向价值链高端攀升；明晰方向，以产权多元化为抓手，加快推动规模骨干企业转型提升，让规模企业成为公众公司以后不停地走向高端；合力推动，对重点企业重点行业在资源配置、政策扶持的过程中予以适度倾斜，通过政府和企业的共同合作，推动规模骨干企业全面再造。三是加快淘汰落后产能与生态环境再造。坚持铁腕执法、拆迁转移、资源腾让、生态修复，在淘汰落后产能中再造生态环境。在环境修复、生态治理以及企业监管上，继续实行最严格的环境保护制度，始终将重点排污区域、排污单位置于可控状态、高压状态。加快实施拆迁转移和资源腾让，加快淘汰落后工艺和设备，加快腾出发展资源和空间，加快实现经济与社会、城市与生态和谐统一。

2．全面实施城市化和城乡一体战略，提升区域城市集聚辐射能力。锡山的赶超发展，城市是关键。要紧紧抓住长三角区域一体化带来城市重构这一历史机遇，以新城为引领，着力加快城市现代化步伐，着力提升服务业发展水平，以新城建设推动“双核双星”发展。一是以“双核双星”为目标，全面加快城市化和城市现代化步伐。以锡东新城核心区建设和“两东”地区现代化改造为“双核”，以东港和鹅湖为“双星”，一次拉开建设框架，整体打造城市形象，加快形成“双核双星”协调发展新格局。新城成城，按照“一年成名、三年成形、十年成城”的战略步骤，以拓展城市框架、丰富城市功能、塑造城市个性为主要内容，全面加大骨干路网、公共设施、商务楼宇建设力度，加快启动10幢以上的商务楼和市民中心、文化中心、体育中心、医疗中心、科创中心等公共服务设施建设，全力打造功能齐全、服务便捷的现代化商务新城；旧城再造，“十二五”期间，东亭、东北塘必须彻底完成城市化改造。东亭地区要加快拆迁安置进程，为五年完成旧城改造拆出空间。东北塘地区要加快通江物流园区城市化改造和锡沙路以南的城市化改造，彻底实现旧城再造；卫星成形，紧紧抓住国家级小城镇建设试点的有利机遇，把东港、鹅湖等卫星城作为核心城区的拓展地和支撑区。用五年时间，实现两大卫星城框架基本成形。东港要用五年时间，形成整个卫星城的内核。鹅湖要通过荡口古镇的建设，划定一个内核区域，用五年的时间把它建成，拉出自己组团中的卫星城内核；功能一体，在城市规划中，统筹考虑各项事业发展的均衡性问题，加快推动城乡规划、产业布局、基础设施和公共服务一体发展。二是以集约均衡为目标，全面加快城市经济与社会事业发展步伐。根据城市发展谋划经济转型，立足城乡一体发展社会事业，加快提升区域城市化、城乡一体化、城市现代化水平。以文化创意和高端服务为重点，大力发展城市经济。按照“文化内涵深，科技水平高，创意思维新”的标准，不断发展文化创意产业，努力做大创意设计产业，把丰富的文化资源优势转化为现实的文化生产力。依托城市框架的拉开和配套环境的成形，大力发展金融、律师、基金等高端服务业，加快打造城市发展的功能内核。以完善功能和集约均衡为目标，大力发展社会事业。以公共服务和基础设施一体化、网络化发展为目标，加快建设一批枢纽型、功能性重大基础设施项目，完善道路交通网络、公共服务体系和文体基础设施，建立健全城乡一体、持续发展的社会事业建设体系。三是以“城乡一体”为目标，全面优化新农村布局。坚持把统筹城乡发展作为推动转型升级的重要动力，以创建全国农村改革试验区为契机，加快推动城乡基础设施、公共服务和社会保障一体化。服务农业，加快编制《锡山区现代农业发展规划》，全面优化农业结构和生产布局，促进城乡总体规划、土地利用规划、产业发展规划、村庄布局规划有序衔接和高度融合；有序转移，积极加快新型卫星城建设，根据与新城区、主城区承担的不同发展功能，按照高起点规划、差别化发展的思路，大力推进“三集中”和“双置换”工作，有步骤、有目的地鼓励人口、产业、资源在城际、镇级进行聚集优化；优化环境，继续把优化美化农村人居环境作为根本目标，加强村庄环境连片综合整治，完善农村生活垃圾收运体系，逐步提高城乡生活垃圾集中无害化处置水平。正确处理好集中整治与长效管理的关系，发挥村民主体作用，强化村民自治意识，形成共建、共管、共享的工作格局；均衡服务，扩大卫星城覆盖的广度和深度，提升新农村建设的力度和速度，重点优化布局、统筹发展城乡教育、文体、卫生等公共事业，全面提升全区居民公共服务水平。

3．全面实施“普惠民生”战略，提升区域民生福利保障能力。紧紧抓住无锡市实施“普惠民生”战略的有利机遇，着力完善城乡一体的就业保障体系，着力提高城乡一体的社会福利水平，以较高的福利保障能力来阐释基本现代化的内涵。一是着力完善构建城乡一体的就业和社会保障体系。围绕“劳动者报酬和居民收入倍增”目标，以建设“充分就业区”和“创业型城区”为载体，继续实施积极的就业政策，更大范围、更大力度地扶持自主创业，逐步实现城乡就业、创业在政策优惠、资金保障、管理服务方面的均衡化，不断提高居民收入水平。以“覆盖城乡、统一均衡”为目标，以推进社会保险扩面为重点，全面实施城乡一体的养老保险制度和医疗保险制度，促进社会保障体系由基本保障型向福利普惠型转变，建成全覆盖的“幸福网络”体系。二是着力完善与构建城乡一体的福利与救助体系。深入开展深度贫困家庭救助、孤儿福利保障援助、残疾人家庭“四进”服务等活动，完善城乡低保制度，提高福利供给水平，推进慈善事业发展，基本形成以最低生活保障和“五保”供养制度为基础，全社会动员的养老、助残、救孤、济困为重点的福利救助体系。三是着力完善和构建城乡一体的生态和环境体系。继续推进水生态综合整治六大工程建设，加大河道综合整治力度，建立健全长效管理机制，2011年大的项目要基本完成。大力实施大气污染防治（蓝天工程）计划，形成具体的工作载体、工作抓手，持之以恒地抓三到五年，使生态环境从根本上得到改善。

四、切实加强党的建设，为赶超发展提供坚实保障

继续加强各级党组织的执政能力和先进性建设，为转型升级凝聚强大动力，为赶超发展提供坚强保障。

1．不断强化思想建设，为赶超发展提供坚强的政治保障。各级党组织和广大党员干部要切实加强思想建设，坚定走有中国特色的社会主义道路的理想和信念。要着力强化创新驱动的转型思想、勇于担责的赶超思想、以人为本的民生思想，努力以思想理念的创新转变，推动经济社会的赶超步伐。

2．不断强化队伍建设，为赶超发展提供有效的组织保障。要努力加强党员干部队伍的知识建设、能力建设和梯队建设，为赶超发展提供坚实人才和队伍支撑。

3．不断强化作风建设，为赶超发展提供良好的环境保障。要发扬咬定目标、攻坚克难的作风；发扬服务基层、服务发展的务实作风；发扬一心为公、奉献敬业的廉政作风。切实将作风建设作为赶超发展的重要保障。

同志们，赶超目标催人奋进，转型任务光荣艰巨。机遇在考验着我们的智慧，挑战在检验着我们的能力，使命在呼唤着我们的行动。让我们在科学发展观的指导下，始终秉承“三高”原则，深入实践“三大战略”，以更加昂扬的斗志、更加饱满的精神、更加务实的作风、更加创新的工作，奋力开创锡山“十二五”赶超发展的新局面！

相关链接

R&D：研究与试验开发

环保优先“666”行动：通过建立生态环境监测预警、环境资源优化配置、生态灾害应急处理、环境保护全民参与、环境保护协调联动、环境保护考核监督六大机制；建设污水处理设施、走马塘拓浚、河道清淤、调水引流、村庄整治、生态创建六大工程；落实节能减排、铁腕治污、污水截流、污染集中处理、农业面源污染防治、发展循环经济六大措施，全面落实环保优先方针。

“五小”及“三高两低”生产企业：小钢铁企业、小电镀企业、小水泥企业、小印染企业、小化工企业；高消耗、高污染、高危险、低产出、低效益企业。

COD：化学需氧量。

SO_2：二氧化硫。

“三高”：高点定位、高端合作、高品质环境打造。

“双百新增长工程”：扶持壮大一批具有较强科技创新能力和核心竞争力的现有优势企业，建成投产一批对产业提升具有较强支撑作用的优质项目，实现100个总产出超100亿元的工业经济新增长点。

“双百技术改造工程”：重点支持现有骨干企业推进实施100个左右总投资100亿元技术改造项目。

“三集中”：农业向适度规模经营和现代农业都市规划区集中，工业向园区集中，农民居住向城镇和农村新型社区集中。

“双置换”：农村宅基地换城市产权房、土地承包权换社保。

残疾人家庭“四进”服务：保障救助进家庭、就业援助进家庭、康复服务进家庭、托养照料进家庭。

政府工作报告

——在无锡市锡山区第二届人民代表大会第四次会议上

区长　陆志坚

（2011年1月11日）

各位代表：

现在，我代表锡山区人民政府向大会报告工作，请予审议，并请各位政协委员和列席会议的同志提出意见。

2010年工作情况及“十一五”发展成就

2010年是“十一五”规划收官之年。一年来，在市委、市政府和区委的正确领导下，区政府团结依靠全区人民，紧紧围绕“赶超发展”目标，以开展转型促进年活动和建设“幸福锡山”六项工程为抓手，统筹推进经济社会发展各项工作，较好完成了区二届人大三次会议确定的目标任务。预计全年实现地区生产总值391.2亿元，可比价增长13.5%。完成财政总收入108.3亿元，其中，一般预算收入36.1亿元，增长27.5%。预计城镇居民年人均可支配收入28224元、农民年人均纯收入13801元，分别增长12%和11%。

一、突出转型发展主题，结构调整取得新成效

产业结构不断优化。加快培育新兴产业，制定实施战略性新兴产业培育发展六年行动计划，预计全年新材料、智能传感等新兴产业实现产值420亿元，增长21.7%。着力提升先进制造业层次，落实推进十大产业调整和提升（发展）行动计划，大力实施“双百新增长工程”和“双百技术改造工程”，新认定高新技术企业12家，预计机械装备、电子信息等五大重点工业产业销售占全部工业比重达69%，高新技术产业增加值占规模以上工业增加值比重、技改投入占工业投资比重分别达45%和64%。大力发展现代服务业，积极推进工业企业主辅分离，加快宜家等城市综合体建设，预计全年完成服务业增加值148.6亿元，可比价增长15.4%，占GDP比重达38%。加快现代高效农业规模化步伐，预计全年新增高效农业面积407.8公顷，农业龙头企业完成产值6.2亿元。

园区建设扎实推进。全面完成12个工业专业园区的产业发展规划和建设规划编制，园区拆迁基本到位，年内新开工园区道路23条、竣工22条，预计全年完成园区基础设施投资8.4亿元；严格园区项目准入条件，建立项目后评估机制，园区投入产出强度明显提高。服务外包园区水平提升，新增市“123”计划企业3家，无锡朗奇软件科技有限公司等3家企业被认定为市首批技术先进型服务企业，预计全年完成服务外包接包合同协议金额3.8亿美元，离岸接包合同协议金额2.1亿美元。锡山现代农业产业园、锡山台湾农民创业园建设加快推进，启动建设生物农业产业园，进一步拓展无锡现代农业博览园、高科技农业示范园、太湖水稻示范园发展内涵，成功引进大德生物、虹越花卉新品引育中心等优质项目。

增长动力稳步增强。有效投入力度加大，预计全年完成全社会固定资产投资316.9亿元，其中服务业投资153.6亿元，增长36.7%。金融助推作用增强，预计全年驻区金融机构各项贷款余额433亿元，较年初增加72.6亿元，存贷比提高4个百分点。消费结构加快升级，预计全年完成社会消费品零售总额116亿元，增长19%；乡村旅游市场活跃，举办“缤纷农博嘉年华”等活动，预计全年实现旅游营业收入9033万元；房地产市场稳健发展，全年成交商品房102.1万平方米。对外贸易快速增长，结构更趋优化，新增A类出口企业28家，预计全年完成进出口总额35亿美元，增长42.7%，高新技术产品出口占比达22.6%。“走出去”步伐加快，预计全年完成境外项目投资7000万美元，大明国际控股有限公司在香港上市。

二、深入开展高端合作，发展活力实现新提升

科技创新力度加大。切实加强以企业为主体、高等院校和科研机构为依托的科技创新服务体系建设，成立无锡—浙大生物农业研究中心，全年新增国家级科技孵化器1家，省级院士工作站6家、博士后工作站3家、工程技术研究中心9家、企业技术中心1家，红豆集团建成全区首个国家级博士后工作站，区生产力促进中心被认定为国家级示范中心，预计全年全社会研发费用支出9.8亿元，占GDP比重达2.5%。深入实施质量和知识产权战略，新增中国驰名商标1件、省著名商标8件、省名牌产品6个；预计全年专利申请总量达4500件，其中发明专利660件；6家企业被评为“省企业知识产权管理标准化示范单位”，锡山经济开发区“服务外包服务标准化试点”被列为省试点项目。

优质项目加快集聚。成功举办金秋国际经贸月等合作活动，新批搜狐新动力等3000万美元以上外资项目4个，预计全年到位注册外资3.5亿美元，增长14.9%。园区高端合作成效显现，累计新办注册资金超千万元的内资企业118家，引进了美新微纳、盾建重工等一批高端项目；积极促成园区与国资央企、科研院校、专业协会开展项目研究和技术合作，江苏物联网研究发展中心农业分中心、中航（无锡）绿色能源产业园、锡山智能电网研究中心等合作项目签约落户。项目建设扎实推进，85个重大产业项目预计完成投资77亿元，开普机械二期等项目竣工投产。

人才引育成效显著。启动实施“锡山百人计划”，建立海外引才工作站和海外引才顾问体系，广泛集聚各类创新创业人才，全年引进“双高”人才89名、海归人才83名、生物农业领军型人才7名，57名海外科技领军型创业人才和创新人才入选“无锡千人计划”。推进实施“530”项目创业导师计划，新增注册“530”项目43家，培育销售超千万元企业6家，爱侃网络科技获省“六大人才高峰”项目资助。加快高端人才承载平台建设，启动建设Office-Park和V-Park集智广场，完成无锡数字动漫创业服务中心一期扩建，建成江苏大为科技股份有限公司锡山软件园一期，全区“三创”载体累计超70万平方米。

三、破解资源环境约束，承载能力得到新增强

节能降耗扎实推进。加快发展循环经济和清洁生产，组织实施节能和循环经济项目16个，创建省级节水型企业2家，预计全年万元GDP能耗下降4.4%，万元规模以上工业产值能耗下降8%、增加值水耗下降4%。落实机关事业单位节能降耗措施，预计区级机关电耗、水耗分别下降5%和10%。坚持节约集约用地，加大对上争取和存量挖潜力度，强化违法用地整治，切实保护耕地，全年落实点供指标79.07公顷、独立选址指标309.87公顷、城镇建设用地挂钩指标88.67公顷。

减排治污深入实施。加大环保执法监管力度，实施重点排污企业“拉网式”环保执法行动。强化产业整治，启动实施黑色金属冶炼及压延加工行业、化工行业整合整治三年行动计划，全年整治黑色金属冶炼压延加工企业2家，关闭500万元规模以下小化工企业15家。环境基础设施更趋完善，完成东港污水处理厂二期扩容工程和东亭污水处理厂中水回用土建工程，全年铺设一、二级污水管网90.7公里，接管排污单位1.27万家，创建排水达标区212个。启动实施大气污染防治（蓝天工程），空气质量良好以上天数比例达94.2%。

生态建设力度加大。切实加强水生态整治修复，实施老兴塘河及支流改造工程，完成鹅湖南青荡、苏舍荡养殖整治及锡北运河、大塘河、潘墅河等5条区级河道综合整治，水环境质量持续改善。启动农村环境连片整治，完成246个村庄综合整治和432个村庄的生活污水处理，4个村列入省级环境整治试点村。扎实推进“绿色锡山”建设，全年造林绿化513.73公顷，新增城镇绿地100.1万平方米，林木覆盖率提高0.84个百分点，创建为省村庄绿化整体推进区，预计环境质量综合指数达到90.5。

四、统筹城乡建设管理，区域发展呈现新气象

新城开发全面提速。加快完善锡东新城规划体系，编制完成核心区街区设计、地下空间利用规划、道路景观规划等重要成果11项。加大基础设施、公建配套项目建设力度，轨道交通2号线及高铁站区配套基础设施工程全面实施，地下车行系统启动建设，全年在建道路29条84公里，建成锡山大道、新韵路、东安路、润锡路、吼山路等道路15条52公里，新城路网框架体系基本成形。加快构建新城“一环四横八纵”骨干水系，全年新开河道5.8公里，九里河改道、芙蓉塘西延和新横塘河开挖工程顺利竣工。积极实施新城社会事业和环境景观工程，启动建设锡东高级中学、天一实验学校和水岸佳苑幼儿园，基本完成锡山湿地公园46万平方米地形整理。

功能配套更趋完善。全区规划框架进一步优化，城市综合体、市政基础设施、古镇村保护等规划不断完善，通江地区等重点功能区控规动态更新全面完成。发展空间进一步拓展，全年完成拆迁项目92个553.8万平方米；加大安置房建设力度，有序推进安置房建设清理规范，全年安置房施工面积454.7万平方米，其中，新开工213万平方米，竣工83.9万平方米，累计竣工达604万平方米。交通路网进一步完善，启动建设大成路东延和廊下路，基本完成柏庄路、新明路、资景路改造，建成北中路东段、公园路、云林路等道路工程，改造农村危桥337座。扩大城乡公交网络覆盖，新增公交线路10条，新建公交停车场4个、候车亭30个。强化功能设施配套，开工建设天一体育馆，全面推进荡口古镇保护性修复工程，建成东亭实验小学、东湖塘中心幼儿园、查桥紫金新城幼儿园，中国乡镇企业博物馆建成开放，粮食储备库东港中心库一期投用、二期主体封顶。全面启动运东大包围二期——双泾河拓浚工程，加快推进走马塘拓浚延伸工程，明泉河东段沟通等城区防洪工程如期竣工，全年新建改建防洪排涝站14座，顺利完成全国水利普查试点工作。

农村发展步伐加快。统筹新农村建设及现代农业发展的农村总体规划基本完成。启动实施“一村一园”建设，基本建成30个村级农业园区。制定实施农村“双置换”三年行动计划，有序推进“万顷良田”建设一期工程，全年实现土地换社保2.4万人、置换土地承包经营权1060公顷，整理土地304.33公顷。积极扶持村级经济发展，提升薄弱村自我造血功能，新组建富民合作组织12家、农村合作经济组织联合会1家，预计全年村均可支配收入达379.8万元，合作社分红总额达5700万元。加强农村金融保障服务，锡山村镇银行成功获批，新增农村小额贷款公司4家，农业保险实现应保尽保。深入开展示范镇村创建，安镇街道创建为新农村示范镇，8个村创建为新农村示范村。

城乡管理不断加强。优化城乡管理服务体制，积极稳妥实施乡镇机构改革，“四办一所”的机构框架全面落实到位，镇级行政服务中心规范化建设稳步推进。创新社区服务管理体制，继续开展“服务进社区”活动，加强社工队伍建设，城镇社区“扁平化”管理基本实现全覆盖，农村社区覆盖率达到80%。深化文明城区创建，全面落实河道保洁长效管理机制及“路长制”、“河长制”责任；基本建立生活垃圾“四集中”收运体系，主城区全面实现机械化收集，全区生活垃圾无害化处理率保持100%；加大户外广告、违法建设整治力度，全年拆除违法建设8.75万平方米。

五、启动“幸福锡山”建设，群众生活有了新改善

就业保障水平提升。统筹城乡就业和自主创业，开展重点人群就业专项活动，全年实现城乡劳动力就业6796人，其中，被征地农民就业2705人，创业带动就业5868人，零就业家庭保持动态归零，本地农村劳动力充分就业率达93.1%。加强劳动争议调解仲裁，推进落实劳动监察“两网化”管理和工资集体协商制度，劳动关系和谐稳定。进一步完善社会保障体系，实施城乡一体的居民养老和居民医疗保险政策，全年社保扩面净增缴费人员1.7万人，适龄居民养老保险和居民医疗保险覆盖率分别达95%和98%；强化被征地农民生活保障，年内两次提高政府保养金标准，全年落实保障资金5.4亿元。加强住房保障体系建设，为48户家庭发放廉租房补贴20.3万元，全年完成老新村整治5.7万平方米。健全社会救助机制，加大深度贫困家庭及学生帮扶力度，低保标准提高到月人均420元，全年发放低保资金1910.4万元，发放教育救助款170余万元，安排使用慈善资金1900余万元。深入实施“老年居民幸福工程”和“医疗惠民工程”，全年减免费用889.7万元。

社会事业协调发展。积极创建义务教育高位均衡发展示范区，投入1.98亿元改善相对薄弱学校办学条件，完成校舍安全加固改造2.3万平方米，义务教育学校教育装备基本达到省Ⅱ类标准，建成省基础教育课程改革先进区。全面推进医药卫生体制改革，认真落实基本药物制度，社区卫生服务中心实行收支两条线管理，门急诊和住院均次费用分别下降44.4%和24.6%。文化体育事业日益繁荣，荡口古镇被命名为“中国历史文化名镇”，全年举办“幸福锡山”优秀文艺节目巡演、“走进新锡山”广场文艺等活动61场、观众超18万人次；体育“五进”活动蓬勃开展，省运会我区夺得17.25枚金牌。人口服务管理切实加强，认真开展第六次全国人口普查，世代服务体系实现区、镇、村三级全覆盖，流动人口计划生育服务管理率达90%。积极发展老龄事业，完成锡北、港下敬老院改扩建，新建居家养老服务站26个，1.7万名企业退休人员纳入社区管理。完善残疾人保障和服务体系，新建托（安）养机构3家，村（社区）残疾人康复室覆盖率达91.4%，创建为全国白内障无障碍区。

民主法治切实加强。深化基层民主自治，顺利完成村（居）委换届选举。加强安置小区管理，按照属地管理原则新建斗山花苑社居委。全面推进法治政府建设，完善科学民主决策机制，规范行政执法行为。切实加强行政监察，开展工程建设等重点领域突出问题专项治理。完善行政权力网上公开透明运行机制，部门网上运行率和权力事项网上运行率达100%和80%，“中国·锡山”政府网站测评位列全市第一。自觉接受区人大、区政协的监督，认真听取社会各界的意见和建议，67件人大代表建议和87件政协委员提案在规定时限内全部办结。建立法律援助“绿色大通道”机制，实现法律顾问村（社区）全覆盖，顺利完成“五五”普法任务。严格落实安全生产、校园安保、食品药品监管等措施，强化应急管理，大力开展“三项排查”、“两项治理”，深入化解社会矛盾纠纷，建立诉调对接机制，社会矛盾纠纷调处成功率达98.1%。严厉打击违法犯罪活动，社会保持和谐安定。坚持国防后备力量与经济建设同步协调发展，人民武装与国防动员工作再上新台阶。此外，“双拥”、人防、审计、民族、宗教、对台、侨务、外事、接待、档案、史志等工作均取得了新进展。

各位代表，2010年各项任务的顺利完成，为“十一五”规划实施画上了圆满句号。回顾过去的五年，我们走过了一段极不平凡的发展历程，特别是面对国际金融危机带来的严峻挑战，全区上下深入贯彻落实科学发展观，逆势奋进，抢抓机遇，开拓创新，奋力拼搏，在转型发展、赶超发展道路上迈出了坚实步伐，夺取了“十一五”经济社会发展的全面胜利。五年来，综合实力快速提升。地区生产总值较“十五”期末增长了1.12倍，年均增幅达16.3%，按常住人口计算人均GDP超过1万美元；财政总收入和一般预算收入分别较“十五”期末增长了2.58倍和1.74倍，年均增幅达29%和22.3%。五年来，发展方式加快转变。产业结构持续优化，农业综合效益显著提升，服务业比重、规模工业产值比重、高新技术产业增加值比重分别较“十五”期末提高了5.9个百分点、17.5个百分点和24个百分点。科技创新能力显著增强，累计引进各类高层次人才852名、“530”项目124个，连续四届被评为“全国科技进步先进区”。五年来，改革开放纵深推进。市场取向的改革力度不断加大，市场经济运行机制日趋完善；社会管理体制和社会事业改革加快推进，行政管理体制改革不断深化，公共服务质量和效益稳步提高。经济国际化水平明显提升，累计到位注册外资16.4亿美元、进出口总额138亿美元；锡山经济开发区连续多年被评为“省先进开发区”。五年来，城乡面貌深刻变化。实现城乡控制性详规、重点地区和城市生活片区城市设计全覆盖，城市化率达到56%。主城区功能更趋完善，锡东新城形态初显，新市镇和新农村建设各具特色，道路、水利、污水处理等一批重点基础设施相继投用，城乡发展水平和承载能力大幅提升。五年来，生态建设成效显著。强力实施环保优先“666”行动，大力推进环境建设和生态修复，节能减排全面达标，林木覆盖率较“十五”期末提高了5.72个百分点，成功创建为国家生态区。五年来，人民生活持续改善。城乡居民收入年均分别增长12%和11.5%。社会保障体系与全市并轨，实现城乡统筹、完整覆盖，保障标准逐年提升。教育、卫生、文体、人口等事业长足进步，高标准通过省区域教育现代化建设评估和省人口发展“十一五”规划终期评估，创建为全省首批体育强区、省社区卫生服务先进区。“法治锡山”、“平安锡山”建设深入推进，社会安定和谐，人民安居乐业。

各位代表，回首过去一年及“十一五”发展历程，我们深感成绩的取得来之不易，这是市委、市政府和区委正确领导的结果，是全区人民凝心聚力、奋力拼搏的结果。在此，我谨代表区人民政府，向全区广大干部群众，向各位人大代表、政协委员，向各民主党派、工商联、各人民团体和社会各界人士，表示衷心的感谢并致以崇高的敬意！

在看到成绩的同时，我们也清醒地认识到，全区经济社会发展还面临着不少问题：经济发展中的深层次矛盾依然较多，资源和环境约束日益突出，新兴产业发展还处在起步阶段，推动经济发展方式转变任重道远；区域发展不平衡现象依然存在，统筹城乡一体发展的水平有待提升；保障和改善民生的压力加大，社会管理面临新的挑战。此外，政府自身建设还有待进一步加强，服务效能还需进一步提高。对此，我们将在今后的工作中努力予以解决。

“十二五”目标任务及2011年主要工作

“十二五”时期，是我区推进转型发展，提升城市化水平，建设生态文明，加速社会发展，率先实现基本现代化的关键时期。综观国内外形势，今后五年，尽管我们将面对诸多矛盾和挑战战，特别是国际金融危机影响深远，世界经济增速减缓，围绕市场、资源、人才、技术、标准的竞争更加激烈，各种形式的保护主义抬头，对我区的影响将更为深刻。但总体上，我们仍处于可以大有作为的重要战略机遇期，发展面临难得的历史机遇：经济全球化深入发展，中国经济地位持续提升，科技创新孕育新突破，新一轮产业革命加快推进，京沪高铁建成通车，长三角地区一体化进程加速，城市化进程方兴未艾，一系列有利于发展的重大利好，必将给我区经济社会发展增添持续动力。我们要科学判断和准确把握国内外发展趋势，更加主动地抓住用好机遇，充分利用各种有利条件，全力推动经济社会赶超发展。

今后五年我区发展总的要求是：坚持以邓小平理论和“三个代表”重要思想为指导，深入贯彻实践科学发展观，紧紧围绕“赶超发展”总目标，坚持“高点定位、高端合作、高品质环境打造”联动，实施创新驱动战略，全面提升经济发展水平；实施城市化和城乡一体战略，全面提升区域功能地位；实施“普惠民生”战略，全面提升百姓幸福水平，通过五年奋战，全区经济社会发展基本达到无锡市平均水平，建立较高层次的现代产业体系、较高水平的社会事业体系、优良的生态环境体系，人民生活水平、自主创新能力、区域竞争能力和可持续发展能力不断提升，率先实现基本现代化。

“十二五”时期我区发展的主要目标是：到2015年，经济发展总体水平大幅提升，地区生产总值达800亿元，财政总收入200亿元，一般预算收入80亿元，第三产业增加值占GDP比重达到45%，高新技术产业增加值占规模以上工业增加值比重达到50%；城市规模和城乡发展水平明显提升，全区城市化率达到70%，高铁站商务区人口集聚规模15万人左右，全面形成“双核双星”共同发展、协调发展的城乡一体化发展格局；群众生活进一步改善，城镇居民年人均可支配收入达56500元，农民年人均纯收入达27800元，城乡基本社会保险覆盖率99%以上，环境质量综合指数达到92。

2011年是“十二五”规划实施的开局之年，做好今年工作，意义十分重大。综合考虑各方面因素，今年全区经济社会发展主要预期目标是：地区生产总值增长12%，财政总收入和一般预算收入增长13%；社会消费品零售总额增长16%，城镇居民年人均可支配收入、农民年人均纯收入增长12%以上；全社会固定资产投资增长15%，万元GDP能耗下降3.8%，主要污染物排放量削减4%。围绕以上目标，今年政府将重点做好以下六个方面的工作：

一、着力推进产业升级，加快经济转型步伐

发展现代产业体系。全面实施战略性新兴产业培育发展六年行动计划，进一步整合政策资源，引导要素集聚，构建完善的综合服务体系，大力扶持新材料、新能源和新能源汽车、智能传感、生物产业、信息服务、文化创意等新兴产业发展，集中力量主攻具有竞争力和带动力的龙头型项目，着力在壮大新兴产业规模、打造特色产业集群上有所突破，力争全年六大新兴产业产值增长25%。深入推进十大产业调整和提升（发展）行动计划，大力实施“双百技术改造工程”，积极利用高新技术和先进适用技术改造传统产业，不断提升制造业能级和水平，全年技改投入占工业投资的比重达65%，高新技术产业增加值占规模以上工业增加值比重达到45.5%。着力扩大现代服务业规模，优先发展生产性服务业和高端服务业，加快提升传统生活性服务业，力争年内服务业增加值占GDP比重提高1.5个百分点。

强化产业载体建设。落实“三高”联动要求，进一步拉开框架、拓展空间、优化布局、完善配套，全面推进新材料、汽车零部件、轨道交通、机械（高铁）装备、新型金属材料、电力装备等工业专业园区建设，加快锡东新能源汽车产业园规划建设步伐，年内全面完成专业园区公共技术服务平台建设。加快推进信息服务（外包）产业园、文化创意产业园等服务业重点园区建设，着力发展城市综合体、服务外包、总部经济等新型城市经济业态。坚持现代农业园区化发展导向，深化推进锡山现代农业产业园、锡山台湾农民创业园和“一村一园”建设，规划启动精细蔬菜产业园，初步建成生物农业产业园，年内实现村级园区全覆盖。

提升开放带动水平。抢抓后金融危机时期全球性产业转型和转移机遇，进一步创新利用外资方式和渠道，着力引进一批体量大、业态新、技术高、贡献大的高端后劲项目，力争全年到位注册外资3.5亿美元，引进重大外资项目3个。进一步优化外贸结构，积极开拓新兴出口市场，扩大具有自主知识产权、自主品牌、高附加值的产品出口，全年进出口总额增长8%以上，出口双A类企业培育取得突破。加强境外投资分类指导，鼓励条件成熟企业加快“走出去”，力争全年完成境外投资5000万美元。大力推动企业股改上市，新增上市企业1~2家。加快锡山经济开发区转型升级，强化经济国际化主阵地作用，全力争创国家级开发区。

二、强化科技人才支撑，增强自主创新能力

大力推动科技创新。突出企业创新主体地位，引导和支持创新要素向企业集聚，鼓励企业进一步扩大研发投入，加快推进以建立研发平台、开展科技攻关、转化科技成果为重点的“三站两中心”建设，力争全年大中型企业研发支出占销售收入比重达到2.2%。深化拓展政产学研合作，支持企业和高校、科研院所建立产业技术创新战略联盟，推进自主创新与发展新兴产业相结合，力争在功能衔接、产业配套、实体投资等方面取得新的突破。大力培育自主知识产权、自主品牌和创新型企业，力争申报发明专利700件，争创省级以上著名商标、省名牌产品各5个。

加快建设人才高地。全面落实人才强区“四个优先”要求，以产业转型为导向、以发展需求为重点，切实加强高素质人才的培养、引进和使用。突出抓好创新创业人才队伍建设，深入实施“锡山百人计划”，全面落实市生物农业人才“130”计划和物联网人才“1113”计划，进一步加大高端人才和科研团队引进培养力度，全年引进各类人才5000名，力争引进科技领军型创业创新人才60名。健全完善“530”创业导师机制，加快“530”项目产业化进程，力争全年新培育销售超千万元“530”企业5家。

优化创新创业环境。大力构建科技创新创业平台，重点推进Office-Park、V-Park服务外包园、锡东科技产业园聚智创富中心、无锡数字动漫创业服务中心二期等“三创”载体建设，年内建成V-Park集智广场，全年新建各类载体10万平方米。更加突出“三创”载体的内涵建设，进一步完善配套服务设施，增强孵化育成功能，积极构建专业化、特色化、个性化的综合服务体系。认真落实鼓励科技创新创业的扶持政策，加大知识产权保护力度，加快构筑以种子基金、创投基金和股权投资基金为主体的风险资本投资体系，着力营造有利于企业创新、人才创业的良好环境。

三、依托城市引领带动，促进区域一体发展

加快推动新城建设。进一步完善新城规划体系，加快编制5大类12项城市规划方案。优化新城路网体系，续建新建新华路、环湖路等道路28条61公里，年内累计通车总里程达到113公里。加快高铁站屋及周边配套设施建设，建成启用南北广场和交通综合体。着力优化环境景观，启动建设九里河中央公园和九里河、芙蓉塘等沿河沿路景观带，新开（整治）胶山南新河、半夜浜等河道10条14公里，建成锡山湿地公园和走马塘调水枢纽，打造高品质城市生态环境和滨水空间。加快公建项目建设，筹备启动文化中心、体育中心、医疗中心、科创中心、市民中心建设，基本建成锡东高级中学、天一实验学校、水岸佳苑幼儿园，进一步提升新城服务功能。加快新城人口导入，积极培育发展城市经济，全年新开发商品房60万平方米，启动建设3D产业发展载体，新建城市综合体2个、商务楼宇40万平方米，建成Auto-Park一期。

增强城乡区域功能。强化科学规划引领，加强“双核双星”区域总体空间结构研究，进一步完善城乡公共服务、市政基础设施和生态环境体系规划，重点围绕主城区功能置换、轨道交通站点周边开发、各板块中心区建设做好规划控规动态更新。进一步拓展城市发展空间，全年完成拆迁项目149个。加快安置房建设步伐，全年安置房施工面积500万平方米以上，其中，新开工面积180万平方米，竣工150万平方米以上。进一步完善城乡基础设施，启动锡沪路城市化改造，完成北中路、东亭路北延、廊下路北延、老锡沙线改建等道路工程及农村危桥改造扫尾工程，荡口古镇保护性修复完成一期工程，建成天一体育馆和春雷桥头公园。加快推进“四纵四横”骨干水系建设，配合实施走马塘拓浚延伸工程，年内完成双泾河拓浚和埭新河、八士港等运东大包围二期配套工程。积极发展公共交通，新增和优化调整公交线路4条以上。着力增强城市服务功能，加快推进宜家购物中心、太湖大道南、易买得西等城市综合体建设。

提升农村发展水平。以创建全国农村改革试验区为契机，进一步深化农村综合改革，全面启动“幸福镇（街道）村（社区）”创建活动，推动农村加快发展。积极探索村级经济转型发展新路子，全年新建富民合作组织5家以上、“四有”农民专业合作经济组织4家。深入推进农村“双置换”和“万顷良田”工程建设，全年实现土地换社保1.5万人、置换土地承包经营权面积666.67公顷。加快发展现代高效农业，全年新增高效农业面积300公顷；积极培育壮大乡村休闲旅游产业，无锡现代农业博览园建成省四星级乡村旅游点。加强粮食和农副产品保供体系建设，有效稳定市场价格。

四、坚持集约环保优先，推进生态文明建设

促进资源集约利用。注重从源头上推进节能降耗，积极发展循环经济和清洁生产，全年建成市级以上循环经济试点企业3家，完成清洁生产企业审核20家。推进实施黑色金属冶炼及压延加工行业、化工行业整合整治三年行动计划，年内淘汰400立方米及以下高炉和30吨及以下转炉、电炉，关停化工企业15家，全年规模以上工业产值能耗下降7%、增加值水耗下降4%。认真落实集约用地措施，进一步强化项目分类管理，严格项目准入，完善项目后评估机制，切实提高园区投入产出强度；加大对上争取和对下挖潜力度，有效保障发展用地需求；落实最严格的耕地保护制度，严控违法用地行为发生。

扎实推进环境保护。持续加大环境执法力度，加强对重点排污企业和污染源的常态监管，依法严厉打击各类环境违法行为。深入推进控源截污和排水达标区创建活动，加快管网铺设、截污接管和排污口封堵步伐，年内建成东亭污水处理厂四期扩容工程，全面完成排水达标区创建工作；建立健全污水治理长效管理机制，确保污水处理设施稳定运行、污泥得到妥善处置。积极探索推行土壤污染治理试点。大力实施蓝天工程，构建大气污染联防联控体系，有效改善区域环境空气质量。积极推行环境资源区域补偿机制，加强重点企业环境安全风险评估，落实环境污染责任保险制度。

打造绿色宜居环境。继续实施水生态整治修复，进一步强化“河长制”管理，完成张塘河等9条治太河道清淤工程，规划建设宛山湖生态湿地公园。强化城管体制机制及管理网络建设，继续开展城管创优活动和“路长制”管理，大力实施市容环境和违法建设专项整治，切实抓好市政和园林绿化管理、建筑垃圾清运处置、河道保洁等工作。深入开展农村村庄综合整治，完成锡北运河两侧58平方公里农村环境连片整治和269个村庄综合整治任务，努力实现农村村庄生活污水处理全覆盖。加快推进“绿色锡山”建设，年内完成京沪高铁两侧绿化等重点工程，全年造林绿化333.33公顷，新增绿地120万平方米，林木覆盖率提高0.6个百分点。

五、大力保障改善民生，提高居民幸福指数

完善就业保障体系。统筹抓好城乡就业工作，强化困难群体就业帮扶，重点促进大中专毕业生和被征地农民充分就业，力争全年实现城乡劳动力就业5000人，本地农村劳动力充分就业率达93.5%；积极推进创业带动就业，全年开展创业培训1000人，重点扶持850人自主创业。全面实施居民养老和居民医疗保险政策，确保适龄居民养老保险和居民医疗保险覆盖率分别达96%和98%；继续加大社保扩面力度，促进用人单位主动参保和断保人员特别是被征地农民接续社保关系。完善社会救助体系，实施孤儿福利保障及关怀工程，加大深度贫困家庭救助力度；切实保障残疾人享有基本生活和公共服务权益，加快推进镇级残疾人综合服务中心和城乡无障碍设施建设。积极发展老龄事业，加强企业退休人员社会化管理服务，易地新建厚桥敬老院，完成查桥敬老院改扩建。进一步完善住房保障体系，加快公共租赁房建设，抓好廉租住房保障，年内完成老新村改造5万平方米。

提升公共服务水平。深入创建义务教育高位均衡发展示范区，扩大优质教育资源覆盖面，年内启动东北塘实验小学、荡口实验小学、羊尖廊下小学、云林春雷小学和春雷幼儿园易地新建以及厚桥实验小学改扩建工程；稳步推进教育教学改革创新，深入实施素质教育，进一步提升教育内涵发展水平。深化医药卫生体制改革，推进基本公共卫生服务项目化管理，实施重大公共卫生服务项目，加强基层医疗卫生机构规范化建设，基本建成城乡“15分钟健康服务圈”。着力完善公共文化体育设施，加快镇级综合文体中心规划建设；深入开展“幸福进万家、文化乐万民”行动，健全完善公共文化服务体系，全面推进体育“五进”活动，丰富群众文化生活。优化人口服务管理，完成第六次全国人口普查任务；深化“家庭幸福工程”和世代服务体系建设内涵，扎实做好国家免费孕前优生健康检查项目示范工作，提高出生人口素质；加强流动人口计划生育服务管理，持续稳定低生育水平。

全面加强社会管理。深化基层民主管理，推进村（居）务民主公开，加快安置小区整合建居，强化安置房物业管理。深入推进“服务进社区”活动，加快推动政府社会管理和公共服务重心延伸到基层社区，年内实现城乡社区“扁平化”管理全覆盖。全面启动“六五”普法工作，深化民主法治示范村（社区）创建，加快法律服务规模化、品牌化建设，积极为弱势群体提供法律援助。健全完善多元化的大调解机制，积极预防和妥善化解各类社会矛盾纠纷。进一步完善大防控体系，强化社会治安综合治理，加快实施惠民技防工程，有效防范和严厉打击各类违法犯罪活动。强化安全生产和食品药品安全监管，有效保障校园、医疗卫生安全；进一步完善公共安全应急管理机制，预防和妥善处置各类突发公共事件。此外，继续抓好人武、“双拥”、人防、审计、供销、民族、宗教、对台、侨务、外事、接待、档案、史志等工作。

六、加快推进政府转型，着力提升服务水平

坚持严格依法行政。全面履行政府职能，依法管理社会事务，切实规范政府行为。进一步完善科学民主决策机制，提高制度建设质量。拓宽人大代表、政协委员知情知政、参政议政渠道，增强行政决策的公众参与度。深入推进政府信息公开，提高政府工作透明度和公信力。健全完善行政执法案卷评查制度，建立行政执法人员网上数据库，促进行政执法机关严格执法、公正执法、文明执法。自觉接受人大、政协监督，支持和保障人民法院司法监督，主动接受群众和舆论监督。

创新行政管理方式。进一步深化行政权力网上公开透明运行工作，加强网上运行常态化和标准化管理，确保部门网上运行率和权力事项网上运行率100%。规范镇（街道）行政服务中心运行，大力推进信息化建设，力争年内各镇（街道）行政服务中心达到市级示范点标准；进一步整合行政服务资源和功能，推动行政服务与社区服务中心事项有效对接。按照全市统一部署，启动实施街道行政管理体制改革。积极探索事业单位分类改革，进一步提升规范化管理水平。继续落实服务企业发展和项目建设措施，着力为市场主体营造良好发展环境。

加强勤政廉政建设。继续深化行政执行力建设，优化重点工作目标管理，健全完善定期检查、专项督察和纪律保障机制，努力提高政府工作效能。坚持从严治政，坚决纠正部门和行业不正之风。全面落实廉政建设责任制，深入开展政府系统反腐倡廉建设，积极构建以查促防、惩防联动机制，探索建立区镇单位权力内控机制，治理和防范工程建设、土地出让、产权交易、政府采购等重点领域突出问题。加强公务员队伍教育、培训和管理，始终保持为民务实清廉的良好形象。

各位代表，新的征程已经开启，新的目标催人奋进。让我们在中共锡山区委的坚强领导下，紧紧依靠和团结全区人民，开拓创新，务实奋进，不断开创科学发展和转型赶超新局面，为加快建设文明和谐的现代化新锡山而努力奋斗！

相关链接

“锡山百人计划”：从2009年开始，用5年时间，在全区各类创新创业创意园区、各类企业和研发机构，引进并重点支持100名以上海外高层次人才到锡山区创新创业。

“无锡千人计划”：从2009年开始，用5年时间，在各类创业创新创意园区、各类企业和各类研发机构，引进并重点支持1000名以上海外高层次人才到锡创新创业，集聚一批海外高层次创新创业人才和团队，到2014年，科技领军型创业人才创办企业的销售总收入达800亿元。

V-Park：科技创业园与“搜客天地”服务外包基地。

“四有”农民专业合作经济组织：有组织制度、有合作手段、有较大规模、有明显效益的农民专业合作经济组织。

省“六大人才高峰”项目：省委、省政府为进一步推进行业高层次人才选拔、培养工程的实施，大力实施人才国际化战略，促进教育、医药卫生、电子信息、机械汽车、建筑、农业六大人才高峰建设。

“三创”：创新、创业、创意。

“双高”：高学历、高职称。

体育“五进”活动：体育活动进学校、进社区、进农村、进机关、进企业。

“三项排查”、“两项治理”：区政府2010年开展的活动，即深化信访热点难点问题、安全事故隐患、基层基础工作薄弱环节排查；突出抓好征地拆迁专项治理、严厉打击非法违法生产经营建设行为专项治理。

“双核双星”：以锡东新城核心区建设、东亭和东北塘“两东”地区现代化改造为“双核”，以东港和鹅湖为“双星”。

“三站两中心”：院士工作站、博士后工作站、研究生工作站，工程技术研究中心、企业技术中心。

（编辑：吴　霞）

大事记（2010年）

2010年锡山区大事

1月

1日　《新锡山》多媒体数字报正式上线。点击“中国·锡山”网（http:// www.jsxishan.gov.cn/zgxs/），能实时浏览该报最新信息。

3日　无锡市锡山区、惠山区、滨湖区国家生态区建设考核验收通报会在太湖饭店举行，锡山区通过国家生态区建设考核验收。

8日　九三学社锡山区基层委员会成立大会在区委党校会议中心召开。九三学社锡山区支社有社员28人，其中，省政协委员1人，市人大代表2人，区人大代表3人，区政协委员9人。

9日　轨道交通装备产业发展专题讲座在区委党校会议中心举行，同济大学的两位专家就轨道交通装备产业的发展现状、趋势和主要投资动向等进行分析讲解。

11日　根据中共锡山区委、锡山区人民政府关于印发《无锡市锡山区人民政府机构改革实施意见》的通知，区政府进行机构改革。区政府机构改革后，不分组成部门、直属机构，统称为政府工作部门，区政府工作部门共设24个，均为正科（局）级建制。

11日　锡山区政协举行《人文锡山》丛书首发式。该丛书有名人、名器、名镇、名景、名典五个系列，共5册6本，全方位、多角度地反映了锡山的人、锡山的事、锡山的景，是一部具有浓郁地方特色的文化读物。

11～13日　政协锡山区二届三次会议在锡州花园酒店召开。会议听取和讨论了区委书记朱爱勋的重要讲话；听取和讨论了区政协常委会工作报告、提案工作情况报告、政府对政协建议案的办理情况通报；听取了8位委员的大会发言。会议期间，委员们列席了区二届人大三次会议，听取并讨论了《政府工作报告》以及其他报告，通过了区政协二届三次会议决议。会议期间收到委员提案126件。

12日　科技部发布《关于2007～2008年度全国县（市）科技进步考核结果的通知》，锡山区被评为“2007～2008年度全国科技进步考核先进区”。

13日　中国科学院上海微系统与信息技术研究所向江苏神泰航空航天产业投资有限公司转让“超灵敏荧光淬灭爆炸物传感探测技术”签约仪式在锡州花园酒店举行。

13～14日　锡山区二届人大三次会议在锡州花园酒店召开。大会听取并通过了议案审查委员会主任委员陈琦伟所作的议案审查报告（草案）;通过了预算审查委员会提交的预算审查书面报告；通过了关于《政府工作报告》的决议；通过了关于《无锡市锡山区2009年国民经济和社会发展计划执行情况与2010年国民经济和社会发展计划》的决议；通过了关于《无锡市锡山区2009年财政预算执行情况和2010年财政预算》的决议；通过了关于《无锡市锡山区人民代表大会常务委员会工作报告》的决议；通过了关于《无锡市锡山区人民法院工作报告》的决议；通过了关于《无锡市锡山区人民检察院工作报告》的决议。

16日　央视著名栏目《快乐大巴》“驶”进红豆集团红豆杉育秧车间。鞠萍、董浩、小鹿等央视著名主持人，带领小朋友们了解红豆杉、喜爱红豆杉、保护红豆杉，从小树立生态环保观念。

16日　由国家发展和改革委员会批复，中国改革报社、中国企业报社等单位共同主办的“2009中国改革与发展论坛暨第九届中国改革十大新闻和人物颁奖盛典”在北京人民大会堂举行，红豆集团总裁周海江获“2009中国改革年度人物”称号。

20日　锡山区总工会联合区人力资源和社会保障局在红豆集团举行锡山区职工培训基地授牌暨“共同提升行动”启动仪式，标志着2010年全区工会与行政部门联合组织的以职工素质提升和促进经济转型提升为主要内容的“共同提升行动”拉开序幕。

中旬　无锡锡惠公共交通有限公司开通锡北镇到安镇街道的730公交线路，该公交线路是沟通锡北镇与建设中的锡东新城的主要公交线路。

21日　2010年锡山区企业家迎春座谈会在锡州花园酒店举行。区委书记朱爱勋勉励企业家们树立强烈的发展意识、创新意识和竞争意识，在更高定位、更宽领域、更深层次谋划企业发展，做一个勇于创新、锐意进取的有为企业家。

21日　在2010年度“两岸

情深、冬令送暖”台湾客商捐赠仪式上，锡山区台商联谊会向全区100户贫困家庭捐赠8万元，向东亭街道敬老院赠送大米2500公斤。

23日　由南京理工大学与兴达投资集团有限公司打造的高科技创新平台——低碳经济与可发性聚苯乙烯发展论坛暨江苏省高分子聚合发泡材料工程技术研究中心和兴达院士工作站揭牌仪式在锡州花园酒店举行。

24日　红豆集团总裁周海江获“新中国60年经济之星年度人物”大奖。

25日　位于东北塘街道的无锡华方科创中心封顶，该中心由华方公司投资建设，属以服务外包、创意创新产业为主体的多功能楼宇经济，是东北塘区域商贸商务中心的重要组成部分，成为该街道的地标式建筑。

28日　国家电动自行车产品质量监督检验中心、无锡市锡山质量技术监督局、无锡市产品质量监督检验所、无锡市计量测试中心“一局一所二中心”新址落成庆典仪式在东亭春新东路8号——无锡质监检验检测中心举行。

29日　锡山区2010年新闻界迎春联谊会在锡州花园酒店召开。无锡市委宣传部和《经济日报》、《科技日报》、中新社、《国际商报》、《上海商报》、人民网、《无锡日报》、无锡广电等30余家媒体的80余名相关负责人及记者们到场，共贺新年，共谋未来。

1月　锡山区被全国残疾人康复工作办公室授予“全国白内障无障碍区”称号。

1月　有着“植物大熊猫”和世界上最长寿树种美称，在地球上已有250万年历史的红豆杉，入选世博会中国馆珍稀植物展出品种。

2月

6日　无锡地区首个温泉群——雨后山林温泉问世新闻发布会在羊尖镇举行，吸引了省内外数十家新闻媒体和17家著名旅行社的关注。

8日　锡山区2010年重点为民办8件实事，分别是就业富民工程、社会保障工程、交通通达工程、安居保障工程、生态治理工程、教育优化工程、医疗惠民工程、文体建设工程。

26日　锡山区人力资源市场举办春节后第一场大型招聘会——“春风行动”专场招聘会，130余家用人单位提供就业岗位近万个，500余人与用人单位达成初步就业意向。招聘对象主要是大中专毕业生、失地劳动力、各类专技人员、就业困难人员、农民工等。

2月　《锡山区政区图》出版，该图是锡山区自2001年撤市设区后编制的首张政区图。该图以行政区划为主线，详细标注了全区4个镇、5个街道、77个行政村和39个社区居委会的名称与位置，充分反映了近几年锡山区乡镇撤并及行政村规模调整等成果；对区内道路、省道、规划建设中的高速铁路等交通干线以及区内多家产值超亿元的骨干企业和敬老院、卫生服务中心、中小学、幼儿园、文保单位、宗教场所、风景区等综合设施做了清晰的标注，准确地反映了锡山区政治、经济、文化、交通、旅游及自然环境状况。

3月

1日　锡山区委书记朱爱勋走进《无锡日报》和无锡新传媒共同打造的“焦点网谈”，与广大网友在线交流，勾勒“幸福锡山”的美好图景。

1日　无锡产业集团职业教育中心开工奠基仪式在锡东科技产业园举行。无锡产业集团职业教育中心位于锡山经济开发区商盛路以东、纬四路以北、东盛一路以西，占地面积7.5公顷，建筑面积约8.5万平方米。该职业教育中心将以集团和社会需要为导向，整合无锡市机电工业技工学校和无锡江南中等专业学校，成立“无锡工业高级技工学校”，面向社区、企业开展多层次、开放性、综合性、大众化的教育培训，为集团企业和区域经济提供高技能人才和技术培训平台。

2日　“云林遗韵”2010锡山六人书画联展开幕仪式在无锡博物院举行。锡山籍六位书画家王剑、曹俊伦、张剑芳、李天功、鲁金林、朱群以“云林遗韵”为主题，以书画为载体，为时代讴歌，抒发了对祖国和家乡的热爱。

4日　锡山区委书记朱爱勋会见韩国大星电机株式会社社长李澈雨一行，就大星电子在锡山经济开发区进一步扩大生产事宜进行洽谈。

4日　锡山区纪念三八国际劳动妇女节100周年大会在锡州花园酒店举行。会上举行锡山区“家和万事兴”家庭美德系列创建活动的启动仪式，并为家庭美德标兵颁奖。会议还表彰了区“三八红旗集体”、“三八红旗手”、优秀妇联组织和家庭美德先进典型。

5日　200余名锡山区志愿者齐聚锡山丰汇欢乐广场，参加无锡市第八届志愿者活动月锡山分会场活动暨锡山区“迎世博、讲文明、树形象”志愿者行动启动仪式。

8日　同方恩欧凯（无锡）膜技术有限公司开业。该公司由同方股份有限公司和日本NOK株式会社共同出资组建，专业从事饮用水水质改善、工业用水净化、污水处理和再生利用，项目总投资额2亿元。项目按三期投资建设，一期投入4000万元。

17日　布莱德网络技术（无锡）有限公司在锡山经济开发区V-Park服务外包园“搜客天地”举行开业仪式。布莱德网络技术公司作为数据中心网络领域备受信赖的领先厂商，其刀片服务器嵌入式交换产品占有全球58%的市场份额。第一期研发中心总投入800万美元，员工100人，实验室还将投入280万美元的IT设施，是锡山经济开发区最大的以软件研发为主的IT厂商。

18日　江苏省委常委、无锡市委书记杨卫泽率队视察锡东新城的开发建设情况，强调要通过锡东新城的开发建设加快推进无锡创新型领军城市的建设，使无锡始终走在全省乃至全国的发展前列，实现率先攀登基本现代化新高峰的目标。

19日　锡山区组织区内红豆集团、江苏新日电动车股份有限公司、江苏申锡建筑机械有限公司、无锡朗奇软件科技有限公司、布莱德网络技术（无锡）有限公司、江苏晶石科技集团有限公司等知名企业赴深圳参加无锡（深圳）高端人才引进交流会。锡山区共推出高层次人才岗位48个，收到合格简历23份，达成意向15人。

24日　锡山区与浙江大学在浙江大学玉泉校区永谦活动中心签订相关合作协议，双方将在无锡现代农业博览园内共建全市首个生物农业研究中心，着重开展生物农业领域的成果研发和推广。

25日　无锡市、锡山区领导方伟、陆志坚、蒋群在湖滨饭店会见美国伊顿公司新任亚太区总裁克特·哈庆斯一行，双方就相关投资项目进一步密切合作进行交谈。

27日　中国海外交流协会办公室主任周莉和空军装备部副部长、少将周迈等人参观考察锡山区。江苏省侨办副主任孙彬，无锡市政协副主席蔡捷敏，区领导朱爱勋、华炳泉、蒋群及市、区侨办负责人分别陪同。

30日　锡山区领导朱爱勋、吴富生、华炳泉、蒋群、郑永君、赵巧新、朱大风等在锡州花园酒店知音厅会见由四川省乐山市沙湾区区委书记、区人大常委会主任伍定率领的党政代表团一行。

4月

1日　国土资源部总规划师胡存智一行到锡山区，调研土地利用和管理情况。江苏省国土资源厅厅长夏鸣，无锡市委常委、副市长李全人，锡山区领导朱爱勋、陆志坚、言国强陪同调研。

1日　江苏省委常委、副省长黄莉新在省水利厅厅长吕振霖陪同下专程踏勘并督察走马塘工程建设情况。陪同踏勘的市、区领导有陈金虎、陆志坚、言国强等。该工程在锡山境内全长26公里。

1日　柬埔寨发展理事会秘书长索庆达一行5人考察锡山区。锡山区委常委、常务副区长蒋群陪同参观，并向考察团成员介绍了锡山经济开发区的建设发展情况，双方就园区建设的相关情况展开讨论交流，随后参观了红豆集团厂区和红豆杉种植培育基地。

7日　东北塘街道首家“院士工作站”——无锡市宇寿医疗器械有限公司院士工作站揭牌成立。锡山区与院士合作企业累计12家，市级以上企业院士工作站立项单位4家。

8日　无锡宝来光学科技有限公司举行二期扩产工程竣工仪式。年内，公司继续增资600万美元。

11日　由中国针织工业协会主办的中国居家服饰发展高峰论坛暨成功之路·红豆居家财富盛会在上海举行。专家们对“红豆居家”连锁商业模式的快速发展给予了充分肯定。

13日　杰事杰新材料研发中心暨半芳纶生产基地签约仪式在锡州花园酒店举行。无锡产业发展集团有限公司与上海杰事杰新材料股份有限公司合资，将在锡山经济开发区东港新材料产业园建设世界最大的半芳纶生产基地。公司注册资本2亿元。

14日　《科技日报》总编辑陈泉涌一行到锡山区就“锡山区在加快经济转型发展中的举措与路径”主题进行调研。锡山区委书记朱爱勋会见陈泉涌一行。

15日~5月5日　第107届中国进出口商品交易会（广交会）在广州举行。锡山区有48家企业参展，展位数118个，参展商品11类，商品技术含量和附加值都有很大的提高。

19日　美国职业棒球大联盟亚洲区技术总监瑞克·戴尔到锡山区体校（东北塘中学），传授先进的教学方法和训练手段。

20日　无锡市首批50台由锡山区无锡开普动力有限公司捐赠的救灾发电机抵达玉树灾区。

20日　上海世博会试运营首日，新日电动车交接仪式在世博园区新日阳光服务中心举行。

23日　锡山区“迎世博、兴旅游、品锡山”活动启动。区领导蒋群、高燕、周建清、朱大风出席启动仪式。区委常委、常务副区长蒋群讲话并宣布活动正式启动。启动仪式由区委常委、宣传部部长高燕主持。

27日　全市首家基层党风廉政教育基地在厚桥街道中东村成立。

27日　2010年全国劳动模范和先进工作者表彰大会在北京人民大会堂举行。红豆集团总裁周海江获“全国劳动模范”称号，天一中学校长沈茂德获“全国先进工作者”称号。

28日　红豆集团举行“情暖玉树”物资捐赠仪式。200万元物资从红豆集团驶往玉树灾区。该次捐赠是红豆集团第三次向玉树灾区捐赠，三次捐赠总计405万元。

28日　无锡兴达泡塑新材料有限公司总经理华啸威被评为“2010全球华商百业十大领军人物”。

29日　农业部部长韩长赋一行实地考察无锡高科技农业示范园。省、市、区领导杨卫泽、黄莉新、赵旻、黄继鹏、陈金虎、华炳泉等陪同考察。

30日　全区统战工作联席会议暨统战委员季度例会在锡北镇泾西村委召开。会议传达区民族宗教工作领导小组2010年工作要点，并对世博会期间民族宗教领域稳定工作进行专题部署。

5月

3日　商务部部长陈德铭一行在江苏省委常委、无锡市委书记杨卫泽，江苏省副省长张卫国，锡山区委书记朱爱勋，锡山区委常委、常务副区长蒋群的陪同下，到江苏大明金属制品有限公司视察。

5日　锡山区被江苏省委、省政府、省军区命名为“江苏省第九届双拥模范城（县、区）”，锡山区撤市建区后首次获得该荣誉。

7日　江苏省委常委、无锡市委书记杨卫泽率队，就荡口古镇保护性修复工作进展情况进行实地调研。

11日　由美国加州大学伯克利分校、洛杉矶分校等7所加州名校招生官组成的大学招生团访问江苏省天一中学，与美国AP（大学一年级学分转移课程）课程中心的学生面对面交流，介绍加州大学录取标准，招收优秀学生。天一中学是无锡第一所，也是唯一一所创办美国AP课程的学校。

12日　全市水稻基质育秧技术培训班在羊尖镇严家桥村举办，全市各区（市）农机推广站人员及基质育秧单位代表参加培训并实地参观水稻基质育秧流水线及操作流程。

17日　全国科技活动周暨锡山区第十届科普宣传周开幕仪式在锡山职业教育中心校举行。主题为“普及物联网知识，提倡低碳生活”。

17日　“歌帝——跨越·梦想”2010秋冬新品发布会在锡州花园酒店举行，成为展示锡山区纺织服装企业高端发展成果的一个“窗口”。

18日　无锡市第二届“太湖杯”名茶评比颁奖大会在锡北镇斗山茶文化中心举行。锡山区选送的“太湖翠竹”在评比中夺得4个特等奖，占全市“太湖翠竹”特等奖的近半数。

19~21日　2010（第七届）上海纺织服装采购交易会暨2010上海国际时尚服饰展览会在上海世贸商城举行。锡山区企业无锡兴达制衣有限公司、无锡惠菱羊绒制品有限公司、无锡东宝针织服装有限公司等企业参加跨采会，共签约出口羊绒制品、针织服装订单约7500万元。

19日　锡山区私个协会与区司法局法律援助中心、区检察院民事行政科成立司法合作服务站，为私个企业提供免费法律服务，服务包括法律咨询、法律法规宣传、法律培训等。

19日　无锡市公安局锡山分局在东亭街道商贸城、羊尖镇市民广场同时举行“双百会战”公开处理大会。“双百会战”期间共破获盗抢案件85起，摧毁黑恶势力团伙10伙。

21日　锡山区计划生育协会第三次会员代表大会召开。锡山区领导张黎平、张映雪、黄宪辉出席会议。会议聘请张黎平、黄宪辉为区计划生育协会名誉会长，同时举行换届选举，选举张映雪为区计划生育协会会长。

22日　在“富源太阳能入选世博会‘闪耀世博，寻找坐标’新闻发布会”上，东港镇江苏富源节能电器有限公司的产品入选“闪耀世博，寻找坐标”活力矩阵民营企业馆。

27日　第五届中国南方（无锡）电动车及零部件展览交易会在“中国电动车之都”无锡市锡山区的南方国际电动车城开幕。交易会由锡山电动车协会主办，展会时间三天，主题为“科技、环保、节能、低碳、发展”；参展企业由上届的220家增加到380家；展会面积由上届的1.8万平方米增加到2.6万平方米。

28日　锡山人民医院工会委员会被中华全国总工会授予“全国模范职工之家”称号。

28日　2010鹅湖民俗文化节拉开序幕。该民俗文化节汇聚了富有民俗特色的民间文化、体育、展演等活动，是群众性节庆民俗文化盛会。

29日　在2010中国民营企业党建高峰论坛上，红豆集团获“中国民企党建贡献单位”称号，红豆集团总裁周海江获“中国民企党建贡献人物”称号。

29～30日　“博思特门业杯”华东协作区第四届国际象棋冠军赛在兴化市实验小学举行。东北塘实验小学的小棋手们夺得三个团体冠军，并包揽男子、女子A组、B组的四个个人冠军奖项。

31日　锡山区委常委、组织部部长郑永君和南京师范大学党委副书记吴自斌共同为南京师范大学——无锡市锡山区大学生村官培训基地揭牌。

31日　第九批国家级示范生产力促进中心名单揭晓，锡山区生产力促进中心成为省内唯一获批的区级生产力促进中心。

6月

1日　国家工商行政管理总局公布首批国家商标战略实施示范城市（区）、示范企业名单。红豆集团被国家工商行政管理总局认定为首批商标战略实施示范企业，成为江苏省唯一一家国家商标战略实施示范企业。

1日　江苏省安委会副主任、省安监局局长王向明一行实地督察锡山区安全生产工作。锡山区委书记朱爱勋、副区长章红新陪同。章红新汇报区安全生产工作情况。

3日　江苏省委常委、无锡市委书记杨卫泽，无锡市副市长谈学明一行到江苏新日电动车股份有限公司，视察新日电动车电动汽车的研发和产业化投入情况。锡山区领导朱爱勋、陆志坚、周文栋、章红新等陪同视察。

4日　锡山区委书记朱爱勋、区委副书记华炳泉、副区长言国强率区相关部门负责人就全区农村工作开展调研。

7日　由锡山区人大开展的市、区两级人大代表联系服务群众见面周活动在鹅湖镇“代表之家”举行，10余位选民和市、区人大代表零距离接触，提出自己的诉求与建议。

11～13日　首届中国国际摩托车及零部件交易会在北京农业展览馆举行，中外122家知名摩托车制造商参展。“锡山军团”统一参展，全面展示和推介“江苏省摩托车及电动自行车出口基地”的形象。

13日　无锡—浙大生物农业研究中心揭牌暨生物农业产业园项目签约仪式在无锡现代农业博览园举行。4个合作项目签约，总投资9500万元。浙江大学常务副书记陈子辰和无锡市副市长陈金虎共同为研究中心揭牌。

14日　锡山区举行义务教育学校教师交流工作会议，全面启动新学年中小学教师轮岗工作。暑期，全区有277名义务教育学校专任教师跨校交流。

18日　锡山区文化工作会议在区委党校会议中心举行。锡山区委书记朱爱勋要求，要全面提升文化软实力，推动全区文化大发展大繁荣，为加快赶超发展、建设“幸福锡山”提供有力的支撑。

20日　锡山区“文明新市民·幸福新生活”主题活动暨“红豆十佳歌手”颁奖仪式在红豆集团举行。

20日　江苏大明金属制品有限公司重装服务平台奠基仪式在大明总部五期工地举行。

该项目占地面积4.72公顷，建筑面积2.96万平方米，配备160吨的吊装设备，预计年底前车间建设基本完成。

22日　在北京世纪金源大饭店举行的2010无锡锡山—北京科技合作发展恳谈会上，锡山区政府与北京中关村留学人员创业园协会、中科实业集团（控股）有限公司、中国科学院电工所、中国科学院研究生院工程教育学院、中国金属流通协会不锈钢分会5家科研院所和中央企业，集中签约了共建孵化服务公共平台、投融资公共服务平台、锡山智能电网研究中心等一批科技创新创业的重大平台合作项目。

23日　锡山区企业家高层管理人员培训班在国家行政学院举行。锡山区委书记朱爱勋在开班仪式上讲话。

24日　在全区预防青少年违法犯罪工作会议上，区预防青少年违法犯罪观察团成立，全区各镇（街道）团（工）委书记、司法部门负责人、青商会代表32人成为首批观察团成员。

24日　国家体育总局体育彩票管理中心副主任魏吉祥、竞猜游戏管理处处长刘岳冶一行到锡山区考察调研。锡山区副区长张映雪陪同参观。

25日　锡山区区级机关纪念建党89周年文艺演出暨表彰大会在锡山大剧院举行，以举办文艺演出和表彰先进的方式共同庆祝中国共产党建党89周年。

27日　锡山区首支小区志愿者服务总队——东亭街道赛维拉假日花园志愿者服务总队成立。赛维拉假日花园志愿者服务总队由治安巡逻、教育服务、医疗服务、法律服务、快乐义工5个分队150余人组成，还有一支由儿童组成的“编外分队”，主要从事环保志愿服务。

29日　无锡五芝源养生生态农业园举行开园仪式，同时全市首个菌物工程技术研究中心联合实验室落户揭牌。该生态园总规划面积13.33公顷，总投资3500万元，其中，一期工程投资1500万元。

30日　锡东新城二河六路竣工暨2010年部分重点工程开工典礼仪式在高铁站商务区新韵路、山河路交叉口举行。江苏省委常委、无锡市委书记杨卫泽出席仪式，并与无锡市委常委、常务副市长徐劼，锡山区委书记朱爱勋共同启动水晶球。

7月

2日　锡山区台商联谊会第四届第一次会员大会暨换届选举大会举行，无锡日盛钢构有限公司总经理杨隆福当选为第五届联谊会会长。

2日　红豆集团与麻省理工学院签署合作协议，标志着“世界理工大学之最”的麻省理工学院与中国民营企业首次合作，红豆集团也成为麻省理工学院产业联络计划在中国合作的第三家企业。

3日　江苏省副省长曹卫星一行在无锡市副市长陈金虎、锡山区副区长言国强的陪同下，视察锡山区太湖水稻示范园，对园区的建设给予充分的肯定。

15日　《中共无锡县地方史》出版座谈会在锡州花园酒店召开。《中共无锡县地方史（1949~1978）》是经无锡市委批准，由无锡市史志办公室牵头组织、锡山修志办承编的一部地方党史著作，是无锡市首部出版发行的地方党史二卷本。

19~20日　中共锡山区委工作会议召开。会议主要任务是，深入学习贯彻全市加快转型发展工作会议精神，回顾总结上半年工作，正确分析当前形势，研究部署下半年及今后一个时期工作任务，奋力开创全区经济社会转型提升和赶超发展的新局面。锡山区委书记朱爱勋作了题为《强势攻坚克难，推动赶超发展》的讲话。锡山区委副书记、区长陆志坚总结上半年工作情况，部署下半年工作任务。

20日　是日起，锡山区所有社区卫生服务中心全面实施国家基本药物制度。老百姓在全区任何一家社区卫生服务中心就医，均可享受药品“零差率”的优惠。

23日　无锡市举行2010年第一批次“530”计划A类及“泛530”计划项目签约仪式。9个A类项目落户锡山，列全市第三。签约的9个A类项目主要集中在电子信息、生物医药和新材料领域，其国际领先的技术将填补国内空白。

28日　江苏省委常委、无锡市委书记杨卫泽，农业部乡镇企业局副局长卢永军，江苏省文化厅党组成员、南京博物院院长龚良和锡山区委书记朱爱勋共同启动水晶球，全国唯一一家收藏乡镇企业发展各时期文史资料和文物的博物馆——中国乡镇企业博物馆开馆。中国乡镇企业博物馆占地面积4.5公顷，建筑面积1万平方米。博物馆主要由室内展示场馆、春雷造船厂旧址两部分组成，主展馆面积4570平方米，辅馆面积1000余平方米，整体建筑具有传统江南民居风格。

28日　锡山区首家农村合作经济联合会在鹅湖镇挂牌。该农村合作经济联合会涉及特种养殖、农产品、特色食品及产品流通等服务领域，首批会员60余名，会员单位48家。

30日　由泰州市委常委、靖江市委书记刘建国，靖江市委副书记、市长陈明冠率领的靖江市党政代表团考察锡山区。锡山区领导朱爱勋、吴富生、周积生、华炳泉等陪同参观并座谈交流。

30日　由锡山区文体局和安镇街道党工委、办事处主办，锡山区文化馆、安镇街道文化体育站承办的锡山区“幸福锡山”书画摄影展览揭幕。该展览收到作品200余件，参展作品168件，其中，书法作品62件、美术作品60件、摄影作品46件。

8月

8日　2010年锡山区全民健身节启动仪式暨鹅湖镇大众体育比赛举行。启动仪式由锡山区文体局、区总工会和鹅湖镇人民政府共同主办，是全民健身节的主要活动内容之一，更是全面展示锡山区群众健身成果、健身风貌的一个主要平台。

8~9日　由教育部教育管理信息中心主办的第十届中国教育信息化创新与发展论坛在北京举行。锡山教育网入选“2009~2010年度全国教育门户网站县级五十佳”，排名第三位。

10日　“卡内基卓越领导人奖”颁奖典礼在无锡红豆国际广场举行，红豆集团总裁周海江成为中国大陆区获“卡内基卓越领导人奖”的第三人。

10日　无锡开普机械有限公司三期项目开工建设。该项目位于锡山经济开发区，计划投资4.8亿元，目标是建设大功率高速燃油/燃气发动机及生物能源成套设备生产基地。

16日　红豆集团与江苏省委宣传部、江苏省文明办、江苏省广电总台联合举办的“我们的节日·红豆七夕节”主题晚会在南京举行。

20日　作为2010无锡锡山金秋国际经贸月的重要活动之一，“中国锡山新兴产业推介会”在深圳举行。推介会期间，锡山区委书记朱爱勋率队拜访中国科学院深圳先进技术研究院、招商局科技集团有限公司，锡山经济开发区管委会与深圳市招商局科技投资有限公司签订了战略合作协议。

24~26日　锡山区委书记朱爱勋率锡山区党政代表团赴丰县开展南北挂钩合作交流活动。丰县县委书记赵保华，县委副书记、县长邱成和锡山区挂职干部副县长包金明等领导陪同考察。

25日　2010无锡锡山金秋国际经贸月新闻发布会在锡州花园酒店召开。《人民日报》、《经济日报》、《解放日报》、香港《文汇报》、《大公报》、江苏电视台等40余家境内外媒体的记者参加发布会。新闻发布会上，锡山经济开发区、高铁站商务区有关负责人分别介绍了锡山经济开发区转型发展情况和锡东新城建设情况。

27日　宁波市镇海区委书记马卫光率镇海区党政代表团一行到锡山区，深入考察锡山经济社会发展以及产业结构转型升级的相关情况。

28日　无锡市安迈工程机械有限公司在羊尖机械（高铁）装备产业园开业投产。该公司是一家集科研、制造、销售为一体，具有自主知识产权的基础工程机械制造企业，总投资6000万元，年产出超1亿元。

30日　江苏省委常委、无锡市委书记杨卫泽率领无锡市发展和改革委、教育、财政、编办、物价等部门负责人视察云林幼儿园，调研学前教育情况。

9月

1日　2010无锡锡山金秋国际经贸月开幕式暨锡山高端合作项目签约授牌仪式举行。总投资超30亿元的一批重点项目在10个分会场同时奠基开工；无锡市宇寿医疗器械有限公司、无锡兴达泡塑新材料有限公司、江苏聚慧科技有限公司、无锡中科超声技术有限公司等9个省级企业院士工作站集中授牌；江苏国际企业中心、生物医药公共技术服务平台、物联网系统软件开发及测试中心等21个高端合作项目集中签约。

3日　九三学社锡山区基层委员会被九三学社中央授予“优秀基层组织”称号。

4日 中国林业科学研究院与江苏东珠景观股份有限公司签订全面合作协议。在签约仪式上，“中林东珠（北京）景观设计研究院有限公司”、“中国林业科学研究院—江苏东珠景观股份有限公司科技成果应用推广基地”、“中国林业科学研究院—江苏东珠景观股份有限公司风景园林硕士实习研究基地”揭牌。

6日 “幸福锡山”2010优秀文艺节目巡回展演在鹅湖镇拉开帷幕。该巡回展演送演出到基层，丰富人民群众的精神文化生活。

6~7日 锡山区在浙江大学举办全区新闻发言人培训班。锡山经济开发区、各镇（街道）和各部门的新闻发言人以及宣传干部共50余人参加培训班。锡山区委常委、宣传部部长高燕出席开班仪式并讲话。

7日 锡山区委书记朱爱勋在锡州花园酒店会见以色列驻上海领事馆总领事艾雅克一行，双方就世博会以色列馆的迁馆事宜进行磋商交流。

9日 无锡锡山—丹麦拜瑟克伦合作洽谈会在锡州花园酒店举行。无锡市、锡山区领导方伟、朱爱勋、周文栋与丹麦拜瑟克伦城市联合体商务考察团就推进锡山经济开发区、高铁站商务区与丹麦方面的合作交换了意见。

11日 红豆集团党组织与其108家优秀供应外协企业党组织在红豆集团会议中心签订“深化统筹共建、结对创先争优”党建协议书，首开民营企业大规模与其外协单位党建“共建”先河。

15日 红豆集团与江苏省信用再担保公司在锡州花园酒店举行产业与金融资本互动股权投资签约仪式。根据协议，红豆集团投资1亿元入股江苏省信用再担保公司，首期投资入股金额5000万元。

16日 以日本《每日新闻》东京总社外信部副部长海保真人为团长的日本新闻协会第28次访华团一行到锡山区考察新农村建设情况。

17日 无锡市老年书画“三进”活动推进会在锡山区召开。江苏省老年书画研究会会长张秉铎、无锡市老年书画协会会长徐武、各区老年书画协会等20余人参加会议。

19日 无锡农村小额贷款协会成立大会在锡州花园酒店召开，无锡市委副书记赵旻、副市长王国中共同为无锡农村小额贷款协会揭牌。

26日 由环境保护部有关领导和专家组成的无锡市创建国家级生态市技术评估组一行，在锡山区委常委、常务副区长蒋群的陪同下，实地检查锡山区生态建设情况。

27日 2010无锡锡山房地产项目（香港）投资推介会举行。推介会上，锡山区共推出经营性地块38幅，合计377.13公顷。

28日 缤纷农博嘉年华暨虹越园艺家开幕式在无锡现代农业博览园鱼跃广场举行，缤纷农博园——国庆七天农趣乐嘉年华活动启动并迎接首批游客。

28日 在上海召开的“世博城市之星”评选活动总结表彰大会上，江苏新日电动车股份有限公司获“优秀组织推广企业”奖，成为上海世博会项目赞助商级唯一一家受表彰的中国企业。

30日 无锡产业发展集团有限公司与锡山经济开发区战略合作暨锡东新能源汽车产业园首批项目签约仪式在锡州花园酒店举行。锡山经济开发区与无锡产业发展集团有限公司携手打造新能源汽车产业园，首批高端合作项目落户该园。

9月 经人力资源和社会保障部批准，红豆集团设立国家级博士后科研工作站，成为锡山区首个国家级博士后科研工作站设站单位，标志着全区工作站建设质量取得质的飞跃。

10月

2~6日 在江苏省兴化市举行的“博思特门业杯”全国国际象棋少年精英赛上，东北塘实验小学学生韦奕、周相衡分别获得男子A组和8岁组冠军，张好铉获女子8岁组亚军。

9日 为期一个月的“幸福锡山”优秀文艺节目巡回展演活动的最后一站——锡北文艺专场在锡北镇泾声大戏院广场举行。年内，区、镇两级举办各类广场文艺演出61场，其中，优秀文艺节目巡回展演9场，参演人员2500人次，观众3.5万人次。

11~18日 在江苏省第十七届运动会上，锡山区参加了棒球、垒球和女子曲棍球三个项目的比赛，合计金牌数17.25枚，为无锡市代表团获全省第四的成绩作出了贡献。

12日 原江苏省政协主席、党组书记孙颔，江苏省委组织部副部长盛克勤率省十一届人大代表省直机关无锡组到锡山区，先后考察荡口古镇和中国乡镇企业博物馆。

14日　由新疆自治区伊犁州霍城县委副书记、县长扎克·左尔东率领的党政代表团一行30余人，到锡山区参观考察无锡现代农业博览园。18日下午，新疆霍城民族歌舞团在东方欢乐城以一场充满民族风情的文艺演出，表达了霍城各族人民对锡山人民的深情厚意。

15日　东港镇首届运动会在怀仁中学田径场上开幕。开幕式上，仪仗队和运动员代表队共计28个方队1000余人接受领导检阅。运动会设有乒乓球、象棋、篮球等十个比赛项目。

18日　中国锡山—芬兰企业家代表合作洽谈会在锡州花园酒店举行，双方就经济技术合作事宜进行友好洽谈。

19日　无锡诚鼎创业投资中心签约仪式在锡州花园酒店举行。该投资中心由锡山经济开发区管委会、上海诚鼎创业投资有限公司和锡山经济开发区5家企业共同出资成立，一期出资总额为1亿元，主要从事创业投资、股权投资、投资管理、投资咨询等业务。

20日　全国首家隧道施工技术与装备研究院在羊尖机械（高铁）装备产业园落户，无锡盾建重工制造有限公司同时启动建设。隧道施工技术与装备研究院是中国盾建集团拟与西南交通大学、上海交通大学、北京交通大学、华中科技大学等国内知名院校、科研单位合作打造的集产学研为一体的平台。无锡盾建重工制造有限公司总投资10亿元，总建筑面积20余万平方米，项目建设投产后，年产值约50亿元。

20~31日　2010年国际象棋世界青少年锦标赛在希腊举行，东北塘实验小学学生韦奕获男子12岁组冠军。

25日　苏州东吴证券无锡第一家证券营业部、全国第43家营业部——东吴证券无锡锡沪路证券营业部揭牌。

27日　国家林业局局长贾治邦一行10余人到红豆集团重点考察红豆杉产业发展情况。

28日　无锡市运东大包围配套工程——双泾河拓浚工程开工。该工程西起北兴塘的三坝港口，向东穿过走马塘至南桥港与北中路的交汇处，途径锡北镇、东港镇和安镇街道，全长8.3公里，是无锡市城市防洪运东大包围重要的配套工程之一，是继走马塘后锡山区境内又一项重大的水利工程。

28日　无锡市首家非公企业纪委——中国共产党江苏红豆集团有限公司纪律检查委员会成立。

31日　北京大学2011年中学校长实名推荐中学名单出炉，天一中学继续成为无锡地区唯一的校长实名推荐中学。

31日　红豆集团总裁周海江分别向七一聚源中学、七一映秀中学、七一北川职中3所学校各捐100万元，共计300万元，设立“七一红豆奖学金”，帮助和鼓励困难学生。

10月　由中国农村卫生协会组织评选的全国乡镇卫生院优秀院长表彰大会在上海举行。锡山区东北塘街道卫生院院长华路雄获“全国乡镇卫生院优秀院长”称号，并代表全国优秀院长，在大会上向卫生部领导作汇报发言。

11月

1日　北京交通大学副校长李学伟率相关院长、教授、专家等到锡山区实地考察轨道交通装备产业园。无锡市、锡山区领导谈学明、朱爱勋、华炳泉、章红新等与北京交通大学专家、教授就加强轨道交通领域产学研合作交换了意见。

1日　江苏聚慧科技有限公司和东北塘实验小学，分别凭借“淤泥固化治太湖”项目和“中国国际象棋高水平后备人才培训基地”项目，荣膺无锡市最高综合奖——“腾飞奖”。

4~5日　锡山区委副书记、区长陆志坚率团赴苏州工业园区、相城区、常熟市等地考察，学习城市规划建设、城市管理和拆迁安置等方面的先进经验和成功做法。

5日　民进锡山总支获“全国先进基层组织”称号，民进中央网站刊登介绍民进锡山总支的经验文章《加强组织建设，提升党派活力》。

7日　原国务院国资委主任李荣融一行到锡山区，视察红豆集团。无锡市副市长谈学明、锡山区委书记朱爱勋等陪同视察。

9日　由中国领导科学研究会、中共江苏省委党校、中共无锡市委、江苏省领导科学研究会联合举办的“适应新形势，不断提高领导科学发展能力理论研讨会”在锡州花园酒店召开。无锡市委常委、组织部部长陈振一致辞。

10日　锡山区律师行业团总支成立暨青年律师服务团与“530”企业结对共建活动在锡

山经济开发区科创园举行。该组织是全市首家成立的律师行业团组织。

12日　全区首家大学生村官网——云林街道大学生村官网开通。

13日　锡山区居民养老和医疗保险实施工作动员会议召开。会议明确2010年全区城乡一体居民养老、医疗保险工作的目标任务是：年底前完成到龄居民养老金发放覆盖率100%，适龄居民养老保险参保覆盖率不低于95%，居民医疗保险覆盖率不低于98%。

15日　甘肃省环保厅农村环境监督管理处处长张文荣一行到锡山区考察农村环境综合整治示范项目及农村生活污水处理技术。

15~16日　锡山区委书记朱爱勋率锡山区党政代表团赴杭州、宁波等地学习考察。

17日　江苏帝达贝轴承有限公司二期新厂落成仪式暨新品推广会举行。该公司由500强企业美国铁姆肯公司投资成立，总投资1750万美元，生产大型风电轴承、转盘轴承。

17日　东湖塘中心幼儿园举行新园落成典礼。锡山区副区长张映雪、区政协副主席黄宪辉出席庆典并为新园落成剪彩。

19日　民建锡山总支召开换届选举大会。史锡联当选为总支部主任，华红丹、刘星良、查耀金为副主任。

20日　总投资3亿元，包括两幢集办公、商住、酒店、电子交易于一体的27层“友谊大厦” 在无锡友谊钢贸城二期市场内举行项目开工奠基仪式。

22日　锡山区年轻干部培训班在锡山区委党校开班，包括全区部分“363”培养对象和部分区管后备干部在内的63人参加培训。锡山区委常委、组织部部长郑永君在开班仪式上致辞。

22日　全市首家非公企业青年科技创新创业中心在江苏聚慧科技有限公司内成立。同时，公司团支部建立。

24日　天一中学16岁少年陈奇彤获北大实名推荐资格。

25日　共青团无锡市锡山区第四次代表大会在区委党校会议中心开幕，全区近150名团员代表参加大会。团区委书记张晓庆作了题为《落实科学发展、勇担时代重任，引领团员青年为建设幸福锡山奉献青春力量》的工作报告。26日，大会闭幕。

26日　在无锡第五批土地拍卖会上，高铁站商务区推出的三幅地块均成功拍卖。其中，新华路北地块被碧桂园集团以9.21亿元的高价拍得，另两幅地块被红豆集团拍得。

26日　东亭街道春江花园社区居委会被国家减灾委员会、民政部授予“全国综合减灾示范社区”称号。

30日~12月1日　教育部、科技部“中小学科学探究学习与创新人才培养实验研究”项目实验工作会议在天一中学举行。全国130余所实验学校校长、项目负责人参加会议。

12月

1日　以江苏大明金属制品有限公司为境内主要控股公司的大明国际控股有限公司（01090.HK）在香港联合交易所挂牌上市，成为继红豆股份、希姆斯电梯后区内第三家上市公司。

4日　江苏省委常委、无锡市委书记杨卫泽率队调研锡山区科技人才工作，走访企业。无锡市、锡山区领导陈振一、朱民阳、许刚、谈学明、朱爱勋、陆志坚、郑永君、章红新等陪同调研。

6日　新加坡道益国际有限公司董事长苏益华、总裁陈光涛，深圳赛科显示器有限公司董事长陈国平一行到锡山区进行投资考察。无锡市副市长方伟在锡州花园酒店会见客商，双方就具体项目投资事宜进行洽谈。锡山区委常委、常务副区长蒋群参加会见。

9~11日　第六届APEC中小企业峰会在四川省宜宾市举行。峰会首次推出“2010APEC中国中小企业价值榜”，江苏新日电动车股份有限公司列入“年度成长标杆企业20强”。

12日　万力装饰城开业暨2010中国电动车燃油助力车及零部件展览会开幕仪式在东亭北路举行。无锡皮革城、万力装饰城、无锡摩托电动车市场、中国印刷包装城四大市场在东亭北路连为一体，无锡首个专业市场集群初具规模，总建筑面积超百万平方米。

13日　第五批中国历史文化名镇名村授牌仪式在北京举行，荡口古镇被住房和城乡建设部、国家文物局评为“第五批中国历史文化名镇”。

13日　无锡盾建重工制造有限公司与广东水电二局股份有限公司关于采购盾构机的签约仪式在锡州花园酒店举行，无锡地铁2号线隧道的施工装备将实现“本地造”。锡山区副区长章红新出席签约仪式。

16日　柬埔寨首相洪森考察红豆集团。陪同考察的有柬埔寨副首相贺南洪、国务大臣占蒲拉西，中国驻柬埔寨大使潘广学及国家、省、市、区相关领导。红豆集团总裁周海江向首相洪森介绍红豆集团的发展概况和西哈努克港经济特区的建设进展情况。占地面积11.13平方公里的西哈努克港经济特区旨在建设成纺织服装、五金机械和轻工家电等产业集群中心和出口加工基地。

19日　为期八天的第一届亚洲残疾人运动会在广州落幕，以锡山籍运动员盛玉红为领军人物的中国女子坐式排球队获得冠军，锡山籍运动员姚娟获得肢残人铅球季军。

20日　中共锡山区委二届八次全体会议召开。主要任务是，深入学习贯彻党的十七届五中全会和省市全会精神，回顾总结2010年工作，正确分析当前形势，全面部署2011年任务，研究讨论《锡山区国民经济和社会发展“十二五”规划纲要》，动员全区各级党政组织和广大干部群众，立足新起点，落实新举措，争创新优势，全力实现锡山经济社会赶超发展。

22日　江苏物联网研究发展中心农业分中心揭牌，中国科学院副院长施尔畏和无锡市副市长谈学明共同为中心揭牌。

23日　锡东科技产业园聚智创富中心项目奠基。该项目总投资约4亿元，预计于2012年10月竣工。

24日　科技部公布2010年度新认定的国家级科技企业孵化器名单，锡山经济开发区科创园成为国家级科技企业孵化器。

28日　锡东新城重点工程开竣工仪式和锡山区2010年度重点工程建设项目竣工典礼举行。江苏省委常委、无锡市委书记杨卫泽，锡山区委书记朱爱勋等领导参加。

28日　锡山区“五粮·启智”奖助学金启动。该奖助学金由无锡酒都商贸有限公司设立，初定每年8万元专项用于锡山区困难家庭儿童的教育救助。

29日　“魅力青商·慈善之夜”锡山青商会年终答谢晚会在羊尖绿羊温泉农场举行。晚会上，“锡山青商‘星’基金”成立，青年企业家们以慈善义拍的形式募集善款4.08万元，作为首批“星”基金，将用于锡山贫困学生的结对助学。

29日　锡山人民医院分院揭牌，“无锡市安镇医院”更名为“无锡市锡山人民医院分院”。　（区档案局）

（编辑：吴　霞）

● 锡山六人书画作品赏析 ●

醉之舞　（鲁金林 作）

锡山区概况

地情概要

【位置面积】锡山区位于长江三角洲腹地，江苏省东南部，无锡市东北部。南临太湖，北通长江，东邻苏州、常熟，东至上海128公里，西至南京177公里，为苏锡常中心地区，水陆空交通十分便捷。沪宁、锡澄（京沪）高速公路在区内交汇，312国道穿境而过，设立在锡山区安镇街道的京沪高铁无锡站于6月竣工并投入使用，京杭大运河贴界而过，距无锡机场仅15公里。全区土地面积399.11平方公里，耕地面积14758公顷。境内土地肥沃，物产丰富，经济繁荣，是近代民族工业和现代乡镇工业的发祥地。（区档案局）

【气候】2010年，气温偏高明显且起伏大；降水、日照总体正常，但分布不均。年内气象灾害种类多，主要表现为雷暴出现早、冬春季连阴雨（雪）多、倒春寒严重、夏季持续性高温、台风影响晚且轻、秋冬连旱，灾害损失总体不大，属正常偏好气候年景。

年平均气温16.9℃，年极端最高气温38.7℃，年极端最低气温零下5.6℃。其中，8月酷暑，4月严重倒春寒。全市日最高气温35℃及以上的高温日数27天，日最低气温0℃以下的低温日数32天。4月16日出现终霜，平了历史上最迟记录（1961年和1987年）。根据气候学上的定义，2010年入春为4月17日，入夏为6月9日，入秋为9月22日，入冬为12月6日。

年降水量931.1毫米。空间上南部偏多、中北部正常略少；时间上冬春季偏少、夏秋季偏多。入梅、出梅均偏晚，梅雨量基本正常但分布不均且主要集中在中后期。11月上旬～12月上旬降水量不到常年同期的一成，出现秋冬连旱。

年日照时数2034.3小时。其中，1月上中旬、2月中旬、3月中旬、4月下旬～5月上旬、7月下旬～8月中旬、9月上中旬、11月上旬、11月下旬～12月上旬及12月下旬日照偏多明显；2月上旬、3月上旬、4月中旬及7月中旬日照显著偏少。

（无锡市史志办公室）

【水文】2010年，锡山区三个站点的平均雨量881.4毫米，比正常年份偏少213.7毫米，6月17日入梅，较常年晚3天。7月18日出梅，较常年晚7天。梅雨期31天，比常年平均梅雨天数长3天。梅雨期间以过程性天气为主，雨量分布较均匀，雨量119.7毫米，比多年平均少52%，比上年少34%。强降雨时段有1个，为7月11～12日，雨量为46毫米（东亭监测点），水位上涨至4.39米。

（孙奎兵）

2010年锡山区水文站水位统计表

表1

河名	站名	年最高水位		年最低水位		年平均水位（米）
		高度（米）	日期（日/月）	高度（米）	日期（日/月）	
望虞河	甘露	3.91	6/3	2.98	26/1	3.47
陈墅	陈墅	4.77	13/7	3.11	26/1	3.68

2010年锡山区水文站雨量统计表

表2

河名	年降水量（毫米）	降水天数	年最高日雨量		梅雨期雨量（毫米）
			日降水（毫米）	出现日期（日/月）	
甘露	885.7	119	71.6	26/8	98.8
张泾	844.7	110	58.3	18/8	131.4
陈墅	913.8	133	76.9	14/9	154.3

（孙奎兵）

【人口】2010年末，全区户籍总户数12.41万户，总人口414136人，其中，男性人口203219人，女性人口210917人。全年出生人口3111人，其中，男婴1545人，女婴1566人；死亡人口2993人。全年人口自然增长118人，人口自然增长率0.29‰。（刘异伟）

【区划建置】商末（约公元前12世纪），古公亶父（周太王）之长子泰伯，为让位于三弟季历，偕二弟仲雍南奔南蛮，定居梅里（今新区梅村街道），自号“勾吴”。汉高祖五年（公元前202年），始设无锡县，属会稽郡。清雍正二年（1724年）分无锡县为无锡、金匮两县。民国元年（1912年），又合二为一，复称无锡县，初属江苏苏常道，1927年直属江苏省。1949年4月23日，无锡解放，析城区及近郊，置无锡市，市、县分置。1983年3月，江苏省实行市管县新体制，无锡县属于无锡市。1995年6月8日，经国务院批准，撤销无锡县，设立锡山市。2000年12月，经国务院批准，撤销锡山市，分设锡山区和惠山区，隶属无锡市，沿太湖7个镇分别归无锡市滨湖区和新区。

【行政区划】2010年8月24日，锡山区政府同意蔡湾村与甘露社区合并，合并后的建制单位名称为甘露社区居民委员会，办公地点设在原蔡湾村村民委员会驻地，原蔡湾村村民委员会名称自行终止。10月20日，锡山区政府同意锡北镇在斗山花苑集中安置区设立斗山花苑社区居民委员会。暂辖范围为锡北镇八文路东，联新村南，佰仕苑小区（原八士镇政府）北，八士街区大河西，占地面积38.96公顷，总建筑面积40万平方米，现安置户数1900余户，入住人口7000余人。斗山花苑社区居委会成员职数为5～9名，办公场所设在斗山花苑小区南大门会所内。2010年末，锡山区辖4个镇、5个街道，76个行政村、40个社区居委会和1个省级开发区、1个高铁站商务区。

2010年年末锡山区村（居）委会一览表

表3

单 位	村（居）委会名称	个数（个）
东亭街道	东街社区 柏庄一村社区 桑达园社区 春江花园社区 门楼社区 柏庄社区 长流社区 春星社区 春合社区 庄桥社区 北街社区 东亭社区 新屯社区	13
安镇街道	鑫安社区 吼山社区 谈村社区 白丹山村 大厍头村 先锋村 查桥村 山河村 春光村 安南村 胶西村 安西村 胶山村 胶南村 安镇村 团结村	16
羊尖镇	羊尖镇社区 羊尖村 南村村 宛山村 廊下村 南丰村 严家桥村 丽安村 龙凤巷村	9
鹅湖镇	人民路社区 青虹路社区 甘露社区 鹅湖村 青荡村 三新村 圆通村 新桥村 圩厍村 群联村 松芝村 燕水庄村 彩桥村	13
东北塘街道	严埭社区 锡通社区 东北塘社区 梓旺新村社区 裕巷村 埭坝村 大马巷村 正阳村 锦阳村 梓旺村	10
锡北镇	八士社区 张泾社区 斗山花苑社区 新坝村 八士村 联新村 劲丰村 斗山村 春风村 东房桥村 光明村 寨门村 泾西村 泾新村 新明村 周家阁村	16
东港镇	东湖塘社区 港下社区 湖塘桥社区 蠡滙西社区 东湖村 朝阳村 东升村 黄土塘村 亚光村 东青河村 东南村 华东村 新巷村 张缪舍村 港东村 山联村 勤新村 港南村 陈市村	19
云林街道	仓下社区 钱家庄社区 长大厦社区 春象社区 杨亭社区 春雷社区 竹园社区 新农丰社区 蓉阳村 芙蓉村 双桥村	11
厚桥街道	厚桥社区 南桥头村 年余村 太芙村 新联村 新厚桥村 嵩山村 中东村 谢埭荡村	9

（区民政局　区档案局）

经济和社会发展

【经济发展】2010年是“十一五”规划的收官之年，全区上下围绕区委、区政府“赶超发展”的总目标，开拓创新，扎实工作，实现了全区经济社会持续平稳较快发展，全面完成了区二届人大三次会议确定的目标任务。

新兴产业培育初显成效，产业转型创出新绩。战略性新兴产业培育发展成效明显。加快战略性新兴产业培育发展，出台《锡山区战略性新兴产业培育发展六年行动计划（2010～2015年）》，重点培育发展新材料、新能源和新能源汽车、智能传感（含智能电网）、生物产业（生物医药和生物农业）、信息服务（含软件、服务外包产业）、文化创意六大战略性新兴产业，2010年，六大新兴产业实现营销收入415.8亿元，比上年增长20.5%。产业转型提升取得积极进展。工业经济优化调整，规模以上工业总产值占全部工业总产值的比重为89%，比上年提高2.2个百分点；高新技术产业增加值占规模以上工业增加值比重为45%，比上年提高2.4个百分点。现代服务业较快发展，积极推进生产性企业实施主辅分离，加快宜家购物中心等城市综合体建设，服务业投入比上年增长41.8%，服务业增加值占GDP比重提高1个百分点；全区服务外包接包合同协议金额比上年增长58.3%；全区商品房成交面积为102.1万平方米、成交金额为54.7亿元；全区完成旅游接待人数92万人次，实现营业收入9033万元。现代农业加快推进，全区新增高效农业面积407.8公顷；生物农业产业园启动建设，成立无锡—浙大生物农业研究中心；锡山台湾农民创业园加快推进，无锡现代农业博览园进一步拓展内涵，30个村级农业园区初步建成。

项目建设量质齐升，专业园区加速发展。加快重点项目建设。2010年完成全社会固定资产投资324.25亿元，比上年增长27.9%。全区重点推进的85个重大产业项目，13个项目列入市级重点项目，85个项目全年完成投资85.6亿元。其中，江苏通用科技200万套子午线轮胎项目、日月合金项目、大明加工中心一期等36个项目新开工建设；宏源纺机、新广联科技、动力工程一期、华能电缆等36个续建项目加快建设；开普机械二期、兴达泡塑、江苏通用科技80万套子午线轮胎扩产等4个项目竣工投产。加强项目投入产出评估。出台《全区工业项目和生产性服务业项目发展水平评估实施标准（试行）》，从产业水平、投入强度、产出密度、税收贡献、能耗和环境评价等方面对投产项目做综合评分、全面评估，加强项目产出监测，提升项目准入门槛，推动全区项目建设水平不断提升。加速专业园区建设。12个专业园区全部完成产业发展规划和园区建设规划编制，全年完成基础设施投入32.8亿元（包括环境建设方面投入），达成高端合作意向项目29个，引进注册资金2000万元以上企业60家。

招商引资成效显著，外贸出口结构优化。利用外资增长明显。2010年完成到位注册外资3.51亿美元，比上年增长21.6%；工商登记协议注册外资4.85亿美元，比上年增长125.6%。外贸结构不断优化。出口保持快速增长，全年完成进出口总额35.6亿美元，比上年增长40.7%，其中，出口额完成24.0亿美元，比上年增长39.2%。出口骨干企业贡献增强，无锡兴达泡塑新材料有限公司、江苏新大陆太阳能电力有限公司、无锡豪普钛业有限公司等企业出口额快速增长，全区年出口额超千万美元的企业增至55家。出口结构不断优化，一般贸易出口占比为62.7%，高新技术产品出口占比为22.4%。企业“走出去”步伐加快。全年完成境外投资额7024.5万美元；西哈努克港经济特区建设取得新进展，建成5000平方米标准厂房10栋，10家企业入驻，5家企业投产。

人才引育加快实施，创新驱动不断增强。“锡山百人计划”进展顺利。全年初创式人才（“530”人才）注册落户43名（家），嫁接式人才10名、创新人才4名与企业签约；引进生物农业领军型人才（“130”计划）7名；培养高技能人才236名；培育年销售收入超千万元“530”企业6家。科技创新持续增强。全区R&D支出占GDP比重为2.5%。新批省级高新技术企业12家、省科技支撑计划项目4项、省创新基金4项，新批省重大科技成果转化专项资金项目3项；新增省级院士工作站6家、国家级博士后工作站1家、省级博士后工作站3家、省级工程技术研究中心9

家、省级企业技术中心1家。全年完成专利申请数4585件，其中，发明专利706件；专利授权数5136件。集约发展水平提升。园区工业销售收入（含锡山经济开发区）占全区工业经济总量的比重为60%，技改投入占工业投入比重为64.2%。节能减排顺利推进。万元规模以上工业增加值水耗比上年下降5%。加大产业整合整治力度，推动化工行业、黑色金属冶炼及压延行业整合整治。

财政增收态势良好，金融环境有效提升。财政收入增长较快。2010年完成财政总收入108.25亿元，比上年增长85.6%；完成一般预算收入36.08亿元，比上年增长27.5%。税收占一般预算收入比重为89.3%。金融支撑效应明显。2010年，驻区金融机构各项存款余额为560.09亿元，比年初增加73.72亿元；各项贷款余额为438.07亿元，比年初增加77.65亿元；全区存贷比为78.2%，比上年提高4.1个百分点。农村金融快速发展，年内新增农村小额贷款公司4家，累计发放贷款26.2亿元；锡山村镇银行成功获批。资本市场融资取得突破。大明国际控股有限公司香港联合交易所挂牌上市，全区上市公司增至3家，上市重点培育企业为24家；全年完成资本市场直接融资额16.8亿元，其中，大明国际控股有限公司香港上市募资5.25亿港元，红豆集团、江苏晶石科技集团有限公司运用非金融企业债务融资工具募资9亿元；5家企业私募股权融资2.63亿元，其中，无锡兴达泡塑新材料有限公司私募股权融资1.09亿元，江苏赛福天钢绳有限公司私募股权融资0.72亿元。

【城乡建设】新城建设有力推进。围绕尽快形成新城框架的目标，锡东新城开发建设加快推进。水岸佳苑、山岸佳苑等安置房工程时序推进；轨道交通2号线及高铁站区配套基础设施工程全面实施，锡山大道、新韵路、东安路、润锡路等15条道路建成，路网框架体系基本成形；九里河改道、芙蓉塘西延和新横塘河开挖工程顺利竣工，新开河道5.8公里；锡山湿地公园地形整理基本完成，锡东高级中学、天一实验学校、水岸佳苑幼儿园等公建配套工程全面启动；核心区街区设计、地下空间利用规划、道路景观规划等重要规划编制完成。城乡基础设施不断完善。建成北中路东段、公园路、云林路、芙蓉四路西段等道路工程，基本完成柏庄路、新明路、资景路改造，启动建设大成路东延、廊下路。新辟公交线路10条，优化公交线路5条，新建公交候车亭30个。完成危桥改造340座。新铺设一、二级污水管网90.7公里，完成东港污水处理厂二期扩容工程。城乡生态建设全面加快。全面启动运东大包围二期——双泾河拓浚工程，加快推进走马塘拓浚延伸工程，完成锡北运河、大塘河、潘墅河等区级河道综合整治；全面推进“河长制”管理，河容河貌得到较大改善，河道水质明显提升。完成绿化造林513.73公顷，城镇新增绿地100万平方米，林木覆盖率提高0.84个百分点；创建绿色家园示范镇2个、绿色家园示范村33个，建成省级村庄绿化整体推进区。全面推进村庄整治工作，246个村庄完成综合整治。推进生活垃圾无害化处理，全区生活垃圾无害化处理率保持100%。全区环境质量综合指数为90.5。

【社会事业】富民工作加快推进。2010年实现城乡劳动力就业6796人，本地农村劳动力充分就业率为93.1%，认定创业实习基地6个、创业孵化基地6个；城镇居民年人均可支配收入比上年增收2646元，农民年人均纯收入比上年增收1541元。社会保障进一步完善。实现社保扩面3.28万人，净增缴费人数1.7万人，城乡基本社会保险覆盖率为98.87%；加强被征地农民保障，年内两次提高政府保养金标准，全年落实保障资金5.4亿元；深入实施“老年居民幸福工程”和“医疗惠民工程”，减免各类医疗费用889.7万元；加快发展老年服务设施，完成锡北、港下敬老院改扩建工程。健全社会救助机制，加大深度贫困家庭帮扶力度，“低保”标准提高至月人均420元，全年发放“低保”资金1910.4万元、安排使用慈善资金1900余万元。教育发展水平有效提升。积极创建义务教育高位均衡发展示范区，建成东亭实验小学、东湖塘中心幼儿园、查桥紫金新城幼儿园，投入1.98亿元改善相对薄弱学校办学条件，完成校舍安全加固改造2.3万平方米，义务教育学校教育装备基本达到省Ⅱ类标准，建成省基础教育课程改革先进区。文体卫生事业全面推进。中国乡镇企业博物馆建成开放，锡山天一体育馆主体工程基本完成，荡口古镇保护性修复工程加快推进，锡剧团改革顺利完成，江苏省第十七届运动会上夺得17.25枚金牌。深化医药卫生体制改革，认真落实基本药物制度；实施医疗结报补偿和医疗救助近57.6万人，金额为7418万元。社会管理不断加强。认真开展第六次全国人口普查；实现区、镇、村三级世代服务体系全覆盖，流动人口计划生育服务管理率为90%。此外，人武、“双拥”、审计、民族、宗教、档案等工作均取得了新进展。

（孟振华）

精神文明建设

【概况】2010年，锡山区精神文明建设工作在区委、区政府的正确领导下，以科学发展观为统领，以建设社会主义核心价值体系为根本，巩固提升两届文明城区的创建成果，大力推进群众性精神文明创建工作，着力提升市民道德素质和社会文明程度，不断增进精神文明建设实效，为加快全区赶超发展提供强大的精神动力和思想保证，营造良好的社会环境。

【狠抓文明城市（城区）创建】全年涉及中央、省、市三级六次公共文明指数暗访测评，测评成绩与第三届无锡市文明城区评选和年度科学发展评价考核挂钩。面对测评经常化的态势，区委、区政府主要领导和分管领导高度重视，1月20日召开创建全国文明城市工作领导小组暨文明委全体成员会议，总结2009年度文明城区创建工作，部署2010年度文明城市（城区）创建和精神文明建设工作目标任务。2月26日，在全区宣传思想工作会议上，文明城市（城区）创建和精神文明建设工作目标纳入2010年度宣传思想工作任务书，下发各镇（街道）和各有关部门。3月10日，区委办、区政府办转发市委、市政府《关于印发〈无锡市创建全国文明城市工作问责暂行办法〉的通知》。8月18日，召开争创全国文明城市工作动员大会，区委书记朱爱勋到会动员，向28个重点责任单位下达目标任务。9月3日，区创建全国文明城市工作领导小组召开成员（扩大）会议，区委副书记、区长陆志坚到会讲话，要求各成员以加强日常管理为重点，切实加大公共文明指数测评迎检工作力度。先后制定并下发《锡山区迎接省文明办市民公共文明指数测评工作方案》、《锡山区迎接中央文明办城市公共文明指数测评、未成年人思想道德建设测评工作方案》。组建由创建领导小组常务副组长任总指挥、副组长任副总指挥，相关街道和责任部门分管领导组成的迎检指挥部，统一协调指挥迎检和应急工作。针对“公共环境、基础设施、公共秩序、文化环境、窗口服务、市民素质”等重点方面开展专项行动，全力开展建设工地、环卫保洁、交通秩序、社区环境、学校周边环境的专项整治，实现改善城镇公共环境面貌、提升市民公共文明素质的目的。由区委、区政府分管领导牵头，组织区政府办、区住保房管局、区城管局、镇（街道）物管办、社区和物业公司等单位，以强化拆迁安置小区物业管理工作为目的，召开居住小区物业管理工作研讨会。针对居住小区、广场（公园）环境和公共设施管理等方面存在的问题，组织专门力量开展9次明察暗访，先后发出14份整改通知书、5份《创建工作简报》，曝光不文明现象，督促责任部门整改到位。

【基础性文明创建活动扎实推进】根据省市有关部门的部署，先后开展2007～2009年度省市群众性精神文明建设先进单位申报推荐工作。经过自下而上的广泛推荐，在征求相关部门意见的基础上，推荐产生“2007～2009年度无锡市精神文明建设先进单位”87个。同时，组织区文明委成员开展“2007～2009年江苏省群众性精神文明建设先进单位”申报推荐工作，21个集体被评为“2007～2009年度省精神文明建设先进单位”。

【志愿服务活动广泛开展】春节前夕，以“文明之春”为主题，全区18个志愿者服务团开展“四乐一近”（新春邻里乐、青春助老乐、新春有礼乐、群文大家乐、心情临近）行动。3月5日，200余名锡山志愿者代表参加无锡市第八届志愿者活动月锡山分会场活动暨锡山区“迎世博、讲文明、树形象”志愿者行动启动仪式。仪式上，表彰了6个志愿者服务团队，向10支“迎世博、讲文明、树形象志愿服务总队”授队旗，青年志愿者代表向全区广大志愿者发出“迎世博、讲文明、树形象”的倡议。启动仪式结束后，各志愿者团队开展各具特色的志愿服务。8月下旬，组织区级机关志愿者，每天上午8:00～8:45，在东亭街道18个主要交通路口开展文明交通协勤活动，参与志愿者达500余人次。

【市民文明素质提升活动持续开展】联合锡山国土资源分局、红豆集团、东亭街道策划开展“新习惯·新形象·新市民”市民文明素质提升工程系列活动，包括“文明新市民·幸福新生活”主题活动暨“红豆十佳歌手”颁奖仪式、“文明风·大地情”百场电影进社区活动、健康关爱行动、“关爱生命，文明出行——文明交通进社区、工地”活动、社区邻里节等内容。6月20日，与红豆集团联合举办“文明新市民·幸福新生活”主题活动暨“红豆十佳歌手”颁奖仪式，该活动集文明签名倡议、礼仪知识竞答、健康关爱、文明交通、禁毒宣传等内容于一体，红豆新市民群体接受文明新风的洗礼。6月25日，与锡山国土资源分局联合举办“文明风·大地情”百场电影进社区活动启动仪式，活动历时3个月，放映数字电影100场，放映地点遍及全区各村（社区）及部分建筑工地、外来人口集中居住区，受到市民的普遍欢迎。9月下旬，协助赛维拉假日花园举办首届社区邻里节，并组织各镇（街道）观摩，各镇（街道）根据活动方案，结合实际，举办了各具特色的社区邻里文体活动。

【新人新事不断涌现】组织开展“感动锡山”2008～2009年“十佳”新人新事评选活动，在《新锡山》、“中国·锡山”等区内媒体公布“十佳”新人新事的候选人物和事迹，接受社会各界的评议。2月26日，全区宣传思想工作会议对入选的“十佳”新人新事进行颁奖表彰。继续开展“身边好人”推荐活动，先后向上推荐华楚忠、孙必兰、蒋琴华、张儒超、辛燕金、费友英6人，东北塘街道计生志愿队爱心妈妈费友英进入中国文明网9月“好人榜”候选榜单。12月，推荐11个新人新事参加2010年度无锡市精神文明“十佳”新人新事评选，张儒超、锡山区“爱心妈妈”计生志愿者团队入围候选榜单，无锡宝尊汽车销售服务有限公司张儒超成功入选2010年度无锡市精神文明“十佳”新人新事。

【未成年人思想道德建设不断加强】根据《无锡市未成年人思想道德建设三年行动计划》，区文明办、区教育局、区文体局、团区委、区妇联、区关工委等未成年人工作部门，以12个工作项目的形式，部署年度未成年人思想道德建设工作任务。充分发挥学校德育主阵地作用，开展以爱国主义为核心的民族精神教育；通过经典诵读、“我们的节日”、夏令营、摄影大赛、爱国主义巡讲等形式，促进青少年健康成长；通过家长学校、校外辅导站、未成年人活动中心、朝阳网上家长学校等平台的合作共建、资源共享，营造有利于青少年成长的学校、家庭、社会“三结合”工作机制，做强品牌新优势。进一步做好暑期未成年人工作，制定下发《2010年锡山区青少年学生暑期教育工作意见》，让全区青少年度过安全、快乐的暑期。发挥“未成年人犯罪社会调查员制度”、“检察官讲坛”、“校外教育辅导站”、社区（村）未成年人活动中心等优势项目阵地的作用，巩固优化未成年人健康成长环境。区文明办被江苏省文明办、江苏省关工委评为“全省城乡社区校外教育辅导站工作先进集体”。在4次无锡市城区公共文明指数测评中，未成年人成长环境项目得分率居前列。

（陆平良）

组织机构和领导人员名单（2010.1～2010.12）

中共锡山区委

书　记　朱爱勋
副书记　陆志坚　华炳泉
常　委　蒋　群　张黎平
　　　　郑永君　高　燕
　　　　赵巧新
　　　　王红彦（至8月）
　　　　方宏伟（8月任）

区委办公室

主　任　陈秋峰
副主任　张锡伟　蒋新岐
　　　　唐　皓

区委研究室

副主任　唐　皓

区委机要保密局

局　长　胡永忠（至1月）

陈秋峰（1月任）

区委组织部
部　长　郑永君
副部长　孙军伟　蔡　伟
浦向民
徐建东（7月任）

区新经济社会组织党工委
书　记　浦向民
副书记　华锡炎

区委宣传部
部　长　高　燕
副部长　朱　华　张　晔

区精神文明建设指导委员会办公室
主　任　朱　华

区委统战部
部　长　华炳泉
副部长　金云元　王祖庚
丁益民（1月任）
汪海峰（1月任）

区政府侨务办公室
（1月调整为挂牌机构）
主　任　丁益民（1月任）

区民族宗教事务局
（1月调整为挂牌机构）
局　长　王祖庚
副局长　汪海峰

区委政法委
书　记　赵巧新
副书记　张骁杰　陆建荣

区社会治安综合治理委员会办公室
主　任　张骁杰
副主任　张立新（至7月）
沈　锋

区委农村工作办公室
主　任　范嘉明（至1月）
华　星（2月任）
副主任　费晨波

区委台湾工作办公室
主　任　乔金龙
副主任　马界明
陆志斌（3月任）

区政府台湾事务办公室
主　任　乔金龙
副主任　马界明
陆志斌（3月任）

区委党校
校　长　朱爱勋
副校长　周国平
杨政雷（至7月）
江兴荣
王丽霞（7月任）

区行政学校
校　长　朱爱勋
副校长　周国平
杨政雷（至7月）
江兴荣
王丽霞（7月任）

区委区级机关工委
书　记　李宪生（至1月）
虞伟军（1月任）
副书记　许虎良

区机构编制委员会办公室
（1月机构单设）
主　任　孙军伟
副主任　王华珍

区事业单位登记管理局
局　长　王华珍

区委老干部局
局　长　蔡　伟
副局长　徐仁来（至1月）
邓建华

区档案局
局　长　宋永敏
副局长　蔡宏楠　周红亚
倪　勇

区档案馆
馆　长　宋永敏
副馆长　蔡宏楠　周红亚
倪　勇

锡山区人大常委会
党组书记　吴富生
党组副书记　陈琦伟
主　任　吴富生
副主任　陈琦伟　周　挥
周建清　胡晓鹏
姚永新
协理员　黄泉欣（至4月）
杜锡明

区人大常委会办公室
主　任　朱克荣（至11月）
吕　斌（11月任）
副主任　吕　斌（1月至11月）
徐石平

区人大常委会研究室
主　任　吕　斌（1月任）

区人大常委会人事代表联络工作委员会
主　任　邓建华

区人大常委会内务司法工作委员会
主　任　王国宁

区人大常委会财政经济工作委员会
主　任　江荣平
副主任　胡建明（1月任）

区人大常委会教科文卫工作委员会

主　任　许　晔

区人大常委会环境资源城乡建设工作委员会

主　任　田金龙（至7月）
　　　　张建华（7月任）
副主任　顾国清（7月任）

锡山区人民政府

党组书记　陆志坚
区　长　陆志坚
副区长　蒋　群　周文栋
　　　　章红新　章建新
　　　　张映雪　言国强
区长助理　胡克勇
　　　　徐　洪（挂职，至1月）
　　　　胡成平（挂职，3月至12月）
协理员　曹义君　孙建南
　　　　陆南恺

区政府办公室

主　任　王立新
副主任　钱雨晨
　　　　丁益民（至1月）
　　　　席子南　张　栋
　　　　黄新丰　徐勇惠
　　　　华　星（至2月）
　　　　张京东　王美娟
　　　　叶上山
　　　　徐涵明（3月任）
党委书记　王立新
党委副书记　张　栋
纪委书记　张　栋

区政府法制办公室

主　任　盛汉平

区信访局

局　长　席子南
副局长　王安华　许孝强

区外事接待办公室

主　任　王立新
副主任　洪　叶

区级机关事务管理局（1月调整为挂牌机构）

局　长　张　栋

区发展和改革局

局　长　周忠林
副局长　陈旭东（至1月）
　　　　陈亚萍
　　　　吴健芳
　　　　虞科峰
党组书记　周忠林

区物价局

局　长　陈亚萍

区经济和信息化局（1月机构新组建）

局　长　冯锡生
副局长　沈家琪　周建新
　　　　陆兴荣　胡亚青
　　　　钱福明　戴德峰
　　　　路永明（1月任）
　　　　陈涵杰
党委书记　冯锡生
党委副书记　钱福明
纪委书记　钱福明

区中小企业局（1月新设为挂牌机构）

局　长　周建新
副局长　路永明

区乡镇企业局（1月新设为挂牌机构）

局　长　周建新

区教育局

局　长　孟静卫
副局长　周　勇
　　　　孟晓东
　　　　朱卓君
　　　　姚华芳（至3月）
　　　　吴洪明（3月任）
党委书记　孟静卫
党委副书记　陈　钢（至3月）
　　　　姚华芳（3月任）
纪委书记　陈　钢（至3月）
　　　　姚华芳（3月任）

区政府教育督导室

主　任　周　勇
副主任　倪世清

区科学技术局

局　长　陈新宇
副局长　程宇峰　汤　沸
　　　　赵又力
党组书记　陈新宇

区知识产权局

局　长　陈新宇

区人力资源和社会保障局（1月机构新组建）

局　长　孙军伟
副局长　侯虹霓　钱　伟
　　　　俞建国　戴　洁
　　　　管自力　边荣伟
党组书记　张建华（至7月）
　　　　孙军伟（7月任）

区财政局

局　长　朱洪元
副局长　匡凤娟
　　　　钱国红（至8月）
　　　　吕政威
　　　　吴建一（11月任）
党组书记　朱洪元

区财政结算中心

主　任　吴建一

区财政投资评审中心

主　任　周　耀

区监察局

局　长　黄维民
副局长　毛　晨
　　　　唐绍友（至1月）
　　　　华维晔（1月任）
　　　　张小伍（至8月）
　　　　何建忠（8月任）

区民政局

局　长　严健媛
副局长　陈国忠　李惠珍
　　　　陆　军　李伟忠
党组书记　严健媛

区司法局

局　长　童建伟
副局长　唐绍友（1月任）
　　　　谢　敏　徐　军
党组书记　童建伟

区建设局

局　长　邓重高
副局长　华　兴（1月任）
　　　　惠　宇　张健明
　　　　倪宏伟　马　赢
　　　　王　鸣（1月任）
　　　　朱雅明（1月任）
党委书记　邓重高
党委副书记　华　兴（1月任）
　　　　　　朱建英
纪委书记　朱建英

区人民防空办公室
（1月调整为挂牌机构）

主　任　华　兴
副主任　王　鸣　朱雅明

区房屋拆迁管理办公室

主　任　惠　宇

区住房保障和房产管理局
（1月机构更名）

局　长　徐　悦
副局长　谢旭东（1月任）
　　　　曹振新　王赛亮
党组书记　徐　悦

区交通运输局
（1月机构更名）

局　长　包　鸣
副局长　朱　惕　胡小坚
　　　　汪中卫（至4月）
党委书记　包　鸣
党委副书记　华　萍
纪委书记　华　萍

区重点工程建设管理办公室

主　任　包　鸣
副主任　朱　惕　马　赢
　　　　吴健刚（11月任）

区水利局
（1月机构更名）

局　长　魏　良
副局长　吴燕南（至1月）
　　　　吴嘉平（1月任）
　　　　陆汝明　许正东
党委书记　魏　良
党委副书记　许正东
纪委书记　许正东

区农林局

局　长　吴建伟
副局长　徐仁元　张锦标
　　　　胡建伟
　　　　徐涵明（至3月）
　　　　吴燕南（1月任）
　　　　蒋红梅　华　翊
党委书记　吴建伟
党委副书记　徐仁元
纪委书记　徐仁元

无锡市现代农业开发试验区

主　任　吴建伟
副主任　徐仁元
　　　　徐涵明（至3月）
　　　　张锦标（3月任）

无锡锡山台湾农民创业园管委会

主　任　言国强
副主任　吴建伟　徐仁元
　　　　徐涵明（至3月）
　　　　张锦标（3月任）

区农业资源开发局

局　长　张锦标

区商务局
（1月机构新组建）

局　长　陈荣伟
副局长　谢仁荣　华红丹
　　　　丁　磊

区旅游局
（1月新设为挂牌机构）

局　长　陈荣伟

区卫生局

局　长　黄永炎
副局长　石国洪　孙根福
　　　　赵　征
党委书记　黄永炎
党委副书记　耿　华
纪委书记　耿　华

区红十字会

会　长　张映雪
副会长　张满江

区人口和计划生育局

局　长　周叙珍（至7月）
　　　　过文洁（7月任）
副局长　朱莉敏　戴伟东
　　　　郑洁华
党组书记　周叙珍（至7月）
　　　　　过文洁（7月任）

区审计局

局　长　方云生
副局长　顾国清（至8月）
　　　　华义良

刘水长
钱国红（8月任）
党组书记 方云生

区环境保护局
局　长　王　彪
副局长　党　政　浦惠民
殷晓伟
党组书记 王　彪

区安全生产监督管理局
局　长　唐珏如
副局长　缪可为 林伟庆
党组书记 唐珏如

区城市管理局
（1月机构单设）
局　长　朱晓军
副局长　吴嘉平（至1月）
毕惠波（至8月）
张文龙　马新华
党组书记 朱晓军

区文体局
局　长　周皖红
副局长　曹俊伦　宋铁军
程铭心
党组书记 周皖红

无锡中国乡镇企业博物馆
（7月机构新设）
馆　长　周皖红
副馆长　程铭心

区统计局
（1月机构调整）
局　长　陈旭东
副局长　华晓东
韩　薇（7月任）
党组（7月新设）书记　周忠林

区粮食局
局　长　邹纬青
副局长　陈德平（至8月）
周国英
陈云山（1月任）
张立新（8月任）
党组书记 邹纬青

区行政服务中心
主　任　蒋　群
副主任　丁益民（至1月）
钱雨晨（1月任）
钱　敏　徐沫泉

区供销社
主　任　沈家琪
副主任　朱　坚
党委书记　冯锡生
党委副书记 朱　坚
纪委书记　朱　坚

区土地收购储备中心
主　任　沈　强

天一中学
校　长　沈茂德
党委书记　冯　朴
副校长　朱卓君　许　芹
陈梦俭
陈志刚（1月任）

教师进修学校
校　长　方　琦
书　记　方　琦
副校长　陈小玮
王　讯（1月任）

区医院
院长、党委书记　许长征

区卫生局卫生监督所、
区疾病预防控制中心
主　任　冯建良
书　记　张坚强（12月任）

锡州花园酒店
总经理、党支部书记　凌志刚

政协锡山区委员会
党组书记　周积生
党组副书记　黄宪辉
主　席　周积生
副主席　黄宪辉
过兴南（至12月）
毛　晨　石国洪
朱大风　张鹤高
朱卓君
协理员　周积生（12月任）
过兴南（8月至11月）
陆　初（8月任）
王　剑

区政协办公室
秘书长、主　任
俞纪根（至12 月）
宋吉雯（12月任）
副秘书长、副主任
戴锡军
宋吉雯（至12月）
莫祚文

区政协提案委员会
主　任　辛伯庆（至7月）
周叙珍（7月任）

区政协经济科技委员会
主　任　陆松生（至3月）
陈荣伟（3月任）
副主任　汤　沸（3月任）

区政协文教卫体委员会
主　任　谢群艺（至3月）
副主任　查耀金（3月任）

区政协人口资源环境和城乡建设委员会
副主任　过文洁（9月任）

中共锡山区纪律检查委员会
书　记　张黎平
副书记　黄维民　周嘉模
常　委　滕　卫（至7月）

张小伍（7月任）
马明初
办公室主任 何建忠（至7月）
周品飞（7月任）
干部教育室主任
何建忠（至3月）
信访室主任 马明初
案件审理室主任 蒋德莉
执法监察室主任 马韶军
纪检监察室主任 余宏伟
党风廉政建设室主任
周品飞（至7月）
钟 昇（7月任）
纪检监察一室主任
滕 卫（至7月）
张小伍（7月任）
纪检监察二室主任
唐绍友（至1月）
马明初（3月任）

区检察院

检察长 黄懿斌
副检察长 龚 磊 黄煜明
周燕华
金士健（11月任）
周合星（挂职，11月任）
党组书记 黄懿斌
纪检组长 周燕华（至10月）
岳有仁（10月任）

区法院

院 长 金玮琳
副院长 李 敏 洪 凌
王 春 曹 彪
党组书记 金玮琳
纪检组长 王 春

人民团体

区总工会

主 席、党组书记 马其兴
副主席 姚国新
殷群建（至1月）
李 娅
张丽芳（1月任）

团区委

书 记 张晓庆
副书记 董 斌
余佳欢（11月任）

区妇联

主 席 冯冬雁
副主席 周 奕 华颖珍

区科协

主 席 张荣兴
副主席 于振洲 李伏魁

区残联

理事长 徐卫兵
副理事长 胡永刚

区工商联

会 长 周 挥
副会长 金云元 梅锦明
戈兴栋 周海江
杨仲华 华若中
张文宝 吴 坚
党组书记 金云元

锡山经济开发区

党工委书记 朱爱勋
党工委副书记 陆志坚 陈建清
党工委委员 裴春传
陆 初（至8月）
华龙兴 陈应武
张学军 黄维民
纪工委书记 黄维民
纪工委副书记 唐维佳
管委会主任 陆志坚
管委会副主任 陈建清
裴春传
陆 初（至8月）
华龙兴 陈应武
张学军
管委会主任助理 包金明

内设机构

党政办公室主任 尤东升
党政办公室副主任 吕颖芳
党群工作部部长 于建江
党群工作部副部长 徐秋林
经济发展局局长 史锡联
经济发展局副局长
陆志斌（至3月）
朱 萍 万颖岚
财政局局长 沈炳伟
财政局副局长 周敏伟
招商局局长 朱含辉
招商局副局长 朱 艳
王 强
章建芬
建设局局长 韩邦民
建设局副局长 华小兴
胡建国
拆迁安置管理办公室主任
高兴宝
拆迁安置管理办公室副主任
张建春
安全环保局局长 蔡晓江
安全环保局副局长
滕文杰
服务外包产业园管理局局长
朱 锋
服务外包产业园管理局副局长
顾 艳
科学技术局局长 陆 军
科学技术局副局长 邓卓君
监察室主任 唐维佳
监察室副主任 薛 静
科技创业服务中心主任 陆 军
科技创业服务中心副主任
邓卓军
肖振宇（至8月）
程 涛（12月任）

无锡高铁站商务区

党工委书记 陆志坚
党工委委员 吴建元 周维科
管委会主任 周文栋
管委会副主任 吴建元 周维科

内设机构（至7月）
党政办公室（财政局）主任（局长）　章金伟
党政办公室（财政局）副主任（副局长）　邹春舫
党政办公室副主任　贾建元
财政局副局长　薛　武
经济发展和招商服务局局长
　钱红星
经济发展和招商服务局副局长
　王季燕
　辛　毅（1月任）
建设局局长　陈　伟
建设局副局长　朱　惕（至1月）　王　健
　倪宏伟（1月任）
　高晓伟
社会事务局局长　张　瑜

内设机构（7月调整）
党政办公室主任
　滕　卫（7月任）
党政办公室副主任
　贾建元（7月任）
经济发展和招商服务局局长
　钱红星
经济发展和招商服务局副局长
　王季燕　辛　毅
财政审计局局长
　章金伟（7月任）
财政审计局副局长
　邹春舫（7月任）
　薛　武（7月任）
建设局局长　陈　伟
建设局副局长　王　健
　倪宏伟
　高晓伟
社会事务局局长　张　瑜

条线驻区单位

锡山区人武部
部　长　方宏伟
政　委　王红彦（至6月）
　杨万兵（6月任）
副部长　王吕忠（至6月）
　孙战地（6月任）

无锡市公安局锡山分局
局　长　胡克勇
政　委　王少华
副局长　周　奇（11月任）
　杨建平
　潘仁忠（至11月）
　尤克林
　朱林弟（12月任）

无锡交巡警支队锡山大队
大队长　张胜明（至9月）
教导员　王学林
副大队长　周志荣　马　俊
　俞长荣

无锡市锡山工商行政管理局
局　长　王双庆
副局长　张　明（至2月）
　邵小东（至2月）
　杨　丹（1月任）
　张　强
　高建春（1月任）
纪检组长　顾静燕

无锡市锡山区国税局
局　长　胡锡琪（至3月）
　曹国平（3月任）
副局长　华士良　王茹辛
纪检组长　戴秋良

无锡市锡山地方税务局
局　长　王晓东
副局长　严卫中　陶　江
　顾建碧
纪检组长　唐春晖

无锡海关驻锡山办事处
主　任　胡克宏（至8月）
　王黎华（8月任）
副主任　王志洪

无锡市锡山质量技术监督局
局　长　华荣清
副局长　周　毅

无锡市国土资源局锡山分局
局　长　虞国平
副局长　张建中　张锦锋
　曹小龙（12月任）
纪委书记　曹小龙（至12月）
　刘锁根（12月任）

无锡市规划局锡山分局
局　长　杨自安
副局长　王春浩

锡山区公安消防大队
大队长　蒋志杰（至7月）
　沈建荣（7月任）
教导员　沈建荣（至7月）
　查贵豹（10月任）
副大队长　胡成明（至9月）
　陆育平（9月任）

锡山食品药品监督管理局
局　长　王　耀
副局长　金海荣　丁军武
纪检组长　金海荣

锡山区邮政分局
局　长　徐　颖

无锡电信分公司锡山分局
局　长　唐进华
副局长　张　延

各镇（街道）

东亭街道
党工委书记　周建伟
党工委副书记虞伟军（至1月）
　范嘉明（1月任）　谢明兴
纪工委书记　谢明兴
区人大东亭街道工委主任
　袁士明

办事处主任 虞伟军（至1月）
范嘉明（1月任）
办事处副主任 王小莺 蒋勤生
朱锦伟 包国平

安镇街道

党工委书记 吴建元
党工委副书记 张 瑜 张建华
胡建明（至1月） 吴伟鸿
过文洁（1月至7月）
纪工委书记
过文洁（1月至7月）
吴伟鸿（至1月，9月任）
区人大安镇街道工委主任
张建华
区人大安镇街道工委副主任
黄锡英 陈惠明
办事处主任 张 瑜
办事处副主任
胡建明（至1月） 李浩军
过文洁（至1月） 高晓伟
吴伟鸿（1月至10月）
陆 敏（1月任）
刘人大（10月任）

羊尖镇

党委书记 李佩东
党委副书记
鲍雪峰 李杏根
纪委书记 李杏根
人大主席 周寿良
人大副主席 管丽芬（至9月）
镇 长 鲍雪峰
副镇长 周祖义 周凤南
张建国 顾敏霞
顾正强（4月任）

鹅湖镇

党委书记 任 栋
党委副书记 郁 枫
徐瑞根（至7月） 钱 斌
纪委书记 钱 斌
人大主席 徐瑞根（至7月）
任 栋（7月任）
人大副主席 华海珠
镇 长 郁 枫
副镇长 李 立
华维晔（至3月）
余剑铭 司建新
徐 洁
蒋红江（3月任）

东北塘街道

党工委书记 华 炜
党工委副书记 曹敏伟
吕 斌（至1月）
陈 钢（3月任）
纪工委书记 吕 斌（至1月）
陈 钢（3月任）
区人大东北塘街道工委主任
丁伦元
区人大东北塘街道工委副主任
朱 星
办事处主任 曹敏伟
办事处副主任
张丽芳（至1月）
钱献忠 许雷亮
陈 云
何鸣宇（3月任）

锡北镇

党委书记 蔡 昌
党委副书记 陶 波
张 盛 殷旭东
纪委书记 张 盛
人大主席 王红一
人大副主席 李 松（至1月）
李 辉（1月至9月）
镇 长 陶 波
副镇长 殷旭东
李 辉（至1月）
王培军 朱一丹
王 杰
李 松（1月任）

东港镇

党委书记 张 杰
党委副书记 徐志军
李金亭 陆晓波
纪委书记 李金亭
人大主席 陈祖林
人大副主席
孙岳彪（至7月）
陆凤清（至7月）
镇 长 徐志军
副镇长 陆晓波 张 岩
马益明 钱岷丹
沈 勇
陈 忠（7月任）

云林街道

党工委书记 陈建清
党工委副书记
唐中明 浦征宇
纪工委书记 浦征宇
区人大云林街道工委副主任
浦征宇
办事处主任 唐中明
办事处副主任 袁振宇
万 新 陶继东

厚桥街道

党工委书记 陈建清
党工委副书记
王利江 王 澄
纪工委书记 王 澄
区人大厚桥街道工委副主任
王 澄
办事处主任 王利江
办事处副主任 李杏兴 钱晓东
保海燕

（区委组织部 区档案局）
（编辑：吴 霞）

中共锡山区委员会

综 述

2010年，中共锡山区委带领全区各级党政组织和广大干部群众，紧紧围绕“赶超发展”战略任务，牢固确立“高点定位、高端合作、高品质环境打造”的“三高”原则，振奋精神，开拓进取，全区经济社会保持平稳较快发展的良好态势。全年实现地区生产总值402.82亿元，可比价增长13.7%。完成财政总收入108.25亿元，其中，一般预算收入36.08亿元，比上年增长27.5%。城镇居民年人均可支配收入27846元、农民年人均纯收入13974元，分别比上年增长10.5%和12.4%。

加速创新提升，产业转型态势成形。以培育新兴产业、提升主导产业、调整传统产业为主轴，形成“增长稳健，结构趋优，转型加速，布局明晰”的工作格局。一是以结构调整提升产业竞争力。大力实施战略性新兴产业培育发展六年行动计划，积极推进10大产业调整和提升（发展）行动计划，全区6大新兴产业实现产值420亿元，比2009年增长21.7%，大明国际控股有限公司实现香港上市；服务外包、研发设计、动漫创意等高端服务业加快发展，完成接包金额3.8亿美元、离岸外包合同协议金额2.1亿美元。二是以科技人才抢占发展制高点。大力实施“锡山百人计划”和生物农业领军型创业人才“130”计划，深入开展“科技直通车”等政产学研合作与高端项目推介活动。全年引进“130”计划人才7名、“双高”人才89名、海归人才83名，与科研院校战略合作共建中航（无锡）绿色能源产业园、无锡传感网应用开发中心、锡山智能电网研究中心等创新载体。三是以重点园区集聚发展增长极。锡山经济开发区国茂AVS（我国具备自主知识产权的第二代信源编码标准）产业园、长甲Office-Park（低密度、花园式办公）、鹰普机械、正乾生物等项目全面启动，12个专业园区的形态开发和产业构建全面推进，盾建重工、澳美机械等一批重点项目成功落地，“三创”载体面积累计超70万平方米，区、镇、村三级农业园区扎实推进，总投资1.1亿元的30个村级农业园区基本建成。

深化城乡一体，城市发展走向纵深。完善基础设施建设，提升综合服务功能，城市面貌全面提升、加速转变。一是立足“高点定位”，新城建设加快步伐。核心区城市设计等三项基础性规划设计形成最终成果，东部片区城市设计等全部完成，锡山大道、新韵路、润锡路、先锋路等道路全面竣工，锡东高级中学、锡山湿地公园等项目启动建设，九里河、芙蓉塘、新横塘河工程顺利竣工，“四横八纵一环”骨干水系格局加速构建，一批高端住宅楼、城市综合体项目成功落地。二是坚持“建管并重”，城市经营高效实施。与知名集团共同进行太湖大道南地块等重点地区的形象策划和整体开发，知名地产开发企业入驻锡山区，宜家购物中心等城市综合体加快建设，晶石国际中心等高端商务楼建成完工。三是突出“统筹协调”，城乡一体深入推进。全面推进拆迁安置工作，全年完成拆迁项目92个553.8万平方米，新开工安置房面积213万平方米，施工面积454.7万平方米，竣工面积83.9万平方米。新农村建设力度加大，全年村均可支配收入达379.8万元，合作社分红总额为5700万元。

落实环保优先，生态质量持续改善。以开展水生态综合整治六大工程为重点，扎实推进节能减排、创新环境保护机制、大力开展生态修复。启动实施黑色金属冶炼及压延加工行业、化工行业整合整治三年行动计划，基本完成500万元规模以下小化工企业整治任务，淘汰200万米印染落后产能，COD和SO_2累计削减率分别为32%和58.7%。东港污水处理厂二期扩容工程全面完成，东亭污水处理厂中水回用工程基本建成，运东大包围二期——双泾河拓浚工程全面启动，走马塘拓浚延伸工程加快推进。全年铺设一、二级污水管网90.7公里，建成排水达标区212个，完成企事业单位截污接管1.27万家。启动大气污染防治三年行动计划，空气质量良好以上天数比例提升至94.2%，环境质量综合指数为90.5。黄土塘村和谢埭荡村被省环保厅列为2010年农村环境综合整治示范村，全区省级生态村比例超过58%。编制出台《锡山区2010年度农村环境连片整治计划》，锡北运河片区被列为全国首批农村环境连片整治示范地区。完成绿化造林513.73公顷，创建绿色家园示范镇2个、绿色家园示范村33个，林木覆盖率提高0.84个百分点，建成省级村庄绿化整体推进区。

明确幸福取向，民生事业均衡发展。着力提升城乡统筹水平，大力发展社会公共事业，全力维护社会和谐稳定。就业体系更加完善，深入开展重点人群就业专项促进活动和“共同提升行动”职业培训计划，培训城乡劳动力12294人，实现城乡劳动力就业6796人，当地农村劳动力充分就业率为93.1%；新建创业实训基地6个、创业孵化基地6个，创业带动就业5868人。保障网络更加健全，加快推进社会保险扩面工作，城保扩面净增缴费人员1.7万人，被征地农民年内两次提高政府保养金标准，全年发放保障资金5.4亿元，1.7万企业退休人员纳入社区管理；农村“双置换”工作稳步开展，置换农村承包地面积1066.67公顷，腾让农村宅基地224.67公顷，2.4万农村居民纳入置换保障体系。社会事业协调推进，加快创建义务教育高位均衡发展示范区，义务教育学校教育装备基本达到省Ⅱ类标准，建成省基础教育课程改革先进区；稳步推进医药卫生体制改革，新型农村合作医疗参合率为99.98%，卫生服务体系健全率为100%，城乡居民到社区卫生服务机构就诊率为83%；积极推动文化发展，“百村康乐”工程深入推进，区、镇（街道）、村（社区）、文化开放户四级公共文化服务网络基本构建，中国乡镇企业博物馆建成开馆，荡口古镇保护性修复工程深入开展，锡剧、吴歌等非物质文化遗产项目在创新发展中实现保护传承。社会大局和谐稳定，加快“平安锡山”、“法治锡山”建设，不断健全“大信访”、“大调解”、“大防控”体系，扎实推进“三项排查”、“两项治理”，覆盖城乡的社会保障安全网基本建立；人武、“双拥”、统战、对台、民族、宗教、档案、人防等各项工作全面加强；工会、共青团、妇联、科协、残联、工商联事业健康发展。

坚持改革创新，发展活力充分激发。致力于加强党的执政能力建设，积极推动政府职能转变，惩防体系、党风廉政、作风效能等建设得到全面加强。政府职能更趋优化，区级机构改革和乡镇机构改革全面完成，绩效制度改革和行政审批改革全面深化，事业单位改革得到深化，深入推进教育、卫生、文体管理体制改革。执政基础逐步夯实，顺利完成村（社区）换届选举，规模企业党组织动态单建率保持100%，企业党组织覆盖率为75%；深入推进企业党组织规范化建设，积极开展“一强两好”（党建强、服务企业转型发展好、促进和谐企业建设好）党组织创建活动，全面开展基层党组织和党员公开承诺践诺活动以及机关部门、村（社区）、规模企业“三方结对共建，携手创先争优”活动。干部活力有效激发，深入推进干部人事制度改革，提前1年完成年轻干部培养“363工程”（从2009年起，通过3年努力，在全区培养60名以上第一学历本科以上、30岁以下的中层正职年轻干部，通过上岗压担、培训提能、轮岗交流等方式，帮助和促进年轻干部提高素质能力、尽快锻炼成熟起来，为加强领导干部队伍建设提供优质后备资源）3年工作目标；积极开展学习型党组织、学习型领导班子建设活动，组织开展7次中心组报告会和锡山论坛；精心制定并组织实施2010年区管领导干部培训计划，先后举办7期领导干部培训班和年轻干部培训班。党风廉政和作风效能建设见效明显，制订出台《锡山区党风廉政和惩防体系建设2010年工作项目》、《锡山区部门内控机制建设2010年工作要点》、《锡山区2010年纠风工作实施意见》和《锡山区部门内控机制建设评价办法（试行）》等多项举措，深入推进区、镇两级开展部门内控机制建设工作。监督检查深入有力，对全区各项重点工作开展监督检查，推进工程建设领域突出问题专项治理、水生态综合整治专项督察、小金库专项治理、拆迁安置专项检查、党政组织执行力专项检查。（陶　金）

重要会议

【全区经济工作暨转型促进年动员大会】1月30日在区委党校会议中心召开。会议深入贯彻区委二届七次全会精神，在回顾总结2009年经济工作的基础上，研究分析当前形势，安排部署全年经济工作，进一步动员全区上下以开展转型促进年活动为核心，狠抓产业升级，力促转型提升，全力推动锡山区经济社会的赶超发展。会议认为2009年全区上下牢牢把握经济工作主线，积极应对，主动作为，在危机中寻求发展机遇，在逆境中谋求稳定增长，成功扭转了金融危机带来的不利影响，经济社会发展总体保持稳定健康的良好态势。会议要求全区上下以科技创新和高端人才为支撑，突出抓好重点园区、重点领域、重点企业和重点项目，着力培育新兴产业，强力实施“锡山百人计划”，力求以重点工作的突破带动整体工作的提升，努力把锡山区建成具有较强自主创新能力和竞争优势的科技创新型城区。

【全区环境保护暨水生态综合整治工作会议】2月6日在区委党校会议中心召开。会议回顾总结2009年成绩和经验，研究部署2010年全区环境保护和生态建设工作，下达2010年度环境保护和生态建设工作任务书，动员全区各级党政组织和广大干部群众，以更大的决心、更强的力度、更实的举措推进全区环境保护和生态建设工作，促进经济社会加快转入科学发展、赶超发展的轨道。会议要求全区各级认清形势，切实增强做好环保生态建设工作的信心、决心；突出重点，加快落实环境保护生态建设工作的治本之策；精心组织，努力形成环境保护生态建设工作的推进合力，切实搞好环境保护和生态建设工作，为推动全区经济社会赶超发展，建设文明、和谐的现代化新锡山作出新的更大贡献。

【全区第三批学习实践科学发展观活动总结暨开展“幸福锡山”建设动员大会】3月1日在区委党校会议中心召开。会议深入贯彻学习市委、市政府的决策部署，全面总结全区第三批学习实践活动的成功经验和主要成效，动员全区上下以开展“幸福锡山”建设为实践载体，将学习实践科学发展观活动的成果转化为推动经济社会科学发展的动力，奋力开创锡山区赶超发展的新局面。会议指出，全区上下紧紧围绕“开创转型优化跨越发展新局面，争当实践科学发展观排头兵”活动主题，做到党员干部受教育、基层组织有加强、科学发展上水平、人民群众得实惠，圆满完成学习实践活动的各项阶段任务。会议要求各级、各部门继续以高度负责的态度，进一步强化措施，健全机制，精心组织，周密部署，全力确保各项工作落实到位。

【全区农村工作会议】3月3日在区委党校会议中心召开。会议深入贯彻党的十七届三中、四中全会和中央、省市农村工作会议指示精神，回顾2009年的“三农”工作，对2010年工作作出部署和要求，并下达2010年度农村改革发展重点工作目标任务书。会议认为，全区坚持走城乡一体、统筹发展之路，初步形成农业提升发展、农民持续增收、农村繁荣和谐的良好局面，新农村建设整体水平走在全市乃至全省前列。会议要求全区各级进一步理清工作思路，明确工作任务，从城乡一体化、现代化的要求出发，努力推动“三农”工作在新的起点上实现全面提升，重点以现代农业园区建设为载体，在提升农业综合效益上寻求更大突破；以农村“三集中”为抓手，在加快资源集中集约利用步伐上寻求更大突破；以公共服务均等化为根本，在提升农民生活质量上寻求更大突破；以加强基层组织建设为重点，在夯实农村发展基础上寻求更大突破。

【区委工作会议】7月19日在区委党校会议中心召开。会议深入学习贯彻全市加快转型发展工作会议精神，回顾总结上半年工作，正确分析当前形势，研究部署下半年及今后一个时期工作任务，进一步动员全区各级党政组织和广大干部群众，振奋精神、转变作风、攻坚克难、狠抓落实，奋力开创全区经济社会转型提升和赶超发展的新局面。会议认为2010年以来全区上下团结拼搏、真抓实干，协调推进各项工作，初步确立了转型发展优势，夯实了赶超发展基础。会议要求各级、各部门在科学发展观的指引下，坚定发展方向，强势攻坚克难，营造强大合力，进一步解放思想、振奋精神，励精图治促转型、埋头苦干快赶超，为建设文明、和谐的现代化新锡山作出新的更大贡献。

【全区经济运行分析会】10月21日在区委党校会议中心召开。会议回顾前三季度经济运行的基本情况，分析当前赶超发展面临的形势，动员全区上下按照党的十七届五中全会关于加快转变经济发展方式的要求，以实现全年工作“满堂红”为目标，继续全力加速转型赶超。会议要求全区各级充分发挥新兴产业的引领作用，加速提升转型爆发力；发挥转型载体的集聚作用，致力提升平台凝聚力；发挥拆迁安置的保障作用，全面提升空间承载力；发挥生态整治的“倒逼”作用，有效提升环境支撑力；发挥政策服务的促进作用，持续提升工作执行力，以加快转变发展方式为核心，紧盯年初确定的各项任务，大干四季度，打好攻坚战，确保完成全年各项目标任务。

【区委二届八次全体会议】12月20日在区委党校会议中心召开。会议深入学习贯彻党的十七届五中全会和省市全会精神，充分肯定“十一五”期间锡山区在经济政治、产业转型、城乡一体、生态建设、社会文化、民生改善和党的建设等各项工作中取得的成绩，回顾总结2010年工作情况，分析当前形势，就2011年工作安排作出总体部署，并研究讨论《锡山区国民经济和社会发展“十二五”规划纲要》。会议指出，要全面完成“十二五”规划主要目标任务，必须坚持以邓小平理论和“三个代表”重要思想为指导，深入贯彻实践科学发展观，坚持“高点定位、高端合作、高品质环境打造”联动，实施创新驱动战略，全面提升经济发展水平；实施城市化和城乡一体战略，全面提升区域功能地位；实施“普惠民生”战略，全面提升百姓生活福利水平，建设一个矗立无锡东部的现代化新城区。（陶　金）

组织工作

【概况】中共锡山区委组织部为中共锡山区委主管党的干部工作、组织工作和知识分子工作的工作机构，2001年设置，正科（局）级建制。内设办公室、干部科、综合干部科、干部监督科、组织科5个科室。下属全民事业单位为区党员电化教育中心。2007年9月，区新经济社会组织党工委设在区委组织部，正科（局）级建制。核定行政编制16名、行政附属编制2名、事业编制3名。

2010年，全区各级党（工）委及其组织部门按照年初确定的全区组织工作的总体要求，紧紧围绕“加快赶超发展，建设幸福锡山”工作大局，创新工作思路，狠抓举措落实，统筹推进领导班子和干部队伍建设、人才队伍建设以及基层党的建设，各项工作取得新的成绩。

【领导班子和干部队伍建设】围绕提高推动赶超发展的素质能力，开展领导班子和干部队伍建设工作。举办区管领导干部学习贯彻十七届四中全会精神轮训班，在国家行政学院举办2期区管正职领导干部培训班，在浙江大学、上海复旦大学、上海交通大学分别举办城市规划建设与管理、现代生物农业、民生建设与社会事业发展、科技创新与招才引智等专题培训班，在区委党校举办年轻干部培训班。组织制定并启动实施年轻干部外语能力提升培训三年（2010～2012年）行动计划，举办第一期年轻干部BFT（全国出国培训备选人员外语考试）培训班，43名学员全部通过考试，获得BFT高级证书。按照区委部署要求，根据班子考察考核情况，结合区级机关机构改革，实施部分班子的调整工作。继续大力组织实施年轻干部培养“363工程”，确定新一轮培养人选，提前一年完成三年工作目标。组织17名缺乏基层工作经历的培养对象分六批到区信访局进行为期两个月的挂职锻炼。

【干部人事制度改革】按照无锡市委组织部的分工，组织开展“在深入考察干部德才表现尤其是干部的德上求突破”单项改革试点工作，研究形成试点工作思路和工作意见，并在“363工程”培养对象考察中试行。完善干部选拔任用机制。认真组织实施正职选任差额推荐、差额考察、差额酝酿、差额票决工作，产生区委农办、区人口和计划生育局主要领导人选。推进扩大竞争性选拔领导干部范围，结合无锡市“305”培养对象选拔工程，对团区委副书记、锡山经济开发区科创中心副主任职位组织实施公开选拔；竞争上岗逐步成为机关中层职位主要选拔形式，一批单位部门通过公推竞岗等方式选拔中层干部。注重从基层一线选拔干部，选拔6名村（社区）党组织书记到镇（街道）领导班子中。加强干部监督管理工作。以《党政领导干部选拔任用工作责任追究办法（试行）》等四项监督制度为重点，组织开展干部监督工作政策法规的学习宣传活动；制定下发《关于严格执行〈锡山区区级机关中层干部选拔任用工作暂行办法〉等中层干部选拔任用有关规定的通知》，对选任职位、条件严格把关。建立选人用人工作情况季报制度，进一步规范干部选拔任用工作；认真学习兄弟地区开展“三责联审”的经验，组织制定“三责联审”实施办法，在离任和任职满三年的党政正职中组织实施。在镇（街道）推行“一报告两评议”制度，在街道、区级机关建立选人用人满意度调查制度。

相关链接

市年轻干部“305”选拔培养工程：用5年时间在全市范围内，重点在选调生和优秀年轻干部中每年择优选派30名30岁左右的年轻干部到乡镇街道担任主要领导或副职领导。采取培训提能、上岗压担、轮岗交流等多种方式，通过五年的跟踪管理、针对性培养，切实提高年轻干部思想政治素质和理论修养，提升领导发展、做群众工作、处理实际问题的能力，使之逐步成长为县处级党政领导干部后备人选，为领导班子年轻化、换届35岁左右干部的配备提供充裕的干部资源。

三责联审：在党委、政府统一领导下，按照干部管理权限和部门职能分工，由组织部门会同编制、审计等部门，同步联动实施党政领导干部选人用人责任审查、机构编制责任审核和任期经济责任审计。

一报告两评议：地方党委常委会每年向全委会报告工作时，要专题报告年度干部选拔任用工作情况，并在一定范围内接受对本级党委干部选拔任用工作和新选拔任用领导干部的民主评议。

【人才工作】围绕增强人才意识，组织开展“弘扬‘四千四万’（走遍千山万水、吃尽千辛万苦、说尽千言万语、历经千难万险）精神，建设锡山人才高地”大讨论活动。围绕充分发挥企业引才用才主体作用，组织开展“锡山百人计划”进企业宣传月活动。组团赴欧洲开展招才引智宣传推介活动，建立海外引才法国、德国、日本工作站，聘请5名海外引才顾问。认真贯彻落实无锡市委、市政府人才工作会议精神，结合锡山区实际，组织起草《锡山区建设战略性新兴产业人才高地实施意见》。大力推进“三创”载体建设，构筑人才集聚平台，国家级博士后工作站实现零突破，红豆集团成为全区首个国家级博士后工作站设站单位，新增省级博士后工作站3家、省级院士工作站6家、市级院士工作站5家，无锡高精科技农业有限公司获批江苏省引进国外智力成果示范推广基地。在突出抓好海外高层次创新创业人才引进工作的同时，统筹推进各类人才队伍建设。全年全区共引进各类人才6541名，其中，“双高”人才89名，海归人才83名，新增无锡“千人计划”初创式人才注册落户项目43家、嫁接式人才10名、创新型人才4名，入选市“130”计划7名，培养和引进高技能人才236名，其中新技师25名。

【基层党建工作】认真做好基层党组织换届工作，突出选优配强支部书记，一批素质好、能力强、群众认可度高的优秀人选进入村（社区）党组织领导班子。梯次结构得到完善，各镇（街道）均有1名以上35岁左右且本科以上文化程度的村（社区）党组织书记；85%的村（社区）党组织班子中有1名35岁左右且本科以上文化程度的成员。注重培养选拔优秀大学生村干部，73名村（社区）任职大学生进入村（社区）“两委”（村委、社居委）班子。“两新”（新经济、新社会）组织党组织书记的文化、年龄结构得到改善。继续抓好“两新”组织党组织的扩面工作，规模企业党组织动态组建率保持100%，企业党组织覆盖率由2009年的72%扩大到75%。深入推进企业党组织规范化建设，根据各自特点，健全完善“三会一课”（定期召开支部党员大会、支部委员会、党小组会，按时上好党课）、党员活动日以及活动考勤、学习交流等制度。深入开展“一强两好”企业党组织创建活动，党组织和党员作用得到较好发挥。组织开展“充分发挥‘两新’组织党组织作用”专题调研，深入分析现状，研究提出着眼机制建设、促进作用发挥的初步意见。创新活动方式和管理机制，加强党员教育管理。充分发挥现代远程教育站点作用，开展党员培训工作。全面实施社区民警进村（社区）兼职工作，促进社会稳定。深入开展党员责任区、党员示范岗等活动，继续推行在职党员“五双”制度、无职党员“五有”制度和流动党员“五管”制度，促进党员充分发挥作用。组织开展优秀基层党组织书记评选、困难党员老党员走访慰问等活动。大力推进党内民主建设。按照市委、区委的工作要求，在全区村（社区）党组织领导班子换届选举中全面推行“公推直选”。建立健全党员定期评议基层党组织领导班子成员、党内事务听证会、党员议事会等制度，拓展党员意见表达渠道。加强对各级民主生活会的指导，及时全面了解下级党组织领导班子和成员的相关情况。

相关链接

在职党员“五双”制度：实行在职党员身份在工作单位和社区、村“双亮牌”，工作单位和社区、村服务“双职责”，岗位工作和社区、村服务工作“双承诺”，单位职工群众和社区、村群众“双联系”，单位和社区、村“双考核”。

无职党员“五有”制度：无职党员在所在社区、村有自愿认定的服务岗位，有做好服务工作的承诺；社区、村党组织对认岗党员有明确的职责、有交流活动制度、有考评激励机制。

流动党员“五管”制度：流动党员档案跟踪管理制度、专人联系管理制度、约时培训管理制度、考察考核管理制度、激励或诫勉谈话管理制度。

【创先争优活动】根据中央和省委、市委统一部署，锡山区自4月起在全区160个基层党组织和2.7万名党员中深入开展创先争优活动，围绕“加快赶超发展，建设幸福锡山”主题，各级组织制定开展创先争优活动的实施意见和工作推进方案，建立领导干部联系点制度和工作指导督察机制、信息报送机制。针对镇（街道）、村（社区）、“两新”组织和机关部门、学校、医院等各类基层党组织和党员的不同特点，分类设置活动载体。结合创先争优，积极探索城乡统筹的党建工作新格局，组织开展机关部门、村（社区）、规模企业“三方结对共建，携手创先争优”活动。大力推进承诺践诺活动，基层党组织和党员全面公开承诺，积极践诺。全面开展领导点评活动，促进活动扎实开展。坚持党建带群建，指导各群团组织分别形成开展创先争优活动的意见并组织实施，带动全社会创先争优。结合深入开展“讲党性、重品行、作表率”活动，各级组织部门和组工干部带头参与创先争优活动。通过创先争优活动的广泛深入开展，基层党组织和广大党员创新创优的积极性、创造性得到进一步激发，有效促进转型发展、民生建设和社会和谐稳定。

（王　洪　卢建行）

【全区党组织和党员情况】截至2010年底，全区共有基层党组织1620个，其中，直属党委13个（镇党委4个，机关办局党委9个）、二级党委15个、党总支162个、党支部1430个（包括分支部）。全区有党工委9个（锡山经济开发区党工委、高铁站商务区党工委、区级机关党工委、区新经济社会组织党工委和5个街道党工委）。全区“两新”组织中，新经济组织建非公企业党委7个、党总支9个、党支部642个（包括联合党支部）；新社会组织建党总支1个、党支部18个。2010年，全区发展党员531名，其中，女性党员228名，占发展党员总数的42.9%；35岁以下的党员366名，占发展党员总数的68.9%；大学专科以上文化的党员338名，占发展党员总数的63.7%，其中，大学本科以上文化的党员161名，占发展党员总数的30.3%。至2010年年末，全区有党员27020名，其中，女性党员6266名，占党员总数的23.2%；35岁以下的党员6095名，占党员总数的22.6%；高中、中技文化的党员5222名，占党员总数的19.3%；中专文化的党员2136名，占党员总数的7.9%；大专文化的党员4365名，占党员总数的16.2%；本科文化的党员4478名，占党员总数的16.6%；研究生学历的党员278名，占党员总数的1.0%。分布在乡镇的党员14909名，占全区党员总数的55.2%；分布在街道的党员9590名，占全区党员总数的35.5%。分布在建制村的党员9211名，占全区党员总数的34.1%；分布在社区（居委会）党员2972名，占全区党员总数的11.0%。分布在公有经济单位的党员5730名、非公有经济单位的党员6624名，分别占全区党员总数的21.2%和24.5%。　（顾　强）

宣传思想工作

【概况】中共锡山区委宣传部为中共锡山区委主管意识形态工作的机构，正科（局）级建制。负责党委中心组等各项理论学习、理论宣传和理论队伍建设方面的业务工作；负责起草区委理论学习中心组学习计划，做好相应的秘书工作，对基层党委（党组）理论学习中心组规范化建设加强指导；负责全区农村党员干部的冬训，协助做好党员教育工作；负责全区宣传干部、理论骨干队伍和事业单位政工干部的继续教育培训工作；指导、组织、协调全区思想政治工作；负责新闻舆论导向和新闻队伍建设方面的业务工作；协调重大新闻宣传活动；规划、组织、协调对外宣传工作，做好上级新闻单位采访的接待、服务工作；负责管理全区网络宣传工作，统筹协调全区互联网上的新闻宣传和舆论引导工作；负责办好《新锡山》简报；做好面向全区社会群众的宣传教育工作；负责全区专项宣传教育和宣传先进典型的工作；指导和协调各类思想政治工作研究会的工作；负责对全区文化艺术进行宏观指导和协调，组织督促指导全区群众文化的开展；组织、协调、指导和监督各类群众性精神文明创建活动及其评比活动，负责宣传推广文明创建先进典型。内设办公室、理论党教科、宣传新闻科、综合创建科、网络舆情科（挂靠在“宣传新闻科”下）5个机构，机关行政编制11名。辖无锡市锡山区宣传教育中心1个事业单位，事业编制8名。

2010年，锡山区宣传思想战线深入贯彻省市宣传思想工作会议精神和区委一系列决策部署，按照“高举旗帜、围绕大局、服务人民、改革创新”的总要求，牢牢把握正确导向，唱响科学发展主旋律，为全面推进锡山区赶超发展提供强大精神动力和良好思想舆论氛围。

【理论武装工作深入推进】加大理论学习力度。区委中心组组织各类学习19次，参加无锡市周末大讲堂胡鞍钢主讲的“十二五：背景与前瞻”专题讲座。制定《锡山区党委（党组）中心组理论学习旁听制度》，旁听所有镇（街道）和部分办局党委（党组）的中心组学习。全年组织5期锡山论坛，对论坛形式进行大胆改革创新，举办“加快赶超发展，建设幸福锡山”互动访谈式论坛，取得良好效果。拓展理论学习广度。构建信息化网络学习平台，开设网络版“理论与学习”和“理论园地”，全年发布理论文章200余篇。利用锡山宣传网下发“每月一课”党课辅导材料，切实为基层党校提供服务。对全区学习型家庭示范户进行梳理调整，并开展送书服务活动，全区有学习型家庭示范户249户，队伍更趋年轻化。党员冬训工作蓬勃开展，全年举办培训班150余期，参加人数2万余人次，参训率为95%。推进理论学习深度。把党的十七届五中全会精神、加快转变经济发展方式、战略性新兴产业发展、廉政准则、四项干部监督制度等作为区委中心组学习重点，并要求中心组成员结合区委中心工作和分管工作、理论学习和工作实践相结合开展调查研究工作。编辑出版《锡山区领导干部理论学习成果汇编（2009年度）》。

【主题教育活动精彩纷呈】营造主题教育浓厚氛围，按照无锡市“抢抓机遇，建设创新型经济领军城市”主题宣教活动，制定下发《关于在全区开展“加快赶超发展，建设幸福锡山”主题教育活动的意见》，利用各种宣传方式，对全区“加快赶超发展，建设幸福锡山”进行全方位的报道和宣传，为赶超发展营造浓厚的舆论氛围和环境氛围。丰富主题活动载体。区宣讲团召开形势政策宣讲座谈会，制定全年宣讲计划，确定宣讲专题，并在厚桥街道举行首场宣讲观摩活动，全年宣讲110余场，听讲人数1万余人。开展“我眼里的幸福”系列活动和“家和万事兴”家庭幸福创建活动，倡导社会、家庭文明新风，增加社会各界的幸福感。认真抓好服务基层、服务群众工作，开展“三服务下乡”（服务基层、服务企业、服务群众）集中活动2次。专题开展人才大讨论。根据市委、市政府“建设‘人才特区’、打造‘东方硅谷’”的决策部署和省委常委、市委书记杨卫泽在锡山区调研人才工作时的讲话精神，结合实际，制定下发人才大讨论活动意见，集中利用1个月的时间，在全区开展“弘扬‘四千四万’精神、建设锡山人才高地”大讨论活动，组织不同层面进行理论研讨和座谈会，开展“千人建言”活动，积极为锡山区人才高地建设建言献策。

【舆论引导坚强有力】精心组织，加强正面宣传声势。与各级主流媒体保持密切联系，结合中国乡镇企业博物馆开馆、缤纷农博嘉年华、高铁站商务区建设以及金秋国际经贸月等重大活动，浓墨重彩地报道全区经济社会发展中的亮点和广大干部群众高昂的精神风貌。年内在各类媒体上发表稿件和网络转载1043篇。其中，《科技日报》主编陈泉涌调研锡山区，并以专版形式报道锡山区赶超发展、科技创新方面取得的成绩，引起较大反响。统筹策划，展示良好区域形象。策划推出“锡山生态一日游”精品路线图，并与无锡锡惠公共交通有限公司联手组织开展“感受便捷交通、体验幸福锡山”活动。编辑出版《转型发展看锡山新闻集锦（2008～2009年）》，完成“风情锡山”邮册设计和“魅力锡山”MTV拍摄工作，积极筹拍《羊尖故事》农村题材数字电影。组织“二泉网”、“新浪”博客网友走进锡山区，用镜头和文字记录锡山区的美景和发展，社会反响良好。强化引导，完善内外宣传网络。针对舆情突发事件，定期编辑《舆情快报》送区委主要领导，区主要领导及时作出批示，相关问题迅速得到解决。在“中国·锡山”政府网上设立“政府答疑信箱”，及时回复网民的意见和建议，成为网上舆情疏通传播的新渠道。加强网评员、信息员业务培训，提高新闻写作、网络应对能力。同时，抓好基层宣传阵地建设，全区除个别村（社区）因拆迁搬迁等原因，其他基层村（社区）宣传栏实现全覆盖，公益广告牌数量进一步增加，宣传内容丰富多样。

【精神文明建设成效明显】抓环节，实现文明创建常态化。组建区迎检指挥部迎接“市民公共文明指数”测评，多次召开文明城市（城区）动员会，针对测评重点，制定测评方案，明确目标任务，强化工作措施，并且纳入到各单位日常工作之中。开展综合整治行动，进一步改善城市面貌、提升公共文明水平。调整区督察小组成员，加强日常的督察、巡查，对发现的问题及时进行整改。抓活动，丰富文明创建平台。春节前夕，以“文明之春”为主题，全区志愿者开展系列服务活动。举办无锡市第八届志愿者活动月锡山分会场活动暨锡山区“迎世博、讲文明、树形象”志愿者行动启动仪式。策划开展“新习惯·新形象·新市民”系列活动，将市民文明公约、文明礼仪、文明出行等内容融入各类互动式文体活动，提升新市民的文明素质。组织开展“社区邻里节”，举办各具特色的社区文体活动，积极探索社区居民互动平台的建立。抓典型，弘扬社会文明新风。开展省市级2007～2009年度文明创建和“感动锡山”2008～2009年“十佳”新人新事的推荐、评选活动，并进行颁奖表彰，引导市民学习身边典型、弘扬传统美德。继续开展“身边好人”推荐活动，先后向上推荐华楚忠、费友英等6人，东北塘街道计生志愿队爱心妈妈费友英进入中国文明网9月“好人榜”候选榜单。抓品牌，加强未成年人思想道德建设。进一步加强未成年人活动中心建设，广泛开展以爱国主义为核心的民族精神教育，积极营造有利于青少年成长的社会环境。继续推进“未成年人犯罪社会调查员制度”、“检察官讲坛”、“校外辅导站”等品牌项目建设，建立健全未成年人思想道德建设创优和考核机制，培育新的品牌和亮点。区文明办被评为“江苏省校外教育辅导站工作先进集体”，城区测评未成年人成长环境项目连续三个季度未失分。

【文化体制创新步伐加快】公共文化政策日趋完善。全区召开文化工作会议，全面部署2010～2012年文化工作。顺利完成区锡剧团改制工作。制定《关于加快推进公共文化事业建设的意见（2010～2012）》和文化产业发展规划，并积极做好锡山“十一五”期间文化事业发展总结和“十二五”期间文化事业发展规划，使锡山文化事业发展进一步有章可循。特色文化活动有序开展。先后举办锡山六人书画联展、“幸福锡山”2010优秀文艺节目巡回展演、“隆达杯”青年歌手大奖赛、鹅湖民俗文化节等文化活动，形成民乐、摄影、书画、业余锡剧、版画等一批特色文化项目。业余作者顾达新创作的小戏曲《夺箱》获“首届全国戏剧文化奖”小型剧本一等奖，《王三斤戒酒》在第二届“中华颂——全国小戏小品曲艺作品大展”中获小戏二等奖。重点文化项目扎实推进。中国乡镇企业博物馆顺利开馆，成为锡山区新的文化资源。荡口古镇保护性修复工程按计划推进，并开展文物和史料征集工作，王莘纪念馆、华蘅芳故居布展设计方案确定基本框架。吴歌列入国家级非物质文化遗产名录，甘露烈帝庙庙会、黄土塘西瓜等12项非物质文化遗产项目被列入无锡市非物质文化遗产名录。动漫创意中心、文化创意产业园、信息服务产业园等文化产业建设扎实推进。

【宣传思想工作机制创新】加大项目化管理力度。围绕中心工作，对年度工作进行细化分解，全年确定总项目1个，分项目6个。建立从项目申请、项目登记、项目变更、项目推进到项目考核的一整套项目动态管理制度。通过实施项目化管理，将重点工作项目化、责任化、目标化，着力打造“高品质项目”。加大服务指导力度。组织召开宣传思想工作分片调研交流会，为基层宣传干部解疑释难。编印下发《新时期基层宣传工作指导手册》，为基层宣传干部提供可操作、实用性强的业务指导。组织各级各类宣传干部培训班6期。积极指导和督察各镇（街道）把基层宣传工作组延伸到自然村、安置小区、新经济组织、重点骨干企业等，扩大宣传思想工作的覆盖面。加大责任考核力度。在年初下发宣传思想工作任务书的基础上，以工作责任制为着力点，建立、完善科学、规范的工作制度，完善宣传思想工作百分制考核细则，明确基层宣传单位的工作职责。坚持围绕中心、因地制宜的原则，建立镇（街道）个性化考核机制，明确考核目标，并开展季度督察，提高基层宣传思想工作的科学化水平，形成“一镇一品”的格局。（蒋　盛）

统战工作

【概况】中共锡山区委统战部，挂“锡山区民族宗教事务局”、“锡山区政府侨务办公室”牌子，为区委工作部门，正科（局）级建制。主要职能是负责联系区各民主党派、工商联、新社会阶层、无党派人士；负责掌握全区贯彻落实党的民族宗教政策的情况；负责贯彻落实党和国家的侨务、侨联工作方针政策和法律法规；完成区委、区政府交办的其他事项。内设办公室、民主党派科、经济联络科、民族宗教事务科、侨务工作科5个科室。机关编制13名。

2010年，全区统战工作在市委统战部的指导和区委的领导下，坚持以落实科学发展观为统领，紧紧围绕全区中心工作，紧扣大团结、大联合主题，着眼于夯实基础、开拓创新，着眼于规范管理、提升水平，努力提高统一战线科学化工作水平，充分发挥了为全区经济社会转型发展、建设“幸福锡山”凝心聚力的积极作用。

【政治协商质量提升】全年开展政治协商活动6次，内容包括专题调研民主协商会、与政协的联合调研、区委主要领导情况通报会、政府工作报告及其他重要事项的座谈通报会5大方面。2010年年初，区委主要领导向全区各民主党派、工商联和无党派联委全体成员通报全区经济社会发展的情况，各党派等组织负责人在会上发言，明确工作方向。年中，积极组织各民主党派、工商联、无党派组织围绕“加快转型发展，建设幸福锡山”专题，深入基层调查研究，并在9月召开的专题民主协商会上积极建言献策。针对各党派等组织在协商会上的意见建议，梳理编发《民主协商纪要》提供给区委、区政府领导参阅，区委主要领导作了重要批示，区委办、区政府办专门发文对各意见建议的办理情况进行跟踪督察，切实保证民主协商会的质量。在区各相关部门的协助下，10月底前各民主党派、工商联、无党派组织提出的意见和建议的办理和落实情况均收到书面的反馈。

【参政履职条件改善】认真落实、重点做好党外干部的政治安排和实职安排。年内，二届政协委员调整与增补4次，调整委员16名，增补委员15名，实际安排委员人数为198名。其中，中共委员78名，占实有委员总数的39.4%；非中共委员120名，占实有委员总数的60.6%。全区累计有民主党派、无党派代表人士成员221名，经区级以上人大、政协政治安排的有76人，占全体成员总数的34.4%。区管以上民主党派领导干部28名，占党派成员总数的12.7%。其中，有副处级领导干部4名、正科级干部7名、副科级干部17名。党派各组织的建立健全和代表人士的蓬勃发展，为全区多党合作和参政议政事业打下了坚实的组织基础。精心组织考察调研。4月组织区各民主党派、工商联、无党派联委会主要负责人组成宗教文化考察团赴台湾，就台湾的宗教文化、教育发展等情况进行考察访问，增进了两地间的同胞友谊，进一步推动了锡山区与台湾的经贸、教育、宗教文化的交流合作。切实加强交流互动。定期进行党派组织之间的交流互动，内容涉及党派组织建设、调研文章研讨、半年度工作交流、参观高铁站商务区及锡东新城建设、法律援助绿色通道机制建设等多方面情况。通过交流互动有力地促进了党派工作水平，增进了党派负责人之间的交流沟通，实现了互相学习借鉴、共同提高参政议政水平的目标。

【参政议政水平提高】举办各种交流会、座谈会，进一步拓展参政议政的渠道，丰富参政议政的内容，提高党外人士参政议政的水平。全区各民主党派人士提交社情民意42条，其中，无党派联委会徐军提交的“小区技防监控残缺现象需引起重视”等24条社情民意得到区委主要领导的批示。7月底，围绕区“弘扬‘四千四万’精神、建设锡山人才高地”，举行专题座谈会，重点听取党外人士的意见和建议。各与会代表着重就“四千四万”精神的发扬和锡山区转型发展中人才高地的建设等内容，围绕下阶段在全区进一步形成重视人才、尊重人才、吸引人才、用好人才的浓厚氛围，发挥党外人士在高端人才招引、政产学研合作、科技成果转化、提升科技自主创新能力等方面的作用与优势，为锡山区转型发展、赶超发展提供强大的人才保障和智力支持提出了很多建设性的意见。

【党派形象提升】各党派组织及其成员积极发挥优势、热情奉献社会的意识显著增强。九三学社锡山区基层委员会的企业家会员积极参与光彩事业；民建锡山总支会员为玉树灾区捐款；农工党锡山区基层委员会开展健康服务进社区活动等，在扶贫帮困、捐资助学、支教下乡、义诊咨询等服务社会、回报社会方面成效明显。国庆期间，区委统战部配合无锡市委统战部和无锡市各党派组织在羊尖镇严家桥村开展“情系三农服务日”活动，形式多样、内容丰富的文化、科技、卫生“三下乡”活动让当地老百姓切身感受了党外人士的温暖。另外，基层统战部门也积极探索做好民主党派人士工作的途经。东亭街道围绕街道拆迁重点，专门召开由民主党派人士参加的座谈会，安排民主党派人士参加拆迁听证会，借助他们深入社区拆迁一线的优势，向群众做好宣传、解释工作，充分发挥党外人士在拆迁政策制定、拆迁动员、拆迁监管等方面的积极作用。

【党派建设增强】切实加强思想建设，积极协助党派组织开展社会主义核心价值体系主题教育活动，出台《关于学习和践行社会主义核心价值体系主题教育活动的实施方案》，并邀请江苏省委党校教授徐民华作专题辅导讲座。民主党派组织建设成效显著，民建锡山总支11月通过换届改选顺利实现政治交接；九三学社锡山支社、农工党锡山总支分别于1月和6月顺利升格为基层委员会。稳妥发展党派成员，协助有关党派考察成员19名，通过程序发展党派成员14名。党派组织屡获殊荣，民进锡山总支、九三学社锡山区基层委员会分别获民进中央、九三学社中央授予的“全国先进基层组织”称号；民进锡山总支基层组织建设的经验在民进中央网站开设的“创建民进全国先进地方组织、先进基层组织活动巡礼”活动中专题刊登介绍；民盟锡山总支被评为“江苏省社会服务工作先进基层组织”；10月中旬，九三学社江苏省基层组织建设现场会在锡山区举行，九三学社锡山区基层委员会作经验交流。

【民族宗教工作】以“三大创建”（创建和谐寺观教堂、模范宗教活动场所、平安宗教活动场所）为主要载体，着力在依法管理、属地管理、规范管理和创新服务上下工夫，有效落实民族宗教工作的各项举措，宗教活动场所、宗教团体建设和少数民族服务水平得到显著提升。在围绕“推进宗教文化旅游业发展，创建和谐寺观教堂”活动中被评为“无锡市优胜单位”。4月，成立由116人组成的民族宗教工作协管员队伍，对其进行专题业务培训，进一步完善区、镇、村三级管理网络和镇、村两级责任制。开展民族宗教领域“三项排查”，重点针对民族宗教基层工作中的薄弱环节、信访热点难点问题和安全生产隐患，根据实际情况及时提出整改意见并限期完成整改，有效保证了民宗领域的安全稳定。各镇（街道）切实发挥属地管理的职能，和各寺院签订宗教活动场所安全工作责任书。科学规划宗教场所的合理定点，避免盲目求多求大、重复建设、资源浪费等现象的发生。积极协调解决部分寺院的改扩建、新建等基础建设问题；以社情民意的形式，要求有关部门协调解决宗教活动场所电费价格过高的问题。继续巩固非法宗教活动点的整治成果，经常开展非法宗教活动点的“回头看、回头治”活动，较好地遏制了非法宗教活动点的死灰复燃。5月，羊尖镇宛山村等非法宗教活动点的整治工作受到无锡市委副秘书长金志标率队的检查组的充分肯定。引导各宗教活动场所积极参与“三大创建”活动，有力地促进了各场所内部的团结和谐，5处场所被授予“区平安宗教活动场所”，10处场所被评为“市平安宗教活动场所”。多次召开各种会议，全面部署世博会期间民族宗教领域的安全稳定工作，积极劝说天主教信教群众改变朝圣方式，确保世博会期间的安全稳定。针对各类涉及少数民族群众的突发性事件，积极配合部分镇（街道）和相关部门做好矛盾调处工作，妥善协调处理好各类矛盾纠纷，全年累计协调处理涉及少数民族群众的打架纠纷4起、房屋拆迁纠纷2起。

【海外统战工作】全区的海外统战工作紧紧围绕区委、区政府工作大局，不断丰富海外统战工作新载体，努力创新海外统战工作新方法，不断提高海外统战工作服务大局、服务侨胞的能力与水平。5月，区侨办会同市有关部门组织开展“海外博士红豆行”，邀请10名在生物医药、新能源、水循环处理等领域具有较深专业造诣的海外博士，到红豆集团参观考察，与企业负责人座谈交流创业经验，研讨双方发展思路，谋求创业愿景，探索合作方向。为更好地服务侨胞侨属企业，特别是“530”企业提供优质的公共服务、优秀的人才服务和优良的创业环境，9月中旬会同区相关部门邀请无锡图强科技有限公司等10余家“530”企业代表在锡山经济开发区科创园召开服务“530”企业专题座谈会。会上企业代表围绕人才引进、项目申报、人事户口办理、资金运作、海归人才工作签证及落户办理、园区文化建设等热点问题进行咨询，区有关职能部门负责人现场解答，认真记录一时难以答复的问题，研究后予以解决。在东亭街道春星社区获得“无锡市社区侨务工作示范单位”称号的基础上，充分挖掘侨务工作资源，筹措资金13万元，在厚桥街道新联村建立爱国主义教育基地和社区侨务工作示范点。结合《中华人民共和国归侨侨眷权益保护法》颁布实施20周年，重点开展法规宣传、征文、成果展览等活动，达到了依法护侨、凝聚侨心、汇集侨智、发挥侨力的目的。部分镇（街道）有针对性地开展纪念活动，厚桥街道推出“开展一次走访、举办一个展览、召开一个座谈会、举办一场讲座、开辟一个宣传阵地”的“五个一”活动，并取得良好的效果。

【新社会阶层工作】举办“区域经济转型发展辅导讲座”，增强工商联会员企业转型发展的主动性和积极性。继续加大培训力度，开展以“富二代”为代表的新社会阶层成长教育等相关培训，组织40名新生代企业家赴浙江大学开展为期6天的培训。充分发挥市、区两级培训资源优势，为企业搭建培训服务平台，及时为企业传递培训信息，组织企业参加专题培训活动，努力提升企业主的思想政治素质和创新能力。组织企业参观美新半导体（无锡）有限公司和无锡物联网产业研究所，学习传感网和传感技术科普知识。充分发挥非公经济代表人士参与政治和社会事务的主渠道作用，各类非公经济代表人士全年提交各类调研文章10余篇，内容涉及锡山区协会运作、企业创新、人才建设等领域，为区委、区政府决策提供帮助。企业参政议政热情高涨，区政协委员、区工商联执委沈荣伟年内向区政协提交各类提案、社情民意7件，其中，2件得到区委主要领导批示。继续开展和谐诚信企业建设，在全区继续开展争创“守信用、讲信誉、重信义”活动，有10余家企业申报和争创无锡市“守信用、讲信誉、重信义”企业。引导企业积极投身新农村建设，组织开展“民企助村”、“民企反哺家乡建设”的调研，探索非公经济参与新农村建设的方法。结合全市围绕科学发展和构建和谐社会活动，引导新的社会阶层人士开展“我为光彩事业添光彩”活动，被评为“优胜单位”。锡北商会倡导企业积极参与“百企联百村，共建新农村”活动，结对村环境明显改变，共建新农村初见成效，该项活动被区委评为“2010年度新锡山工作创新奖”。社会各界人士积极参加“慈善一日捐”、“情暖万家”慈善捐助、抗震救灾等活动，涌现出一大批“光彩之星”。红豆集团、不锈钢商会等在西南五省旱灾、青海玉树地震后积极组织捐款救灾，为灾区人民送去温暖。（吴健龙　陈永光）

对台工作

【概况】中共锡山区委台湾工作办公室2001年11月前归属锡山市委统战部，副科级建制，2001年11月单列，正科级建制，并挂“锡山区人民政府台湾事务办公室”牌子。主要职能是贯彻执行党中央、省、市有关对台工作方针、政策，研究制定全区对台工作计划和规划并组织实施，组织指导管理协调全区对台工作，协调处理全区涉台重大事件。内设综合科和交流交往科2个科室，下属事业单位有锡山区台胞台属接待站，为全额拨款的全民事业单位。核定行政编制4名，行政附属编制1名。

2010年，锡山对台工作抢抓两岸“大交流、大合作、大发展”带来的发展机遇，紧紧围绕“对台经济、对台交流、对台服务”三大工作重点，努力在更高层次上提升锡台经贸合作水平，在更广领域上深化对台交流交往，以交流促交往，以交往促经济，以经济促发展，着力强化高端产业引进，力促锡台新兴产业对接；着力拓展对台工作领域，丰富交流交往工作内涵；着力完善涉台机制体制，服务台企稳定持续发展；着力加强涉台教育宣传，拓展两大联谊会作用空间；着力强化队伍素质建设，以科学发展观引领方向，全区对台工作取得较好成绩。截至2010年12月，全区累计批准台资项目468家，总投资51.23亿美元，合同台资28.20亿美元，到位台资14.73亿美元。2010年，全区新批台资项目2个，台资增资项目17个，合同增资9583.67万美元，到位台资4723万美元，台资增资项目个数、增资额和到位台资额均位列全市前列。

【区台胞台属联谊会赴台】5月19日至28日，区台胞台属联谊会进行首次赴台交流活动。联谊会每位理事邀请5～6名在台亲人或朋友，在台北、台中、台南成功举办三场座谈会。赴台活动得到台北无锡同乡会的大力支持与参与，联谊会与台北无锡同乡会会前频繁沟通，会中密切接触，会后达成回访意向。该活动达到了宣传锡山、加强交流、增进感情的目的，为锡台两地的交流合作开启了良好的开端。

【率团赴台经贸考察】区委台办和锡山经济开发区、锡山台湾农民创业园分别赴台开展以高科技产业、现代服务业和现代农业为重点的经贸考察活动，重点以传感网、新能源和生物科技为代表的新兴产业为招商方向，以台湾工研院的科技创新体系为交流目标，走访台北内湖科学园区、台湾地区电机电子工业同业公会、亚兰生物科技股份有限公司等服务业和高新技术企业，重点推介锡山区招商载体，挖掘部分新项目信息，推进一批在谈项目的合作和深化。

【服务台资企业】强化“责任意识、服务意识、奉献意识、危机意识和机遇意识”，定期走访台资企业，关心企业生产经营和发展，关注台资企业在发展过程中面临的新情况、新问题，协调解决企业遇到的困难和问题，妥善调处涉台纠纷矛盾，对无锡新丰工艺制品有限公司、无锡家韵纺织品印花有限公司、无锡中达精密紧固件有限公司等企业在拆迁补偿过程中所遇到的困难和问题想方设法帮助解决，维护企业和社会稳定。

【锡台交流交往活跃】全区有锡山台湾农民创业园、锡山企业家代表、天一中学、区台胞台属联谊会等9批团组共95人次相继赴台开展经贸、文化、学术等交流考察。通过交流，不仅促进锡台两地企业在经营管理、科技创新、商务合作等方面的交流与合作，也促成了锡山区和台湾文化教育的双向交流，实现了“以交流促交往、以交往促经济、以经济促发展”的目的。4月1日，无锡汉神电气有限公司、无锡开普机械有限公司等区内民营企业参加台湾地区在南京召开的陆资赴台投资说明会，了解赴台相关手续和投资政策，为进一步加强锡台两地经济双向交流打好基础。

【对台宣传重点突出】进一步全面深入贯彻胡锦涛总书记“12·31”重要讲话精神，全面推进对台工作。完善对台宣传工作网络，健全工作机制，畅通工作渠道，完善区、镇（街道）两级工作网络；拓展对台宣传渠道，利用赴台经贸交流的机会，加大对锡东新城的宣传推介，邀请岛内大企业、大公司以国际化的视野和理念参与锡东新城的建设与开发，实现合作双赢；加强对台宣传阵地建设，全年编印《锡山台讯》6期、《台湾产业赴大陆投资信息摘编》4期，积极宣传党的对台方针政策和两岸最新形势，宣传全区对台工作，介绍台资企业最新动态，紧紧围绕招商主题，搜集台湾岛内世界500强企业、岛内支柱产业、新兴产业最新动态和相关投资信息，报送区委、区政府及各相关部门供领导参考。

【组织台商开展慈善捐赠活动】1月21日，在“两岸情深、冬令送暖”锡山区台湾客商献爱心活动中，锡山区台商联谊会向全区100户贫困家庭捐赠8万元，向东亭街道敬老院赠送大米2500公斤。4月21日，锡山区台商联谊会向全体会员企业发出以“情系玉树灾区，奉献一片爱心”为主题的爱心捐款活动倡议书，锡山区台湾客商向玉树灾区爱心捐款5万元。6月1日，锡山区台商联谊会走进锡山特殊教育学校，向残疾儿童表达节日祝福并捐款2.5万元。8月17日，全区54名贫困大学生收到台企联茂（无锡）电子科技有限公司提供的每人3500元“联茂立青”奖学金。该项基金于2004年成立，累计发放资金96.2万元，惠泽锡山区学生282人次。

【区台商联谊会换届】7月2日，锡山区台商联谊会第四届第一次会员大会暨换届选举大会举行，无锡日盛钢构有限公司董事长杨隆福当选为第五届联谊会会长。区领导朱爱勋、吴富生、周积生、华炳泉、蒋群、黄宪辉到会祝贺。锡山区台商联谊会成立八年，秉承“团结、交流、服务、发展”的宗旨，切实为台资企业做好服务工作，充分发挥沟通政府与台商的桥梁作用，在促进两岸经贸交流与合作、促进地方经济发展、热心支持社会公益事业等方面做了大量工作，赢得了社会的认可和赞誉。第五届联谊会将进一步做好服务，促进会员企业的健康成长，为地方经济发展尽心尽力。

（翟景璐）

农村农经工作

【概况】中共锡山区委农村工作办公室于2004年单列建制，为区委主管农村工作的工作机构，正科级建制。主要职能是贯彻落实中央和省、市、区关于农村工作的各项方针政策，参与研究制定农村工作的重大政策和重要工作措施；对全区农村重点工作进行调查研究，提出政策意见和工作措施，供区委决策；指导开展农村改革、开展全区农村基本现代化示范试验、开展经济薄弱村扶持、开展农村经济管理等农村农经工作；负责全区农村改革和新农村建设综合协调工作；总结推广农村工作先进典型，抓好农村政策宣传和典型宣传。内设综合科、调研科、农经科3个科室。在编人员6名。

2010年，区委农办在区委、区政府的正确领导下，以科学发展为主题，以推进城乡统筹“五个一体化”（城乡规划一体化、城乡产业发展一体化、城乡基础设施一体化、城乡公共服务一体化、城乡就业和保障一体化）为主线，在创新中求发展，在改革中求突破，推动全区农村农经工作实现长足发展。围绕城乡转型一体发展的探索研究取得新的突破，全年制定出台《锡山区农村“双置换”实施意见》等政策意见3项；农村“双置换”进展顺利，全区完成转换承包地面积1066.67公顷，置换社保人数2.4万人，腾让农村宅基地224.67公顷；村级转型带动农民增收效益显现，新建村级集体物业面积8.2万平方米，累计成立各类农村新型合作经济组织316家，带动农户9.64万户，直接促进农民增收超过5600万元；市级下达的新农村建设重点工作60项指标全面完成，其中，36项指标超额完成年度目标任务，推进城乡一体发展的工作合力显著增强。2010年，区委农办被授予“江苏省农工办工作创新奖”。

【城乡转型研究取得新进展】先后组织镇（街道）分管领导、村书记、农办主任赴江阴华西村、广州、深圳、宁波、苏州等先行地区学习考察，学习借鉴在城市化进程中城乡规划、农民市民化转型、集体经济股份合作改革等方面的新思路、新经验。结合“幸福锡山”建设以及基层反映的热点、难点问题，研究确定《坚持城乡统筹加快转型发展》、《“幸福锡山”建设在农村地区的实践与思考》等多个课题，成立由农办正副主任领题的调研组，深入镇村开展调研，掌握基层所需、所盼、所求，在基层的具体实践中检验各项涉农政策和工作举措。围绕村级发展、富民合作、拆迁安置、政策接轨等重点工作，年内撰写调研材料7篇，调研成果转化为政策意见3项，起草各类文稿20余万字，为“三农”科学决策提供有力依据。

【农村“双置换”取得新突破】农村“双置换”推进工作与锡山经济开发区、高铁站商务区等各板块发展规划及“万顷良田”工程建设有机结合，重点解决历年工作推进中产生的“人地分离”的历史遗留问题，制定出台《锡山区农村“双置换”实施意见》、《锡山区农村“双置换”工作三年行动计划》，明确推进方向，排定分年度计划，有序推进农民市民化进程；通过召开全区“双置换”推进会、下发任务书、开展业务培训等手段，进一步加强推进力度、规范操作流程。全年全区完成转换承包地面积1066.67公顷，置换社保人数2.4万人，腾让农村宅基地224.67公顷，设立区、镇两级“双置换”财政专户，明确经费结算机制，保障了“双置换”工作的有序到位。全年安置房竣工面积80万平方米，有效缩短过渡安置时间。

【强村富民工程取得新成效】加强政策扶持和分类指导，引导村级根据自身特点和发展优势，盘活农村各类资源，打造发展载体，增加村集体经济组织资源性、资产性、服务性收入，全年建设村集体物业面积8.2万平方米，村集体经济实力和带动农民增收的能力进一步增强。村级转型发展获得新进展，东亭街道组建资产置业公司，聚集社区闲置资金8000余万元（占公司总股本的24%），投资开发锡山区12个城市节点中可利用的零星用地，发展体量大、层次高的现代城市物业项目，为村集体资产融入城市发展探索有效实现形式。薄弱村“造血”功能不断增强，探索开展薄弱村竞标扶持工作，集中资金扶持符合条件的薄弱村发展物业建设，调动薄弱村自我发展积极性，全年薄弱村物业建设面积1.76万平方米，15个薄弱村村级常规收入为2183万元。充分发挥各类新型合作组织在带动农民增收中的独特作用，将合作组织建设与城市化发展需求、现代农业园区建设、农民创业就业有机结合，吸纳农民以资金、土地、劳力等要素入股，打造农民参与现代农业发展、城市化发展的利益联结，在集体股份合作社实现全覆盖的基础上，全年累计成立土地股份合作社128家、农民专业合作社56家、富民合作社27家，带动农户9.64万户，直接促进农民增收超过5600万元。鹅湖镇在全区率先成立产业合作联社，将合作向区域内同行业、产业链上下游行业延伸拓展，形成更为科学的区域联合和产业联合。

【新农村建设水平实现新提升】围绕城乡一体发展要求，不断创新思路，强化协调配合，促进新农村建设投入资金、人力、资产的效益最大化，全区新农村工作合力进一步增强，市级60项新农村目标任务全面完成或超额完成，形成一批独具特色的新农村建设亮点：以生物农业发展为引领，全区现代高效农业成效显著，生物农业产业园总体规划通过认证，一批生物农业规模企业和领军型人才进驻锡山区，高效农业面积比重增至58.5%，32个村级农业园区促进了农业产业结构的进一步优化。农村村庄综合整治继续强势推进，以创建排水达标区为契机，主要河道两侧各1000米范围内和水质监测断面周围2平方公里范围内的村，全部纳入农村生活污水处理范围，全区246个自然村因地制宜开展村庄整治，环境面貌得到根本改善，陆家水渠、长浜河等一批乡村风情浓郁的新农村应运而生。公共服务均等化进一步提升，社区行政服务中心实现全覆盖，农村文体、医疗康复、治安防范设施拥有率显著上升。农村金融创新步伐加快，累计成立农村小额贷款公司5家。“万顷良田”工程完成土地整理304.33公顷，区财政投入资金5.85亿元，拆迁农户685户，土地换社保人数1866人。

（王莉群）

机要保密工作

【概况】以胡锦涛总书记《致党的密码工作创建80周年贺信》为动力，推进机要工作科学化、规范化管理，全年接收办理各级各类电报506份，为区委、区政府及各板块、机关部门流转、监控各级各类网络公文147651份，为有关板块、机关部门排除网络（电脑）故障40余次，确保机要通信畅通和网络公文流畅，为全区政令畅通提供了有力保障。以加强信息化条件下保密管理为抓手，积极开展新保密法宣传活动，健全和完善信息化保密规章，强化保密工作专项检查，加强保密队伍建设，全年下发保密工作指导性文件5个，组织保密宣传教育活动4次，开展保密专项检查5次，有效防止失、泄密事件的发生，为全区各项事业安全发展提供了有力保障。

（胡永忠）

老干部工作

【概况】中共锡山区委老干部局是中共锡山区委主管老干部工作的部门管理机构，由中共锡山区委组织部管理，正科级建制。主要职能是在区委领导下，贯彻落实中央、省委、市委有关老干部工作方针政策，做好全区老干部服务管理工作。内设秘书科和综合科2个职能机构，核定编制公务员4名、机关工勤5名，实有公务员2名、机关工勤3名。下设全额事业单位区老干部活动中心，核定编制6名（其中关工委1名），实有6名。

2010年，全区老干部工作在区委、区政府的正确领导和无锡市委老干部局的正确指导下，认真学习贯彻党的十七届四中、五中全会精神和科学发展观，紧紧围绕区委“抢抓机遇、逆势赶超”工作大局，主动适应改革发展的新形势和老干部工作新情况，切实加强老干部“两项”建设（思想政治建设和党支部建设），认真落实老干部政治、生活待遇，着力构建老干部“五位一体”服务新机制（家庭服务全面发动、单位服务全面落实、医疗服务全面结对、社区服务全面推进、老干部工作部门全面协调），不断提高活动阵地建设水平和老干部工作部门自身建设水平，全区各项老干部工作取得了新成绩，跨上了新台阶。全区有离休干部152人，享受地市级政治生活待遇4人，享受地市级医疗乘车待遇8人，享受县处级待遇49人，一般干部91人，平均年龄82.8周岁，最高年龄94周岁。

【离退休干部党支部建设加强】以制度为保证，着力加强离退休干部党支部书记队伍建设。坚持党支部书记选拔制度，选配威望高、组织协调能力强、工作点子办法多、年龄相对较轻的区管退休干部担任党支部书记，着力推进党支部班子年轻化，锡北镇、安镇街道、区委统战部、区政府办和锡山工商局等11个支部按规定调整“超龄”支部书记，全区离退休干部党支部书记平均年龄为65.3岁。坚持党支部书记培训制度，定期举办党支部书记培训班，提高党支部书记支部工作业务能力。坚持工作例会制度，每季度召开党支部书记例会，不定期召开分片碰头会，每年三季度组织外出参观学习一次，不断提升党支部书记队伍建设水平。以创“五好”党支部（支部班子好、党员队伍好、组织设置好、活动开展好、群众反映好）为载体，着力加强离退休干部党支部建设。加强党支部规范化建设，各支部按照区委下发的《关于在全区离退休干部党支部中开展争创“五好”党支部活动的意见》和老干部局下发的支部量化考核标准要求，进一步规范支部建设。推进组织设置创新，各支部按照老干部年龄、健康状况等分设活动小组，鹅湖镇为小组安排学习指导员，帮助老干部更好地开展活动。完善专兼职干部联系离退休干部党支部和老干部制度。各级党组织和老干部工作者经常联系关心老干部、离退休干部，并形成老干部工作方法和制度；东亭街道班子成员和老干部结成联系对子，加大对老干部关心照顾的力度。开通老干部工作网页，推进全区老干部工作信息化建设。

【离退休干部思想政治建设强化】着力加强离退休干部思想政治建设。抓好主题教育活动，以创先争优为重点，结合“晚霞金辉映党旗，先进形象谱新篇”主题教育活动，加强老干部思想政治建设，提高老干部围绕中心、服务大局的自觉性，同时注意发挥老干部在创先争优活动中特殊的作用。采取灵活多样的学习方式，从老干部“双高期”（高龄和高发病）的特点和实际出发，各单位为老干部订阅“两报一刊”（《无锡日报》、《老年生活周刊》和《银潮》），利用市委老干部局《学习读本》、学习光盘和《夕阳红》，因地制宜组织好老干部的学习活动。以开展“我健康，我快乐”征文活动为推手，不但树立了锡山区老干部退休不退岗的正面形象，也引导了广大老干部树立积极的生活态度和科学的健康养生理念。

以“老干部进社区”活动为契机，着力引导离退休干部在建设“幸福锡山”中发挥特殊作用。锡北镇、东亭街道、厚桥街道的部分退休干部组成义务宣讲团，深入到村（社区）进行义务宣讲，宣传党和政府的惠民政策、法律知识、安全健康知识等，受到社区群众的欢迎和好评。开展“两代人携手共进”活动，区农林局、东港镇、区经信局活动成效显著，新老干部携手互助，老干部悉心“传帮带”，年轻干部虚心请教的同时也帮助老干部更新知识。支持政府拆迁工作，“涉拆”离休老干部发挥带头作用，为社会稳定和谐作出重要贡献。开展爱心奉献社会活动和建言献策“金点子”活动。以陈耀良、顾永祥等为代表的老干部具有高度的社会责任感和奉献意识，在爱心捐款、关心下一代、关爱失足青少年等活动中，树立了锡山区老干部关爱社会的整体形象。厚桥街道支部人人踊跃捐款，次次超额完成任务，老书记唐永卿为困难群众捐款5000元。区政协办公室支部发挥政协老干部经验优势，三次组织老干部为园区建设出“金点子”，老干部的真知灼见推动了有关园区建设的新发展。

【老干部政治、生活待遇认真落实】区委书记朱爱勋年内两次向老干部通报区委阶段工作情况，并多次征求老干部对区重点工作和人事安排的意见和建议。区委分管领导、组织部部长郑永君亲自参加春节、高温走访和纪念抗战胜利65周年慰问老干部活动。各镇（街道）、机关各部门党组织坚持向老干部通报情况，重要会议、重大活动邀请老干部参加等制度。各镇（街道）和相关部门党政主要领导亲自参加春节、夏季等走访慰问，把单位对老干部的尊重关怀送到老干部家中。各单位都安排老干部就近就地进行学习参观考察、参观世博会、给老干部订阅报刊、定期组织老干部体检、探望住院老干部、集体祝寿等活动。区卫生局除一年两次通报工作情况外，还专门向老干部通报卫生改革情况。区经信局举办老干部座谈会，主要领导向6位60～90岁的整寿寿星送上寿庆蛋糕，祝老干部健康长寿。

【“五位一体”老干部服务新机制着力构建】认真贯彻落实无锡市老干部局局长会议精神，按照构建家庭、单位、医疗机构、社区、老干部工作部门“五位一体”服务新机制的要求，深化落实工作。区委老干部局举办离休干部家庭服务座谈暨“孝星”表彰会，会议表彰“十大孝星”和离休干部家庭服务优秀子女代表，张秀华等3位离休干部子女代表进行交流发言，区委宣传部、区民政局、区妇联等部门分管领导到会参加座谈。区委老干部局为25名85岁以上的空巢离休干部安装援通呼叫器，为他们提供家政和应急服务保障；组织全区离休干部体检，免费为异地安置离休干部体检；与滨湖区委老干部局对口交流“五位一体”服务工作，提升服务水平。东亭老干部社区服务中心、羊尖社区卫生服务中心和东港镇组织办被评为“社区服务示范点”，东北塘街道和安镇医院被评为“创建老干部社区服务先进单位”，受到市委组织部、老干部局的表彰。区粮食局支部每年编印《健康知识集锦》分发全区老干部，深受老干部欢迎。

【老干部活动阵地建设水平扎实提高】以“世博年”为契机，着力提高阵地建设水平。为老干部活动中心新购2万元图书，新设老干部书画室，组织开展《城市，让生活更美好》世博图片展、象围棋比赛、舞蹈比赛、书画作品展、门球比赛、老年健身操、健康知识讲座、“我健康，我快乐”征文和老干部书画“三进”（进学校、进社区、进敬老院）等九项活动，受到老干部的欢迎。向老干部倡导节能环保、低碳生活理念，通过《新锡山》和《夕阳红》发表向全区离退休干部提倡低碳生活倡议书，引导老干部从小处着眼、从小事做起，引领时代新风尚。以创建省级示范老干部活动中心（室）活动为抓手，加强对基层老干部活动室的督察、指导工作。按照“提高素质、增进健康、陶冶情操、服务社会”的目标，加大对新设街道活动室建设的扶持力度，赠送180余册新书，并组织书画协会老干部为该活动室量身定做了8件作品，增强了活动室艺术气息。全区各老干部活动室深入开展“建合格活动室、创文明活动室”活动，做到设施齐全、制度“上墙”、专人管理，活动人数较多，建设和管理水平不断提升。羊尖、港下、东亭、安镇老干部活动室设施齐全、制度完善、管理规范、活动开展丰富多彩。厚桥街道投入4.68万元全面改善老干部活动室设施，规范制度，管理服务到位，各类活动有效开展。查桥、区粮食局扩建了老干部活动室，区文体局为老干部活动室配备服务员。东亭街道门球活动十分活跃，每年组织十余次月赛、杯赛。区教育局、锡山工商局等支部老干部经常性开展门球活动，在首届老干部门球赛中分别获得冠军、亚军。

【服务水平不断提升】按照区委创先争优活动和无锡市委老干部局“创三优”（争创优良作风、优质服务、优异业绩）活动要求，落实以老干部为本的工作理念，认真开展创先争优活动。开展好离休干部亲情结对服务，落实效能建设制度，直接做好具体服务工作，让老干部带着问题来，带着满意回。开展政策业务知识学习竞赛活动。全局干部职工扎实练好政策业务基本功，经过集中学习辅导和分散自学，在江苏省委老干部局和无锡市委老干部局组织的两次测试中都取得了优异的成绩，全局工作人员业务素质和工作能力得到显著提升。通过工作会议和分片活动等方式，动态加强对老干部工作专兼职干部的培训，不断加强老干部工作网络和工作队伍建设。老干部工作部门加强学习，努力提高自身业务素质，牢固树立“以老干部为本”的工作理念和勤奋敬业精神，形成工作、服务、感情“三合一”网络。进一步加强信息宣传工作，江苏省委老干部局录用11篇，无锡市委老干部局录用47篇，《老年生活周刊》录用11篇，《新锡山》录用15篇，获“江苏省信息工作三等奖”、“无锡市信息工作一等奖”。

（周　军）

机关党工委工作

【概况】中共锡山区委区级机关工委为中共锡山区委主管机关党建工作的派出机构，正科（局）级建制。主要负责制订区级机关党的建设的规划，指导区级机关各部门机关党的建设工作；抓好区级机关各党组织党的思想、组织、作风建设和对党员的教育管理工作；协调做好区级机关各部门的纪律检查工作，负责培训区级机关基层党组织专、兼职党务干部；协助区有关部门指导、规划、协调组织和检查区级机关的干部教育和培训工作；领导区级机关工会、共青团、妇女工作委员会等群众组织工作。内设办公室、纪律检查委员会、组织宣传科3个机构。核定行政编制4名，行政附属编制1名。

2010年，区级机关党工委在区委的正确领导下，坚持以学习实践科学发展观活动为引领，牢牢把握“服务中心，服务基层，服务群众”的工作主线，加强和改进机关党的建设，各方面工作取得新成效。按照建设学习型党组织的要求，坚持以科学发展观为指导，以中心组学习为带动，以支部学习为依托，以主题教育实践活动为载体，加强机关党员、干部的理论武装和思想政治建设，提高党员干部的思想政治素质；贯彻落实全区党的建设和组织工作会议提出的要求，紧紧抓住机关党的基层组织和党员队伍建设，夯实基础，大力发挥机关党组织的政治核心作用、战斗堡垒作用和共产党员的先锋模范作用，提高党组织的创造力、凝聚力和战斗力；落实监督责任，强化监督职能，贯彻以提高机关干部执行力为重点的作风建设，奋力推进区级机关反腐败工作，提高党员干部服务中心工作的能力；组织开展各类文体活动，丰富群众文化生活，提高群团组织活跃机关氛围的作用。

【强化理论武装】制定下发政治理论学习的安排意见，明确提出学习任务和学习要求，较好地指导和推动了机关党员干部的政治理论学习。对党的十七届四中、五中全会，中央经济工作会议精神和“两会”精神做出重点安排，要求党员干部紧密结合国内外形势的发展变化、人民群众物质文化生活的迫切要求、党员干部队伍的重大变化及锡山区赶超发展的具体实践，不断增强理论学习的深度和广度。结合政治形势、时事热点举办机关党务干部培训班、机关新党员培训班和入党积极分子培训班，着力提高党务干部的工作水平和党员的综合素质。坚持对机关党员干部的思想政治状况进行定期调查研究，有的放矢地做好党员的思想政治工作。

【夯实组织基础】把学习实践科学发展观活动的成功经验和有效做法推行到基层各项工作中去，结合区级机关工作实际，下发《关于在区级机关党组织和党员中深入开展创先争优活动的实施意见》，大力开展创先争优活动，将深入学习贯彻科学发展观继续、延展和深化，进一步激励广大机关党员在本职岗位上勇创一流业绩，作出新的贡献。开展新一轮党建工作示范点、共产党员先锋岗争创活动。在区级机关中评选出3个党建工作示范点、10个共产党员先锋岗、10名优秀党务工作者和100名优秀共产党员，并在“七一”建党纪念大会上进行表彰，通过先进典型的示范带动，有效地调动了机关党组织和广大党员干部的工作热情和积极性。

【牢抓制度建设】围绕党组织规范化建设，加强各项制度的完善和落实。落实“三会一课”工作制度，通过定期召开支部党员大会、党支部委员会、党小组会，按时上好党课，有效地实施党内教育监督和管理，增强党内团结，保障部门中心任务的完成。完善党员发展工作制度，在发展党员工作中，始终贯彻“坚持标准、保证质量、改善结构、慎重发展”的工作方针，全面推行“两推一议制”（党小组和团支部共同推荐、党内外群众评议）、“双票决制”（支部讨论接收预备党员实行票决、支部讨论预备党员转正实行票决）和“三公示”（入党积极分子公示、发展党员对象公示、预备党员转正公示）等制度，严格规范党员的发展工作，做到有计划、有程序、有质量，切实提高机关党员整体素质，全年发展党员46名。全力推行党员“五双”制度，在2008年和2009年完成6家单位试点的基础上，2010年进一步在区级机关全面推行，党员利用单位和社区两个实践平台，发挥自身业务、技能等方面的优势，为社区建设贡献力量。

【巩固监督防线】在全区机关党员中大力开展《中国共产党党员领导干部廉洁从政若干准则》（简称《廉政准则》）学习活动，筑牢廉洁从政的思想防线。坚持以正面教育为引导，以惩罚处置为手段，以风清气正为目标，自觉强化机关党员干部廉政意识，改进党员领导干部廉洁从政行为，形成用制度管权、按制度办事、靠制度管人的有效机制。积极开展廉政文化进机关系列活动，加强廉政文化建设示范点建设。选聘机关作风建设监督点负责人23名，组织监督点负责人共同对机关各部门工作现场进行暗访，对全区多家重点企业进行走访。通过一系列行之有效的措施，区级机关工作作风得到持续改善。

【发挥群团作用】机关工会认真发挥维护、教育、监督、参与职能的作用，参与全区工会“共同提升行动”，组织开展工会工作先进集体与先进个人评比表彰，组织劳模和工会工作先进个人体检，落实职工困难补助和节日慰问等工作。举办区级机关第三届登山比赛、第三届射击比赛、第四届乒乓球比赛和第四届羽毛球比赛，500余名干部职工参加比赛。2010年获“江苏省群众体育先进单位”荣誉称号。机关团工委组织团员青年加强政治、业务知识的学习，参与全区“五四”团内先进评选表彰活动，在机关青年中组织开展“岗位中品味幸福”演讲比赛，强化团员青年奋发有为、创新创优意识，调动团员青年岗位成才、岗位立功的积极性。机关妇工委建立妇女干部工作联系制度，积极开展庆“三八”系列活动、组织卡拉OK比赛、征订妇女刊物，广泛发动妇女参加“悦读”活动等，活跃和丰富机关女性的工作和生活。　（杨　琳）

党校工作

【概况】中共锡山区委党校（锡山区行政学校）是锡山区委、区政府工作部门，正科（局）级建制。作为培养党员领导干部和理论干部的学校，主要负责全区党员干部的培训与轮训、马克思主义中国化最新成果及党的路线方针政策的理论宣传、改革开放和社会主义现代化进程中的重大理论和现实问题的科学研究、在职研究生以及其他形式的干部继续教育和培训等。内设办公室、教育科、总务科3个科室。人员编制31名，属行政、事业双轨制管理性质。

2010年，区委党校在区委、区政府的正确领导和省市党校的具体指导下，全面贯彻党的十七大以及十七届四中、五中全会精神，认真贯彻落实《中国共产党党校工作条例》和全国、全省、全市党校工作会议精神，按照区委对党校工作的总体要求，以教学为中心、科研为基础、管理服务为保障，积极发挥党校和行政学校的工作职能，努力做到在干部培训上有质量、在科研调研上有成果、在宣传宣讲上有作为、在管理服务上有保障、在队伍素质上有提升。

【提高培训成效】深入贯彻《中国共产党党校工作条例》、《2010～2020年干部教育培训改革纲要》和全国、全省、全市党校工作会议精神，认真落实区委下达的年度培训计划，全年共举办各类培训班27期共计2012人次，其中，主体班9期805人次，联办班13期737人次，外地班2期78人次，专技人员继续教育公修课培训3期392人次。为提高培训实效，采用讲授式、情景式、研讨式、互动式、菜单式等多元教学方式，开展交流研讨、辩论竞赛、拓展训练、文艺活动、综合测试等培训方式，实现参训者综合素质的提高和实际能力的提升，较好地发挥了党校、行政学校在全区大规模培训干部的主渠道、主阵地作用。

【发挥科研功能】紧密联系实际，主动找准定位，强化党校科研为推进党的理论创新服务，为提高党校教学质量服务，为党委和政府决策服务，为社会主义经济建设、政治建设、社会建设和党的建设服务的功能。围绕科研课题发挥服务经济社会发展的理论研讨功能，在无锡市委党校系统实现5项课题结项、4项课题立项。围绕中心工作发挥服务全区大局的决策服务功能，在区委《内部参考》和区政府《工作研究》上刊登多篇文章；呼应区委"弘扬'四千四万'精神、建设锡山人才高地"大讨论，撰写7篇研讨文章在《新锡山》理论专版上刊登；与区检察院联合编撰出版《预防职务犯罪知识读本》，对发生在区内10起案例进行警示点评。围绕教学内容发挥促进教学质量提高的功能，在各级各类期刊杂志发表论文18篇，向各层面递交交流论文8篇，组织在职研究生撰写调研文章，集结出版《逆势中奋进、转型中发展》一书。

【服务基层宣讲】坚持服务基层送教上门，发挥党校理论宣传主力军作用。为尽快使十七届五中全会精神上科研、入课题、进课堂、下基层，在党的十七届五中全会召开后，及时选派骨干教师到北京、上海等地培训学习，并迅速形成宣讲提纲和辅导专题，组织开展宣讲活动。在宣讲中，努力做到思想上高度重视、内容上突出重点、宣讲上把握导向，用客观事实说话、用典型案例说话、用群众感受说话，引导全区干部群众把思想和行动统一到党的十七届五中全会精神上来，把力量凝聚到"十二五"规划的指导思想、主要目标和重大举措上来。通过延伸课堂开放培训，全年服务基层送教上门76场。

【规范学历教育】在党校大专、本科学历教育即将结束历史使命的特殊阶段，坚持"把好关、收好尾"的原则，规范办学、严格管理，最后211名学员顺利毕业，为党校函授教育划上圆满的句号。对照省委党校对在职研究生的改革新规定，及时传达精神、统一思想、研讨措施、贯彻落实，狠抓面授考勤、课程作业、考务管理等环节，探索科学有效的管理方式，提升在职研究生办学水平，提高在职研究生培养质量。2010年，锡山区委党校再一次被评为"全省优秀研究生教学点"。

【提升后勤保障】区委党校会议中心承载着全区会议中心的功能，面对接待层次高、突发因素多、保障层面广、服务要求高、时间跨度大等因素，克服任务重、人手紧等困难，积极发挥主观能动性，完善会务保障，提升服务质量，重视降本节支，按照管理科学化和服务规范化的要求，从餐饮、住宿、会务等方面，实现从单一培训后勤保障向综合性后勤保障的转型。全年累计接待会议205个、25629人次，接待团队96个、10389人次。

（王丽霞）

（编辑：吴　双）

锡山区经济工作暨转型促进年动员大会　　（《新锡山》 供）

锡山区农村“双置换”工作推进会　　（区委农办 供）

文明新市民、幸福新生活”主题活动暨“红豆
歌手”颁奖仪式　　（区文明办 供）

锡山区“两岸情深、冬令送暖”台商献爱心捐赠活动
（区委台办 供）

锡山区第三批学习实践科学发展观活动总结暨开展“幸福锡山”建设动员大会

（孙剑光 摄）

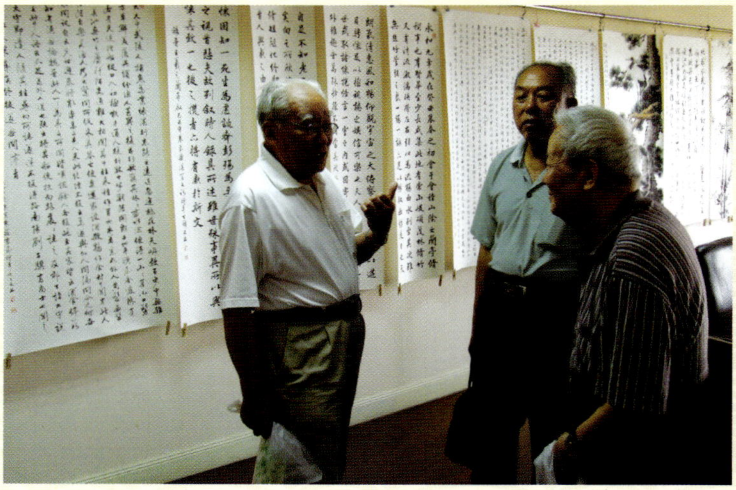

老干部书画展 （区委老干部局 供）

区级机关2009～2010年新党员培训班 （区级机关党工委 供）

锡山区人大常委会

综 述

人民代表大会制度是中国人民民主专政的政权组织形式，是中国的根本政治制度。全国人民代表大会是最高国家权力机关，地方各级人民代表大会是地方国家权力机关。全国人民代表大会常务委员会是全国人民代表大会的常设机关，县级以上的地方各级人民代表大会设立常务委员会，地方各级人大常委会的主要职能是讨论、决定本区域内重大事项；监督本级“一府两院”（政府、法院、检察院）的工作；撤销本级政府的不适当的决定和命令；撤销下一级人大的不适当的决议；依法任免国家机关工作人员。锡山区人大常委会下设办公室、研究室、财政经济工作委员会、人事代表联络工作委员会、内务司法工作委员会、教科文卫工作委员会和环境资源城乡建设工作委员会7个办事机构。

2010年，锡山区人大常委会在区委的正确领导下，以科学发展观为指导，深入贯彻党的十七大和十七届三中、四中、五中全会精神，紧紧依靠全体代表和全区人民，认真落实区二届人大三次会议通过的各项决议，坚持围绕中心，服务大局，突出重点，务求实效，切实履行宪法和法律赋予的各项职责，着力推动全区经济社会发展和民主法制建设。全年召开8次常委会会议、27次主任会议，听取和审议“一府两院”34项工作报告，作出8项决议、决定，组织开展11次执法检查和视察活动。 （马 骏）

重要会议

【区二届人大三次会议】 锡山区二届人大三次会议于1月13日至14日召开。会议听取和审议区政府工作报告、区人大常委会工作报告、区法院工作报告和区检察院工作报告；审议锡山区2009年国民经济及社会发展计划执行情况和2010年国民经济及社会发展计划草案的报告，2009年财政预算执行情况和2010年财政预算草案的报告，以及区政府关于办理区二届人大二次会议代表建议的情况报告；审查和批准无锡市锡山区2009年国民经济及社会发展计划执行情况的报告和2010年国民经济及社会发展计划，2009年财政预算执行情况的报告和2010年财政预算；通过有关决定决议。

【区二届人大常委会第十六次至第二十三次会议】 1月14日，区二届人大常委会举行第十六次会议。会议听取区长陆志坚关于政府机构改革的说明和人事任免的议案，区人大常委会主任吴富生关于区人大常委会办公室增挂“研究室”牌子的说明和有关人事任免的提议；审议并通过有关人事任免的事项。

1月22日，区二届人大常委会举行第十七次会议。会议审议并通过锡山区人大常委会关于许可对区人大代表周惠珍采取取保候审的决定。

3月12日，区二届人大常委会举行第十八次会议。会议审议并通过区人大常委会2010年工作要点（草案）、2010年区人大代表活动意见（草案）、区人大常委会关于2010年街道人大工作指导意见（草案）。会议审议并通过区人大常委会关于评选2008~2009年度先进集体和先进个人意见（草案）；审议并通过关于接受虞伟军辞去区第二届人民代表大会代表职务请求的决定（草案）；审议并通过关于接受周惠珍辞去区第二届人民代表大会代表职务请求的决定（草案）；通过有关人事任命事项。

5月27日，区二届人大常委会举行第十九次会议，听取和审议区政府关于生态区建设情况的汇报、关于“十一五”规划完成情况的汇报以及区检察院关于自侦工作的情况汇报；审议通过《无锡市锡山区人大常委会关于表彰2008～2009年度人大工作先进集体和先进个人的决定》；审议《中华人民共和国残疾人保障法》执法检查报告；通过有关人事任免事项。

7月30日，区二届人大常委会举行第二十次会议。会议听取和审议区政府关于2010年上半年国民经济及社会发展计划执行情况的汇报、2010年上半年财政预算执行情况的报告、2009年度区财政预算执行和其他财政收入的审计工作报告、区二届人大三次会议代表建议办理情况的汇报；批准2009年财政决算；审议《中华人民共和国安全生产法》执法检查报告；通过有关辞职决定和人事任免事项。

9月21日，区二届人大常委会举行第二十一次会议。会议听取和审议区政府关于全区转型促进年开展情况的汇报、关于“五五”普法工作情况的汇报和关于重点工程建设情况的汇报；审议《中华人民共和国食品安全法》执法检查报告。

11月24日，区二届人大常委会举行第二十二次会议。会议听取和审议锡山经济开发区关于建设工作情况的汇报、区人大常委会关于区二届人大三次会议代表建议办理复查情况的汇报、区政府关于2010年度财政预算调整情况和2011年财政收支计划安排初步意见的汇报；通过《关于批准区政府调整2010年财政预算内收支计划的决定》。

12月31日，区二届人大常委会举行第二十三次会议。会议听取和审议区政府关于依法行政工作情况的汇报、关于国民经济和社会发展“十二五”规划纲要草案编制情况的汇报；听取区二届人大四次会议准备工作情况的汇报；讨论并原则通过区二届人大四次会议组织机构建议名单（草案）和选举办法（草案）、会议议程（草案）、日程安排（草案）；审议并通过区二届人大四次会议列席人员名单（草案）、区人大常委会工作报告；通过有关人事任免事项。

（马　骏）

重要工作

【助推经济发展转型】综合运用常委会会议、主任会议、视察等监督形式，加大工作监督的力度，积极关注转型促进年开展情况、人才工作和创新型经济发展及知识产权保护工作情况、政府重点工程项目建设情况、锡山经济开发区建设情况、锡东新城规划及基础设施建设情况、工业专业园区建设情况、“十二五”规划编制情况以及重大项目立项和资金平衡等工作情况，坚持寓支持于监督之中，为助推全区经济发展方式转变和加快经济结构调整出谋划策。区人大常委会还对计划、预决算、审计等工作，外经、外贸、外资、外包工作和工商、质监、国土、国地税等条线部门专项工作保持监督力度。

【关注民生民情】围绕事关人民群众切身利益的住房、就业、保障、交通、文化、教育、卫生等热点问题开展监督，听取安置拆迁、食品安全、粮食安全、义务教育高位均衡发展、公共卫生服务体系建设、生态区创建等有关工作情况，调研基层文体设施建设，视察农业园区建设情况、荡口古镇保护性修复工作情况及九里河改道工程段、兴塘北圩排涝闸站工程、政府实事工程项目完成等情况，督促政府抓好落实，促进全区人民共享改革发展成果，推动“幸福锡山”建设。

【推进依法治区】坚持把加强法律监督作为推进依法治区的重要抓手，组织对《中华人民共和国残疾人保障法》等法律法规进行执法检查，听取政府依法行政工作、“五五”普法工作、村（居）委换届选举准备工作、检察院自侦工作和法院诉调对接工作、公安禁毒缉毒工作情况汇报，推进“一府两院”依法行政、公正司法。做好人大信访工作，对群众反映的来信来访案件加强综合协调和跟踪督办。

【开展建言献策活动】3～6月，紧扣区委转型促进年主题，组织区、镇两级人大代表开展建言献策活动。人大代表踊跃参与活动，通过视察调研、走访座谈等形式，深入基层、深入企业，了解情况，听取意见，为转型发展献计献策。走访企业259家，走访选民1163人次，提出建议412条，内容涵盖加快培育新兴产业、提升传统产业、发展现代服务业，加快淘汰落后产能，加强人才引进等多个方面。

【提升代表履职水平】开展联系服务群众见面周活动，171名区人大代表参加见面周活动，提出意见建议136条。扎实开展区人大代表向选民述职工作，人大代表认真撰写述职报告，向选民汇报履职情况，全年有127名区人大代表向选民进行述职，其中有56名区管以上领导干部代表带头述职。抓好“人大代表之家”、“代表工作室”建设。依托“家”、“室”开展学习培训、接待选民等活动，全年开展活动422次，参加代表2657人次，接待选民3951人次，提出建议484条，已经处理反馈的有440条。深入开展创先争优活动，对2008～2009年度人大工作27个先进集体和69名先进个人进行表彰，召开全区人大代表工作经验交流会。

【加强制度建设】进一步加强制度建设，完善适合国家权力机关特点、充满活力的组织制度和运行机制。首次召开全区人大工作会议，出台《关于进一步加强和改进人大工作的意见》，就坚持和完善人民代表大会制度，改进和加强党对人大工作的领导作出重要部署；加强对镇（街道）人大的联系与指导，制定《2010年街道人大工作的指导意见》；坚持《区人大常委会中心组理论学习制度》与《规范性文件备案审查规定》；邀请人大代表列席常委会会议，参加执法检查、视察活动等制度。

【督办代表建议】重视代表建议办理工作，推动办理工作由满意率向问题解决率转变。从区二届人大三次会议代表建议中专门遴选13件事关全局、涉及面广、亟待解决、群众关注度高的建议确定为重要建议，由区人大常委会领导领衔督办，协调办理过程中遇到的问题，促进建议落实解决，并组织对代表建议办理情况进行复查。从代表反馈情况看，由区人大常委会、区政府及有关部门办理的49件建议，代表满意的44件，基本满意的5件。交区政府办理的建议中，已经解决、基本解决或措施基本落实的有29件，占办理总数的60.4%。

【注重宣传交流】深入开展调研，全年完成调查报告8篇，为区委、区政府工作决策提供依据和参考。积极向上级人大报送宣传稿件，50余篇通讯及信息在市级以上媒体刊登。办好《代表之声》、《锡山人大工作》和《人大之窗》，通报人大工作，扩大宣传覆盖面。改版锡山人大网站，及时更新网站信息，发挥好网络宣传优势。积极参加全国十六县（市）区人大工作研讨会等交流活动，学习借鉴各地先进经验，扩大锡山人大工作的知名度和影响力。

人事任免

【概况】区人大常委会遵循党管干部和依法任免的原则，规范人事任免程序，强化对任免干部的监督。继续实行任前法律知识考试和任前承诺制度。全年依法任免55名国家机关工作人员，其中14名干部参加任前法律知识考试，17名任命干部作任前承诺。

2010年锡山区人大常委会任免“一府两院”工作人员主要情况一览表

表4

时间	会议名称	任命人员及职务
1月14日	区二届人大常委会第十六次会议	任命吕斌为区人大常委会办公室副主任、研究室主任；任命冯锡生为区经济和信息化局局长、孙军伟为区人力资源和社会保障局局长、徐悦为区住房保障和房产管理局局长、包鸣为区交通运输局局长、魏良为区水利局局长、陈荣伟为区商务局局长、朱晓军为区城市管理局局长、陈旭东为区统计局局长；免去冯锡生的区经济贸易局局长职务、孙军伟的区人事局局长职务、包鸣的区交通局局长职务、魏良的区水利农机局局长职务、陈荣伟的区对外贸易经济合作局局长职务、张建华的区劳动和社会保障局局长职务、王祖庚的区民族宗教事务局局长职务。
3月12日	区二届人大常委会第十八次会议	任命叶梅芳为区法院审判委员会委员
7月30日	区二届人大常委会第二十次会议	任命张建华为区人大常委会环境资源城乡建设工作委员会主任，免去田金龙的区人大常委会环境资源城乡建设工作委员会主任职务。
11月24日	区二届人大常委会第二十二次会议	任命吕斌为区人大常委会办公室主任，免去朱克荣的区人大常委会办公室主任职务；任命金士健为区检察院副检察长、周合星为区检察院副检察长。

（钱智卿　马　骏）

（编辑：吴　双）

锡山区二届人大三次会议召开　　（《新锡山》 供）

部分常委会委员、人大代表视察锡山粮食储备库改建工程　　（区人大办 供）

区人大开展促进全区经济转型发展建言献策活动动员会议

（区人大办 供）

区人大对《中华人民共和国安全生产法》进行执法检查

（区人大办 供）

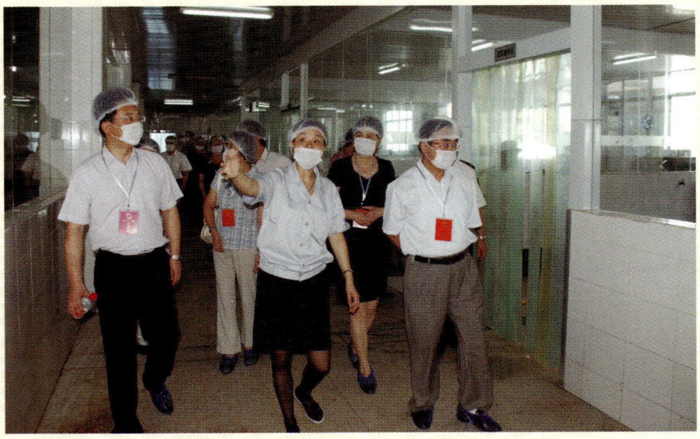

组织部分常委会委员、人大代表检查食品安全

（区人大办 供）

锡山区人民政府

综 述

2010年，全区紧紧围绕"赶超发展"目标，以开展转型促进年活动和建设"幸福锡山"六项工程为抓手，经济社会发展取得显著成效。全年实现地区生产总值402.82亿元，可比价增长13.7%。财政总收入108.25亿元，比上年增长85.6%，其中，一般预算收入36.08亿元，比上年增长27.5%；工业总产值1030.97亿元，比上年增长23%。

结构调整取得新成效。坚持把保持经济平稳较快增长与加快转变经济发展方式有机统一起来，加快推动产业优化升级和经济发展方式转变。新兴产业发展加速，全年实现新兴产业产值420亿元，比上年增长21.7%。制造业水平加快提升，五大重点工业产业销售占全部工业比重为69%，高新技术产业增加值占规模以上工业比重为45%。现代服务业和高效农业提升发展，全年完成服务业增加值可比价增长15.9%，占GDP比重为38%；新增高效农业面积407.8公顷，基本建成30个村级农业园区。有效投入力度加大，全社会固定资产投资324.25亿元，其中，服务业投资159.42亿元，比上年增长41.8%。消费和出口增长强劲，全年完成社会消费品零售总额116.15亿元，比上年增长19.1%；完成进出口总额35.60亿美元，比上年增长40.7%，新增境外上市企业1家。

发展活力实现新提升。充分发挥政府和市场两个方面的作用，以高端嫁接的方式广泛集聚项目、技术、人才等各类要素资源，推动产业转型进一步向纵深突破。全年新增国家级科技孵化器和博士后工作站各1家，省级院士工作站6家，全社会研发费用支出为9.8亿元；到位注册外资3.51亿美元，专业园区累计新办注册资金超千万元的内资企业118家，江苏物联网研究发展中心农业分中心等合作项目签约落户。启动实施"锡山百人计划"，全年引进"双高"人才89名、海归人才83名、生物农业领军型人才7名，57名海外科技领军型创业人才和创新人才入选"无锡千人计划"。深入推进各项改革，优化城乡管理服务体制，强化金融保障服务，全面完成乡镇机构改革任务，城镇社区"扁平化"管理基本实现全覆盖，锡山村镇银行成功获批，新增农村小额贷款公司4家。

承载能力得到新增强。认真落实环保优先方针和节约集约发展要求，积极创新工作举措，努力化解资源环境约束，大力构建生态文明。全年万元GDP能耗比2009年下降4.4%，万元规模以上工业产值能耗比2009年下降8%；完成东港污水处理厂二期扩容工程，全年铺设一、二级污水管网90.7公里，接管排污单位1.27万家，创建排水达标区212个，空气质量良好以上天数比例为94.2%；切实加强水生态整治修复，完成5条区级河道综合整治，启动农村环境连片整治，完成246个村庄综合整治和432个村庄的生活污水处理；深入推进"绿色锡山"建设，全年造林绿化513.73公顷，新增城镇绿地100万平方米，林木覆盖率提高0.84个百分点，环境质量综合指数为90.5。

城乡发展呈现新气象。锡东新城规划体系进一步完善，路网框架基本成形，社会事业和环境景观工程全面推进，全年编制完成规划成果11项，建成道路15条共计52公里，新开河道5.8公里，启动建设锡东高级中学等3所学校。大力实施城乡重点工程建设，全年完成拆迁553.8万平方米，安置房施工面积454.7万平方米；启动运东大包围二期——双泾河拓浚工程，建成北中路东段、东亭实验小学等重点工程，改造农村危桥340座，中国乡镇企业博物馆建成开馆。新农村建设步伐加快，制定实施农村"双置换"三年行动计划，有序推进"万顷良田"建设一期工程，积极扶持村级经济发展，全年村均可支配收入为379.8万元，合作社分红总额为5700万元。

群众生活得到新改善。统筹城乡就业和自主创业，全年实现城乡劳动力就业6796人，创业带动就业5868人，城乡居民收入保持两位数增长。实施城乡一体的居民养老和居民医疗保险政策，适龄居民养老保险和居民医疗保险覆盖率分别为95%和98%。健全社会救助体系，加大深度贫困家庭帮扶力度。大力发展社会事业，投入1.98亿元改善相对薄弱学校办学条件，社区卫生服务中心门急诊和住院均次费用分别比2009年下降44.4%和24.6%，荡口古镇被命名为"中国历史文化名镇"，在江苏省第十七届运动会上锡山区夺得17.25枚金牌。严格落实安全生产、食品药品监管等措施，深入化解社会矛盾纠纷，严厉打击违法犯罪活动，社会保持和谐安定。（印宏绯）

重要会议

【区二届政府三次全体成员（扩大）会议】3月29日，区政府召开二届三次全体成员（扩大）会议。会议按照区委二届七次全会和区人代会的部署要求，分解落实年度政府工作的重点目标任务；认真学习贯彻《中国共产党党员领导干部廉洁从政若干准则》和国务院第三次廉政工作会议精神，部署落实政府自身建设各项工作。会议要求，各级、各部门要立足当前、着眼长远，紧紧围绕推进全区经济社会转型升级和赶超发展，突出抓好三方面工作：一要认真落实“高点定位”要求，结合创新型经济城区建设，大力推进产业升级和经济转型，加快提升全区产业的创新能力、竞争实力和可持续发展能力。二要确立开放的理念、创新的思维、包容的胸襟，通过寻求高端的合作伙伴，广泛集聚资金、项目、技术、人才等各类要素资源，以高端嫁接的方式推动转型升级步伐。三要坚持把打造高品质环境作为集聚生产要素、提升产业素质、增强竞争能力的关键，立足于优化产业布局、增强服务功能、提高服务水平，加快推进各项综合环境建设。重点要着力推进园区载体建设、加快完善区域功能、优化人居生态环境。会议指出，各级、各部门要站在全局和战略的高度，坚定不移地落实以人为本的发展理念，紧密结合民生实际和“幸福锡山”建设六项工程实施，创造性地开展好各项工作，着力加大就业保障力度，提升公共服务水平，加强公共安全保障，不断提升人民群众的幸福感和满意度。会议强调，要围绕服务型政府建设，加快推动政府职能转变，强化行政执行，始终做到勤政廉政，努力为推动转型升级和赶超发展提供坚强保障。

【区政府常务会议】区政府全年召开8次常务会议，会议审议并通过《关于开展“转型促进年”活动的实施意见》、《区政府2010年重点工作分解落实方案》、《锡山区2010年深化改革创新体制工作要点》、《创建义务教育高位均衡发展示范区实施方案》、《关于加快锡山经济开发区专业园区建设的实施意见》、《关于加快推进公共文化事业建设的意见（2010～2012）》、《锡山区农村“双置换”工作三年行动计划》、《锡山区战略性新兴产业培育发展六年行动计划（2010～2015年）》、《政府工作报告》、《锡山区国民经济和社会发展“十二五”规划纲要》、《锡山区建设战略新兴产业“人才特区”实施意见》等行政措施、规范文件以及听取重大事项109件。（印宏绯）

【区经济工作暨转型促进年动员大会】1月30日，全区经济工作暨转型促进年动员大会召开。会议贯彻传达区委二届七次全会精神，在回顾总结2009年经济工作的基础上，研究分析当前形势，安排部署2010年经济工作，进一步动员全区上下以开展转型促进年活动为核心，狠抓产业升级，力促转型提升，全力推动锡山区经济社会的赶超发展。

【区科技创新和人才工作大会】2月2日，全区科技创新和人才工作大会召开。会议指出，2010年要认清肩负使命，进一步明确科技人才工作的目标方向，始终坚持服务于经济社会发展大局，始终坚持致力于提高自主创新能力，始终坚持依托于改善创新创业环境。重点做好五个方面工作：一要依托企业主体，全面深化政产学研合作；二要加强载体建设，着力构建科技支撑平台；三要加大人才引育，切实加强智力资源开发；四要鼓励多元投入，加快构建市场支撑体系；五要营造优良氛围，有效激发创新创业活力。（缪叶锋）

【区重点企业重点项目发展建设联席会议】区政府进一步健全完善重点项目重点企业建设发展联席会议制度，每月召开工作例会，推动项目建设和服务企业工作日常化、长效化管理，积极落实各类建设要素，加快推进全区重点企业重点项目发展建设，着力培育重大产业项目和新兴产业项目，全区85个超亿元重大产业项目完成总投资77亿元，其中，服务业完成项目投资占比为41.5%，完成全社会固定资产投资324.25亿元，开普二期、兴达泡塑等一批重点产业项目相继竣工投产，帮助企业协调解决各类意见和问题42个。（马　军）

【区人力资源和社会保障工作会议】3月30日召开。会议提出2010年人力资源和社会保障工作将以“民生为本、人才优先”为工作主线，继续把促进就业创业和完善社会保障作为基本立足点，把加强人才队伍建设、打造创新型人才高地作为主要着力点，不断深化人事制度改革。会议明确2010年全区劳动保障工作主要目标：全年提供就业岗位不少于2万个，城乡劳动力就业培训1.2万人，重点扶持900人自主创业，带动5000人实现就业再就业，力争全年新增实训基地和孵化基地各6个以上，引进各类人才5000名，确保农村养老保障综合覆盖率不低于94%，全区工资集体协商建制率在98%以上。（徐希伟）

【全区“一村一园”建设工作系列推进会议】2010年，区委、区政府制定现代农业向资源和空间更为广阔的村级平台延伸、3年建成60个以上村级园区的发展规划，致力将“一村一园”打造成为发展现代农业的主载体、新农村建设的主阵地，全面构建具有锡山特色、立体化、多层次的现代农业发展新格局，并陆续召开全区“一村一园”建设工作系列推进会议。全年基本建成村级园区30个，建成总面积800公顷，“一村一园”建设取得明显成效。（耿志强）

重要活动

【2010年无锡锡山金秋国际经贸月活动】9月，区政府举办以“转型发展、创新发展、赶超发展”为主题的2010年无锡锡山金秋国际经贸月活动。活动主要突出重点产业、特色园区、重大项目招商推介以及高端项目合作等内容，电力装备产业园与中国科学院电工研究所共建锡山智能电网研究中心等高端合作项目成功签约，长泰Office-Park创意产业园等总投资超30亿元重大项目集中开工奠基。活动期间取得项目成果46个，其中，高端合作签约项目21个、开工奠基项目25个，同时积极储备一批发展前景好的意向项目57个，为推动锡山区经济社会加快实现转型发展注入新的活力。

（马　军）

【区2010年度重点工程建设项目竣工仪式】12月28日，锡山区2010年度重点工程建设项目竣工典礼顺利举行。全区各级、各部门和广大建设工作者紧紧围绕年度重点工程建设目标，精心组织实施，抢时间、赶进度，顺利完成北中路东段、柏庄路、锡州中路、东亭实验小学等一批市、区重点工程和民生工程，对进一步拓宽发展空间、完善城乡功能、优化人居环境和促进城乡一体化发展起到了重要的推动作用。（谢　黎）

【双泾河拓浚工程开工】10月28日，无锡市运东大包围配套工程——双泾河拓浚工程开工。双泾河拓浚工程西起北兴塘的三坝港口，向东穿过走马塘至南桥港与北中路的交汇处，途径锡北镇、东港镇和安镇街道，全长8.3公里。该工程是无锡市城市防洪运东大包围重要的配套工程之一，是继走马塘后锡山区境内又一项重大水利工程。该项工程的建设对于完善全区“四纵四横”（四纵，望虞河、走马塘、东清河、严埭港；四横，锡北运河、北兴塘—双泾河、九里河、伯渎港）骨干水系，提高防洪抗灾能力，改善水环境质量，高标准建设锡东新城，以及充分发挥无锡市运东大包围的防洪功能等方面都具有十分重要的意义。工程计划于2011年汛前完工。（耿志强）

【中国乡镇企业博物馆开馆】7月28日，中国乡镇企业博物馆经过近两年时间的建设和布展，对外开馆。该博物馆位于锡山区春雷造船厂（中国最早的乡镇企业之一）旧址，项目总占地面积4.5公顷，总投资1.64亿元。展馆内分为序厅、成就馆、历程馆、区域馆和无锡馆5部分。整个博物馆通过大量的实物、图片和文字记录，集中展示了中国乡镇企业的发展历史、成功经验和辉煌成就，是全国唯一一家收藏乡镇企业发展各时期文史资料和文物的博物馆。（华敏展）

机构编制管理

【概况】锡山区机构编制委员会办公室列区委机构序列，既是区委工作部门，又是区政府工作部门，挂“区事业单位登记管理局”牌子，正科（局）级建制。原与区人事局合署办公，2010年1月单独设置。主要负责全区行政管理体制和事业单位机构改革方案及配套措施的拟定实施，各部门的职能配置协调，区级机关各部门、各镇（街道）领导职数核定、编制分配及下设机构设置和职能配备，事业单位机构设置、职能配置、人员编制等事项的调整和管理，事业单位登记管理。内设综合科（监督检查科）和行政事业科2个科室。机关行政编制7名。

2010年，全区机构编制管理工作紧紧围绕区委、区政府中心工作，牢牢把握机构编制工作正确方向，紧密结合区情实际，积极稳妥地推进政府机构改革和镇级机构改革，强化机构编制管理和监督，规范事业单位登记和管理，切实加强自身建设，为全区经济社会赶超发展提供体制机制保障。

严格控制机构编制和领导职数，有效遏制机构编制膨胀。从严控编核编，严禁行政事业单位超编进人，以职能调整为依据合理配置和利用事业单位资源，把好人员调配和招聘的关口。进一步强化事业单位公共服务职能，规范事业单位管理。理清事业单位职能，优化调整事业单位资源和结构，激发事业单位活力。全区副科级以上建制的11家事业单位全部完成无锡市机构编制委员会办公室的报批手续，并完成“三定”（定机构、定职能、定编制）工作。全年合并事业单位2家，撤销4家，增设9家，更名22家。

做好机构编制实名制库信息维护工作。持续加大推行机构编制实名制管理工作的力度，规范实名制库管理。完善机构编制数据库建设，实现对机构编制动态数据的实时掌握，促进机构编制管理的制度化、规范化。全年调整实名制库信息1486条，并对政府机构改革和镇级机构改革之后相关单位的实名制库基本信息进行调整。

规范管理，强化事业单位登记管理工作。认真组织2009年度事业单位年检工作，共办理事业单位年检206家，参检率和年检合格率均为100%。办理事业单位变更手续65家，办理事业单位设立登记6家，撤销3家。

【政府机构改革全力推进】继续做好政府机构改革工作，认真部署政府机关部门及区委统战部、区编办等28个部门的“三定”工作，按照“转变职能、理顺关系、优化结构、严控编制”的要求，对各部门“三定”工作进行认真审核，全年完成26个部门的“三定”工作。

【镇级机构改革全面完成】上半年在充分调研的基础上制定改革方案，并经无锡市委、市政府批准全面推开锡山区镇级机构改革。全区四个镇严格按照镇级机构改革实施意见精神，规范设置党政机构和事业单位。各镇按区核定的精简比例精简编制，全区镇级减少行政编制27名、事业编制134名。及时会同相关部门深入各镇开展专题督察，对各镇机构改革的实施情况进行检查验收，全区四个镇在规定时间内实现机构设置到位、干部调整到位、人员分流到位，镇级机构改革工作全面完成。

【积极做好“三责联审”工作】积极参与区首次“三责联审”工作。在区委组织部的牵头下，和区审计局等相关部门组成“三责联审”工作组进驻区人口和计划生育局，对原局长进行“三责联审”，对其任职期间的部门职能履行情况、机构编制执行情况、机构编制实名制管理的贯彻落实情况等进行审核，形成机构编制执行情况责任审核报告。（李婷婷）

行政服务中心

【概况】锡山区行政服务中心为锡山区政府派出机构，正科（局）级建制。主要负责研究拟定全区行政审批制度改革方面的政策、制度和方案，并组织实施；发挥重大项目审批的牵头协调作用，组织相关部门开展联合踏勘、联合论证、联合审批和现场服务；全区行政审批服务等相关信息系统的建设、培训和运行管理工作；为锡山经济开发区、高铁站商务区和各镇（街道）、各部门提供行政审批制度改革工作咨询、业务培训等服务，并负责实施考核等工作。内设综合科、业务科、督查科、信息科4个科室，机关行政编制10名，辖管理站1个事业单位。

2010年，区行政服务中心在区委、区政府的正确领导下，在区各相关职能部门和中介服务机构的支持配合下，坚持以科学发展观为统领，深入贯彻区委二届七次和八次全会精神，紧紧围绕区委“加快转型发展，建设幸福锡山”的工作总要求和区政府确定的各项重点工作任务，以创新谋思路求发展，以服务创举措求便民，以管理促规范求效能，各项工作取得了新成效，区行政服务中心形象、地位和作用持续攀升。全年区、镇两级行政服务中心受理各类行政服务事项19.16万件，办结19.08万件，按时办结率为99.58%。其中，区行政服务中心受理4.49万件，区房屋权属管理分中心受理0.87万件，镇（街道）行政服务中心累计办理各类服务事项13.8万件，获得“无锡市文明单位”、“全市行政审批制度改革工作先进单位”等称号，在全区机关作风效能建设考核评比中，排位较上年相比有了较大幅度的进位。在年度机关党建工作评比中，“规划窗口”和“公安窗口”获“共产党员示范岗”称号。

【东亭东北塘安镇获“市级示范点”称号】在2009年镇（街道）行政服务中心全覆盖的基础上，2010年重点抓好示范点建设工作。区分管领导高度重视，专门作出相关批示。区政府办转发无锡市行政审批制度改革领导小组办公室关于创建的通知文件。各板块分管领导高度重视，积极落实创建工作目标任务。区行政服务中心通过举行区镇（街道）行政服务中心主任联席会议创新业务指导方式，对应“组织健全、程序规范、事项集中、制度执行、充分授权、群众满意”六大指标，采取现场查看、查阅台账、听取介绍、互动交流等方式，对各镇（街道）进行业务指导，确定东亭、东北塘和安镇街道行政服务中心为区示范点上报单位，并在10月21日顺利通过无锡市行政审批制度改革领导小组办公室的考核验收，被命名为“无锡市首批镇（街道）行政服务中心示范点”。同时，各镇（街道）行政服务中心在日常服务中形成了新特色。突出便民服务，东亭街道、安镇街道和鹅湖镇等板块均把市民卡、交通卡办理事项纳入窗口服务范围，极大地方便了群众，累计办理近5万张市民卡。突出网上审批，安镇、东亭、东北塘、鹅湖街道行政服务中心在年初实现和区行政服务中心网上办件系统的互联互通、网上申报系统对接、相关资料及审核在网上公开透明运行，实现了政务网、行政服务网、国地税内网、工商内网、代征系统网全线运行。特别是东北塘行政服务中心整合个体税收代征服务，为个体工商户办证办照和办理纳税服务，成为省市亮点。突出代理服务，锡北镇、东港镇行政服务中心着力提升代办员素质，对代办员进行“职业经理人”等培训，并实行重大项目周报制，为园区企业提供全过程无偿服务。

【行政权力网上公开透明运行工作顺畅运行】区行政权力网上公开透明运行信息系统框架平台于2010年1月1日起全面上线运行；3月18日顺利通过无锡市的综合验收，并名列前茅；7月1日参加江苏省考评小组对无锡市的考核验收，得到高度肯定。7月23日，组织开展全区网上业务办理竞赛活动，并选出6名选手代表锡山区参加全市竞赛，获全市行政处罚竞赛个人第二名、第三名和行政许可竞赛个人第九名的好成绩，区教育局和区行政服务中心的两位选手获“无锡市‘五一’创新能手”称号。区行政服务中心在行政权力网上公开透明运行工作中做到“三个强化”。强化平台建设，根据机构改革调整后权力事项变化的新情况，及时配合部门做好梳理，更新网上运行系统的办理程序累计近32项；积极探索区平台向镇（街道）和村（社区）延伸，主动融入全区电子政务建设，有效整合民政社区网上服务系统，把权力网上运行系统普及到最基层。强化日常运行，全面实施权力网上运行新系统，每天汇总办件数据，全区有29个部门上线运行，部门在线运行率为100%，上网运行5854件事项，其中，行政许可5391件、非许可审批180件、行政处罚55件、其他228件。强化窗口运用，各窗口通过认真参加业务培训，自觉实施，实现中心窗口—局科室—中心窗口的全过程网上流转和审批。区城管局窗口年内办理246件行政许可事项，全部在网上办理，实时在网上政务大厅公示办理结果。

【区首个房屋权属管理行政服务分中心设立】根据全区经济社会和民生发展的要求，进一步方便办理房产证、缴契税等服务内容，7月15日建立房屋权属管理行政服务分中心，纳入区行政服务中心统一管理。该分中心有效整合住房登记、财政、地税、银行、评估机构等相关职能部门和中介机构，将所有涉及房产登记和交易的职能全部纳入服务大厅，做到“一个窗口受理、一条龙服务、一站式办结、一次性收费”的服务模式，极大地方便了群众。有窗口工作人员30名，累计办理事项8660件。12月18日，获全市“无锡产监杯”知识竞赛第一名的好成绩。

【地税办税全功能服务厅率先成立】为方便纳税人，实现从工商执照领取、税务登记办理、一般纳税事务办理的一条龙便捷式服务，区行政服务中心与锡山地税局认真制定进驻方案并签订共建协议，落实窗口服务平台软硬件建设，理顺运行机制，规范业务流程，减少审批环节，于8月8日创新成立地税全功能办税服务厅，全力推进“同城通办”。6个地税窗口全面受理税务登记、涉税审批、纳税申报、税款征收、社保缴纳、发票发售及兑奖、减免税受理等所有涉税业务，成为全市首个落户行政服务中心的全功能办税服务厅。8月13日，江苏省地税局领导专程到区行政服务中心进行调研，充分肯定该创新做法。年内，该服务厅办理涉税事项10685件，征收各类税费5.4亿元。

【“超前直通车”服务机制创新实施】针对“绿色通道”审批服务对项目前期关注较少的问题，区行政服务中心创新建立重大项目“超前直通车”服务机制，提前介入服务项目，组织相关职能部门对项目的报批进行指导，特别是涉及到市级部门审批的项目，主动与无锡市行政服务中心沟通，开展联动服务，由无锡市行政服务中心协调相关部门到锡山区进行现场集中办理。8月13日，区行政服务中心专门邀请无锡市行政服务中心协调无锡市发展和改革委、经信委、国土、环保、规划等部门许可处处长为东港镇的新材料工业园中的4个建设项目进行现场办公，受到项目方的一致好评。区行政服务中心年内为无锡阿科力化工有限公司等15家企业进行“超前直通车”服务。（曹志宏）

法制工作

【概况】2010年，区政府法制办突出重点、健全制度、强化监督和教育，夯实法治政府基础工作。部署依法行政重点工作。下发《2010年锡山区依法行政工作要点》，明确依法行政的总体要求、目标和主要任务；出台锡山区依法行政考核细则，将制度落实、行为规范、机制完善等10项任务细化分解，依法行政考核成绩作为区委科学发展评价考核的重要组成部分。规范行政执法行为。区政府及工作部门收到公民申请政府信息公开45件，办结45件，其中，申请行政复议8件、维持6件、驳回复议申请2件；收到行政复议申请3件，其中，维持1件、不予受理2件；落实行政首长出庭制度，行政诉讼负责人出庭率为100%；收到重大行政处罚备案210件，跟随执法机构检查12次；开展行政执法说案比赛，提升执法人员的综合素质。严把重大决策审查关。坚持政策文件提交常务会议前进行合法性审查的工作机制，未经过合法性审查的政策文件，区政府常务会议不讨论或不通过，确保决策的合法性，全年审核政策文件、决策草案20余件，参与讨论重大议题95个。发挥参谋助手作用。为政府重大行政决策提供法律意见和合理性建议30余次；审查《机构改革三定方案》、《锡山区工业投资项目协议书》、《镇（街道）社区卫生服务中心改制回购方案》等重要文件47件；参与协调企业改制、收回或转让国有土地、土地纠纷确权案件；协调处理星海新村居民与春江花园三期规划纠纷、锡兴纺织厂职工安置费纠纷；参与拆迁裁决协调12次。提升执法人员综合素质。借助政务公开平台创新行政执法培训形式，每周定期以短信的方式向全区行政执法人员传递简短执法知识和工作注意事项，培训执法人员1200名，累计发送信息1万条，并组织全区行政执法人员进行换证资格考试。

【依法管理行政权力事项】根据行政权力动态调整的要求，结合全区机构改革的实际情况，全年调整行政权力43项。组织网上数据填充速录培训，开通QQ培训平台，建立每日网上数据跟踪、提醒制度。开展权力事项“挂起”活动，提高网上运行效率，全区各部门“挂起”行政权力事项2010项。（张晓红）

政府信息公开

【概况】2010年，锡山区政府继续贯彻实施《中华人民共和国政府信息公开条例》，进一步建立健全政府信息公开工作机构和组织网络，保证政府信息及时准确公开，充分发挥政府信息公开在提高行政透明度、提升行政水平、促进政府职能转变方面的积极作用。

【工作机制不断完善】进一步加强信息资源建设，规范政府信息的采集、加工、分析和利用，提高信息公开质量和水平。全区各级、各部门基本建立依申请公开工作内部运作机制，规范和细化依申请公开信息流程、服务方式和内容，明确申请流程中各个环节的具体要求，确保依申请公开工作有序进行。

【公开内容更加充实】继续做好历史信息的公开工作，加大对建区后应主动公开的各类信息的梳理工作。不断完善充实新产生信息，充分利用网络、热线电话、基层便民服务中心等平台公开相关信息，方便群众办事和社会监督。全年区政府本级信息公开网站发布信息749条，其中，“政府文件”56条，“重点工作”678条，编发《锡山政报》6期。

【网上村务（事务）公开】为进一步深化政务信息化服务群众的宗旨，选择羊尖镇龙凤巷村、鹅湖镇青荡村和东亭街道赛维拉小区开展网上村务（事务）公开试点。在区村务公开工作领导小组组织指导下，依托区网站群平台建成村务（事务）公开网站，以村务（事务）公开为中心任务，让村（居）民通过网站直接了解社区当前的动态，查询在社区办理的各个事项，并借助网络进行信息交流和社会互动，做到村务阳光化、民主活力化、信息及时化。

（陈菁华　任方圆）

外事接待工作

【概况】2010年，完成接待任务112批8800人次，其中，接待中外来宾94批2271人次（中央领导3批25人次、省部级22批610人次、地市级26批695人次、县市级32批704人次、外宾11批237人次）。参与重要会议和活动18批6071人次，联络和安排外出参观12批458人次。办理出国出访89批209人次，其中，党政领导干部出访63批176人次、学校出访13批13人次、企业人员出访13批20人次。出访国家及地区主要为美国、加拿大、英国、法国、日本、中国香港等。

年内，接待原国有大中型企业监事会主席、全国政协委员韩修国，原全国政协副主席张怀西，商务部部长陈德铭，农业部部长韩长赋，中国科学院副院长施尔畏，空军装备部副部长周迈，国家林业局局长贾治邦，国家工商行政管理总局副局长付双键，原国务院国资委主任、全国政协经济委员会副主任李荣融；柬埔寨首相洪森、卢旺达总理贝尔纳马库扎、以色列驻上海领事馆总领事艾雅克、美亚友好协会会长梁德铨、美国新泽西州西橙市副市长瓦拉兹等领导和宾客。完成全国农村新闻宣传工作座谈会暨现代农业建设研讨会、《中办通讯》工作座谈会、全国工商系统商标战略实施座谈会、全国关工委第二期干部学习培训班、中国乡镇企业博物馆开馆仪式、缤纷农博嘉年华暨虹越园艺家开幕式、锡山六人书画联展等会议和活动的接待任务。

【规范因公出国（境）管理】强化《因公出国（境）团组境外纪律》宣传，重点对出国前、出国时及归国后的注意事项作出详细说明和规定，切实加强出国（境）团组人员的行前教育，进一步规范和完善归国后证件收缴手续。宣传和鼓励申请直报企业的有关政策，承诺对直报企业的因公出国（境）任务审批手续随到随办，大大缩短企业因公出国（境）手续的办理时间，切实提高办事效率，为企业开展对外经贸合作提供便利。

【开展对外友好交流】6月，美国新泽西州西橙市副市长瓦拉兹一行20人到锡山区进行友好交流，考察锡山经济开发区投资环境并进行深入的经贸合作洽谈。7月，中国人民对外友好协会批准无锡市锡山区与美国新泽西州西橙市结为友好城市。9月，区政协副主席黄宪辉带队赴友好城市英国奥尔德姆市和德国伯霍尔特市进行考察访问，加深友城间的友谊，进一步探索互补性强、战略地位重要的城市与锡山区发展友好交流关系。12月，柬埔寨首相洪森一行36人访问锡山区。重点考察红豆集团，并详细了解在柬埔寨投资建设的西哈努克港经济特区的进展情况。

（何勤雯）

信访工作

【概况】2010年，区信访局受理信访总量2319件，比上年上升69.6%。其中，网上咨询投诉1612件，比上年上升129%；来信303件，比上年上升28%（重复信32件，占来信总量的10.6%）；来访325批1245人次，批次、人次分别比上年下降12%、17%（集访63批848人次，批次、人次分别比上年下降2%、17%）；来电79件，比上年上升34%。受理信访事项复查11件，比上年下降8%。完成上级交办件43件，结报率100%。

网上信访大幅上升，受理1612件，比上年上升129%，主要是咨询拆迁及道路规划，反映小区物业管理差、违规拆迁及城区道路违章停车，举报违章搭建、环境污染等问题。来区上访明显下降，受理325批1245人次，批次、人次分别比上年下降12%、17%（集访63批848人次，批次、人次分别比上年下降2%、17%）。越级上访平稳可控，全年发生越级上访54批337人次，批次、人次分别比上年下降21%、39%，其中，赴京上访8批22人次（集访1批5人次），批次、人次分别比上年上升14.3%、22.2%；去省上访7批13人次，批次、人次分别比上年下降12.5%、62%；去市上访39批302人次，批次、人次分别比上年下降25%、26.5%（其中，集访16批266人次，批次、人次分别比上年下降6%、21.5%）。

【世博会期间信访稳定工作】为加强上海世博会期间全区维稳工作，在区委、区政府召开专题会议研究部署的基础上，加大不稳定因素排查及化解力度，对事实清楚的信访事项在答复的基础上引导信访人复查、复核，对疑难、复杂的问题进行协调会办，对法理之外、情理之中的生活困难信访老户进行救济，对突出信访问题及信访老户逐个落实领导包案责任制，加强值班备勤工作，通过全区各级、各部门的共同努力，实现世博会期间无人员到上海上访、未发生重大影响信访事件的目标。

【化解涉诉涉访矛盾纠纷专项活动】6月，全市召开集中化解涉诉涉访矛盾纠纷专项工作会议，会后锡山区迅速成立区集中化解涉诉涉访矛盾纠纷专项工作协调小组，区维稳办、区信访联席办及时印发《锡山区关于开展集中化解涉诉涉访矛盾纠纷专项工作的方案》，并将市维稳办、市信访联席办交办的12件信访事项向所属镇（街道）下发交办函。同时，逐案落实区、镇（街道）领导包案，明确化解时间及稳控措施，做到“一事一议”、“一案一策”，深入推进，狠抓“责任、措施、效果”三落实。市维稳办、市信访联席办交办的12件信访事项，化解10件，化解率83.3%，高于市里规定的化解率75%的目标。（许孝强）

侨务和港澳同胞工作

【概况】锡山区人民政府侨务办公室为锡山区政府工作部门，正科（局）级建制。主要负责调查研究国内外侨情和侨务工作情况，向区委、区政府提供侨务信息，保护华侨、归侨、侨眷和港澳同胞在内地的合法权益，协助政府有关部门做好招商引资、引智、对外联络联谊工作，开展对华侨华人、港澳同胞的宣传、交流工作，华侨华人、港澳同胞捐赠工作和指导镇（街道）侨务等工作。内设侨务科1个科室，机关行政编制2名。

2010年，全区侨务工作在区委、区政府的领导下和市侨办的帮助指导下，认真贯彻落实党的十七届四中、五中全会精神，紧紧围绕区委、区政府中心工作，在发挥侨力、凝聚侨心、服务侨情、履行职责上取得了一些成绩，为构建文明、和谐新锡山作出了积极的贡献。区侨办获“2010年度全市侨联系统信息、通讯工作先进单位”称号，区政府被评为“2010年度全市侨务工作先进单位”。

【招才引智】为配合实施“无锡市千人计划”，锡山区实施“锡山百人计划”，制定《锡山区落实市“千人计划”和区“百人计划”工作责任分解表》，并切实加大海外高层次人才引进力度。5月上旬，区有关部门专门组团赴欧洲开展海外引才系列活动，成功设立锡山海外引才巴黎工作站、锡山海外引才德国工作站，聘请一批海外引才顾问，进一步开辟海外引才新渠道，扩大了锡山区在欧洲的影响力，顺利签订一批引才合作协议，延揽一批海外高层次人才。

【侨企交流合作】5月中旬，会同无锡市有关部门组织开展“海外博士红豆行”，邀请10名留学美国、英国、日本等国家和地区，在生物医药、新能源、水循环处理等领域具有较深专业造诣的海外博士，参观考察红豆集团，与企业负责人座谈交流创业经验，研讨双方发展思路，谋求创业愿景，探索合作方向。企业在关注国内高层次人才的同时，主动把目光瞄准“海归”等高层次新兴产业人才。年内，江苏商达水务有限公司、无锡富杨通教育有限公司等43家“530”企业落户锡山区，累计落户锡山区的“530”企业超过120家。无锡市宇寿医疗器械有限公司专职聘请外国专家作为公司在国外的代理人，既解决了与国外机构、企业在沟通等方面的问题，又为企业引进了国际上的先进产品和技术，并帮助企业培养了一批技术员工。无锡金维多食品有限公司总经理王钦被评为“2010年度无锡市‘十佳’华侨华人专业人士杰出创业奖”。

【提升服务企业水平】 注重以服务企业为宗旨，通过发放相关资料、召开座谈会等形式，带政策进基层、下企业，让企业更好地了解各级政府在引才中的政策及措施，力促企业加快自主创新步伐。针对各企业对人才需求的不同要求，专门下发海外领军型人才需求调查表，对区企业引进海外领军型人才进行摸底，为54家重点企业建立人才需求信息台账。同时，积极创新服务“530”企业的新举措，对梳理出的14家重点“530”企业，建立项目建设、企业服务属地挂钩联系制度，每月定期走访“530”企业，每月通报服务企业情况，研究解决影响企业发展过程中的困难和问题，提出解决措施，落实责任单位，扶持“530”企业快速产业化发展。

【凝聚侨胞力量】 以人为本，为侨服务，多方协调，积极为侨胞做好事、解难事。祖籍东北塘梓旺村的92岁中国香港居民朱素云回乡定居，祖房破旧且面临拆迁，在区侨务部门的沟通协调下，为她解决了回乡定居的住房事宜。原安镇大成桥小学由中国香港同胞顾老太捐资兴建，因锡东新城建设面临拆迁整合，区侨务部门通过协调解决了该问题。锡北镇归侨蔡林娣回国定居八年，生活补贴一直没有得到解决，区侨办妥善解决了该问题。积极开展“万侨助万村活动”，通过外出参观、召开座谈会等各种机会，引导侨胞们支持家乡建设，不少项目得到落实。荡口华人华仲厚（定居在泰国）出资30万元捐建校舍；严家桥的香港同胞唐宏远出资5万元捐建校舍；侨眷华荣南出资5万元帮助东亭街道春星社区建立老年活动室；原荡口实业家华绎之后人华仲厚、华季平（定居在美国）兄弟俩，提供华绎之洋房进行古镇建设布展陈列；江苏欧翔机车有限公司总经理王剑（荷兰）出资5万元帮助锡北镇新明村开展新农村建设；无锡永吉不锈钢制品有限公司出资200万元捐建河南省社旗县建兴希望小学；红豆集团总裁周海江出资300万元设立“七一红豆奖学基金”开展“侨爱新村”建设等，有力地推动了全区“万侨助万村活动”的进程。

【增强侨眷维权意识】 通过开展系列活动，归侨侨眷的自我保护意识进一步增强，学会用法律维护自己的合法权益；各级政府及有关部门侨务法律观念进一步增强，严格依法办事，优先解决侨眷的困难，凝聚侨心。由区侨办牵头，联合区科技局、区人保局、区经信局、区交通运输局和区工商联等部门领导与无锡瑞迪声科技有限公司等10家侨资企业和“530”企业代表，主要围绕当前制约企业发展的瓶颈和面临的困难，特别是企业在经营过程中融资、市场开拓、人才科研、土地、环保、企业管理人员培训、劳动力技能培训等方面的困难以及企业对统战部门、侨务部门、政府职能部门的意见和建议等进行座谈，并及时协调处理相关问题。配合无锡市侨联在厚桥街道和锡山经济开发区科创园开展《中华人民共和国归侨侨眷权益保护法》颁布实施20周年成果巡回展览。全区各级政府和有关部门联动，通过媒体、报纸、宣传栏、拉横幅等形式，在显著地段悬挂横幅11条，制作法制宣传小报1万份，下发《侨务政策法律法规选编及问答》200本，大力宣传《中华人民共和国归侨侨眷权益保护法》和《江苏省实施〈中华人民共和国归侨侨眷权益保护法〉办法》。区司法局把《中华人民共和国归侨侨眷权益保护法》纳入“五五”普法考核内容。区侨办积极组织参加江苏省侨务系统开展的纪念《中华人民共和国归侨侨眷权益保护法》颁布实施20周年的征文活动，收集调研文章10篇，上报参赛两篇。区镇（街道）借中秋、国庆之际，召开归侨、侨眷座谈会，交流感情，增进了解，关心疾苦，通报党委政府的工作和设想。 （周国明）

机关事务管理

【概况】 2010年，锡山区区级机关事务管理局调整为区政府办公室挂牌机构；“区区级机关生活服务中心”更名为

"区区级机关事务管理服务中心"，由原区级机关事务管理局下属事业单位调整为区政府办公室下属事业单位；区采购中心机构单列，为区政府直属事业单位，相当于副科级建制单位。2010年，区级机关事务管理局按照"管理科学化、保障法制化、服务社会化"要求，进一步着力推进机关后勤服务改革，加强内部管理制度建设，切实履行管理、保障、服务职能，各项工作稳步推进。

内部运行机制更趋合理。围绕"管办分离"要求，按类别梳理16个后勤服务项目和外包项目。对照《后勤服务手册》，建立前期签署服务合同，中期实施质量，后期实施绩效评估结付服务购买资金的流程管理。修订完善质量稽核管理办法，每周出具稽核质量文件，对满意度调查建议项、客户投诉、稽核检查提醒项的整改落实情况，通过机关"110"服务交办机制，实行有效控制、及时服务。完善运行经费及财务管理内控制度，规范部门采购和资金使用审批，全面推进会计电算化，机关后勤经费比2009年下降5%以上。组织开展以"优质服务、优良作风、优美环境、做机关满意后勤部门"为内容的"三优一满意"活动。

节约型机关建设取得新成效。切实履行机关事务管理局公共机构节能管理部门职责，出台《2010年度节约型机关工作要点》，部署开展全区节约型机关建设并做好跟踪统计及指导服务。纳入跟踪管理的区级部门全年水电主要能耗比2009年下降5%，全面完成"十一五"公共机构节能目标任务。在机关大院内继续推进最优节能模式，建立机关节能基础工作台账，落实用水、用电设备日常维护管理，科学设定电器、空调、照明开启时间，推行机关车队油耗管理，完成中央空调冷却泵和冷媒泵的节能改造，大院内全年能耗资金比2009年下降50万元。

政府采购业务量质齐升。围绕"依法采购、优质服务、规范操作、廉洁高效"的宗旨，政府采购中心进一步规范业务流程，全年采购实现零投诉。不断拓宽服务范围，采购量实现倍增，全年进行采购活动超过800批次，采购金额为1.71亿元，节约财政资金超过1500万元。全面实施限额以上货物、工程的招投标管理，全年公开招标、竞争性谈判采购金额为1.2亿元，占采购总金额的70%以上。根据全区深化体制改革创新要求，与财政部门共同出台优先采用节能及自主创新产品的工作规范，进一步发挥政府采购的产业引导作用。

【机关事务管理局调整为挂牌机构】根据《无锡市锡山区人民政府机构改革实施意见》，2010年1月，区级机关事务管理局的职责划入区政府办公室，区政府办公室增挂"区区级机关事务管理局"牌子。主要职责是研究制定区级机关行政事务工作的具体政策和规章制度以及区级机关后勤体制改革和服务外包的政策和方案，负责对区政府机关大院所有后勤服务项目进行综合监管，并按照后勤服务社会化要求，稳步推进机关后勤事务"管办分离"和服务外包工作。

【区级机关生活服务中心更名】为进一步强化事业单位公共服务职能，规范事业单位管理，根据锡编委文件精神，2010年7月，"区区级机关生活服务中心"更名为"区区级机关事务管理服务中心"，由原区级机关事务管理局下属事业单位调整为区政府办下属事业单位。主要职责是负责政府机关大院内部包括卫生绿化、安全保卫、水电消防、会务餐饮等服务项目保障工作；推进区级机关大院内各部门节约型机关建设；监督各服务保障单位服务质量；组织对后勤服务外包项目的确定和统一采购。

【区采购中心机构升格】为完善政府采购管理体制，依法规范采购行为，经区委、区政府研究决定，建立无锡市锡山区采购中心。根据锡编委文件精神，2010年7月，区采购中心机构单列，为区政府直属事业单位，相当于副科级建制。主要职责是按照国家和地方相关政府采购法律、法规和规章制度，接受委托代理全区纳入政府集中采购目录和采购限额标准以上的货物、服务和工程类项目的集中采购及其他政府采购项目的采购；执行采购办法，拟订采购方案和文件，发布采购信息，参与采购合同签订并对其履行情况进行监督；登记和管理政府采购"供应商库"；完善采购内部机制；协助有关部门做好监督检查工作。（陆　栋）

（编辑：吴　双）

7月28日，中国乡镇企业博物馆对外开馆　　（孙剑光　摄）

锡山开发区信息服务文化创意产业园长泰Office-Park项目开工奠基　（孙剑光　摄）

区行政服务中心窗口提供优质服务　　（区行政服务中心　供）

政协锡山区委员会

综 述

中国人民政治协商会议是中国人民爱国统一战线的组织，是中国共产党领导的多党合作和政治协商的重要机构，是中国政治生活中发扬社会主义民主的重要形式。人民政协的主要职能是政治协商、民主监督、参政议政。政协锡山区委员会下设一个办公室，由综合科、行政联络科、秘书科组成。政协锡山区委员会有13名行政编制和6名行政附属编制。

2010年是锡山区实现“十一五”规划目标的收官之年，也是区政协科学履职、务实工作的深化提高之年。区政协在中共锡山区委的领导下，全面贯彻落实科学发展观，紧紧围绕区委“赶超发展”的战略任务，主动把“加快转型发展，建设幸福锡山”作为政协全年工作的主线，把握主题，发挥优势，凝聚智慧，汇聚力量，为建设和谐文明的现代化新锡山作出了积极的贡献。

2010年，政协锡山区委员会召开常委会议5次、主席会议13次，组织开展视察调研活动17次，形成调研报告30篇。编辑《锡山政协》简报8期，编辑《政协之声》专版8期，近百篇稿件在各级、各类媒体上发表。全年筹备开展政协各类会议活动60余次，接待上级和省内外县（市、区）政协调研考察团20余批、近200人次。结合新时期政协宣传工作的新要求，专门建立政协门户网站，并被评为“2010年度区级机关优秀网站”。 （吴贻红 马良军）

重要会议

【区二届政协常委会第十一次至第十五次会议】3月16日，区政协召开二届十一次常委（扩大）会议。会议学习传达全国、省、市政协全会精神；讨论通过区政协2010年度工作要点及计划安排、2010年度重点调研课题、开展转型促进年活动实施方案、2010年度“争先创优”评比活动的意见及考核评比细则、关于委员调整及增补的决定、有关人事任免的决定、关于委员分组及界别调整的决定；讨论通过主席联系常委、常委联系委员调整的意见。

7月1日，区政协召开二届十二次常委（扩大）会议。会议听取并讨论区政府2010年上半年工作情况和下半年工作打算的通报；听取并讨论区政府2010年为民实事工程进展情况的通报；审议通过《关于加强安置社区建设、管理的建议案》（审议稿）。

7月30日，区政协召开二届十三次常委（扩大）会议，通过有关人事任免决定。

9月27日，区政协召开二届十四次常委（扩大）会议。会议听取并讨论区政府关于专业园区建设的情况通报以及区政府关于政协二届三次会议委员提案办理情况的通报。

12月31日，区政协召开二届十五次常委（扩大）会议。会议听取并讨论区政府关于2010年度工作情况和2011年工作打算的情况通报；讨论通过区政协二届常委会工作报告（征求意见稿）、区政协二届常委会关于二届三次会议以来提案工作情况的报告（征求意见稿）、关于召开区政协二届四次会议的有关事项；审议通过区政协关于调整及增补部分委员的决定（草案）、有关辞呈、有关人事任免决定（草案）、区政协关于表彰2010年度有关先进的决定（草案）。

【各工委民主评议通报会】9月8日，区政协主席周积生、秘书长俞纪根参加政协安镇街道工委组织开展的民主评议基层站所（中心）服务转型发展通报会。东亭、羊尖、鹅湖、东北塘、东港等镇（街道）的政协基层工委于同日召开评议通报会，查问题、找原因、提建议，促进被评议部门进一步改进工作，提升服务转型发展的执行力。区政协主席周积生对该次评议工作进行总结发言，高度评价政协基层工委在评议活动中发挥的重要作用，同时对被评议单位的各项工作表示肯定。

【界别组召集人座谈会】9月26日，区政协召开各界别活动组召集人座谈会，共同研究探讨新形势下发挥界别作用的新方法和新途径，为进一步加强界别工作献计献策。座谈中，各界别组召集人纷纷畅所欲言，一致认为，对照新形势新任务的要求，当前的界别工作处于一个起步摸索阶段，思想上日趋重视，活动开展特色鲜明，工作成效逐步显现。区政协主席周积生强调，要进一步增强界别意识，树立对界别群众负责的理念；要进一步丰富活动载体，体现界别特色，发挥界别作用；要进一步加强界别管理，推进各界别组活动规范有序。

【民主监督员工作交流会】11月22日，区政协民主监督员工作交流会在区委党校会议中心召开。会上，民主监督员代表、部门代表就全年的民主监督员工作开展情况进行汇报交流。区政协主席周积生，副主席黄宪辉、毛晨、朱大风、张鹤高，协理员陆初及秘书长俞纪根参加会议。区政协主席周积生指出要从贯彻落实科学发展观的高度，从建设社会主义政治文明和履行政协职能的高度，从促进全区经济社会转型发展的高度，从加强政协自身建设的高度，深刻理解做好民主监督员工作的重要意义，创新有效地把民主监督员工作向广度和深度推进。

重要工作

【在助推转型发展中主动作为】2010年，面对全区赶超发展的新实践，区政协集智聚力，建言献策，充分发挥政协工作助推全区赶超发展的积极作用。紧扣转型促进年主题，及时出台转型促进年活动实施方案，开展专题协商、专题视察、专题通报、专题调研、专题评议5大系列活动。全年围绕结构调整、产业升级、科创载体建设等内容，形成5个专题报告，供区委、区政府领导决策参考。围绕锡山经济开发区转型发展、锡东新城建设、专业园区建设等专题开展调研，形成8篇调研文章。为配合区委、区政府营造转型赶超发展的良好氛围，7月起，区政协以锡山工商局和镇（街道）经济发展办公室（或经贸服务中心、园区办）为对象开展评议活动，通过召开民主评议通报会，走访近百家企业，深入30余个村开展调研座谈，发放千份调查问卷等形式，收集各类意见建议90余条，在汇总提炼的基础上，形成《民主评议镇（街道）基层站所（中心）服务转型发展情况的评议报告》。为优化“十二五”规划编制，区政协充分发挥“人才库”、“智囊团”优势，部署开展“建言‘十二五’共绘新蓝图”主题活动，收到集体和个人建议近70条，内容涉及经济结构调整、社会事业发展、城乡一体化建设等各个方面，经整理提炼，以《政协专报》形式报送有关部门。

【在推进科学履职中求实创新】区政协以视察调研为载体，多领域开展协商议政活动，分别就培训就业和社会保障、教育优化、医药卫生体制改革等议题，举行常委会议集中协商5次、主席会议重点协商12次、专委会议对口协商30余次，相关协商成果形成《政协调研视察建议》。围绕基层民主自治、宜居城区建设、义务教育高位均衡发展等课题，形成调研报告30篇。继续探索民主监督的有效形式，加强民主监督员工作。先后选派53名委员担任16个部门的民主监督员，通过学习相关法律法规、熟悉聘任部门的重点工作、应邀参加聘任单位会议活动等，增强监督针对性，提升监督质量。强化督办监督，区政协二届三次会议期间，收到提案126件，立案105件（并案18件），通过加强提办双方联动、严格提案办理流程、强化重点提案督办，提案办理满意率和基本满意率为100%。鼓励委员通过社情民意渠道积极参政议政，健全社情民意信息员网络，指导各工作委员会在基层的为民服务中心、信访接待、司法民调等一些居民群众较为集中的窗口、部门设立信息收集站，拓宽信息来源渠道。2010年，区政协收到社情民意信息107条，经整理向区委、区政府报送68条，直接同部门沟通解决18条，转报无锡市政协5条，其中，28条被区委办列为“跟踪督办”内容。针对锡山区安置社区的建设管理工作，区政协联合区委农办、区民政局、区住保房管局等部门成立课题组，形成《关于加强安置社区建设、管理的建议案》。区委、区政府高度重视，区政府分管领导牵头落实，区政协适时组织赴试点社区现场督办。

【在坚持团结民主中增强合力】区政协注重发挥党派团体优势，鼓励各党派团体围绕全区中心工作行使民主权利、参政议政，邀请他们参与政协组织的各类协商议政活动，推荐党派团体成员担任民主监督员。全年各党派团体先后参与各类重大履职活动20次，提出集体提案12件，形成调研报告8篇，许多意见、建议得到区委、区政府的重视和采纳。2010年，九三学社锡山区基层委员会获九三学社中央授予的“全国优秀基层组织”称号，民进锡山总支获民进中央授予的“全国先进基层组织”称号。着力激发政协各委组活力，以建章立制为切入点，通过优化“争先创优”考评机制，增强基层委组履行职能的主动性、积极性和创造性。2010年，各委组共组织开展各类协商议政活动80余次，组织视察调研活动30余次。其中，鹅湖工委在组织委员开展调研协商、视察评议等工作中成效显著，被评为“无锡市优秀基层工委”。注重发挥委员主体作用，以开展“促转型、作贡献、展风采”主题活动和委员“创优评选”活动为抓手，激发委员荣誉感、责任感。广大委员全年参加区政协各类会议活动2000余人次，提出合理化建议近300条，通过各类途径办实事好事200余件，总金额超3000万元，涌现出一批投身转型发展、积极履职献策、勇于建功立业的优秀委员。

【在加强自身建设中提升形象】2010年，区政协通过“强基固本练内功，务实创新增活力”，不断增强政协工作水平，提升政协整体形象。认真组织开展好中心组理论学习活动，坚持每月一学，适时组织交流互动，增强学习实效，并加强各类专题培训，举办民主监督员专题培训、交流活动等。不断健全各类制度体系，认真落实委员活动考勤、述职交流、履职考核等制度，推进完善民主监督机制，制订出台《关于规范民主监督员工作的意见》。以开展创先争优活动为契机，强化服务、细化流程，在办文质量、办会标准、办事效能上有了新的提升。全年共筹备开展政协各类会议活动60余次，接待上级和省内外县（市、区）政协调研考察团20余批、近200人次。认真做好向上级政协、《新锡山》、《每日情况》的信息报送工作，各类录用信息近百条，编辑《锡山政协》、《政协之声》专版各8期。结合新形势、新任务的要求，专门建立政协门户网站，成为政协对外宣传、信息发布、公众参与、展示形象的又一重要窗口。

（吴贻红　马良军）

（编辑：吴　双）

● 锡山六人书画作品赏析 ●

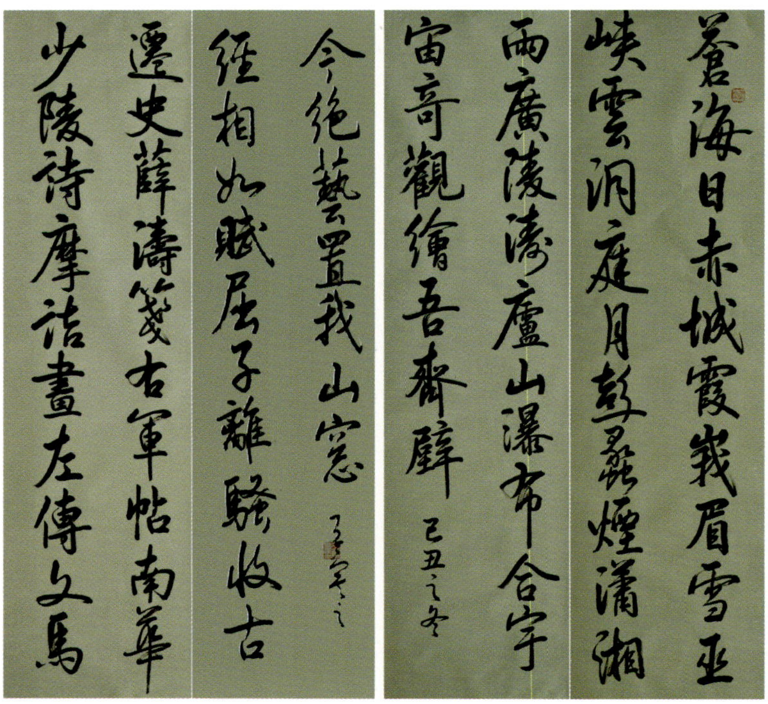

行书长联　　（王　剑　作）

政协锡山区二届三次会议会场　　（区政协办 供）

区政协领导视察全区安置房建设　　（区政协办 供）

区政协领导督办危桥改造工作　　（区政协办 供）

区政协调研全区环保工作　　　　　　　　　　　　　　（区政协办 供）

区政协专题调研工业专业园区建设发展工作　　（区政协办 供）

锡山区政协《人文锡山》丛书首发式　　　　　　（《新锡山》 供）

中共锡山区纪律检查委员会

综 述

中共锡山区纪律检查委员会机关和锡山区监察局合署办公，实行“一套工作机构、两个机关名称”的体制，在中共锡山区委和中共无锡市纪律检查委员会双重领导下开展工作，履行全区党的纪律检查和行政监察两种职能。中共锡山区纪委为副处级建制，对区委全面负责；锡山区监察局为正科级建制，列入区政府序列，接受区政府领导。内设办公室、干部教育室、纪检监察室、案件审理室、执法监察室、党风廉政建设室、信访室7个机构，辖3个派驻纪检监察工作室，有36名行政编制（含乡镇纪检监察编制11名）和5名行政附属编制。2010年，锡山区各级纪检监察组织认真贯彻落实省市纪委全会及全区纪检监察工作会议决策部署，紧紧围绕惩防体系基本框架形成年和党政组织执行力监督检查深化年两条工作主线，强化监督检查，深化源头治理，狠抓查信办案，党风廉政建设和反腐败工作取得积极成效。

深化执行力监督检查，重大决策部署强势推进。按照《全区党政组织执行力监督检查深化年实施方案》的文件精神，对强农惠农决策部署贯彻落实情况、党风廉政法规制度执行情况、保持经济持续稳定增长各项决策部署贯彻落实情况等重点工作开展监督检查。加强工程建设领域突出问题专项治理督察工作，年内抽查工程建设项目96个，重点加强市检查组交办的4个工程建设项目的跟踪督察，督促相关单位对存在的问题及时进行整改。加强对村庄综合整治、排水达标区、生活无害化处理体系、产业整治、截污接管、河道综合整治、农业生态治理等工作的督察，确保水生态综合整治督察工作到位。组织开展全区拆迁工作专项执法监察，督促各镇（街道）进一步健全拆迁制度，规范管理流程，加大风险防控，完善准入和退出机制。加强对区委、区政府领导批示件的督察，完成领导批示件12件，为区委、区政府决策提供参考。

狠抓党风廉政建设，干部从政行为更加规范。加大节日期间监督检查力度，及时下发《关于坚决制止党员干部违规收送礼金礼券的通知》，全区各级组织开展制止礼金礼券专题学习31场次，专题学习人数为1300名。全区各单位有40余位党员干部主动上缴或拒收礼金礼券合计90.16万元（礼金58.18万元、礼券31.98万元），其中，上缴“锡510”廉政账户礼金47.65万元，上缴市纪委礼券17.98万元。按照省市纪委要求，部署开展落实党政机关厉行节约要求专项工作，督促各单位认真做好自查自纠和统计上报工作。制定下发《关于全面开展基层党代表监督工作的意见》，明确各镇（街道）党代表监督工作的组织形式、监督对象、监督内容、监督方式，全面推进基层党代表监督工作。加强区管领导干部廉政档案管理，集中梳理和更新区管干部廉政档案有关信息和数据。

强化反腐倡廉教育，勤政廉政意识整体增强。在无锡市预防职务犯罪教育基地召开全区领导干部预防职务犯罪警示教育大会，突出抓好党政领导干部的反腐倡廉教育。在全区党员干部中开展“学廉政准则、做勤廉公仆”主题教育活动，开展各类专题培训和集中学习，着力掀起学习《廉政准则》的热潮。出台《关于进一步加强我区市级廉政文化建设示范点管理的通知》，加强对区内市级廉政文化示范点的管理和完善。年内，区法院等4家单位创建成市级廉政文化示范点，锡山人民医院等5家单位申报创建第五批市级廉政文化示范点。

加大查信办案力度，腐败行为得到有效惩治。年内，全区纪检监察组织受理来信来访和电话举报114件次，办结112件。立案查处各类违法违纪案件42件次，结案42件，纪律处分42人，其中，乡科级干部3人。注重从信访渠道和办案中挖掘案件线索，完成自办案件11件，自办案件的数量和质量较往年明显提高。积极推行案件协审制度和审理助辩制度，对基层纪检监察组织查办的14件案件认真进行协审。不定期组织开展案件查办工作经验交流研讨会，不断提高案件检查工作水平，提升办案人员实战能力。加强“春节”、“两会”、“世博会”期间的信访稳定工作，推行领导值班和信访联办机制，对重点信访问题进行排查，全区未发生纪检监察受理范围内的越级上访、集体上访、异常上访。

开展行政效能监察，机关服务水平巩固提升。召开全区机关作风与效能建设大会，对区级机关民主评议情况予以通报，督促有关单位整改落实相关问题，有力促进全区机关作风与效能建设。发挥区级机关效能建设监察投诉中心的职能作用，受理各类投诉11件，办结11件。认真做好2010年度区级机关民主评议各项工作，充分发挥社会各界的民主监督作用，进一步规范行政机关的行政行为，促进职能转变，优化经济发展环境。制定出台《锡山区电子监察管理暂行办法》，组织开展电子监察系统操作培训，进一步完善行政权力运行监控体系。组织开展基层站所民主评议工作，督促基层站所认真查找自身建设方面存在的问题和不足，切实提高群众对基层站所工作的满意度。

加强权力监督制约，惩防体系建设不断深化。制定并下发《锡山区党风廉政和惩防体系建设2010年工作项目》，将全区党风廉政和惩防体系建设工作项目分解为9项基础工程、46个工作项目，并分解到22个牵头单位和38个配合单位。制定《锡山区部门内控机制建设2010年工作要点》，编印《锡山区部门内控机制建设基本规范指导手册》，指导区、镇两级部署开展部门内控机制建设工作，着力提高反腐倡廉制度建设的科学化、规范化水平。制定《锡山区部门内控机制建设评价办法（试行）》，重点督促10个区级部门和2个乡镇，按照“循序渐进，先易后难，不断完善”的建设思路，科学制定实施方案，确保年度各项目标任务的按时完成。

（周达科）

重要会议

【全区机关作风与效能建设大会】2月21日，全区机关作风与效能建设大会在区委党校会议中心召开。区委常委、区纪委书记张黎平通报2009年机关作风与效能建设社会评议情况，区发展和改革局、区交通运输局作交流发言。区委书记朱爱勋参加会议并强调，全区各级、各部门要大力弘扬新风正气，切实提高服务水平，致力提升执政能力，始终维护群众利益，坚决落实监督问责，努力以良好的机关作风保证各项工作的落实和推进，实现思想解放有新突破，职能转变有新举措，工作效率有新提高，建功立业有新成效，塑造党政机关“为民、务实、清廉”的新形象。

【全区纪检监察工作暨贯彻实施《廉政准则》动员会议】3月5日，全区纪检监察工作暨贯彻实施《廉政准则》动员会议在区委党校会议中心召开。区委常委、区纪委书记张黎平作工作报告，区委书记朱爱勋作重要讲话。朱爱勋就加强纪检监察工作提出四点要求：以强化纪律保发展，着力提升服务大局的能力；以落实准则促转变，不断完善从严治党的举措；以制度建设为根本，着力狠抓反腐倡廉的源头；以组织领导强保障，切实形成反腐倡廉的合力。（周达科）

重要工作

【工程建设项目专项治理督察】按照《锡山区工程建设领域突出问题专项治理工作方案》要求，对各单位上报的全区219个政府投资和使用国有资金项目进行重点抽查，抽查工程建设项目96个。重点检查工程建设项目决策、招标投标活动、土地使用管理、规划许可、工程建设实施和工程质量管理、安全生产管理、物资采购和资金管理等相关资料，并根据项目实施情况深入施工现场，进行现场检查核实，同时要求建设单位针对检查中发现的问题认真分析原因，切实抓好整改落实。

【水生态综合整治督察】继续发挥大督察机制作用，牵头做好环境保护和水生态综合整治各项目标任务的督察工作，推进各项任务全面落实。区水生态综合整治工作成效督察办公室认真对照区委、区政府下达的关于水生态综合整治的各项目标任务，每月深入开展督察，全面听取各专项推进办、各板块推进情况报告，定期形成以村庄综合整治、排水达标区、生活无害化处理体系、产业整治、截污接管、河道综合整治、农业生态治理七大主要内容的进度表，经抽查复核后形成简报供区领导和有关部门作决策和工作参考。同时，针对一些重点项目和重点板块，深入实地，查清情况，强化督察，及时反馈，切实保证水生态整治各项工作扎实有序推进。

【基层党代表监督工作全面开展】制定下发《关于全面开展基层党代表监督工作的意见》，部署开展基层党代表监督工作，深入推进基层党风廉政建设。全区各镇（街道）遴选区、镇两级党代表和部分普通党员共计111名建立监督员队伍，组成党的建设、经济工作、城乡建设、社会事业等监督小组29个，着重围绕当地经济社会发展中的存在问题、党员干部作风建设中的突出问题以及基层群众反映强烈的热点难点问题，对镇（街道）党政领导班子及其成员和镇（街道）范围内基层党组织及其党员领导干部行使监督权力。

【纪检监察工作三室成立】为巩固提升纪检监察资源重组成效，不断优化纪检监察工作体制，经无锡市、锡山区编制部门批准，中共无锡市锡山区纪律检查委员会、无锡市锡山区监察局纪检监察工作三室成立，为锡山区纪委、区监察局派驻机构，副科级建制。纪检监察工作三室下设重点项目督查科、信访检查科，主要负责监督检查区级机关党风廉政建设和反腐败工作，承担相关检举、控告类信访问题的核实处理以及案件检查等方面的工作，并对区级工程建设项目招标投标、材料供应、设备采购、工程质量、资金使用和管理等重点环节实施监督。

【市首家非公企业纪委成立】10月28日，无锡市首家非公企业纪委——中国共产党江苏红豆集团有限公司纪律检查委员会成立。江苏省纪委副书记陈健，无锡市委常委、市纪委书记黄继鹏，江苏省纪委法规研究室副主任徐大勇等领导出席成立仪式。新成立的红豆集团纪委将把开展纪检工作与服务企业发展有机结合起来，认真履行纪检职能，积极探索非公企业开展党风廉政教育途径和方法，不断加强和促进企业党风廉政建设。

（周达科）

（编辑：吴　双）

● 锡山六人书画作品赏析 ●

朝露　　（张剑芳 作）

锡山区纪检监察工作暨学习贯彻《廉政准则》动员会议召开　　（区纪委 供）

10月28日，中共红豆集团公司纪律检查委员会成立　　（区纪委 供）

预防职务犯罪警示教育图片展　　（区纪委 供）

人民团体·民主党派·工商联

6

锡山区总工会

【概况】锡山区总工会为主管全区各级工会工作的群团组织，正科（局）级建制。主要职责是维护职工合法权益，通过平等协商和集体合同制度，协调劳动关系，维护企业职工劳动权益，组织职工依照法律的规定，行使民主权利和参与本单位民主管理，动员和组织职工积极参加经济建设，教育职工不断提高思想、技术和科学文化素质。内设办公室（宣教部）、组织部（女工部）、维护保障部、财务部4个机构。机关行政编制7名，另核行政附属编制1名。下属事业单位有职工技术协作中心，核定事业编制4名。

2010年，锡山区各级工会按照区总工会二届七次全委（扩大）会议提出的总体要求，扎实工作，全面完成年度各项目标任务。区总工会被江苏省总工会评为“省工会读报用报先进单位”。区总工会组织的以促进职工素质提升、促进经济转型提升、促进职工整体利益实现明显提升为主要内容的“共同提升行动”项目，被无锡市总工会评为“创新成果一等奖”。“搭建村级工会工作新平台”项目获“无锡市总工会突出贡献奖”。全区有基层工会4386个，会员13.6万名，工会组建率和职工入会率分别为98%和96%。

【开展“共同提升行动”】面对经济转型、产业升级的新形势，区总工会在2009年开展“共同约定行动”的基础上，联合区人保局组织开展“共同提升行动”。1月4日，区总工会与区人保局联合下发《关于2010年认真搞好职工培训，努力提升职工技能素质的实施意见》。1月20日，联合区人保局在红豆集团召开5个产业职工培训基地授牌暨“共同提升行动”启动仪式。会后，各镇（局）工会通过召开党政干部联席会议、召开村和企业工会主席会议等形式，进行宣传，动员职工积极参与该行动。各镇（街道）和5个培训基地均制定2010年度职工培训规划，各企业制定培训计划，并采取定单式、引导式、互帮式、自助式、送出式5种形式，组织职工培训。全区全年完成3100余名班组长的培训任务，1.8万名职工参与“看世博”活动，6.5万名职工参加业务培训和文化学习，2.37万名职工技术等级和文化程度提高。区总工会为28家“职工书屋”示范点授牌，新建30个“职工书屋”示范点，并赠送2万余册书籍。在110家企业放映电影116场，惠及职工2万余名。各级工会组织争创“工人先锋号”和争当“金牌工人”的活动，并在“五一”劳动节表彰20个“工人先锋号”和50名“金牌工人”。区总工会联合区人保局组织开展服装制作等技术比赛。全区工会全年组织技能操作比赛552场（次），全区各级工会收到职工提的“金点子”5350个，被采纳2247个，预计创造经济效益6200余万元。全区评比表彰了“十佳金点子”。7月，全区“共同提升行动”经验交流会议召开，17个基层工会的经验做法在大会上作了交流。区总工会与区科技局联合下发《关于开展锡山区职工创新成果奖评选活动的通知》，并积极指导基层组织职工广泛开展技术创新活动。9月，区总工会在锡山人民医院召开创先争优工作现场推进会，推广全国模范职工之家——锡山人民医院工会、锡山建筑实业有限公司工会的先进经验。全区各级工会被区级以上报刊杂志录用文章71篇，被市级以上网站录用信息164篇。12月初，区总工会、区科技局、区人保局联合对20项职工创新成果、22个优秀成果及5个“共同提升行动”先进单位进行表彰。

【维护职工合法权益】全区各村和各骨干企业均召开职代会，团结职工，为企业转型升级集群智、聚群力、作贡献。8月，区总工会在东北塘东方钢材城召开企业工资集体协商工作推进会，并在彩印、钢材等行业，签订行业工资集体协议，进一步保障了企业职工的经济权利。全区签订工资集体协议的企业累计4248家、签订率为98%。元旦、春节期间，全区各级工会筹措资金280万元，慰问困难职工2134人次。针对困难职工子女，开展“金秋助学”活动，筹措资金76万元，救助青少年887人次。高温季节走访慰问企业223家、职工2.25万名。1.53万人参加职工住院医疗互助保障和区职工互助互济会，审核救助患重病职工37人次，理赔金额14.72万元。区总工会组织劳模体检和到北京观光活动。区总工会举办“工会助民就业招聘会”，各镇（局）工会联合劳动部门为劳动者搭建就业平台。全区各级工会配合行政部门为劳动者提供就业再就业信息2627条，介绍就业人数5322名。区总工会与各镇（街道）工会联合对243家企业进行劳动法律监督检查。区总工会受理职工来电来访378人次，受理调解29起，办理劳动争议仲裁64起，接受法院委托调解19起。全区有3458家企业参加“安康杯”竞赛活动。

【加强村级工会建设】 全区75个村级工会在村（社区）服务中心设立工会服务窗口，并做到“六个有”，即有工会服务窗口标牌、有工会服务指南、有工会服务联系卡、有工会宣传资料、有受理登记、有处理结果记载。在职工教育培训中心、职工文体活动中心做到有牌子、有场所、有台账资料等。在职工劳动争议调解站、职工困难援助站、职工就业指导服务站做到有牌子、有各类登记台账等。各村工会作为基层组织认真处理重大问题，全区村属企业来信来访672件（次）、结案率为99%，劳动争议256件（次），基本得到圆满调解。各村工会继续坚持村区域职代会和工资协商制度，均召开职工代表大会，签订区域工资集体协议。11月初，区总工会在安镇街道先锋村召开村级工会建设经验交流会，并表彰“十佳”村工会和达标村工会。（诸惠忠）

共青团锡山区委员会

【概况】 共青团锡山区委员会为锡山区群团部门，正科（局）级建制。主要负责全区共青团工作，领导和指导区青联、区少先队工作委员会工作，对全区青年社团组织进行指导和管理等工作。内设办公室、组织宣传部、基层部、学少部4个机构。机关行政编制4名，地方编制1名，另核行政附属编制1名。全区有14～28周岁青年7.18万名，团员28678名，直属团组织19个，基层团支部（总支）869个，年内发展新团员2865名。

【加强“两新”组织团建】 团区委创新工作体系，紧抓三支工作力量（基层团干部、团建联络员、青商会员），依托一套工作方法（点上突破、线上辐射、面上覆盖），遵循“七动”工作路径（党建带动、青商促动、村企联动、自组织推动、依托力量牵动、村官发动、社区助动），先易后难、重点突破，整体推进“两新”组织团建目标任务。将已经建立党组织、具备独立建团条件、支持团组织工作的非公企业，作为重点突破对象，紧紧依靠党组织的领导和支持，实现单独建团。借助青商会换届契机，深入部分青商会企业，与新老会员共同探讨企业发展与共青团所能够发挥的作用等问题，在规模以上老会员企业全部成立团组织，新建一批新会员企业团组织。通过企业青年挂靠村团支部的方法，实施村企联建，由村团支部书记担任联建团组织的负责人，帮助企业做好青年工作。通过开展青年感兴趣的活动，联络团组织与自组织（有共同兴趣爱好的青年自发形成的组织）青年的感情，在“绿动青春”（环保自组织）、“赛赛青年汇”（赛维拉小区青年自组织）中建立团支部。在锡北镇试点建立园区团建指导站，将机关、经贸、工商、税务条线的团员青年聘任为团建联络员，依靠条线团员青年与企业工作上的接触，新建一批企业团组织。充分发挥大学生村官的作用，以“青春邀约”活动为载体，全区77名大学生村官建团完成率为100%。探索建立安镇新青年流动团员俱乐部团总支，通过“三步”工作法（完善一本青年信息手册、绘制一张青年分布地图、设计一套青年活动目录）的推进，吸纳非公企业团员青年60余名，凝聚青年有效覆盖组织盲点。全区“两新”组织团建工作取得重要突破，全年完成“两新”组织团建100家。

【突显“行业团建”特色】 根据不同的产业类型和布局，团区委对已经建立的行业团组织，按照“项目带发展、活动促活跃”的原则深入推进，对尚未建团的行业按照“联系一个、成熟一个、组建一个”的原则加快建团进度。锡山区各级团组织广泛开展各类“青春邀约”活动，主动走进青年集聚的行业，倾听青年心声、掌握青年信息，做到“三个摸清”，即摸清各行业类别和企业数量，摸清各行业中团员青年的人数，摸清各行业负责人对建团的态度。根据摸底排查情况，团区委筛选出已建立党组织的行业作为重点突破对象，制定推进计划，明确工作目标，落实工作责任人，在建团模式、组织制度、活动方式、团干部配备和团员教育管理等方面进行详细指导。11月，成立律师行业团总支和锡山青年律师服务团，并与区“530”企业形成结对共建模式。创新“自组织+团支部”的组织设置方式，针对全区会计行业涉及“两新”组织面大量多的情况，成立全区会计行业青年联谊组织，通过自组织的活动设计和影响，逐步成立团组织。针对团员青年文化水平不高、业余活动贫乏、归属感不强等问题，安镇电动车行业团委把加强对外来务工青年的思想引导作为特色工作项目，以“青春邀约”活动为基础，通过系列主题活动和行业文化不断感召和激励行业青年。团区委在东港镇试点建立山联村水产专业合作社团支部，为农民提供龙虾养殖技术、市场销售等方面优质服务，在促进农民增收的过程中进一步团结、凝聚青年，为新形势下农村基层团组织建设作出有益的探索。餐饮行业团委紧紧围绕行业“保安全、增效益、提升服务水平”的思路，广泛开展青年素质提升和公益文化活动，举办“五四”表彰会议、餐饮企业文化艺术节、为敬老院老人送一桌团圆饭、“服务之星”评选等活动，不断加强行业青年的凝聚力和影响力。

【服务青年就业创业】全年团区委重点抓好“三个结合”，即活动与企业生产经营相结合，与共青团的品牌活动相结合，与选树优秀青年典型相结合，扎实推进全区“青工技能振兴计划”，为企业青工铺就一条成才路。开展青年创业致富导航计划。以团市委《关于实施促进农村青年创业致富“3+1”计划的意见》为指导，充分发挥农技专家、致富能人和大学生村官在服务农村青年创业成才中的积极作用，推进青年创业致富“3+1”（“3”指农技专家导师团、金融机构、创业致富能人，“+”指大学生村官的联系作用，“1”指农村有意愿创业的青年）计划。通过和区委农办、区科技局、区金融办、区小额贷款公司等联系和沟通，重点甄选出全区有影响力的农技专家和创业致富能人，成立导师团，进行专业点对点的辅导。同时，积极联络沟通中国邮政储蓄银行锡山支行和无锡市阿福小额贷款有限公司等，为农村青年的创业提供有效保障。重点引导大学生村官做好三件工作，即聘请导师指导大学生村官、写好村官工作手册、利用QQ群作为联系沟通渠道。在全区范围内广泛宣传发动，在各镇（街道）宣传小额贷款等相关政策，吸引广大农村青年创业致富。开展就业创业见习基地拓展计划。全区电子、金属制品、机械及配件、服装纺织等行业的42家私个企业与江南大学合作打造大学生实践基地，创新校企合作双赢模式，为缓解社会就业压力牵线搭桥，构筑服务学生就业实践平台。开展青春就业护航计划。积极开展针对弱势青年职工、外来务工青年的帮扶就业工作，加强引导待岗大中专毕业生的就业观念，开展外来务工青年的技能培训。发挥团属阵地作用，依托青联、青商会，会员单位大力开展信息提供、法律咨询等服务，具备条件的单位还组织开展技能培训，年内配合农业、人保部门组织劳动就业培训1568人次，其中，外来务工青年培训936人次。成立全市首家非公企业青年科技创业中心，积极为高层次创业青年特别是“530”人才，开展各项服务工作。继续深入开展SYB（创办你的企业）、IYB（改善你的企业）创业培训，并做好跟踪服务工作，发挥创业带动就业的倍增效应。

【加强大学生村官工作】以“一村官一团建项目”为工作载体，以“青春邀约”活动为工作途径，以“两员”（团情联络员、团建指导员）制度为抓手，引导大学生村官立身做事，从实际的工作中熟悉业务知识，积累基层工作经验等，全区77名大学生村官全部兼任所属村团支部书记或副书记。团区委领导班子与村官进行分片结对，专项指导推进村官项目，开展“大学生村官创新创业创优项目竞赛”、“大学生村官成长座谈会”等活动。“桃园鸡”养殖、“灵动家园”灵芝自组织团建、“手拉手”青少年培训、安镇新青年流动团员俱乐部等一批村官项目脱颖而出，为全区“一村官一团建项目”树立典型。

【青少年民生工作】进一步关爱特殊青少年，积极开展“手拉手、与幸福同行”关爱贫困家庭子女夏令营，开展“青春邀约话成长、爱心助学梦飞扬”资助贫困大学生圆梦行动，开展“GUC”（G代表政府、U代表大学生、C代表小孩）爱心结对计划、“青春送温暖”行动，将关爱送到弱势青少年身边；充分发挥青商会资源，成立锡山青商“星”基金，专项用于贫困学生的救助帮扶；开设社区青少年安全自护教育课堂和校外辅导站。进一步推进预防青少年违法犯罪工作，成立区预防青少年违法犯罪观察团，各镇（街道）团委书记、司法部门负责人、青商会企业家代表32人成为首批成员，重点关注、及时解决问题青少年的学习、生活、思想问题。进一步推进“零犯罪社区”创建，以无锡市“零犯罪社区”创建工作为指导，及时分解任务，科学布置工作，年内全区“零犯罪社区”创建率为97%。

【青少年思想文化工作】全区各级团组织深入学习、宣传和贯彻党的十七届四中、五中全会精神，及时学习、领会和落实区委、区政府有关会议精神和重大决策部署，坚持用社会主义核心价值体系引领青少年。结合新中国成立61周年、少先队建队61周年、“五四”运动91周年等重要契机，广泛开展“纪念五四运动91周年，同创青春新业绩”、“争当‘四个好少年’锡山发展我成长”、新中国成立61周年主题征文、锡山区各界青年成长座谈会、18岁成人仪式等活动，引领青少年坚定理想信念，投身家乡发展。根据青年群体结构分化和文化生活多样化需求，统筹抓好各种类型和层次的青年文化活动。开展“活力锡山·青春飞扬”青年羽毛球邀请赛、“红色经典青春励志”红色电影巡映、“青年才俊为人才建设献一策”、“冬季恋歌、相约圣诞”单身青年联谊会等活动，进一步创新青少年文化建设的形式和内涵，大力发展健康公益、时尚活力的青年文化。同时，注重保护和传承锡山地方文化，开展“古镇古村，新风新韵”青少年书画摄影展、“红领巾锡剧文化节”等活动，促使青少年不断继承和发展优秀传统文化。（虞　钢）

锡山区妇女联合会

【概况】锡山区妇女联合会是在中共锡山区委和上级妇联领导下的全区各界妇女的群众团体。主要职责为根据党的中心工作，组织和指导各级妇联依据《中华全国妇女联合会章程》和锡山区妇女代表大会的决议，开展妇女儿童工作；代表妇女参与国家和社会事务的民主管理、民主监督，参与有关妇女儿童法律、法规、规章的制定，维护妇女儿童合法权益；为妇女儿童服务，加强与社会各界的联系，组织和协调社会各界为妇女儿童办实事、办好事。内设组宣部、城乡部（权益部）、妇儿部（挂“区政府妇女儿童工作委员会办公室”牌子）3个机构。行政编制5名，附属编制1名。

2010年，区妇联围绕“抢抓机遇、逆势赶超”的奋斗目标，坚持以服务妇女儿童、发展妇女儿童、提高妇女儿童为主线，以促进妇女就业创业、弘扬家庭美德为重点，以创先争优活动为抓手，积极履行职能，不断开拓创新，团结带领全区妇女积极投身“幸福锡山”建设，全区妇联工作迈上新台阶，获“江苏省‘双学双比’竞赛活动先进集体”荣誉称号。东亭街道桑达园社区、东港镇黄土塘村创建成全国妇联基层组织建设示范点，鹅湖镇、锡北镇创建成省妇联基层组织建设示范点。继续做好基层妇女儿童之家的建设，年内实现全面挂牌。全区有镇（街道）妇联9个，村（社区）妇代会（妇联）115个，机关妇委会11个，基层妇女组织组建率为100%。

【开展家庭美德系列创建活动】3月4日，区妇联在纪念三八国际劳动妇女节100周年大会上，举行锡山区“家和万事兴”家庭美德系列创建活动启动仪式暨颁奖典礼，通过发布创建活动方案、播放家庭美德标兵事迹短片、对先进典型现场颁奖和现场采访的形式，拉开全区家庭美德系列创建活动的序幕。5～10月，举办家庭美德先进事迹巡回报告会、“我家的故事”幸福家庭故事会、网络视频讲座等系列活动，通过在《新锡山》开设“家和万事兴”家庭美德先进事迹专版（栏）和无锡电视台、《无锡日报》的宣传报道，孝敬老人好媳妇、教子有方好家长、互敬互爱好夫妻、勤俭持家好主妇、团结互助好邻里等54户家庭美德先进典型（标兵）走进锡山区的千家万户，“尊老爱幼、男女平等、夫妻和睦、勤俭持家、邻里团结”的家庭美德走进人们的心灵。

【妇女就业创业推进】充分利用三八国际劳动妇女节100周年和市、区妇女就业创业推进会等有利契机，努力营造促进女性就业创业氛围。评选表彰一批就业创业先进典型，积极宣传她们的创业经验。通过自下而上的评选、在《新锡山》上开设“巾帼芳华”妇女先进事迹专栏和“学文化、学技能，比发展、比贡献”妇女就业创业专版，宣传创业女性的先进事迹，扩大其影响力。召开锡山区妇女“双学双比”（学文化、学技能，比发展、比贡献）暨就业创业工作现场推进会，大力培植“妇”字号示范基地、专业合作经济组织，通过参观东港镇山联村女大学生村官创业现场、成立区巾帼创业导师团、向部分妇女就业创业实践基地赠送农机具等活动，在全区妇女中掀起一股创新创业的热潮。把提升妇女就业创业能力放在突出位置，从强化技能培训入手，构建城乡一体的妇女技能培训、就业服务、组织协作网络。全区妇联系统全年举办妇女就业创业培训班10期，培训创业女性、女大学生、下岗失业失地妇女、贫困妇女共计755名，区妇联积极为乡镇妇联争取培训经费近20万元。

【妇女小额担保贷款工作扎实推进】区妇联联合区人保局、区财政局、区发展和改革局等相关部门，出台《关于完善小额担保贷款运行管理机制促进妇女创业就业工作的实施意见》，扎实、稳妥地推进锡山区妇女小额担保贷款工作。将小额担保贷款基金从50万元提升至100万元，全年发放劳动密集型小企业贴息贷款400万元，为女性创业提供有力的资金支持。

【“巾帼建功”创建深化】规范巾帼文明岗创建，严格对照巾帼文明岗创建标准，开展巾帼文明岗创评工作。锡山地税局第一分局创建为全国巾帼文明岗，正兴幼儿园、羊尖幼儿园、区交通运输局锡东汽车综合性检测站服务大厅创建为省级巾帼文明岗，全区新增东亭新光幼儿园等市级巾帼文明岗9个。

【农村妇女就业创业“555”工程实施】开展以“对全区500名农村妇女进行新知识、新技能培训，结成50个农村妇女致富帮扶对子，扶持5个农村妇女创业示范基地、专业合作经济组织”为主要内容的农村妇女就业创业“555”工程。全区培训各类妇女1370名，推动农业科技工作者与种养女能手、种养女能手与失地妇女、女大学生村官与贫困妇女等结对活动，结成对子56对，新建9个农村妇女创业示范基地。

【服务团体会员】积极引导区女企业家协会等三大团体开展活动，关注新形势下女企业家、“530”优秀女性人才等创业女性的发展现状，了解她们发展中面临的困难，尽力为会员企业转型发展、创新发展做好服务工作。联合区科技局开展女企业家与“530”优秀女性人才结对活动，为女企业家与“530”优秀女性人才加强交流，共同发展牵线搭桥。区女企业家协会积极主动地开展工作，年内组织开展结对帮扶献爱心、联谊交流、参加《锡商大讲堂》等活动12次。

【家庭志愿服务活动持续开展】围绕“迎世博、讲文明、树新风”的工作要求，大力弘扬志愿精神，促进家庭志愿者活动的常规化。全区各级妇联组织家庭志愿者参与环保宣传、卫生整治、义务植树及关爱孤寡老人、贫困母亲、贫困儿童等志愿活动76次，参与人数2567人次。羊尖镇推荐的仲金才家庭从全市众多家庭中脱颖而出，参与中央电视台三套《欢乐一家亲》的节目录制并获得“才艺展示二等奖”。

【家庭教育工作深入开展】评选表彰区2009～2010年度示范家长学校25所、优秀家长学校28所、优秀家长50名。继续开展家庭教育“四进”（进农村、进社区、进学校、进家庭）活动，利用锡山区朝阳网上家长学校平台，开展家庭教育视频讲座，将优秀家长的家教心得编印成《家庭教育选萃（六）》，向全区家长免费赠阅。

【开展“情暖春晖”牵手贫困母亲行动】 开展以关爱贫困母亲为主题的“情暖春晖”行动，做好“社会妈妈助春蕾”、“关爱缺失儿童”结对“四送”（送健康、送知识、送关怀、送快乐）活动。区妇联与区卫生局、区财政局、区人保局联合出台《关于下发〈锡山区妇女宫颈癌和乳腺癌检查项目实施办法〉的通知》，明确妇女“两癌”筛查经费渠道，推动妇女“两癌”筛查工作顺利开展。全区妇联系统全年组织走访慰问活动79次，看望贫困妇女359名，组织各界捐助贫困生175名，捐助金额15.16万元。

【开展女性“悦读”活动】4月，在妇联干部和广大妇女中开展“悦读”活动，通过发放“悦读”活动倡议书、在无锡市新华书店开设“悦读”活动专柜、举办荐书赠书活动等形式在全区妇女中掀起读书热潮。在悦读活动中，收到“悦读”征文70余篇，区妇联在《新锡山》上开设“悦读，让女性更美丽”专栏，予以刊登。（陈　薇）

锡山区科学技术协会

【概况】锡山区科学技术协会是科学技术工作者的群众组织，是区委、区政府领导下的人民团体，是党和政府联系科学技术工作者的桥梁和纽带，是推动全区科学技术事业发展的重要力量。主要职能是开展学术交流，普及科学知识，推广先进技术，开展科技工作者权益的维护、作用的发挥、优秀人才的表彰及其继续教育和技术培训工作，促进科技成果向生产力转化，开展国际科技交流与合作。内设办公室（含农业科技“110”值班室）、学会工作部、科普工作部3个机构。行政编制3名，地方编制1名，行政附属编制1名。下属事业单位有锡山区科技咨询服务中心，为全额拨款事业单位，编制3名。

2010年，锡山区科协工作紧紧围绕区委、区政府中心大局，认真贯彻落实江苏省科协第八次代表大会会议精神，紧密围绕第二批全国科普示范区创建工作要求，以集成为重点，以体系为路径，创新工作载体，活跃科技氛围，积极推动锡山区科普工作跃上新台阶。

【全国科普示范区创建】2010年是创建全国科普示范区迎检准备年。根据中国科协、江苏省科协有关创建文件精神，年初由区委、区政府向江苏省科协提出《关于创建全国科普示范区的请示》。随后召开区委常委会、区政府常务会议专题研究创建科普示范区工作。会议要求各相关部门进一步加大工作力度，确保全区科普工作位居全省乃至全国前列，为全区经济社会的转型发展作出贡献。成立由区分管领导和区各有关单位领导组成的全国科普示范区创建工作领导小组，制定下发《中共锡山区委、锡山区人民政府关于创建全国科普示范区的实施意见》及各创建成员单位创建工作目标任务书。

【健全科普工作七大体系】健全科普组织网络体系，构建符合锡山区实际的基层科协组织网络体系，形成区、镇（街道）、村（社区）三级科协（科普）的工作网络；完善全区全民科学素质工作体系和区科协组织体系，实现科协科普工作的有机融合、充分联动，形成横向结合、纵向覆盖、上下贯通、左右互动的全区大科普工作格局。健全科普设施（基础群）体系，连结锡山经济开发区、高铁站商务区、专业园区、镇（街道）以及村（社区）和各行业等科普设施，形成区级科普场馆、镇级科普基地、村级科普阵地相匹配的网状结构，并向区政府报送《关于中国乡镇企业博物馆和无锡农博园命名为锡山区乡镇企业科普馆和锡山区农业科普馆的请示》。健全科普台账资料体系，印制区、镇（街道）、村（社区）统一的科普工作台账并下发到基层，做到有人分管、有人负责、有人记录，形成区、镇（街道）、村（社区）各有侧重，相互配套，承担科普职能的相关部门归口建档的科普台账资料管理模式。健全现代化青少年科普教育体系，推动区级学校建立青少年科普组织和科技活动基地，开展各类青少年科普教育活动，参与科普活动的在校学生为90%以上。健全科普兴农富民工作体系，会同农林部门积极研究体系构建路径，对接“幸福锡山”建设要求，依托无锡现代农业博览园、锡山台湾农民创业园和锡山农业“一区十园”（一个现代农业开发试验区，十个现代农业园区）建设，紧密结合“一村一园”、“一村一品”发展需要，构建并形成以农业园区、特色基地带动，以农业技术协会和农业科技“110”为支撑，以农村科技示范户和农业科技致富能手为骨干的锡山区科普兴农富民工作体系。健全科普品牌示范体系，积极集聚各条线、各区域、各行业科普工作先进典型和丰富资源，形成锡山区科普品牌示范体系，东港镇山联村山前嘉园、红豆集团红豆杉基地、安镇实验小学、厚桥实验小学被命名为“无锡市科普教育基地”，东港镇、东亭街道被评为“无锡市科普示范镇（街道）”。健全科普工作督察考核体系，按照创建科普示范区工作要求，针对全区科普工作实际，对接上级考评表彰安排，及时建立锡山区科普工作考评制度。

【全民科学素质提升】 紧紧抓住科普周“普及物联网知识”和“宣传低碳经济”两大主线，组织举办一系列丰富多彩、形式多样的群众性科普活动。科普宣传周期间，围绕科普宣传主题，组织开展广场科普咨询、科普报告会、送科技下乡、社区科普节等一系列活动，征订、制作“低碳生活”、“世博会基本知识”、“物联网知识”、“科学饮食”等科普读物和科普展板，到各镇（街道）、村（社区）进行宣传，总计展板30余套、科普读物5000余份；迎世博期间，区科协编印5000份《走近科技》（第二期）宣传材料，涉及物联网知识、低碳生活、世博知识及老百姓生活的衣食住行等各方面内容。积极开展科普大篷车进校园、进社区活动，为学生、居民送去丰盛的“科普大餐”，深受学生与居民的欢迎和喜爱。会同区教育局开展科技教育活动，向青少年宣传科学精神，传播科学方法，培养其创新精神和实践能力，全面推进素质教育进程，全面提升学生整体素质。区科协联合区青少年科技教育学会大力开展“大手拉小手”、青少年科技创新大赛、科技小发明竞赛、金钥匙科技竞赛、“机器人”大赛、科学与工程大赛等竞赛活动，不断树立青少年的创新意识，锻炼其实践创新能力。年内，依托中国科协资源，组织13名老师参加国家级“创新人才培养”培训，5名教师参加中国科协—英特尔电脑创新思维项目第一、二期师资培训。通过现场科普咨询和各类媒体宣传等形式，进一步加强未成年人、农民、城镇劳动者、领导干部和公务员等重点人群的科学素质建设，大力营造大科普氛围，扩大社会影响，全区群众接受科学知识普及率在70%以上，真正实现了全民科普的良好局面。

【百名科技专家兴农富民工作】 联合区农林局组织新型农民培训，开展农业“绿色证书”培训。全年集中办班289期，进村指导1405次，培训新型农民14901人次，71名农民通过农业行业职业技能考评并获得证书。对技术指导员发放聘用合同书，督促他们深入田间地头开展面对面、零距离的技术指导。积极贯彻落实中国科协提出的“科普惠农计划”精神，积极推进农业产业化经营，以增加农民收入为出发点，以推进农业产业化为目标，充分发挥各农村专业技术协会（研究会）的作用，紧紧围绕培育优势产业、特色产品和“五个一”工程（一个台湾农民创业园、一个现代农业开发实验区、十个镇级配套园区、十个村级特色基地、十个科技示范大户）建设的目标，免费向农民传授种养技术，提高广大农户的种植养殖水平。2010年，“锡山区葡萄优质高效H型整形避雨栽培”获“无锡市‘百名科技专家兴农富民工程’农业科技示范项目”称号，无锡市神怡灵芝生态园、羊尖镇严家桥村千亩粮经园获“无锡市‘百名科技专家兴农富民工程’农业科技示范基地”称号。

【学会建设工作】 举办区级各类专业技术培训班、学术交流讲座等活动20余场。积极参加市级以上学术交流研讨会、专家论坛和科普报告会，全年参加交流人数为300余人。认真撰写学术论文，全年筛选上报市科协优秀学术论文6篇。组建锡山区老科技工作者协会，锡山区农村金融学会和锡山区公路学会按时召开换届理事会。全区有学会（协会、研究会）12个。筛选上报无锡市科协“金桥工程”项目9项、“厂会协作”项目8项。其中，致力于电动汽车技术研发，提倡出行“低碳经济”和“节能减排”的江苏新日电动车股份有限公司的“新日纯电动汽车开发院士工作站”项目，将新增产值9亿元，年新增利税1800万元，年出口创汇2000万美元。

【国际交流工作】 积极参与无锡市科协组织的海智洽谈会、科技大讲堂和科技人员休养等海外科技交流活动。全年邀请4批次海外高科技团体访问锡山区，6个项目达成落户锡山区的初步意向；引荐企业与掌握高科技项目的“海智人才”（海外智力为国服务人才）开展合作洽谈5次，20余个项目达成初步合作意向；开展无锡市科技联盟企业调研活动1次；新动员加入无锡市科技联盟企业2家。（王晓燕）

中国国民党革命委员会无锡市委锡山区支部委员会

【概况】中国国民党革命委员会（简称“民革”）是由原中国国民党民主派及其他爱国民主人士所创建，是具有政治联盟性质的、致力于建设中国特色社会主义和祖国统一事业的政党，是中国共产党领导的多党合作和政治协商制度中的参政党。中国国民党革命委员会无锡市委锡山区支部委员会由姜科担任主任委员，汤国良担任副主任委员，李琳担任委员；有党员12名，其中3人次分别担任市、区政协委员。

2010年，民革锡山支部在无锡市委和中共锡山区委的正确领导下，深入开展树立和践行社会主义核心价值体系活动，不断加强自身建设，积极提升履职能力，充分发挥区域性综合支部的特点，以“立足本职服务锡山建设，建言献策促进地方发展”为理念和特色，围绕区委、区政府中心工作建言献策，为建设文明、和谐的现代化新锡山发挥积极作用。

以践行核心价值为主线，加强思想建设。按照民革中央、省市委关于开展学习和践行社会主义核心价值体系主题教育活动的统一部署，结合新形势发展及支部自身建设需要，组织学习中国特色社会主义理论体系、科学发展观、中共十七届四中全会精神、学习和践行社会主义核心价值体系，参加民革无锡市委组织的报告会、座谈会、学习培训班和实地考察，定期开展组织生活，不断增强党员们接受中国共产党领导的自觉性和走中国特色社会主义政治发展道路的坚定性，进一步增强建设高素质参政党的使命感和责任感，为进一步履行参政党职能和在各自的工作岗位上尽责出力提供强大的精神动力。

以服务锡山建设为大局，积极履行职能。深入开展调查研究，全年重点围绕锡山区职业教育事业发展、生态农业发展进行两项调研，党员张如丹起草的调研报告《关于进一步加强锡山区生态农业发展的建议》在中共锡山区委民主协商会上进行宣读，并被区委统战部评选为“专题调研评比三等奖”。广泛开展“一人一提案”活动，全年提交提案12件，5件入选无锡市政协提案，主任委员姜科的提案《关于大力发展农村道路交通基础设施的建议》被评为“无锡市政协2009年度优秀提案”。

以奉献岗位、服务社会为己任，展示党员风采。以奉献岗位、服务社会为己任，在不同的岗位上做出出色的成绩，展示民革党员的风采。积极参加社会公益活动，陶碧珂、李琳等党员积极参加社会慈善义卖和为残障学校献爱心等活动。

以支部组织生活为纽带，展现党派合力。针对民革锡山支部成立不久、力量薄弱的情况，加强队伍建设，年内发展新党员4名；加强支部工作制度建设，规范支部工作行为；坚持每月一次组织生活，共商支部工作事宜，为党员提供交流、学习平台。民革锡山支部在思想建设、组织建设、制度建设、履行职能等方面都取得了一定的成绩，在民革无锡市委基层组织争先创优活动中被评为“先进集体”。（姜　科）

中国民主同盟锡山区总支部委员会

【概况】中国民主同盟（简称“民盟”）是主要由从事文化教育以及科学技术工作的高、中级知识分子组成的，具有政治联盟特点的，接受中国共产党领导、同中国共产党通力合作，进步性与广泛性相统一、致力于中国特色社会主义事业的参政党。中国民主同盟锡山区总支部委员会是中国民主同盟的基层组织。2010年年末，有盟员32名，其中，发展新盟员2名。

2010年，民盟锡山总支以无锡民盟成立60周年为契机，深入开展树立和践行社会主义核心价值体系活动，继承和发扬多党合作的优良传统；紧紧围绕中共锡山区委“加快转型发展，建设幸福锡山”的中心工作，积极建言献策；以制度执行力建设为工作主线，充分发挥支部的基础性作用和盟员的主体作用，较好履行参政党职能，各项工作都取得新的成绩。2010年，民盟锡山总支被评为“无锡市先进基层组织”。

以“学习践行”活动为核心，进一步夯实政治思想基础。认真组织盟员学习《社会主义核心价值体系读本》、《社会主义核心价值体系学习资料汇编》。组织盟员参加民盟无锡市委组织的“树立和践行社会主义核心价值体系”征文活动，并撰写体会文章，盟员朱小红的《我骄傲，我是民盟盟员》全文刊登在《江苏盟讯》上。通过学习，全面提高盟员的政治思想素质，增强盟员的政治使命感和社会责任感。

围绕中心工作，积极参政建言。围绕转型发展和“幸福锡山”两个专题深入调研，完成高质量的调研报告3篇。《抢抓机遇、强势推动，加快发展新能源汽车产业》被评为“民盟无锡市委优秀调研报告”，并被选为无锡市政协十二届四次全会的发言材料；《锡山区产业转型升级的思考与建议》被评为“区政协优秀调研报告”；《规范社会救助工作，促进社会和谐稳定》被区委统战部评为二等奖。围绕社会热点，全年报送社情民意6条，其中，委员朱小红的《利用改建桥梁机会，进行文物保护》、副主委周瑛的《建立有效渠道，引导群众杜绝秸秆焚烧》被区政协评为“优秀社情民意”。在区委统战部召开的“弘扬乡镇企业‘四千四万’精神，建设锡山人才高地”专题座谈会上，民盟锡山总支的发言《注重“四个结合”，打造具有锡山特色的人才高地》，得到区委统战部的好评。继续做好活动宣传工作，积极向上级相关报刊投稿，每期的《无锡盟讯》上均有锡山区盟务工作的报道，得到民盟无锡市委的表彰。

以制度执行力建设为主线，规范支部活动。根据民盟锡山总支制定的九项制度，各支部认真有序地开展各项活动，做到每次支部活动有目标、有内容、有记录。各支部创新社会服务的内容与形式，分别组织支部成员开展“服务企业”和“四帮一”（组织在职教师、退休教师、学生家长、优秀学生为特殊群体学生提供帮助）两项社会服务活动，取得较好效果。委员朱小红、会员凌骞、会员全纵海被评为“区盟务工作先进个人”，会员黄会伟被评为“发展经济优秀政协委员”，委员刘戈平被评为“岗位作贡献优秀委员”。（朱小红）

中国民主建国会锡山区总支部委员会

【概况】中国民主建国会锡山区总支部委员会（简称“民建”）是中国民主建国会的基层组织，发展成员以经济界人士和其他方面的专家、学者为主。2010年年末，有会员38名。

2010年，民建锡山总支在民建无锡市委、中共锡山区委的正确领导下，把全面加强锡山总支的思想建设、组织建设、制度建设和作风建设作为重中之重，认真履行参政职能，同心协力，开拓创新，各项工作取得了新成绩。

加强理论学习，思想建设取得新成效。加强政治理论学习，在深入贯彻科学发展观的同时，积极开展十七届五中全会以及省市民建工作会议精神的学习讨论，进一步提升全体会员政策理论水平，提高参政意识。加强专业经济学习，深入研究探讨锡山区关于开展转型促进年活动的意见以及关于建设创新型城区的决定等专题文件，促使会员准确把握锡山转型发展面临的新形势新要求，提高参政能力。

积极建言献策，参政议政取得新进展。深入开展调查研究，积极参与重大决策的研究论证，形成一批有深度、有力度、操作性较强的调研报告，《强化污水处理设施运行，提高污水处理水平》、《锡山区开放型经济转型发展的几点思考》、《打造合法用工环境，促进经济健康发展》等报告被区政协、区委统战部评为“优秀调研报告”。积极反映社情民意，深入群众、深入基层，体察民意，重点涉及交通管理、行政服务、职业教育、市场培育等方面，各类提案在数量和质量上均有明显提高。

强化组织领导，自身建设取得新拓展。着力做好换届工作，积极推进组织建设。圆满完成民建锡山总支换届，产生新一届委员会班子，史锡联当选为总支部主任委员，华红丹、刘星良、查耀金当选为总支部副主任委员，杨华、胡水萍、窦伟东、陆昕当选为总支部委员。发展新会员4名，组织规模继续扩大，组织结构不断完善。全力抓好制度保障，积极推进自身建设。通过制订计划、完善制度、参加评比等举措，不断加强自身建设，详细制定年度工作要点、活动安排计划和重点课题调研实施方案，切实做到全年工作早准备、早谋划。结合会员的工作特点和优势，把各项工作分解到人，使大家对自己要履行的职责做到心中有数，全年工作有条不紊。（查耀金）

中国民主促进会锡山区总支部委员会

【概况】中国民主促进会（简称“民进”）是以从事教育文化出版工作的高、中级知识分子为主，具有政治联盟性质、致力于建设中国特色社会主义事业的政党，是同中国共产党通力合作的参政党。中国民主促进会锡山区总支部委员会是中国民主促进会的基层组织。2010年年末，会员总数40名，其中，新增会员5名。

2010年，在民进无锡市委、中共锡山区委的正确领导及区委统战部的精心指导下，民进锡山总支以科学发展观为统领，以创建全国先进基层组织为目标，以创建工作为活动主线，深入学习贯彻中国共产党的十七大和十七届四中、五中全会精神，积极开展社会主义核心价值体系学与行活动，围绕区委、区政府中心工作，发挥优势，履行党派职能，加强组织建设，求真务实，开拓创新，各项工作取得优异成绩，成功创建为民进全国先进基层组织，受到民进中央的表彰。

【学习活动提成效】民进锡山总支按照民进无锡市委在年初制定的《树立和践行社会主义核心价值体系推进学习型参政党建设的方案》要求，扎实开展主题教育学习活动，发动会员学习《社会主义核心价值体系学习读本》等学习材料以及有关理论文章；组织会员参加民进无锡市委、锡山区委统战部举办的“社会主义核心价值体系”报告会，引导会员深化对社会主义核心价值体系精神实质的理解和认识。以加强思想建设和提高会员政治素质为着力点，推荐2名骨干会员分别参加民进江苏省委、无锡市委统战部举办的全省民主党派骨干培训班、第20期全市民主党派骨干培训班培训，组织新会员参加民进无锡市委举办的新会员培训班。及时布置各支部组织会员学习中国共产党的十七届五中全会精神。通过开展学习践行活动，涌现出一批岗位奉献的先进典型。委员皮郁清被民进江苏省委评为“先进会员”；会员尤迎九获台湾周大观文教基金会“生命教育天使奖”、国家级“优秀科研个人”奖；委员章晓东被评为“省特级教师”、“省首批基础教育课改先进个人”；会员盛玉红获坐式排球全运会、亚残运会、世锦赛3个冠军；会员华利生勇挑公司技术总监重担，出色完成“新广联数字版权保护、出版系统”1.1版本；会员蒋国兴获“国家一级美术师”称号，主创的“万象缤纷”、“京剧交响”、“陶梦殇情”、“陶涌风雅”等四组陶艺装置作品得到上海世博会事务协调局领导的肯定，获得上海世博会事务协调局的感谢状。

【组织建设提水平】认真总结民进锡山总支组织建设工作，明确提出“争创省内一流、全国先进”的创建目标，制订创建工作计划，发动3个支部和全体会员全力以赴投入创建工作。强化班子建设，以建设“精诚合作、和谐共进、有所作为”的领导班子为建设目标，以“团结、务实、奋进”为工作精神，以“坚持集体领导与个人分工负责相结合”为工作原则，以“想做事、能做事、做成事”为工作要求，充分发挥班子的整体合力。强化制度建设，在原有制度的基础上，讨论并修订学习制度、总支会议制度、组织发展工作制度、调研工作制度、联系走访制度、信息报送制度、评比考核制度等；民进中央网站开辟“创建工作巡礼”专栏，将民进锡山总支的做法和经验安排在“建章立制”栏目下加以肯定和宣传。强化支部建设，依照《基层组织建设工作条例》和民进锡山总支创建工作要求，开展形式多样的组织活动，如参观上海世博会、情系玉树献爱心、庆祝第26个教师节、参观新校、参观古镇、走访联谊等活动。强化组织发展和信息工作，发展过春燕、俞迎新、诸广平、钱万丰4名新会员；按照区委统战部的要求，建立民进会员基本信息电子数据库，建立信息员队伍，积极向《新锡山》、区委统战部网站、民进省市委网站报送创建工作、会务活动和会员信息，全年报送各类信息20余条。

【履行职能提质量】紧紧围绕区委、区政府“加快转型发展，建设幸福锡山”的工作重点，积极履行参政议政、民主监督职能。抓好“一支部一调研”工作，《关于锡山旅游业发展的建议》被评为“区政协优秀调研报告”，并在区政协二届四次会议上发言；在区委与各民主党派民主协商会上的建言《锡山区中小学生体质与健康的状况及改善对策》，受到好评。抓好“两会”提案建议的征集提交，向区人大、区政协二届四次会议提交10件提案，其中，集体提案5件、个人提案5件。抓好社情民意报送工作，按照“一会员一信息”要求，发动广大会员关注民生，积极反映社情民意，全年向区政协、民进无锡市委、无锡市政协报送社情民意18条，有3条得到区委主要领导批示，1条获“市政协优秀社情民意”。发挥民主监督员作用，会员中多人担任文化、教育、司法、监察等部门的民主监督员，在民主评议、行风监督等活动中积极发挥作用。

【社会服务提影响】以创建工作为载体，进一步激发服务社会的主动性、积极性，社会服务成绩斐然，民进锡山总支的社会影响力提升。及时组织开展“情系玉树献爱心”活动，发动会员交纳特别会费，支援玉树抗震救灾。继续开展慈善爱心助学活动。会员蒋国兴在“温暖残障儿童，圆梦上海世博”大型慈善活动中捐款50万元；会员皮郁清积极响应民进中央的“彩虹行动”，向贵州金沙捐款10万元，支持教育事业发展，并为2名特重病人捐款5万元；会员陈光向甘露学校捐资10万元用于购买教学用电脑，向荡口敬老院捐助10台洗衣机、10台电视机。

（戴锡军）

中国农工民主党锡山区基层委员会

【概况】中国农工民主党（简称“农工党”）是以医药卫生界高、中级知识分子为主，一部分社会主义劳动者、社会主义建设者、社会主义爱国者组成的具有政治联盟特点、致力于建设中国特色社会主义事业的政党，是同中国共产党通力合作的参政党。中国农工民主党锡山区基层委员会是中国农工民主党的基层组织。2010年6月，经农工党无锡市委批准、锡山区总支部升格为基层委员会。2010年年末，有成员64名，其中，15名成员分别担任市、区两级人大代表和政协委员。

2010年，中国农工民主党锡山区基层委员会在无锡市委和中共锡山区委的正确领导下，以树立和践行社会主义核心价值体系为抓手，以纪念农工党建党80周年活动为契机，狠抓自身建设，提升履职能力，围绕区委、区政府中心工作建言献策，为建设文明、和谐的现代化新锡山发挥积极作用。

紧抓学习，思想建设有新意。围绕树立和践行社会主义核心价值体系和纪念农工党建党80周年两大主题安排全年的学习，中心组多次举行社会主义核心价值体系与中国共产党党史专题学习，深刻认识到与中国共产党亲密合作是农工党的光荣传统，纪念农工党建党80周年就是要继承和发扬光荣传统，自觉地接受中国共产党的领导，坚持多党合作政治制度，坚定不移地走中国特色社会主义道路。组织成员积极参与农工党党史知识竞赛，向无锡市委举办的“纪念农工党建党80周年成果展”提供资料和展品，两名成员的征文分别在省市刊物上刊出。中国共产党的十七届五中全会召开后，组织会员学习全会公报，激励会员们为“十二五”规划发展建功立业。8月，获“农工党江苏省先进基层组织”称号，并被无锡市委推荐为“农工党江苏省树立和践行社会主义核心价值体系先进基层组织”。

调查研究，参政议政建新言。年初，组成经济和医疗卫生两个调研组，分别以“530”及“新医改”为切入点，深入基层，开展调查研究，调查报告《提速“530”产业化进程，助推锡山区经济转型发展》在优化公共服务平台、加强职业培训、联姻当地企业和政府助推产品走向市场、解决融资难题、营造企业成长环境等方面提出建议。调研文章《医改以后我区卫生事业发展面临的问题和对策》对锡山区医改后出现的新情况、新问题进行剖析，从加强人才队伍建设、加强公共卫生体系建设、探索新的考核机制、解决新的看病难问题、加强医改政策宣传力度等方面提出建议。全年提交市人大建议3件、区人大建议3件、区政协提案7件。集体提案《对我区贯彻实施〈中华人民共和国食品安全法〉的几点建议》被列为区政协重点提案。全年撰写上报信息13篇、录用7篇，社情民意5条。

恪尽职守，岗位奉献立新功。区疾病预防控制中心、区卫生监督所的成员探索新时期疾病防控和公共卫生管理新思路，各项工作在无锡市处于领先水平，在疾控绩效考核、卫生监督体系建设省级考核评估中均取得优异成绩。会员孙伟狠抓医院业务能力建设和规范化管理，业务收入和医疗安全均取得新的成绩。会员华峰年初走上管理岗位，面对纷繁复杂的医疗纠纷，处置得当受到好评。全年在国家级、省级专业期刊发表论文15篇。

发挥优势，社会服务展新姿。在健康宣传月期间组织医疗专家赴锡北镇春风社区举行义诊，为100余名村民提供服务；组织健康教育人员赴民工子弟学校作健康讲座，送去健康知识手册3000余份；卫生支部先后组织《中华人民共和国职业病防治法》宣传咨询和医疗、保健专家赴东亭街道赛维拉小区开展义务咨询活动，向市民和外来务工人员500人宣传职业病防治知识以及健康保健知识；近100人次参与“三服务下乡”和“卫生支农”活动。会员响应农工党中央的号召分别为邓演达纪念馆和玉树灾区各捐款3000元。

创先争优，组织建设树新貌。农工党锡山区基层委员会对支部活动的数量和质量提出新的要求，4个支部各具特色：综合支部活动内容丰富，既有理论学习又有实地考察、既有“红歌会”又有与兄弟支部的联合活动；卫生支部将职业病防治宣传、社区卫生服务等落实在组织活动之中，收到实效；区医院支部组织活动规范有序，围绕医院中心工作，献智献策；退休支部的老同志活动热情不减，全年组织活动5次。农工党锡山区基层委员会的主要领导主动与成员所在单位领导沟通，关心成员政治的成长。全年发展新党员2名。

（王　铖）

九三学社锡山区基层委员会

【概况】九三学社是以科学技术界高、中级知识分子为主的具有政治联盟特点的政党，是接受中国共产党领导、同中国共产党通力合作的亲密友党，是进步性与广泛性相统一、致力于中国特色社会主义事业的参政党。九三学社锡山区基层委员会为九三学社锡山区基层组织。2010年年末，有社员32名，其中，副科级以上领导6名；市人大代表2名，区人大代表3名（其中，区人大常委2名）；区政协委员9名（其中，区政协常委2名），省政协委员1名。

2010年1月8日，九三学社在无锡市基层组织中的第一个基层委员会——九三学社锡山区基层委员会成立。在九三学社无锡市委和区委统战部的领导和关心下，九三学社锡山区基层委员会努力加强自身建设，各方面工作不断创新，卓有成效，为锡山区转型发展，建设“幸福锡山”的目标积极地发挥着民主党派的作用。9月，九三学社锡山区基层委员会被九三学社中央授予“全国优秀基层组织”称号。

【基层组织建设】加强领导班子建设，重视领导班子的思想建设、制度建设、能力建设和作风建设，领导班子成员积极参加上级举办的培训班，增强领导班子的战斗力；积极参加区委、区政府组织的民主协商会、中秋座谈会等活动，与各兄弟党派交流互动，相互学习，提高组织管理的工作水平。加强思想建设，组织社员听取讲座及自学等方式学习《社会主义核心价值体系》，人人撰写学习心得，统一社员的思想，增强组织的凝聚力。健全各项制度建设，确定领导班子成员职责分工，制定《九三学社锡山区基层委员会组织活动制度的实施办法》、《九三学社锡山区基层委员会信息报送制度实施办法》，下发《九三学社锡山基层委员会2010年工作要点》，使九三学社锡山区基层委员会迅速步入制度化、规范化、程序化管理轨道，各项工作得以顺利开展，更好地发挥了基层委员会的人大代表、政协委员、民主党派成员民主监督、参政议政的作用。继续实施“人才强社”战略，加强基层组织建设，增强基层组织活力，充分发挥基层组织锻炼人才、考察人才、吸引人才的作用。

【参政议政能力建设】紧紧围绕锡山区经济社会发展的实际情况，深入细致地开展调查研究工作，积极建言献策。组织社员深入基层，聚焦百姓关注的热点问题，记录企业和群众存在的问题和困难，积极撰写社情民意及提案，并联系相关部门进行协调，帮助社员企业解决实际困难。同时，社员们积极撰写社情民意，年内撰写社情民意22条，从文化市场管理、道路规划、教育、制度建设、规范招标、社会福利等不同层面多角度反映民生民意。各支社确定年度调研课题，围绕课题，通过深入基层、深入群众、深入企业，摸清工作实情，找出薄弱环节，探索应对措施，认真总结经验教训，积极反映社情民意，形成言而有实的调研成果。同时，协助区委和区政府协调关系、化解矛盾，不断提高为构建“和谐锡山”服务的水平，不断提高履行职能的水平。一支社针对全区城市化发展快速而相应城市管理水平滞后的现状进行深入调研，撰写的调研文章《全面提升城市管理水平的思考》获区委统战部“专题调研评比三等奖”。二支社以年度支社专题调研《进一步打造现代农业园区发展体系的思考》为重点，在锡山区农林局进行调研，撰写的提案《加强锡山区现代农业建设的几点建议》被列为锡山区政协主席督办提案。班子成员及政协委员、人大代表积极撰写提案，积极参加区委召开的民主协商会、情况通报会、座谈会等活动，深入调研，建言献策。

【岗位奉献】各社员立足岗位，在本职工作中，做到敬业爱岗。社员们充分发挥专业优势与九三精神，集中集体智慧，凝聚群众力量，在自己的岗位上创造出更多的社会财富和骄人的业绩。企业家社员面对国际金融危机，迎难而上，积极应对，加大技术创新步伐，着力拓展国内外市场，提高企业管理水平，保证企业绩效稳中有升，职工收入和国家税收都有大幅度的增长。社员吴杰敢于挑战欧美企业的恶意诉讼，积极应诉，终于在美国打赢官司，凭实力保护了自主知识产权，同时为打开美国市场铺平道路。

【社会服务】各企业家社员在大力发展企业的同时，不忘回馈社会，年内为各项社会福利事业及机构捐款60余万元，积极履行企业的社会责任，为促进经济发展和社会进步不遗余力地贡献中国民营企业的一份力量。依托于锡山区锡北镇张泾寨门晨东绿色休闲农庄有限公司“九三学社专家工作站”，为林芝种植户提供技术指导，改善种植品种、提高药效、提升产品档次，受到好评。通过工作站与各地农业发展建立起紧密的联系，倾情服务“三农”，为养殖户派送科技资料和渔药，并提供及时周到的科技服务，得到广大农户的信赖和赞扬。（殷晓伟）

锡山区工商业联合会

【概况】工商联是中国共产党领导的以非公有制企业和非公有制经济人士为主体的人民团体和商会组织，是党和政府联系非公有制经济人士的桥梁纽带，是政府管理非公有制经济的助手。其基本任务是加强非公有制经济人士思想政治工作；参加政治协商，发挥民主监督作用，积极参政议政；推动经贸交流与协作；加强行业协会商会建设，服务非公有制企业发展；参与协调劳动关系；反映非公有制企业和非公有制经济人士的利益诉求，维护其合法权益。根据《锡山区党政机关关于机构改革实施意见》的规定，保留锡山区工商业联合会，正科（局）级建制。内设会员秘书科和经济联络科2个科室。核定行政编制3名，另核定行政附属编制1名。

2010年，区工商联在区委、区政府的正确领导和市工商联、区委统战部的关心指导下，深入学习实践科学发展观，紧紧围绕转型促进年中心工作，以促进“非公企业的健康发展和非公经济人士健康成长”为主线，立足自身职能，强化会员服务，各项工作取得新的进展。

【强化教育引导】举办区域经济转型发展辅导讲座，邀请区经信局领导通报全区经济转型发展的有关情况，帮助企业进一步认识创新转型的紧迫性，增强企业转型发展的主动性和积极性。充分发挥市、区两级培训资源的优势，积极为企业搭建培训服务平台，及时为企业传递培训信息。组织企业参加“无锡·联想之星创业大讲堂”讲座，听取联想控股有限公司董事长兼总裁柳传志、安徽科大讯飞信息科技股份有限公司总裁刘庆峰等所作的精彩主题演讲。组织企业参加教授郎咸平关于“后金融危机时代经济形势”的专题报告和“社会主义核心价值”专题讲座等活动。组织企业参观美新半导体（无锡）有限公司和无锡物联网产业研究所，聆听美新半导体（无锡）有限公司董事长赵阳关于传感网的科普知识和传感技术发展空间的介绍。各基层商会积极组织多种形式的培训活动，全区基层商会全年组织各类培训30余场，近3000人次。

【积极参政议政】围绕发挥工商联在非公经济代表人士参与政治和社会事务中的主渠道作用，充分调动和发挥非公经济代表人士的积极性，紧贴区情深入调查研究，全区工商联系统提交各类调研文章10余篇，各类建议、提案、社情民意50余件（条）。根据区委、区政府实施协会归口管理的精神，对归口区工商联管理的15家行业协会进行走访调研，就协会运作的基本情况、组织架构、协会发展遇到的困难和问题进行具体详细的调研分析，并形成调研报告提交相关部门。按照区委统战部关于专题民主协商调研工作的相关部署，选定以“企业创新转型”作为主要调研方向，发掘问题，寻找答案，提炼分析出相关见解向区委统战部提交调研报告。围绕全区人才高地建设目标，在全区各党派“锡山人才高地建设座谈会”上作《推进锡山人才高地建设，增强我区核心竞争优势》的专题发言。

【丰富工作内涵】召集部分执委企业、会员企业开展交流互动，在创新发展、转型发展和内部管理等方面开展交流学习，帮助企业吸收成功经验，促进企业共同进步，听取企业对发展环境的意见建议，协调解决困难问题。召开全区工商联界别的区政协委员座谈会，学习《国务院关于鼓励和引导民间投资健康发展的若干意见》，重点围绕企业转型创新中的一些经验做法和企业面临的困难、问题与机遇进行交流，帮助企业发展。在对归口协会走访调研的基础上，召集协会进行座谈交流，加强典型发掘，宣传成功办会经验，帮助协会增进相互了解，促进共同提高。做好“中华全国工商业联合会科技进步奖”的推荐工作，无锡晶海氨基酸有限公司的“L-异亮氨酸”项目获“2010年度中华全国工商业联合会科技进步奖二等奖”表彰。加强与惠山区工商联等的交流互动，组织企业赴盐城、淮安、芜湖、青海、甘肃等地参观考察，为企业“走出去”提供信息。区商会和区委台办组织部分企业家和台属15人，到中国台湾考察，增进锡山区与台湾两地的交流合作。

【履行社会责任】大力开展企业诚信建设，营造创建和谐企业氛围，倡导企业主动承担社会责任，参与和支持社会的公益事业、慈善事业，树立良好的公众形象，自觉促进和实现企业经济利益目标与社会进步的相互协调，为创建和谐、文明新锡山作贡献。开展争创“守信用、讲信誉、重信义”评比活动，无锡兴达泡塑新材料有限公司、无锡市海联舰船附件有限公司等9家企业获无锡市“争创‘守信用、讲信誉、重信义’”企业称号。弘扬光彩精神作贡献，面对西南五省的旱灾、青海玉树的地震等灾情，不锈钢商会等商会组织、红豆集团等会员企业在第一时间组织捐款救灾，及时为灾区人民送去温暖。在市工商联等部门联合开展的“感恩社会助百家”活动中，经与区民政局会商后，朱根兴等5名老革命、老党员、老模范困难对象和余进秀等5名因病致贫等原因需要照顾的困难对象得到市光彩事业促进会的扶助。

【加强商会建设】坚持从整合区域资源，加强行业自律，促进对外交流，提升企业整体水平的实际出发，积极推进全区村级商会组建工作，组建成立严家桥古镇商会，筹建东港商会2家村级分会。建立商会、协会互动交流工作机制，通过定期、不定期召开基层商会、行业商会、行业协会座谈交流，搭建工作交流、信息沟通平台，促进商会、协会间的相互学习提高。做好老会员工作，加强原工商业者的档案管理，对全区原工商业者的资料进行收集整理归档，方便查阅利用。按照文件精神，为姚鸿尚、杨焕甫等原工商业者做好退休工资的增发工作。

【15家协会归口区工商联管理】根据《无锡市锡山区人民政府办公室关于变更区属社团组织主管单位的通知》精神，无锡市锡山区汽车维修行业协会、无锡市锡山区交通运输协会 、无锡市锡山茶业协会、无锡市锡山花卉苗木产销协会、无锡市锡山区蔬菜副食品产销协会、无锡市锡山区畜产品产销协会、无锡市锡山区水产品产销协会、无锡市

锡山区粮经产销协会、无锡市锡山区印刷业协会、无锡市锡山区出版物行业协会、无锡市锡山区文化娱乐行业协会、无锡市锡山区化纤行业协会、锡山电动车协会、无锡市锡山区新材料产业协会、无锡市锡山区石油成品油流通行业协会15家行业协会归口区工商联管理。

【锡北商会村企结对共建新农村】4月，锡北镇积极动员社会力量支持新农村建设，在全镇范围内开展镇、村、企三方结对的“百企联百村、共建新农村”活动。锡北商会率先向会员企业发出结对共建的倡议，号召会员企业响应镇党委、政府的号召，大力弘扬“致富思源、富而思进、扶贫济困、共同富裕、义利兼顾、德行并重、发展企业、回馈社会”的光彩事业精神，广泛深入地投入到锡北镇“百企联百村、共建新农村”的活动中。120余家企业迅速与结对村签订结对共建协议，与100个自然村结对，按照自愿原则定额或全额承担所结对村庄的整治资金，共建新农村。年末，全镇结对企业落实资金1600余万元，到位1158.2万元，其中，货币资金525.4万元，企业直接投入建设工程折算资金632.8万元；完成污水处理管网里程81491米，完成道路硬化8.5万平方米，清运垃圾6880吨，村庄绿化18.4万平方米，墙体出新80.5万平方米。（戈兴栋）

锡山区无党派代表人士联络委员会

【概况】锡山区无党派代表人士联络委员会作为中国共产党地方组织的统战部门开展无党派人士工作的重要渠道和载体，是无党派代表人士更好地发挥作用的工作平台，是具有统战性、联谊性和地方性的组织，在政治上和业务上接受区委统战部的领导和指导。2010年年末，有会员16名，其中，市人大代表1名、市政协常委1名、区政协常委6名、区政协委员3名。

2010年，区无党派代表人士联络委员会在中共锡山区委的正确领导和区委统战部的悉心指导下，按照《锡山区无党派代表人士联络委员会工作规则》，不断健全各项制度，积极发挥组织优势，自觉服务于和谐、宜人新锡山建设，在政治协商、参政议政、民主监督、岗位奉献等方面积极开展工作，为全区的转型提升、赶超发展作出了一定的贡献。

坚持理论学习，提高队伍素质。认真学习邓小平理论、“三个代表”重要思想和科学发展观，把会员的思想统一到党的十七届五中全会以及省、市、区全会精神上来，紧紧围绕赶超发展主题和转型发展主线，不断提高会员的全局意识、政治意识和责任意识。通过学习《锡山区无党派代表人士联络委员会工作规则》，深入了解其性质、地位和作用，切实增强作为一名无党派人士的光荣感、责任感和使命感，激发联委会成员做好各项工作的热情和能力。

积极参政议政，增强履职能力。各位会员以高度的政治责任感和社会责任感，围绕区委、区政府工作重点以及全区经济社会发展过程中的热点难点问题，开展调查研究，认真撰写调研文章。其中，《关于电动车超标的风险与对策》一文引起区委、区政府和有关部门的高度重视。《加快社会事业发展，推进幸福锡山建设》一文被区委统战部评为年度“加快转型发展，建设幸福锡山”专题调研评比一等奖。

加强制度建设，营造和谐氛围。5月，组织全体会员赴上海参观世博会，让会员们领略城市文明的演进历程、世界先进科技，了解中国以及世界各国未来的发展走向。10月，组织全体会员到东港镇山联村开展调研，在体验与感受新农村建设的同时，学习该村充分发挥自身资源大力发展旅游业，通过改善村民居住环境挖掘历史文化，从而带动乡村农业旅游、促进村内第三产业发展的新农村建设先进经验。通过开展各项活动，会员之间加强沟通，建立友谊，形成共识，提高了参政议政的积极性。通过学习交流，进一步营造宽松和谐的氛围，提高了组织的凝聚力，为更好地发挥联委会的作用、赢得更高的社会地位打下了更为坚实的基础。（保海燕）

（编辑：吴　双）

锡山区新能源产业职工培训　　（《新锡山》 供）

区总工会开展夏季送清凉活动　　（区总工会 供）

“红色经典青春励志”爱国主义电影巡映月活动启动仪式　（团区委 供）

区慈善会开展关爱贫困家庭子女夏令营活动　　（团区委　供）

民盟锡山总支成员认真听取上级会议精神　　（区委统战部　供）

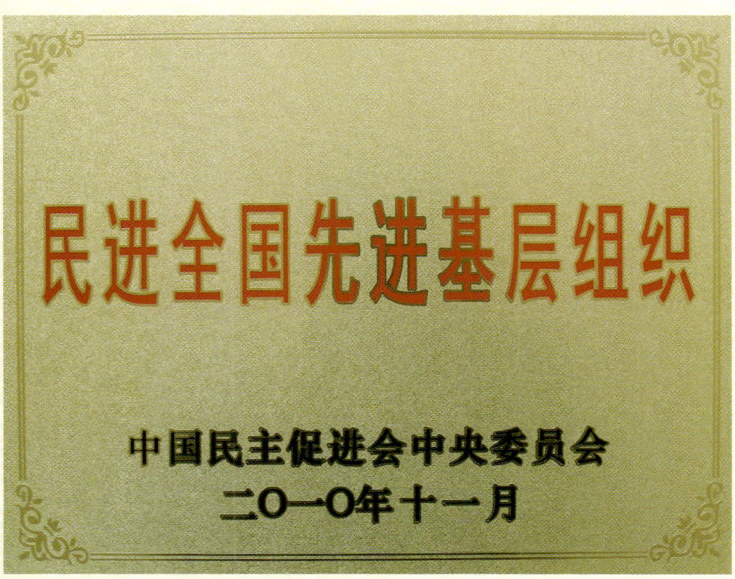

民进锡山总支被中国民主促进会中央委员会评为“民进全国先进基层组织”　　（区委统战部　供）

武装·政法

人民武装

【概况】锡山区人民武装部是军队的一级组织，是锡山区的军事领导指挥机关，是中共锡山区委的军事部，兼区政府的兵役机关。主要负责全区的民兵、兵役和动员等军事工作。内设军事科、政工科和后勤科3个科室。有12个基层人武部，其中，镇（街道）人武部9个、区教育局人武部1个、区交通运输局人武部1个和民营企业红豆集团人武部1个。2010年，区人武部在无锡军分区党委和锡山区委、区政府的正确领导下，坚持以党的十七大精神和科学发展观重要思想为指导，突出工作重点，狠抓工作落实，谋求科学发展，提升建设水平，圆满完成各项任务，部队安全稳定，全面建设稳步上升。全年完成军事训练、思想政治教育、民兵整组和训练、基层规范化建设、征兵等各项任务。

【思想政治建设全面加强】学习实践科学发展观活动不断深入，重点在熟悉基本理论、掌握思想精髓、理解贯彻上下工夫，修订完善理论学习、提高能力素质、推动制度创新、改进工作作风等制度机制。与无锡军分区党委机关同步，认真组织主题教育和党委机关理论学习，注重统一思想、指导工作，注重联系实际、解决问题，干部职工的思想政治素质和理论修养明显提高。组织全体干部学习新《中国人民解放军政治工作条例》，加强人武部政治工作任务、新形势下民兵预备役政治工作如何开展等重点问题的研究。完善太湖民兵之家政治教育网站，利用网络资源抓好民兵整组、训练中的思想教育。拍摄制作《民兵执行多样化军事任务政治工作网络运用》汇报演示片。

【军事斗争准备扎实推进】修订完善应急作战方案和相关组织保障方案；及时调整国防动员委员会指挥机构；加强上海世博会等敏感时期的战备值班和战备器材室建设管理，进一步提高战备水平。按照无锡军分区部署要求，以《中国人民解放军军事训练大纲》为依据，组织“学训整”活动，开展“每周一题、每月一图”训练，干部素质不断提高。3月，参加无锡军分区组织的按纲施训与考核，取得较好成绩。按照江苏省军区、无锡军分区的要求，完成两大类11支分队基干民兵整组任务。5月，国务院法制办公室和总参谋部动员部调研红豆集团，对区民营企业中开展民兵工作的做法给予充分肯定。

【党委班子建设坚强有力】继续深化学习实践科学发展观活动，认真学习党的十七届四中、五中全会精神，理论思考、理性思维水平有了较大进步。7月，区人武部党委班子代表无锡军分区接受江苏省军区的考核，取得优秀成绩。认真贯彻民主集中制原则，加强班子集体领导，对年度大项工作、经费开支、工程建设等重大问题，坚持党委研究决定，有效提高了依法决策、科学决策、民主决策水平。按照“讲党性、重品行、作表率”的要求，坚定理想信念，自觉拒腐防变；重视班子成员的经常性教育管理，党委班子的整体形象良好。

【安全管理工作严格落实】牢固树立安全发展理念，定期开展安全教育，讲评安全工作，做到学习教育常抓、思想工作常做、安全形势常议、检查整顿常搞，干部职工的安全意识不断增强。以“人、车、密和营院”为重点，扎实开展隐患排查，提高安全管理效益。定期开展安全检查，及时发现和消除隐患，确保安全。认真贯彻落实条令、条例和规章制度，重点抓好人员教育管理、车辆使用保养、保密办公、营院管理和值班制度的落实。严格实行安全工作责任制，形成群策群力、群防群管的良好局面。

【基层全面建设稳步发展】组织地方党政领导干部学习党管武装重要论述，明确第一职责人职责，落实党委议军、武委会、过军事日等制度。5月，结合区委常委议军会，组织各镇（街道）党（工）委书记进行武装工作述职，促进党管武装工作的有效落实。按照《县（市、区）人武部正规化建设实施细则》，加强人武部本级正规化建设，改造作战值班室、战备器材和办公室，规范工作秩序。加大基层规范化建设的指导力度，开展新一轮规范化建设示范点活动。采取集训、例会、以会代训等方法，加强专武干部的教育管理和业务培训；积极协调区委组织部和镇（街道）党（工）委有计划地抓好专武干部培养使用，专武干部爱武、专武、精武意识明显增强，能力素质明显提高。

【征兵工作优质高效】扎实抓好宣传发动，在《新锡山》、区政府门户网开辟专栏，编办《征兵工作简报》，制作宣传展板，悬挂张贴横幅标语，营造社会舆论氛围。按照封闭式管理体检要求，保证体检质量，兵员身体素质较好。通过早介入排查、全方位了解、多层面把关，加大政审力度，严把政治关口，确保应征对象政治上不出任何问题。组织征兵办人员、基层人武部部长、民兵营长学习法规制度、开展自查自纠，切实从思想上强化依法征兵、廉洁征兵意识，打牢拒腐防变关口。及时向社会公布廉洁征兵的措施、举报电话、举报信箱，主动接受社会、纪检监察部门的监督，确保征兵工作风清气正。（曹兆礼　赵亚琴）

人防工作

【概况】2010年，区人防办以科学发展观为统揽，认真贯彻省市人防工作会议精神，把握工作重点，推进人防建设发展。全年立项人防工程21.4万平方米，竣工人防工程3.7万平方米，在建人防工程11.8万平方米。区人防办被江苏省民防局评为“民防队伍建设先进单位”。

【人防指挥通信建设】按照市人防办的统一部署，3月完成全区所有电声警报器控制模块的升级调试和全面检修。10月完成4台新增警报器的调试工作，全区防空警报器累计26台，进一步扩大了警报覆盖面。11月结合全市警报试鸣，举办全区警报器维护管理培训。按照上海世博会安保要求，收集汇总区情资料，制定区人口应急疏散预案，补充修订区防空袭预案。结合实际，在无锡市商检局防空地下室内建设避难场所。结合区地震应急避难场所建设，启动区人口疏散新基地建设工作。

【人防专业队整组训练】对全区7支人防专业队伍和各镇（街道）民防志愿者队伍进行年度整组，完成民防志愿者队伍建设情况调研报告。11月25日，结合全市警报试鸣任务，在港下中学举办以全校师生紧急疏散、消防车模拟灭火、学生穿戴简易防化服使用常用消防器材灭火为主要内容的防空防灾综合演练，进一步提高了锡山区人防专业队战时能防空应战、平时能防灾应急的能力。

【人防工程建设与维护管理】注重加大医疗救护工程和人防专业队工程的建设力度，不断优化人防工程结构。加大人防工程建设监管力度，紧紧抓住主要施工环节，及时到工地抽查工程施工质量情况。结合汛前防汛和安全检查，顺利完成全区38个人防工程普查和使用证年检工作。完成区人防指挥所土建工程排水设施安装工作，确保安全度汛。

【依法行政工作】增强依法行政意识，认真做好人防服务和质量监管工作，调整人防窗口设置，全年受理项目93件。始终严格执行各项人防法律法规和制度，认真做好从人防工程立项审批、质量监管到竣工验收等环节的服务和把关工作。

【人防宣传教育】制订《纪念人民防空60周年活动方案》，依托学校、党校（行政学校）、机关、社会团体、企事业单位和街道社区“六位一体”的人防宣传教育体系，开展一系列丰富多彩的人防宣传教育。会同区教育局下发《2010年全区中小学民防（人防）教育工作要点》，联合开展全区中学民防知识教育论文比赛，并选拔优秀论文参加全市中学民防知识教育论文比赛，获得二等奖1个、三等奖2个。在无锡市广播电台“江南之声”频道制作3期专题节目向全市宣传锡山区人防建设的成就，受到听众好评。组织3700余名机关人员和学校师生参加全省民防知识竞赛，获得二等奖1个、三等奖2个。参加上级组织的“市民看民防”、“人防在身边”主题摄影比赛等活动。加强人防理论研究，在《江苏民防》杂志上发表3篇理论研究文章。11月开展“人防宣传月”活动，全年完成16个社区、13家企业、10个机关、2所高校、15所中学及1所小学的人防知识教育任务，3万余人次接受人防宣传教育，全面完成人防教育目标任务。（刘胜利）

综合治理

【概况】中共锡山区委政法委为中共锡山区委主管政法

工作的工作机构，挂“区社会治安综合治理委员会办公室”牌子，正科（局）级建制。内设办公室、综合治理科、执法督查科3个职能科室。核定行政编制6名，行政附属编制2名。2010年，全区政法综治部门在区委、区政府的统一领导下，紧紧围绕“抢抓机遇、逆势赶超”的目标，以把握“两个大局”（赶超发展大局、社会稳定大局），抓好“两项建设”（“平安锡山”建设、“法治锡山”建设），强化“两个基础”（基层基础建设、政法队伍基础建设）为主线，全面推进政法各项工作，有效确保了社会和谐稳定，维护了社会公平正义，保障了发展大局，基层平安创建连续第五年实现“满堂红”。

全区政法机关深入开展创先争优活动，着力提高服务科学发展的能力和水平；深入推进业务强警“双争一创”（争当业务能手、争做技能标兵，创一流业绩）活动，健全岗位练兵的常态机制，增强业务竞赛质效。积极组织集中业务培训，对700余名政法综治工作者和470余名保安辅警力量进行集中培训。锡山公安分局组织“网上学法考试”、“轮值轮训”、“一案一议”、“一月一评”等活动；区检察院建立“四卡一体”（学习卡、行为卡、业绩卡、廉政卡）工作制度和“四方联动”（党内、党政、院家、内外联动）工作机制；区法院开展“一册一条例”（《人民法院工作人员纪律手册》、《人民法院工作人员处分条例》）集中学习和“向陈燕萍同志学习”等主题活动；区法院和区司法局建立村（社区）调解主任坐庭培训制度。同时，全区政法机关坚持深入开展党风廉政建设，筑牢防腐拒变思想，整改执法突出问题，全区政法队伍的素质能力和执法办案的群众满意率不断提升。

【主动服务赶超发展大局】各级政法机关牢固树立大局意识，从各自职能出发，深入研究，及时制订出台各项措施意见，积极为转型发展、赶超发展提供服务保障。区法院出台《关于为全区转型发展提供司法保障的十条意见》，及时为全区重大项目推进、产业倍增计划实施以及宏观司法信息等提供法律服务；区检察院针对经济转型升级中的新情况新问题，与20余家重点企业建立常态联系机制；锡山公安分局出台《全区公安机关服务保障合法拆迁安置工作的实施意见》，全力保障全区拆迁安置工作的顺利推进；区司法局在全区开展以“促转型、促升级，助稳定、助发展”为主题的“双促双助”法律服务专项活动，主动为企业转型升级提供前期法律服务。同时，政法部门切实增强服从、服务经济发展的意识，依法调节社会主义市场经济关系。2010年，公安机关破获各类经济犯罪案件101起，挽回经济损失1.2亿元；检察机关立案侦查职务犯罪案件10件13人，为国家挽回直接经济损失417万余元；审判机关受理各类案件8285件，审结7472件，解决诉讼争议标的额12.9 亿元，受理执行案件1994件，执结1846件，执结率92.6％。

【社会和谐稳定全力维护】扎实推进国家安全人民防线建设，强化情报信息工作，有效防范政治、经济、宗教等领域的各类渗透破坏活动。继续深化与邪教组织的斗争，确保持续实现“三个确保、一个零指标”（确保邪教人员不进京闹事、不外出从事非法活动、不公开聚集滋事，进一步防范电视广播破坏活动，确保“零发生”）的目标。强化重点人头管控。对188名重点人员和肇事肇祸精神病人，落实领导包案和专门工作力量，确保全区所有重点信访人员均稳控在位，未发生重点人员到论坛会场闹访滋事事件。深入开展社会稳定风险评估，健全完善社会矛盾纠纷排查研判、调解对接、专项协调处置、调解优先、应急处置等一系列工作机制，大力推进矛盾排查化解工作。全区排出不稳定因素984条，超前预警并成功处置群体性事件及苗子182起；累计劝阻防止群体性上访62批1071人次，其中，百人以上规模6起，群体性事件超前预警率和成功处置率均为100%；全区大调解组织受理矛盾纠纷1865件，调处成功1846件，调处率和调处成功率分别为100％和99%。

【“平安锡山”建设深化推进】始终保持对刑事犯罪的严打高压态势。组织开展“冬季行动”、反盗抢“一〇行动”、“双百会战”、治安重点地区集中排查整治等专项行动，破获各类刑事案件1448起，其中，破获八类（故意杀人、放火、劫持、爆炸、强奸、抢劫、绑架、故意伤害致人重伤或死亡）案件141起，破案率94.8%；破获各类涉恶刑事案件120余起，打掉各类黑恶势力犯罪团伙45个（其中，涉黑团伙7个、涉恶团伙38个），抓获犯罪嫌疑人187名，打黑险恶工作绩效全市第一；破获毒品刑事案件52起，抓获犯罪嫌疑人64名，缴获各类毒品3790余克。检察机关受理申请批捕案件606件990人，经审查，批准逮捕484件736人。审判机关审结刑事案件632件955人。加强大防控体系建设。区、镇（街道）建立与巡控任务相适应的专职巡防大（中）队，完善了社会面主干道巡逻、街巷里弄巡防、城镇社区巡逻守护、单位内部巡逻守护、农村治安联防5个不同层面的巡逻网络，社会面防控水平进一步提升。加强系列平安创建。平安校园、平安工地、平安企业（市场）、平安家庭等11个系列创建活动不断向纵深推进。加强综治专门工作。健全完善流动人口综合服务管理机制，实施居住证制度和“一证二合同三承诺”（居住证，劳动合同、房屋租赁合同，无锡市公民文明守法承诺书、无锡市房屋租赁社会责任书、无锡市劳动用工社会责任承诺书）综合管理模式，推进以融入组织、融入社区（村）、融入服务、融入管理为内容的“四个融入”活动和“新市民安居乐业工程”，全区有外来人口30.3万余人，信息采集率和发证率均为95%以上，私房出租户登记率和治安责任书签订率均为100%。健全完善矫正对象分类分级管理、刑释解教人员管理衔接、重点青少年群体分类帮扶、吸毒人员和精神病患者综合防治康复、刑事被害人特困救助等机制。2010年，全区在册刑释解教回归人员131名，安置帮教率100%，244名社区矫正对象未发生脱管、漏管和重新犯罪。加强社会公共安全监管。深入开展交通安全示范创建、消防安全“系列平安”行动等活动，建立健全危险品管理责任体系。加强社会管理创新。针对全区安置小区较多、小区治安管理难度较大的实际，组织开展“平安安置小区”创建活动。以有效化解涉诉矛盾纠纷为出发点，建立司法协理工作机制，进一步提高基层组织化解矛盾、解决纠纷能力，锡山区诉调对接机制被评为“全市政法创新工作二等奖”。积极实施重点人员信息化管理及网上警务室建设，提升社区警务工作质效，锡山区社区网上警务工作模式在全市推广，全市“网上公安”建设启动。

【“法治锡山”建设扎实推进】深化公正廉洁执法。各级政法部门强化规范执法管理，树立正确的执法观，严格落实各项办案制度和办案流程，严明办案纪律，落实职务犯罪案件讯（询）问嫌疑人、证人全程录音录像制度和法律文书报送备案制度，加强业务部门之间的监督制约。健全案件质量考评制度，以诉讼程序、法律文书和办案质量等方面的监管为抓手，通过网上查阅案卡、结案后调取案卷检查，健全案件质量动态监督和全程监督，落实案件质量检查、反馈、跟踪“三个百分百”和定期通报制度，办案质量明显提高。深化法制宣传教育。以“五五”普法考核验收为契机，以领导干部、公务员、青少年、企业经营管理人员和新市民为重点，广泛开展普法宣传活动。全年下发各类普法宣传资料23.7万份，举办各类法制培训班237期，直接受训人数4.71万余人；举办“3·15”消费者权益日、“3·22”世界水日、“4·26”知识产权日等专项宣传活动19次；举办青少年“提高防范意识，共建平安校园”、新市民学法活动周、敬老月等主题系列活动6次，无锡市“五五”普法考核验收组对锡山区的普法工作给予高度评价。深化法治系列创建。坚持以服务为宗旨，以实效为目标，以创新为突破，在巩固和完善原有创建成果基础上，加强探索实践，打造法治建设“一镇一品”特色亮点工作。深化法治惠民建设。在总结近三年实事工程的基础上，紧密结合经济社会发展要求和人民群众合法权益保护，大力开展贴近民心、形式多样的法律服务、司法救助、司法便民等活动，全面完成10件法治实事工程。

【基层基础建设大力加强】切实加强政法综治中心、检察室、人民法庭、村（社区）综治（警务）站等基层网络平台的规范化建设，明确职能，规范运作，不断提高工作实效。切实加强群防群治队伍建设，全区群防群治力量2.8万余人，其中，各类保安1900名、“红袖标”义务巡防力量1.1万余名、户口协管员960

名、治安中心户（楼）长2850名、综治社工120名、治安志愿者8500名、治安信息员2500名。切实加强工作机制建设，各政法综治中心建立健全排查联动、矛盾联调、信访联接、治安联防、工作联手、保障联勤、问题联治、平安联创“八联”工作机制，充分发挥社情民意表达、群众诉求维权、矛盾纠纷调处、平安法治宣教、治安防范指挥等“五中心”作用。（蔡洪中）

公安工作

【概况】公安机关是人民民主专政的工具，是维护国家政治稳定，保障社会主义现代化建设顺利进行的一支十分重要的力量。无锡市公安局锡山分局是区政府的职能部门，上级业务部门是无锡市公安局，对下业务指导15个派出所。锡山公安分局在编民警508名，其中，局机关民警205名，派出所民警303名。内设办公室、政治处、纪检组、法制科、信息通信科、行政管理科6个机构。直属行政机构7个：国内安全保卫大队（挂“出入境管理科”牌子）、经济文化保卫大队、治安警察大队、刑事警察大队、经济案件侦察大队、禁毒大队、巡防大队。现役机构1个：消防大队。下设15个派出所：东亭、大成、竹辉、查桥、安镇、羊尖、厚桥、东北塘、八士、张泾、东湖塘、港下、荡口、甘露、江南商贸物流城派出所。2010年，在无锡市公安局和区委、区政府的坚强领导下，全区公安机关和全体公安民警圆满完成“世博会、亚残运”安保任务、年度公安工作绩效“保四争三”（确保第四名、争取第三名）、机关作风效能建设排名大幅攀升等年初既定目标。年内，东亭、荡口、张泾、竹辉、江南商贸物流城、查桥、东湖塘7个派出所顺利通过公安部一级、二级派出所复核认定，50名优秀民警和11个光荣集体被记功嘉奖或授予荣誉称号。

全区公安机关开展“双百会战”、“2010严打整治行动”、反盗抢“一〇行动”等专项行动，打击各类突出犯罪活动。年内，共破获刑事案件1448起，其中，现行案件1190起，先后破获故意杀人、故意伤害、抢劫、强奸等严重暴力刑事犯罪案件134起，破案率为76.5%；成功侦破锡山经济开发区云林苑“1·1”故意杀人案、羊尖镇“1·5”特大入室抢劫案、锡山经济开发区“6·6”杀人抛尸案、东亭街道乐购超市“6·6”劫持人质案等大要案件。11起命案全部告破，实现“命案必破”目标；抓获刑事作案人员2403名，其中，刑拘1108名，逮捕703名，起诉962名，劳教126名，“双百会战”侦查工作绩效名列全市第三，并被江苏省公安厅记集体三等功一次。锡山公安分局始终将打黑除恶工作作为创建“平安锡山”、“和谐锡山”的重中之重，全年摧毁各类黑恶势力犯罪团伙45伙，其中，涉黑团伙7伙、涉恶团伙38个，抓获黑恶犯罪嫌疑人228名，破获各类涉黑涉恶刑事案件180余起。

全区公安机关深化推进“一体式、信息化、联动型”防控体系建设，进一步严密社会面防控工作。其中，打击有组织赌博犯罪、公调对接、基础防范、案件查处等主要数据指标均位列全市前两位。先后对美容、美发、足浴场所、校园及周边地区、娱乐服务场所等社会治安重点地区，开展一系列专项集中整治行动，有效净化了社会治安环境。年内，共整治突出治安问题和治安复杂地区11个；查处治安案件1.16万起，治安处罚3371名，其中，查处涉娼、涉赌案件分别为349起470人和431起1328人；打击取缔场所行业33家，处理业主53人。同时，切实加强实有人口管理，累计新登记暂住人口28万余人、流动人口落脚点4.7万余处，登记办证率为97%。

全区公安机关始终把队伍建设作为基础性工作来抓，着力提升队伍整体素质和战斗力，为公安工作的可持续发展奠定基础、提供保障。主题教育活动有声有色。选树、培养、宣传具有鲜明时代特征、深受群众拥护和爱戴的先进单位和先进个人典型，宣传各警种、各部门涌现出的先进人物，先后选树“十大杰出民警”华湘艺、“十大模范公正廉洁执法民警”柳松、“80后”标兵民警陈伟、“无锡市三八红旗手”民警李锦霞等先进典型，竹辉派出所民警阚震的妻子徐艳被评为“十大模范警嫂”。绩效考核工作贴近实际。以目标管理为切入点，以考评考核为手段，以严格奖惩为动力，建立健全科学、完备、合理的绩效考核体系，修订完善二级绩效考核办法和实施细则，坚持月清、季评、半年考，全力推进公安工作和队伍建设的有序开展。警营文化建设红红火火。坚持文化育警，通过加强和改进警营文化建设，着力培育民警正确价值取向。年内，先后开展“人生格言、优秀读书心得、红段子”评选、“铸铁军、颂和谐摄影书画作品评展”、中国象棋、乒乓球等警营文体活动，进一步丰富了民警业余生活。

【快速成功处置乐购人质劫案】6月6日17时40分许，东亭街道乐购超市地下停车场内发生劫持人质案件，1名男性犯罪嫌疑人持刀劫持1辆牌号为苏B/6Y351的轿车，车内有1名男孩。无锡市公安局与锡山公安分局迅速启动应急处置预案，无锡市副市长、市公安局局长赵志新等领导迅速带队赶赴现场成立现场指挥部，区委书记朱爱勋，区长助理、锡山公安分局局长胡克勇等同时赶赴现场，开展谈判营救、现场警戒和交通疏导等处置工作。在现场谈判过程中，犯罪嫌疑人多次发动汽车试图逃跑，在无法驾车逃离现场的情况下，情绪出现暴躁，并持刀捅伤人质。在人质生命遭到严重威胁的情况下，现场指挥部果断采取措施，于19时20分许将犯罪嫌疑人当场击毙，人质安全获救。江苏省委常委、无锡市委书记杨卫泽，江苏省公安厅厅长孙文德，无锡市市长毛小平等省市领导相继作出批示，对公安机关快速成功处置该起劫持人质案件予以充分肯定和褒奖。事后，无锡市副市长、市公安局局长赵志新等领导专程上门慰问当事男童。锡山公安分局副局长杨建平、东亭派出所所长朱林弟分别获个人三等功和嘉奖。

【重点地区成功整治】东北塘街道严埭社区一直是治安乱点地区，7月被江苏省公安厅列为挂牌整治地区，无锡市公安局、锡山公安分局领导高度重视，多次召开专题部署会，牵头相关职能部门全力开展综合整治。年内，锡山公安分局22名机关民警派驻整治、2名优秀社区民警蹲点整治，先后组织开展联合清查行动16次，抓获各类违法犯罪嫌疑人86名，破获各类案件107起。该地区经历了治安秩序“无序”到“有序”，管理意识“被动”到“主动”，整体面貌“脏乱”到“整洁”的三大可喜转变，成功实现了警情压降数、整治达标率、业主满意度、居民安全感“四提升”目标，顺利通过整治验收。12月16日，锡山公安分局专门召开重点地区整治工作新闻通气会，并组织省市新闻媒体组团实地采访参观整治效果。

【维稳工作掀开新篇章】全区公安机关以组建区维稳办为契机，切实增强工作责任感和使命感，健全完善预警排查、应急处置突发事件和重点管控等工作机制，成功预防和妥善处置群体性事件和重大闹事苗子220起。全面启动“世博会”、“亚残运”安保每日情报信息综合研判机制，按照“涉稳动态一日两报、隐患苗头每周滚动、重点隐患随时上报”原则，对各类社会矛盾隐患进行动态式、地毯式排查，先后召开维稳专题研判会12次，滚动排查突出矛盾纠纷4次，收集上报不稳定信息647条，预警率100%；公安情报信息工作绩效实现“三连冠”目标，并连续六年获得全区党政信息工作特等奖。整合特勤队、机关合成队，建立一支150人规模的常备应急处突队伍，先后添置联动式警铃、指纹电子枪柜等专业设备，进一步提升快速反应能力和应急处置水平。年内，全区公安机关累计出动警力5214人次，成功处置各类群体性事件213起，其中，妥善处置持汽油、煤气瓶扬言制造极端事件等苗子7起，落地教育转化7人。按照“分级管理”、“属地为主”、“一人一策”原则，层层落实管控责任，敏感时期做到死看死守，全力开展重点人头稳控工作。

【“三项建设”取得新成果】大力推进公安信息化建设。充分依托“大平台”和新版情报信息预警平台等信息系统，全面落实七类重点人员管控工作，大力推进实战应用工作。“网上社区警务室”建设在2009年成功运作的基础上再创新高，无锡市公安局高度关注，先后多次在锡山公安分局召开专题研讨会和观摩会，并作为蓝本，全面启动全市“网上公安”战略。10月7日，“网上公安”建设在锡山区开通启用，“网上社区警务室”建设以其强大的生命力逐步走向全市乃至全省。年内，锡山公安“警营和谐网”全面建成并投入使用。大力推进执法规范化建设。通过建立健全教育培训、执法管理、监督考核等工作机制，扎实开展民警网上学法活动。年内，开展各类执法培训、法律考试10余次，累计参训人数2100余人次。2010年，锡山公安分局获“全市集中清理执行积案活动先进集体”称号，信访工作绩效位居全市第二。大力推进警民和谐化建设。在爱民实践活动中，全区公安民警主动下社区、进农户，访贫问苦、排忧解难，送温暖、送服务，社会反响良好。其间，走访厂企单位1000余家，其中，重点企业325家、困难家庭123个，调解矛盾纠纷128起，为群众办实事153件；走访慰问结对对象269人，开展亲情互动活动300余次；充分发扬“一方有难、八方支援”的团结互助精神，向“玉树灾区”和困难群众献爱心捐款40万余元。另外，积极开展“大手牵小手，爱心暖童心”活动，与贫困家庭学生以多种形式助学结对，全区510名民警与256名学生结成助学对子，参与率100%。（陈淑萍）

检察工作

【概况】锡山区人民检察院是国家的法律监督机关，由同级人民代表大会产生并对其负责、报告工作、接受监督，同时也接受无锡市人民检察院的领导并对其负责。内设机构15个，分别为办公室、政治处、侦查监督科、公诉科（挂“锡山区检察院未成年人犯罪检察科”牌子）、反贪污贿赂局、反渎职侵权局、民事行政检察科、控告申诉科（挂“举报中心”、“刑事赔偿办公室”牌子）、职务犯罪预防科、警务科（挂“法警大队”牌子）、人民监督员办公室（人大代表、政协委员联络工作办公室）、法律政策研究室、案件监督管理科（检察委员会办公室）、监察科、检察技术信息科。派出机构有东亭检察室、张泾检察室、荡口检察室、安镇检察室4个检察室。在编干警70名。2010年，锡山区检察院围绕区“抢抓机遇、逆势赶超”的奋斗目标，按照无锡市检察院“两个争当、八个新进步”的工作部署，突出“社会矛盾化解、社会管理创新、公正廉洁执法”三项重点工作，依法、全面、正确履行检察职能，连续三届被江苏省检察院、省人保厅评为“全省检察机关先进集体”，被无锡市检察院评为“全市先进检察院”。

全年受理审查批捕案件606件990人，经审查，批准逮捕484件736人，不予批准逮捕122件254人。其中，受理移送起诉案件669件1046人；向法院提起公诉629件947人，不起诉案件8件15人。立案查处贪污贿赂案件10件13人，渎职犯罪案件2件3人，追缴赃款323万余元，挽回经济损失417万余元。全年立案监督24件32人，追捕案件42人，追诉35人，向侦查机关发出纠正违法通知书27份；出庭支持公诉372次；提起刑事抗诉2件，1件获得再审改判，依法向审判机关发出纠正违法通知书3份。受理上级检察机关交办案件和各类申诉案件15件，上报无锡市检察院建议提请抗诉案件4件，提请抗诉案件1件，抗诉案件法院审理后改判2件；发出再审检察建议4件，再审后改判3件；办理民事督促起诉案件47件，法院已审结25件，有效防止168.8万元国有资产流失；办理支持起诉案件13件，为13人追索劳动报酬11万余元；对244名社区矫正对象的矫正活动进行专项检查，发出检察建议，使2名违规缓刑犯被撤销缓刑。办理群众来信来访155件，及时疏导群体访、告急访2件，化解各类矛盾纠纷47件。

相关链接

两个争当、八个新进步：争当全省检察机关创新创优发展的表率，争当“两个一流”的排头兵。以党的建设统领检察机关全面建设，在履行兴党之责、恪守监督使命上取得新进步；围绕人民群众新要求新期待充分履职，力争在执法为民、服务大局上取得新进步；全面贯彻宽严相济刑事司法政策，力争在化解社会矛盾、维护和谐稳定上取得新进步；坚持惩防并举、质效并重，在深入推进反腐倡廉上取得新进步；进一步强化诉讼监督，在增强监督的力度效果上取得新进步；进一步强化自身监督，在提升执法公信力上取得新进步；积极推动工作机制理性创新，在激发工作活力、提升法治保障水平上取得新进步；坚持抓队伍强素能、抓基层强基础，在提高公正廉洁执法水平上取得新进步。

【探索审前羁押审查程序】公诉科贯彻实施宽严相济刑事政策，探索尝试审查审前羁押，明确羁押审查程序要求及内容标准，并改变批准逮捕质量标准。在审查起诉阶段，区检察院年内对13名符合要求的犯罪嫌疑人改变强制措施，将其逮捕状态改为取保候审，有效保障了犯罪嫌疑人的合法权利。

【特困刑事被害人救助制度深入推进】探索刑事特困被害人救助制度，致力于在重大刑事案件中对被害人及其家属给予一定的救助金，不分民族、地区、社会地位，只要符合《无锡市刑事被害人特困救助条例》规定的救助条件，均对其实施救助。全年救助刑事特困被害人6名，救助金额为4.7万元，切实为保障民生提供动力。

【突出查办工程建设领域职务犯罪】2009年7月，中央决定用两年左右的时间，集中开展工程建设领域突出问题专项治理工作。区检察院按照上级部署，重点摸查工程建设领域职务犯罪案件线索，查办工程建设领域一批社会危害严重、群众反映强烈的大要案和窝串案，立案侦查10件13人职务犯罪案件，其中，涉及工程建设领域的9件12人，涉案金额412万余元，为国家挽回经济损失417万余元。

【侦防"一体化"工作机制】区检察院坚持一手抓办案、一手抓预防，促使预防和办案工作达到双赢。年初，根据最高人民检察院《关于进一步加强预防职务犯罪工作的决定》，制定出台《无锡市锡山区人民检察院推进侦防工作一体化的实施意见》。意见规定：预防部门在开展预防职务犯罪的过程中注重发现案件线索，及时移送自侦部门；自侦部门对案件线索及时处理，并将办理结果、发案原因、作案手段及发案单位管理制度的不足反馈给预防部门，进行双向信息交流。该意见的实施，使侦查部门与预防部门在执行"侦防一体化"工作中明确职责，理顺工作流程，达到信息沟通、资源共享的目的。

【办案安全风险防范】制定《办案安全防范风险预判制度》。针对执法办案重点环节，预判发生社会矛盾的可能性，并制定相应工作预案，抓好风险预警工作。执行"侦查案件人性化办案九条规定"，树立人性化办案理念，规范讯问语言，从细微处入手充分保障犯罪嫌疑人人权。增设心理疏导程序。在询问、讯问结束后，由部门负责人对谈话对象进行释法说理工作，着重化解对抗心理，提高思想认识，促使其认罪服法并帮助谈话对象提高抗压能力，降低办案风险。

【检察室制度建设强化】制定《乡镇检察室线索管理与初查工作规定》、《案件安全防范工作规定》等，建立职务犯罪线索接访、协查、社区矫正、上级通知等各类台账，促进检察室工作规范化。制定《乡镇检察室常规工作目标考核办法》，细化乡镇检察室综合目标考核和业务目标考核，提高工作质效，确保乡镇检察室全面履行职务犯罪侦查、服务民生等检察职能，推动检察触角的顺利延伸。

【检察服务中心和民生服务站建立】民事行政检察科先后在锡山工商局和区私营个体经济协会设立1个民事行政检察服务中心和7个服务站。区检察院以电话联系、上门服务与定期走访、接待相结合的方式，积极为锡山区私营个体经济协会成员提供检察服务，使检察工作深入基层、贴近群众、服务社会。

【职务犯罪危险源点查控】区检察院在无锡市预防职务犯罪示范点、联系点单位和与检察机关签订预防职务犯罪协定的12个重点行业、单位中开展以"排查危险源点、强化预控机制"为主要内容的职务犯罪危险源点查控活动。通过对单位领导班子成员、中层干部、权利部门人员在履行行政执法、行政审批、人事任免、工程建设、财务审批、物资采购、资金使用、外协业务、职工福利、废旧物资处理以及审计稽查监察等职能的过程中可能导致职务犯罪发生的危险源点提前进行分析、识别、预警，帮助各单位、行业完善各项制度，采取相关预控措施，深入推进反腐倡廉建设。

【"四位一体"信访工作模式建立】探索建立源头治访、主动下访、联动处访、阳光息访的"四位一体"信访工作模式，通过预防优先、检力下沉、合力调处、息诉服判等工作方式，化解社会矛盾。

【推进文明接待室创建】以文明接待室标准和年度考评标准为指导，充分发挥信访预警联络员工作机制、涉检信访风险排查研判机制、突发事件应急处置机制的作用，积极推行申诉案件法律文书说理、刑事被害人特困救助、检调对接等创新模式，提升创建全国文明接待室水平，得到检查验收人员的一致好评。

【创新联络工作举措】制定《关于检察委员会议事议案听取人大代表、政协委员意见的规定（试行）》和《关于加强与人大代表、政协委员联络工作意见》，成立联络工作领导小组和联络办公室，建立辖区内代表、委员的信息库，健全联系网络，邀请代表、委员列席检察委员会听取议事议案的讨论及旁听案件庭审，主动参与代表、委员小组活动机制。全年召开座谈会18次，访谈人员320余人次，梳理汇总意见和建议37条，邀请代表、委员13人次列席检察委员会，旁听案件庭审；组织人民监督员13人次到各镇（街道）检察室检查指导工作，听取意见和建议。联络工作的新举措得到无锡市检察院的充分肯定，并予以推广。

【赃款赃物监管】建立“二表格三比对四联动”机制。“二表格”为“自侦案件涉案款物检查登记表”和“涉案款物检查汇总表”。由自侦部门承办人填写整个侦查阶段“自侦案件涉案款物检查登记表”，由案管部门填写“涉案款物检查汇总表”，通过两表全面记载，做到每个案件、每个阶段以及所有案件、所有款物段段清、时时清、数目清。“三比对四联动”是每季度由案管部门、纪检监察部门、财务部门、办案部门四个部门联合，比对办案部门涉案款物工作台账、案管科涉案款物工作台账、财务部门涉案款物财务明细账。通过“三比对四联动”，对区检察院涉案款物扣押、保管、备案、处理情况逐案、逐人、逐笔进行检查，做到责任清、案案清、笔笔清。该做法得到无锡市检察院检察长袁金彪的批示，并在全市予以推广学习。

【强化网络信息化管理】调整检察外网栏目设置，制定门户网站信息发布制度，通过“一制度、两表格、三审批”（《互联网站信息发布制度》，“信息发布审批表”和“信息发布登记表”，审批部门负责人初审、分管检察长复审、重大信息报检察长签发）模式，确保门户网站信息发布规范化。做好视频会议设备的维护改造和保障工作。利用老的视频会议系统设备，实现画中画功能对本地图像实时监控，确保每次会议图像和声音质量。组建乡镇检察室专网互联网络。通过中国电信的光纤将各乡镇检察室内网和检察内网相连，实现了检察专网的互联互通。（许娟萍）

审判工作

【概况】锡山区人民法院是国家审判机关，依法独立行使审判权，接受上级人民法院的监督和指导，对锡山区人民代表大会及其常务委员会负责并报告工作。主要审理刑事、民商事和行政案件，通过审判活动，打击各种违法犯罪分子，保障国家政权的稳固和社会治安的稳定；运用各种法规调节社会矛盾、经济矛盾，维护正常的社会秩序，为社会稳定和经济建设服务。内设刑庭、少年庭、民一庭、民二庭、行政庭、劳动争议庭、执行局、立案庭、审监庭、审管办、法警大队、政治处、办公室、纪检监察室、行政装备科15个机构和东北塘、东湖塘、安镇和荡口4个人民法庭。锡山区人民法院中央政法编制106名、行政附属编制7名，现有在编干警98名、工人6名。2010年，区法院在区委的领导下，在区人大及其常委会的监督下，在区政府、区政协的关心支持和上级法院的监督指导下，紧紧围绕“三个至上”（党的事业至上、人民利益至上、宪法法律至上）指导思想和“为大局服务，为人民司法”工作主题，充分发挥司法审判职能，扎实推进涉诉纠纷化解、社会管理创新、公正廉洁司法三项重点工作，为全区经济发展、民生改善、社会稳定作出了应有的努力。

2010年，受理各类案件8285件，审结7472件，受理案件数比上年下降4.2%，解决诉讼争议标的额12.9亿元。受理各类刑事案件642件，审结632件，受理案件数比上年上升8.9%，判处罪犯955名。其中，审结黑恶势力犯罪、“两抢一盗”（抢劫、抢夺，盗窃）等多发性侵财型犯罪案件317件，破坏市场经济秩序犯罪案件38件，贪污贿赂案件11件。受理各类民事案件3167件，审结2786件，受理案件数比上年上升1.57%。其中，审结婚姻家庭、邻里纠纷案件472件，劳动争议案件224件，交通事故损害赔偿案件885件。受理各类商事案件2424件，审结2167件，受理案件数比上年上升5.1%；结案标的额0.74亿元；全年民商事案件调撤率为63.12%，比上年上升5.21%。受理行政诉讼案件10件，审结10件，审查非诉行政执行案件94件，受理行政案件总数比上年上升26.19%。受理各类执行案件1994件，执结1846件，受理案件数比上年下降23.16%，结案率为92.6%，实际执结率为78.98%，执结标的额0.3亿元。全年处理日常来信1230件，接待来访4250人次，解决上级交办涉诉信访案件49件。

【开展“千名法官服务工程”活动】根据年初无锡市中级人民法院关于开展社会矛盾纠纷化解“千名法官服务工程”活动的部署，区法院深化“院企共建”、“庭企共建”机制，由院领导班子和中层干部带队，组织法官100余人次深入基层，采取法律指导、案件回访等方式，着力解决乡镇园区建设、项目引进、工程推进过程中涉及的房屋拆迁、土地征用、商务服务及劳动争议问题。特别是对于涉及关、停、并、转的企业，关注企业转型进展，提供全程法律咨询和指导，为企业成功转型提供有效的司法支持。

【涉诉矛盾纠纷集中化解】完善院庭长梯级裁判把关和信访联动工作机制，在涉诉信访总量增多、个案处理难度加大的情况下，综合运用判后答疑、思想疏导、多方听证、司法救助等方式，积极加强与信访局、镇（街道）等有关单位的配合，共同做好息访和稳控工作，及时阻止、消灭易激化矛盾苗头。完善内部排查协调、外部排查指导、内外排查联动“三项机制”，按照“信息灵、反应快、责任明、措施硬”的涉诉信访工作要求，加强对涉案不稳定因素的排摸预警，建立信访甄别机制和敏感案件回访制度，努力在法律框架内预防和化解初信初访。

【“无执行积案法院”创建】区法院以最大限度兑现胜诉权益为目标，巩固集中清理积案活动成效，开展“无执行积案法院”创建活动，充分运用财产调查、限制出境、公开曝光等方式，打好执行“组合拳”，清理积案741件。依法惩处逃避和妨碍执行的行为，对19人实施司法拘留或罚款。完善以公安联动为核心内容的协同司法机制，与公安机关联手执结8件“老赖”案件。加大城建、技监、环保等非诉案件的执行力度，支持政府依法行政；加大异地执行力度，及时回笼资金4000余万元；加大金融债权的保护力度，为金融机构收回债权1600余万元；加大劳动者权益的保护力度，执结欠薪案件71件，追回工资款400余万元。2010年，区法院获“江苏省集中清理执行积案工作先进集体”称号。

【诉调对接工作获省先进】继续推进以人民调解工作室（站）为平台的诉调对接工作，创新调解主任坐班、法官挂联乡镇等工作机制，初步建成“政府投入、政法委牵头、法院主导、司法推动”的诉调对接“锡山模式”，以社会资源的有效整合应对转型发展中的诸多矛盾。全年诉前化解纠纷615件，调解成功率为80.3%，调解后自行履行率为98.3%，实现了“矛盾化解及时，人民群众满意；涉诉上访减少，党委政府满意”的预期目标。8月23日，无锡市委政法委牵头召开全市诉调对接工作推进会，着力推广“锡山模式”。2010年，区法院获“全省诉调对接工作先进集体”称号。

【出台《司法保障十条意见》】为有效服务全区转型促进年活动，推动全区经济社会实现转型发展、赶超发展，区法院结合工作实际，制定出台《司法保障十条意见》，立足司法服务大局与三项重点工作的宏观对接，从细微处着眼全区经济社会转型过程中涉及的重大工程、重大项目推进，产业倍增计划，“专业园区”建设，产业技术创新等主要层面和目标，提出完善司法服务机制、延伸司法服务链条的系列工作措施，并从先期调研、妥处纠纷、便民诉讼、司法宣传等方面进行强化和完善，力求从司法层面为转型促进年活动的扎实有效推进提供助力。

【物业管理纠纷案被最高法院采用】区法院民事审判第二庭审理并编写的《无锡市春江花园业主委员会诉上海陆家嘴物业管理有限公司等物业管理纠纷案》被《最高人民法院公报》（2010年第5期）采用，成为区法院首例被《最高人民法院公报》采用的典型案例。

该案的成功审结，对审理同类案件、适用《中华人民共和国物权法》及相关司法解释有一定借鉴意义，得到最高人民法院的充分肯定，实现了法律效果与社会效果的双赢。

【《庭所对接协议》签订】12月1日，东北塘法庭与辖区内6个派出所签订《庭所对接协议》。该协议明确，派出所调处的民事纠纷中当事人达成协议的，将得到人民法庭的及时依法确认；派出所或人民法庭在工作中发现矛盾可能激化、导致突发事件或群体性事件的，双方互相协助派员参加疏导化解工作；派出所在必要时配合并协助人民法庭开展案件的审理和执行工作。该协议的签订是对《无锡市中级人民法院、无锡市公安局关于开展人民法院与派出所“庭所对接”工作指导意见》的积极响应。人民法庭与派出所的联动联手，实现了社会治安综合治理资源的进一步整合，对社会矛盾化解、社会管理创新、公正廉洁执法三项重点工作的纵深推进提供了支持和助力。

【“司法协理员”制度建立】5月26日，区法院以东湖塘法庭为试点，与东港镇政府联合建立司法协理员制度，出台相关实施意见和具体实施细则，建立起以法庭为依托，以村治调主任为成员主体，覆盖东港镇各村（社区）的司法协理网络，在联络协调、民意沟通、矛盾化解等方面形成双向联动和优势互补。年内，19名司法协理员到岗并有序配合法庭开展送达、执行、就地调解、处访等工作，协同解决纠纷8起。

【“同命同价”宣传获省特等奖】在江苏省第18届法制好新闻评选中，区法院的“同命同价”宣传在161件获奖作品中获全省唯一特等奖，同时在第四届无锡市法制好新闻评选中，获得“报刊类通讯”一等奖和“电视类专题”一等奖；“环境公益诉讼”宣传分别获得“报刊类通讯”二等奖和“广播类新闻”优秀奖。

（费　娜）

司法行政

【概况】锡山区司法局为区政府工作部门，正科（局）级建制，前身为锡山市司法局，2001年锡山撤市设区，改为锡山区司法局。主要职责是贯彻执行国家司法行政工作的方针、政策，研究制定全区法制宣传教育规划并组织实施；指导、管理、监督全区的法律服务工作；管理和指导全区基层司法所工作；管理和指导全区人民调解工作；负责全区社区矫正工作，协调刑释解教人员的安置帮教工作。内设办公室、政工科、法制宣传教育科、律师管理科、基层工作科、法律援助工作科（挂“区法律援助中心”和“148法律服务工作领导小组办公室”牌子）、社区矫正工作科（挂“区刑释解教人员安置帮教工作领导小组办公室”牌子）7个科室。派出机构9个，即9个镇（街道）司法所（挂“社会矛盾纠纷调解中心”牌子）。区司法局机关政法专项编制21名，派出机构政法专项编制27名。

2010年，全区司法行政系统在区委、区政府的正确领导下，认真贯彻区委工作会议精神，紧紧围绕“抢抓机遇、逆势赶超”工作大局，以“争当全省司法行政系统排头兵”为目标，扎实推进社会矛盾化解、社会管理创新、公正廉洁执法三项重点工作，充分发挥法律服务、法律保障、法制宣传、社矫劳教等职能作用，有力地推动了“平安锡山”、“法治锡山”建设，为全区社会稳定、经济发展、民生改善作出了积极的贡献。

【“五五”普法】全面落实“五五”普法规划，锡山区“五五”普法工作得到无锡市考核组的高度评价。进一步健全领导干部学法用法制度，重点对象普法工作得到深化；进一步健全大普法机制，加强部门间协作，专业法宣传得到有效推动；不断创新普法宣传的载体和途径，运用网络博客、短信接力、法制锡剧等平台和形式，普法宣传的针对性、实效性进一步增强，为第五届中国·无锡“法治建设”论坛成功举办营造了良好的法制氛围。全年出刊《法律普及》12期13万份，自编普法宣传材料10万份，发放各类普法宣传资料3.9万份，举办各类法制培训237期，直接受训人数4.7万人；举办“3·15”消费者权益日、“4·26”知识产权日等专项宣传活动19次；举办青少年“提高防范意识，共建平安校园”、《中华人民共和国人民调解法》等各类主题宣传教育6次。

【人民调解和大调解工作】深入开展大调解机制建设提升年活动，完善大调解对接、排查预警、应急处置、绩效考核等工作机制；推进社会矛盾纠纷化解“十进”（进机关、进村社、进企业、进学校、进市场、进景区、进工地、进医院、进场所、进家庭）、“四无”（无矛盾激化、无民转刑案件、无群体性上访、无矛盾纠纷上交）单位争创活动，有效预防和化解各类矛盾纠纷；推进以人民调解工作室（站）为平台的诉调对接工作，创新基层调解主任驻庭轮训机制，化解诉前纠纷615件，得到无锡市委政法委的高度肯定。区人民调解委员会被评为“全省诉调对接工作先进集体”。全年各级大调解组织受理矛盾纠纷1865件，其中，调处成功1846件，调处率和调处成功率分别为100%和99%；组织社会矛盾纠纷排查600次，排查社会矛盾纠纷251件，累计劝阻防止群体性上访62批1071人次，实现了调解率、调解成功率、群众满意率和民转刑、越级上访、群体性事件发生率“三升三降”的目标。

【律师管理】全区法律服务工作主动融入加快转变经济发展方式大局，为全区逆势赶超发展大局提供优质高效服务。全区9家律师事务所、99名专（兼）职律师、35名实习律师、11家法律服务所、76名法律服务工作者，为735家政府机关、企事业单位、社会团体和公民担任法律顾问，办理各类案件3217件，非诉讼代理195件，业务收费4120余万元。江苏金易律师事务所义务代理的全国首例以环保社团组织和公民为原告的环境民事公益诉讼案件入选全国十大影响诉讼案件，该所成为中华环保联合会在无锡地区唯一一家志愿律师事务所。江苏开炫律师事务所主任虞仕俊、江苏金易律师事务所主任王建明获“江苏省优秀律师”称号。

【社区矫正和帮教安置】组织开展“社区矫正教育矫正年”活动，严格落实社区矫正各项工作措施，切实提升社区服刑人员的管理教育水平，加强刑事案件被告人审前调查，全面实施社区矫正风险评估，加快社区矫正信息化建设进程，完善社区矫正信息管理平台，实现移动管控网络全覆盖。继续落实刑释解教人员的就业培训和企业预留岗位，积极推广企业预留岗位安置刑释解教人员做法，确保安置率100%。圆满完成上海世博会、亚运会等特殊时期的安保任务，有力地维护了全区治安稳定。全年接收社区服刑人员142名，解除社区矫正101名，现有社区服刑人员244名。接收刑释解教人员83人，在帮131人，帮教率和安置率均为100 %。

【法律援助】开通全省统一的“12348”法律援助电话服务专线，发布实施《锡山区法律援助“绿色通道”实施细则》。区法律援助中心与区私个协会、区检察院合作成立司法合作服务站；东北塘司法所与东北塘人民法庭联合建立法律援助服务民生点，办理法律援助案件47起，取得了较好的法律效果和社会效果。全年办理法律援助案件292件，接待群众来访1674人次，接听法律咨询电话1360人次，开展现场法律宣传、法律咨询活动4场次，发放宣传资料1.5万份，有效维护了人民群众特别是弱势群体的合法权益。

【“双促双助”法律服务活动】开展以“促转型、促升级，助稳定、助发展”为主题的“双促双助”法律服务专项活动。积极搭建服务专业平台，有针对性地组织律师与企业挂钩服务，通过担任法律顾问、召开座谈会、发放调查表等形式了解企业法律服务需求。成立锡山区律师法律服务志愿团，全力做好重点工业园区和重点项目法律服务，切实从源头上规避重大项目投资的法律风险，为重大项目把好法律关。区属律师事务所深入工业园区、重点企业，开展法律服务接待日、咨询日活动，为企业转型升级提供前期法律服务，取得良好的社会效果。11月，成立锡山区青年律师服务团，与锡山经济开发区科创中心部分“530”企业签署结对共建协议书，为“530”企业提供优质高效的法律服务。

【村（社区）法律顾问全覆盖】坚持“围绕中心，服务大局，开拓创新，讲求实效”的工作理念，结合锡山区实情，开展村（社区）法律顾问全覆盖工作。15名律师、69名基层法律服务工作者、14名司法所工作人员与116个村（社区）签订聘请法律顾问协议书，全区村（社区）法律顾问聘请率为100%。全年开展法制宣传110余场次，举办法制培训42期，办理法律援助案件115件，参与劳动争议、征地拆迁、交通事故及环境保护方面的矛盾纠纷调处工作23件，村（社区）法律顾问工作取得初步成效，有力地维护了基层社会稳定、促进了村级经济发展。

【法律援助“绿色通道”机制】发布实施《锡山区法律援助“绿色通道”实施细则》（简称《细则》），明确对提供法律援助的民事诉讼案件应当优先立案、优先审理、优先执行，首次确立了法援案件在法院和劳动部门办理过程中的“优先权”。全年有25件刑事法律援助案件全部按照《细则》执行，56件民事诉讼法律援助案件在法院和劳动仲裁部门立案、审理、执行等过程中得到不同程度的优先，95件案件在调查取证和查阅档案资料所涉及的相关费用方面得到相关部门的支持和减免，受惠群众包括农民工、妇女、残疾人、儿童、“低保”人员和未成年人等困难群众，受援人满意率为100%。该工作机制的实施减少和降低了受援人的诉累和成本，为切实维护好社会弱势群体的合法权益、维护社会稳定作出了贡献。

【区社区矫正公益劳动基地建立】锡山区社区矫正公益劳动基地设在锡北镇斗山生态茶场。公益劳动基地有茶场36.7公顷，设有教育室、工作人员办公室、休息室和劳动工具室。制定区社区矫正公益劳动基地管理办法等规章制度，规范基地的管理和使用，保障基地功能的正常发挥。该基地的建立，为社区矫正对象提供了一个自我改造的社会实践平台，提高了矫正工作的针对性和实效性，强化了教育矫正的质效，推动了全区社区矫正制度化、规范化、法制化建设，标志着锡山区社区矫正工作步入了新的发展阶段。

（赵燕丽）

（编辑：张　彤）

●锡山六人书画作品赏析●

梅雀　（张剑芳 作）

锡山区政法工作会议召开　　（区委政法委 供）

锡山区校园安全督查汇报会召开　　（区委政法委 供）

4月14日，锡山区世博安保工作会议召开　　（锡山公安分局 供）

组织开展向青海玉树灾区捐款活动　　（锡山公安分局 供）

锡山公安分局“双百会战”东亭地区公开处理大会　　（锡山公安分局 供）

检察开放日，邀请人大代表、政协委员视察办案场所　　（区检察院 供）

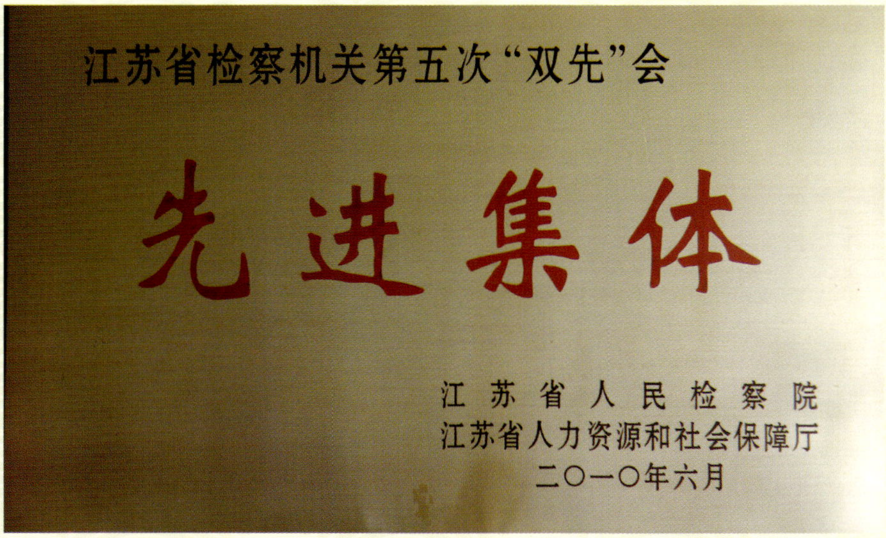

区检察院获江苏省检察机关第五次“双先”会先进集体称号
（区检察院 供）

锡山区检察院检察人员宣誓仪式暨党员教育辅导讲座举行　　（区检察院 供）

锡山区律师行业团总支成立暨锡山青年律师服务团与“530”企业结对共建活动举行
（区司法局 供）

农业·水利

农业

【概况】锡山区农林局是主管全区农业和农村经济发展的区政府组成部门，挂“锡山区农业资源开发局”、“无锡市现代农业开发试验区管理委员会”牌子，正科（局）级建制。主要职能是研究拟订并组织实施全区农林、农业资源开发和农业机械化的中长期发展规划，指导全区农、林、牧、渔业和农业机械化生产、服务、经营活动，组织指导各类农业现代化园区建设，指导城乡绿化造林工作，参与农村现代化建设工作。内设办公室（挂“党委办公室”牌子）、财务审计科、农业资源开发办公室（挂“农林发展规划科”牌子）、农业科、农产品质量监管科、农政法规科（挂“农林行政执法大队”、“行政许可服务科”牌子）、农经科教信息科和农机管理科8个机构。机关行政编制为18名。2010年，锡山区农林工作坚持以科学发展观为指导，围绕提升规模、质量、特色、效益、富民发展水平的要求，以农业增效、农民增收为主线，以产业化、市场化为方向，以建设现代农业“1460”（1个台创园、4个镇级园区、60个以上村级园区）工程为重点，以农业适度规模经营为抓手，深化农业开发综合创新试点，加快推进锡山台湾农民创业园、锡山生物农业产业园和“一村一园”建设，加快转变农业发展方式，深入推进农业转型、优化和创新发展，取得明显成效，有力地促进了农村经济社会又好又快发展。全年完成第一产业增加值13.91亿元，比上年增长3.1%。农民年人均纯收入13974元，比上年增长12.4%。

农业生产全面丰收。粮食生产实现新提升，大力推广“扬麦14号”、“扬麦16号”、“武运粳23号”、“苏粳8号”、“常农粳5号”等新品种和机插秧、测土配方、综合防治和农作物秸秆还田等技术，大力开展粮食高产增效创建活动，生产布局不断优化，全年稻麦油生产喜获丰收，稻麦总产8.8万吨，油菜总产56.3万公斤，均连续七年夺得丰收。蔬菜生产产销两旺。年末全社会蔬菜面积1470.1公顷，全年蔬菜总产量10.2万吨，“放心菜”抽检合格率99%以上。林业产业规模发展。结合“一村一园”建设，启动建设一批苗木、果品园区，新增花卉苗木53.33公顷，茶叶、果品66.67公顷，红豆杉113.33公顷。水产生产稳定有序。全年水产品总产量8694吨，新增高效渔业面积46.67公顷，设施渔业面积6.67公顷。池塘循环水养殖技术应用面积66.67公顷，推广微孔增氧养殖面积16.67公顷，在鹅湖镇圩厍村新建特种水产种苗引繁中心，实施面积5.33公顷。畜牧生产稳定发展。布局、品种结构进一步优化，基本形成以生猪为产业重点，锡北、东港、羊尖、安镇等镇（街道）为区域重点的畜牧生产新格局，全年生猪出栏7.77万头，上市禽蛋1183吨，1家规模养殖场创建成江苏省健康生态养殖示范基地，2家兽（渔）药经营单位通过GSP（英文Good Supply Practice的缩写，即良好供应规范）验收。

【加快推进台创园建设】按照“招商建园、产业兴园、功能强园”的思路，加快锡山台湾农民创业园规划建设，园区发展内涵不断拓展，建设层次不断提高。无锡现代农业博览园新引进无锡喜洋洋休闲农业、浙江虹越花卉物流交易等招商项目，其中，“虹越园艺家”成为全国最大的园艺产品一站式采购平台，“喜洋洋体验学习村”成为江苏省最大的综合拓展基地。无锡高科技农业示范园成功引入蔬菜育苗和设施蔬菜建设、蓝莓果树栽培和铁皮石斛设施种植等项目，基本建成上海海上花园艺有限公司切花红掌项目，并于7月被江苏省政府确定为首批江苏省现代农业产业园区。太湖水稻示范园加快产学研合作，积极推进一批生态农业研究和示范项目，加快推进水稻良种引繁中心建设。

【“一村一园”建设开局良好】按照推动现代农业园区向村级平台延伸的要求和“规划面积200亩以上或总投资200万元以上，具有一定产业层次和科技含量，兼顾效益性和可看性”的建设标准，以羊尖、鹅湖、锡北、东港等镇为重点区域，启动村级农业园区建设，全年基本建成村级园区30个，超出年初预定目标10个，建成总面积800公顷，完成总投资1.5亿元，初步形成食用生物、优质茶果、景观苗木、特种水产、精细蔬菜等一批特色优势产业。

【生物农业产业园全面启动】以无锡市培育生物农业新兴产业、加快锡山区生物农业产业发展战略部署为契机，积极抢占现代生物农业发展制高点，加快推进全区生物农业发展。全面启动生物农业产业园，组建无锡—浙大生物农业研究中心、江苏物联网研究发展中心农业分中心以及无锡求是生物农业有限公司，重点培育江苏红豆杉生物科技有限公司、上海鼎汉生物科技有限公司无锡分公司、无锡荣善食用菌有限公司等生物农业企业10家，引进生物农业领军型人才7名，新引进水产药物开发及推广应用、食（药）用真菌研究开发等生物农业项目7个。

【成功举办缤纷农博嘉年华活动】由锡山区委、区政府支持，无锡现代农业博览园主办，无锡广电及相关入园企业协办的缤纷农博嘉年华活动于9月28日开幕，10月7日闭幕。活动通过“政府搭台、企业唱戏、市场运作”的方式，集中开放无锡现代农业博览园农业休闲旅游、交易物流、现代园艺等28个精彩纷呈的活动项目（其中门票收费项目7个），内容包括动漫剧舞台秀、嘉年华动漫化妆巡游、游园有奖猜谜、拍客摄影比赛、“一村一品”展、农耕文化展、惠山泥人体验、全家乐钓龙虾比赛、沙地寻宝、喜洋洋学习体验村等，吸引了无锡及周边地区游客10万人次以上，显著提高了无锡现代农业博览园的知名度和美誉度。据统计，活动营业总额超过300万元，其中门票收入超过40万元。

【农业产业结构调整纵深推进】坚持以“稳定粮油业、提升种植业、压缩养殖业”为导向，深入推进农业产业结构转型升级，基本形成设施园艺、食用生物两大主导产业，功能稻米、翠竹茶叶、景观苗木、特种水产四大特色产业，生物农业、旅游农业和复合农业三大新兴产业贯穿于一、二、三产的产业发展新形态，农业综合效益明显提升。全区新增高效农业面积407.73公顷、设施农业面积272.73公顷、适度规模农业1070.2公顷、土地流转面积579.27公顷，累计培育农民专业合作经济组织53家（其中，合作社35家），市级以上农业龙头企业10家，建成特种水产、景观苗木、高档花卉、精细蔬菜、功能稻米新品种引繁中心5个，引进推广新品种（系）34个、新技术15项、新模式6项。区农林局连续两年（2009年、2010年）被评为“省级高效设施农业工作先进单位”。

【农业生态治理成效显著】围绕“全部清除，全面禁养，长效管理”的要求，以鹅湖镇南青荡、苏舍荡、白米荡等养殖水域为重点，继续实施河荡养殖整治，基本完成整治工作，清除围网119.33公顷，渔簖496幢、地笼网5233条，减少和控制了渔业生产污染。同时，探索建立长效管理机制，确保整治成果。全面巩固畜禽养殖污染整治成效，确保实现“零排放”生态养殖。化肥、农药控制深入推进，小麦化肥、农药使用量比2007年分别减少19%和33.38%。

【加强农产品质量安全建设】按照产业生态化、生态产业化的思路，建立完善农业投入品监管体系、农政执法体系、农产品检验检测体系、质量标准体系、“三品”（无公害农产品、绿色食品、有机食品）认证体系、品牌管理体系等农产品质量安全全程监管平台，确保农产品质量安全。全年组织专项执法检查10次，查封违规农资240公斤；蔬菜等主要农产品检测合格率稳定在99%以上，建成无公害基地42个（面积7600公顷），培育出无公害、绿色食品74个（其中，绿色食品19个）、省级名牌农产品3个、市级名牌农产品19个。

【造林绿化工程全面展开】全年完成绿化造林513.73公顷（其中成片造林233.6公顷），城镇新增绿地100万平方米，全民义务植树43.5万株，创建绿色家园示范镇2个、绿色家园示范村33个，林木覆盖率提高0.84个百分点，建成省级村庄绿化整体推进区。

(韩德喜 周胜庆 邹晴中 杨永康)

农业机械化

【概况】2010年1月12日，原区水利农机局的农机管理职责划入区农林局。锡山区农林局农机部门以科学发展观为指导，认真贯彻落实党的十七届五中全会和《国务院关于促进农业机械化和农机工业又好又快发展的意见》精神，按照省市农机化总体发展目标与锡山区现代化新农村建设重点工作目标要求，突出重点，开拓创新，统筹推进农机化各项工作，全区农机化实现又好又快发展。2010年，实现农机投入

2390.7万元，其中，对上争取省市财政投入427.9万元，集体投入1135万元，农民自筹827.8万元。至“十一五”末，全区总动力为10.78万千瓦；全区耕翻、植保、排灌、三麦收割、脱粒、运输、粮油加工等继续保持100%机械化，稻麦生产主要环节综合机械化水平稳定在92%以上，其中，水稻机插秧水平提高至85%，水稻种植机械化水平为90%，水稻机械化收割水平为98.2%。

【农机管理监理新提升】以开展“平安农机”创建活动为抓手，强化制度建设，深入开展农机事故隐患排查工作，确保农机生产安全、有序。进一步落实农机安全生产责任制，研究和探索“平安农机”长效管理机制，积极推动落实免费安全检验制度和政策性保险补贴制度；积极参与加入“平安农机通”，充分利用信息网络平台，加强农机安全宣传工作，全区入户数152人；落实“双优”保障措施，保证农忙期间农机用油供应，全年发放优先优惠加油卡420张。通过以上各项工作和措施，农机上牌率、检验率和持证率切实提高，为“平安农机”创建活动打下了坚实基础。2010年，全区共检大中型拖拉机335台，自走式收割机65台，上道路拖拉机184台；新创省级“平安农机镇”1个。

【农机化发展新突破】围绕高效农机装备发展目标任务和区现代农业“1460”工程发展要求，按照“园区先化”原则和项目带动战略，因地制宜，攻坚克难，加快农机化转型发展。以“1460”工程为契入点，突出重点，积极探索高效农业各业态主要生产环节机械化技术路线和应用模式，开展灵芝生态栽培主要生产环节的机具配置和机械化生产的技术应用、物联网智能化控制系统在高效水产养殖中的应用以及生物有机肥在水稻育苗中的应用等试验、探索和应用，为区域内的高效农业园区生产主要环节机械化的实施起到了引领和技术支撑作用。全年向无锡市农业机械局编制、申报项目5个，实施项目4个，推广应用新型高效农机具657台套，高效农业主要环节机械化生产水平为35%。同时，大力开展省级示范工程即机械化秸秆还田工作，积极探索“机插、机收、机秸秆还田”技术集成应用，全区全量还田6353.33公顷，还田率为50%，超额完成江苏省农业机械管理局下达的目标任务。

【农机推广再上新台阶】2010年，区域内稻麦农机具不断调整和优化，高效新型适用农机具取得长足发展，新增各类农机具723台套，其中，高速乘坐式插秧机15台、秸秆还田机35台、保鲜储藏设备151台、茶树修剪机30台、报废更新中拖16台，其他各种新型适用农林牧副渔机具476台（套）。同时，农机推广部门加强新机具、新技术培训，举办农机培训7期290人次，进一步提高了农机管理人员、农机大户、新型职业农民的综合素质。农忙时期，农机部门强化主动服务意识，深入基层一线，指导农民熟练运用新机具新技术，为农户开展调试、维修、技术指导服务381人次，抢修机具660台，有效保障了春、夏、秋农忙的顺利进行。锡山区农机推广站被江苏省农业机械管理局授予“2010年度江苏省农机化科技推广工作先进集体”称号。

【农机合作服务组织新发展】大力开展星级农机专业服务组织和国家级、省级农机专业合作社示范点、农机大户示范点、农机维修示范点创建活动，创建省市星级农机专业服务组织6家（其中，省级三星服务组织2家、市级四星服务组织2家、市级三星服务组织2家），总资产3500万元；羊尖镇锡羊农机配件厂被确定为国家级农机维修示范点。　　（陆森元）

水利建设

【概况】锡山区水利局为区政府工作部门，主要职能为贯彻执行国家、省、市有关水利法律、法规，研究制定全区水利发展战略，编制并组织实施全区主要河（湖、荡）道水系、防洪排涝、灌溉供水、节约用水、水土保持和水资源保护等专业规划，组织、指导、协调和监督全区水利工程、河道水系建设，实施水行政许可和执法监察，实施全区防汛抗旱和调水引流调度。内设办公室、财务科、水利科、工程建设管理科、水政水资源科5个科室，机关行政编制12名。2010年1月12日，区水利农机局的农机管理职责划入区农林局，区水利农机局更名为区水利局。

2010年，全区完成水利建

设总投资1.87亿元。完成总土石方380万立方米，占无锡市下达计划的245%；完成农村河道疏浚166条、150万立方米；修建防渗渠道30公里，新翻建水泥明排沟8公里，新建泵站10座，改造泵站20座；完成小沟以上建筑物200座，改造中低产田350公顷，新增有效灌溉面积300公顷，加高加固13公里、新翻建石驳岸10公里，全面完成无锡市下达的计划任务。

（宋晓华　顾春新）

【重点水利工程建设】启动建设双泾河拓浚工程，完成前期征地拆迁工作，完成河道拓浚3公里，投资1.3亿元；实施九里河改道工程，完成新开挖河道2.85公里，土方51万立方米，投资900万元；实施芙蓉塘西延工程，完成新开挖河道1.3公里，土方14万立方米，投资260万元。配合区重点工程建设管理办公室，实施老兴塘河综合整治工程，完成清淤土方15万立方米，新建生态护岸5600平方米，投资800万元；实施垛新河综合整治工程，完成植草护坡砖和干垒砖护岸工程500米，清淤土方3700立方米，投资81万元。配合无锡市重点水利工程建管处，续建走马塘拓浚工程，完成河道开挖4公里，开挖土方85万立方米，投资3500万元。

【农村河道疏浚】结合“河长制”管理工作，全区全面开展农村河道综合整治工程，完成区、镇、村河道（河塘）清淤166条（个）、150余万立方米，投资2000万元，全面完成省市下达的任务；创建无锡市农村河道综合整治示范村7个，超额完成无锡市政府下达的年度目标任务。（顾春新）

【汛期气象资料】汛期从5月1日开始至9月30日，153天，雨日为45天，与多年汛期平均雨日相近。总降雨量为345毫米，比多年汛期平均雨量少约50%。汛期最大日降雨量为8月26日的98毫米。梅雨期6月17日至7月18日，31天，雨天日15天，降雨119.7毫米。梅雨量比多年平均梅雨量246.7毫米少52%，仍属正常。汛期水位比往年偏高，最低3.70米，最高4.30米（7月15日东港镇大塘河），超警戒水位（3.59米）0.71米。

【防汛工作】根据《中华人民共和国防洪法》要求，在汛前调整、充实区、镇（街道）两级防汛防旱指挥部组织机构，落实行政首长负责制，强化各级部门防汛岗位责任。区政府在5月20日召开2010年度防汛防旱工作会议，向各镇（街道）及有关成员单位下发防汛防旱责任状。修订完善2010年度防汛防旱预案，组建抢险队伍73支、2200人，储备防汛抢险物资编织袋14万只、桩木（钢管）2000余根、土工布4000平方米、排涝水泵23台（套），有效应对了全区堤防长时间高水位浸泡问题，确保了鹅湖地区两个万亩圩在8月26日傍晚遭受小时降雨97毫米时的安全，为全区经济健康发展提供了防洪安全保障。

【水资源管理】加强计划用水工作，2010年开采地下水33.38万立方米，比上年减少4.1%，严格控制在江苏省政府下达的101万立方米计划之内。自取地表水1619万立方米，比上年减少62%。进一步加强已封深井的长效管理工作，无违法启用已封深井情况。进一步加强地下水的动态监测工作，全区地下水平均埋深与上年相比变化基本稳定，其中，第一承压水位平均埋深8.71米，比上年上升0.61米；第2承压水位平均埋深25.54米，比上年下降0.45米。继续开展水功能区水质监测，在监测的19个水功能区中，水质明显好转。

【节水型社会创建】修订完善《锡山区节水型社会建设实施方案》，并通过无锡市水利局评审。组织实施各项创建工作，年内创建成省级节水型企业2家、省级八大行业节水行动企业1家、市级节水示范项目2个、市级节水型学校2所，并通过省市专家的考核验收。

【加大依法行政力度】采取正常巡查与突击检查相结合、一般巡查与重点检查相结合、河道清障专项行动与百湖执法大检查相结合、主动出击与举报出击相结合的方式开展水行政执法监察工作，全年巡查296人次，出动执法船14船次，拆除违法坝埂20处，清除望虞河沿线杂物堆12处，拆除违章设置渔网渔簖8处、地笼2口，制止水事违法行为54起，有效维护了水利工程设施的正常运行和良好的水事秩序。

（袁立忠）

（编辑：张　彤）

无锡—浙大生物农业研究中心揭牌暨生物农业产业园项目签约仪式

（《新锡山》 供）

缤纷农博嘉年华活动 （《新锡山》 供）

水稻基质育秧流水线操作 （《新锡山》 供）

工业

综述

【概况】2010年11月，组建锡山区经济和信息化局，将锡山区经济贸易局的职责、锡山区信息化办公室的职责、锡山区服务业发展局的信息产业职责，整合划入锡山区经济和信息化局，挂“锡山区中小企业局”、“锡山区乡镇企业局”牌子，为区政府工作部门，正科（局）级建制。主要负责全区经济和信息化工作的统筹协调，实施经济运行调控目标、政策和措施，全区技术改造投资管理工作，全社会节能减排的综合协调工作，乡镇工业和中小企业集中区规划建设的指导和服务，中小企业、民营企业、乡镇企业发展的综合指导与协调等工作。内设办公室（挂“纪检监察室”牌子）、综合规划科、产业投资科、产业发展科、行业管理科、企业服务科、经济运行科、信息化科、节能与综合利用科9个科室。机关行政编制19名。2010年，在区委、区政府的正确领导下，紧紧围绕“抢抓机遇、逆势赶超”奋斗目标和转型促进年的活动主题，改造提升传统产业，加快发展新兴产业，限制淘汰落后产能，推进专业园区建设，力促转型提升，全区工业经济健康平稳发展。

发展速度加快。2010年，全区完成工业总产值1031亿元，比上年增长23%；规模工业产值完成917.7亿元，比上年增长22.4%；全年工业开票销售收入1028.8亿元，比上年增长30%。

发展质量提升。2010年，全区工业企业实现利税总额88.3亿元，比上年增长58.1%。其中，全区规模以上企业实现利税总额80.5亿元，比上年增长60.8%。

发展后劲增强。全年累计完成工业投资164.8亿元，比上年增长17%。其中，技改投入累计完成105.8亿元，占全部工业投资的64.2%，比上年增长20.9%。亿元项目占比提升，年内竣工、在建的233个超千万元项目累计完成投资121.6亿元，占全部工业投资的73.8%。其中，75个超亿元项目完成投资79.4亿元，占全部工业投资的48.2%。

【产业发展】全年七个产业累计实现销售1005.1亿元，比上年增长27.8%。五大重点产业运行平稳，全年累计实现销售983.1亿元，比上年增长26.8%。金属制品和新材料产业增长较快，其中，金属制品产业比上年增长38.5%，新材料产业比上年增长39.8%。新兴产业规模稳步扩大。新能源和生物医药两大新兴产业全年累计实现销售22亿元，比上年增长74.6%。其中，新能源产业走势突出，全年实现销售14.7亿元，比上年增长103.4%；生物医药相对较缓，全年实现销售7.3亿元，比上年增长35.1%。

【项目发展】推进“双百技术改造工程”。2010年，技术改造项目累计完成投资105.8亿元，比上年同期绝对额增加18.3亿元，比上年增长20.9%，占全部工业投资比重为64.2%。其中，千万元以上技改项目完成投资95.7亿元，比上年提高23.3%，占全部技改项目比重为90.5%。狠抓超亿元项目，对项目的进展形态进行动态管理。对续建或已开工项目抓进度求竣工，从土建、设备安装、试产、达产四个环节进行跟踪；对拟建项目抓审批求开工。推进新增长点项目，完善台账管理、动态管理、跟踪推进、联系挂钩等制度，促进工业经济新增长点项目的顺利进展。

【专业园区建设】发展目标定性。年初，区委、区政府确立“高点定位、高端合作和高品质环境打造”的发展要求，在锡山经济开发区、高铁站商务区以及羊尖、鹅湖、锡北和东港四镇设立12个工业专业园区，目标打造颇具行业竞争力和优势的机械装备、电子信息、电力装备、生物医药、新材料等产业集聚园区。产业策划定向。颠覆以往园区建设只有建设规划缺乏产业策划的传统做法，确立产业策划先行，建设规划与之配套的工作思路。各专业园区产业发展策划全面编制完成，园区建设规划编制全面启动。年度任务定量。一方面着力打造高品质环境，按照“建设框架一次拉开、拆迁腾地一次到位、全力打造高品质环境”的要求，再次掀起推进基础设施和拆迁腾地的建设热潮；除新型金属材料产业园和新材料产业园外，其余10个专业园区已建成或拉开主次干路网建设框架。另一方面重点突出高端合作，29家高层次单位拟与专业园区建立合作关系，基本实现公共服务平台的全覆盖。推进机制定位。按照“三高”联动要求，专业园区建设发展形成“一个意见、一套文本和一笔资金”

的专业园区推进机制，一个意见即《关于加快锡山工业专业园区建设的实施意见》，一套文本即“工业项目投资协议书”和“工业项目投资承诺书”，一笔资金即专业园区民宅拆迁周转资金。

相关链接

12个工业专业园区：电子信息产业园、生物医药产业园、汽车零部件产业园、光电产业园、精密机械产业园、动力产业园、机械（高铁）装备产业园、新型金属材料产业园、轨道交通装备产业园、电力装备产业园、新材料产业园、电驱动交通产业园。

【节能减排】 2010年，单位工业产值能耗为0.098吨标准煤/万元，比上年下降8%；单位工业产值水耗为3.4立方米/万元，与上年相比下降5.6%；关闭化工企业15家；整治“三高两低”企业25家（其中，关闭21家）；淘汰黑色金属冶炼及压延加工业落后设备1家，关闭1家企业；淘汰落后产能200万米生产能力。加强对重点用能单位的监督管理。按照《重点用能单位节能管理法》的要求，集中精力抓好年耗能5000吨标准煤以上的重点用能企业。组织重点用能企业实施节能监察、监测工作，严肃查处使用国家明令淘汰的用能设备或生产工艺、单位产品能耗超限额标准用能、未按规定进行节能评估审查建设项目等问题；组织25家重点用能企业参加无锡市重点用能企业能管员培训班，提高企业能源管理人员素质；实施重点用能单位能耗总量和单耗双重控制，确保重点用能单位用能合理有序。开展清洁生产审核，发展循环经济。组织44家企业开展清洁生产审核工作；完成无锡万丰橡胶厂和锡山经济开发区申报江苏省循环经济示范企业和示范基地工作，新增循环经济试点企业10家，其中，市级循环经济试点企业3家。

【嫁接式人才引进】 2010年，围绕发展创新型经济和实施“锡山百人计划”的基本导向，进一步加快推进科技创新，以加快建设初创式企业引进科技型创业人才、加快建设嫁接式企业引进科技领军型企业人才为目标，为全区产业转型升级、发展方式转变和核心竞争力增强提供持续动力。鼓励企业加快企业技术中心创建。全年新增省级企业技术中心企业1家，市级企业技术中心企业7家，通过数量居全市第一。培育科技创新型企业。年内，全区获批市级科技创新型企业4家，江苏省优秀新产品4个、省工业转型升级专项引导资金科技创新能力建设2项。着力引进嫁接式人才。积极做好引才任务分解落实，对嫁接式人才工作进行细化，制订时间表，确保每月有活动，全年嫁接式人才引进签约10家。

【中小企业服务体系建设】 服务网络不断完善。初步形成以锡山区中小企业发展服务中心为核心，各镇（街道）企业发展服务中心为主体，各类专业化、社会化服务机构广泛参与的综合性中小企业服务网络框架，系统地为中小企业提供融资担保、技术创新、创业辅导、人才培训、信息服务、管理咨询、市场拓展以及政策法律八大服务。服务载体不断优化。2010年，锡山区服务体系建设获得各级政府的扶持与资助持续保持较高水准，全年获得国家、省、市各级政府扶持资金1257.5万元，其中，融资担保体系获得扶持资金1211.5万元，在全市各区（县）中排名第一。服务质量不断提升。年末，全区累计有13家融资性担保公司，注册资本金15.8亿元，比上年增长58%；担保余额42.9亿元，比上年增长73.7%；担保企业数1348家，比上年增长51.3%。同时，通过举办银企对接会，利用融资“118”网等多种方式，推荐中小企业560余家，有效缓解了企业融资难题。2010年，完成企业高层管理人员培训200人次，职业经理人任职资格培训10人，清华大学民企总裁班5人。依托锡山区企业家协会平台，先后组织企业赴北京和天津等地考察学习，开拓企业家发展视野。（朱　培　俞志雷）

民营经济

【概况】 2010年，紧紧围绕“抢抓机遇、逆势赶超”奋斗目标和转型促进年的活动主题，以科学发展观为统领，一手抓运行调节保增长，一手抓结构调整促转型，民营经济发展呈现出“经济总量不断增大，运行质量逐步提高，经济效益稳步提升”的良好态势。全区民营经济增加值完成310.5亿元，比上年增长14.9%；上交税金35.3亿元，比上年增长25%；固定资产投资完成156.3

亿元，比上年增长22.6%。2010年，全区新办注册资金超千万元的内资企业121家，注册资本51.4亿元，比上年增长15%。其中，工业企业40家，占新办企业的33.1%。

【加强服务载体建设】2010年，锡山区中小企业发展服务中心被评为“江苏省四星级中小企业公共服务平台”，是全省唯一一家获该殊荣的区级中小企业服务单位；锡北镇中小企业服务中心、锡山经济开发区科创中心、无锡集智科技有限公司、通江物流园区科技公共服务平台、江苏东方不锈钢电子交易中心有限公司5家单位获得“二星级公共服务平台”称号，在全市名列前茅。同时，区民营企业办公室采取政府推动、银行联动、企业（园区）互动的办法，进一步健全工业园区公共服务功能，协同中国银行锡山支行建立“中国银行金融服务点”。

【加快科技创新步伐】编制《2010年科技政策简明手册》，加大省、市、区科技政策法规的宣传力度，认真做好企业技术开发费按150%抵扣应纳税所得额的项目备案确认工作和高新技术企业15%优惠税收政策工作，引导企业加大科技创新力度。在全区企业范围内积极倡导科技创建，大力推进企业技术中心建设、企业新产品研发、科技创新型企业创建等工作。加快企业技术中心创建工作。全年新增省级企业技术中心企业1家，市级企业技术中心企业7家，通过数量居全市第一。扎实推进品牌建设工作。新增中国驰名商标1件，江苏省著名商标8件，名牌产品6个。培育科技创新型企业。红豆集团、无锡开普机械有限公司、无锡锡州机械有限公司、江苏新日电动车股份有限公司等24家企业入选江苏省创新型企业，累计获得省科技重大成果转化项目10项。2010年，全区研发投入9.5亿元，占GDP的比重为2.5%。

【推动专业园区建设】紧紧围绕“三高”联动要求，深入开展园区建设年活动，按照制度保障、规划先行、优化环境、提升内涵、统筹发展的原则，全力推动专业园区高水平建设。在锡山经济开发区、高铁站商务区以及羊尖、鹅湖、锡北和东港四镇设立12个工业专业园区，目标打造颇具行业竞争力和优势的机械装备、电子信息、电力装备、生物医药、新材料等产业集聚园区。各专业园区产业发展策划全面编制完成，园区建设规划编制全面启动。着力打造高品质环境，全年新开工道路23条，竣工22条。拆迁民宅近105万平方米。重点突出高端合作，有29家高层次单位拟与锡山区专业园区建立合作关系，基本实现公共服务平台的全覆盖。出台《关于加快锡山工业专业园区建设的实施意见》，制订“工业项目投资协议书”和“工业项目投资承诺书”，专业园区建设发展形成了“一个意见、一套文本和一笔资金”的专业园区推进机制。

【加强融资担保实力】区金融办公室加强与中国人民银行无锡市中心支行及驻区金融机构的沟通衔接，切实做好银企对接服务，全年为9家企业累计落实新增授信金额2.16亿元。11月底，区民营经济办公室采用政府推动、银行联动、企业（园区）互动的办法，进一步健全工业园区公共服务功能，协同中国银行锡山支行建立“中国银行金融服务点”。同时，区民营经济办公室继续加快推进现有担保机构的增资扩股工作，年末，全区拥有13家融资性担保公司，注册资本金15.2亿元，累计为1500余家中小企业（商户）提供担保贷款137亿元。

【提高企业综合素质】加强对企业经营管理者的培训。举办2010年锡山区企业家论坛，继续加快实施企业经营管理人才队伍培育工程，组织民营企业家到新加坡、上海、天津等地学习，借鉴先进地区的发展思路、管理模式和经营方式。加强对技工人才队伍的培养。根据企业需求，借助高等职业技术院校和中介机构的师资力量，定点培训企业高技能工人群体，以适应企业不断发展的需要。2010年，全区35家企业推出520个岗位，吸引复旦大学、南京大学、同济大学在内的28家高校近1500名毕业生应聘，约300人达成协议。加强对高层次海外创业人才的引进。针对海外领军型人才需求调查，对全区企业引进海外领军型人才进行调查摸底，建立人才需求信息台账，掌握企业引才的需求状况，为企业做好服务指导，积极组织企业申报。全年嫁接式人才引进签约10家。（朱　培　俞志雷）

节能降耗

【概况】2010年，全区紧紧围绕区委、区政府提出的“抢抓机遇、逆势赶超”奋斗目标和转型促进年活动主题，强势推动节能降耗工作，切实转变经济增长方式，提高能源利用效率，为经济转型发展打下坚实基础。2010年，全区万元GDP能耗预计下降4.5%（7月公布准确数）；实施清洁生产审核企业44家；申报市级以上节能及循环经济项目16个；新增市级循环经济试点企业3家；实施重点用能单位节能监察、监测20家；对2家重点用能单位进行能源审计；完成8家企业资源综合利用年检工作。

【产业结构调整】严格执行国家、省产业政策和地方产业结构调整指导目录，加强对高能耗产业中国家淘汰类和限制类产品和工艺的管理，推进燃煤工业炉窑的技术改造或淘汰，加快集中供热范围内燃煤小锅炉的淘汰，联合区质检部门进行排查整治，2010年年末，全区累计停用小锅炉494台。加大“高耗能、高污染，低产出”企业的整治力度，加强化工、黑色金属冶炼及压延加工业、印染和热电行业整合整治工作，逐步淘汰和转移落后产能、低端产业，全年关闭化工企业15家；整治“三高两低”企业25家（其中，关闭21家）；淘汰黑色金属冶炼及压延加工业1家企业的落后设备，关闭1家企业；淘汰落后产能200万米生产能力。

【循环经济】全面推行清洁生产审核工作，针对化工、冶金、印染、造纸、电镀等重点行业，对超标排污的企业和虽然实现达标排放但排污总量超过核定指标的企业，实行强制性清洁生产审核。全年组织44家企业开展清洁生产审核工作。组织实施一批循环经济重点项目，创建一批典型的循环经济示范工程，培育一批符合循环经济发展要求的示范企业和园区。年内，无锡万丰橡胶厂和锡山经济开发区申报江苏省循环经济示范企业和示范基地工作；新增循环经济试点企业10家，其中，市级循环经济试点企业3家。

【节能技改工作】进一步加大对上争取力度，发挥省市节能及循环经济专项资金引导作用，降低企业节能技改项目成本。2010年，完成5个省级节能和循环经济项目、11个市级节能和循环经济项目申报工作；争取省级节能和循环经济项目2个，市级节能和循环经济项目6个，市级能源审计项目3个。

【合理用能评估】严格按照《无锡市固定资产投资项目节能评估审查实施细则（暂行）》，对固定资产投资工程项目，特别是入驻专业园区的项目，进行合理用能评估与审核，实施项目节能评估全覆盖，严把能耗准入关，从源头上提升进驻园区项目的品质，确保专业园区发展的可持续性。对现有高耗能行业和列为市“五小”整治的企业定期进行合理用能评估，改进和提高现有高能耗产业和重点用能单位能源利用效率，全年审核项目近80个，10家企业完成合理用能评估报告编制工作。

【重点企业监管】按照《重点用能单位节能管理法》的要求，集中精力抓好年耗能5000吨标准煤以上的重点用能企业。巩固加强企业节能基础工作，建立重点用能企业的能源利用状况月报制度，对重点用能企业实施节能目标管理，组织开展能源审计工作。严肃查处使用国家明令淘汰的用能设备或生产工艺、单位产品能耗超限额标准用能、未按规定进行节能评估审查建设项目等问题；组织25家重点用能企业参加无锡市举办的重点用能企业能管员培训班，提高企业能源管理人员素质；实施重点用能单位能耗总量和单耗双重控制，确保重点用能单位合理有序用能。

【节能宣传培训】以开展节能宣传周为重点，通过开展节能技术（产品）推介会、节能宣传公益广告、节能广场宣传等系列活动，广泛宣传节能降耗的重要性、紧迫性，树立节能降耗先进典型。组织重点用能单位参加无锡市节能宣传周广场活动，制作节能宣传横幅和节能知识电子窗口进行节能宣传；与《新锡山》联手编制节能专刊；组织节能和循环经济项目企业负责人和重点企业负责人参加相关技术推广和项目说明会。节能应急调控期间，积极开展限电精神宣讲工作，及时将限电最新精神传达给基层和企业，同时配合《无

锡日报》，宣传节能先进典型。（朱 培 俞志雷）

重点企业

【无锡市明江保温材料有限公司】公司位于东港镇，属于锡山区新材料产业的新型无机非金属材料领域，是国内专业生产硅酸盐复合材料的龙头企业，还从事城镇供热工程、石油、化工、冶金、纺织、电力等保温工程的设计、制造和安装施工，并提供全套的保温结构解决方案。该公司始终保持平稳发展态势，连续3年实现20%的增长。

公司定位工业领域保温绝热。主要是减少锅炉热辐射，减少热能损失，提升冶金、发电的效能。同时，该技术应用于潜艇领域，通过采用保温绝热，有效减少消耗，达到提升潜艇续航能力的水平。公司为江苏省高新技术企业。公司的复合碳素保温材料及反射板被认定为江苏省高新技术产品，是中国石油和化学工业协会的绝热材料推荐产品，是中国人民解放军海军装备部定点生产企业，产品被用于核潜艇外壳保温。公司参加多项国家、行业标准的制订，是全国同行中唯一参加中国电力行业标准制订的单位。参与设备及管道绝热技术通则、设备及管道绝热层表面热损失现场测定热流计法和表面温度法、设备及管道绝热设计导则、设备及管道绝热效果的测试与评价4项国家标准制订；参与复合硅酸盐绝热制品1项建材标准及火力发电厂保温材料技术条件、火力发电厂保温油漆设计规程2项电力行业标准制订。

【无锡市海联舰船附件有限公司】公司位于东北塘街道。经过20余年的建设和发展，成为生产规模较大、产品品种齐全的船舶舾装件专业生产企业。主要生产各种舰、船用门、窗、盖、梯、家具、冷库及集控室7大系列产品，广泛应用于国内180余家船厂建造的军用、民用及出口船舶上。其中，船用冷库复合板经海军医学研究所检测合格，电磁屏蔽门、窗系列经海军电磁兼容研究检测中心测试合格并超过标准所规定的要求，集控室用隔声门、窗经同济大学测试分别达到42dB和35dB，A60带逃口防火门、钢质屏蔽门、铝质屏蔽门和铝质人孔盖等获得专利证书。

公司始终把质量管理作为第一目标，产品分别获得多家船级社及欧共体EC型式认可证书。

【江苏金羊集团】集团公司位于羊尖镇，是国家级高新技术企业，是国家标准起草制订单位。连续十年跻身锡山区创汇和纳税大户，是江苏省、无锡市明星企业。2010年，金羊集团实现工业总产值8.5亿元，增幅为1.7%；主营业务收入8.1亿元，增幅为3.4%；利税总额为1亿元，增幅为78.2%。

集团公司主要产品涉及建筑、冶金、机械、电力、水务、环境工程等行业，下设5个独立法人公司。无锡金羊金属制品有限公司生产的预应力金属制品钢丝、钢筋、钢绞线，生产设备由德国引进。产品主要用于建筑、桥梁、铁路轻轨等，出口欧美、亚洲等国家和地区。无锡市金羊管道附件有限公司是一个制造管道附件及阀门的专业工厂。产品主要用于水厂、船舶、电力、供水系统。无锡金羊管件有限公司，主要生产不锈钢管材，生产标准采用现行国际标准，其产品为环保型绿色管件产品。江苏金羊能源环境工程有限公司引进国际先进技术，是一家专业生产主要用于电厂脱硫、脱硝的回旋式预热器系列产品的工厂。无锡日室热交换机器有限公司主要生产空气预热器及传热元器件，是国内技术最先进的空气预热器和传热元器件生产厂家之一。

【江苏瑞通信息产业有限公司】公司位于锡山经济开发区，东临上海、北枕长江，是苏、锡、常经济发展区域的中心腹地，机场、港口、高速公路四通八达，具有优越的区位优势和良好的投资环境。公司注册资本2000余万元，占地面积8.8公顷，拥有员工350名（其中，工程技术人员占30%），总资产1.2亿元，是年生产能力4亿元的中型全资民营企业。下属投资分公司有无锡瑞通电源有限公司、无锡华兴通信科技有限公司、无锡公众汽车销售服务有限公司、无锡三江科技创业园有限公司、东台瑞通电源有限公司5家控股或全资子公司。

公司从一直致力于通信产品的开发和制造，逐步形成通信电缆、总配线架、光纤配线架、数字配线架、电缆交接箱、光缆交接箱、接线模块、接线子、光纤尾纤、移动通信直放站、数字电视机顶盒外壳、通信铁塔系列、一体化通信机房、电动车铅酸电池、高安全性动力型锂离子电池等多品种、多系列产品。公司研发生产的国内首创的HPX-60型单面跳线式总配线架被评为“江苏省高新技术产品和国家级新产品”，获“第七届中国新技术新产品博览会金奖”；以太网交换机被评为“江苏省高新技术产品”；动力型锂离子电池获国家中小企业发展专项资金无偿资助项目。

【江苏大为科技股份有限公司】公司位于锡山经济开发区科技工业园内，是专业从事轨道、隧道、公路智能交通、公共安全防范、计算机信息网络、通信高新技术领域工程研究、技术开发、产品制造、系统集成的股份制高科技企业。公司被认定为“国家火炬计划重点高新技术企业”、江苏省公安厅“金盾工程”定点企业、“江苏省信息产业示范基地”、“江苏省知识产权重点保护单位”、连续三年被评为“无锡市软件十强企业”；公司通过ISO 9001国际质量体系认证，并获建筑智能化工程设计与施工壹级、计算机信息系统集成贰级等资质证书。

公司注册资金3000万元，实际净资产超2亿元，员工总数180名，其中，软件技术人员占职工总数的63.88%，主要技术骨干均来自于原国家科研院所和重点国有企业。公司承担了数以百计的国家级、省级重点科技攻关项目及工程建设项目，取得了一大批拥有自主知识产权的技术和产品，40项具有完全自主知识产权软件产品取得软件著作权。公司具备独立承担各类大型电子信息工程项目的设计、开发、成套设备供应、系统集成及施工能力，在美国、澳大利亚、加拿大、中国香港、北京、上海、深圳等地均设有分支机构。

【美新微纳传感系统有限公司】公司是全球顶级无线传感器网络（物联网）和惯性传感系统终端解决方案供应商。公司引领新一代技术革命，通过无线传感网络技术沟通物理世界与数字世界，并将MEMS（微电机系统）技术广泛应用在陆海空等惯性器件领域。公司利用自身核心技术和知识产权，引进国际先进生产设备和研发设备，在锡山经济开发区锡东科技产业园大成路南、环湖西路西建立研发及生产基地，项目占地面积12公顷，总投资约6.5亿元，生产并研发具有世界一流水平的无线物联网和惯性传感器系统相关产品。

公司提供一系列可扩展的系统产品，包括硬件和软件开发平台、完整的产品设计、先进的生产以及专业服务。用于智能农业监测、建筑及桥梁健康监测的系统产品在欧美及日韩市场获得成功运用。物联网产品的研发和生产，结合了最先进的通信、IT、能源、新材料、传感器等产业的集成，也是网络技术、通信技术、传感器技术、电力电子技术、储能技术的合成，全部产品拥有自主知识产权。

【无锡华馨香精香料有限公司】公司位于锡山经济开发区，由香港上市公司华宝国际控股有限公司独资筹建，投资120万美元，注册资本100万美元。2010年，公司交纳税金1.9亿元，增长迅速，成为锡山区纳税十强企业之一。

公司主要产品是高档烟用香精香料，科技含量国内领先，世界一流。公司依托集团的国内、国际多家科技公司（华宝集团在国内有上海、广州两家大型科研基地，上海科技公司有行业内唯一的国家级重点实验室、博士后工作站；国外有德国、美国、日本、新加坡及中国香港的科技公司），联合开发针对西南片区各大烟厂的100余类烟用香精香料，利用国家烟草总局整合国内烟草、形成有竞争力的大品牌的契机，迅速占领市场，各项经营指标位于全国同行前十。

【无锡晶海氨基酸有限公司】公司创建于1993年，是国内规模最大的氨基酸生产企业之一，拥有自营进出口权。公司与一大批科研机构及大专院校如南京工业大学、无锡江南大学等建立长期合作关系，在高科技产业的发展中取得了显著成绩。公司通过国家食品药品监督局的GMP（英文Good Manufacturing Practice的缩写，即良好作业规范）质量认证，拥有各种氨基酸产品的药品批准证书，国内市场占有率占主导地位并批量出口。公司拥有雄厚的科技力量，在技术开发、生产条件、产品质量保证体系等各方面的综合实力在国内同行业中名列前茅，多次承担国家“863”计划（国家高新技术研究发展计划）和省市的科技项目，并被授予“国家火炬计划重点高新技术企业”称号。

公司拥有世界先进水平的氨基酸生物工程技术，从事着人类健康必需品——氨基酸的研制、开发和生产，并严格按照GMP标准进行管理。公司采用具有划时代意义的“控制代谢发酵法”批量生产L-异亮氨酸、L-缬氨酸、L-亮氨酸、L-脯氨酸等系列氨基酸产品，主要用于国内输液厂家的供应，并部分出口到欧美、韩国、日本等国家，生产规模在1000吨左右。被推举为中国化学制药工业协会理事单位和氨基酸专业委员会副主任单位，成为氨基酸原料药的骨干生产企业。公司建立国内外营销网络，其中，内销六个大区与国内氨基酸输液主要厂商建立长期稳固的业务关系；外贸三个大区分别与美国、德国、意大利等国的代理商建立了代理制关系，出口渠道畅通。

（朱　培　俞志雷）

（编辑：张　彤）

● 锡山六人书画作品赏析 ●

山水小品　　（李天功 作）

2010无锡锡山金秋国际经贸月开幕式暨锡山高端合作项目签约授牌仪式举行

（《新锡山》 供）

12月5日，《锡山论坛》开讲“加快转型步伐、建设幸福锡山”

（《新锡山》 供）

锡山区企业家协会一届七次理事会暨2010年经济走势及企业发展对策讲座举办

（区经信局 供）

开放·开发

综 述

【概况】锡山区商务局整合了原区对外贸易经济合作局的职责和原服务业发展局的内贸、服务外包和旅游工作职责，于2010年1月批准设立，为区政府工作部门，正科（局）级建制，挂“锡山区旅游局”牌子。主要职责是负责指导、协调、管理全区利用外资工作；负责进出口贸易管理，机电产品进出口协调管理和公平贸易工作；指导、监督和管理对外投资和经济合作业务；研究拟订锡山区现代服务业布局规划及重点项目的建设协调推进，拟订服务外包产业、特殊流通行业发展规划，编制年度目标和工作计划，并组织实施；研究拟定旅游业的发展战略，负责旅行社设立的初审，对旅游企业安全生产的检查和监督；负责全区海外经贸网络的建设和管理等。内设办公室、外资和外包科、外经贸科、服务业科、旅游开发科5个科室。机关行政编制11名。

2010年，锡山区以科学发展观为指引，积极转变增长方式，全面推进外资、外贸、外经各项工作，建立外资项目落地推进机制，组织各类招商活动；帮助企业对上争取各种扶持和奖励政策，争取商务部、江苏省、无锡市三级外经贸扶持资金近1亿元；加强对外资、外贸预警监测和政策指导，完善重点企业联系制度，多次组织外贸工作座谈会、外资企业走访和问卷调查活动，帮助企业申报海关A类企业和商检一类企业，并向企业宣传出口退税、出口信用保险等一系列政策，把中央、江苏省、无锡市的各类扶持政策及时组织落实到位；以柬埔寨西哈努克港经济特区为载体，宣传引导有条件的企业“走出去”。全区开放型经济运行情况总体良好，全年新批外商投资企业24家，完成工商登记协议注册外资4.85亿美元，到位外资3.51亿美元；完成进出口总额35.60亿美元，其中，出口23.97亿美元，大幅超越全年目标任务；新批境外机构和企业7家，中方投资额7024.5万美元。（谈秋明）

对外及对港澳台贸易

【概况】2010年，全区对外贸易强势反弹。随着国际金融危机对实体经济的影响逐渐减弱，全区对外贸易总体环境继续好转，进出口延续恢复性增长的态势，回升幅度超过金融危机前水平，各类出口主体增势强劲，传统出口市场全面回暖，主要产品出口全线提升，一般贸易、加工贸易齐头并进。全年完成进出口总额35.60亿美元，比上年增长40.7%。其中，出口23.97亿美元，比上年增长39.2%；进口11.62亿美元，比上年增长43.9%。新批自营进出口企业128家。

2010年锡山区出口前10位内资企业情况一览表

表5　　　　单位：万美元

序号	名　　称	累计出口	同比±%	所在地区
1	无锡兴达泡塑新材料有限公司	10082	113.21	东亭街道
2	江苏红豆进出口有限责任公司	6700	19.68	东港镇
3	无锡华东可可食品股份有限公司	5074	97.80	东北塘街道
4	江苏省新大陆太阳能电力有限公司	3258	1585.23	羊尖镇
5	无锡锡州机械有限公司	3174	6.95	锡北镇
6	红豆集团无锡南国企业有限公司	3153	13.45	东港镇
7	江苏通用科技股份有限公司	2506	92.05	东港镇
8	江苏国威摩托车有限公司	2348	-9.04	安镇街道
9	无锡市洪汇树脂有限公司	2201	327.53	厚桥街道（开发区）
10	无锡杰夫电声有限公司	1417	45.78	锡北镇

2010年锡山区出口前10位外资企业情况一览表

表6　　　　　　　　　　　　　　　　　　　　　　　　　　单位：万美元

序号	名　　称	累计出口	同比±%	所在地区
1	健鼎（无锡）电子有限公司	39099	39.79	开发区
2	恩欧凯（无锡）防振橡胶有限公司	4435	15.12	开发区
3	无锡长江精密纺织有限公司	3963	—	开发区
4	高德（无锡）电子有限公司	3794	37.18	开发区
5	无锡国丰电子科技有限公司	3600	—	开发区
6	新麦机械（无锡）有限公司	3279	48.57	开发区
7	无锡金羊金属制品有限公司	2972	21.08	羊尖镇
8	无锡豪普钛业有限公司	2923	236.10	锡北镇
9	无锡上可食品有限公司	2452	56.36	东北塘街道
10	大津编物（无锡）有限公司（锡山）	2451	149.29	开发区

【商品结构和市场不断优化】2010年，高新技术产品出口53795万美元，比上年增长41.78%，略高于全区平均水平，占全区出口比重为22.44%。新能源产品出口涨势迅猛，光伏和电动车分别出口3356万美元、2225万美元，分别比上年增长9.4倍和2.4倍。软件直接出口快速增长，出口624万美元，比上年增长68.89%。锡山区对日本、欧盟、美国三大贸易市场分别进出口51914万美元、44028万美元、41842万美元，分别比上年增长25.62%、55.19%、43.82%，保持高速稳定增长。进口方面，中国台湾、日本、韩国依旧为全区前三大进口市场，分别进口30584万美元、26450万美元、13967万美元，分别比上年增长46.94%、27.82%、31.48%。新兴市场方面，锡山区与拉丁美洲、东盟的贸易额有较大提高，其中，拉丁美洲出口13639万美元，比上年增长86.16%，进口706万美元，比上年增长106.92%；东盟出口15551万美元，比上年增长94.74%。锡山区外资企业、内资企业分别实现进出口225452万美元、130545万美元，分别比上年增长44.91%、45.67%。外资企业进出口仍占据主导地位，保持了全区63.33%的进出口份额。内资企业进出口增速略高于外资，保持强劲增势。

【海关A类企业和商检一类企业加快培育】抓住海关在企业分类管理方面放宽条件和要求的有利时机，通过与无锡海关、无锡商检局积极沟通对接，邀请相关职能部门负责人深入乡镇、企业一线进行指导，认真组织申报海关A类企业。无锡杰夫电声有限公司、无锡先进化药化工有限公司、无锡红蝶线业有限公司等28家企业通过海关A类企业管理资质评定，并予以授牌，全区海关A类企业累计44家。同时，无锡杰夫电声有限公司、瑞昌哥尔德发电设备（无锡）制造有限公司、无锡先进化药化工有限公司、江苏通用科技股份有限公司等6家企业通过商检一类企业管理资质评定，全区商检一类企业累计22家。

【市场开拓步伐加快】积极推动外贸企业进一步加快市场开拓步伐，抢抓市场“回暖”契机，不断扩大国际市场份额，组织企业参加境内外各类重点展会，争取各类展会展位超400个。重点组织第107届、108届中国进出口商品交易会（广交会），通过积极争取，144家企业获得323个摊位，参展企业数与摊位数突破历年最高水平。抓住首届中国国际摩托车及零部件交易会在北京召开的有利时机，为区内江苏国威摩托车有限公司、江苏雅迪科技发展有限公司等14家摩托车、电动车龙头企业争取到47个摊位，并将交易会5号馆作为独立展馆，统一布展，在出入口设置大型广告牌，"无锡锡山"标识处处可见，进一步扩大锡山区摩托车电动车基地的知名度和影响力。精心组织江苏新日电动车股份有限公司、江苏雅迪科技发展有限公司、江苏新大陆太阳能电力有限公司等企业参加第二届中国（无锡）新能源大会暨太阳能展会，还组织参加第20届中国华东进出口商品交易会（华交会）、第九届沙迦中国商品交易会、第五届中国（上海）国际跨国采购大会等国际性展会。企业通过积极参展，结识了更多专业采购商，扩大了贸易机会，江苏雅迪科技发展有限公司等企业均在交易会上收获大额订单。

【基地建设再创新绩】江苏省摩托车及电动自行车出口基地出口总额为15251万美元，比上年增长14.41%。其中，摩托车出口9559万美元，比上年增长5.3%；电动车出口2225万美元，比上年增长226%。通过多年培育引导，全区电动车出口从几万美元起步突破千万美元大关，出口潜力巨大。基地于2010年顺利通过江苏省商务厅及江苏省财政厅联合考核小组考评，再次获"优秀出口基地"称号，连续三年获得该荣誉。

【服务举措不断完善】配合海关、商检等相关职能部门筹办锡山区外贸政策宣讲会，并组织部分重点外贸企业参加东盟自由贸易区、国际热点问题的宣讲会；为进一步突破中小企业发展瓶颈，化解外贸风险，联合中国出口信用保险公司无锡办事处进行中小企业"信用保险E计划"政策培训。与海关、商检、国税、外管等涉外职能部门沟通协调，切实帮助企业解决进出口实务中遇到的困难，如帮助无锡德润电子有限公司协调解决与韩国公司的贸易纠纷；在商务部的大力支持下，顺利帮助无锡超科食品有限公司解决进口食品原料所遇困难；帮助红豆集团做好西哈努克港经济特区的宣传推介等。帮助江苏申锡建筑机械有限公司赢得跨国侵权官司，并配合举办国际知识产权诉讼获胜的新闻发布会，在中央电视台、江苏卫视、新华网、《中国知识产权报》等主流媒体广为宣传，为企业处理国际知识产权纠纷提供了良好范本。（谈秋明）

利用外资及港澳台资

【概况】2010年，全区新批外资项目24个，增资项目41个，协议注册外资4.64亿美元，比上年同期增长1.5倍多；到位注册外资上报数3.62亿美元，比上年同期增长37.65%。到位外资商务部承认数中，高新技术产业占33.9%、服务业占54.3%。新批3000万美元以上重大外资项目4个，新批外资独立研发中心4个，地区总部1个。

【高新技术项目增多】24个新批项目中，13个为服务业项目，7个为高新技术项目，服务业和高新技术产业的项目占83.3%。其中，无锡思凯达生物技术有限公司从事生物医药领域的研发，是年内锡山区投资规模最大的独立研发中心。普瑞丹德（无锡）金属制品有限公司、无锡章源钢铁有限公司、统盟（无锡）电子有限公司等老企业经营状况良好，年内纷纷增资，扩大了区外商投资企业在高新技术领域的资本投入。全区高新技术产业到位注册外资11870万美元，比2009年增长8.8%，占全部承认数的33.9%；服务业到位注册外资19023万美元，占全部承认数的54.3%。

【重大项目实现零的突破】2010年，在引进重大外资项目的工作中，以"主攻大项目、拓展新领域"为宗旨，通过全程跟踪服务，协调相关部门加快审批进程，新批重大外资项目实现零的突破（2009年新批重大外资项目为零）。全年新批重大外资项目4个，分别是搜狐新动力、长祥房地产、正乾生物和高德（江苏）电子科技；新批外资独立研发中心4个，分别是加里弗德、思凯达生物、浪速大山、正乾生物；新批地区总部1个，为搜狐新动力。其中，搜狐新动力是全区投资规模最大的外资投资性公司。

【协议外资增长迅猛】2010年，新批协议外资2.61亿美元，比上年增长1.3倍多。增资项目41个，增加协议外资2.24亿美元，比上年增长79%。全年累计协议注册外资4.64亿美元，比上年增长1.5倍多。

【服务外包工作推进迅速】全年完成服务外包接包合同协议金额3.80亿美元，比上年增长58.3%，执行金额3.14亿美元，比上年增长42.7%；完成离岸接包合同协议金额2.30亿美元，比上年增长15%，执行金额1.81亿美元，与2009年基本持平。全年新增市“123”计划企业3家，分别为布莱德网络技术（无锡）有限公司、无锡德冠生物科技有限公司、无锡网新颐和科技有限公司；千人以上规模企业1家，为联茂（无锡）电子科技有限公司；千万美元以上出口企业3家，分别为江苏添福产品服务有限公司、无锡佳达国际货运代理有限公司、联茂（无锡）电子科技有限公司。新增国际资质认证企业5家，其中获得CMMI（Capacity Maturity Model Intergrated的简称，即集成的软件能力成熟度模型）3级认证的有江苏商助网络科技有限公司、无锡翱天电气科技有限公司；获得ISO 27001认证的有无锡朗奇软件科技有限公司、无锡新思软件技术有限公司、无锡贯方信息科技有限公司。（谈秋明）

对外及对港澳台经济合作

【概况】全区新批境外投资项目7个，其中非贸易项目3个，中方投资额7024.5万美元，列全市第二名。西哈努克港经济特区建设取得新进展，中柬双方就“一站式”行政服务机构进驻问题达成一致，西哈努克港经济特区行政服务机构的建立将更好地改善西哈努克港经济特区的运营环境，提高园区服务水平，吸引企业入驻。通过国内外宣传推介、面向国际招商引资，形成10家企业入驻、30家企业意向投资的规模，其中爱尔兰服装生产企业Horse Ware公司及美国Royal公司为首批投资西哈努克港经济特区的欧美企业。对外工程承包取得重大突破。无锡龙升幕墙有限公司获得中华人民共和国对外承包工程资格证书，实现了对外承包工程零的突破。

2010年锡山区新批境外企业（机构）情况一览表

表7　　单位：万美元

序号	境外企业名称	投资国别或地区	总投资额	中方投资额	投资类型	设立或增资时间	投资中方主体
1	世华网络有限公司	美国	50	50	贸易公司	2010.1	红豆集团无锡南国企业有限公司
2	柬埔寨西哈努克港经济特区	柬埔寨	32036.2	31836.2	非贸易机构	2010.3	江苏太湖柬埔寨国际经济合作区投资有限公司
3	绿色春天贸易有限公司	阿拉伯联合酋长国	50.0	24.5	贸易公司	2010.7	无锡市德尔欣纺织品有限公司
4	柬埔寨红豆制衣有限责任公司	柬埔寨	150	150	非贸易机构	2010.8	江苏红豆进出口有限责任公司
5	建峰赛福天（香港）有限公司	中国香港	150	150	非贸易机构	2010.9	江苏赛福天钢绳有限公司
6	博宇（迪拜）有限公司	阿拉伯联合酋长国	300	300	贸易公司	2010.12	无锡博宇建筑机械有限公司
7	新世纪欧洲有限公司	瑞士	50	50	贸易公司	2010.12	江苏新世纪太阳能有限公司

注：柬埔寨西哈努克港经济特区项目中方投资额共31836.2万美元，2010年商务部核算新批6300万美元。

（谈秋明）

锡山经济开发区

【概况】江苏省锡山经济开发区管理委员会为锡山区人民政府派出机构，副厅级建制，主要负责锡山经济开发区80平方公里的开发建设和城市经营。下设党政办公室、党群工作部、经济发展局、财政局、招商局、建设局、安全环保局、服务外包产业园管理局、拆迁安置管理办公室、科学技术局、监察室11个机构，行政编制65名，事业编制99名。云林街道和厚桥街道委托锡山经济开发区管理。

2010年，锡山经济开发区坚持以科学发展观为指导，以赶超发展和“三高”联动为总体要求，以争创国家级经济技术开发区为目标，抢抓机遇，真抓实干，圆满完成了全年目标任务。全年完成财政总收入22.8亿元，一般预算收入10.7亿元，分别比上年增长25.7%和28%；工业总产值365亿元，比上年增长20%；全社会固定资产投资额116亿元，比上年增长27%，其中，工业投入86亿元，比上年增长27%；到位外资确认数为3.36亿美元，比上年增长20%；外贸进出口总值22.8亿美元，比上年增长32%，其中，出口14.2亿美元，比上年增长30%。

经济发展势头良好。转变经济增长方式，经济运行质量不断提高。工业经济增长平稳，完成规模以上工业产值340亿元，比上年增长18%；前50家重点企业实现产值192亿元，比上年增长33%，其中，22家企业产值增幅50%以上，8家企业增幅100%以上。财税经济持续上扬，全年财政收入、一般预算收入增长均在25%以上，呈现稳中有升趋势；重点企业对收入的贡献显现，纳税超千万元企业23家，累计增加额2.79亿元，占全部增加额的72.3%。服务业经济快速发展，完成服务业营业收入162亿元，比上年增长19.2%；实现社会消费品零售总额30.6亿元，比上年增长20.3%；完成服务外包业务总额1.1亿美元。

专业园区和项目建设成效明显。结合国家和省市重点产业发展方向和锡山经济开发区产业特色，按照“整合提升、功能开发”的总体思路，确立六大工业专业园区，园区全年在建新建项目69个，总投资121.8亿元，年内完成投资43.7亿元。优化整合电子信息、机械装备产业园。电子信息产业园在建项目有禾邦电子、瑞丰电子等10个，总投资16.2亿元，其中超亿元项目7个；新建项目有统盟二期、健鼎芙蓉厂区等4个，总投资3.4亿美元。机械装备产业园在建项目有宏源纺机、开普动力、大山机械等23个，总投资32.6亿元；新建项目有万迪、麻德克斯等7个，总投资13.9亿元。着力提升汽车零部件产业园。该园在建项目有伊顿、宇斯盾汽车和生益动力4个，总投资4.24亿元。突破发展生物医药、EV（新能源汽车）产业园。生物医药产业园在建项目有西达生物、福祈制药等4个，总投资15.2亿元；EV产业园以发展新能源汽车整车、关键零部件、动力驱动等产业为方向，与无锡产业集团首批合作的3个项目——金南整车、迈为EV关键技术研发、龙伯新能源汽车检测中心签约入驻。着力推进服务外包园。以V-Park服务外包和创意产业园为载体，完成服务外包业务总额1.1亿美元；布莱德网络技术（无锡）有限公司等3家企业入围市“123”计划，新增CMMI、ISO 27001、双软等认证5个；V-Park服务外包和创意产业园获得“省服务业标准化试点”和“省中小企业二星级公共服务平台”等称号。

招商选资迈上新高。以转型促进年活动为契机，全方位、多层次、宽领域推进高端合作，招商引资取得新突破。全年完成到位外资确认数为3.36亿美元，协议外资4.3亿美元。引资质量进一步提升，新批外资项目有长泰Office-Park、高德、正乾生物等16个；增资项目有联茂、统盟、超科等37个。项目结构进一步优化，落实重点意向项目100余个，主要集中在机械装备、汽车零部件、光电、生物医药等高新技术领域，项目来源以欧美为主，世界500强和行业领先企业数量明显增多。高端合作机构进一步专业化，继续深化与戴德梁行、仲量联行、高力国际、世邦魏理仕等国际咨询机构的合作，广泛建立与世界知名会计师事务所、律师行、国外驻沪商会、代表处及涉外机构的合作关系，聘请北京IMFORCE公司，全年有60%的意向项目来源于以上专业机构。

科技创新成效显著。全年完成高新技术产业产值195.4亿元，比上年增长29%，占全部工业总产值的比重为54%。锡山经济开发区科创园申报成为国家级科技企业孵化器，实现锡山经济开发区国家级品牌新突破。企业自主创新步伐加快，全年申报国家、省、市各类科技项目153

项、立项数51项，全年申报江苏省高新技术企业6家、江苏省创新型企业7家，实现省级创新型企业零的突破，迈迪基因被列入江苏省重大科技成果转化资金项目；全年申请专利900余件（其中，发明专利250件），全年专利授权超1000件，是2009年的5倍。“530”项目加快推进。全年申报“530”项目93个，入围49个，落户43个，无锡百奥科环境科技有限公司董事长夏涛、无锡灿星科技有限公司技术总监顾渊、江苏瑞尔医疗科技有限公司副总经理盛晔入选江苏省双创人才计划。产学研合作成效显著。加强与各大院校和科研机构合作，上海中药创新研究中心无锡分中心、物联网系统软件研发及公共测评中心等9大高端项目成功进驻。

园区建设纵深推进。统筹推进城乡建设与发展，软硬环境得到进一步优化。拆迁工作快速推进。切实加大市区重点工程地块、经营性地块、安置房腾地等重点板块拆迁力度，全年完成拆迁总面积151.45万平方米。全年安置房规划面积241.6万平方米，在建面积132万平方米，竣工交付38.7万平方米，封顶40万平方米。基础设施建设不断加快。宛山湖湿地公园基本成型；完成纬二河、盛塘河建设，新开河道2条3.9公里；完成厚嵩路、东盛一路南延等14条道路24公里建设。“三创”载体建设不断推进。完成宛山湖科技社区标准厂房、锡东科技展示馆、美新微纳传感一期工程等5万平方米载体建设，锡山经济开发区科创中心全面封顶、集智广场、九期厂房按时序推进。生态环境不断优化。全年完成排水达标区17个，完成村庄整治18个，谢埭荡村成功创建为国家级生态村；铺设污水管网55.5公里，完成8条河道清淤25万立方米，关闭取缔小炼铝厂（作业点）19个，关闭5家小化工，完成367家企业污水截污点源处理工作；加大绿化工程建设，绿化率30%。

体制机制不断创新。确立与国家级开发区对接的发展观念，不断深化体制机制，激发发展活力，党和队伍建设不断加强，加强“两新”党组织建设，不断完善科学发展考核意见，全面深化全员聘任制，加快引进各类优秀人才，干事创业的氛围日益浓厚。效能建设不断提升，责任意识、服务意识和奉献意识进一步加强，深入推进反腐倡廉，加大审计力度，机关作风和效能建设全面加强。总公司实体化运作不断深化，做大主营业务，至2010年年末，总资产累计72.5亿元，净资产25.2亿元；探索融资新方式，融资租赁、发行债券迈出新步。

【无锡产业集团职业教育中心落户】3月1日，无锡产业集团职业教育中心开工奠基仪式在锡东科技产业园举行。锡山经济开发区党工委副书记、管委会副主任陈建清出席仪式并致辞。该职业教育中心在锡东的开工建设，开启了无锡产业集团与锡山区合作发展的新篇章。项目建成后将成为全区经济文化、技术培训的平台和培养高技能人才的摇篮。无锡市产业集团及市、区有关部门领导出席开工奠基仪式。

【中国水处理行业领军型企业落户】3月8日，同方恩欧凯（无锡）膜技术有限公司举行开业典礼。江苏省委常委、无锡市委书记杨卫泽，无锡市委常委、常务副市长徐劼，锡山区委书记朱爱勋，锡山区委副书记、区长陆志坚参加开业典礼。该公司由同方股份有限公司和日本NOK株式会社共同出资组建，项目总投资额2亿元。项目按三期投资建设，一期投入4000万元。公司以膜分离技术为核心，通过研究开发、产品制造、工程服务等形式，专业从事饮用水水质改善、工业用水净化、污水处理和再生利用等业务。

【布莱德中国研发中心落户】3月17日，布莱德网络技术（无锡）有限公司在锡山经济开发区V-Park服务外包园“搜客天地”举行开业仪式，标志着美国布莱德网络技术公司在中国的研发中心启动，同时也是美国布莱德网络技术公司将中国作为全球战略重点区域的见证。锡山区委常委、常务副区长蒋群，锡山经济开发区党工委副书记、管委会副主任陈建清出席典礼。至2010年年末，第一期研发中心占地面积0.18公顷，总投入800万美元，员工100名，实验室还将投入280万美元的IT设施，建设锡山经济开发区最大的以软件研发为主的IT厂商。

【杰事杰新材料研发中心落户】4月13日，上海杰事杰集团新材料研发中心暨半绝生产基地签约仪式在锡州花园酒店举行。该中心是由中国十大杰出青年杨桂生创办，依托中国科学院化学研究所，经科技部、中国科学院和上海市人民政府认定的高新技术企业，将在锡山经济开发区设立研发总部，并联手无锡产业集团打造世界上最大的半纶生产基地。该项目注册资本2亿元，计划年产1万吨半芳香聚酰胺，5年时间内扩建到年产5万吨。

【江苏火炬创业投资有限公司成立】 7月1日，江苏火炬创业投资有限公司股东签约仪式在锡山经济开发区举行。江苏火炬创业投资有限公司面向具有高成长性的未上市企业以及初创期科技型企业，尤其是满足国内中小板和将要开设的创业板条件的项目等进行权益性投资，并为之提供管理服务。公司注册资本为1.61亿元，是锡山区首家真正意义上的完全市场化的创投公司。

【国际咨询巨头德勤成为商业顾问】 7月23日，锡山经济开发区与世界知名会计事务所——德勤中国总部签订谅解备忘录，达成合作意向。根据备忘录，“德勤”将利用其全球信息资源和网络平台，发布锡山经济开发区信息，策划、协办各类招商活动，免费协助锡山经济开发区进行招商引资，同时为区内企业提供各类免费的财务及税务知识培训，通过各种手段实现合作双方的互利“双赢”。

【无锡开普机械有限公司三期项目开工建设】 8月10日，位于锡山经济开发区的无锡开普机械有限公司三期项目开工建设。无锡开普机械有限公司落户锡山经济开发区后，依托强大的技术、高端的人才和优势的品牌，注重产品的节能、环保、低碳，致力于生产绿色应急电源、低排放高速发动机、低碳工程机械的研发，成为国内该行业的排头兵。为了尽快实现产品由小到大结构转型，开普三期工程计划投资4.8亿元，目标是建设“大功率高速燃油/燃气发动机及生物能源成套设备生产基地”。

【首都科技条件平台无锡工作站成立】 9月29日，北京市科技信息中心与锡山经济开发区科创中心签约，合作共建首都科技条件平台无锡工作站，该工作站在锡山经济开发区科创园挂牌成立。该工作站建立的目的是为有效借助首都科技条件平台的科技资源，进一步促进北京的科技资源更好地为无锡企业自主创新提供测试、研发等服务，实现双方优势互补，合作共赢。该工作站将依托首都科技条件平台，面向锡山区及周边区域，为中小企业提供科技条件支撑服务，开展科研仪器设备、实验室及文献数据共享协作，开展测试、研发的供需对接。

【新能源汽车产业园首批项目落户】 9月30日，无锡产业集团与锡山经济开发区战略合作暨锡东新能源汽车产业园首批项目签约仪式在锡州花园酒店举行。锡山经济开发区与无锡产业集团携手打造新能源汽车产业园，首批高端合作项目落户该园。

【和荣科技新兴产业项目落户】 11月6日，无锡和荣科技有限公司与锡山经济开发区签订投资协议书，投资建厂，专业从事硅片切削液的循环利用。无锡和荣科技有限公司在锡山经济开发区设立一家独资公司，并与香港上市公司保利协鑫能源控股有限公司成立一家合资企业。项目达产后，预计两家公司的年产能力为30万吨“废浆料”处理能力，年销售20亿元，每年缴纳各类税收3亿元。

【江苏帝达贝轴承有限公司二期落成】 11月17日，江苏帝达贝轴承有限公司二期新厂落成仪式暨新品推广会举行。江苏帝达贝轴承有限公司由世界500强企业美国铁姆肯公司投资成立，总投资1750万美元，公司二期厂房扩建完成，将生产大型风电轴承、转盘轴承。

【无锡迈为电子EV研发中心启动】 12月1日，无锡迈为电子EV研发中心在锡山经济开发区科创园举行启动庆典。无锡迈为电子EV研发中心的启动为锡山经济开发区新兴产业培育增添了新的动力，为锡山经济开发区以新能源汽车为代表的新能源产业向更高平台、更宽领域、更深层次延伸提供了契机。

【锡东科技产业园聚智创富中心项目奠基】 12月23日，无锡产业集团聚智创富中心举行奠基典礼。无锡市副市长谈学明，锡山区区长陆志坚，锡山区副区长章红新，锡山经济开发区党工委副书记、管委会副主任陈建清等领导出席奠基仪式。该项目占地面积7.09公顷，总建筑面积12万平方米，总投资约4亿元，预计2012年10月竣工。 （陈术峰）

高铁站商务区

【概况】无锡高铁站商务区管理委员会为锡山区人民政府派出机构，正处级建制，主要负责商务区45.62平方公里的开发建设和城市经营。下设党政办公室、财政审计局、经济发展和招商服务局、建设局4个机构。行政编制30名，事业编制20名。安镇街道委托高铁站商务区管理，增挂“社会事务局”牌子。2010年，高铁站商务区以科学发展观为指导，在市委、市政府和区委、区政府的正确领导下，坚持“四高联动”（高新技术产业、高端服务业、高层次人才、高品质人居环境）原则，围绕“一年成名、三年成形、十年成城”目标，以高铁通车为时间节点，扎实推进基础设施建设年活动，全面展开新城建设框架，经济社会发展保持又好又快发展势头。

综合实力显著提升。2010年度完成地区生产总值57亿元，比上年增长15%；实现财政收入5.58亿元，比上年增长28.6%，其中，一般预算收入3.33亿元，比上年增长51.4%；完成全社会固定资产投资53亿元，比上年增长40.5%，主要经济指标名列全区前茅，综合实力跃上新台阶。

新城形态初步展现。规划导向作用进一步增强，根据“三中心、一枢纽”（无锡城市副中心、锡山未来行政经济文化中心、无锡东部高端产业集聚中心、长三角区域性交通枢纽）的战略定位，以生态城、旅游与现代服务城、高科技产业城、宜居城为建设目标，大力实施“市政支撑、环境先行、公建引领、居住启动、产业蓄力、发展惠民”六大行动，综合交通规划、核心区城市设计、九里河景观三大支撑规划圆满收尾，核心区城市街区设计、道路景观规划、地下空间利用规划、翠屏山休闲生态园规划等十大专项规划加快推进，全面启动开发建设规划的编制。基础设施建设加快推进，全年在建道路84公里，新韵路、山河路、先锋路、吼山路、润锡路等15条道路竣工通车，通车里程52公里，基本构建高铁站商务区路网框架体系；完成拆迁签约163万平方米，在建安置房188万平方米，竣工40万平方米，山韵佳苑、水岸佳苑117万平方米全部完成封顶。城市功能不断完善，天一实验学校、水岸佳苑幼儿园启动建设，锡山湿地公园基本完成地形整理；九里河改道、芙蓉塘西延、新横塘河等3个河道工程顺利竣工，新开河道5.8公里。

招商选资成效初显。成功引进无锡搜狐新动力投资有限公司，到位外资突破5000万美元，成为2010年全市最大的单笔服务业外资引进项目；完成安国路南地块、新韵路北地块等5幅50公顷经营性地块的挂牌出让，知名房地产企业碧桂园集团入驻高铁站商务区，红豆总部大厦落户；Auto-Park汽车城一期项目9家企业完成签约，新城影响力和知名度得到有效提升。产业培育升级加速，以科技创新、文化创意、旅游休闲为主要方向，基本明确“一心、两轴、七大类产业功能区、十六个产业集聚区”的产业规划布局。

社会事业协调发展。城市管理快速跟进，成立高铁站商务区城市管理领导小组，坚持边建边管、严格管理原则，理顺城管体制机制，构建城管工作体系，整合资源，明确职责；开展违建、渣土等专项整治活动，全年拆除违建3万平方米，违建势头得到遏制，渣土运输得到规范，新城城市环境得到有效改善。民生改善持续增强。深入推进社保扩面工作，社保扩面净增人数1572名；全力推进“双置换”工作，全年完成置换面积714.8公顷，置换人数9100名；大力推进就业再就业工程，大力开发就业岗位和公益性岗位，全年实现就业再就业325人。加大社会事业投入力度，全年投入2.9亿元，用于安镇中学、查桥卫生服务中心改造等各项公共服务配套设施建设，进一步完善公共服务功能。全面加强社区管理，进一步深化村级股份制改革，扎实推进社区“扁平化”管理工作，加快推进城市管理市场化运作步伐，80%的村被评为无锡市、锡山区“管理民主示范村”。

相关链接

一心：以高铁站场南北广场为核心。

两轴：南北走向的中央景观大道及轨道交通线形成的城市中央发展轴，东西走向的九里河景观带形成的城市景观生态轴。

七大产业功能区：总部经济集聚区、文化创意产业区、科技创新服务区、商务商贸综合区、生态旅游休闲区、高端居住生活区、电驱动产业园区。

十六个产业集聚区：总部经济集聚区（中央商务区）、立体视像产业园、科技创新产业园、文化创意产业园、润锡路商务区、锡沪路商务区、汽车消费服务区（Auto-park）、翠屏山生态休闲园、白丹山康体休闲园、国际社区、康体社区、生态社区、水岸社区、山韵社区、胶阳社区、电驱动研发园。

【重点项目开（竣）工】 6月30日，锡东新城二河六路竣工暨2010年部分重点工程开工典礼仪式在高铁站商务区举行。江苏省委常委、无锡市委书记杨卫泽，无锡市人大常委会主任周解清，无锡市委常委、常务副市长徐劼，无锡市委常委、市委秘书长许刚，副市长吴建选等省市领导以及区领导朱爱勋、陆志坚、周文栋、章建新等参加典礼。九里河改道、芙蓉塘西延、新韵路、山河路、胶阳西路、山韵街、盛丰街和水岸街8个项目率先竣工，润锡路、锦安南路、春风南路、盛源北路、弘业路、胶阳中路、文瑞路、锡东高级中学、天一实验学校、水岸佳苑幼儿园、锡山湿地公园和新横塘河工程12个项目启动建设。

12月28日，锡东新城重点工程开竣工仪式和锡山区2010年度重点工程建设项目竣工典礼举行。江苏省委常委、无锡市委书记杨卫泽，无锡市人大常委会主任周解清，无锡市政协主席贡培兴，无锡市委常委、常务副市长徐劼，副市长吴建选等省市领导以及区领导朱爱勋、陆志坚、吴富生、周积生等参加活动。总投资5.3亿元的润锡路、先锋路、吼山路、春风南路、锦安南路等计20公里道路建成通车，新横塘河竣工启用。光吴路、光越路、地下环路等工程开工建设。

【锡东新城前景展望高端对话】 8月17日，无锡高铁站商务区管委会主办“新高铁、新发展、新机遇”锡东新城前景展望高端对话。高铁站商务区就锡东新城最新的规划建设、招商引资等成果进行专题发布，国内外各大著名房产中介机构代表及锡城资深媒体人士参加活动。

【吸引外资突破5000万美元】 8月，高铁站商务区招商选资实现重大突破，无锡搜狐新动力投资有限公司顺利完成工商营业执照变更登记手续，一期到位外资为5000万美元。该公司由搜狐（香港）有限公司出资9000万美元成立，是无锡市首家外商企业投资性总部。该项目的顺利落户，是2010年全市服务业外资引资规模最大的项目，也是锡山区一次性到位外资最多的项目。

【三大规划成果完成】 综合交通组织研究完成。由英国科进集团公司负责，对高铁站商务区范围内的交通组织展开研究，确定两横两纵（加3条联络线）的快速路系统、五横六纵的主干道系统、六横九纵的次干道系统，形成了便捷、顺畅的交通组织方案。核心区城市设计完成。由美国RTKL国际有限公司承担核心区2.4平方公里范围内的城市形象、功能、布局、空间等研究，形成灵动大气，体现休闲、生态特色，融合江南城市自然、婉约特质的绿色城市设计方案。九里河景观规划完成。由泛亚国际景观设计公司承担设计，九里河景观研究以“碧波柳岸”为主题，形成合理的空间和功能布局，成为高铁站商务区展示形象、塑造功能和打造特色的重要区域。

【全省首条地下车行环路开工建设】 11月，国内领先、江苏省内首条地下车行环路项目在高铁站商务区核心区开工建设。地下车行环路由日本设计公司承担设计任务，全长约2.1公里，布置4进3出7处出入口，服务商务核心区与高铁车站配套工程的交通集散。整套系统由“一环＋一弧”组成，地下车行通道全线采取逆时针单向组织。该系统服务高铁核心区到发交通，对提高区域静态交通出行效率、缓解商务核心区地面人车矛盾、改善高铁站商务区地面环境品质、实现低碳交通理念具有积极作用。

【碧桂园集团入驻高铁站商务区】 11月26日，在2010年无锡市市区第五批国有建设用地使用权公开挂牌出让会上，碧桂园集团以9.21亿元的高价拍得新华路北地块，成为碧桂园集团在无锡市场的首个地产项目。该地块位于高铁站商务区新华路北、润锡路东，地块总面积18.98公顷，分为A、B两块，拟建建筑面积约为37.91万平方米。地块西接高铁北广场，距高铁无锡站和地铁站约800米，毗邻锡东高级中学、天一实验中学和未来的锡山人民医院，地理位置优越，周边配套齐全，规划为高端住宅区。

（张智慧）

（编辑：张　彤）

2010无锡锡山房地产项目（香港）投资推介会举办。图为区长陆志坚致辞

（《新锡山》 供）

“广交会”锡山展区　　（《新锡山》 供）

12月16日，柬埔寨首相洪森（前排左四）考察红豆集团

（区商务局 供）

锡东新城前景展望高端对话　　　　（高铁站商务区 供）

12月18日，优昵蓓乐（无锡）装饰制品有限公司奠基
（锡山经济开发区 供）

12月1日，无锡迈为电子EV研发中心启动　　　　（锡山经济开发区 供）

区人大常委会主任吴富生（前排左一）视察锡山经济开发区

（锡山经济开发区 供）

11月17日，江苏帝达贝轴承有限公司二期落成　（锡山经济开发区 供）

10月20日，无锡诚鼎创业投资中心签约仪式举行　　（锡山经济开发区 供）

锡东新城二河六路竣工暨2010年部分重点工程开工典礼仪式举行。图为省委常委、市委书记杨卫泽（中），市委常委、常务副区长徐劼（左），区委书记朱爱勋（右）共同启动水晶球　　（高铁站商务区 供）

6月26日，红豆集团与高铁站商务区签署合作备忘录（高铁站商务区 供）

高铁站商务区街区效果图　　（高铁站商务区 供）

服务业·商贸·旅游

服务业

【概况】2010年，锡山区按照“赶超发展”奋斗目标，牢牢把握转型升级发展要求，依托城市化推进，以高端业态为导向，以引资调优为动力，以项目建设为支撑，以环境完善为保障，实现了服务业经济的平稳较快发展。全年完成服务业增加值153.10亿元，比上年增长15.9%，占GDP比重为38%；社会消费品零售总额116.15亿元，比上年增长19.1%；服务业投入159.42亿元，比上年增长41.8%。

项目建设稳步推进。全区67个1000万元以上服务业重点产业项目完成投资额64.3亿元，包括无锡汇坚国际五金机电城二期、国茂钢材交易市场在内的29个项目建成完工。骨干项目带动作用明显。39个超亿元项目完成投资额52.7亿元，占全年完成投资总额的82%。外资利用取得新突破。全区完成服务业到位利用外资19023万美元，占全区到位利用外资的比重为54.3%。搜狐新动力和长甲Office-Park项目分别完成到位外资5000万美元和7977万美元。

商贸集群不断壮大。消费品市场保持活跃运行。全区32家生活性商贸物流规模企业（列入国税开票销售100强）完成国税开票销售101.7亿元，比上年增长53%。全区完成家电以旧换新销售额4742.1万元、家电下乡销售额3269.1万元。生产性商贸物流持续快速增长。全区68家生产性商贸物流规模企业（列入国税开票销售100强）完成国税开票销售375.3亿元，比上年增长58.2%。专业市场集群不断壮大。全区完成亿元以上商品市场交易额491.1亿元，比上年增长67%。无锡国茂钢材现货交易市场、无锡金鹅湖钢材市场等建成投运。

业态调优不断加快。服务外包量质齐升，四项指标均位居全市第三位。全区完成服务外包接包合同金额3.80亿美元，比上年增长58.3%；服务外包接包执行金额3.14亿美元，比上年增长42.7%；离岸外包接包合同金额2.30亿美元，比上年增长15%；离岸外包接包执行金额1.81亿美元。新增布莱德网络技术（无锡）有限公司、无锡德冠生物科技有限公司、无锡网新颐和科技有限公司3家市服务外包“123”计划（无锡市政府提出，到2010年年末，全市集聚国际服务外包和软件出口企业100家，每家企业从业人员超过2000人，年出口超过3000万美元，简称“123”计划）企业；新增服务外包载体25万平方米。旅游业提速发展。依托上海世博会效应，旅游业整体发展水平进一步提升。全区完成旅游接待人数95.8万人次，比上年增长45%；完成旅游营业收入9660万元，比上年增长88%。无锡现代农业博览园新增国内首个接轨国际的花园中心——“虹越园艺家”，无锡五芝源养生生态园等景点建成开园。东港红豆杉高科技生态园、羊尖严家桥村等11个旅游景点成功创建市级“农家乐”。

【大明国际控股有限公司香港上市】12月1日，以江苏大明金属制品有限公司为境内主要控股公司的大明国际控股有限公司在香港联合交易所成功挂牌上市，成为继红豆股份、希姆斯电梯后锡山区第三家上市公司。江苏大明金属制品有限公司成立于2002年，按照打造“制造业不锈钢配供中心”的发展战略，大力发展物流增值服务，主要从事不锈钢加工、销售和配送，并在天津、杭州、武汉等地设有加工配供中心，拥有庞大的销售网络和广泛的客户资源，2010年实现不锈钢销售40余万吨。大明国际控股有限公司以每股2.1港元公开发售2.5亿股，募集资金5.25亿港元，主要用于江苏大明无锡加工中心第五期、第六期的设备购置，以及在湖南长沙和江苏靖江新建加工及物流中心，继续巩固公司在国内不锈钢加工材料分销网络商中的领先地位。

【东吴证券落户东亭】10月25日，东吴证券无锡锡沪路证券营业部揭牌。该营业部是东吴证券股份有限公司在无锡开办的第一家证券营业部，也是全国第43家营业部。东吴证券股份有限公司前身为组建于1992年的苏州证券，历经三次增资扩股。2010年5月28日，东吴证券有限责任公司改制并更名为东吴证券股份有限公司。公司注册资本15亿元，总部及注册地在苏州。公司下属8个分公司，拥有43家证券营业网点，形成证券经纪业务、投资银行业务、证券投资业务、资产管理业务、固定收益业务为基本架构的业务体系以及研究咨询、信息技术、合规管理、综合服务等业务支持体系，证券交易量、净资本等多项业务指标连续多年居同行业中上游水平。东吴证券锡沪路营业部的设立，不仅为无锡的经济发展提供了优良的融资渠道和优质的金融服务，也为无锡和苏州的金融服务和实业发展搭建了良好的合作平台，更好地实现两地信息交流、相互借鉴和共同发展。

【3家企业成为市“123”计划企业】2010年，布莱德网络技术（无锡）有限公司、无锡德冠生物科技有限公司、无锡网新颐和科技有限公司成为市“123”计划企业，全区累计5家。布莱德网络技术（无锡）有限公司是为云就绪、手持电脑和虚拟化企业数据中心提供革新的千兆和万兆以太网交换机的领先厂商。该公司的刀片服务器市场占全球58%的市场份额，全世界有超过9500家企业的数据中心部署该公司架构操作系统，其中包括350家财富500强企业。2009年底在无锡建立的布莱德网络技术研发中心是公司全球发展战略中的重要环节，主要研究方向面向下一代云计算中心的高性能交换机开发，并直接服务于全球市场。无锡德冠生物科技有限公司为中国香港独资企业，主要从事酶制剂研发的外包服务以及相关产品的研发销售，产品涉及领域包括纺织、皮革、饲料等，主要业务区域包括荷兰、韩国、中国香港等。无锡网新颐和科技有限公司由杭州网新颐和科技有限公司投资创建，主要从事国内外业务流程外包服务。杭州网新颐和科技有限公司成立于1997年，是以文档数据处理及内容管理为基础的数据应用外包服务与解决方案提供商。公司主要服务于国内外保险、银行、通信运营商、政府等客户，为其提供结合西方商业惯例的流程服务。作为中国最具实力的业务流程外包（BPO）服务提供商之一，公司分别入选中国软件业百强企业、中国电子政务IT百强企业、系统集成方案提供商百强企业，并在2007年、2008年和2009年连续被评为“外包行业50强企业”。

【城市综合体建设快速推进】2010年，锡山区首个城市综合体——晶石国际中心建成完工。晶石国际中心由江苏晶石科技集团有限公司开发建设，总投资额4.8亿元，建筑面积9.5万平方米，主楼24层，总高99.9米，于2007年开工建设。江苏晶石科技集团有限公司是中国知名大型电子元器件专业制造商，资产总量为25亿元。晶石国际中心拥有一流硬件，主要服务于品牌公司的内部办公、大型会议、对外接待等商务需求，泓历皇朝酒店东亭店、鼎尚皇冠酒店、创想娱乐、恒昌农村小额贷款公司等商业连锁品牌和企业入驻。同时，江苏大为科技有限公司锡山软件园一期建成封顶，江苏大为科技有限公司锡山软件园总投资额5亿元，总建筑面积15万平方米。东北塘科技创业中心一期建成封顶，东北塘科技创业中心总投资额2.2亿元，建筑面积4.8万平方米。东亭科技创业服务中心开工建设，项目总投资额1.5亿元，建筑面积2.5万平方米。

【专业市场集群发展不断加快】全区专业市场集群发展速度不断加快，体量规模不断壮大。2010年，全区完成商品市场交易额561.9亿元，比上年增长66.25%。12月12日，万力装饰城开业，市场集展示销售、仓储物流、商务办公于一体，拥有大自然地板、锦绣前程地板、大王椰板材、蒙娜丽莎陶瓷、兔宝宝地板、格林春天地板等知名品牌，并配套餐饮娱乐商业街，能够满足装饰材料采购全方位需求。万力装饰城与无锡皮革城、无锡摩托电动车市场、中国印刷包装城在东亭北路连为一体，总建筑面积超百万平方米，形成市场集群发展效应。同时，宝鼎钢材市场一期、国茂钢材交易市场、无锡金鹅湖钢材市场一期等市场相继建成完工，持续推动全区商品市场快速发展。

【碧桂园集团首度进军锡城】11月26日，高铁站商务区新华路北地块被碧桂园集团以9.21亿元拍得，该地块是碧桂园集团摘得的锡城“第一地”。地块总面积18.98公顷，西接高铁北广场，东邻水岸佳苑安置房小区和即将兴建的锡山人民医院，南有天一实验中学和锡东高级中学。作为国内房地产业的领军人物，碧桂园集团成立于1992年，位居中国房地产开发企业500强前十位。2007年在香港联交所主板上市，是一家以房地产为主营业务，涵盖建筑、装修、物业发展、物业管理、酒店开发及管理等行业的国内著名综合性房地产开发企业。碧桂园集团在全国开发逾80个高品质地产项目，遍布广东、广西、天津、安徽、江苏、湖南、湖北、重庆、辽宁、黑龙江、内蒙古等区域，服务逾25万名业主。（薛 飞）

粮 食

【概况】锡山区粮食局为区政府工作部门，正科（局）级建制。主要职能是加强对全区粮食流通的管理，监督指导粮食企业执行国家粮食购销政策和有关法律法规；加强对区级储备粮管理，增强区政府对粮食流通的宏观调控能力，承担粮食行政首长负责制下的有关粮食流通的具体实施工作；加强粮食市场、质量管理监督，保障全区粮食供应安全。内设综合科、购销储备科、市场管理科、法制科4个科室。核定机关行政编制12名，下属事业单位粮油质量监测站，核定事业编制7名。

2010年，区粮食局在区委、区政府的正确领导下，坚持以科学发展观为指导，面对国际、国内粮价上涨和诸多不确定因素，充分发挥工作主动性，以扎实的作风、务实的态度、有效的措施全力抓好粮食保供、市场管理和系统稳定工作。在东港中心库改扩建工程方面，一期工程即8600吨仓容及附属配套设施竣工，二期工程开工建设。在进一步深化粮食流通体制改革方面，积极引导企业转变观念、立足自身，从建立市场化经营机制、树立诚信经营理念、规范企业经营管理、确立创新经营目标等四个方面进行自我完善，以赢得税务、银行等相关部门的认可和支持，确保了全系统的稳定健康发展。全年收购粮食居“两市两区”（江阴市、宜兴市，锡山区、惠山区）第二位，保质保量完成地储粮任务，实现了粮食市场供应平稳和质量安全。

【粮油供应稳定】打造信息平台，提供参考引导。利用《锡山粮食通讯》，及时反映国内外粮食市场价格波动和全区市场供求情况，为领导决策提供参考，为全区涉粮企业提供信息咨询。抓好仓储管理，保证存粮安全。督促企业抓好冬季通风降温、春季密封和夏季安全度夏工作，认真落实无锡市粮食局规范化仓储管理的各项要求，健全规范仓储制度，确保全区库存粮食储存安全。多措并举，实施科学保供。要求各粮食企业切实履行责任，服从、服务于国家宏观调控政策；以销定购，积极稳妥组织货源，2010年南北挂钩产销衔接，区粮食企业签订意向性采购合同2.7万吨；认真落实成品粮油储备任务和粮食购销企业最高库存量标准，确保动态库存数量充足、应急保供；做到地储粮适时、有序轮换，服从宏观调控需求，充分规避亏损风险。抓好宣传引导，保障农民利益。向全区粮农发放公开信，制作宣传横幅、展板，收购政策、质量标准一律“上墙”公布，坚决做到明码标价，并公布举报电话，24小时接受群众监督，实现粮食收购的阳光操作。加强粮食经纪人管理，召集全区粮食经纪人座谈，掌握人员情况，统一纳入管理，规范收购行为。

【粮食市场管理】以《粮食流通管理条例》颁布实施6周年为契机，在全区集中开展以“倡导科学消费，确保粮油安全”为主题的宣传活动。利用“3·15”国际消费者权益日和乡镇庙会节场，广泛开展粮食政策法律法规和粮油科学消费知识宣传活动，发放宣传资料8000余份，接受市民咨询350余人次，并设立粮油安全监督举报热线，制作宣传标语500份，提高广大群众对科学消费的认知度和参与度。更新区内14家卫生院、55家中小学校及幼儿园、220家大中型企业信息台账，掌握集伙单位基本情况。在东亭、东北塘、锡北、羊尖、鹅湖5个片区6家“放心粮油”经营单位，设立“放心粮油”专柜，为消费者提供质量可靠的粮油产品，扩大“放心粮油”品牌示范效应。同时，会同相关部门对全区14家“放心粮油”经营单位开展复查考评，确保“放心粮油”真正放心。开展成品粮油市场的联合执法，年内开展执法检查48次，出动检查人员146人次，检查单位143个，查处案件2起，抽检样品191个，合格率达98%，确保了区级粮食市场流通有序，粮油产品质量安全、价格稳定。

【粮食系统安全】优化资产管理，确保国有资产安全。完善资产租赁合同，全面开展出租户调查，明确租赁标的，妥善处理出现的问题；按照区国有资产管理有关规定，对全系统的固定资产和流动资产逐一排查，全部登记造册，建立详细的基础台账；完善国有资产管理目标责任考核制度，对下属3个中心粮管所负责人实行目标考核，工作绩效与年终奖励挂钩；切实加强财务管理，做到制度明确，公开透明。狠抓安全生产，确保粮食系统安全。调整成立安全生产工作领导小组，下发2010年安全生产工作意见，完善安全生产考核办法，建立系统安全员制度，落实安全生产风险抵押金；在系统内部广泛开展“我的安全我负责、他人安全我尽责，单位安全我有责，出了问题严查责”活动，组织有关人员观看粮食安全事故警示宣传片，刻录成光盘下发到各有关企业。同时，制作下发7期安全生产常识手册，形成安全知识宣传全覆盖；对存在隐患的仓房、电力管线等实施分步维修，维修屋面11处，更换电线2处，修砌危墙150平方米，拆除危房400平方米；对熏蒸药剂等有毒有害化学物质存放点加大硬件设施投入，加配加固门窗7扇，增设CK110（一种联网报警器型号）1套。全系统全年对安全生产的投入50余万元，确保安全无事故。（王品元）

供销

【概况】锡山区供销合作总社是全区供销系统资产管理和为农服务机构。2010年，区供销合作总社紧紧围绕区委、区政府的中心工作，深入贯彻落实国家、省、市关于推进供销合作事业改革发展的文件精神，紧抓为农服务职能，全系统实现商品销售额43亿元，农副产品购销总额3.4亿元。推进“新网工程”建设，帮助系统内企业争取到位为农服务扶持资金180万元。创新工作举措，增强工作活力，全力做好稳定发展和资产管理等各项工作，全年租金收入489万元，资产总额3.1亿元。年末，区供销社被江苏省供销合作总社评为“新网工程”建设优胜单位。

【构建为农服务建设新平台】在近年建立健全资产管理机构、完善优化内部机制的基础上，按照省委、省政府“鼓励和支持供销合作社投资兴办各类为农服务企业，构建为农服务载体和平台”的要求，针对锡山区供销系统缺少为农服务有效平台的现状，积极争取区委、区政府的大力支持，整合社有资源，筹划加快为农服务产业化平台建设，组建无锡市汇农合作经济服务发展有限公司，用足、用好中央和省市为农服务方面的政策和资金，切实为全区农副产品进入大市场引路搭桥。积极利用其他单位的资源优势，加强横向联合，与无锡德冠生物科技有限公司、无锡喜洋洋果蔬专业合作社组建成立锡山土壤试验工作站，于10月在羊尖镇南村村挂牌。该站为全区农民在种植过程中合理施肥、用药，改善农作物生长的土壤环境提供了科学依据。

【探索发展基层建设新模式】充分发挥供销社系统合作优势，加快纵向整合和横向联合，探索建设植根“三农”，集基层供销社经济实体、为农服务载体、农民合作经济联合体“三位一体”的供销社新型组织体系。在鹅湖镇、东港镇试点探索推进基层合作社“三位一体”建设，重点探索以供销系统基层合作社为核心，组建农村合作经济组织联合会，整合全镇农村合作经济组织资源，打造基层为农服务平台，既为政府承担合作经济行业管理，又为农户和合作经济组织提供专业咨询、项目争取、市场对接等行业服务，努力成为农户、合作经济组织联系政府、对接市场的桥梁。无锡市鹅湖镇农村合作经济联合会于7月28日成立，区委副书记华炳泉、市供销社主任金元兴和区供销社领导出席成立大会。

【积极实施助农增收工程】在多方调研的基础上，区供销社提出并实施“专项扶持经济薄弱村计划”。推进专业合作社建设。结合区政府推进“一村一园”工作，联合当地村级基层组织，发挥地域优势和自身优势，帮助建立蔬菜、水果、食用菌、特种水产和花卉等专业合作社和联合社，组建省级专业合作社4家，培训农产品经纪人100名。社员入户数415户，带动农户460户，全年销售农副产品3.4亿元，户年均增收5000元。羊尖镇南村村率先兴办果蔬专业合作社，试点扶持建设大棚蔬菜基地5.33公顷，投入资金80万元。通过村集体组织进行土地流转，积极引导农民自愿入社，实行基地化、规模化、标准化种养殖合作经营，并建立相应收益分配机制，实现村集体、合作社成员收入“双增收”。培育农业产业化项目。着重帮助基层农村，特别是以专业合作社为平台，积极发展高效规模农业。在加快推进现有专业合作社农业逐步产业化的同时，全面推进“双百市场工程”和“农超对接”（农户和商家签订意向性协议书，由农户向超市、菜市场和便民店直供农产品），与无锡朝阳集团、君来集团等结对共建蔬菜基地，实行标准化、规模化生产，并逐步培育、扶持区农业产业龙头企业，突显产业加基地的示范辐射作用，在全区大多数经济薄弱村逐步培育形成蔬菜、水果等农产品区域性优势产业带。推进“新网工程”建设。通过整合系统内企业资源，利用全区经济薄弱村存量资源，开展合作，发展连锁经营，建立汇华医药、烟花爆竹、凯司令食品3个配送中心，连锁网点610个，销售总额22.06亿元。全系统对上申报“新网工程”省级项目2个，申报农业科技项目省级1个、市级1个，扶持资金到位15万元。

相关链接

双百市场工程：商务部从2006年起在全国实施“双百市场工程”，力争用三年时间，完成全国一半左右（约2000家）农产品批发市场升级改造，使农产品流通成本明显降低；全国约300家大型农产品流通企业经超市销售农产品的比例达到30%以上，使更多优势农产品进入跨国公司的国际营销网络。工程的主要内容有重点改造100家大型农产品批发市场；着力培育100家大型农产品流通企业。

【规范社有资产管理】 采取多种办法，加大社有资产增值保值力度。2010年年初成立三个资产管理组，定岗定责加强资产管理，通过公开招租等方式有效提高资产收益。对旧房及危房进行整修和改造，投入资金100余万元，新增营业面积250平方米。2010年在房屋建筑总面积减少26%的情况下，全系统各类社有资产合同收益比上年增长71%。同时，针对面临城市改造、拆迁等情况，积极配合无锡市政府拆迁工作，合理合法确保社有资产不流失，完成东亭汽修厂地块拆迁、周泾巷农资防洪物资仓库拆迁，拆迁补偿款项全部划入区财政专户。（刘晓群）

旅 游

【概况】 2010年，锡山区依托区位优势和资源禀赋，结合社会主义新农村建设，大力发展乡村旅游产业，全区旅游产品不断丰富，发展环境逐步优化，拉动效应逐渐显现，锡山旅游区域知名度和影响力持续扩大。

旅游市场快速扩大。依托世博会效应，全区旅游业呈现提速发展态势，体量规模不断扩大。2010年，全区主要景区（点）接待游客95.8万人次，比上年增长45%；完成营业收入9660万元，比上年增长88%。锡北镇灵芝苑、陆家水渠，东港镇红豆杉高科技生态园、黄土塘村等11个旅游景点成功创建市级“农家乐”。

景点建设快速推进。全区旅游景点建设保持较快速度，绿羊温泉农场二期、严家桥古镇保护开发二期、荡口古镇保护性修复工程、斗山生态园、山前休闲农庄累计完成投资额3.4亿元。绿羊温泉农场二期基本完工，五芝源生态农庄建成开园，无锡现代农业博览园新增国内首个接轨国际的花园中心——“虹越园艺家”，喜洋洋农博园店开业，斗山水产养殖园、泉山观赏植物园、斗山兰颐园等正在建设中。

旅游功能不断完善。依托旅游景点建设，全区旅游配套元素加快完善，整体发展水平不断提高。深入开展“迎世博，兴旅游，品锡山”系列活动，编制完成首本《锡山旅游》宣传册，首次推出三条锡山“一日游”旅游线路。首家本土旅行社——红豆集团无锡旅行社有限公司经江苏省旅游局批准成立。国庆期间，缤纷农博嘉年华活动在无锡现代农业博览园成功举行。

【荡口古镇获评“中国历史文化名镇”】 荡口古镇位于鹅湖镇境内，西邻鸿山彭祖墩遗址和泰伯墓，南近丘承墩吴越贵族墓群，属吴文化源头区域。荡口古名丁村（丁舍），相传是东汉孝子丁兰故里。建镇于明朝中期，兴盛于清朝末年。荡口古镇文化底蕴深厚，历代名人辈出。保留着华氏建筑群、三公祠（含步弓石刻）、植福庵（含戏楼及殿堂）3个（11处）省级文保单位、5个市级文保单位和40余处历史建筑。华蘅芳、钱穆、华君武、王莘、华秋苹等40余名名人志士，在故乡留下大量的文化遗产和人文景观。市、区、镇三级政府加强对古镇保护的组织领导，加大对古建筑修缮的经费投入，加大文保单位的保护力度，委托策划规划单位编制《保护规划》，力求将荡口古镇历史风貌原汁原味地呈现于世人面前。12月13日，在北京举行的第五批中国历史文化名镇名村授牌仪式上，荡口古镇被住房和城乡建设部、国家文物局共同评为“第五批中国历史文化名镇”。

【“迎世博，兴旅游，品锡山”活动成功举行】为积极对接上海世博会，依托世博会效应，全面提升锡山区旅游业发展能级，树立锡山区旅游发展新形象，举办“迎世博，兴旅游，品锡山”系列活动，通过推出一批精品线路、牵手一批旅游重点企业、组织一批世博会游客、打造一批旅游特色景点、宣传一批旅游品牌产品，进一步丰富锡山区旅游产品，优化产业发展环境，提升产业核心竞争力。4月23日，“迎世博，兴旅游，品锡山”活动启动仪式成功举行，近300人参与上海世博会试营运演练。

【市首个温泉群营业】

2月6日，无锡地区首个温泉群——雨后山林温泉营业。雨后山林温泉坐落在国家级农业旅游示范点绿羊温泉农场内，占地面积2公顷，总建筑面积8000平方米，是集温泉、餐饮、水疗、温泉别墅于一体的多功能温泉酒店。雨后山林温泉泉水主要来源于地下1600米深处的纯净柔性优质矿泉水。井底温泉55℃，出水口温度42.5℃，日出水量800余立方米。据江苏省地质调查研究院的鉴定，雨后山林温泉地热水化学类型属硫酸钙镁型，具备天然锶泉、氟泉、偏硅酸三大特征，是华东地区乃至全国罕见的纯天然锶、氟温泉。雨后山林温泉拥有8大区域38个温泉池，可同时容纳1000人泡温泉，日最高接待量为2500人。

【区首家旅行社成立】

7月，锡山区首家本土旅行社——红豆集团无锡旅行社有限公司经江苏省旅游局批准成立。红豆集团无锡旅行社有限公司为红豆集团下属公司，以红豆集团的辉煌创业历程和中国红豆杉高科技产业园为依托，集工业、生态旅游项目的开发、建设、管理，旅游工艺品的销售，各类会务、礼仪服务、接待、票务、住宿、餐饮及娱乐、国内国际组团旅游等服务于一体。红豆集团无锡旅行社的成立，对于整合宣传锡山特色旅游资源，全力塑造锡山旅游发展新形象将起到积极促进作用。（薛　飞）

（编辑：张　彤）

● 锡山六人书画作品赏析 ●

似曾相识燕归来　　（曹俊伦 作）

2010年第五届中国南方电动车及零部件展览交易会开幕式在锡山区南方国际电动车城举行

（高铁站商务区 供）

“锡山军团”统一参加首届中国国际摩托车及零部件交易会　　（区商务局 供）

布莱德网络技术（无锡）有限公司成为无锡市“123”计划企业
（孙剑光 摄）

锡山区粮食经纪人座谈会召开　　（《新锡山》 供）

无锡现代农业博览园举办国庆亲子活动　　（区商务局 供）

经济管理

发展改革管理

【概况】锡山区发展和改革局，挂“锡山区物价局”牌子，为区政府工作部门，正科（局）级建制。主要负责全区国民经济和社会发展中长期规划及年度计划的组织编制、全区经济运行的监预测与分析、全区经济体制改革的推进与协调、全区金融运行的监督与管理、全区固定资产投资的综合管理、全区企业上市的培育与推进、全区服务业发展的指导与协调、全区价格和收费的监督与检查等工作。内设办公室、发展规划科、经济体制改革科、财政金融科、固定资产投资科（挂“行政许可科”牌子）、资本市场科、社会事业科（挂“服务业科”牌子）、收费价格管理科8个机构，保留锡山区物价检查所。机关行政编制11名，专项行政编制8名。

2010年，在区委、区政府的指导和帮助下，锡山区发展和改革局紧紧围绕赶超发展的总目标，以科学发展观统领各项工作，坚持以服务发展为中心，以重点工作为抓手，以效能建设为突破，顺利完成各项工作任务，保障了全区经济社会又好又快发展。

【编制“十二五”规划】在认真对接省市“十二五”规划基本思路和编制要求的基础上，根据实际情况，拟订《锡山区国民经济和社会发展“十二五”规划基本思路》，通过与专业咨询机构签署中介服务合同，按照时间节点要求，全面完成锡山区“十二五”规划纲要编制，递交人代会审议通过。

【目标管理】在充分体现科学发展、赶超发展的基础上，结合2010年区人代会目标、全委会目标和无锡市下达目标，分解和下达各板块2010年经济社会发展指标，定期做好跟踪、监测，确保完成年度计划。同时，高质量完成经济运行分析工作，突出全年各时段经济发展特点，抓好问题的深度挖掘，做好趋势分析和动态比较，研究提出阶段工作的合理建议，为区委、区政府决策提供参考。

【规范性文件制定】分别拟订区级机关、锡山经济开发区和高铁站商务区、乡镇、街道四个科学发展评价考核意见，将科学发展、赶超发展的目标任务分解落实到各个部门、各个板块，整体构建“全区联动、上下一体、内容科学、责任明确”的评价考核体系，加快促进全区各级各部门为实现赶超发展多作贡献。拟订《锡山区战略性新兴产业培育发展六年行动计划（2010～2015年）》（简称《行动计划》），明确六大新兴产业门类和六年发展目标，强化新兴产业培育发展的扶持政策；成立锡山区新兴产业发展领导小组，初步建立起全区新兴产业培育发展的政策框架体系和领导推进机制。同时，为更好地贯彻落实《行动计划》，分别拟订《锡山区新兴产业发展重点支持目录》和《锡山区新兴产业发展引导资金管理使用办法》。拟订《区政府关于发展生产性服务业促进企业主辅分离的实施意见》，推进企业开展主辅分离工作，2010年全区有20家企业实现主辅分离；拟订《无锡市锡山区人民政府关于加快总部经济发展的实施意见》，吸引一批企业在锡山区建立区域总部、研究中心、采购中心和制造基地。

【提升项目服务和管理水平】项目建设不断推进。以区重点企业重点项目建设发展联席会议为平台，全面协调、解决项目用地指标、建设、规划等手续办理情况及存在问题，加快推进项目建设进度。2010年，全区85个重大产业项目开工72个，在建率84.7%，完成投资85.6亿元；15个列入市级重点项目开工14个，在建率93.3%，完成投资46.9亿元。项目服务不断规范。牢固树立服务意识、大局意识，本着方便企业、服务基层的原则，进一步提高审批服务效率，缩短办理周期。同时，出台《区发展和改革局关于进一步加强投资项目管理的意见》，强化依法行政，规范投资管理，有效防范行政风险。项目评估不断完善。制定《锡山区工业项目和生产性服务业项目发展水平评估标准（试行）》，开展全区2007～2009年办理土地协议出让和挂牌出让的工业和生产性服务业投产项目评估，进一步明确项目准入门槛，提升项目投入产出水平。

【促进银企合作】加强银政企信息互通，以驻区银行行长联席会议制度为平台，宣传各驻区银行贷款新政，通报经济金融运行情况，至12月末，全区金融运行平稳，全区金融机构各项贷款余额560.09亿元，比年初增加73.72亿元。积极开展各类银企对接活动，协助中国人民银行无锡市中心支行开展的“三送三进”（送政策、送产品、送服务，进乡镇、进园区、进企业）金融宣传服务活动取得实质性成果，有19家企业可获得银行授信20.21亿元，意向合作金额2.1亿元，切实解决了部分企业融资难的问题。加大对农村小额贷款公司的指导和管理。2010年，5家农村小额贷款公司累计为791个客户提供贷款26.21亿元，期末贷款余额14.95亿元，比年初增加13.26亿元。加强金融风险预警机制建设，做好区域内企业信贷突发事件应急处置的协调，打造安全优质的金融环境。

【企业上市工作】境外挂牌上市融资实现突破。2010年12月，以江苏大明金属制品有限公司为境内主要控股公司的大明国际控股有限公司在香港联合交易所挂牌上市；无锡百和织造有限公司上市申请通过台湾证券交易所上市审议委员会审议。上市企业培育工作进展有序。做好全区24家重点培育企业的跟踪服务工作，主动协调解决企业在上市过程中存在的问题。企业资本市场直接融资取得突破，全年直接融资16.8亿元。其中，大明国际控股有限公司香港上市融资5.25亿港元；引导企业洽谈私募投资，以股权融资助推企业发展，无锡兴达泡塑新材料有限公司等5家企业完成私募股权，募集资金2.63亿元；协助红豆集团、江苏晶石科技集团有限公司运用非金融企业债务融资工具成功募集资金9亿元。

【改革创新工作】根据区委、区政府部署，结合锡山区改革创新工作的实际情况，拟订《锡山区2010年深化改革创新体制工作要点》、锡山区2010年深化改革创新体制目标任务书、锡山区2010年深化改革创新体制工作进度安排表，大力推动全区重点领域和关键环节改革进程。同时，定期开展进度跟踪，积极参与、督查和协调各项改革进程，确保完成2010年工作目标。（田以畅）

统计管理

【概况】锡山区统计局为区政府工作部门，正科（局）级建制。根据机构改革要求，区统计局从区发展和改革局中分离出来，2010年初区统计局成为政府独立的工作部门，承担全区统计工作职责。主要负责承担组织领导和协调全区统计工作的责任；贯彻执行国家、省、市的统计报表制度和统计标准，制定全区统计调查计划，负责全区统计调查项目的管理，审批全区各部门统计调查计划和调查方案；按照国家统一部署和区委、区政府的要求，会同有关部门组织实施全区人口、经济、农业等重大普查工作，汇总、整理和提供有关区情区力方面的统计数据；承担全区经济、社会和科技方面的专业统计工作；搜集、整理和提供兄弟地区基本统计资料，并进行分析研究；建立、健全和管理全区统计信息自动化系统和统计数据库；组织指导全区统计干部教育、统计专业知识培训。内设办公室、综合统计科（挂“国民经济核算科”、“统计法规科”、“第三产业统计科”牌子）、农业统计科、工业统计科4个科室。辖锡山区综合抽样调查队、锡山区计算机站2个事业单位。区统计局在职人员为19名。

2010年，区统计局在区委、区政府的坚强领导下，紧紧围绕区委、区政府的中心工作和年初确定的各项工作任务，解放思想，实事求是，强化服务，开拓创新，坚持以提高统计服务水平为中心，以提高数据质量为主线，加大统计执法监督力度，狠抓队伍建设，全方位提升统计工作的整体水平，圆满完成各项工作任务。

【统计服务】充分发挥统计职能，加强对经济运行的监测预警，紧密关注经济运行态势，深入调查分析，努力为领导决策提供详实的统计分析资料。围绕区委、区政府中心工作，对全区各项经济指标加强分析研究。面对锡山区总体发展目标、任务和要求，加强对全区宏观经济形势和重大经济问题的分析研究，及时提供准确的统计数据和分析资料，为区委、区政府准确把握各个阶段经济发展和社会进步的基本情况提供可靠的基础资料。及时搜集、整理月度主要经济数据，按季度预测有关经济指标数据；加强各重要指标的统计监测分析，及时反映全区和周边兄弟县区的发展态势。按月出版《统计月讯》、部分县（市）区主要经济指标等资料；完成《2009年统计年鉴》，为领导决策提供直接的数据依据。全面监测“十一五”规划确定的各项目标任务，确保年末全面完成“十一五”规划确定的各项指标。按照赶超发展的目标，精心测算，科学谋划，编制好“十二五”规划指标体系，推进锡山区经济社会赶超发展、转型发展。

【完成各项定报工作和调查任务】把统计数据质量作为统计工作的中心任务来抓，加大工作力度，积极采取各种有效措施，进一步提高统计数据质量。精心做好年定报工作，进一步加强对统计数据的监管和评估。认真做好工业、能源、投资、房地产等的统计年报；精心开展城镇住户调查、工业品价格调查、景气调查、农村住户调查、旅游调查、农民工监测调查、富民监测调查、现代农业调查等各项调查工作。利用经济普查数据进一步加强地区生产总值的修正和核算，巩固劳动工资和消费品零售月报质量。完成各级名牌商标、免检产品、家电产品下乡评选申报企业数据核查工作。积极做好统计数据的质量综合评估工作，建立健全逐级审核制度，确保重要统计数据在总体上符合客观实际。

【开展第六次全国人口普查】第六次全国人口普查工作启动后，在区委、区政府的高度重视和有力领导下，在江苏省、无锡市人口普查办公室的具体指导下，全区各相关部门以及各级普查机构共同努力，认真按照国家和省市普查方案规定的步骤、程序和要求，在时间紧、任务重的情况下，广泛动员社会力量，精心组织，统筹安排，求真务实，扎实工作，圆满完成各项工作任务。出台《关于认真做好第六次全国人口普查工作的通知》，对第六次全国人口普查工作进行全面部署。加强组织领导。成立由统计、公安、人口计生等24个部门为成员单位的领导小组，全面组织和部署人口普查工作；锡山经济开发区、各镇（街道）按照全区统一部署成立人口普查机构，明确工作责任，为人口普查工作打下坚实的基础。按照人口普查工作要求，完成机构、经费、人员、办公地点、责任“五落实”工作。加强人口普查宣传工作。以依法普查为主线，紧紧围绕第六次人口普查的内容、目的和意义进行宣传，有计划地推进全区人口普查宣传工作，积极营造一个领导重视、群众参与、社会关心的良好氛围。认真组织开展综合试点工作。在江苏省、无锡市人口普查办公室的统一组织下，在全体工作人员的齐心协力下，历经业务培训、清查摸底、上门登记、事后质量抽查等一系列环节，圆满完成人口普查综合试点工作，并取得了显著成效。全面完成“两员”（指导员、普查员）选调和培训工作。组织骨干根据各普查区域普查对象的不同特点，有针对性地设计业务培训重点，并结合实例深入浅出讲解普查操作技巧，确保“两员”培训的质量。狠抓等级质量。自开展人口清查登记工作以来，紧紧围绕普查质量核心，全力做好普查表的登记填表、收集和审核工作。高标准、高效率完成快速汇总工作。按照工作进度安排和要求，通过凝聚合力、各方配合、紧抓节点，按时完成汇总工作。顺利完成普查数据光电录入。经过全区各级人口普查办公室工作人员的艰辛努力，锡山区顺利完成第六次全国人口普查数据光电录入上报工作。

【统计分析】紧紧围绕区委、区政府工作重点，深入实际，深入基层，认真分析整理、提炼数据，形成高含金量的分析报告，对全区经济发展进行研究分析，为全区经济的快速健康发展提供有效的信息保障。其中，《锡山区2009年消费品市场运行情况》获无锡市优秀统计分析报告二等奖，《发挥骨干作用，促进锡山经济发展》、《锡山区经济发展主要指标比较分析》获区主要领导批示，《锡山区产业结构现状趋势及调整对策》录入《无锡市第二次全国经济普查资料选编》。80余篇统计分析分别在锡山统计网站和区内办公平台上发布。

【R&D资源清查】按照无锡市统一要求，认真组织，精心安排，周密部署，保质保量完成R&D资源清查工作。为了确保数据质量，组织各企业进行培训，结合企业实际情况，对各个指标进行详细的讲解，使企业能够正确了解R&D资源清查的各项指标含义。有序开展摸底清查、布置培训、数据录入、数据审核、整理归档、发布清查结果公报、清查资料的开发研究等一系列工作。

【完成“幸福锡山”指标考评体系】根据《中共无锡

市委、无锡市人民政府关于在全市开展落实科学发展观建设幸福市（县）区活动》文件精神，为体现以人为本，更加贴近民生的统计服务要求，牵头完成“幸福锡山”建设综合考核评价指标体系修订工作。根据锡山区实际，增加突出“幸福锡山”建设特点的相关内容，确定6大部分41个指标，形成符合锡山区实际的区、镇两级综合考评体系。

【统计法制建设】加强统计执法力度。根据国家和省市会议精神，联合区监察局、区司法局成立统计执法大检查工作领导小组，下发全区执法大检查工作方案，全区成立3个专业工作组，组织对国家和省市明确的主要统计指标数据进行自查，对发现的问题及时整改。制订《2010年无锡市锡山区统计局统计监审工作安排》，对工业、贸易与餐饮服务业、房地产等各专业开展统计监审，对东港镇进行综合统计监审，并对2009年重点监审后整改措施落实情况进行监审检查，涉及全区60家企业。其中，对24家存在问题的企业发放整改通知书，立案查处统计违法案件13起。通过统计法制建设，有力地提高了企业对统计工作的重视程度，维护了《中华人民共和国统计法》的权威。为提高行政权力网上运行效率，根据锡山行权办《无锡市锡山区行政权力网上公开透明运行工作领导小组办公室关于行政权力“挂起”的实施意见》文件要求，全面完成网上行政权力“挂起”工作。经对2009年、2010年发生的种类事项认真对比，保留在行政权力网上公开透明运行数据库中的行政权力事项8项，其中，行政处罚7项，行政许可1项，其他权力事项全部“挂起”。

【统计教育与培训】为提高统计从业队伍综合素质，认真开展统计从业资格培训和统计人员继续教育工作。6月中旬，召开全区统计从业资格培训会议，组织178人参加全国2010年统计从业资格考试，通过160人，合格率为90%，比上年提高10个百分点。积极推进统计继续教育工作。组织全区500余名统计持证上岗人员进行有针对性的继续教育培训。通过培训，基层统计人员加深了统计法律法规、基层报表填报的认识，加强了基层统计工作，提高了统计队伍整体素质和基层统计数据质量。

（高　健）

物价管理

【概况】锡山区物价局为锡山区发展和改革局挂牌单位。主要职能是贯彻执行、宣传价格法律、法规、规章，落实价格调控措施；指导价格评估、价格鉴证工作，开展重要商品和服务的价格监测；负责全区行政事业性收费管理，开展收费许可证年审工作；依法实施市场价格监管，引导规范市场价格行为，制止价格垄断、价格欺诈、价格歧视等不正当价格行为，开展明码标价、价格诚信和价格公共服务工作；依法开展全区价格和收费的监督检查工作，处理价格争议，受理价格举报，依法查处价格违法和乱收费案件及不正当价格行为，指导价格社会监督工作。内设收费价格管理科。另设物价检查所、价格认证中心。价格认证中心为全民事业单位，核定编制5名。

2010年，物价部门紧紧围绕“服务结构调整促转型、服务消费扩大促增长、服务民生改善促和谐”的工作主线，认真落实目标责任，严格履行价格监管，规范市场价格行为管理，着力协调解决好群众关心的价格热点和难点问题，为加快赶超发展，建设“幸福锡山”发挥了应有的作用。

【落实省市价费政策】落实清费减负政策。取消和停止征收各类收费项目17项、降低52项、减免45项，减轻企业和群众负担1.63亿元。注销收费许可证正本10本、副本10本。落实收费公示制度。年审结束后，及时将涉企收费目录、优惠政策整理并在政府网站上公示。将涉农收费目录印制成公示表在全区各镇（街道）、村公示，使各类收费接受群众和社会监督。

【开展专项规范和整治】加强教育收费监管。运用《新锡山》报纸、区政府网、区发展和改革局网和区物价局网，多渠道做好教育收费公示，调整全区幼儿园保育教育费收费标准，集中降低东亭新光幼儿园、东亭春合幼儿园、东亭云林幼儿园、东港黄土塘幼儿园4所幼儿园保育教育费收费标准。加强医药价费监管。完善药品价格和医疗服务收费公示，开展药品和医疗服务价格专项检查，开展基本药物制度落实情况的检查。同时，结合实际，开展民营医疗机构价格专项检查，引导华山医院、安镇同济门诊部和东港镇宏德职工门诊部3家民营医疗机构规范收费公示，认真执行收费标准。加强物业收费监管。做好前期物业服务费收费标准制定和备案管理，加强前期物业服务收费执行情况的督察。配合无锡市物价局开展住宅物业服务与收费考评活动，广泛听取业主的意见和建议，对物业服务中出现的问题进行提醒，督促其整改，力求做到等级服务和收费标准相符。清理和整顿旅游景点收费。贯彻落实江苏省物价局《关于加强世博会期间价格监管服务工作的通知》，规范整顿旅游景点收费。取缔吼山公园卫生费乱收费行为，督促无锡现代农业博览园、斗山禅寺规范门票价格备案和公示。开展维修服务行业价格专项整治。联合交通汽车维修行业管理部门，组织开展汽车维修行业服务收费专项检查和督察，对1家存在不明码标价问题的汽修厂实施行政处罚。

【加强价格监测协调】坚持监测监督机制。充分发挥价格监测点作用，对7大类25个品种的主副食品进行监测，及时掌握及反映与人民生活密切相关的商品价格变动情况。推进民生价格信息发布。落实江苏省物价局《关于推进民生价格信息公布工作的意见》，从7月开始，坚持每月5日、15日、25日在区政府政务公开网站发布锡山区主副食品和粮油等价格，并做好分析上报工作，积极引导合理消费。

【推进价格诚信建设】落实收费公示。在收费许可证年审结束后，及时印制涉农收费公示表在全区各镇（街道）、村公示。在区发展和改革局网站改版时，增加“价费公示”栏目，及时将各系统收费项目和标准进行公示，让企业和群众在第一时间知晓。开展明码标价示范街创建活动。制定学士路“明码标价示范街”创建活动方案，与东亭街道价格监督站的工作人员一起分阶段开展示范街创建工作。通过细致努力的工作，该示范街明码标价率为80%左右。抓好价格投诉联络站工作。指导联络站在做好自身明码标价工作的基础上，及时协调处理价格争议，规范投诉登记。

【打造“12358”价格举报品牌】按照“热情受理、快速办理”的原则，努力打造“12358”价格举报品牌。坚持价格举报各项制度，如节假日值班制度、首问负责制度、回访制度等，用制度促进价格举报工作规范化。坚持局长接待日制度。每月1日、15日定为局长接待日，分管领导带头接待来电来访，倾听群众诉求心声，及时解答咨询，及时受理举报。开展“三位一体”价格维权网络建设。全区设立11家“12358”价格投诉联络站，为企业和群众价格维权搭建了快速平台。完善快速反应的检查机制。对群众的价格投诉咨询能及时处理的，适时启动应急检查机制。全年受理来电来访83件，其中，投诉21件、办结21件，咨询62件、答复62件，办结率100%，做到举报件件有着落，事事有回复。

相关链接

“三位一体”价格维权网络：由基层价格监督管理站（社区价格监督服务点）、“12358”价格投诉联络站和“12358”价格投诉服务语言平台组成，畅通诉求渠道，规范市场经济秩序，营造良好价费环境。

【价格鉴证服务】认真巩固规范化价格认证中心创建成果，规范鉴证程序，提高鉴证质量。全年出具价格鉴定报告1244件（次），标的670万元。没有发生要求补充鉴定或者申请重新鉴定等情况。

（叶亚芬）

土地资源管理

【概况】无锡市国土资源局锡山分局，成立于2004年12月31日，副处级建制。主要负责锡山区土地资源管理工作；下设7个国土资源所，其中5个中心国土所（副科级）；管辖土地面积399.11平方公里。2010年，全区国土资源系统在无锡市国土资源局和区委、区政府的正确领导下，解放思想，改革创新，以节约集约利用资源为核心，以强化监管和落实责任为抓手，以规范国土资源开发利用秩序为重点，努力开拓创新，为锡山区经济社会转型跨越发展作出积极贡献。

全区国土资源管理工作实

现了年度既定目标，超额完成区委、区政府下达的重点目标任务。全年对上争取用地指标411公顷；工业挂牌、协议出让宗地76个，面积213.08公顷；上报划拨供地项目94个，面积574.79公顷；经营性用地公开出让地块20个，出让金总额81.14亿元；实施“挂钩”入库项目121个，面积120.08公顷；颁发各类证书8139本。

切实加强对内部权力运行的制约与监督，通过组织观看警示教育片、学习《中国共产党党员领导干部廉洁从政若干准则》、召开座谈会等形式，筑牢拒腐防变思想道德防线。开展工程建设领域突出问题自查、职务犯罪危险源点查控、“清正廉洁话人生·凝心聚力干事业”大讨论和创先争优活动，把机关党风廉政工作、效能建设、预防职务犯罪工作推向深入，形成敬业从政、勤政廉政、专心业务、热心服务、甘于奉献、乐于吃苦、勤于工作的清风正气。2010年，锡山国土分局在全区千人评议中获得第三名的好成绩，比上年提前11位。

【保护基本农田】严格落实基本农田保护政策，及时总结基本农田保护工作中资金保障、规范组织、严格验收等方面的好做法、好经验，摸索出一条规范化、制度化、日常化的基本农田保护之路，确保全区1.214万公顷基本农田数量不减少、用途不改变、质量有提高。全力推进“万顷良田”建设。按照“在保护中开发，在开发中保护”的方针和“合理选项、科学规划”的原则，把“万顷良田”土地整理建设项目、建设高标准农田作为提高农业综合生产能力、发展现代农业、促进农民增收和做好耕地占补量质平衡工作的有效手段。2010年，在加快编制完善“万顷良田”建设实施方案的基础上，抓好一期604.20公顷土地整理项目。有31个项目、面积29.53公顷通过土地整理列入“挂钩”项目库。

【保障社会发展用地】及时掌握全区重点项目、基础设施等项目用地需求，多措并举，保障发展用地。2010年，全区用地指标达到478.87公顷，包括向省争取用地指标388.93公顷，其中，独立选址指标32个项目，面积309.86公顷；点供指标4个，面积79.07公顷。与锡山经济开发区国土管理办公室业务合并后争取用地指标170.87公顷，其中省独立选址项目12个，面积107.85公顷；点供指标2个，面积41.03公顷。强化供地管理，保障项目建设。积极与无锡市国土资源局、区政府及镇政府衔接，与各有关部门通力协作，加强工作力度。2010年，工业用地挂牌、协议出让宗地76个，面积213.08公顷，出让金额8.88亿元，创历史新高。积极推进划拨供地手续办理。上报划拨供地项目94个，面积574.79公顷。上述两项合计787.87公顷。

【土地市场规范有序】坚持“控制总量，适应市场；突出重点，合理布局；优化结构，引导需求”原则，健全土地经营计划制订、审批报批、拍卖监督等全程规范运作机制，市场化运作水平全市领先。2010年，经营性用地招拍挂项目20个，拍卖金额81.14亿元。地块拆迁、资金筹措和出让金收缴有新突破。全年催缴出让金34笔，追缴金额12.9亿元，为锡山区财政提供有力保障。加大招商引资力度，全力建设锡东新城。通过金秋国际经贸月、中国香港、深圳、上海招商会等活动，吸引重庆龙湖地产发展有限公司、上海绿地集团、北京融科智地房地产开发有限公司等国内外知名企业入驻锡山区，为区域发展打造优质经营性用地服务平台。

【强化节约集约用地】强化落实节约集约政策。在项目预审上，加强建设用地审核力度，对不符合国家产业政策以及投资要求的项目，不予通过审查，将集约用地关口前移。积极推进五层以上多层标准厂房建设，引导城镇拆迁安置房从多层向小高层、高层住宅转变，进一步提高住宅用地集约化水平。对标准厂房使用率、项目开工率、土地闲置率等，进行土地集约利用综合指标评价，并与土地利用年度计划、年度考核挂钩，树立全程节约集约用地意识。积极盘活存量建设用地。按照“挖掘存量，严控增量”的原则，清理闲置土地，盘活“批而未供、供而未用、用而不足”的存量建设用地。全年通过报省异地调整盘活用地指标11.24公顷，用于急需指标的项目上，确保重大重点项目的顺利实施。大规模开展土地复垦整理，确保“占补平衡”。积极实施农村建设用地减少与城镇建设用地增加

"挂钩"政策。2010年，入库项目121个、面积120.88公顷，通过省市验收87个、面积88.67公顷，剩余的项目将在2011年6月前完成；完成"占补平衡"项目2个、面积2.16公顷，通过江苏省国土资源厅验收1个0.76公顷。

【失地农民基本生活保障】征地补偿安置及时到位。严格执行《无锡市征用土地补偿和被征地农民基本生活保障暂行办法》，将征地补偿安置费直接解缴社保专用账户，确保新征地农民全部纳入社会保障体系，实现被征地农民生活质量不降低，长远生计有保障。2010年，上报新征用地39.89公顷，562人新纳入被征地农民基本生活保障体系，补偿安置资金2478.9万元。

【土地执法监察】通过由国土、发改、工商、城管、建设等多部门参与的违法用地整治联席会议，实现违法用地整改工作全程监管，变"一家管大家用"到"大家管大家用"。全年累计组织动态巡查2247次，涉及用地项目267宗、面积655.57公顷。结合卫片检查工作，发现违法用地项目141宗、违法面积406.4公顷；发现急需整改拆除的零星项目129宗、面积36.43公顷和急需报批临时用地项目32宗、面积21.73公顷；处罚违法用地案件25宗、面积25.42公顷，其中，耕地1.03公顷，罚款108.81万元。

【土地登记】细化制定各类土地登记工作流程，限定办结时间，确保登记结果的准确性、时效性。2010年，颁发各类证书8139本，其中，国有土地使用证6893本、集体土地使用证233本；土地抵押证书1013本，抵押面积1001.4公顷，抵押金额124.83亿元；查封登记55宗，抵押注销登记488宗。为急需办理证书的项目开启"绿色通道"，当日办理各类证书2290本。将办证下乡服务延伸至各镇（街道），办理商品房登记6658本，实现快速、便捷、优质服务。（钱春杰）

审计管理

【概况】锡山区审计局为区政府工作部门，正科级建制，是主管全区审计工作，制定并组织实施审计工作规划和年度审计计划，对审计和审计调查的事项依法进行审计评价，作出审计决定或提出审计建议的行政机关。内设办公室、法制科、经济责任审计办公室、行政事业审计科、基建审计科5个科室。行政编制12名，事业编制23名。

2010年，完成审计项目506个。其中，预算执行审计1个，经济责任审计17个，专项资金审计11个，专项审计调查项目3个，企业审计5个，固定资产投资审计458个（其中，计划内项目8个、计划外项目8个、局推荐竣工结算审计205个、标的审核项目237个），行政事业单位审计11个。查出违规金额4.2亿元、损失浪费金额2070万元、管理不规范金额9.66亿元；审计决定处理处罚应上交财政48万元，应减少财政拨款或补贴8.21亿元，应归还原渠道资金2万元，应调账处理金额513万元；移送有关部门处理事项9件，涉及金额1.5亿元。有16篇审计报告、1篇信息、4篇审计要情得到区委书记朱爱勋的批示。

【预算执行审计】从4月开始实施，首次把无锡高铁站商务区管委会、科技发展资金纳入审计范围，并实行审计与专项审计调查相结合，加大审计调查力度。审计结果表明：2009年，区财税部门狠抓收入征管，确保全区财政收入任务的完成和各项重点支出的需要，为全区经济社会协调发展提供了有力的财力保障。报告同时指出，区本级财政管理和监督、国有资产管理、政府采购等方面有待进一步加强和规范，锡山经济开发区和高铁站商务区在预算编制和执行、财政核算机制等方面需要进一步完善，并提出针对性的建议。区第二届人大常委会第二十次会议听取并审议通过2009年度财政审计工作报告。

【固定资产投资审计】政府投资工程事关国计民生，在社会经济的发展中起着重要的作用，固定资产投资审计扩大审计范围，对政府投资项目争取做到全覆盖，对重大投资项目实行全过程跟踪审计，对隐蔽工程和关键环节进行实时取证，对建设项目管理中存在的缺陷及时提出整改建议，确保政府投资的真实性、合法性和效益性。全年完成计划内固定资产投资审计8个，送审金额5.97亿元，核减投资额7530万元，审减率12.61%；计划外项目8个，送审金额1956万元，核减金额393万元，审减率20.09%；区审计局推荐竣工结算审计205个，送审金额8.94亿元，核减金额1.66亿元，审减率18.57%；标的审核审计237个，送审金额54.97亿元，核减金额5.72亿元，审减率10.41%。

【经济责任审计】对3位党委政府领导干部、12位党政部门领导干部（2位为任中）、2位事业单位领导干部进行任期经济责任审计，查出违规金额175万元、管理不规范金额1.38亿元，对外发送审计结果报告17份，有3篇得到区委、区政府领导批示。审计过程中，重点关注领导干部是否民主决策、科学决策和科学理财，强化对行政审批、工程招投标、政府采购等腐败多发环节的审计监督，充分发挥经济责任审计在对领导干部权力的控制、预警和约束方面的作用。在对某镇党委书记任期经济责任审计过程中，发现镇工业园区个别工程项目管理不够规范，村委会的内部管理和财务核算不规范，少数单位现金未及时入账等问题，并把相关问题移送该镇党委处理。根据《锡山区党政领导干部“三责联审”实施办法（试行）》的要求，10月由区委组织部、区机构编制委员会办公室和区审计局一起组成“三责联审”工作小组，对区人口和计划生育局原局长周叙珍任期经济责任进行审计，是锡山区首次在党政领导干部中开展“三责联审”，意味着锡山区“三责联审”工作的正式启动。

【专项资金审计】完成专项资金审计11个，专项审计调查项目3个，审计专项资金总额167.07亿元，审计查出违规改变项目计划和资金用途48万元、配套资金不落实341万元、其他问题资金1198万元，很好地发挥了审计在促进专项资金管理、提高资金使用效益方面的作用。区2009年义务教育学校的绩效工资审计调查结果显示：财政（尤其是镇级财政）在经费保障方面面临较大压力，绩效工资实施考核不够统一和完善等问题。

【企业审计】完成企业审计项目5个，审计查出虚报收入287万元、损失浪费2070万元、其他问题金额3.04亿元。企业审计可以维护国有资产安全和促进企业可持续发展，可以预防、揭示和抵御经济社会运行中的障碍、矛盾和风险。根据项目安排，在无锡能达热电有限公司2008年度和2009年度资产负债损益的审计中，发现企业内部管理不够规范，少收蒸汽款2069.89万元以及15家企业蒸汽款回笼不及时，2009年年末欠款3106.20万元；未按规定转让股权4600万元以及分配利润与年度经营情况不符；基建工程项目和大宗设备采购管理不够规范；少缴各项税金7.66万元等问题，并将相关问题移送主管部门和地税处理。上级主管部门对审计查出的问题进行了批示，要求相关部门跟踪督查，并出台解决完善问题的相关规章制度。

【行政事业单位审计】完成行政事业单位审计11个，查出管理不规范金额2.16亿元。为配合无锡市政府关于加快推进医药卫生体制改革的要求，同时对查桥、羊尖、厚桥、甘露、东北塘、八士、东湖塘首批7家社区卫生服务中心进行资产负债损益审计。审计结果表明：社区卫生服务中心一体化进程已全面铺开，原由村办村管的卫生室已全部转为由社区卫生服务中心统一管理的社区卫生服务站，基本做到了人、财、物一体化管理。

【审计宣传和审计信息化工作】区审计局全年对外发送审计信息简报60篇、审计要情5篇，审计署网站采用1篇，江苏省审计厅网站采用20篇，无锡市审计局采用47篇，《每日情况》采用4篇，《新锡山》采用5篇；4篇审计要情得到区委、区政府领导的批示。其中，《基层审计机关绩效审计管理机制探析》一文分别被《中国审计》、《江苏审计》、审计署网站、江苏省审计厅网站采用；《锡山区审计局建立审计工作联动协调机制》被《中国审计报》采用。有12人通过审计署计算机中级培训考试，通过率在全市审计机关中名列前茅，提升了审计人员的计算机操作水平，为开展计算机审计、推进审计信息化工作奠定了坚实的基础。向无锡市审计局报送5篇计算机审计方法，5篇AO（审计现场实施系统）应用实例，1篇被江苏省审计厅评为优秀奖，2篇被评为应用奖。另有1篇《农业综合发展资金计算机审计方法初探》被《江苏审计》第217期录用。

（徐　瑛）

安全生产监管

【概况】锡山区安全生产监督管理局于2001年8月成立，机构附设于锡山区经济贸易局。2004年3月，升格为正科级建制的政府序列部门。主要负责贯彻落实国家安全生产有关的法律、法规、方针政策、发展规划和重要措施；监督检查、指导协调区有关部门和锡山经济开发区、高铁站商务区、各镇（街道）的安全生产工作；组织全区安全生产大检查和专项督查；组织参与重大事故的调查处理，组织指导全区安全生产行政执法工作等。内设办公室、综合管理科、监督管理科、宣传教育课4个科室。机关行政编制10名。区安全生产监察大队为区安全生产监督管理局下属全额拨款事业单位，核定事业编制10名。

2010年，锡山区安监局本着“安全发展、和谐发展”的原则，坚持“安全第一、预防为主、综合治理”的安全生产工作思路，认真贯彻中央和省市关于安全生产工作的一系列部署，深入开展企业主体责任深化年活动，以预防和压降事故为中心，以基层基础建设为根本，不断创新安全生产监管工作思路，采取切实有效措施，确保全区安全生产形势总体保持基本稳定的态势。

【开展企业主体责任深化年活动】制订企业安全生产主体责任实施方案，与全区4900家企业签订企业安全生产主体责任告知承诺书，以安全生产责任书的形式将安全生产责任分解落实到企业法人、车间、班组和每个员工，以企业为主体的安全生产责任体系基本形成。全面对各镇（街道）及区重点安全生产监管部门实行风险保证金制度，落实领导班子全员责任制，坚决执行“一岗双责”、“一票否决”等刚性制度。在高危行业中，累计对119家危化品企业、8家危货运输企业、274辆客车、56个建设项目落实责任保险和风险抵押金制度。

【推广区镇联动监察执法新模式】在东港镇、锡北镇成立安全生产监察大队和镇级安监人员混编的安全监察中队的基础上，年内锡山经济开发区新招聘2名公务员、5名聘用人员，成立锡山经济开发区监察中队，解决了乡镇执法权限和一般违法行为处罚难等问题，创新区镇联动监察执法新模式。羊尖镇在各村（社区）积极探索村（社区）安全管理平台建设工作，整合治安联防队等多种力量参与日常安全管理工作，收到明显的成效。

【实现监管执法和服务有机结合】实行领导干部“分片结对包管制”。区安监局中层以上领导分工落实到乡镇和重点企业，经常深入企业开展调查研究。开展“安全生产服务岗活动”，在重点企业设立“安全生产服务岗”，推行“监察人员分片包管”机制，每个执法人员定点联系一家企业，承诺“随时接受企业咨询、定期提供安全服务、及时听取企业意见”，寓监管于服务之中。根据企业搬迁中的设计、规划、行政许可、试生产等不同时段的工作要求，提前介入服务，协助办理相关业务，确保重点企业重点项目迁建工作的顺利推进，受到企业的一致好评。

【规范安全生产事故查处程序】在全市范围内率先开展行政处罚的强制执行工作，对不按期履行行政处罚的单位和个人，一律移送人民法院强制执行，确保处罚的严肃性和有效性。制定《关于规范一般生产安全事故报告和调查处理程序的意见》、《行政处罚法制审核的工作意见》等相关文件，确保事故调查及处罚严格按照法定程序及法定时限要求进行，确保法律适用准确、程序合法。

【安全培训】注重提高培训的实效，选聘有基层企业工作经验的优秀教师，通过深入企业调研、教案集体会商、课件精心设计，使讲课内容既生动形象又贴近培训对象的需要，提高课堂教学的效果，受到学员的好评。年内，安监部门举办各类培训班90期，培训9526人。组织430名村（居）委负责人、安全员，举办全区“村官”安全生产知识培训班。安全生产培训覆盖面不断扩大，全区企业负责人、安全管理人员、特种作业从业人员安全素质和安全责任意识得到了进一步提高。（袁　颖）

工商行政管理

【概况】2002年9月，无锡工商局锡山分局更名为无锡市锡山工商行政管理局。锡山工商局是锡山区政府主管市场监管和行政执法的工作部门，隶属于无锡工商行政管理局。内设办公室、财务科、人事教育科、法制科、登记注册科、监督管理科、公平交易监督科、消费者权益保护科、市场合同监督管理科、纪检监察室10个职能科室，下辖东亭、安镇、羊尖、鹅湖、东港、锡北6个分局。全系统人员行政编制118名，后勤服务人员编制18名。

2010年，锡山工商局在无锡工商局和区委、区政府的正确领导下，围绕年度任务和锡山区“抢抓机遇、逆势赶超”的奋斗目标，以开展“勇当创新先行军、争做创优示范局”创先争优活动为契机，充分发挥职能作用，凝心聚力勇争一流，各项工作取得新的进展，为建设“幸福新锡山”作出了贡献。锡山工商局被江苏省工商行政管理局评为全省企业登记“依法行政、优质服务”先进集体，被江苏省委组织部、省工商局评为“江苏省非公有制企业党建先进集体”，连续3年被区政府评为“依法行政先进单位”。

【服务企业】积极创新服务企业方式，全面开展“创先争优、走进企业、服务企业”活动。局领导带头，通过走访区内企业，全面了解企业的商标、广告、合同及私营个体经济发展情况，了解企业所面临的问题、难点及企业对工商部门的需求、建议和意见，并通过行政指导、结对帮扶等措施为企业排忧解难。2010年，走访企业5000余家，发放相关法律法规资料3000余份，发出行政提示书280份，主动与450家企业建立长期结对共建关系。

【畅通登记渠道】进一步加强窗口建设。以争创“红旗窗口”、登记窗口“示范点”为抓手，以“服务零距离、执法零投诉、工作零失误”为目标，继续坚持首问负责制和一次性告知责任制，推行行政指导，实施温馨提醒，营造便捷高效的服务环境。2010年，全区新发展内资企业80户、外资企业35户、私营企业1918户、个体工商户3334户；全区累计有内资企业751户、外资企业812户、私营企业11377户、个体工商户21789户。办理股权出质登记9家，出质股权3.53亿元，申请借款标的额5.12亿元。支持区“530”项目及服务外包企业发展，新办“530”项目企业30家。积极帮助企业解决融资难题，免费办理动产抵押物登记34件，使企业获得银行贷款8.86亿元。2010年3月，锡山工商局被锡山区行政服务中心评为“2009年度行政审批制度改革工作先进单位”和“红旗窗口”。5月，锡山工商局被无锡市委、市政府评为“2009年度民营经济发展先进单位”。开展业务培训。专门制定下发《关于开展登记注册培训的工作意见》，采取讲授、实地操作、跟班学习等多种形式进行分批培训，确保各分局至少有两名能够熟练掌握登记注册业务的工作人员。在锡山区行政许可执法说案比赛中，锡山工商局获第二名。在无锡工商局登记注册操作技能比赛中，锡山工商局取得团体第二名，个人二等奖、三等奖各1个的好成绩。

【培育商标品牌】进一步推动企业实施商标发展战略。引导办理商标申请注册540件，发展中国驰名商标1件、江苏省著名商标8件、无锡市知名商标23件。累计注册商标数5974件，其中，驰名商标21件、著名商标53件、知名商标140件。红豆集团被确定为全国首批国家商标战略实施示范企业。加强电动车产业集群品牌培育基地建设。品牌培育成果丰硕，“新世纪”、“新日”分别荣获“中国驰名商标”和“重点培育和发展出口名牌”，“雅迪”、“新陵”等品牌被评为“江苏省著名商标”，江苏新日电动车股份有限公司、江苏雅迪科技发展有限公司等电动车企业成为中国2010年上海世博会指定电动车供应商。

【就业帮扶】该工作主要由私个协会组织实施，为企业招聘高端人才，为大学生搭建就业平台、实习基地，为下岗人员组建培训基地。搭建就业平台。以凯恩电脑培训公司为基地、以协会会员单位为基础，协会会员单位向电脑培训公司提出人才需求条件，培训公司针对性地组织定向培训。搭建实习平台。在为企业招聘高端人才、为大学生搭建就业平台的同时，创新校企合作模式，加强实习基地建设，解决部分大学生实习流于形式的难题。11月9日，大学生实习基地挂牌成立。办好青年夜校。将7个“青年巡回夜校”的活动内容同3个班组创建“青年文明号”活动充分结合起来，进一步加强革命传统教育，提高青工的民族自豪感；加强法制教育，提高青工的法制意识；加强素质教育，提高青工的各项技能。

【捐资助学】推广“红领巾基金会”。区私个协会努力探索社会关爱红领巾事业、引领学生健康成长的新途径，广泛发动会员企业热心公益、捐资助学，在各镇（街道）组织成立红领巾基金会，受到政府、社会的肯定和好评。支援边疆教育事业发展。新疆霍城县为无锡市援疆试点县，为响应政府号召，区私个协会会员筹资30万元在新疆霍城县捐建1所双语学校，为边疆教育事业发展作出贡献。

【兴农护农】扶助农民专业合作社发展。2010年，发展农民专业合作社24家，全区总数60家，成员总数504个，注册资本总额1401万元。实施“合同帮农工程”。组织对36家省、市、区级农业龙头企业和56家涉农民营企业以及380家种植、养殖大户进行合同法律知识培训，向广大农户发放相关宣传资料1900余份。指导签约和审查涉农合同348份，涉及金额278.67万元，其中，纠正问题条款合同8份，涉及金额26.55万元。实施“商标兴农工程”。围绕一个产业链条，抓好一个注册商标，带动一批特色品牌，以农民专业合作社为平台，对有一定知名度的地方传统农副产品实施商标战略，为全区村镇注册农产品商标12件。实施“红盾护农工程”。集中力量加大对农资批发市场和专业市场等的监管和整顿力度，封堵假冒伪劣农资的流通渠道，同时做好有关农资经营行为的投诉维权工作，彻底规范农资经营行为。

【培育重合同守信用企业】积极培育重合同守信用企业，新发展重合同守信用企业80家，全区累计749家；申报并通过信用评价的无锡市AAA级重合同守信用企业74家；复查重合同守信用企业704家，复查通过率为94%。在全区各镇（街道）设立10家合同指导站，建立工作制度，健全工作机构，为全区各类企业、个体工商户、农业生产经营者提供合同、法律、法规的宣传、培训、咨询服务，举办《中华人民共和国合同法》专题讲座8期。帮助重合同守信用企业新办注册商标23件，新申报知名商标12件、著名商标8件、驰名商标3件。

【完成企业年检和个体户验照贴花工作】全面推行网上年检，正确处理监管与服务的关系，减轻企业负担，严格实施“四个不予处罚”，组织编写《无锡工商局企业网上年检手册》，对网上年检工作具有指导、示范作用，并在全市工商系统内推行。全区年检私营企业8623户，年检率为94.4%；年检内资企业541户，年检率为89.74%；动员、督促企业参加网上年检9164户，网上平均年检率为99.79%；个体工商户验照贴花16055户，验照贴花率为86.76%，个体工商户验照贴花数据录入率为100%。

相关链接

四个不予处罚：对实行注册资本分期缴纳的公司，在章程约定期限内实收资本未能到位，但未超过法定期限的（实行注册资本分期缴纳的外商投资的公司，其首期出资的期限为法定期限），可不予处罚；对在法定期限内未能及时到位，但能够主动改正，缴足全部出资，未造成危害后果的，可免予处罚；企业在章程规定的营业期限届满后未及时办理变更登记，但能主动及时向公司登记机关补办手续的，可不予处罚；对新设立企业，首次逾期未办理年检，且未申请延期的，责令限期办理年检，对限期内企业办理年检的，只在企业信息系统中作违规记录，免予处罚。

【食品安全监管】通过建立锡山区食品安全信息预警平台，对各单位发布通知、工作动态、消费警示、消费提示等；根据上级要求并结合食品安全现状，制定《流通领域食品安全信用等级分类评定实施意见（试行）》，对信用等级进行评定和公示，突出执法重点，降低执法成本，整合执法资源，加强行业自律；大力推进大型超市的“四检”（消费者送检、经营者自检、工商部门快速检测、法定部门定向监测）联动，与无锡工商局联网，同时确保其电子索证索票到位；制定覆盖全区的不定向食品检测计划，全年进行法定送检158个批次，其中不合格13个批次，合格率为91.7%；加强农贸市场食品安全监管，强化市场内食品索证索单管理，开展毒韭菜、毒豇豆专项检查，全区农贸市场快速检测农副食品41354次，不合格1505次，合格率为96.4%；严厉打击食品违法经营行为，出动执法人员2117人次，检查经营户5237户，取缔无照经营83户，捣毁制假窝点9个，查处制售假冒伪劣食品案件5起，查获并销毁有毒有害食品107.2公斤。建立社会食品安全义务监督员制度。在全区范围内聘请17名食品安全义务监督员，组建无锡市首家食品安全义务监督员队伍，进一步扩大流通领域食品安全的监督范围，弥补执法人员不足的缺陷，防止出现监管盲区。

【保护消费者合法权益】认真做好消费教育、消费体验等工作。开展纪念“3·15”国际消费者权益日活动，宣传消费与服务年主题；通过创建消费教育示范基地、组织消费知识讲座和培训、开展消费维权咨询等方式，积极开展消费维权宣传教育，充分营造放心消费创建氛围；组织开展茶叶产品和茶文化消费体验活动、大米质量消费体验活动以及放心粮油宣传活动，将全民消费教育活动推向深入，更广泛地引导消费者树立科学的消费观念。加强消费维权工作。充分发挥“12315”电话投诉职能，营造和谐有序的市场消费环境。受理消费者投诉719起，为消费者挽回经济损失62.7万元，投诉解决率为100%。通过人民调解委员会调解疑难投诉88起。开展消费教育讲座32场次，直接接受教育人数1.5万余人次，发放《消费者教育读本》等宣传资料3000余份，设立消费教育宣传张贴点201个。

【建立五级监管网络】为实现监管工作的标准化、规范化和科学化，进一步优化发展环境，及时掌握监管信息，整合监管力量，提高执法效能，创新建立工商干部分片管理机制，形成分局长—副分局长—监管组长—工商干部—联络员五级联动管理的网络体系，并在东亭分局试点成功。

【规范行政执法】创新实行政处罚案件阅卷单制度，进一步提高案件核审质量和行政执法效率，提升执法人员业务能力和责任意识。创新施行住所（经营场所）非住宅用房承诺书，与租赁协议、住所使用证明相结合，用于行政许可申请材料中，在无锡工商局行政执法规范性检查中获得肯定和表扬。由于工作基础扎实，执法行为规范，锡山工商局获“2006～2010年‘法治无锡’建设先进集体”、“全市集中清理执行积案活动先进集体”等荣誉称号。　　（宗　岚）

质量监督管理

【概况】无锡市锡山质量技术监督局隶属江苏省质量技术监督局，其主要职能是宣传、贯彻、组织实施国家有关质量技术监督工作的方针政策和法律法规；指导全区质量工作；组织对产品质量实施监督检查；统一管理全区质量、标准化、计量、食品生产安全监管和特种设备安全监察工作；监督管理全区的产品认证工作；依法组织查处违反质量、标准化、计量、食品和特种设备安全监察等法律法规的违法行为；负责区打假办和质量兴区的日常工作。内设办公室、质量管理监督科、标准计量科、食品生产监管科、特种设备安全监察科、稽查大队及信息中心7个科室。行政编制18名、附属编制3名、事业编制15名。

2010年，锡山质监局以能力提升年和规范促进年活动为中心，紧紧围绕地方经济社会发展大局，以“保安全、促发展、抓提升”为全年工作总纲，切实抓好“三条线”，即把实施“质量兴区”战略、促进科学发展作为质监工作的“主线”；把保障质量安全作为质监工作的“底线”，加强食品、特种设备、产品质量安全监管，维护人民群众利益；把改革创新作为贯穿质监事业发展的“红线”，探索、研究质监工作深层次问题，推动锡山区质监工作跨上新台阶、跃上新水平。

全力推广实施卓越绩效管理。有重点、分批分类进行推进，对名牌产品企业、全区重点企业以及申报产品质量信用评价的企业开展卓越绩效培训，培训150人次。获得江苏省质量管理奖1家，无锡市质量管理奖3家；江苏省名牌产品20个，无锡市名牌产品32个。

全力推进企业标准创新工作及技术标准战略。组织企业申报循环经济、自主创新、高新技术、产业集聚区标准化试点，上报标准化创新工作站1家，4家企业被列为江苏省“标准化良好行为企业试点”。帮助2家企业上报“标准化良好行为企业”省级验收申请，对电动自行车标准化分技术委员会的活动情况进行跟踪，指导区内企业参与国家标准、行业标准、地方标准的制（修）订，积极开展对已申报、立项、正在制订或报批国家标准、行业标准的督促工作。鼓励企业积极采用国际标准和国外先进标准，完成新增采标25个。申报省市级农业标准化示范区各1个，无锡市农业标准项目2个。

【特种设备安全监察】对638名特种设备使用单位的特种设备管理人员进行培训、考核，累计持证人数为1979名；对1712家特种设备使用单位进行安全责任告知，新增特种设备使用单位、气瓶充装和电梯维保单位均实现100%告知。在612家特种设备使用单位推行标准化管理并达标。制定《特种设备风险评估范围及标准（试行）》、特种设备使用管理安全评价评分表，并在东亭街道和锡北镇试点，实现特种设备分级分类管理单位236家。与区交通运输局联合开展码头吊专项整治；与区住保房管局联合开展电梯专项检查，对东亭地区9个住宅小区216台电梯进行专项检查，督促小区物业进一步加强电梯日常安全管理，制定、完善应急预案，确保住宅电梯安全使用；与区建设局联合开展液化石油气充装站安全检查，全力确保广大居民用气安全；与区教育局联合开展校园特种设备专项检查，实现部门联动；督促1015家单位开展特种设备隐患自查自纠。针对“春节”、“国庆”等节假日以及夏季高温季节、世博会安保等特定时间段，集中开展特种设备安全大检查。检查突出重点场所、重点单位、重点设备三个“重点”：针对人员密集场所和旅游娱乐等行业，重点检查购物中心的电梯和游乐园场的大型游乐设施；针对事故多发设备和薄弱环节，重点检查气瓶充装站的充装情况和应急措施；针对危险行业和重点监控设备，重点检查化工企业、冶金企业等重点行业在用特种设备的使用和维护状况。集中开展气瓶专项整治和电梯专项整治，同时完成冶金起重机械专项整治扫尾工作。以摸底、培训、查处相结合的方式，全面开展特种设备作业人员持证上岗专项检查，进一步提高持证操作率。按照政府调整经济结构和淘汰落后产能的统一部署，开展4大行业（化工行业、黑色金属冶炼及压延加工业、琉璃瓦行业、区域供电行业）194家单位特种设备专项检查，及时发现、尽早消除安全隐患。组织锅炉作业人员节能培训232人，特种设备管理人员节能培训638人，督促196家锅炉房使用单位安全节能管理达标，并确定8家标杆锅炉房，完成锅炉能耗测试23台，为节约能源、节能降耗提供技术支持。

【食品质量安全监管】全面宣传贯彻《中华人民共和国食品安全法》、《中华人民共和国食品安全法实施条例》、《食品生产加工企业落实质量安全主体责任监督检查规定》，与全区94家食品生产企业的法人代表及负责人签订食品生产企业落实质量安全主体责任承诺书，强化食品安全责任人意识，突出食品安全监管。开展区级食品质量监督抽查，特别是饮用纯净水二轮整治，摸清企业真实质量水平，掌握监督检查的主动权，有针对性地开展整治，有力地提高了产品合格率。将落实企业主体责任与实施企业分类、分级、分等监管有机结合起来，出动约200人次对全部94家食品生产企业和28家小作坊进行分类、分级、分等监管工作。将快速检测与专项检查工作相结合，检测42家次，检测产品89批次，提高现场检查的力度，提升监管的效率。重点开展对乳制品及含乳食品、月饼、肉制品、化妆品等企业专项监督检查，对世博会特供、特许产品进行质量监管。指导企业填写食品生产企业风险点排查表，制定切实有效的预防措施，自觉防范食品安全风险，辖区内94家企业排查出风险点226项，针对原辅料进厂验收不规范、各项应急反应机制建立不健全、生产环节交叉污染、出厂检验能力不够等问题，有的放矢地加强企业自身食品风险预防和食品安全监管，实现食品安全问题的早发现、早预警、早控制和早处理。组织为期3天的食品生产企业培训班，对企业负责人、质量管理员和检验员开展分层培训，86家企业、285人参加培训。联合无锡市出入境检验检疫局开展“质监邀您看企业，食品安全大家行”活动。积极开展区内“贵宾绿玉”和“佛豆缘”两家豆制品加工场领证帮扶工作，实现其从小作坊生产模式到企业管理模式的转变，全面贯彻市、区政府的“放心豆制品”工程。指导、帮助2家公司通过省级食品安全示范区验收。

【行政执法创新】坚持综合执法，理顺执法权限，统一归口由稽查大队集中执法，并把依法行政与其他各项业务工作融合到一起，建立质量管理监督科、特种设备安全监察科、食品生产监管科等业务部门与稽查大队的案件移送反馈和日常业务工作沟通机制，做到信息及时沟通、职能履行互补，创新执法方式，拓展执法领域，突出执法重点，强化执法监管。做到“说理式执法”彰显依法行政，“柔性式执法”彰显以人为本，“数字化执法”彰显办案信息化。开展乳制品执法检查、农资执法打假、夏季纯净水、纺织服装、许可证产品及强制性认证产品等专项行动。认真做好监督抽查后的处理工作，认真做好涉及食品、特种设备两大安全底线类案件的查处。出动执法人员1060人次，检查生产销售单位289家，立案108起，大要案13起，移送公安机关1起。涉及两大安全违法案件立案46起。实施巡查、年审、监督抽查、回访等措施，加强对企业的指导服务，为企业排忧解难、办实事。对违法行为轻微、未造成严重后果的首次违法行为，以教育整改为主，发出责令整改通知书、稽查建议书、特种设备安全监察指令书118份。对4大行业计248家企业开展专项整治，开展纺织服装专项检查，出动检查人员273人次，做到检查一个行业，规范每个企业。邀请人大、政协、宣传部、法院、检察院、法制办、监察局、律师等部门领导和法律专家举行公开审案，实现阳光执法，自觉地接受社会监督，有利于提高质监执法办案人员依法行政的意识和能力，不断提高执法水平。

【计量惠民工作】积极做好集贸市场、社区卫生服务站、计划生育指导站的免费检定工作。对14个集贸市场的1820台计量器具进行免费检定，合格率为93.1%；对79家社区卫生服务站的181台血压计进行免费检定，合格率为95.58%；对7家计划生育指导站的27台计量仪器以及10家养老院、1所特殊教育学校等福利机构的医疗计量器具进行免费检定和校验。开展“诚信计量示范超市、诚信计量示范集贸市场、诚信计量示范加油站、诚信计量示范眼镜店”的创建活动，努力让计量公正深入人心，真正让计量惠民落到实处。“科学、公正、廉洁、高效”的行业形象得到了广泛认可。（过勤丰）

食品药品监督管理

【概况】无锡市锡山食品药品监督管理局为江苏省无锡市食品药品监督管理局直属机构，主管锡山区药品、医疗器械监督以及食品、保健品、化妆品安全管理的综合监督工作。内设办公室、食品综合监督科、药品综合监管科、稽查科4个科室。成立于2005年11月28日，前身是无锡药品监督管理局锡惠分局。有工作人员11名。

2010年，锡山区食品药品监督管理工作切实贯彻落实省市食品药品监管系统工作会议精神，年初制订重点工作目标任务，扎实开展工作，取得预期成效。区委、区政府将食品和药品合格率以及人民群众的饮食用药安全满意度纳入各级幸福建设的重要内容，将食品药品安全工作列入对各级领导的科学发展政绩和“幸福锡山”建设考核，并将食品药品监管工作列入区依法治区领导小组2010年“法治锡山”建设十大实事工程之一。区人大、区政协先后多次视察、调研食品药品安全工作。

食品安全综合监督方面，在面对问题乳粉清缴等一系列大环境范围内食品安全舆情的情况下，当好“守门员”、做好“看夜人”，有效地保障了全区食品安全形势的平稳，食品安全检测任务提前完成，食品安全合格率居全市前列。药品安全监管方面，在国内时有药害事件发生的情况下，继续保持了全区药品安全舆情事件的“净土”，药品安全日常监管和药品不良反应报告工作继续走在全市前列。食品药品安全依法行政方面，不断提高食品药品安全工作人员的法律素养和依法行政能力。2月4日，锡山食品药品监督管理局被区委政法委授予“2009年度锡山区法治建设工作先进集体”称号。8月5日，在区政府法制办公室举办的全区2010年度行政执法说案比赛中，锡山食品药品监督管理局获第一名。

2010年，无锡市检测锡山区食品合格率为97.04%，居全市各县（市、区）前列。全年出动检查人员1449人次，检查涉药单位460家次，处理各类投诉举报11起，查处各类药品、医疗器械违法案件42起。总涉案金额11.72万元，没收物品标值1.03万元，罚没款金额38.89万元，取缔无证经营2家。

【建成省食品安全示范区】在创建过程中，区政府召开创建工作动员会议，明确创建工作的目标要求、组织人员、经费投入、工作保障措施等。对照示范区创建标准，逐一细化分解创建要求，制订《锡山区食品安全示范区创建工作指南》，对各地各部门在创建工作中“要做什么、怎么做、做到什么标准、什么时候做好”进行明确，制订创建工作时序流程，倒排工作进度，对部署、推进、督察、整改、完善的每一个阶段工作目标和工作措施进行明确，确保创建工作不走过场、不走样，真正让人民群众得到实惠。8月2日，创建工作通过省级验收。

【年度食品检测任务提前完成】作为食品安全牵头机构，抓好协调工作，理清区农林、质监、工商、卫生等部门在农产品种植养殖、食品生产、食品流通、食品餐饮消费的2009年食品安全日常检测检验情况及资金投入情况和来源，并汇总和明确各部门2010年食品检测计划及资金需求。开展食品安全实验室检测5808批次，完成年度任务的108.9%；食品安全快检完成8万批次，合格率为99.47%。区食品药品安全委员会办公室组织4次食品安全针对性抽检工作。同时，针对庞杂检测汇总存在的问题，定期召开食品检测工作分析培训会，加强沟通协调，确保检测汇总数据及时、准确、可靠。

【重点食品安全问题整顿】抓好问题乳粉清缴暨乳品安全整顿工作。切实加强上下和条块之间的信息沟通和协作，落实工作责任制，签订工作责任书，全区各级、各部门加大问题乳粉清查力度，对辖区内的乳品生产经营者进行拉网式排查，对仓库、民房等可能藏匿问题乳粉的场所进行重点清查，切实做到不漏掉一厂一店和每一个批发、经销单位，并将每一个乳品生产经营者的排查情况记录在案、留档备查。抓好地沟油整治和餐厨废弃物管理工作。区政府出台地沟油整治和餐厨废弃物管理工作实施方案，并召开专题会议进行部署。以农村和城郊结合部为重点区域，以集贸市场、学校和建筑工地食堂、火锅店、小饮食店、大排档、小作坊、无证照黑窝点等为重点对象，专门组织区教育、卫生、粮食、建设、工商部门联合开展地沟油整治和餐厨废弃物管理的联合检查，检查学校和建筑工地食堂、餐饮酒店、粮油店等单位32家，先后抽检食用油样品30件。抓好建筑工地食堂和学校食堂的食品安全整顿工作。组织协调区建设局和区卫生局，联合对全区建筑工地食堂进行摸底排查，检查建筑工地食堂68家，根据建筑工地食堂食品安全现状，针对食物中毒防控关键环节，提出监督检查意见，指导其做好食品安全自身管理工作，并督促未领证的建筑工地食堂领取餐饮服务许可证。协调区卫生局和区教育局，分别开展春季、秋季2次学校食品安全联合整顿工作，检查各类学校98家次。

【世博会食品安全保障任务圆满完成】认真实施市、区世博会食品安全保障工作方案，积极开展排查，强化专项整顿，消除各类隐患，整个世博会期间，全区未发生食品安全事故和不良舆情事件，食品安全形势平稳，为世博会的成功举办营造了良好的食品安全环境。世博会期间，对食品安全保障工作中的薄弱环节进行严密监控，重点对蔬菜农药残留、餐厅冷盘菜、熟食卤菜等进行抽检，总计抽样160件。针对抽样发现的问题，及时和工商部门取得联系，并将有关数据和情况交工商部门进行处理，及早消除食品安全工作隐患。

【餐饮安全防控水平提升】针对餐饮服务单位承办宴席和家庭自办酒宴易发生食物中毒事故的特点，创新举措、提前介入，实行餐饮服务单位承办大型宴席和家庭自办酒宴备案管理制度。对“农家乐”餐馆，大中型餐饮酒店、建筑工地食堂、学校和企事业单位食堂、外送快餐等进行全面排查、全面对照、全面梳理，分别建立基础台账，集中力量对26家“农家乐”餐馆进行督查，并针对实际情况提出“农家乐”餐馆卫生管理要求，特别是对无证经营“农家乐”餐馆集中地区进行重点整治，取得了良好的成效。

【强化药品安全日常监管】检查药械单位271家，出动执法人员805人次，分别比2009年同期增长62.20%和68.10%。其中，检查锡山地区单体药店144家，连锁药店16家，检查重点单位18家。加强医疗机构药械使用质量管理工作，与区卫生局联合开展医疗机构药品、医疗器械使用质量管理专项检查，检查社区卫生服务中心13家、社区卫生服务站36家、个体诊所及厂矿医务室12家，出动检查人员183人次，重点检查特殊药品、放射性药品以及医院制剂、三类骨科医疗器械等使用情况，发出责令整改通知书26份。积极配合无锡市食品药品监督管理局行政审批中心做好辖区内药械经营许可工作，参与药品零售企业现场验收7家次，药品零售企业变更验收10家次，器械经营企业现场验收2家次。

【加强涉药单位日常监管】定期对辖区内药品批发企业的特殊药品及兴奋剂开展检查，检查二类精神药品批发企业2家，对辖区内220家药品零售企业开展含麻黄碱复方制剂的专项检查，检查单位119家，发出责令整改通知书60余份。组织3批80家次的药店GSP认证，其中，新开药店19家次，到期重新认证61家次。完成13家药品零售企业的GSP跟踪检查。

相关链接

GSP：英文Good Supply Practice的缩写，意即良好供应规范，是控制医药商品流通环节所有可能发生质量事故的因素，防止质量事故发生的一整套管理程序。

【药品不良反应监测和上报工作】全区在线呈报单位82家，辖区内一级及以上医疗机构、制剂生产企业和零售、批发、连锁经营企业233家，参与在线呈报单位覆盖率35.2%。上报电子报表292份，每百万人口报告数730份，其中，新的严重的不良反应11例，占总报告数比例为3.8%。

【推进药品安全诚信体系建设】加强引导，加大辖区内药品、医疗器械企业诚信优秀单位和诚信单位的创建力度，全面推进药品、医疗器械生产经营企业质量安全信用等级评定工作。年初，完成2009年度全区药品经营企业、医疗器械生产企业的诚信评定工作，评出A级及以上企业213家，B级企业8家。

【规范药械市场工作秩序】抓好血液制品及生物制品等高危药品、假冒国内外知名品牌药械产品、诊断试剂企业、医疗器械生产企业、个体口腔诊所、医用氧、邮寄药品等多个专项整治，充分发挥技术监督在稽查打假中的重要作用，合理制定抽验方案，确定重点抽验品种，严格规范抽验程序，将药品监督抽验工作与日常监管、GSP跟踪检查等工作结合起来，切实提高监管的效率和药品质量管理水平。监督抽验130批，收到不合格检验报告26份。

【服务企业】采取多项举措为企业服务，营造健康稳定的发展环境，促进医药产业发展。继续开展“法制服务进企业”活动，开展专题培训，召开药品批发企业和零售企业工作会议，通过以会代训的形式，解读法律法规，并对药品经营企业GSP跟踪检查发现的问题加以剖析，落实帮扶措施。积极服务“530”生物医药企业，无锡市食品药品监督管理局、锡山食品药品监督管理局领导多次到锡山区无锡中科光远生物材料有限公司和无锡华清医疗器械有限公司，倾听企业呼声，开展工作指导，进行现场办公，解决企业发展过程中遇到的困难。

【加强食品药品安全宣传】印刷发放食品药品宣传手册3万余份，覆盖至全区各镇（街道）、村（社区）。根据宣传受众的结构，分层覆盖至各学校、机关事业单位、社区卫生服务中心和服务站、集贸市场以及食品种植养殖、生产、流通、餐饮消费单位等。通过政府网站、短信等信息平台，及时反映全区食品药品安全主要工作动态，向全区食品药品安全联络员、信息员和有关单位发布食物中毒预防知识、鉴别优质食用油脂和地沟油、药品安全不良反应等食品药品安全宣传教育短信。在《新锡山》开展《中华人民共和国食品安全法》实施一周年专版宣传；将食品药品安全宣传工作有机融入区“三服务下乡”、志愿者服务、法制宣传等内容，提高宣传成效。

【文明创建工作取得新成效】做好基层培训服务工作。举办全区药品经营企业从业人员继续教育培训班2期，214家零售企业、617人参加培训；走进药品批发公司，对60余名涉药人员进行现场执法宣传培训。建立互动载体。组织开展全区130余名镇（街道）、村（社区）食品药品安全联络员、信息员的培训；建立辖区内580余家涉药单位的手机联系档案，开通手机短信收发平台，及时向涉药单位发送通知、药品质量信息、紧急协查信息，发送短信近1400条。开展过期失效药品回收工作。组织开展“清理家庭小药箱、为民服务保健康”活动，根据药品零售企业自愿报名的情况，选择管理规范、诚信度好的第一批张泾端居堂参药店等4家药店和第二批汇华强盛东北塘第二药店等9家药店，作为过期失效药品定点回收单位，统一制作专用的药品回收箱，下发到各个药店，提高药品回收的规范化管理水平，累计回收过期失效药品1410盒，受到人民群众的欢迎。（黄　易）

海关

【概况】无锡海关驻锡山办事处于1995年12月经海关总署批复同意设立，1998年6月18日开关对外办理海关各项业务。经过大规模的科级机构整合，无锡海关驻锡山办事处于2008年6月18日成立“无锡海关行政服务中心”，设立加工贸易监管科、减免税科、稽查科、办公室4个科室，在编关员31名，业务管辖由原锡山市（撤市设区后管辖锡山、惠山2个区）扩大到无锡市7个区（减免税、稽查业务还管辖宜兴市），业务种类相应拓展至包括加工贸易监管、减免税审批、稽查和企业、报关员管理等。

2010年，无锡海关驻锡山办事处以科学发展观为指导，围绕“管理强关，幸福锡关”共同愿景，倡导“勇于担当”、“敢于争先”两种精神，强化“垂直领导”、“责任”、“管理”三种意识，凝心聚力，规范管理，全面高质量履行把关服务职责，圆满完成各项任务，有力地促进了地方开放型经济平稳较快发展。

全年办理新企业注册742家；办理报关员注册178人次，报关员延期406人次、实习备案98人次、注销156人次；办理电子口岸入网审批1287次，进出口企业网上支付审批199次，电子口岸操作员增加、变更285人次；调整企业管理类别66家；完成稽查作业38家，稽查补税入库逾310万元，7起案件移交无锡海关缉私分局处理。核发加工贸易登记手册3852份，备案金额90.4亿美元，核销结案手册4988份；加工贸易内销补税4513笔，补税金额5亿元。办理减免税货物征免税证明3441份，审批金额5.75亿美元，减免关税、增值税合计3.5亿元，审批设立抵押贷款16笔，贷款金额2.7亿元。

【深化关地合作内涵】2010年年内，无锡海关以锡山办事处为主体与锡山区政府相关部门成立“合作协调工作领导小组”，定期召开联席会议，重点研究解决一些具体问题。6月25日，无锡海关与锡山区政府召开联席会议，共叙《关地合作备忘录》签署一周年双方在各自领域做出的成就和贡献，并沟通下一步计划。进一步提高服务的预见性、创造性，为落实无锡市关于打造锡山“台资高地”的重要指示，出台促进锡山台资企业健康平稳发展的十项举措；为促进服务外包稳步发展，专设服务外包企业专门窗口、实行重点服务外包项目全程跟踪推进机制。加强统计监测预警分析，全年锡山办事处向锡山区委、区政府及相关部门报送《海关地方专报》9篇，及时提供了区域外贸统计数据和分析报告等决策参考。

【促进加工贸易转型升级】以积极稳妥推进联网监管为抓手，促进辖区加工贸易转型升级。实施联网监管电子账册管理企业21家，实际进出口金额超49.5亿美元，占辖区总金额的38.5%。为减少企业负担，以实现台账电子化的方式进一步简化现行加工贸易保证金管理运行流程。打造一条涵盖加工贸易、通关、财务等多部门内销“快速通道”，成立专家小组对健鼎（无锡）电子有限公司等规模大的内销企业进行服务与指导，促进加工贸易产品内销便利化，力助企业打通国际、国内两个市场，2010年锡山区企业内销补税9013万元。

【引导企业守法自律】加大新政策、法规宣传。开展

“关企互动”活动，2010年年内4次与75家重点、大型企业高层面对面展开交流，宣传海关政策法规，通报近年的违法违规案例，提高企业守法经营的意识。加强辅导培训。对410家新注册企业的1230名管理人员开办2期海关业务基础知识培训，重点更新企业分类管理、通关监管新政策、减免税政策、报关单填制规范等方面的知识。深化百家企业“客户联络员制度”。17次走访、辅导辖区8家客户联络员企业，全面了解企业生产经营和管理的实际情况，现场答疑解惑具体业务难题，帮企业用足用好优惠政策。引导企业及时向海关总署备案保护知识产权，加大口岸进出口环节知识产权保护力度，促进锡山区自主品牌企业开拓国际市场。

【分类管理助推企业增效】全年上调企业管理类别66家，评定A类企业65家，无锡地区（不含江阴）A类以上企业为225家，其中，锡山区A类企业由2009年的17家增至44家，占A类企业总数的19.6%。积极参与无锡市社会信用体系建设，有针对性地辅导规范企业参与海关分类管理，企业管理工作获无锡市“2010年度金融工作奖”之企业上市奖。将健鼎（无锡）电子有限公司、无锡兴达泡塑新材料有限公司、无锡国丰电子科技有限公司等6家锡山区企业纳入到应用“属地申报，口岸验放”新型通关模式的范围，帮助企业最大限度地享受通关便利和其他优质高效服务，极大地节约了通关时间及费用。

【强化稽查和风险管理效能】围绕主要税源商品和敏感商品，开展专项稽查10起，贸易调查1项，涉及企业70余家，查发案件7起。引入中介机构稽查6家企业。运用风险平台数据对关区铜废碎料、亚麻进口情况进行综合分析发布。全年编报各类风险信息51篇，被海关总署录入29篇，上报预警、预定式布控申请35篇。

【加强各项业务改革试点】成立“感知海关物流”课题组，开展运用传感技术创新海关实货监管、减免税后续监管等方面的探索，提高海关监管效能。简化减免税审批手续，对重大项目提前介入，采取担保放行、跟踪指导，全程帮助企业办理进口设备减免税手续，全力支持招商引资工作。开辟空运“绿色通道”，打造“空运直转”个性化通关模式，大幅节约企业通关时间。

【世博会安保和服务工作】开展专题调研，提前科学筹划，通过集中培训、举办现场会、印发宣传材料等措施，广泛宣讲世博会期间海关监管政策，提醒各方重视世博会对无锡进出口物流的冲击。制定世博会安保工作方案和应急预案，主动帮助企业破解通关难题。由于准备充分、应对正确、措施到位，世博会期间无锡进出口物流基本未受大影响，外贸进出口保持了较大增幅。（骆秋琴）

（编辑：钱惠芳）

●锡山六人书画作品赏析●

青山如棋 （张剑芳 作）

锡山区第六次全国人口普查综合试点动员暨业务工作培训会议召开
（区统计局 供）

区领导在加油站视察物价工作 （区物价局 供）

开展物价检查 （区物价局 供）

锡山国土分局驻区行政审批中心窗口被评为市级“青年文明号”
（锡山国土分局 供）

无锡能达热电有限公司现场审计 （区审计局 供）

义务教育学校绩效工资专项审计调查 （区审计局 供）

锡山区安全生产工作会议召开　　（区安监局 供）

举办消费教育讲座　　（锡山工商局 供）

锡山工商局与锡山三建实业有限公司共建结对签约仪式
（锡山工商局 供）

开展特种设备安全检查　　（锡山质监局 供）

开展气瓶安全专项执法检查　　（锡山质监局 供）

6月25日，锡山区政府与无锡海关召开工作联席会议

（海关驻锡山办事处 供）

财政·税务·金融

财 政

【概况】锡山区财政局为锡山区政府工作部门，正科（局）级建制。2001年5月，锡山市财政局更改为锡山区财政局。2010年，根据新一轮政府机构改革方案，锡山区财政局的主要职能、内设机构和人员编制作了相应调整。主要负责执行全区财政政策、中长期规划、改革方案及其他有关政策；完善区对锡山经济开发区、高铁站商务区、各镇（街道）财政管理体制，指导开展业务工作；管理区级各项财政收支；评审区级重大工程项目及拆迁安置资金；管理行政事业单位及有关企业的国有资产；监管地方各类金融机构、企业的财务和资产情况；管理全区会计工作；依法监督检查财税法规、政策的执行情况，处理财政违纪违规行为；制定政府性投资项目融资计划和资金管理办法，主持开展政府性融资等工作。内设办公室、预算科、国库科、综合科、行政事业财务管理科（挂“社保科”牌子）、国资企业科（挂“政府采购办公室”牌子）、经建科（挂“区投融资改革领导小组办公室”牌子）、农村财政财务管理科、会计事务管理科（挂“行政许可服务”牌子）、财政监督检查科10个机构。代管锡山区财政结算中心、锡山区财政投资评审中心2个政府直属事业单位，管理锡山区财政预算审核中心、锡山区财务会计辅导站2个下属事业单位。核定机关行政编制22名。

2010年，财政部门紧紧围绕“抢抓机遇、逆势赶超”目标，以服务“幸福锡山”建设和转型发展为落脚点，认真落实区委、区政府重要精神，狠抓收支管理、推进财政改革、完善制度建设、强化队伍管理，各项工作有序推进，财政科学化、精细化管理水平进一步提高。全区实现财政总收入108.25亿元。其中，一般预算收入36.08亿元，比上年增加7.79亿元，增长27.54%；政府性基金收入1.2亿元（剔除土地出让金收入），比上年增加0.74亿元，增长160.87%；上划中央财政收入33.66亿元，比上年增加6.69亿元，增长24.81%。全区财政支出36.4亿元（剔除土地出让金支出），比上年增加9.44亿元，增长35.01%。其中，一般预算支出34.61亿元，剔除上级专项补助支出3.12亿元，比上年增加8.54亿元，增长32.7%；基金支出1.79亿元，剔除上级追加基金支出0.15亿元，比上年增加1.38亿元，增长530.76%。

【组织收入】2010年，全区实现财政总收入108.25亿元。其中，一般预算收入36.08亿元，比上年增长27.54%。围绕组织收入，多措并举，确保各项收入应收尽收。完善收入考核制度，制订锡山区2010年财政收入目标考核办法；制定协税护税管理制度，研究出台《锡山区税收级次认定办法》、《关于进一步加强项目税收协税护税工作的意见》等多个协护税政策，规范税收秩序，确保收入应收尽收；健全非税收入管理制度，研究出台《锡山区镇级财政票据管理暂行办法》，并对非税收入的执收情况进行检查和规范；完善财税库网络建设，为各地更加有效地开展协税护税工作提供平台和依据；完善财税例会制度，为及时通报收入情况、协调解决收入征管中遇到的困难和问题提供交流平台；加强收入分析工作，及时做好资金流量预测、财税运行分析，提出应对策略，为区委、区政府决策提供第一手资料。

【管理支出】深化部门预算编制改革，基本做到“做实基本支出，做细项目支出”，强化“零基预算”，实施“综合预算”，实行财务集中核算，加强实时监督；推进深化国库集中支付和公务卡结算制度改革，在区级一级预算单位预算内资金全部实行国库集中支付和公务卡支付结算的基础上，预算外资金也全部纳入国库集中支付范围；积极开展参与式预算试点工作，扩大参与式预算的试点范围，为全面推进参与式预算打好基础。

【完善制度】围绕确保财政资金和财政干部“两个安全”，切实加强制度建设。出台一系列管理制度，包括资产管理制度、各类资金拨付流程制度、考勤报告制度、请假制度、印章使用管理制度、文件收发管理制度、文书工作制度等，有效地把好了各类财政资金的进出关，确保财政资金的安全，强化机关作风建设。出台《关于进一步加强财政信息工作的实施意见》，编发25期《锡山财政简讯》，及时通报财政工作动态，展示财政工作成果。建立科室负责人例会、区板块财政负责人例会制度，督促财政干部及时进行阶段性工作总结，梳理工作计划和重点，相互交流工作经验。

【业务提升】积极建设“学习型、创新型、服务型”机关，组织开展一系列学习培训和业务提升活动。印发《关于锡山区财政系统业务提升活动实施方案的通知》、《锡山区财政局开展周末学习日活动的实施意见》；组织各类业务培训，主要包括公文写作与信息调研培训、财政总预算会计培训、科室业务讲座等，累计培训500人次左右；深入开展“读好书、写书评”活动。

【财政监督】开展重点工程建设领域突出问题专项检查和强农惠农资金专项检查，对发现的问题及时进行整改；配合做好厉行节约十项要求的检查，会同区有关部门对2009年因公出国（境）经费进行专项检查；继续做好“小金库”专项治理工作；加强财政票据管理，开展全区财政票据使用情况专项检查，进一步规范财政票据领用、发放、缴销工作，强化收入管理；制定《关于规范镇级集体资产管理的实施意见》，加强和规范镇级集体资产管理，指导督促相关板块进行集体资产清查；专门安排财政监督检查科对一系列制度的日常执行情况不定期进行抽查，定期进行“回头看”，确保各项制度落到实处。

【投资评审】根据区重点工程建设计划和各类地块推进要求，切实做好项目前期评审工作。完成评审项目47项，主要包括“四镇五园区”（鹅湖镇、羊尖镇、锡北镇、东港镇，电力装备产业园、新材料产业园、轨道交通装备产业园、机械/高铁装备产业园、新型金属材料产业园）民房拆迁安置区级补偿审核，“万顷良田”东港、锡北土地流转及房屋拆迁安置补偿审核及北中路前期相关项目补偿审核等，核定面积49.98万平方米，核定资金23.87亿元；核减面积11.71万平方米，核减资金5.44亿元，资金核减率22.80%。

【融资工作】融资模式从单一向多元化发展，突破以流动贷款和政府公益性项目贷款为主的模式，大力拓展融资新渠道，积极与社会资本洽谈并合作，开辟新农村建设融资，扩大银团（银行业进行联合放款的组织）贷款合作。继续整合和拓展融资平台，有效规避平台风险。跟踪研究信贷政策和信贷资金投向，积极与有关银行沟通。（徐　卿）

国税

【概况】锡山区国家税务局自2001年9月从原锡山市国税局分设组建后，主要负责锡山范围内增值税、消费税、新办企业所得税、利息税纳税人的征收、管理和稽查工作。下设办公室、人事教育科、监察室、政策法规科、征收管理科、收入核算科和信息中心7个职能科室，4个农村分局，1个稽查局。有干部153名。至2010年年底，管辖税务登记纳税人17626户。2010年，全区国税系统践行“为国聚财、为民收税”的宗旨，坚持组织收入原则，加强税收分析预测，加强税收与经济的联动，实现了税收收入“三高”。即税收总量创历史新高，组织税收39.20亿元。税收总收入比上年增长22.51%；国税直接收入完成32.85亿元，比上年增长36.01%；一般预算收入完成11.11亿元，比上年增长30.15%，三项增幅列全市第一。一般预算收入比上年增收2.6亿元，对地方财政的贡献份额进一步提高。同时，围绕“调结构、惠民生”的主题，启动“服务新兴产业”法治实事工程，全年办理退税14.19亿元，其中，出口退税13.41亿元，有力地支持了产业结构转型和民生改善。

不断深化队伍建设，围绕“人才兴税”战略，深入推进学习型组织建设，通过举办高水平的知识讲座，加强高境界的典型引导和高要求的管理实践，特别是以2004年后通过国家公务员考试进入国税系统的青年干部为主体，组建青年梦之队，实施“导师制”管理和目标化培养，打造区国税局人才高地，扎实推进和谐基层建设，干部精神面貌焕然一新。在江苏省国税局组织的专业等级考试和能手竞赛活动中，中高级考试通过人数超过以前年度人数总和，能手竞赛活动中12人进入决赛，名额居全市第一，5人获得“能手”称号，居全市第二。全系统荣膺“2007～2009年度江苏省文明行业”；区国税局第二税务分局被评为“江苏省精神文明建设工作先进单位”；区国税局工会获“江苏省总工会模范职工之家”光荣称号。区国税局被无锡市委、市政府评为“扶持民营经济先进集体”，被区依法治区领导小组评为“‘五五’普法示范单位”、“法制建设先进单位”，并率先成为全区获得基层单位规范执法示范点“满堂红”的执法部门，被区级机关党工委评为“党建工作示范点”。在争创人民满意基层站所活动中，区国税局取得综合得分第一的好成绩，区国税局第二税务分局获得“无锡人民满意基层站所”荣誉称号，全面展示了锡山国税的良好形象。

【实施税源专业化管理】 搭建集“扁平式”风险联动架构、区国税局“集中分析”实体架构、分局“专业应对”管理架构和团队“合力攻关”应对架构于一体的专业化管理架构，并形成按风险管理流程环节匹配职责的税源专业化管理新格局。同时，通过强化税源专业化技能培训，加强信息系统运维，探索数据情报管理和风险分析识别方法，突出重要税源和重要项目的差别化应对，全区风险应对成效为1亿元，有力地提升了税收征管质量和效能。

【纳税服务实现升级】 打造多维立体办税平台。优化整合办税服务大厅，推行6S标准化管理，依托全程服务新系统，统一规范办税厅涉税事项受理运行流程，扎实推进网上办税、同城通办、自助办税及“叫号服务”等，提高办税效率。区国税局第一分局、第三分局被评为“全市星级办税服务厅优胜单位”；立体多维办税平台和不锈钢专业市场税收风险管理分别被评为“优秀税收服务项目”和“管理项目”。发挥税收管理员、税务稽查员的“流动办税”作用。建立6个便民办税服务点，成立“纳税人权益保护服务中心”，加大青年志愿者维权服务力度。“电子评价服务”系统纳税人满意率为99.76%。广泛开展税收宣传活动。联合声像、平面和网络媒体，组织“享优惠、促发展”高新技术及研发企业税企恳谈、台商企业文明共建签约、“530”企业和服务外包企业税收知识比赛及“锡山国税，伴你同行”税收知识有奖问答等活动，并通过进市场、进社区、进农户、进学校，增强普法力度，营造诚信纳税氛围。

相关链接

6S标准化管理：借鉴当今风靡世界的现场管理理念的一种管理方法。“6S”即SEIKETSU（规范）、SEI（整理）、SEISO（清洁）、SHITSHKE（修养）、SAFETY（安全）、SEITON（整顿），因其中5个日语罗马拼音、1个英语单词均以“S”开头，简称“6S”。

【依法治税有序推进】 加大监控决策系统和执法监控系统的跟踪督察，梳理执法风险点，制定和落实内控措施，改进和深化执法监督，严防执法风险。深化稽查风险防控，全年查结案件180件，查补收入3586.15万元，查补税款入库率为100%；查处10万元以上大要案44件（50万元以上6件）；移送公安机关103件，被司法机关刑事处罚35人，有力地打击了涉税违法行为。

【所得税管理成效显著】 以所得税汇缴和复审为主线，对592户企业的风险项目依法进行纳税调整，调整所得额1.14亿元，年度汇缴补税2.69亿元，退税2251万元，查账盈利面75%，比2009年提高7个百分点，汇缴质量指标领先全市。三方会审加强房地产企业的专业化汇缴审核，2009年实现应缴税额6111万元，比2008年增长261%，汇缴补税1200万元。2010年入库企业所得税10.38亿元，比上年增长99%。

【大企业管理效果显现】 探索大企业风险管理，成立大企业和国际税务管理科，实施针对性的税企沟通、综合评估和计算机审计，58户大企业入库税款11.06亿元，比2009年增长29.14%。加强非居民税收和反避税管理。2010年，追征入库新企业所得税法实施后首例单笔金额最大的境外股权转让所得税1387万元。

【出口退税进度加快】 针对辖区外贸出口企业较多的实际情况，向无锡市国税局争取出口退税审核审批权下放基层试点工作。试点的稳步推进，进一步加快了企业资金流转的速度。全年审批出口退税8510.96万元，试点工作得到无锡市国税局的高度肯定。

【个体税收联合办理】 依托个体委托代征工作站，全面加强个体税收管理，个体征收面为84.6%，特别是在全市范围内率先推行个体工商户国地税联合办税，相关经验做法得到上级的高度肯定，并在全市范围内推广，进一步促进了个体税收的管理成效，税收增幅为23.8%，居全市前列。

【行业管理成效突出】加大对主要行业和各大市场的摸底调研，研究分析税收负担，排查企业资金链、货物链和发票等情况，探索本地化的行业管理模型和管理办法。区国税局对9户混凝土企业开展专项评估，补申报销售2.43亿元，补缴税款1925万元。

【争创人民满意基层站所】围绕“建勤廉队伍、让人民满意”的主题，扎实推进内控机制建设，通过开展“学廉政准则，做勤廉公仆”等主题教育活动，落实“开门纳谏和自查自纠相结合，走访和双述相结合”等措施，健全和执行述职述廉、执法和效能监察等保廉机制，区国税局以评促建、纠建并举取得明显成效。在民主评议基层站所活动中，区国税局位列总分第一；民主评议机关活动中，区国税局综合得分居61个机关部门第二，提升7个位次，全面展示了锡山国税的良好形象。（柴爱芬）

地 税

【概况】锡山地方税务局成立于2002年8月，是由无锡市地方税务局垂直领导的行政单位。主要负责锡山区10753户企业事业单位和11044 户个体工商户的地方税收和非税收入的征收管理工作。内设办公室、人教科、监察室、计财科、税收征管科、纳税服务科、信息管理科7个科室，下辖第一税务分局、第二税务分局、第三税务分局、第四税务分局、稽查局5个单位。有在职税务干部、职工146 名。

2010年，全局系统各项收入突破40亿元大关，比上年增长33.5%，其中，完成税收收入27.66亿元，比上年增长33.3%。完成一般预算收入20.65亿元，比上年增长30.5%，高于全市平均增幅4.1个百分点，全区一般预算收入地税贡献占比提高1.3%，为57.2%。各项非税收入完成13.9亿元，比上年增长34%。锡山地税局被评为“2007～2009年度江苏省文明行业”，获各类集体荣誉21项，各类个人荣誉37人次，4个部门被评为“2010年度无锡市地税系统青年文明号”。

【强化征管基础管理】建立完善申报征收制度，出台《关于进一步规范申报征收工作意见》，规范申报期前、中、后各环节操作规程和工作职责，2010年企业准期申报率99.60%以上，个体准期申报率99.85%以上，除首次不罚的企业外未申报行政处罚率90%。建立完善户籍比对推送制度，定期与工商、国税部门开展户籍登记信息、股权变更信息比对和交换，加强非正常户、股权转让个人所得税管理。每季度开展个体漏征漏管户信息比对，清理漏征漏管户1700余户，确保个体税务登记率99%以上。加强有房产土地资产登记信息的非正常户和长期零申报户、拆迁户集中清理，评估核实企业300余户，查补税款120余万元。建立每月网上申报定期培训制度，突出个人所得税、通用申报表、财务报表等重点内容的培训，实现统一时间、统一地点、统一内容“三个统一”。将数字证书认证办理与网上申报培训纳入日常管理，完善数字证书认证业务流程，网上办税率为97%。建立完善发票控税制度，率先在全市地税系统开展定额发票领购环节征收税款试点工作，对未达起征点但领取营业税发票单位实施重点核查，做到定额达起征点领用定额发票的个体工商户在98%以上。推广建筑业、销售不动产企业网上开票，积极开展发票简并换版工作；强化票表比对，加强货运代开票和自开票管理，货运数据上传率为100%。

【深化社会综合治税】全面推进社会综合治税，加大委托代征力度，扩大地税征管的覆盖面。委托区住保房管局代征二手房转让税款1579万元；委托区运输管理处、中介机构代征货物运输业代开票税款7787万元；委托区文化娱乐行业代征网吧行业税款210万元；委托个体委托代征站代征私房出租税款385万元；委托国税代征个体工商户开具增值税专用发票和门临普通发票地税税款569万元；与无锡红星美凯龙国际家具装饰市场有限公司、无锡皮革城等4个专业化市场建立个体工商户税收委托代征关系。以落实《个体及零星税源社会化征收工作办法》为契机，按照“政府领导、税务指导、部门参与、信息共享、综合治税”工作思路，注重与各代征站的业务指导与沟通，全年入库个体税收6096万元，增幅超过50%。

【法治创建深入开展】 每季坚持执法检查，落实执法督察，以开展教育批评、考核扣分等形式，严格落实税收执法责任制到岗、过错责任追究到人制度，推进执法责任制工作的常态化。运用信息技术的比对功能，加强对征管信息的分析。结合“法治锡山”、“和谐锡山”建设，加强税收规范性文件管理，通过网站、公示栏、“纳税人之家”等媒介，维护纳税人的知情权、参与权，健全政务公开。有序组织开展实事工程，将义务法制员工作作为常规工作，及时为纳税人排忧解难。

【完善法治监督预警机制】 按照自上而下的方法，全面排查部门、岗位存在的各类权力事项和风险点，梳理出权力事项42个，职务犯罪风险点52个。对高风险和经常性发生的执法行为，在税收法律法规的总体框架和要求下，采取针对性措施预防犯罪。严格贯彻落实“一案双查三审”(一个涉税案件；对外查纳税人的税款缴纳情况，对内查征收、管理、检查环节税务人员执行税收政策是否准确，执法行为是否规范、有无违纪违规和侵权渎职等问题；审政策制度是否存在缺失，审税收征管是否存在缺位，审执法行为是否存在缺陷) 制度，案件审理过程的透明度和审理结果的公信度进一步提高。积极参加政府和上级地税局的案卷评查，6户查补税额50万元以上案件报送无锡市地税局备案，29户2万元案件以重大行政处罚案件移送区法制办备案，主动接受政府和上级地税局的监督。按照江苏省地税局、无锡市地税局要求，研究制定《锡山地税局行政审批事项后续管理操作要点》，明确21项行政审批重点事项后续操作的条件、标准和操作要点，有效预防行政审批改革后失管、漏管现象。积极拓宽税收执法外部监督渠道，组织“纳税人巡视地税一日行”活动，上门走访人大代表、政协委员、重点税源户法人代表600余人次，主动听取意见和建议；通过办税服务厅智能评价系统、举报投诉箱、举报投诉电话等渠道，积极引导纳税人对执法行为进行评价和监督，2010年办税服务厅智能评价系统的纳税人评价满意率为100%。

【办税服务功能体系建设】 以征管改革为契机，突出纳税服务的战略地位。完善由行政服务中心办税服务窗口、3个分局办税服务厅、7个乡镇便民办税服务点组成的三级便民办税服务体系，实现“乡乡布网点、镇镇有服务”，为广大乡镇、农村纳税人缩短了办税时间、降低了办税成本。在全市范围内率先推进全职能窗口服务，纳税人在一个窗口就能办理发票领购、申报征收、门临开票以及行政审批受理等各项涉税服务。实行7大类21项各涉税项目的“免填单”服务；实行5项涉税业务“同城通办”，并引入银联网络刷卡缴税；开通出租车行业发票“直通车”，每月将上万卷发票直接送到纳税人手中。

【税收宣传与咨询辅导体系建设】 定期开展专业化、规范化宣传咨询辅导，以每月召开新办企业辅导会、每月邮寄1.1万份《涉税信息月报》等方式，及时向纳税人通报最新税收政策及征管措施，形成既有咨询平台，又有咨询载体的规范化咨询服务新格局。开展个性化、差别化宣传咨询辅导，对新办企业、大企业大项目、申报征收异常企业、税收优惠受惠企业，提供集体辅导、座谈交流、上门走访等差别化、个性化服务，及时解决纳税人的合理要求。定期开展“纳税人之家”和“纳税人参事团”活动，落实纳税人参事、民主评税听证评议、资讯服务、政策扶持、监督评议5项机制，全年开展“纳税人之家”活动67场，活动收效明显。

【纳税人权益保护体系建设】 深入推进办税公开机制，依托网站、办税服务厅、报刊媒体等渠道，采取免费发放税收资料、召开税收政策宣讲会、举办培训班、送法上门等措施，增强税收执法的透明度。严格执行税务稽查公开、告知制度，维护纳税人的知情权。通过纳税人维权服务中心、维权服务窗口、局长信箱、廉政行风投诉箱、涉税案件举报箱等渠道，完善纳税人举报、投诉相关工作制度，同时健全登记、受理、核实、调查、处理和反馈工作机制，保障纳税人的举报、投诉权利。为帮助解决特殊群体纳税人在涉税过程中遭遇的困难，积极开展青年志愿者活动，建立义务法制员服务制度，提供涉税事务的特别服务，保障了社会各界尤其是一些弱势群体和特殊困难人士纳税人的合法权益。

【绩效管理渐趋完善】 作为内部管理制度创新的重要内容，全面绩效管理通过近一年的运行日趋完善。通过打造一个以“全面”为特色，集绩效评估、工作讲评、考核比评“三位一体”的绩效管理“链条”体系，实现绩效管理理论与实际工作的有效对接，促进个人、部门、组织工作绩效的持续提升。通过领导带头，思想先行，积极宣传，绩效管理理念深入人心，基本实现“以绩效评估引领人、以绩效讲评促动人、以考核比评激励人”的绩效管理目标。在2010年的公务员年终考评工作中，绩效管理工作成果作为重要参考依据，绩效管理成果运用工作正在逐步开展。

【文化建设成绩斐然】 通过落实干部谈心谈话制度，了解干部的所思所想，将每个干部融入到效能文化的建设之中。通过发现、培养、树立先进典型，掀起“学先进、赶先进”的工作热潮，激发干部的积极性、主动性和创造性。同时，以“浓厚学研之风”为抓手，多措并举引导干部参与学习，开展读书月活动和师徒结对工作，举办各类培训班31期，培训干部1700人次。全年形成调研成果46篇，市级以上发表22篇，其中，国家级刊物发表2篇，《无锡市电动车企业推动新能源汽车产业发展的做法与期盼》获得省领导批示。全年上报信息1026条，市级以上录用116条，其中，中共中央办公厅、国务院办公厅录用3条。（缪丽一）

金　融

银　行

【概况】 2010年，驻区各金融机构不断创新金融业务，加大对各类经济组织的支持力度，各项信贷业务继续保持稳步增长，其他新型金融组织快速发展。

各项银行存款全年保持稳步增长，增量存款比上年同期增量存款降幅明显。年末，各项银行存款余额560.08亿元，比年初增加73.72亿元，增长15.16%。其中，企业存款余额294.86亿元，比年初增加38.53亿元，增长15.03%；居民储蓄存款余额240.81亿元，比年初增加28.72亿元，增长13.54%。2010年增量存款73.72亿元较上年增量存款132.03亿元下降44.16%。其中，增量企业存款降幅56.95%，居民储蓄存款降幅17.68%。

各项贷款业务稳步增长，短期贷款持续增加。年末，各项贷款余额438.07亿元，比年初增加77.65亿元，增长21.54%。其中，短期贷款余额198.28亿元，比年初增加35.26亿元，增长21.63%；中长期贷款余额159.78亿元，比年初增加27.31亿元，增长20.62%；票据融资贷款18.95亿元，比年初减少2.94亿元，下降13.4%；消费贷款余额58.07亿元，比年初增加18.17亿元，增长45.54%。2010年增量贷款77.65亿元较上年增量贷款120.67亿元下降35.65%。其中，增量短期贷款增幅14.96%，占全年增量贷款比重45.4%；增量中长期贷款降幅61.75%，增量贷款占比由上年同期59.17%下降至35.17%。

金融资产运行质量有所提高。年末，全区存贷比总体水平78.2%，比年初上升4.11个百分点。全年处理抵贷资产651万元。逾期、呆滞等不良贷款4.14亿元，不良率0.94%，比年初1.09%下降0.15个百分点。

小额贷款公司快速发展。2010年，区裕民、汇侬、兴达、恒昌4家农村小额贷款公司相继开业运营，注册资本9亿元，全部投向中小企业、“三农”经济组织及农户。至12月末，全区5家小额贷款公司累计为791个客户提供贷款26.21亿元，实现利息收入6510万元，上缴税收814万元，净利润3991万元。贷款余额14.95亿元，其中，小企业贷款余额3.89亿元，农业经济组织贷款余额7.59亿元，农户贷款余额3.47亿元。

【银政沟通】 为进一步做好融资服务工作，区发展和改革局在做好全区工业企业融资需求调查的基础上，积极走访各家银行，把有融资需求的企业以及拟上市改制的企业名单向各银行作了推荐介绍，以供银行发展信贷业务作参考性的基础资料；同时对区重点企业（项目）出现的担保、抵押等融资困难，积极做好相关协调，为银企合作发展做好银行、企业、担保机构、国土部门的沟通协调，给予必要的支持与帮助，极大地改善和提升了锡山区的金融环境。

【银企对接】 为谋求银政企合作共赢发展，更好地支持新兴产业、骨干企业、重点项目、专业园区建设的发展，7月，联合中国银行锡山支行举办金融服务对接会，根据中国银行锡山支行对提供的相关企业融资需求情况的调研、对接和初审，和20家企业进行现场签约，具体签约金额4.16亿元，场外意向授信金额6.3亿元。8月，根据中国人民银行无锡市中心支行开展“三送三进”金融宣传服务月活动内容精神，进行中小企业融资需求调查摸底的基础工作，汇总急需融资企业27家，融资需求4.8亿元；及时组织中国人民银行及相关银行的信贷负责人与相关企业进行银企现场对接座谈，了解企业面临的突出问题以及相关的建议；通过各商业银行的实地调查和信贷审查，有19家企业可获得银行授信20.21亿元，意向合作金额2.1亿元。户数支持率为70.37%。

【小额贷款公司试点】 2008年全省小额贷款试点工作开始，锡山区首家小额贷款公司——锡山区阿福农村小额贷款有限公司于2009年4月开业，2010年裕民、汇侬、兴达和恒昌4家小额贷款公司相继开业经营。5家小额贷款公司全由锡山区资金实力强、企业信誉度高、注册资本大的民营企业发起组建。小额贷款公司注册资本金为10亿元，全部投向中小企业、“三农”经济组织及农户。经过两年多的推广、宣传和政策扶持，加上小额贷款公司特有的快速简便、小额分散以及既可贷又可担保的优势特征，全区小额贷款公司得到快速发展。同时，也打造了一支具有专业、规范的金融管理团队，建立了较为完善的规章制度，形成了覆盖信贷、财务、人事管理和安全保卫等各个方面的制度体系。

【筹备村镇银行】 为提升区域金融服务功能，加强与银监部门、相关银行的沟通联系，积极争取村镇银行指标，确立组建村镇银行的发起银行，同时做好地方参股企业的择优筛选工作。组建村镇银行指标已经落实，发起银行确定为建设银行，积极争取于2011年开业。

【企业信贷危机协调机制】 针对无锡明特化纤有限公司破产重整一案，积极配合清算组做好债权银行对重整方案的沟通协调，力争尽早通过重整方案。积极关注江苏神羊化纤有限公司来料加工的经营情况，社会债务、银行债务的偿债进度情况；针对央企恒天集团与江苏神羊投资集团达成的资产重组合作意向，进一步加强与无锡市银监局、中国人民银行无锡市中心支行和区金融办公室的沟通、协调，尽早召开江苏神羊投资集团的银行债权人会议，让江苏神羊投资集团走出困境，及早走上战略重组之路。

保　险

【概况】 2010年，驻区保险业务稳步发展。年末，全区实现人寿、财产保险保费收入5.92亿元。其中，人寿保险保费收入2.43亿元，财产保险保费收入3.49亿元。

人寿保险业运行呈营销业务稳定增长，直销业务下降趋势。年末，各项人寿保险保费收入24307.61万元。其中，营销业务10179.41万元，直销业务4319.48万元，银行代理业务9808.72万元。从人寿保险的销售渠道看，营销业务份额较大，销售额占比为41.88%；其次为银行代理业务，销售额占比为40.35%。从寿险的险种看，分红类保险19319.24万元，占比79.48%。

财产保险业运行呈持续增长趋势，车辆险种占比份额较重。年末，实现各类财产保险保费收入34893.97万元。其中，车辆险29153.99万元、企业财产险2454.92万元、责任险1333.88万元、运输险809.08万元，四大险种占各类产险的96.73%，其中，车辆险份额占全部险种的83.55%。

（邹宁倩）

（编辑：钱惠芳）

锡山区财政系统科室业务讲座举办　　（区财政局 供）

国税干部辅导纳税人办税　　（区国税局 供）

服务台资企业，共建和谐税收　　（区国税局 供）

组织“530”企业和服务外包企业进行税法知识竞赛

（区国税局 供）

锡山地税局成立首个税收“金种子”宣传教育基地

（锡山地税局 供）

开展税收维权服务牵手你我他活动 （锡山地税局 供）

城镇建设和管理 · 环境保护

城乡规划

【概况】无锡市规划局锡山分局成立于2001年9月，为无锡市规划局的派出机构，正科级建制。在无锡市规划局的垂直领导下，主要负责锡山区（不含锡东新城125平方公里）区域规划编制的统筹、建设用地和建设工程的规划管理以及城乡规划执行和实施情况的监督检查。内设办公室、规划编制管理科、规划行政许可科、法规监督科4个职能科室。核定行政编制14名。

2010年，锡山规划工作紧紧围绕全区“抢抓机遇、逆势赶超”奋斗目标和转型促进年的活动主题，创新工作方法，强化工作措施，凝心聚力，迎难而上，全力推进、全面完成各项目标任务。在全区机关部门民主测评中名列前茅，“规划窗口”被评为“锡山区区级机关共产党员先锋岗”。

【规划编制】围绕“四城”（生态城、旅游和现代服务城、高科技产业城、宜居城）建设和城乡统筹发展，以优化全区框架为主线，以强化规划落地为目标，重点围绕优化规划框架、加快老城区改造、推进新镇中心区建设、提升专业园区能级、强调民生优先、推动古镇村保护、彰显锡山农业特色等方面展开工作，着力推进控制规划向实施规划的转变。积极参与和协助市、区“十二五”城乡建设规划和“新三年”行动纲要等实施性规划的编制。采取“产业策划加建设规划”的创新编制模式，积极协助各板块做好专业园区产业策划，初步完成全区重点产业园区建设规划。加强区域快速道路网络研究，以及轨道交通站点周边地区建设的规划研究，完成通江商贸园区、动漫创意中心等功能园区和重要载体的规划动态更新，为重点项目建设奠定坚实的规划基础。积极推进古镇保护修复，深化完善古镇村保护法定规划体系，完成全区古镇村保护专业策划及详细修复方案设计。创新探索农业、农村发展新模式，率先完成锡山区现代农业（园区）总体规划，并提出积极的政策引导和保障措施，具有一定的示范引导作用。

【规划实施】切实强化服务和作风效能建设，进一步转变工作方式，优化服务，加强指导，积极推进重点重大项目的规划建设，全年办结各类规划许可项目750余件。多管齐下，强力构建重点项目规划建设的“绿色通道”。通过展开跟踪服务、进行专题调研、加强横向联系、创新窗口服务等方式，打造“零障碍”服务模式，高效推进包括龙湖、绿地、盛高等一批城市综合体项目在内的重大项目。在全区每月的重点项目建设联席会议上，相关板块没有提出一项因为规划而影响项目推进的问题。创新思路，大力推进民生工程、环境工程及市政基础设施工程建设。本着“积极推进、规范运作”的原则，全力扭转项目建设的无序和不规范性，在高效服务的同时，牢牢把握规定的底线，对上述重点工程参照无锡市重点工程规划建设手续办理的做法加快推进，提出阶段性操作方案，确保锡山兴达保障性住房（东景花园）、隆亭公园、北中路等一大批重点工程建设有序推进。尽责尽职，全力指导全区安置房规划建设。注重品质，提高新建安置房规划设计水平。完成各板块安置房用地布局优化调整工作，全力推进新建安置小区规划方案多方案评选。近期开工建设的安置房规划建设水平都有大幅提升，得到各界的一致好评。同时，对前些年因土地指标、腾地拆迁、前期投入不到位等种种原因所造成的安置房建设弊端，进行全面清查，提出明确的整改措施和处置方案，形成专题调研报告，供区政府决策。通过一年的不懈努力，全区安置房清理规范工作取得阶段性的成效，基本规范到位。

【规划监督】面对新的形势和要求，转变思路，精心组织，全力推进规划监督工程，有力地保障了城乡规划的顺利实施。积极主动向人大、政协报告规划工作执行情况，邀请行风监督员、区纪委、区监察局以及无锡市机关作风建设监督点联系人，听取各界对规划工作的意见和建议，使社会各界深入了解规划、积极参与规划、严格监督规划。加强对基层条线管理人员的规划培训和指导，并组织他们到锡山规划分局业务科室进行为期3个月至2年不等的实习，进一步提高基层理解规划、解读规划的能力。广泛开展宣传活动，结合区“三服务下乡”活动，组织开展4次规划宣传咨询活动，并多次深入到镇（街道）进行现场办公，着力解决基层建设遇到的规划问题。通过现场、网络、公示厅等平台，不断丰富规划公示内容，从规划编制动态更新到规划行政许可，对100余个重大项目进行公示，接受群众监督，进一步推进“阳光规划”操作。（陶　玲）

城市建设

【概况】2009年11月，区重点工程建设管理办公室由区重点工程建设指挥部、区道路工程建设指挥部整合组建而成。主要负责区政府投资的重点道桥工程项目、重大社会事业公共建筑和环境工程的建设管理工作；负责上级政府在本区域的重点工程建设的协调工作；负责上级政府委托实施的重点工程项目的建设管理工作，以及做好区政府交办的其他工作。内设综合科、计划科、总工程师办公室、前期科、工程科、财务科6个科室。有编内工作人员15名。

2010年，全区重点工程建设在区委、区政府的领导下，在各有关方面的支持配合下，区重点办坚持以科学发展观为指导，发扬“自力更生的拼搏精神，实事求是的科学态度，脚踏实地的工作作风”，不断解放思想，开拓创新，团结务实，精诚合作，全面推进重点道路工程、公共建筑设施和城市配套、园林绿化和荡口古镇保护性修复工程等多项区重点工程建设。各项重点工程基本如期完工，道路建设不断推进，完成北中路（团结路以东段）新建工程，柏庄路、资景路、芙蓉四路改造工程等一批重点道路工程项目建设；公共建筑设施建设推陈出新，完成柏庄一村及星海新村改造工程，为当地居民营造更优质的居住环境。荡口古镇保护性修复工程进展顺利，就古镇历史风貌、古迹遗存、建设内涵和风格特点等方面编制详细实施规划，并开始荡口古镇保护性修复工程的全面实施。

【北中路新建工程】该工程东起团结路，西至锡沪路，沿途经过云林街道、安镇街道、锡北镇、东港镇以及羊尖镇，全长17公里，完成建筑安装费4.3亿元。道路等级为一级公路，双向六车道，设计车速每小时80公里，12月28日竣工通车。道路的建成对分流现有锡沪路交通流量，完善锡东路网结构，增强无锡主城区与高铁站商务区、锡东新城的联系具有重要意义。

【柏庄路改造工程】柏庄路（锡沪路—新明路）改造工程北起新明路，南至锡沪路，全长1260米，建筑安装费约1620万元。道路等级为城市次干道，双向四车道，设计车速每小时40公里。柏庄路两侧多为成熟居民区、柏庄小学和新建农民安置区，改造后将给周边居民的生活和出行带来更大的方便。

【资景路改造工程】资景路（学士路—新明东路）改造工程南起新建学士路，北接新明东路，全长1186米，建筑安装费约1719万元。道路等级为城市次干道，设计车速每小时40公里。资景路是东亭老城区的主要道路，将直接为东亭老街服务，对老城区的商业化改造有极大的作用，同时也缓解了老城区的交通瓶颈问题。

【芙蓉四路新建工程】芙蓉四路（东亭路—锦旺路）新建工程位于东北塘街道，全长1176米，建筑安装费约1550万元。道路等级为新建城市道路，设计车速每小时40公里。芙蓉四路是东北塘街道主要道路之一，道路的修建更加完善了区域路网，更加方便了东北塘居民的生活及出行。

【星海新村、柏庄一村改造工程】星海新村改造工程涉及建筑面积1万平方米，总投资约350万元。柏庄一村改造工程涉及建筑面积1.2万平方米，总投资约600万元。星海新村、柏庄一村均为成熟老小区，在小区内施工，工程涉及面广，施工难度大，通过区重点办的不断协调和监督，该工程保质保量按时完成，为当地居民营造了更加舒适、优质的生活。

【荡口古镇保护性修复工程】荡口古镇保护性修复工程实施规划经过反复论证、完善，基本定稿；39个规划地块，80%以上完成施工图规划设计，开工地块19个；重点地块东西入口及太师府的建筑方案经过反复讨论、论证，基本定稿；古镇大型植栽设计启动；古建筑试验段工程为大面积展开古建筑施工选择队伍积累了经验；古建筑异地保护（移建）工作全面推进。2010年11月，荡口古镇保护性修复工程参加住房和城乡建设部、国家文化部组织的文化遗产保护年会，获“中国文化遗产保护示范工程奖”，锡山区重点办成为全国第一批获该殊荣的单位。（张 露）

村镇建设

【概况】锡山区建设局（挂“锡山区人民防空办公室”牌子），为区政府工作部门，正科（局）级建制。主要负责贯彻落实国家、省、市关于建设、人防和防震减灾等方面的法律、法规、规章和制度，承担全区建筑业行业管理、建设工程安全生产监督管理和质量管理的责任，负责房地产开发建设市场管理工作，指导、协调全区村镇建设工作，参与组织编制全区污水处理总体规划建设计划，负责拟订全区城市防空袭预案和各项保障方案，组织防空演习。内设办公室、组织人事科（挂“纪检监察室”牌子）、村镇建设管理科、建设工程管理科（挂“行政许可服务科”牌子）、公用事业管理科（挂“城市节约用水办公室”牌子）、人防指挥通信科、人防宣传教育科、财务审计科8个科室。机关行政编制19名。

2010年，全力推进村庄综合整治和农民居住集中，制定农村村庄综合整治工作图表，建立管材设备领用、工程进度月报、工程质量督察、项目考核验收、项目补助拨付五项工作制度，有效推动工作展开，全年完成村庄综合整治246个、村庄生活污水处理432个，完成自然村撤并198个，争取省市专项资金2400余万元，到位1700余万元，东港镇勤新村与湖塘桥村、鹅湖镇燕水庄村、安镇街道山河村被列为2010年省级环境整治试点村。锡山区建设局被省住房和城乡建设厅评为“江苏省‘十一五’期间村庄建设整治先进单位”，被无锡市推进社会主义现代化新农村建设领导小组评为“无锡市社会主义现代化新农村建设争创示范镇村工作先进单位”，被无锡市建设局评为“2010年度村庄环境整治先进集体”、“农民居住集中工作先进集体”。

【拆迁安置】全年召开区级拆迁协调会议64次，裁决调解会37次，作出行政裁决21起，召开强拆听证会1次，解决拆迁难点户、“钉子户”30户。全年完成92个项目、553.8万平方米的拆迁任务，拆迁面积比2009年增长近2倍；安置房建设施工面积454.71万平方米，其中，新开工213.05万平方米、竣工83.92万平方米。多次召开安置房清理规范专题会议，分三个阶段推进安置房建设清理规范，理清已竣工交付和在建安置房前期手续办理情况，完成全区46个安置房小区、33815套安置房情况调查登记，逐步开展安置房两证的办理，全区完成4842套、35.18万平方米的安置房产权初始登记工作，发放产权证3076套、面积22.24万平方米。

【污水处理设施建设】组织污水处理设施大检查，全面调查排水户雨污分流和接管情况。东港污水处理厂二期扩容工程进入调试运行阶段，建成污水主管网90.7公里。全年处理污水3881万吨，比2009年增长17%，出水水质稳定，东亭城区污水处理率为90%，其他地区80%，圆满完成“十一五”规划的约束性指标任务。全年争取到第三期省级专项资金291万元，累计申请补助资金为1.79亿元。

【排水达标区创建】全年创建完成230个排水达标区，超额完成18个。东亭街道负责建设的两个市级控源截污工程示范点全面竣工。全年全区安排排水达标区创建资金15242万元，两年完成创建排水达标区356个，占总目标任务的90%。建立排水检测制度，定期对排水户日常排放的污水进行检查和监测，确保达标排水，全年办理排水许可证72份。

【地震、燃气、节水行业管理】在“5·12”第二个全国防灾减灾日活动期间，举办防灾减灾宣传周活动。9月，在东亭实验小学春江分部、春江花园三期举办防灾减灾综合演练。召开全区液化气安全工作会议，定期对全区液化气公司、供应站（点）进行安全大检查，全年无安全责任事故。5月15日，以全国城市节约用水宣传周为契机，在馨和园广场开展“节水全民行动，共建生态家园”宣传活动。9月，赛维拉假日花园小区被评为“江苏省节水型小区”。（杨 华）

房地产业

【概况】锡山区住房保障和房产管理局为锡山区政府工

作部门，正科（局）级建制。主要负责住房制度改革的组织实施、住房保障的组织实施、房屋权属管理、房产测绘管理、房地产市场的行业管理、物业管理的行业管理、直管公房和局直属单位国有资产的监督和管理、全区住房基金和住房维修基金管理、全区白蚁防治管理等工作。内设办公室（挂“财务审计科”牌子）、市场管理科（挂“行政许可科”牌子）、房产管理科、住房保障管理科、物业管理科5个科室。辖房屋权属登记中心、8个房产管理所共9个事业单位。机关行政编制10名。2009年7月单列升格为一级局，2010年1月更名为锡山区住房保障和房产管理局。

2010年，全区房地产开发项目112个，累计完成房地产投资49.16亿元。在售项目51个，面积555.94万平方米；已售面积313.4万平方米；新建待售项目6个，核定建筑面积27.59万平方米；计划项目26个，核定可建面积656.37万平方米。完成综合验收备案的住宅小区8个，建筑面积75.33万平方米。全区商品房累计成交8808套、102.14万平方米，成交面积首破百万平方米大关，成交金额54.74亿元。二手房累计成交1130套，成交面积12.83万平方米，成交金额6.37亿元。

2010年锡山区房产开发项目竣工验收备案情况一览表

表8　　　　单位：万平方米

项目名称	竣工面积
春江花园三期B组团1号至7号、12号	13.63
汇坚国际机电五金城1号至8号	4.61
太湖国际包装印刷城B1	2.48
首创隽府园二期18号至29号	11.62
华夏名都1号至20号	18.65
羊尖镇学府小区1号至12号	5.51
红豆花园A区1号至12号	4.39
厚桥隆达小区二期10号至13号	0.89
春江花园三期B组团8号至11号	8.11
中大诺卡花园W03、W04、W07、W08	10.33
泾悦华庭1号至3号	2.20

【房地产市场管理】全面落实国家宏观调控政策，规范房地产市场经营行为，对8个在售商品住宅项目进行执法检查。加强商品房预销售管理，建立并完善审批程序，实现网上许可审批，全年受理商品房预销售行政许可40起，核准面积94.42万平方米。建立房地产市场预警机制，实行房地产市场动态月报制度，完善《房地产市场分析报告》，及时掌握和反映全区房地产市场情况。成功举办2010无锡锡山（香港）房地产业投资推介会和荡口古镇周边地块推介会，对太湖大道南地块、东北塘A地块与C地块、栖霞北地块、荡口古镇地块等进行重点推介，引进上海绿地集团、盛高置地控股有限公司和北京融科智地房地产开发有限公司等实力强、品牌好的优质房地产开发企业。

【房产管理】充分发挥公房住房保障功能的作用，通过开展公房转租清理，加大大中修投入等措施，实现国有资产的保值和增值。全年清理公房转租102户；小修养护552次，维修面积5.42万平方米，养护投入25.26万元；实施大中修项目23起，维修面积7400平方米，审定造价41.38万元；办理房改售房17套，归集售房款44.6万元；审核全区职工住房补贴85人，补贴面积4094.9平方米，补贴金额224.7万元。

【住房保障】通过收购安置房、改建旧公房等方式，在东亭街道、锡北镇、东港镇储备廉租住房房源31套；全年48户符合廉租住房保障条件的租赁补贴保障方式申请家庭实行应保尽保，发放租赁补贴20.33万元。

【物业管理】严格规范前期物业管理的准入制。有5家物业服务企业通过公开招投标的方式入驻新的小区进行管理。年内对13个项目进行竣工验收。继续开展平安小区创建活动，并与物业服务企业签订责任状。根据区政府的要求，由物业服务企业与所在地社区居委会签订人口与计划生育管理责任状。年内调处信访投诉84起，区政府审议通过《关于规范和加强安置房小区物业管理的工作意见》。推进市优秀住宅（大厦）管理小区的创建活动，诺卡小镇被评为“无锡市优秀住宅小区”。与区质监局联合开展电梯安全使用的专项检查；与区物价局联合开展对商品房小区的物业收费检查；指导5个小区业主委员会换届和新成立业委会1家；配合区重点办实施老新村整治工作，完成星海新村和柏庄一村B区5.7万平方米整治；归集商品房大修理基金5052.2万元，申请各项维修资金利息44.9万元，用于相关小区的维修。

【权属登记交易管理】坚持急事急办，特事特办，为特殊人群开辟“绿色通道”。增设受理窗口，引入排队叫号系统，优化办事环境。推行二手房办证平行受理，减少办理业务的往返，方便群众及企业。完善办证大厅功能，衔接财政、地税、评估、银行等部门，实现“一门式受理、一站式服务”。全年完成各类房地产登记2.21万起，发放各类房屋权属证书及登记证明36259份，归存档案16198份，扫描档案11485份，接受查档6448起。继续开展服务企业年活动，为171家企业进行办证宣传和指导服务，为115家重点企业办妥产权登记、抵押登记手续，上门提供权属登记服务151起。启动安置房办证工作。

【房管社会服务】房管“122”救助服务形式进一步丰富，通过开展“学雷锋、送服务”等活动，组织抢修人员进小区开展义务便民服务，全年接处警72起，为111户免费检修水电、管道等住房设施，回访满意率为100%，实施“百户残疾人家庭安居工程”，施工面积6220平方米。全年完成白蚁防治施工面积214.9万平方米，完成测绘面积430万平方米。（张振兴）

建筑业

【概况】全区有建筑施工企业90家，其中，一级企业6家、二级企业29家、三级企业47家，劳务企业8家；房产开发企业46家，其中，一级1家、二级37家（暂二级）、三级8家（暂三级）。全年新开工建筑面积389万平方米，办理施工许可证63份，按期办结率和群众满意率均为100%。

【工程质量稳步提高】召开全区住宅工程质量通病控制工作推进会，加大分户验收规程的宣传和培训，扎实开展住宅工程质量通病防治。加强整治违法建设项目，每月组织在建住宅工程质量大检查，发出局部停工通知书61份，工程质量整改通知书107份，处理投诉8起。区建筑工程质量检测中心认真接受社会监督，细化内部管理制度，11月顺利通过计量认证扩项和监督评审工作。全年完成检测88512项（次），检出不合格试块、试件921项，质监覆盖率为98%。全年创省“扬子杯”优质工程1个、市级优质结构工程14个、市“太湖杯”优质工程3个。

【建筑安全管理到位】召开建设工程安全生产、文明施工现场会，深入推进安全生产月活动，积极开展平安创建、安全生产、文明施工、工程运输安全、大型机械设备等专项整治。全年办理建设项目安监手续120个、面积约400万平方米，拆迁项目安监手续90个、面积约200万平方米。全年实施行政处罚24起，检查工地1172次，发出建设工程安全隐患整改通知单456份，累计提出整改隐患2596条，整改率为96%，并对17个重大安全隐患实行“跟踪督查”制度，严格对552台塔吊、施工电梯等大型机械设备执行备案登记制度，全年未发生较大以上安全生产事故。

【招投标管理严格规范】 8月，根据全市建设工程交易管理机构整合的精神，做好交易中心的升级改造，认真落实市级招投标监管要求。建立健全内部责任制度，改革创新招投标管理制度，积极开展无行贿犯罪记录查询，完善建设工程领域不良行为记录体系。全面推行招投标网络监管，不断加强专家评委管理，进一步加强招投标现场监管，确保招投标严格规范。全年完成公开招标项目251个，工程总额约40亿元；邀请招标项目17个，工程总额约6.31亿元；全区应公开招标进场交易项目公开招标率为100%。

【城建档案管理不断发展】 按照档案分类大纲，重点对全区建设档案进行分类、整理、编号、统计、入库，做好重点工程、市政公用设施、城市地下管线、园区、道路、新建住宅项目等工程资料的收集。全年与96个建设单位签订档案报送责任书，接收建设单位工程档案86个，完成档案分类组卷近1500卷，累计馆藏2万余卷。全年接待查档120人次，提供案卷175卷。（杨　华）

城市管理

【概况】 2003年12月，锡山区城市管理行政执法局成立，下设区城市管理行政执法大队。区城市管理行政执法大队由新招录的执法队员和原锡山区建设局城建监察大队的全部队员组建而成，为依照公务员管理的全民事业单位，受区城市管理行政执法局的委托实施城市管理行政处罚权。2004年4月，锡山区城市管理局成立。锡山区城市管理行政执法局与锡山区城市管理局合署办公，实行“一套班子、两块牌子”的管理模式，将市容、环卫、绿化、市政公用设施和城管执法五项职能有机结合，形成“五位一体”的大城管管理格局。2007年9月10日，根据无锡市委、市政府《关于进一步改革和加强城市管理工作的意见》文件精神，实行城市管理与城管执法机构分开、职能分离。原区城市管理行政执法大队成建制上划，由市城市管理行政执法局及执法支队实施垂直管理，撤销原锡山区城市管理行政执法局。锡山区城管局下设办公室、法规宣传服务科、市容环境管理科、公用设施管理科、园林绿化管理科、投诉受理中心、城管大队。在岗人员84名，其中，公务员7名、事业编制14名、人事代理1名、劳务派遣62名。

2010年，全区城市管理工作围绕“精细管理常态化、长效管理有效化、科学管理效益化”的目标，以“太湖杯”、“锡山杯”城管创优活动为抓手，以优化城管体制为基础，进一步加强城市管理资源整合和平台建设，强化环境整治和创建力度，城市管理工作成效显著。全年办理各类城市管理审批项目306件，办理各类投诉、举报案件1602件，办理区政协提案5件，办理社情民意10件，满意率100%。

【优化城管体制】 有效履行区城市管理委员会办公室的职能，牵头开展城市管理各类重大活动，年内成功组织停车秩序整治、违法建设整治等各类大型综合性活动10余次，整合了管理资源，形成了管理合力。推进和健全镇、村、城管平台建设，全区村（社区）城乡管理服务站实现全覆盖，建成一星级服务站71家、二星级服务站12家，有效发挥基层城管工作职责，“上下联动、齐抓共管”的区、镇、村三级城市管理联动网络进一步完善。

【城管创优和镇村创建】 为推进城管创优工作，区投入大量资金用于城市管理项目的管养和维护。2010年，区财政投入各项管理创建资金6292万元。其中，环卫、绿化、市政设施管理经费3182万元；公共事业经费2050万元；城市管理经费1060万元，确保了城管工作的顺利推进。结合无锡市城管创优优胜镇（街道）评比活动和市容管理示范项目创建活动，按照“一点一景”的创建标准，逐项推进市容管理道路、小区（村落）等两大类的示范项目创建，努力提升创建品位和档次。经市、区两级初选，锡山区有10个项目进入最后评选公示阶段。

【“路长制”管理和道路包装出新】继续抓好道路“路长制”管理，制定《关于锡山区“路长制”管理和城镇道路市容环境秩序综合整治工作的意见》，在全区122条道路推进市容环境秩序综合整治工作。认真做好省级市容管理示范道路的复查迎检工作，全面改造东亭中路和东亭南路，投入资金50余万元。全面推进道路包装出新。将二泉中路和锡州中路列入2010年包装出新计划，在优化规划设计和方案论证的基础上，由区重点办实施道路包装出新改造工程，预计投入1618万元对道路实施路面修复、外墙立面清洗、灯光造景、修补花坛、更换垃圾分类回收箱、统一店招店牌等包装出新工程。

【户外广告管理】从源头上规范户外广告、店招店牌的设置，配合无锡市城管局完成锡沪路、学前东路的广告规划。借助区行政权力网上公开透明运行平台，规范广告审批程序，由被动的审批管理转变到主动的审批管理，审（续）批城区门头店招254块。统计梳理城区的户外广告和店招，协同无锡市城市管理行政执法支队锡山大队实施无锡市第二批围墙广告和违法违规广告整治，集中拆除锦丽宾馆、无锡皮革城指示牌等一批严重影响市容市貌的违法户外广告6000余平方米。

【环境综合整治】结合“迎世博、讲文明、树形象”、全国文明城市创建等活动，组织开展占道经营、户外广告、违法建设、车辆运输、道板停车、市容整治等各类大型专项整治50余次，顺利完成各类市容环境保障任务40余次，教育查处无证摊担、占道经营 7000余起，取缔夜排档52起。加强对辖区内建设工地和拆迁工地文明施工管理，签订文明施工协议，指导、监督施工单位做好封闭施工、出入口硬化、配置冲洗设备等工作，排查建筑工地、工程车辆750余次，暂扣无证运输车辆175辆，查处抛撒滴漏90余起，立案11起。利用快速有效的城管、交通、公安、交警乱停车联动整治工作机制，组织开展夜间乱停车整治10次，查处违章车辆120余辆。

【河道长效保洁】结合全区水生态综合环境整治和“河长制”管理要求，以河道水质改善为目标，突出管护和整治全面抓，同时结合全区河道综合整治工程验收工作，严把考核关。在2009年实施“三项整治”的基础上，抓好河道长效管理监控，整治废品收购站9家，清理河道两侧违章搭建7处，杂物垃圾1400吨，整治住家船15条、弃沉船14条；打捞水面漂浮物、水草计7079吨；全区有镇村级河道保洁人员1510名，全区河道保洁率始终保持在98%以上、优秀率在95%以上。

【违法建设整治】充分发挥锡山区违法建设专项整治工作领导小组办公室的牵头协调职能，制订年度工作计划和目标，重新调整锡山区违法建设专项整治工作领导小组网络，牵头召开三次违法建设整治推进会，建立健全区、镇（街道）、村（居）委信息网络。年内，全区上下有步骤、有计划、有重点地开展一系列违建整治，拆除一批影响较大、群众投诉举报强烈的违法建设，如云林街道15户1.12万平方米的群体性违法建设；安镇街道先锋工业园区宏泰电动车厂1000余平方米的违法建设；东港镇新巷村违章搭建的638平方米厂房车间。2010年，全区累计拆除违法建设475处，面积8.75万平方米。（华伟新）

公用事业

【概况】按照“政府购买服务”和“政事企事分开”的理念，进一步深化环卫作业、公用设施管养、绿化养护等项目的市场化运作。至年末，区城管局承担辖区400万平方米的绿化养护，26条道路的环卫保洁、市政、道路照明设施管养和全区59条城镇道路205.8公里的交通设施管养，城区43.3公里道路范围的“三乱”（乱张贴、乱刻画、乱涂写）保洁，主城区3座压缩式垃圾中转站和18所公厕等环卫设施的市场化运作的管理。

【环境卫生管理】加快推进以“村（社区）集中收集、镇（街道）集中清运、区集中转运、市集中处理 ”为主要内容的生活垃圾“四集中”体系建设。至年末，各镇（街道）生活垃圾“村（社区）集中收集”完成率为91.48%，“镇（街道）集中清运”完成率为100%。在东亭主城区，取缩垃圾房353间，设置垃圾收集点975个，投放240升标准垃圾桶约1900只，配备垃圾收集车12辆，垃圾机械化覆盖率为100%，提前完成目标任务。另外，云林街道8个安置小区机械化收集工作实现100%覆盖。优化东亭柏庄垃圾中转站管理，鹅湖镇生活垃圾中转站建成投用，关闭城区2家小型垃圾中转站，全区环卫设施建设管理更趋完善。2010年，全区清运处理生活垃圾19.5万吨，垃圾无害化处理率继续保持100%。

【园林绿化管理】全面实施好400万平方米的绿化管养任务，补植补栽各类乔木400余株、灌木9万余株，补种白三叶草坪500平方米，美化了绿化景观。规范审批锡东新城建设、地铁2号线建设、重点工程道路建设及锡山经济开发区道路工程建设过程中涉及的各类绿化项目，组织实施各类苗木迁移工程，全年顺利迁移各类乔木5600余株，各类灌木4.9万余平方米。在“迎世博、讲文明、树形象”活动期间和全国文明城市创建迎检期间，进行大规模的绿化整治活动，清理白色垃圾100余车，补植各类小灌木20万余株，更换草花80余万盆，确保了良好的绿化景观效果。

【公用设施管理】强化市政设施管养，全年修复人行道板砖1300平方米、侧石1472米，修补人行盲道8663米、护栏2730余米、警示桩1670余根，补划交通标线15459平方米，疏通雨水管道8000余米，清淤窨井6700余个，完成14座路灯配电柜的大修保养，更换路灯光源1053个，维修红绿灯730余处，更换或维修倒计时器30余个，并调整20个路口的红绿灯切换时间。有序推进区、镇两级公共停车泊位管理，新划置停车泊位136个。全区累计公共停车泊位3538个，其中，锡山主城区公共停车泊位786个，各镇（街道）2752个。

（华伟新）

环境保护

【概况】锡山区环境保护局为区政府工作部门，正科（局）级建制。主要职能是负责建立健全环境保护基本制度；组织编制全区环境保护规划和计划；组织开展污染物总量控制工作；负责核与辐射安全的监督管理；指导、协调、监督生态保护工作；负责环境监测和信息发布；开展环境保护科技工作；组织、指导和协调环境保护宣传教育工作；开展环境保护对外交流与合作；承担区环境保护委员会办公室和区太湖水污染防治委员会的日常工作；环境监察执法和环境质量监测。下设办公室、污染控制科、环境影响评价科、环境管理科、宣传法制科、太湖水污染防治办公室及锡山区环境监察大队、锡山区环境监测站。2010年，锡山区环保局完成机构改革的“三定”任务，区环境监察大队升格为副科级建制。机关行政编制12名。

2010年，全区环境质量综合指数90.5；全年空气质量良好天数比例94.2%；3个小康断面、10个主要水功能区断面均值全部达标，农村地表水达标率64.6%；全年全区化学需氧量自测削减2954吨，自测化学需氧量在2005年基础上累计削减率32%，全年用煤量保持零增长，二氧化硫在2005年的基础上累计削减率58.7%，全面完成“十一五”减排目标任务。

【污染物减排】加强工程减排。加强对5家污水处理厂减排项目的现场检查和台账资料编制指导工作，特别是加大对2万吨以上污水处理厂中控室软硬件改造工作的督促推动和污泥处置的监管力度，全年检查污水处理厂180厂次，出动558人次，对存在问题的单位均下发环境保护监督通知书，并限期整改。加强结构减排。保持结构调整高压态势，对前几年的问题企业进行“回头看”工作，对于不执行停产决定，设备仍未拆除的企业申请法院强制执行，先后对厚桥街道的化工企业进行5轮专项整治，与锡山经济开发区进行3次会商，拆除关闭12家企业，剩余3家单位停产，1家单位转经销，其余8家单位计划年底前关闭或搬迁。加强管理减排。在全区范围内开展企业清洁生产审核的宣传发动工作，赴企业进行实地督促、检查和指导，全年完成4家强制性和44家自愿清洁生产审核企业的验收，组织5家企业参加由无锡市经济和信息化委员会、市环保局举办的重点企业清洁生产审核培训班，为企业和社会节能降耗、减污增效作出了贡献。全年全区自测化学需氧量年度削减率为8%，“十一五”期间累计削减率为32%，二氧化硫“十一五”期间累计削减率为58.7%，全面完成“十一五”规划总量减排目标任务。根据省市上级部门要求，编制完成全区2010年度工业项目及污水处理厂氮磷减排计划，并及时上报组织实施，全年减排氨氮208.96吨，总磷18.63吨。

【环境综合整治】加强截污接管工作。将截污接管工作纳入日常检查，形成污水治理的长效管理机制，进一步推进全区水生态综合整治工作。全面完成锡北运河、九里河等主要河道沿岸工业企业的截污接管工作，全年完成排水达标区建设212个，截污接管4211家，全区累计完成接管单位1.28万家，完成全区总目标数的86.67%，其中，工业企业完成率87%，事业单位完成率87%，三产服务业完成率86%。加强太湖治理。成立太湖水污染治理协调办公室，全区12大类171项治理太湖工程基本完成目标任务，治理太湖工程总投资额40798万元，超过原定32066万元的年初计划，东港污水处理厂二期、池塘循环水养殖和九里河湿地恢复等一些跨年度工程进展良好，超过时序进度要求。加强大气污染防治。按照省市统一部署，根据《无锡市大气污染防治三年行动计划》相关要求，结合区域发展实际情况，对全区“十一五”期间大气环境容量的变化趋势进行测算研究，编制完成《锡山区大气污染防治三年行动（蓝天工程）计划》，以能源、交通、化工行业整治和城市扬尘、机动车排气污染防治、油气回收为重点领域，将整个蓝天行动的九项主要工作分为“控源、禁烟、净气、抑尘”四大工程推进落实。

【行政审批管理】按照“审批严格、协调一致、监管有力、服务到位”十六字方针，积极推行阳光政务，进一步完善行政许可流程，坚持做到受理、交办、反馈、回复环节“四明确”。2010年，环保行政审批关口审批建设项目410个，项目总投资304.7亿元；完成422份危险废物交换转移申请表的预审；完成12份核与辐射建设项目环评的预审，17份辐射许可证的预审，19家核与辐射企业验收条件的预审。保持公众参与的操作规程，自觉接受群众监督，网上公开法律法规、审批时限、办理人员以及审批进度等。优化服务的同时，严把建设项目环境准入关，严格执行建设项目“七项审批原则”（是否符合产业政策，和规划的相符性，达标排放，总量控制，清洁生产，公众参与，循环经济、环境风险原则），严格遵守环保部明确提出的“十个不予审批原则”，对不具备接管条件的一律不批，对不符合国家和地方产业政策、不符合城市总体规划的建设项目一律实行否决和劝退，全年直接和间接否定项目10个。对2008年后政府投资500万元以上以及非政府投资3000万元以上的116个项目进行排查，对辖区内涉及易燃易爆危险品生产、装卸、储存、输送等各环节的8个建设项目进行摸底，总体情况良好。

相关链接

十个不予审批原则：国家明令淘汰、禁止建设的、不符合国家产业政策的项目；被列入国务院清理整顿范围，不符合国家政策规定的钢铁、电解铝、水泥、电石、铁合金、焦炭、平板玻璃、13.5万千瓦及以下火电机组等项目；位于饮用水源保护区、自然保护区、风景名胜区、重要生态功能区以及生态环境敏感区等区域，影响生态环境和污染环境的项目；不符合城市总体规划、环境保护规划的项目；位于自然保护区的核心区、缓冲区内的项目；占用自然保护区实验区，对当地生态环境造成破坏的，或者建设在自然保护区外围地带，但损坏自然保护区内的环境质量和生态功能的建设项目；原有设施污染物排放达不到国家和地方排放标准及总量控制要求，不能通过“以新带老”、“以大带小”的措施，实现“增产不增污”的项目；环境污染严重，产品质量低劣，高耗能、高物耗、高水耗、污染物不能达标排放的项目；环境质量不能满足环境功能区要求，无法通过区域平衡等替代措施削减污染负荷的项目；被明令限期治理的企业，以及“两控区”污染防治规划、三峡库区及上游水污染防治规划污染治理项目中没有按期完成污染限期治理任务企业的新、扩、改项目，上述项目一律不予审批。

【生态文明建设】以巩固生态区创建成果为抓手，不断深化全区生态文明建设。全区所有乡镇均创建成全国环境优美乡镇，黄土塘村和谢埭荡村被江苏省环保厅列为2010年农村环境综合整治示范村，丽安村和谢埭荡村成功申报国家级生态村；南丰村、泾新村、陈市村、安西村、三新村创建为省级生态村，全区77个行政村有45个村建成省级生态村，比例超过58%；编制实施《锡山区2010年度农村环境连片整治计划》，锡北运河沿线农村连片整治项目被确定为国家级连片整治示范区，争取到年内最大一笔中央农村环保专项资金1400万元，涉及17个行政村、94个自然村，受益人口20413人；30%以上的社区建成省级绿色社区，创建成3所省级绿色学校、3所市级绿色学校，全面开展生态工业园区的创建活动，不断巩固提升锡山区生态建设水平。

【环境监察执法】通过日常检查、错时执法、突击检查、交叉执法、飞行检查、联合检查等方式，开展辖区运转检查、"110"值班检查、专项行动、"三同时"（新建、改建、扩建的基本建设项目、技术改造项目、区域或自然资源开发项目，其防治环境污染和生态破坏的设施，必须与主体工程同时设计、同时施工、同时投产使用）建设项目监察、烟控区检查等各类执法检查，严厉查处各类环境违法行为。累计检查企业8355厂次，出动执法人员21841人次，行政处罚案件结案数102件，罚款金额375.29万元，收缴排污费1940万元，责令停产停业50家，挂牌督办2家，公开道歉1家，关闭取缔4家。全年受理各类环境信访603件，比2009年下降26%，信访调处率、结案率、反馈率均为100%，满意率为99%。开展"整治违法排污企业，保障群众健康"环保专项行动，开展化工行业、畜禽养殖、医疗行业、重金属排放企业、热电行业、危险废物产生及经营行业、工业企业废气、混凝土及水泥制品行业、建筑扬尘以及夏秋季秸秆焚烧等涉及各行各业、各种类型的专项行动。继续开展"三高两低"、"两高一资"（高耗能、高污染和资源性）和"五小"企业的整治行动，重点对厚桥街道化工企业进行板块整治，加快分散企业向专业园区集中步伐，乡镇工业向工业园区集中的比例超过85%，关闭化工企业15家，整治"三高两低"企业25家，有效地遏制了高耗能、高排放行业的过快增长。

【环境质量监测】以小康社会环保指标考核和生态补偿为重点，全面完成水、气、声环境质量例行监测任务，重点开展区域补偿、小康断面、"河长制"断面考核监测工作，不断强化农村环境质量监测。7家水质自动监测站和全区重点污染源自动监控体系运行管理良好，全区点位运转率远超90%。全区60%的放射性污染源签约建设在线监控系统，其中30%安装完毕。同时，根据上级要求，开展各类专项监测工作，动态掌握全区环境质量现状和趋势，获得有效监测数据90231个，为环境管理提供了坚实的技术支撑。全区3个小康断面，10个主要水功能区断面均值全部达标，空气质量良好以上天数比例为94.2%，农村地表水达标率为64.6%。全年自测产生区域补偿资金1644.55万元，比2009年下降40.5%，3个省推广试点断面、5个市责任分解断面的水质整体比2009年明显好转，出境水质好于入境水质。"十一五"期间环境质量综合指数从2006年的83.6上升到2010年的90.5，区域环境质量获得明显改善。

【环保宣传服务】先后组织开展"三服务下乡"、"百日环境安全宣传服务"等贯穿全年的14项各类宣传服务活动，围绕"低碳减排·绿色生活"的世界环境日主题，成功举办区"6·5"环境宣传座谈会，制作环保展板140块，设立环保咨询站，宣传家庭节能、节水、节电意识，倡导绿色低碳环保生活。对全区262家企业的环境行为信息进行公开，积极实施排污总量指标有偿使用核定和收缴试点工作，排污权试点交易约700万元，积极推动引导规模以上企业开展ISO 14000环境管理体系和环境标志产品认证工作，认证率为31%，完成55家重点企业环境安全风险评估和26家环境污染责任保险签约工作，保险额度为2600万元，增强了企业节能降耗减排能力和履行环保责任意识。同时，深入全区各基层、各村、各社区及重点企业，开展走访服务活动，征求社会各界对环保工作的意见，帮助基层排忧解难，组织全区250家企业进行环境安全应急、企业环境监督员制度等培训，进一步提高企业环境安全意识。（钱　煜）

（编辑：钱惠芳）

整治后的锡北镇光明村刘家庄　　（区建设局 供）

锡东新城路网框架基本形成　　（区重点办 供）

房管“122”为民服务　　（区住保房管局 供）

区委书记朱爱勋（中）现场督办全区水生态综合整治工程　　（《新锡山》 供）

锡山区环境保护接访活动举办　　（区环保局 供）

区领导率队开展夜间环境执法检查　　（区环保局 供）

交通·电力·邮政

交通运输

【概况】锡山区交通运输局是锡山区公路、水路交通行业的行政管理职能部门，主要负责全区公路、航道、港口、场站等交通基础设施的规划、养护和管理；负责客货运输、运输服务、机动车维修等行业的管理；指导全区路政、运政、航政、港政等行政执法工作。内设办公室、财务审计科、综合管理科、法制监察科、工程计划科、行业管理科6个科室，行政编制16名。下设锡山区公路管理处、锡山区运输管理处、锡山区航道管理处、锡山区汽车维修行业管理处、锡山区交通工程管理处（锡山区交通工程质量监督站）5个直属单位及东亭、安镇、羊尖、东北塘、锡北、东港、鹅湖7个交管所。2001年3月锡山区交通局设立，2010年1月更名为锡山区交通运输局。

重点工程建设顺利推进。做好市重点工程——北中路的前期工作，有效确保工程的顺利推进，完成团结路至锡沪路段17公里，完成投资4.3亿元。继续加大农村公路建设力度，建设完成港王路、厚嵩路、泾声路等共计30.4公里，累计完成投资6.6亿元。区航道管理处狠抓施工管理，锡北线剩余1.8公里航道改善工程基本竣工，工程总投资4500万元。积极协调解决锡张高速公路、京沪高铁建设过程中的地方矛盾，有效确保锡张高速公路和京沪高铁建设的顺利推进。危桥改造工作稳步推进。2010年是全面完成危桥改造工程的最后一年，区交通运输局充分发挥部门职能，严把设计关、验收关，配合各实施主体改造（加固）危桥340座，完成投资约4000万元。

公路管养水平显著提高。积极探索新的养护体制，加快推进养护机械化进程，完成锡东大道、锡甘线等路面开挖恢复工程，区内干线公路路况综合指数95.8，县道公路路况综合指数87，乡道好路率为80%。江苏省农村公路纪检监察巡查小组于2010年10月11日至20日对锡山区2009年、2010年农村公路纪检巡查工作及农村公路建设招投标、公路施工质量、现场养护和资金使用情况进行全面检查，并抽查羊尖、东港两个乡镇，检查组对农村公路建管养工作给予高度的评价。加强航道日常养护管理工作，对辖区内84.4公里等级航道进行两次扫床，辖区干线航道通航保证率为99%。运输市场环境进一步改善。按照市政府统一要求狠抓工程运输车辆整治，累计查处违规工程车200余辆。进一步加大非法货运配载户和非法营运车辆的整治力度，查处各类违章运输车辆1605辆（次），维护了良好的运输市场秩序。以迎接全国干线公路养护与管理大检查为契机，大力开展超限运输整治工作，查处超限车辆63辆，超限运输整治工作卓有成效。精心组织维修市场专项整治，维修行业保持健康发展势头。城乡公交一体化进程加快。坚持以公交优先发展为导向，公交网络进一步健全，全年新辟公交线路10条，优化调整公交线路5条。公交配套设施不断完善，大力完善主干公交线路基础配套设施建设，在老锡沙线、通江大道等公交车辆密集的线路，新建候车亭30个，沿线群众的公交出行更加便捷。公交便民服务更加注重实效，在区内设立7个公交IC卡销售点。法治交通建设深入推进。交通行政权力网上公开透明运行进一步深化，所有涉及交通运输行政许可的项目全部实行网上公开透明运行，行政处罚网上公开透明运行逐步推进。全年办理行政许可223件，行政处罚案件1437件，未发生行政复议变更、撤销或行政诉讼败诉案件。

【市重点建设项目北中路顺利推进】北中路位于锡山区中部，是无锡市东部地区东西向的重要交通通道，东起342省道羊尖查报站附近，西至312国道北兴塘桥，全长21公里，整个工程分两段实施。2010年启动东段工程，采用双向六车道一级公路标准建设，设计时速每小时80公里，截至12月底完成团结路至锡沪路段共17公里，完成投资4.3亿元，占总投资的78%。该道路的建成对分流现有锡沪路交通流量，完善锡东路网结构，增强无锡主城区与高铁站商务区、锡东新城的联系具有重要意义。

【11条农村公路建成通车】完成无锡市交通运输局下达的年度目标任务，完成新建改建11条农村公路53.3公里。其中，港王路改建工程位于东港镇境内，全长3公里，投资1200万元。该路段处于东港镇繁华商业区附近，建成后明显舒缓了商业区拥堵形势，改善了投

资环境。厚嵩路改建工程位于厚桥街道，全长5.1公里，投资7000万元，按二级公路标准设计。道路的建成改善了厚桥街道通行环境，强化了和安镇街道、高铁站商务区之间的纽带功能。团结大道改建工程位于云林街道，全长2.3公里，投资5000万元，按城市主干道标准设计，建成后增强了县级公路网之间的联系。2010年年末，锡山区农村公路通车里程为1014.1公里，其中，县道176.1公里、乡道418公里、村道420公里。

【危桥改造工作全面完成】2010年是全面完成危桥改造工作的最后一年，按照《锡山区危桥改造（加固）实施意见》，区交通运输局充分发挥部门职能，严把设计关、验收关，配合各实施主体改造（加固）危桥340座，完成投资约4000万元，使得长期困扰锡山区的危桥安全隐患得到彻底根除，区内群众的出行环境得到极大改善。

【锡北线东北塘段航道养护改善工程完工】锡北线东北塘段航道养护改善工程位于锡北镇、东北塘街道，总投资4500万元，养护里程为1.8公里，该工程按四级航道标准设计预控，工程主要内容有新建护岸4084.6米、建航政停泊锚地1处。工程自2009年10月开工，至2010年6月底全面完工，并于2010年12月通过江苏省航道局的验收，被评为“优质工程”。锡北线在锡山区境内的航道整治除东北塘段的水下方工程外，全线完成整治，通航条件和航道面貌极大改善，两岸生活环境和投资环境得到提升。

【城乡公交一体化进程加快】坚持以公交优先发展为导向，公交网络进一步健全。2010年，全区新辟公交线路10条，分别是：公交730路、731路、130路、702路、758路、769路、快7路、733路、732路、711路区间。优化公交线路5条，分别是：公交106路、502路、726路、111路、722路。公交配套设施不断完善，大力完善主干公交线路基础配套设施建设，在老锡沙线、通江大道等公交车辆密集的线路，新建候车亭30个，沿线群众的公交出行更加便捷。公交便民服务更加注重实效，在区内设立7个公交IC卡销售点。

【交通管理年活动顺利开展】自2010年3月开展交通管理年活动后，全区交通运输系统各单位围绕区交通运输局工作部署和活动实施方案，深入宣传发动，认真组织实施，交通管理年活动有声有色。各单位结合工作实际明确年度重点推进项目，经过年终评估，全系统11个重点推进项目基本达到预期目标，成效明显。各单位深入分析工作现状，查出问题51个，提出有针对性的整改措施80余条，堵塞了管理漏洞，提高了管理水平。开展“金点子”评比活动，各单位上报“金点子”29个，经过市交通运输专家组评审和各单位互评，6个“金点子”脱颖而出。

【交通行业管理不断规范】在抓好传统管理的同时，积极探索新的管理模式。区运输管理处不断延伸管理触角，使货运车辆较多的企业逐步走向专业化运输企业管理模式。区公路管理处加强与各交管所的协作配合，互通信息，建立路政管理快速反应机制。区航道管理处规范疏浚行业管理，与28家工程疏浚业主签订规范疏浚责任状，有效确保航道安全畅通。区维修行业管理处严格车辆检测标准，规范检测行为，进一步提高检测水平。各交管所在农村公路养护管理中，强化路政管理，使农村公路管养日趋规范，管养水平不断提高。

【交通安全监管不断加强】各单位加大对所属行业的安全检查力度，交通行业安全生产意识明显增强。区运输管理处强化“三关一监督”（严把运输经营者市场准入关、严把营运车辆技术状况关、严把营运车辆驾驶员从业资格关，加强客运站场的监督），把安全评估体系引入到普通货物运输企业。区公路管理处严厉打击超限违法行为，“平安示范公路”的创建工作颇有成效。区航道管理处加大航政巡查力度，及时清除碍航物，确保航道安全畅通。区维修行业管理处严把车辆技术检测关，出站车辆均达到技术规范要求。各交管所严格执行农村公路路政巡查“三三制”（每周路政巡查不少于三天，每天不少于三小时），确保辖区内农村公路安全畅通。

（林庆军　魏　博）

电 力

【概况】2010年，实现全社会用电量41亿千瓦时，比上年增长16.7%。其中，工业用电量35.04亿千瓦时，比上年增长16.9%；商贸用电量1.03亿千瓦时，比上年增长12.0%；居民生活用电量3.87亿千瓦时，比上年增长12.3%；农业用电量1125万千瓦时，比上年增长10.7%；社会事业用电量1580万千瓦时，比上年增长15.3%。全年平均工业用电量为2.92亿千瓦时（2009年为2.5亿千瓦时），工业用电高峰出现在6月、8月，分别为3.21亿千瓦时、3.38亿千瓦时，有6个月工业用电量超过全年平均工业用电量。从全年工业用电量与上年同比增长情况来看，增长幅度较大，工业用电量呈快速增长态势。（杨建南）

邮 政

【概况】锡山区邮政分局是无锡邮政局下属五个营业部门之一，主要负责为锡山区各级政府、企事业单位及广大群众提供邮件寄递及金融类业务等服务工作。锡山区邮政分局下设12个邮政网点，职工200名，其中，管理人员16名、营销人员2名、营业员94名、投递员88名。

2010年，紧紧围绕无锡邮政局“促转变、调结构、重质量和效益”的经营工作主题，突出重点，瞄准目标，创新经营，坚持走效益型发展道路的同时着重抓好服务质量，确保各类邮件寄递质量，年内用户满意度测评为96分，锡山区邮政分局连续多年被锡山经济开发区评为“服务先进单位”。

邮政业务稳步发展。以服务地方经济发展为己任，通过开展各项经营活动，确保锡山区业务收入、各项重点经营项目的顺利完成。2010年，全年完成业务收入（不包括金融类业务收入）3421.50万元，比上年增长2.4%。其中，函件类业务收入343.44万元，比上年增长1.67%；集邮类业务收入372.11万元，比上年增长26.14%；订阅2011年报刊流转额1511.32万元，与往年持平。金融类业务顺应市场变化要求，业务品种不断更新，质押贷款、小额贷款、保险理财产品、缴费宝、个人网银等业务相继步入成熟阶段，2010年金融类业务完成2785.03万元，其中，中间业务收入完成436.43万元，至2010年年底居民存款为26亿元。为满足广大群众需求的多样性，开办长途汽车票、航空电子客票及各类演出门票等代售业务。

服务与设施建设共发展。锡山区邮政分局着力抓好窗口优质服务，准确把握“服务行业”的定位，视服务质量为生命线，在员工队伍中不断强化服务质量意识，始终坚持以客户为关注焦点，确保窗口服务与投递质量共创优，从而提高邮政企业形象。进一步加大业务发展所需要的硬件设施投入力度，2010年对八士、东湖塘两个支局进行网点改造，提升中国邮政的品牌。进一步完善邮政数据库系统信息化改造，函件客户数据库系统、集邮客户数据库系统、报刊客户数据库系统的建设初见成效，邮件传递更为快捷，客户查询更加方便。（邹 涛）

（编辑：钱惠芳）

●锡山六人书画作品赏析●

江湖一色间 （张剑芳 作）

沪宁高速公路无锡东出口　　　　　　　　　　（孙剑光 摄）

九里河综合整治新貌　　　　　　　　　　（郅恒发 摄）

中国邮政储蓄银行欢度新年迎客户　　　　　　（锡山区邮政分局 供）

信息化建设

政务信息化

【概况】2010年年末，区政务专网覆盖区内83家单位、116个村（居）委会、9所区直属学校，并全部和无锡市政务外网整合，做到市、区、镇（街道）、村（社区）4级互联互通。各类应用系统日益广泛、应用层次逐渐深入，有机要、统战、财政、计生、民政、统计等多个部门的重要数据平台依托政务专网运行，实现同一网络统一平台不同业务的目标。网上警务室建设进一步提升服务内涵和服务层次，在建成63个网上社区警务室的基础上，于2010年上半年建成技防、校园、经侦、消防4个特色警务室，努力形成宽领域、深层次、多角度的网上社区警务室建设特色。

【门户网站群高效率运转】“中国·锡山”政府网站群自2010年启用后，不断拓展网站群规模、整合网站资源、完善各项公众服务功能，网站群的整体绩效有大幅度的提高。网站继被评为2009年度江苏省县区级党政网站测评第6名后，2010年5月又获得无锡市区县级政府网站测评第1名。年内，在完善网站框架栏目的同时，更加注重为民服务、为经济建设服务，使网站服务性更强、信息量更全、涉及面更广、交流互动更多。区门户网站新增的栏目有“电子期刊”（《新锡山》、《锡山企业》）、“锡山旅游指南”；“市民”栏目里新增市民焦点（健康、物价、交通、住房），“民意直通车”栏目增加民意测评功能，村务公开（两村两社区），进展效果明显。同时，加强“政民互动”栏目的建设，为各单位与网民互动提供一个有效的平台，进一步拉近政府与群众的距离。2010年，“中国·锡山”中的“公众监督”栏目收到各类信件1768封，“区长信箱”栏目收到信件595封；网站发起13次民意征集，11次网上调查，内容涵盖区经济建设、人民生活、科教文卫、各类规划和提案征集等方面内容。另外，网站公布人大代表建议及政协委员提案，并开通自由评论功能，网民积极参与评论。

【行政权力网上公开透明运行】作为全市行政权力网上运行的试点区，以深化行政权力网上公开透明运行工作应用为重点，全力推进“权力网上运行”工作，确保权力在内控中严格规范、权力在阳光下透明运行、权力在网络上全程监察。年内在完善法制监察平台的基础上着重完善电子监察功能，并在全区开展针对部门内部监察人员的运用集中培训工作，随着监察部门网上电子监察管理办法的出台，行政权力网上电子监控进入正式运行阶段。

【党务政务信息设备全面整合】在区文体局建设文化共享工程支中心及区档案信息化建设项目中，充分运用虚拟化技术，整合双方资源，并利用原有设备建立全区公文、文化共享及档案数据存储中心。区网站群整合了包括区委、区人大、区政府、区政协所属42家区级部门网站，以及锡山经济开发区、高铁站商务区、9个乡镇（街道）、2个村，除村（居）委外，基本达到全区各级、各部门全覆盖。通过党政网站的整合，在统一的软件平台内，实现了锡山区党政网站信息内容的共享、交换与畅通，提高了信息的利用程度，实现了各政府部门对网站日常运营工作的协同办理，为门户网站栏目的多样化、个性化调整提供了基础。

【农业信息化建设加速推进】区农业信息化以“两网一平台”（区政务网、区农林网、区电子政务平台）为基础，深入推进农业信息化建设与应用，努力发挥信息技术对现代农业发展的支撑作用。区农林网和9个镇级农业网站运行良好，为继续保持行业领先水平，2010年继续提升区、镇两级农业网站服务水平，完成区农林网的升级改版工作。初步形成时尚蔬菜、花卉苗木、名优茶果、特色水产等高效优势产业，锡山台湾农民创业园和无锡高科技农业示范园、无锡现代农业博览园、中国农科院太湖水稻示范园等“一区十园”及丽安花卉苗木村、松芝水产村、斗山茶叶村等一大批专业特色村高效规模化效应逐步显现，中国甘露青鱼网、中国红豆杉网、锡山台创园网等农业特色网站有效提升了特色农产品知名度，促进了特色农业产业发展。　（任方圆）

软件和信息服务产业

【概况】2010年，锡山区深入贯彻落实全市战略新兴产业倍增计划，在区委、区政府的正确领导下，全区上下紧紧围绕调整经济结构和促进转型发展工作主线，创新工作机制、管理机制，大力推动新兴产业的培育和发展，软件和信息服务业得到高度重视和稳步发展。

全区有软件企业95家，其中，已销售企业50家。全年完成软件业务收入21.6亿元，其中，嵌入式系统软件收入17亿元，比2009年增长10%以上；全年完成软件出口及外包总额0.57亿美元，其中，嵌入式系统软件出口额0.4亿美元，超额完成年度软件业务出口0.35亿美元的目标任务。全区有双软认定企业7家，通过CMMI3级认证企业6家，通过信息安全管理标准认证企业3家，无锡市“123”计划企业累计5家。江苏大为科技有限公司成为无锡市唯一通过国家计算机信息系统集成资质Ⅰ级认证的企业。“530”项目发展态势较好，进入销售阶段的软件企业有21家。以搜索引擎、电子商务、网络软件技术服务为代表的互联网业务处于快速发展期。

【载体建设形式多样】建成科创和软件及服务外包载体36.5万平方米（其中，锡山区晶石科创园9.5万平方米、无锡同方创业园5.5万平方米、锡山区科创园17.5万平方米、锡山V-Park软件园4万平方米），还有江苏大为科技有限公司锡山软件园1万平方米和无锡数字动漫服务中心3万平方米，为锡山区大力发展和承接信息技术外包、创意设计外包、物流服务外包、业务流程外包等离岸、境内服务外包等业务提供了坚实的硬件基础。

【招商成果显著】积极参与无锡市电信局统一组织的各地招商活动，认真挖掘招商资源，主动对接重要客商，一批拥有核心技术和国内外著名的软件企业陆续落户锡山区。年内新注册软件企业24家。

【人才供应保障有力】高度注重软件行业高端领军人物的引进，注重技术骨干和项目经理的培养和引进，注重蓝领工人（软件实际操作人员）的培养和培训。在锡山V-Park软件园内专门引进语言和软件工程师的专业培训机构——金达培训，拥有清华万博的培训授权，教室面积500余平方米，适应园区企业需求，进行针对性的语言培训以及软件开发培训，全年完成培训1200人次左右，为全区软件企业发展提供了强有力的人才保障。

【江苏大为科技有限公司】公司注册资金3000万元，总部员工总数300名。2009年10月，该公司通过国家计算机信息系统集成Ⅰ级资质认证。2010年公司实现销售收入1.88亿元。公司主要致力于轨道、隧道及城市公路智能交通系统、服务公安行业的各种管理系统和应用软件的开发，大型系统集成及物联网技术的研发。公司投资“江阴市车辆行踪监控系统”。该系统可以实现的功能有：抓拍通过监控路口和路段的所有机动车辆图片，通过信息存储到中心数据库；对车辆超速、逆行、闯红灯等违法行为进行自动记录上传并单独存储；具有后台数据处理和分析功能，提供高质量的数据源。该系统开始投入使用。

【无锡新思软件技术有限公司】公司注册资本2000万元，是以从事金融系统软件开发为主的软件开发维护企业。由对日软件外包行业的著名公司——北京新思软件技术有限公司在无锡投资建立，全年软件业务收入3500万元。该公司是锡山区推荐的2011年无锡市重点软件企业之一，并于2009年入围第三批市“123”企业，为了完成市“123”计划，在原有的基础上，深耕资源，挖掘潜力，拓展日本及欧美客户。

【无锡指网生物识别科技有限公司】公司是一家致力于提供人与物的身份识别解决方案的产品及服务提供商，注册资本2000万元。公司研发了“超大规模指纹识别平台及综合应用系统”项目，该项目主要应用于：互联网（传感网）应用场景，包括网络游戏、指银通、指证通、各种软件服务、软件模式的线上登录安全问题，可通过集成指网生物识别身份认证服务解决等；大规模指纹识别平台及指纹市民卡应用场景，包括政府公共服务领域、社会事业服务领域。该公司为发展崛起较为迅速的一家软件企业。公司产品“指网Biokee指纹身份识别软件”获2009年度无锡市软件产品“飞凤奖”。2010年公司软件业务收入超过1000万元。

（李　佳）

电 信

【概况】 锡山电信分局是中国电信股份有限公司无锡分公司下属的区局部门，是拥有完整的固定网、移动网、基础网、数字网和数据网的综合信息服务提供商，提供固定电话、移动电话、互联网接入及应用、数据通信、视讯服务、国际及港澳台通信等多种类综合信息服务，全方位满足客户的各种通信及信息服务需求。辖12个支局，职工近200名。

2010年，锡山电信分局以服务地方百姓为根本，以服务地方经济转型为己任，以加快信息化建设为重点，强化管理明职责，扎实推进促成效，务实创新求突破，不断为社会提供丰富的信息化服务。

【网络建设】 优化资源，细化责任，加强对接，形成部门联动、高效协同的响应支撑体系，全力承接政府信息化基础设施建设和重大项目建设。加快实施宽带提速工程，逐步实现光纤到企事业、光纤到家庭，全区高速宽带覆盖率为100%，有线网络接入能力显著提高；持续推进无线宽带网络建设，实现3G网络全覆盖，并不断提升无线上网城市热点覆盖，为广大用户提供全方位的互联网接入通道。

【网络服务】 充分发挥网络技术、能力和有线无线多样化的通信优势，开发丰富的宽带与天翼互联网手机产品，满足客户的不同需求；通过行业应用加快锡山区信息化步伐，烟草e通、物流、翼机通、人车定位、移动OA（办公自动化）的使用，使政府、企业、客户体会到互联网的快捷、便利和高效。围绕区委、区政府技防体系建设的总体要求，成功实施“校园安防”项目。拓展社会渠道建设，缩短服务半径，主动满足客户需求。

（唐 佳 平 怡）

（编辑：钱惠芳）

● 锡山六人书画作品赏析 ●

灵山胜处　　（李天功 作）

“中国·锡山”网站　　（区档案局 供）

无锡指网生物识别科技有限公司展厅　　（区经信局 供）

电信业务进社区　　（锡山电信分局 供）

教育·科技

教 育

综 述

【概况】锡山区教育局为区政府主管教育工作的工作部门，区政府教育督导室为区政府负责本辖区内教育督导工作的派出机构，均为正科（局）级建制，区教育局与区政府教育督导室合署办公。区教育局内设办公室（挂“行政许可服务科”牌子）、组织人事科（挂“纪检监察室”牌子）、规划财务科（挂“审计科”牌子）和教育科4个科室，行政编制11名；区政府教育督导室内设督导科1个科室，是区政府教育督导室日常办事机构，负责区政府教育督导室日常工作，行政编制5名。

2010年，全区教育工作深入学习贯彻科学发展观，坚持联系实际抓重点，务实创新求突破，圆满完成全年各项既定工作，基本达成“十一五”教育规划确立的目标任务，实现区域教育现代化建设的新发展，为“十二五”期间加快实现教育率先发展、科学发展、转型发展奠定了坚实基础。认真落实上级党委、组织部门要求，大力开展创先争优活动。活动以“重科学发展实效，办人民满意教育”为主题，以“学习型、服务型、创新型”机关建设为抓手，扎实开展公开承诺、认真践诺和学习交流、实践调研、优化创新等活动。在无锡教育电视台主办的“奠基未来·感动无锡”2009教育年度人物评选活动中，区教育局教研室主任赵宪宇获“‘奠基未来·感动无锡’2009十大教育年度人物”称号。

【改造提升24所薄弱学校】以区政府名义出台《关于创建义务教育高位均衡发展示范区的实施方案》，对各镇（街道）下达义务教育学校年度改造薄弱学校工作任务书，设立300万元区级引导资金，推动区、镇两级投入1.98亿元对24所义务教育学校进行改造提升，全区100%的义务教育学校教育装备达省Ⅱ类以上标准，包括农村小学在内的中小学校“班班通”为80%。

【推进学校基本建设】年内完成基本建设投资1.38亿元，竣工面积5.1万平方米。东亭实验小学、东湖塘中心幼儿园和查桥紫金新城幼儿园新建工程，港下实验小学、黄土塘小学、云林实验小学等9所学校的改扩建工程全面竣工；天一中学体育馆、天一实验学校、锡东高级中学等一批在建工程推进顺利。同时，认真调研制定“十二五”期间学校建设规划，东北塘实验小学、荡口实验小学、羊尖廊下小学、云林春雷小学等12所学校（幼儿园）异地新建或改扩建工程列入2011年建设计划，投入规模为历年最高。

【提升学校安保能力】全年完成11.8万平方米校舍的抗震加固设计工作，开工建设3.65万平方米，完成改造加固2.33万平方米。基本完善校园安全监管体系，完善校园治安管理、校园及周边环境整治和学生接送车长效管理机制，试点实施以“感知校园”为主题的物联网校园技防工程，全面实行学校（幼儿园）专职保安制度，有效地维护和促进了学校（幼儿园）安全稳定。区教育局被推荐为“江苏省综治工作先进单位”。

【教育国际化层次显著提升】天一中学AP课程（AP原是在美国教育体制内实施的教学课程，全称为Advanced Placement Program，简称为AP，即大学一年级学分转移课程）社会反响良好，中英高中学生研究性学习合作项目持续推进；羊尖高级中学在区内首次接受国际短期进修学生学习汉语；鹅湖中学“中美初中科学教育比较研究项目”互访成果显著。

【教育宣传工作成绩显著】锡山教育宣传网络体系进一步健全完善，锡山教育成果和形象展示的空间进一步扩大。在全国首届教育网站评比中，锡山教育网被评为“2009～2010年度全国教育门户网站县级五十佳”，位居第三名。认真总结“十年磨一剑”的发展之路——锡山教育发展模式，引起了广泛关注，《中国教师报》开展专题调研并形成长篇通讯稿。（冯 健）

【生源地信用助学贷款有序推进】开展生源地信用助学贷款工作是国家继实施“两免一补”（免除学杂费、免费提供教科书，补助寄宿生和贫困孩子的生活费）政策之后，促进教育公平的又一件大事。根据中央、省、市相关要求，区教育局扎实开展生源地信用助学贷款工作，专门成立锡山区学生资助管理中心，全面负责生源地信用助学贷款工作。区学生资助管理中心认真做好贷款政策的宣传和咨询工作，认真受理家庭经济困难学生材料申报、审核、合同签订以及贷后管理等工作，确保贫困大学生如期就学。2010年，有19名学生办理生源地信用助学贷款，累计发放贷款总金额10.90万元，另有2名学生提前一次性还清本金。（秦　元）

【隆亭实验小学列入中心小学管理序列】2010年8月，经区机构编制委员会办公室批准，无锡市东亭街道东亭小学更名为“无锡市隆亭实验小学”，并列入中心小学管理序列，是推进学校高位均衡建设的又一重要举措。（华　敏）

基础教育

【概况】全区有幼儿园28所，其中，锡山经济开发区、镇（街道）中心幼儿园14所，锡山教师进修学校附属幼儿园1所，中心幼儿园分园11所，民办幼儿园2所。在园幼儿14559名，入园率100%。外来人员幼儿在园数4867名，占在园幼儿总数的33.43%。公办小学13所，外来民工子弟学校2所，在校小学生30082名（含外来人口子女13325名），小学入学率、普及率、巩固率和毕业率均为100%。普通中学19所（其中，高中6所、初中13所），在校学生21576名（含外来人口子女4581名），初中入学率100%、巩固率100%、毕业率99.15%，高中阶段入学率99.09%以上。年内，东湖塘中心幼儿园通过省优质幼儿园评估验收，全区15所中心幼儿园100%建成省优质幼儿园；锡北寨门小学创建成义务教育现代化学校，全区义务教育阶段优质资源覆盖率和受享面分别为86.5%和90%。天一中学、羊尖高级中学、怀仁中学先后接受无锡市、江苏省四星级普通高中素质教育督导并获优秀等级。安镇实验小学创建成无锡市综合实践与专题教育基地。锡山区再度被评为“江苏省全面实施素质教育先进区”、“江苏省基础教育课程改革先进区”，相关成果获“江苏省首届基础教育教学成果一等奖”。

【全员德育长效机制基本形成】大力推行并基本落实“德育导师制”、“首遇责任制”和“课堂负责制”三项制度，全面完成历时5年、1500余名教师参与的班主任全员培训工作，组织开展区、校两级中小学班主任技能比赛和主题班（队）会评比活动，评选产生10名市、区级德育工作带头人。3名教师参加无锡市第四届心理健康教育优质课会课比赛，均获一等奖。

【德育主题活动】联合团区委、区关工委组织开展“争当四个好少年、锡山发展我成长”主题教育活动，全区评选出千名“四好少年”（争当热爱祖国、理想远大的好少年，争当勤奋学习、追求上进的好少年，争当品德优良、团结友爱的好少年，争当体魄强健、活泼开朗的好少年）；组织2.6万余名中小学生参观上海世博会；开展“学习双百人物事迹”活动，举行征文、演讲比赛，并编印8万字的《心中的火炬》一书；开展“红领巾与‘530’领军人物手拉手”活动，组织东北塘实验小学、云林实验小学优秀少先队员参观“530”企业，从小培养少年儿童“三创”精神。

【家庭教育扎实推进】进一步加强学校、家庭、社会“三位一体”德育网络建设。开展2009～2010年度锡山区示范（优秀）家长学校评选活动，表彰示范家长学校25所、优秀家长学校28所，并编印10余万字的《家庭教育选粹》一书。充分发挥锡山区朝阳网上家长学校作用，网站全年更新文章5446篇，点击率突破50万人次，接待家长咨询102人次，编印《朝阳》家教通讯9期计21万份，免费发放给各中小学幼儿园学生家长。（杜黎明）

【教育救助深度推进】全面贯彻落实各项教育救助政策，为弱势学生接受教育提供有力帮助。全年给予从幼儿园到大学的困难学生发放教育救助金1575人次，救助总金额170万余元。根据《无锡市中等职业学校国家助学金管理实施细则（暂行）》，认真落实职业学校国家助学金制度，全年发放国家助学金190.7万元，惠及3063名职教学生；实施中等职业学校家庭困难学生免收学费制度，全区163名中等职业学校学生享受到每年2400元至2900元不等的免学费政策，涉及总金额69.98万元。

【建成9所省市绿色学校（幼儿园）】云林幼儿园、东北塘中心幼儿园、厚桥中心幼儿园、爱尔艺术幼儿园、港下中心幼儿园、厚桥实验小学6所学校（幼儿园）被省环保厅、省教育厅评为“江苏省第十批绿色学校（幼儿园）”；厚桥中学、锡山职业教育中心校、东湖塘中心幼儿园被市环保局、市教育局评为“无锡市绿色学校（幼儿园）”。（刘俊浩）

【学校体育工作】举行锡山区第八届中小学生田径比赛、锡山区第七届“三建杯”象棋邀请赛等重大赛事。在2010年亚洲青少年国际象棋锦标赛上，天一中学学生刘冠初获男子16岁组冠军、东北塘实验小学学生韦奕获男子12岁组冠军；在2010年第二届“太湖杯”国际标准舞全国城市公开赛上，甘露学校获业余组团体舞第一名，被授予金奖；东北塘中学获全国青少年棒球AA、AAA组锦标赛冠军；东北塘实验小学、羊尖实验小学和柏庄实验小学分别创建成国家级和省级青少年体育俱乐部；怀仁中学被评为“江苏省体育教育工作先进学校”；安镇实验小学学生刘华伟获第十七届省运会青少年武术套路男子儿童组规定拳亚军；在江苏省第十七届棒垒球、女子曲棍球比赛中，东北塘中学代表以17.25枚金牌超额完成任务并获市委、市政府表彰；东北塘实验小学获无锡市“腾飞奖”。

【学校卫生工作】天一中学、八士实验小学创建成江苏省健康促进铜牌学校；甘露学校、查桥实验小学、八士中学、东湖塘中学、隆亭中学、隆亭实验小学、安镇中学、厚桥中学、仓下中学、港下中学10所学校创建成无锡市健康促进铜牌学校。怀仁中学组建成立无锡市青春期教育中心（基地），全区100%的初中学校创建成无锡市青春期教育合格学校；爱尔艺术幼儿园春江校区、正兴幼儿园、华谊宋庆龄幼儿园等24所学校食堂被评为“无锡市A级食堂”。（陈　辉）

【艺术教育工作】组织开展各项艺术活动，切实提高学生的艺术素养。开展无锡市第30届小学生“百灵鸟”文艺汇演锡山区选拔赛，选送的4个合唱获2金2银，7个舞蹈和2个器乐分别获综合类3金3银3铜，有3个节目获无锡市创作奖。选送400余幅作品参加第15届全国中小学生绘画比赛，获优秀组织集体奖。东亭实验小学成功创建成江苏省艺术特色学校，港下实验小学的排鼓重奏“普天同庆”获2010年“上海之春”国际音乐节二等奖。在2010年举行的全国第三届中小学生艺术展演活动中，区教育局获由教育部颁发的“优秀组织奖”。（张湘君）

【科技教育工作】与区科协联合举办锡山区第四届学校科技节。在第22届中小学生“金钥匙”科技竞赛中，区教育局被省教育厅、省科协等单位评为“江苏省科技教育先进单位”，怀仁中学学生华成杰获高中组“最佳选手”。天一中学在江苏省信息学奥林匹克竞赛中2人获一等奖；在第25届全国青少年科技创新大赛优秀科技实践活动评选中，选送的“天一观星营”活动项目获一等奖，“宇宙意识”少年儿童天文科普项目、中英合作垂直轴风力发电研究项目获二等奖。荡口实验小学在第二届青少年发明家评选活动中，毛晨凯、周心悦、华博超分别获得二等奖、三等奖和鼓励奖；在2010年中国少年科学院“小院士”评比中，王昕蕾获得“小院士”称号。八士实验小学在江苏省第四届“快乐科学”电视对抗赛中获一等奖。锡山职业教育中心校30个专利获得国家专利局受理；在江苏省第十届青少年电子技师认定活动中，获2个团体一等奖。安镇实验小学被授予“无锡市科普教育基地”称号；天一中学成为全国创新人才培养“优秀实验学校”；八士中学被授予“2009年度全国科学教育优秀实验基地”称号；荡口实验小学被确定为“宋庆龄少年儿童发明奖科技示范基地”。（倪静华）

【特殊教育】全区有特殊教育学校1所，特殊教育专任教师23名，特殊教育班9个，其中，学前康复班1个，培智班6个，聋班2个。全区有听障学生32名，智残学生200名，肢残学生15名，视残学生5名，残疾学生合计252名。96人在锡山特殊教育学校就读，156人在35所学校随班就读，其中，5人在幼儿园随班就读，105人在小学随班就读，39人在初中随班就读，2人在高中随班就读，另有5人在普通学校特教班学习，各类残疾儿童入学率100%。锡山特殊教育学校年内屡获殊荣，在全国第四届现代特殊教育征文大赛中获组织奖；在“爱满天下杯”第十届全国青少年书画篆刻大赛中获特等奖1个、金奖8个、银奖5个；在无锡市第二届“共享阳光”特奥会上金牌数列全市第二，并获“体育道德风尚奖”。（蒋丽芬）

职社教育

【概况】2010年，全区有职业学校1所（锡山职业教育中心校），在籍学生4397名。9月，经江苏省教育厅批复，“锡山职业教育中心校”更名为“无锡市锡山中等专业学校”。全区有省级社区教育学院1所，省级社区教育中心3所，镇（街道）成人教育中心校8所，年内创建成16所优秀社区学校、9所企业职工学校，优秀社区学校比例为55%。

（朱金钟）

【职社教育优化发展】锡山中等专业学校完成300米塑胶运动场地和机械电子实训基地建设；“数控技术应用”创建成省级示范专业，“电子与信息技术”（物联网技术应用方向）创建成市重点建设专业，单片机技术与应用、数控设备与编程2门课程创建成“市首批精品课程”；“基于单片机制作的可扩展数字电压表”在第19届全国发明博览会上获得金奖；厚桥街道成人教育中心校和社区教育中心成立，安镇街道社区教育中心创建成省级社区教育中心。（朱金钟）

教师队伍

【概况】2010年年末，全区教职工总数4298名（含幼儿园、成人教育中心公办人员，不含局属事业人员和锡山经济开发区征土工），其中，全民干部4127名。在职特级教师14名，教授级中学高级教师5名，中学高级教师（含副教授、高级讲师）595名，中学一级教师（含讲师）、小学高级教师1955名，中学二级教师、小学一级教师（含其他助级职称）1235名。

2010年锡山区专任教师数量及学历结构情况一览表

表9

类别	人数（人）	学历结构					合格率（%）
		研究生（人）	本科（人）	专科（人）	中专（人）	专业合格证	
合计	3891	92	2907	693	173	26	98.6
小学	1673	0	978	533	156	6	100
初中	1196	13	1020	135	15	13	99.8
高中	793	67	701	16	2	7	98.6
职高	229	12	208	9	0	0	96.1

2010年锡山区教职工年龄结构情况一览表

表10

类别	教职工总数（人）	35岁以下		36~45岁		46~55岁		56~60岁	
		人数（人）	比例（%）	人数（人）	比例（%）	人数（人）	比例（%）	人数（人）	比例（%）
合计	4298	2068	48.1	1543	35.9	579	13.5	108	2.5
小学	1797	934	52.0	575	32.0	253	14.1	35	1.9
初中	2222	976	43.9	886	39.9	292	13.1	68	3.1
职高	279	158	56.6	82	29.4	34	12.2	5	1.8

【3人获“江苏省第十一批特级教师”称号】为充分发挥中小学优秀教师的模范带头作用，进一步加强教师队伍建设，鼓励广大教师立足本职、教书育人、敬业奉献，根据江苏省教育厅《关于认真做好江苏省第十一批特级教师推荐评选工作的通知》和无锡市教育局《关于认真做好江苏省第十一批特级教师候选人推荐评选工作的通知》精神，成立特级教师推荐小组，对推荐人选进行初审和筛选，根据无锡市规定的推荐名额确定天一中学冯朴、羊尖高级中学陈平、厚桥中学章晓东3人申报省特级教师，经过无锡市特级教师推荐小组初审和江苏省特级教师评委会复审后，3人获“江苏省第十一批特级教师”称号。锡山区首次推荐3人，均通过。

【277名义务教育学校教师跨校交流】根据推进义务教育学校均衡发展的需要，区教育局、区人保局、区财政局联合制订《锡山区义务教育学校教师交流方案》。2010年暑期，全区有277名义务教育学校专任教师跨校交流任教，占应交流专任教师的16.5%，其中，区教育教学新秀以上骨干教师60名，占应交流骨干教师总数的16.02%。

【实施事业单位岗位设置管理】根据事业单位岗位设置管理的要求，会同区人保局出台《锡山区中小学、幼儿园专业技术岗位设置比例》，组织编写各专业技术职务岗位说明书，组织岗位设置后的首次聘任，并按所聘职务调整工资。

【民办教师全部考核录用】根据无锡市政府的统一安排，组织对原无锡县合同民办教师的考核工作，经过测评、座谈会、上课、技能考核等环节，考核合格的59名原无锡县合同民办教师全部录用为公办人员，并从4月起兑现绩效工资。全区在岗的原无锡县合同民办教师已全部考核录用为公办人员。

【评选第四批区级教学骨干】年内，锡山区开展第四批区学科带头人、教学能手和教学新秀评选活动，何惠芬等30人、陈新颜等80人、周静等160人分别获得“区学科带头人”、“区教学能手”和“区教学新秀”称号，包晓燕等52人被推荐为无锡市第五批教学新秀。（华　敏）

2010年锡山区教育事业概况一览表

表11

类别	学校数（所）	班级数（个）	毕业生数（人）	招生数（人）	在校学生数（人）	毕业班学生数（人）	教职工数（人）	
							合计	其中：专任
中等专业学校	—	91	1323	1020	4221	2189	—	—
普通中学	19	509	7299	7475	21576	6848	2157	1923
高中	6	180	2769	2619	8065	2764	—	740
初中	13	329	4530	4856	13511	4084	—	1183
职业中学	1	—	—	—	—	—	183	167
小学	16	706	4856	5313	30082	4748	1952	1755
特殊教育学校	1	9	18	10	99	17	40	21
盲聋哑培智学校	—	—	—	—	—	—	—	—
幼儿园	28	422	4610	5911	14559	5212	1378	812
教师进修学校	1	—	—	—	—	—	99	63
成人技术培训学校	179	—	192338	163988	163988	—	258	184

2010年锡山区教育经费情况一览表

表12

项目	金额（万元）	占全区教育经费的比例（%）
财政拨款	60663	65.52
教育费附加	13516	14.6
城市附加	—	—
上级补助收入	—	—
附属单位缴款	—	—
事业收入	11111	12
其中：学杂费	7480	8.1
其他收入	7292	7.88
其中：择校费	1567	1.69

（周　勤）

教育督导

【概况】2010年，锡山区教育督导工作坚持以科学发展观为指导，以加快推进现代化教育强区建设、全面提升区域教育高位均衡发展水平和保障素质教育全面实施为主要任务，按照无锡市政府教育督导室和区教育局年初制定的工作意见，认真履行政府教育督导职能，切实增强服务教育发展的功能，为全区教育事业的改革和发展作出了积极贡献。

【区教育工作获省市督导考核优秀】锡山区人民政府分别于5月27、28日和4月8日接受江苏省、无锡市2009年度县（区）政府教育工作督导评估考核，均以高分通过考核，并得到江苏省、无锡市督导考核组的高度评价，被评为优秀。

【无锡市第三督学责任区成立】根据省市有关建立督学责任区制度的要求，锡山区人民政府教育督导室和新区教育督导室联合成立无锡市第三督学责任区，两区专兼职督学认真按照无锡市人民政府教育督导室《关于开展责任区一日督导活动的通知》要求，围绕学校执行国家课程计划情况、学生课业负担情况、阳光体育活动实施情况、学生班团队活动和兴趣小组活动开展情况、安全管理执行情况以及举报投诉整改落实情况等方面，扎实开展“一日督导”活动，有效推进学校素质教育不断深化。

【羊尖高级中学接受省督导评估】2010年12月22日至24日，江苏省教育督导组对羊尖高级中学进行为期3天的省四星级普通高中素质教育专项督导。督导组高度评价该校在规范办学行为、校本选修课程、研究性学习、心理健康教育、全员德育、校园文化建设、学生团队建设等方面取得的成绩，肯定了该校在推进素质教育工作中取得的成绩；同时对进一步深化素质教育，促进学校内涵发展、师资队伍建设等提出了宝贵的建议。

【8所中小学接受督导评估】依据《无锡市普通小学、初中督导评估方案》和学校三年发展性规划内容，围绕区政府对教育的发展要求和区教育局的重点工作，区政府教育督导室于2010年4月至6月对查桥中学等8所中小学进行3年发展性规划综合督导评估。通过量性和质性相结合的评估方式，进一步规范各学校（幼儿园）的办学行为，有效地促进了各学校（幼儿园）的更大发展，同时也进一步使政府明确了保障教育事业健康发展的义务和责任。

【平安校园建设扎实推进】全区平安校园创建率为95%，厚桥中学等15所中小学、幼儿园被评为“无锡市平安校园”，其中，天一中学、港下中学、东亭实验小学和八士实验小学4所学校被推荐为“江苏省平安校园”。区教育局被评为“江苏省2006～2010年度社会治安综合治理先进集体”，并获“锡山区2010年度安全生产工作目标任务考核优秀”。（郭 昭）

教育研究

【概况】深入推进课程与课堂教学改革，执行课程、开发课程的意识和能力进一步增强，质量观念更加全面，教育效果更加显著，锡山区再度被评为“江苏省基础教育课程改革先进区”，“基础教育课程与教学改革在国家级实验区的实施和推广”获首届江苏省基础教育教学成果一等奖。围绕如何提高薄弱学校教育教学质量进行蹲点教研活动，进一步提高教育均衡化水平。全年开展常态集体调研30余次，促进常态教学向常态教研、常态科研、常态管理的转变，有效地提高了常态教学的质量与档次。积极打造学科研究共同体，利用网络建立多个学科交流平台，促进了教学研究的常态化、立体化、多样化发展，促进了教师的专业成长。全年分别有15名和26名教师在省市级评优课或基本功比赛中获一等奖。

【“三品课堂”建设】推进“三品课堂”（品位课堂、品质课堂、品牌课堂）建设。依据《区域推进“三品课堂”教学的思考与实践》以及《给教师的课堂教学建议》，不断探索教学方式和学习方式转变的策略与途径，进一步规范课堂教学、改革课堂教学、发展课堂教学。小学编印《小学“三品课堂”教学校本设计方案》专集，开展小学校长“三品课堂”公开教学、与初中校长联动研讨等活动，进一步激发了校长课堂教学改革的热情和教师投身“三品课堂”建设的激情，推动了“三品课堂”建设向纵深发展。初中以《中学“三品课堂”教学校本设计方案》为蓝本，将“三品课堂”建设逐步向学科组、备课组深入推进，各校初步形成了学科组“三品课堂”推进策略和思路。高中形成《高中“三品课堂”教学校本设计方案》，进一步扩大了“三品课堂”研究的广度和深度。

【课题研究】坚持“课题带动，以点带面”的研究策略，解决实践中的重点与难点问题，做好课题研究的常态化工作。采用区级课题网上结题、市级课题集体结题、省级及以上课题单项结题的方式，使结题工作成为课题研究的重要组成部分，42个区级立项课题高质量通过省市专家组的结题鉴定。区教育局省级重点立项课题“区域推进现代学校建设的实践研究”全面完成结题报告和成果汇编工作。历时十年的区域推进“科学认读”实验取得阶段性突破，小学、幼儿园课题研究成果分别结集出版。承办由教育部基础教育课程教材发展中心主办的“中小学科学探究学习与创新人才培养实验研究”项目实验工作会议。

【承办第22届省“教海探航”颁奖大会】“教海探航”征文活动始创于1989年，由江苏教育报刊总社主办，对促进江苏课程改革和小学教师队伍建设发挥了积极作用，形成了“教海探航”品牌效应。2010年11月4日至7日，江苏省第22届“教海探航”颁奖大会暨“苏派教学”高层论坛在锡山区举行。名师荟萃，名家讲坛，引发观点的共鸣，触发思想的绽放。活动全方位展示了锡山区教育的精彩与锡山区青年教师的专业成长，赢得全省近700位教育同行的赞许。

（蒋洪兴）

招生考试

【概况】2010年，锡山区招生考试办公室按上级统一部署，组织并圆满完成学业水平测试、高考、中考、高等教育自学考试、全国计算机等级考试等一系列国家、省、市级考试，累计18次，涉及各级各类考生37637人次，所有考试做到安全、平稳，没有发生一起重大责任事故，没有发生一起违纪舞弊事件，无上访、零投诉。其中，参加高考的有2793人，参加学业水平测试的有2915人，参加中考的有4189人，参加高等教育自学考试的有9076人，参加各类证书考试的有4668人。

【高考平稳顺利】全区高考考点进行调整，只设天一中学1个考点、84个考场，除荡口中学外，2344名考生在天一中学参加考试。天一中学考点成为2010年无锡市最大的高考考点，在各级领导的关心和招生考试办公室的精心组织下，全区高考工作平稳顺利完成。全区高考人数2793名，本二以上进线人数1045名，进线率37.4%。全区高考录取总数2600名，录取率93.1%，与上年持平，其中，录取本科1779名、专科821名。录取空军飞行员1名。

2010年锡山区高考各报名点录取情况一览表

表13　　　　　　　　　　　　　　　　　　　　　　　　　　　　　　　单位：人

类别	参考人数	本科提招	本一	本二	本三	本科合计	专科	总计	录取率（%）
东亭中学	233	4	7	9	37	53	141	198	85.0
羊尖高中	572	6	52	190	221	463	83	552	96.5
荡口中学	446	5	7	24	137	168	243	416	93.3
怀仁中学	853	8	12	101	320	433	342	783	91.8
天一中学	668	13	321	234	68	623	4	640	95.8
东北塘中学	15	0	0	0	1	1	7	8	53.3
区招考办	6	1	0	1	0	1	1	3	50.0
总计	2793	37	399	559	784	1742	821	2600	93.1

【中考中招】全区参加中考人数4163名，7科一次性合格率为88.15%。中考录取总数4083名，录取率为98.08%。录取普通高中2273人，其中，录取锡山区内普通高中2028人，其他区普通高中245人；录取职业类学校1810人，其中，录取无锡高等师范学校51人，录取五年制高职504人，录取部、省属中专11人，录取市属职业中专1118人，录取技工学校126人。普通高中和职业类学校录取人数百分比为55.7∶44.3。

【自学考试和证书考试规模化发展】2010年，锡山区自考工作在年度工作目标考核中位列无锡市第一。其中，高等教育自学考试（学历教育）规模为9076人次，开设68个本科、51个专科共119个专业。报考总数与上年持平，超过市下达年度目标任务的51.27%。自学考试本、专科毕业人数269名，比上年增加43人。高等教育自学考试万人报考率221.2。各类证书考试规模为4668人，超过市下达年度目标任务的22.8%。其中，全国英语等级考试118人，全国计算机等级考试1702人。书法等级考试开始启动，人数由上年的664人增加到2848人。　　　（王亚铭）

教育法制

【概况】2010年，区教育局紧紧围绕“法治锡山”的建设目标，不断规范执法行为，加大执法力度，积极推进依法行政和依法治校，进一步规范行政权力网上公开运行，以再次清理审核行政权力为契机，积极推进政务公开工作，得到上级有关部门的肯定，有效确保各项政策和措施的顺利落实，促进教育法制工作的科学化、制度化和规范化，为全区教育的现代化建设提供了有力的支持和保障。

【深化依法治教和依法治校】积极推进行政权力网上运行，认真落实依法行政，深入推进依法治校合格（示范）校创建和中小学理事会制度建设，全区100%的学校建成“区依法治校合格校”，推动了现代学校制度建设。组织开展对贯彻“五严”（严格禁止下达中高考升学指标，严格控制学生在校集中教学活动时间，严格执行国家课程计划，严格规范考试和招生管理，严格制止义务教育办学中的违法行为）规定和“减负”要求的全面督察，建立违规行为情况陈述、整改举措书面报告和校长诫勉谈话制度，实施素质教育的生态环境进一步优化。

【规范管理民办教育】年内，组织执法人员全面检查全区15所民办教育机构的2009年度办学情况。针对年检工作重点，结合办学过程中的存在问题，细化《锡山区民办学校年检评估细则（试行）》，既方便了执法人员的检查、增强了可操作性，又为规范民办学校的办学行为、促进民办教育健康有序发展奠定了坚实的基础。指导所有民办教育机构按要求整改办学过程存在的问题，依法终止6所民办教育机构的办学资格。另外，积极开展整治活动，协调指导锡北、东港、羊尖等镇妥善处置10起非法办园行为，切实维护全区正常的教育教学秩序，积极营造和谐的教育发展环境，确保全区民办教育健康有序持续发展。

【学校法制教育】认真贯彻落实《中小学法制教育指导纲要》，进一步加强对中小学法制教育工作的组织协调，充分发挥学校课堂教学的主渠道作用。根据青少年学生成长的特点和接受能力，把法制教育与相关学科教育有机融合在一起，提高教学的针对性和实效性，形成多角度、宽领域、全方位的法制教育新格局。年内，各校共发放普法资料1.91万份，自编宣传材料87份，举办法制讲座73期，接受法律咨询3156人次。通过剖析教师队伍中违纪违法的典型案例，认真开展警示教育，教育教师尊重学生人身权利、恪守社会道德、抵制贪污受贿，进一步提高教师和校长的学法、用法、守法的能力。　　（冯　健）

教育信息化

【概况】2010年，全区中小学均建成独立校园网并通过10兆光纤宽带接入因特网，计算机总数（含教师用机）11197台，信息化多媒体教室1229间。三个学段的平均生机比（不含教师用机）分别为小学8：1，初中6：1，高中6：1，师机比1：1，全区中小学有80％的班级实现“班班通”，实现“一网新三机”（因特网，计算机、大屏幕数码显示设备、视频展示台）进教室。在第19届中国儿童青少年计算机表演赛（江苏省）决赛中，张泾中学学生高阳、高峰获初中组特等奖，东亭实验小学学生陆宇衡、陈清林获小学二组特等奖。在第16届全国青少年信息学奥林匹克联赛江苏赛区比赛中，获省一等奖2个、二等奖3个、三等奖54个。在江苏省第十届青少年机器人竞赛中，安镇实验小学机器人队获得小学组亚军、基本技能小学组二等奖、轨迹小学组三等奖的好成绩。甘露学校教师浦月芳获省小学科学优秀实验教学课评选一等奖，鹅湖中学教师邹建军获江苏省农村初中化学实验操作技能大赛二等奖，张泾中学教师沈美芳获无锡市第九届教师技能大赛一等奖。

【完成县域教育技术装备工作督导】8月23日，区政府教育督导室和区教育局联合下发《关于转发〈关于开展县域教育技术装备工作督导的通知〉的通知》，对各校教育技术装备工作督导进行部署，各中小学依据《江苏省中小学校教育技术装备工作督导细则》完成自查，各校自评报告汇总成册供省市督导组检查。组织85名实验室和图书馆管理人员参加市级培训。经过区、市督察和省抽查，圆满完成县域教育技术装备督导工作。

【“感知生长”落户荡口实验小学】“感知生长”是中国教育电视台学习超市的研究项目之一，在无锡市电化教育馆的大力支持下，荡口实验小学建立数字农植园和数字气象站。数字农植园利用温度、湿度传感器，远红外摄像头等先进设备，监测、记录植物生长各类数据，并通过网络将农植园的相关数据发送到学习超市网站，传感器、摄像头、互联网、实时数据组成一个物联网平台。点击进入学习超市感知生长网站，可对荡口实验小学的农植园植物及生长环境进行实时观察，并进行光照、灌溉等远程控制。数字化气象站安装太阳能板，蓄电池，雨水收集器，风向、风力、温度、降水量等传感器。通过GSM（全球移动通讯系统）网将实时信息发送到无锡市气象站群网站，每隔5秒自动更新监测数据。数字化气象站的所有电力都由太阳能板供应。

（陈月清）

科 技

综 述

【概况】 锡山区科学技术局前身为锡山市科学技术委员会，是锡山区人民政府主管科技工作的工作部门，2003年11月增挂“锡山区知识产权局”牌子，正科（局）级建制。内设办公室、高新技术与综合计划科、科技事业科（挂“区技术市场管理办公室”牌子）、知识产权综合科、政产学研办公室5个机构，机关行政编制10名。2010年7月，下属事业单位区生产力促进中心升格为副科级单位，并增设生产力促进科、科技创业服务科2个综合服务科室。

2010年是全市新兴产业培育年和千人计划促进年，是锡山区转型促进年，是国家五年规划的承上启下之年。全区科技工作紧紧围绕区委、区政府的中心工作和决策部署，坚持“三高”联动，深化政产学研合作，推进科技创新创业，为全区转型发展发挥了积极作用，取得了明显成效。区科技局获全市科技部门中唯一的“全国‘三农’科技服务金桥奖先进集体”，并被评为“省市科技系统优秀集体和知识产权工作先进单位”。区生产力促进中心成功创建国家级示范生产力促进中心。区科技局在全区科学发展评价考核中列各部门第二位。

【高新技术产业培育】 全年高新技术产业实现产值268.13亿元，高新技术产业产值占规模以上工业产值比重为29.2%，高新技术产业增加值占规模以上企业工业增加值的比重为45%。新增高新技术企业12家（累计认定数62家），国家火炬计划重点高新技术企业2家，首批认定技术先进型服务企业3家。获批国家重点新产品7项、省重点新产品15项、省高新技术产品88项。47家企业成为江苏省民营科技企业，完成市定考核目标的148%，累计拥有江苏省民营科技企业253家。新增江苏省创新型企业24家，获批江苏省农业科技型企业1家（累计3家）。全社会R&D支出9.8亿元，大中型企业研发支出占销售收入的比重为2.1%，技术开发费备案数超7亿元。

【科技项目立项】 以实施各类科技计划为抓手，积极开展对上争取项目和资金。全年培育国家、省、市各类指令性计划项目300余项，获得各类科技创新创业扶持资金9039.1万元。其中，获国家经费支持885万元，省市经费支持分别为3122.4万元和5031.7万元，2010年到位7809.2万元，拉动企业投资超过20亿元，再创历史新高。其中：获批国家创新基金9项、国家星火计划1项、国家火炬计划4项、国家重大科技专项1项，国家科技支撑计划重点项目1项已通过专家评审；省重大成果转化项目3项（扶持资金2010万元）；国务院表彰的科技进步二等奖2项，省政府表彰的科技进步一等奖和二等奖各1项；市级创新基金项目立项21项，市“腾飞奖”2项，立项数位居全市第一。

【载体建设】 突出政府主导型“三创”载体建设，全年完成“三创”载体11.5万平方米，其中，“搜客天地”3万平方米完成收购，无锡数码动漫创业服务中心完成1.5万平方米，锡山经济开发区科创园完成7万平方米；集智广场10万平方米、无锡索立得国际科技合作园10万平方米正在建设中。新增省院士工作站6家，市院士工作站5家，新增数列全市、全省第一，累计有13个院士及其团队与锡山区企业开展全面合作。新增省级工程技术研究中心9家（累计33家），市级工程技术研究中心16家（累计53家）。锡山经济开发区科创园成功创建为国家级孵化器，实现了零的突破。国家级新材料产业基地通过科技部复审命名。

【政产学研合作】 加强与国内高校院所的合作，积极搭建服务平台，建立企业科技创新数据库、专家库，录入企业340余家、专家教授679名。成功举办北京科技行和金秋国际经贸月高端合作签约授牌仪式，达成政府主导的19个高科技合作项目。全年企业开展产学研项目100余项，合作经费2亿元，其中，红豆集团与麻省理工学院、江苏新广联科技股份有限公司与以色列国际合作取得实质性成效。各专业园区高端合作有了良好开端，分别与上海交通大学、中国电力科学院、南京理工大学、北京交通大学、北京科技大学、北京理工大学等建立紧密的联系和合作。区政府与中电集团十四所就轨道交通产业园签订合作协议。江苏华能电缆有限公司、无锡统力电工有限公司、江苏申锡建筑机械有限公司等10余家企业与央企科研院所达成长期合作关系。建成市产学研重大创新载体1家，无锡求是生物农业有限公司作为无锡—浙大生物农业研究中心的运作公司，生物育种项目获无锡市1000万元科技经费支持。与江苏物联网研究发展中心、中国科学院合肥物质科学研究院共建智能农业中心，项目注册资本1700万元。

【科技创新创业】以全市首批开展的科技领军型创新创业人才引进为契机，引进“海外留学归国（到锡）科技领军型创新人才”4名，会同锡山经济开发区、区委组织部、区人保局完成初创式“530”项目49项，注册落户43家。积极推进“530”项目产业化，做好每季“530”简报编制和“530”发展情况统计工作，充分利用和依靠区重点企业重点项目发展建设联席会议的形式，帮助协调“530”企业发展有关问题和困难。全区45家“530”企业实现销售，其中，销售收入超千万元的6家，千万元销售率位居全市第一。加大科技型企业家集聚和培育力度，通过青年企业家科技创新座谈会、科技型企业发展交流会、境内外培训、导师计划等，大力提升广大企业家创新意识，让更多的科技人才成为科技创业家。全年申报江苏省科技型企业家培育工程计划8人、江苏省产业教授计划2人。（王旻明）

科技计划和项目实施完成情况

【概况】2010年，区科技局根据转型促进年活动要求，继续开展对上争取项目和资金的“双争”活动，全年培育国家、省、市各类指令性计划项目300余项，立项项目总计获得扶持资金9039.1万元，再创历史新高。其中，国家创新基金9项，无锡市创新基金21项；国家星火计划1项、国家火炬计划4项、国家重大科技专项1项、国家科技支撑计划重点项目1项通过专家评审；省科技支撑计划项目4项，市科技支撑计划项目11项；省科技进步奖立项3项，市科技进步奖立项7项；市级科技公共服务平台项目立项2项；市“腾飞奖”立项2项。3人入选江苏省创新创业人才引进计划，43家“530”企业在锡山区注册落户。“大型高速电弧智能超细自动喷涂成套装备研发及产业化”、“生物质气化发电装置关键技术的研发与产业化”、“血液系统肿瘤基因的液相芯片检测及其诊断试剂盒的研发及产业化”三个项目被列入省重大科技转化项目，获得经费资助2010万元。

2010年锡山区新增国家创新基金项目一览表

表14

序号	项目名称	承担单位	所在地	拨款（万元）
1	CWGX斜爬轨道式擦窗机	博宇（无锡）科技有限公司	安镇街道	80
2	PSL2906B型对开九色轮转胶印机	无锡长城机器制造有限公司	东北塘街道	80
3	多驱动点激励扬声器系统	无锡杰夫电声有限公司	锡北镇	160
4	高速熔化极脉冲氩弧焊机	无锡洲翔成套焊接设备有限公司	东港镇	70
5	带有限位凸环的抽芯铆钉	无锡好特紧固件有限公司	东港镇	60
6	全液压智能可折叠叉车	无锡汇丰机器有限公司	东港镇	80
7	低能耗，低噪音，低成本的先进MEMS数字麦克风	无锡麦哲科技有限公司	开发区	70
8	创投风险补助	无锡市锡山创业投资有限公司	锡山区	15
9	公共服务补助	江苏检验检疫机电产品检测中心	锡山区	70

2010年锡山区新增国家级孵化器一览表

表15

序号	获批单位	所在地
1	无锡锡山科技创业园有限公司	开发区

2010年锡山区新增国家火炬计划项目一览表

表16

序号	项目名称	承担单位	所在地
1	100千瓦高效节能热交换器	无锡锡州机械有限公司	锡北镇
2	全热回收水源热泵机组	无锡同方人工环境有限公司	开发区
3	微波磁控管用金属化陶瓷关键技术的研究与产业化	无锡康伟工程陶瓷有限公司	开发区
4	环保型轿车顶蓬全自动生产技术	无锡吉兴汽车部件有限公司	开发区

2010年锡山区新增国家星火计划项目一览表

表17

序号	项目名称	承担单位	所在地
1	羊尖镇农村生活污水生态治理技术开发与推广应用	无锡锡东新农村投资发展有限公司	羊尖镇

2010年锡山区新增国家重点新产品一览表

表18

序号	项目名称	承担单位	所在地
1	YHJM100/50型液压互爬式附着升降脚手架	江苏申锡建筑机械有限公司	东亭街道
2	太阳能光伏发电并网控制器/XSJBW-5000	江苏新世纪机车科技有限公司	羊尖镇
3	不锈钢摩擦焊管件	无锡金羊管件有限公司	羊尖镇
4	新型磁路结构的薄型扬声器	无锡杰夫电声有限公司	锡北镇
5	7步进阶梯接缝变压器铁心	无锡市普天铁心有限公司	锡北镇
6	大型可控气氛井式渗探炉/型号RQD	天龙科技炉业（无锡）有限公司	开发区
7	紧密纺纱用牵伸铝衬胶辊	无锡二橡胶股份有限公司	开发区

2010年锡山区新增江苏省重点新产品一览表

表19

序号	项目名称	承担单位	所在地
1	YHJM100/50型液压互爬式附着升降脚手架	江苏申锡建筑机械有限公司	东亭街道
2	非金属复合材料型线架空导线	无锡华能电缆有限公司	安镇街道
3	太阳能光伏发电并网控制器/XSJBW-5000	江苏新世纪机车科技有限公司	羊尖镇
4	不锈钢摩擦焊管件	无锡金羊管件有限公司	羊尖镇
5	高温度稳定性介电陶瓷材料	无锡隆傲电子有限公司	鹅湖镇
6	CQT3010型舰船用气调保鲜冷库	无锡市海联舰船附件有限公司	东北塘街道
7	新型磁路结构的薄型扬声器	无锡杰夫电声有限公司	锡北镇
8	7步进阶梯接缝变压器铁心	无锡市普天铁心有限公司	锡北镇
9	数控相贯线切割机ZPB660	无锡洲翔成套焊接设备有限公司	东港镇
10	单/双丝数字化智能化MAG/MIG/PMIG多功能焊机	无锡市南方电器制造有限公司	东港镇
11	大型可控气氛井式渗碳炉/型号RQD	天龙科技炉业（无锡）有限公司	开发区
12	紧密纺纱用牵伸铝衬胶辊	无锡二橡胶股份有限公司	开发区
13	F601高分子合成球形纳米单导体乳液	无锡融禾贸易有限公司	开发区
14	户式低温空气源热泵机组	无锡同方人工环境有限公司	开发区
15	KL-2000型彩色墨粉	无锡美灵数码科技有限公司	开发区

2010年锡山区新增江苏省高新技术企业一览表

表20

序号	企业名称	所在地
1	江苏华科机械设备有限公司	安镇街道
2	无锡隆达金属材料有限公司	安镇街道

续表20

序号	企业名称	所在地
3	无锡华能电缆有限公司	安镇街道
4	无锡卡秀堡辉涂料有限公司	鹅湖镇
5	无锡通用钢绳有限公司	东港镇
6	无锡晶磊电子有限公司	东港镇
7	无锡确成硅化学有限公司	东港镇
8	无锡国丰电子科技有限公司	开发区
9	无锡百和织造有限公司	开发区
10	无锡富瑞德精密机械有限公司	开发区
11	无锡嘉旺精密包装材料有限公司	开发区
12	天龙科技炉业（无锡）有限公司	开发区

2010年锡山区新增江苏省高新技术产品一览表

表21

序号	项目名称	承担单位	所在地
1	空调压缩机外壳专用直缝焊管	无锡天龙钢管有限公司	东亭街道
2	温控型多段式数码脉冲充电器	江苏新日电动车股份有限公司	安镇街道
3	耐低温型晶胶电池	江苏新日电动车股份有限公司	安镇街道
4	智能化数控擦窗机	博宇（无锡）科技有限公司	安镇街道
5	高导电率硬铝架空导线	无锡华能电缆有限公司	安镇街道
6	全自动轴承内外套圈合套机	无锡双益精密机械有限公司	安镇街道
7	全自动轴承套圈内圈孔径检测机	无锡双益精密机械有限公司	安镇街道
8	高安全性动力型锂离子电池	江苏瑞通信息产业有限公司	羊尖镇
9	汽车智能液晶组合仪表	江苏瑞通信息产业有限公司	羊尖镇

续表21

序号	项目名称	承担单位	所在地
10	室外多媒体混合柜	江苏瑞通信息产业有限公司	羊尖镇
11	水性环保高性能模具、厨具涂料	无锡卡秀堡辉涂料有限公司	鹅湖镇
12	溶剂型有机硅超耐高温壁炉涂料	无锡卡秀堡辉涂料有限公司	鹅湖镇
13	新型真空不导电电镀涂料	无锡卡秀堡辉涂料有限公司	鹅湖镇
14	节能型低阻高导LED路灯	无锡晶联光电科技有限公司	鹅湖镇
15	舰船用气调保鲜冷库	无锡市海联舰船附件有限公司	东北塘街道
16	船舶A-60级液压滑动式水密门	无锡市海联舰船附件有限公司	东北塘街道
17	船舶A-60级开式矩形防火窗	无锡市海联舰船附件有限公司	东北塘街道
18	带通风格栅铝质隔声门	无锡市海联舰船附件有限公司	东北塘街道
19	高隔声复合岩棉板	无锡市海联舰船附件有限公司	东北塘街道
20	船用电磁屏蔽窗	无锡市海联舰船附件有限公司	东北塘街道
21	船用A级防火门	无锡市海联舰船附件有限公司	东北塘街道
22	小艇收放装置	无锡市海联舰船附件有限公司	东北塘街道
23	A-60级单扇气密、风雨密、隔声防火门	无锡市海联舰船内装有限公司	东北塘街道
24	A-60级双扇气密、风雨密防火门	无锡市海联舰船内装有限公司	东北塘街道
25	节能型船用可收放式减摇鳍	无锡市东舟船舶附件有限公司	东北塘街道
26	橡胶输送带成型生产线	无锡锦和科技有限公司	东北塘街道
27	超幅面绝缘纸板热压机	无锡锦和科技有限公司	东北塘街道
28	YB2-355～560中型低压隔爆型三相异步电动机	无锡锡山安达防爆电气设备有限公司	东北塘街道

续表21

序号	项目名称	承担单位	所在地
29	微型自带二氧化碳全自动啤酒龙头	无锡锡州机械有限公司	锡北镇
30	符合欧Ⅳ排放的滚轮体部件	无锡锡州机械有限公司	锡北镇
31	一种不锈钢热交换器（环保节能型）	无锡锡州机械有限公司	锡北镇
32	CCR气门挺柱体	无锡锡州机械有限公司	锡北镇
33	多面动态LED广告灯箱	无锡锡州机械有限公司	锡北镇
34	新型振动结构的薄型扬声器	无锡杰夫电声有限公司	锡北镇
35	反向磁路结构的薄型扬声器	无锡杰夫电声有限公司	锡北镇
36	双驱动磁路结构的薄型扬声器	无锡杰夫电声有限公司	锡北镇
37	0.14～0.2mm极薄规格镀锌板生产装备	无锡东和薄板装备制造有限公司	锡北镇
38	全自动污水处理用加药装置	无锡金源环境保护设备有限公司	锡北镇
39	新型防漏磁屏蔽式铁心	无锡市普天铁心有限公司	锡北镇
40	L-缬氨酸	无锡晶海氨基酸有限公司	东港镇
41	重型H型钢自动组立机	无锡洲翔成套焊接设备有限公司	东港镇
42	ZPB660数控相贯线切割机	无锡洲翔成套焊接设备有限公司	东港镇
43	十字柱组立机	无锡洲翔重工科技有限公司	东港镇
44	内置线路薄板用超短型沉头铆钉	无锡安士达五金有限公司	东港镇
45	带有限位凸环抽芯铆钉	无锡安士达五金有限公司	东港镇
46	宽基宽行驶面高行驶里程全钢丝载重子午线无内胎轮胎（轮辋直径22.5寸）	江苏通用科技股份有限公司	东港镇
47	数字化智能化单/双丝MAG/MIG/PMIG弧焊机	无锡市南方电器制造有限公司	东港镇

续表21

序号	项目名称	承担单位	所在地
48	CNC变结构数控焊割机	江苏大德重工有限公司	东港镇
49	中低压电力线宽带载波（PLC）高频磁环耦合器	无锡卓研电力科技有限公司	东港镇
50	环保无尘型二氧化硅	无锡确成硅化学有限公司	东港镇
51	易分散型二氧化硅	无锡确成硅化学有限公司	东港镇
52	一种用于无衬无里两面穿西服的高模量面料	江苏红豆实业股份有限公司	东港镇
53	多孔绝缘纸带缩醛自粘换位导线	无锡统力电工有限公司	东港镇
54	长丝超细纤维毡	无锡市明江保温材料有限公司	东港镇
55	破碎站自动控制系统	无锡中科电气设备有限公司	开发区
56	浮选自动控制系统	无锡中科电气设备有限公司	开发区
57	高层高速电梯用钢丝绳	江苏赛福天钢绳有限公司	开发区
58	高强度阻旋转压实股钢丝绳	江苏赛福天钢绳有限公司	开发区
59	超扬A300计算机	无锡同方创新科技园有限公司	开发区
60	环保型覆铜板专用无卤环氧树脂	无锡阿科力化工有限公司	开发区
61	变频式行星搅拌机	新麦机械（无锡）有限公司	开发区
62	高密度封装软硬结合板	健鼎（无锡）电子有限公司	开发区
63	高阶智能型手机主板	健鼎（无锡）电子有限公司	开发区
64	固态硬盘主板	健鼎（无锡）电子有限公司	开发区
65	指网Biokee指纹身份识别软件	无锡指网生物识别科技有限公司	开发区
66	指网指纹比对引擎软件	无锡指网生物识别科技有限公司	开发区

续表21

序号	项目名称	承担单位	所在地
67	指网城市指纹识别平台软件	无锡指网生物识别科技有限公司	开发区
68	智能化静音型柴油发电机组	瑞昌哥尔德发电设备（无锡）制造有限公司	开发区
69	胶轮移动式多用途发电机组	瑞昌哥尔德发电设备（无锡）制造有限公司	开发区
70	SY-P/SY-PD型客用电梯	希姆斯电梯（中国）有限公司	开发区
71	KF型货用电梯	希姆斯电梯（中国）有限公司	开发区
72	柔性聚氨酯高级轿车顶蓬	无锡吉兴汽车声学部件科技有限公司	开发区
73	丰田轿车环保隔音垫	无锡吉兴汽车部件有限公司	开发区
74	阻燃锦纶粘扣带	无锡百和织造股份有限公司	开发区
75	耐硫锦纶粘扣带	无锡百和织造股份有限公司	开发区
76	钩毛同面锦纶粘扣带	无锡百和织造股份有限公司	开发区
77	逆变式直流手工弧焊机	无锡汉神电气有限公司	开发区
78	逆变式CO_2气体保护焊机	无锡汉神电气有限公司	开发区
79	逆变式直流脉冲氩弧焊机	无锡汉神电气有限公司	开发区
80	逆变式自动埋弧焊机	无锡汉神电气有限公司	开发区
81	晶闸管控制CO_2气体保护焊机	无锡汉神电气有限公司	开发区
82	便携式数控切割机	无锡汉神电气有限公司	开发区
83	龙门式数控切割机	无锡汉神电气有限公司	开发区
84	凯旋D6摩托车用轻质铝合金车轮	江苏中联铝业有限公司	开发区
85	只读类120mm-薄型光盘	江苏新广联科技股份有限公司	开发区

续表21

序号	项目名称	承担单位	所在地
86	新型智能汽车门锁系统	无锡皓月汽车安全系统有限公司	开发区
87	氯乙烯—醋酸乙烯—马来酸共聚树脂	无锡市洪汇树脂有限公司	开发区
88	无线传感建筑安全监测装置	美新微纳传感系统有限公司	开发区

2010年锡山区新增江苏省民营科技企业一览表

表22

序号	企业名称	所在地
1	无锡市锡东压缩机厂	东亭街道
2	无锡市鑫格索蓝压缩机有限公司	东亭街道
3	无锡市华通液压气动制造有限公司	东亭街道
4	江苏国威摩托车有限公司	安镇街道
5	无锡东南车辆科技有限公司	安镇街道
6	无锡都市佳人机车科技有限公司	安镇街道
7	无锡华能电缆有限公司	安镇街道
8	无锡华兴通信科技有限公司	羊尖镇
9	无锡爱玛车业有限公司	羊尖镇
10	无锡市南州化纤厂	羊尖镇
11	江苏神羊化纤有限公司	羊尖镇
12	无锡市银湖印刷包装厂	鹅湖镇
13	无锡市东大印刷有限公司	鹅湖镇
14	无锡航海精密钢管有限责任公司	鹅湖镇
15	无锡金桥精细油墨有限公司	鹅湖镇
16	无锡市新光电源有限公司	鹅湖镇
17	无锡佳健医疗器械有限公司	鹅湖镇
18	无锡长城机器制造有限公司	东北塘街道
19	无锡市宇寿医疗器械有限公司	东北塘街道

续表22

序号	企业名称	所在地
20	无锡锡山安达防爆电气设备有限公司	东北塘街道
21	无锡宝昌金属制品有限公司	东北塘街道
22	无锡市海联舰船内装有限公司	东北塘街道
23	无锡帝博科技有限公司	锡北镇
24	无锡山川环保机械有限公司	锡北镇
25	无锡市骑安工贸有限公司	锡北镇
26	无锡市普天铁心有限公司	锡北镇
27	无锡协昌科技有限公司	东港镇
28	无锡赛丰仪表有限公司	东港镇
29	无锡晶石新型能源有限公司	东港镇
30	无锡市干贝司胶姆糖胶基制造有限公司	东港镇
31	无锡市春明特种电讯变压器厂	东港镇
32	无锡统力电工有限公司	东港镇
33	无锡晶海氨基酸有限公司	东港镇
34	无锡市三维电子有限公司	东港镇
35	无锡皓月汽车安全系统有限公司	开发区
36	无锡诺科新材料科技有限公司	开发区
37	无锡众望四维科技有限公司	开发区
38	无锡富邦讯捷科技有限公司	开发区
39	无锡杰尔压缩机有限公司	开发区
40	无锡瑞威光电科技有限公司	开发区
41	无锡红日太阳能科技有限公司	开发区
42	无锡英普林纳米压印设备制造有限公司	开发区
43	无锡象形科技有限公司	开发区
44	无锡维视科技有限公司	开发区
45	江苏赛福天钢绳有限公司	开发区
46	无锡佳腾磁性粉有限公司	开发区

续表22

序号	企业名称	所在地
47	无锡大东机械制造有限公司	开发区

2010年锡山区新增江苏省创新型企业一览表

表23

序号	企业名称	所在地
1	江苏申锡建筑机械有限公司	东亭街道
2	江苏新日电动车股份有限公司	安镇街道
3	江苏瑞通信息产业有限公司	羊尖镇
4	无锡市金杨新型电源有限公司	鹅湖镇
5	无锡市海联舰船附件有限公司	东北塘街道
6	无锡市宇寿医疗器械有限公司	东北塘街道
7	无锡市东舟船舶附件有限公司	东北塘街道
8	无锡锡州机械有限公司	锡北镇
9	无锡杰夫电声有限公司	锡北镇
10	无锡市普天铁心有限公司	锡北镇
11	红豆集团	东港镇
12	无锡晶海氨基酸有限公司	东港镇
13	无锡斯贝尔磁性材料有限公司	东港镇
14	无锡洲翔成套焊接设备有限公司	东港镇
15	江苏通用科技股份有限公司	东港镇
16	无锡安士达五金有限公司	东港镇
17	无锡市明江保温材料有限公司	东港镇
18	无锡市洪汇树脂有限公司	开发区
19	无锡开普机械有限公司	开发区
20	江苏新广联科技股份有限公司	开发区
21	无锡吉兴汽车部件有限公司	开发区
22	无锡阿科力化工有限公司	开发区
23	无锡同方人工环境有限公司	开发区
24	无锡汉神电气有限公司	开发区

2010年锡山区新增江苏省创新创业人才引进项目一览表

表24

序号	姓名	单位名称	人才类别
1	夏涛	无锡百奥科环境科技有限公司	创业
2	盛晔	江苏瑞尔医疗科技有限公司	创新
3	顾渊	无锡灿星科技有限公司	创新

2010年锡山区新增市级以上科技基础设施建设项目一览表

表25

序号	项目名称	承担单位	项目类别	所在地
1	江苏省锅炉炉渣处理设备工程技术研究中心	无锡市华通电力设备有限公司	省级工程技术研究中心	东亭街道
2	江苏省高性能铜合金工程技术研究中心	无锡隆达金属材料有限公司	省级工程技术研究中心	安镇街道
3	江苏省高强度电瓷工程技术研究中心	无锡华能塞拉姆绝缘子有限公司	省级工程技术研究中心	安镇街道
4	江苏省（明杨）锂电池技术工程技术研究中心	无锡市明杨电池有限公司	省级工程技术研究中心	鹅湖镇
5	江苏省高性能船舶舾装件设计工程技术研究中心	无锡市东舟船舶附件有限公司	省级工程技术研究中心	东北塘街道
6	江苏省功能性防寒服装及材料工程技术研究中心	红豆集团无锡远东服饰有限公司	省级工程技术研究中心	东港镇
7	江苏省大型智能化高效焊接装备工程技术研究中心	无锡市南方电器制造有限公司	省级工程技术研究中心	东港镇
8	江苏省全钢载重子午线轮胎工程技术研究中心	江苏通用科技股份有限公司	省级工程技术研究中心	东港镇
9	江苏省电子出版介质与阅读终端工程技术研究中心	江苏新广联科技股份有限公司	省级工程技术研究中心	开发区
10	无锡市高空擦窗机工程技术研究中心	博宇（无锡）科技有限公司	市级工程技术研究中心	安镇街道
11	无锡市锂离子电池壳体工程技术研究中心	无锡市金杨新型电源有限公司	市级工程技术研究中心	鹅湖镇
12	无锡市一次性医疗器械工程技术研究中心	无锡市宇寿医疗器械有限公司	市级工程技术研究中心	东北塘街道
13	无锡锦和热压机械工程技术研究中心	无锡锦和科技有限公司	市级工程技术研究中心	东北塘街道
14	无锡市电力变压器铁心工程技术研究中心	无锡市普天铁心有限公司	市级工程技术研究中心	锡北镇

续表25

序号	项目名称	承担单位	项目类别	所在地
15	无锡市佳腾彩色碳粉工程技术研究中心	无锡佳腾磁性粉有限公司	市级工程技术研究中心	锡北镇
16	无锡环保型医用温度计工程技术研究中心	无锡市医用仪表厂	市级工程技术研究中心	锡北镇
17	无锡市外遮阳铝合金节能卷帘窗工程技术研究中心	无锡捷阳节能科技有限公司	市级工程技术研究中心	东港镇
18	无锡市纳米绝热材料应用工程技术研究中心	无锡市明江保温材料有限公司	市级工程技术研究中心	东港镇
19	无锡市生物质气化发电装置工程技术研究中心	无锡湖光工业炉有限公司	市级工程技术研究中心	东港镇
20	无锡市全智能化柔性电弧焊接装备工程技术研究中心	无锡洲翔成套焊接设备有限公司	市级工程技术研究中心	东港镇
21	无锡市车辆制动系统关键零部件工程技术研究中心	无锡市华锋车业部件有限公司	市级工程技术研究中心	东港镇
22	无锡市毛纺织工程技术研究中心	无锡协新毛纺织有限公司	市级工程技术研究中心	开发区
23	无锡市电子出版介质与阅读终端工程技术研究中心	江苏新广联科技股份有限公司	市级工程技术研究中心	开发区
24	无锡市特种钢绳工程技术研究中心	江苏赛福天钢绳有限公司	市级工程技术研究中心	开发区
25	无锡市微波磁控管用金属化陶瓷关键零部件工程技术研究中心	无锡康伟工程陶瓷有限公司	市级工程技术研究中心	开发区
26	无锡兴达泡塑新材料有限公司院士工作站	无锡兴达泡塑新材料有限公司	省企业院士工作站	东亭街道
27	无锡市宇寿医疗器械有限公司院士工作站	无锡市宇寿医疗器械有限公司	省企业院士工作站	东北塘街道
28	无锡市南方电器有限公司院士工作站	无锡市南方电器有限公司	省企业院士工作站	东港镇
29	无锡市明江保温材料有限公司院士工作站	无锡市明江保温材料有限公司	省企业院士工作站	东港镇
30	无锡中科超声技术有限公司院士工作站	无锡中科超声技术有限公司	省企业院士工作站	开发区
31	江苏聚慧科技有限公司院士工作站	江苏聚慧科技有限公司	省企业院士工作站	开发区
32	无锡市宇寿医疗器械有限公司院士工作站	无锡市宇寿医疗器械有限公司	市企业院士工作站	东北塘街道
33	无锡洲翔成套焊接设备有限公司院士工作站	无锡洲翔成套焊接设备有限公司	市企业院士工作站	东港镇

续表25

序号	项目名称	承担单位	项目类别	所在地
34	无锡市明江保温材料有限公司院士工作站	无锡市明江保温材料有限公司	市企业院士工作站	东港镇
35	无锡市南方电器制造有限公司院士工作站	无锡市南方电器制造有限公司	市企业院士工作站	东港镇
36	无锡中科超声技术有限公司企业院士工作站	无锡中科超声技术有限公司	市企业院士工作站	开发区

2010年锡山区新增无锡市科技创新型试点企业一览表

表26

序号	企业名称	所在地
1	无锡金羊管件有限公司	羊尖镇
2	无锡佳腾磁性粉有限公司	锡北镇
3	无锡市中捷减速震有限公司	东港镇
4	无锡日月合金材料有限公司	开发区
5	无锡康伟工程陶瓷有限公司	开发区

2010年锡山区新增无锡市技术先进型服务企业一览表

表27

序号	企业名称	所在地
1	无锡朗奇软件科技有限公司	开发区
2	无锡新思软件技术有限公司	开发区
3	无锡贯方信息科技有限公司	开发区

2010年锡山区新增海外留学归国（到锡）科技领军型创新人才引进项目一览表

表28

序号	姓名	单位名称	所在地
1	黄　正	红豆集团	东港镇
2	朱志明	无锡汉神电气有限公司	开发区
3	吴　强	同方恩欧凯（无锡）膜技术有限公司	开发区
4	周汉秦	美新微纳传感系统有限公司	开发区

2010年锡山区新增无锡市“530”计划项目一览表

表29

序号	项目名称	企业名称	拨款（万元）
1	工业搜索引擎和产品选型平台	无锡微搜网络科技有限公司	100
2	State感知水务系统项目	江苏商达水务有限公司	100
3	优欣定胶囊	无锡中惠中医药有限公司	100
4	大功率半导体激光芯片封装与激光光束整形技术的研发与应用	无锡亮源激光技术有限公司	100
5	华清知识智能知识库中间件及应用	无锡卓识科技有限公司	100
6	池化系统及其衍生品的产业化	无锡云捷科技有限公司	100
7	液压互爬式附着升降脚手架	无锡安高科技有限公司	60
8	X射线荧光分析仪	无锡瑞迪声科技有限公司	60
9	微型电动汽车用新型节能驱动技术	无锡迈为电子技术有限公司	60
10	高灵敏度癌症与传染疾病分子诊断试剂	无锡艾华隆科技有限公司	60
11	VOC（挥发性有机化合物）浓缩回收转轮及处理机组	无锡普爱德环保科技有限公司	60
12	对象级搜索	无锡对象信息技术有限公司	60
13	新型空气能热泵空调系统	无锡海昌新能源科技有限公司	60
14	彩色防滑隔热瓷质骨料研发及其应用	无锡思碧路科技有限公司	60
15	PET聚酯循环利用的绿色技术	无锡格瑞恩环保科技有限公司	60
16	药监物联网综合平台系统	无锡润物科技有限公司	60
17	应用于医疗培训、基层医院的基于多维力反馈传感技术的虚拟手术仿真系统	无锡星索科技有限公司	60
18	气体传感器	无锡英瑞驰传感科技有限公司	60
19	新型光传输器件——大带宽，基于表面垂直腔发射激光器（VCSEL）微阵列的多通道并行高速有源光纤电缆	无锡清辉光电科技有限公司	60

续表29

序号	项目名称	企业名称	拨款（万元）
20	开水和饮水系统节能减排实现低碳环保的技术	无锡昌海开水机制造有限公司	60
21	基于Web的高质量影像处理系统	无锡汉谷科技有限公司	60
22	新型健康大型离子水整水装置	无锡阿博华科技有限公司	40
23	无忧标准分类协同网络信息系统	无锡诺宝科技发展有限公司	40
24	基于智能视频分析的嵌入式异常实时处理报警及运动目标跟踪锁定系统	无锡天授信息科技有限公司	40
25	超亚像素变频技术在LCDTV产业以及IPTV产业的应用	无锡博视芯半导体科技有限公司	40
26	iPod in Print	无锡行翼科技有限公司	40
27	110dB低噪声CMOS音频功率放大器芯片	无锡启枫科技有限公司	40
28	超低功耗大规模无线传感网应用开发	无锡讯威科技有限公司	40
29	焊接件无损检测设备的产业化	无锡强力环保科技有限公司	40
30	国际教育信息超市（IEIS）	无锡富杨通教育交流有限公司	40
31	远距离高精度激光测距仪	无锡艾普瑞仪器股份有限公司	40
32	电子基因芯片及其检测系统的研发与制备	无锡森智谷纳米生物科技有限公司	40
33	超低温空气源热泵系统工程	无锡昌海新能源科技有限公司	40
34	厨余垃圾处理机	无锡润天环保科技有限公司	40
35	汽车用流体螺旋线哥氏力感应陀螺仪	无锡长辉机电科技有限公司	40
36	抗病毒Ⅰ类新药S632A的研究与开发	无锡华奈生物科技有限公司	40
37	数字化园区孵化服务管理系统	无锡大华信息科技有限公司	40
38	云存储—单跃多差分增量分解与合成的数据存储、恢复、安全技术	无锡恒睿信云科技有限公司	40

续表29

序号	项目名称	企业名称	拨款（万元）
39	泛素蛋白酶体	无锡泛美生物科技有限公司	40
40	嘉昱商业信誉评估网	无锡博贸科技有限公司	40
41	黑猫警长影视数码科技	无锡黑猫影视科技有限公司	40
42	店内网 MallStar移动平台	无锡图云科技有限公司	40
43	基于中国北斗卫星导航系统与3G通讯的智能结合大型全国性集群云平台	江苏中启通讯技术有限公司	40

2010年锡山区新增市级以上科技指令性计划立项项目一览表

表30　　单位：万元

序号	项目类别	项目名称	承担单位	所在地	拨款
1	省创新资金	地理位置信息传感器	无锡翱天电气科技有限公司	开发区	25
2	省创新资金	新型电接触纳米复合材料的开发及应用	无锡润鹏复合新材料有限公司	开发区	25
3	省创新资金	动物生物特征传感器网络	无锡市富华科技有限责任公司	开发区	25
4	省创新资金	用于民用住宅的无能耗自然通风换气装置	无锡天圣达环保科技有限公司	开发区	25
5	省科技支撑计划（工业）	高饱和磁化强度低损耗磁性材料的研制与开发	江苏省晶石磁性材料与器件工程技术研究有限公司	东港镇	60
6	省科技支撑计划（工业）	微波用大功率陶瓷材料的研发	无锡康伟工程陶瓷有限公司	开发区	60
7	省科技支撑计划（标准）	防辐射针织品技术（国家）标准	红豆集团	东港镇	20
8	省科技支撑计划（社会发展）	图像引导放射治疗的肿瘤定位追踪系统	江苏瑞尔医疗科技有限公司	开发区	20
9	省重大成果转化资金专项	大型高速电弧智能超细自动喷涂成套装备研发及产业化	无锡洲翔成套焊接设备有限公司	东港镇	890
10	省重大成果转化资金专项	生物质气化发电装置关键技术的研发与产业化	无锡湖光工业炉有限公司	东港镇	660
11	省重大成果转化资金专项	血液系统肿瘤基因的液相芯片检测及其诊断试剂盒的研发及产业化	江苏迈迪基因生物科技有限公司	开发区	460
12	省科技型中小企业创业投资引导资金项目	省科技型中小企业创业投资引导资金	无锡锡山科技创业园有限公司	开发区	48

续表30 单位：万元

序号	项目类别	项目名称	承担单位	所在地	拨款
13	省科技型中小企业创业投资引导资金项目	省科技型中小企业创业投资引导资金	无锡市锡山创业投资有限公司	锡山区	70
14	省知识产权战略推进计划	知识产权战略推进计划专项资金	无锡吉兴汽车部件有限公司	开发区	20
15	市级科技公共服务平台	无锡市产品化学安全检测服务中心	无锡出入境检验检疫局检验检疫综合技术中心	锡山区	100
16	市级科技公共服务平台	计量公共科技服务平台	无锡市计量所	锡山区	100
17	市级重大创新载体	无锡浙大生物农业技术产业化创新中心——水稻生物育种及产业园建设	无锡求是生物农业有限公司	安镇街道	1000
18	市创新基金	流量控制电液伺服阀	无锡市华通液压气动制造有限公司	东亭街道	10
19	市创新基金	新型高效β-淀粉酶制剂	无锡赛德生物工程有限公司	东亭街道	10
20	市创新基金	高温度稳定性介电陶瓷材料的研发与产业化	无锡隆傲电子有限公司	鹅湖镇	10
21	市创新基金	远洋舰船用气调保鲜冷库	无锡市海联舰船附件有限公司	东北塘街道	18
22	市创新基金	气体第三单元的设计与开发	无锡百灵传感技术有限公司	锡北镇	6
23	市创新基金	多驱动点激励扬声器系统	无锡杰夫电声有限公司	锡北镇	18
24	市创新基金	紫外光固化液晶面板ODF工艺框胶材料的研发和产业化	无锡诺科新材料科技有限公司	锡北镇	6
25	市创新基金	全液压智能可折叠叉车	无锡汇丰机器有限公司	东港镇	10
26	市创新基金	中低压电力线宽带载波（PLC）高频磁环耦合器	无锡卓研电力科技有限公司	东港镇	6
27	市创新基金	数字化交直流脉冲氩弧焊机	无锡市风华焊接设备有限公司	开发区	10
28	市创新基金	微波用大功率陶瓷输出帽	无锡康伟工程陶瓷有限公司	开发区	10
29	市创新基金	新型X-射线荧光分析仪器	无锡瑞迪声科技有限公司	开发区	6
30	市创新基金	ZBT系列矿用隔爆型变频调速装置	无锡鼎皓防爆电气传动系统有限公司	开发区	6
31	市创新基金	MicroTCA 平台	无锡云德网络科技有限公司	开发区	6

续表30　　　　单位：万元

序号	项目类别	项目名称	承担单位	所在地	拨款
32	市创新基金	基于健康档案的社区传感网络医疗照护环境平台研发	无锡中盛医疗设备有限公司	开发区	6
33	市创新基金	适用于石油领域有效的光纤传感测量技术	无锡阿斯特科技有限公司	开发区	6
34	市创新基金	基于无线传感网络的轨道沉降监测系统	无锡偲威安监科技有限公司	开发区	6
35	市创新基金	磁悬浮型高效风力发电技术	江苏星马力科技有限公司	开发区	6
36	市创新基金	莱菔硫烷高效先进生产技术	贝朗格生物科技发展无锡有限公司	开发区	6
37	市创新基金	一种用于空气净化的改性纳米复合材料的制备及产业化	无锡百奥科环境科技有限公司	开发区	6
38	市创新基金	LH1激光打印机彩色数码显影粉	无锡美灵数码科技有限公司	开发区	6
39	市科技支撑计划（工业）	转叶式液压舵机	无锡市海联舰船附件有限公司	东北塘街道	25
40	市科技支撑计划（工业）	高效节能型单级高速离心鼓风机的系列产业化	无锡杰尔压缩机有限公司	鹅湖镇	25
41	市科技支撑计划（工业）	大功率高速电力机车变压器用换位导线研发及产业化	无锡统力电工有限公司	东港镇	30
42	市科技支撑计划（工业）	油—电混合动力工、农业车辆及其驱动系统	无锡开普机械有限公司	开发区	25
43	市科技支撑计划（工业）	能量回收水源热泵机组的研究开发应用与产业化	无锡同方人工环境有限公司	开发区	25
44	市科技支撑计划（农业）	依托绿色生态淡水养殖的水产品生产产业链	无锡市松芝特种水产专业合作社	鹅湖镇	15
45	市科技支撑计划（农业）	江苏太湖翠竹名茶科研项目	无锡市泾西茶叶专业合作社	锡北镇	15
46	市科技支撑计划（农业）	灵芝新品种选育及设施栽培关键技术研究	无锡五芝源生物农业科技有限公司	锡北镇	20
47	市科技支撑计划（农业）	高密度种植西瓜嫁接技术研究项目	无锡市黄土塘西瓜专业合作社	东港镇	20
48	市科技支撑计划（农业）	年产三万吨有机质肥料关键技术研究及产业化实施	无锡市绿农食用菌有限公司	东港镇	15
49	市科技支撑计划（农业）	东港镇亚光村农民培训课堂	无锡市锡山区东港镇亚光村民委员会	东港镇	10
50	市农业科技创新中心	无锡市现代农业（红豆杉）科技创新中心	江苏红豆杉生物科技有限公司	东港镇	100

续表30 单位：万元

序号	项目类别	项目名称	承担单位	所在地	拨款
51	市科技创业计划	全封闭污泥干燥和焚烧装置创业项目	无锡爱姆迪环保科技有限公司	开发区	15
52	市国际科技合作计划	120mm-薄型低碳光盘的研发与产业化	江苏新广联科技股份有限公司	开发区	30
53	市科技保险资助计划	U型高空作业工作平台关键技术研究与产业化开发	江苏申锡建筑机械有限公司	东亭街道	1
54	市科技保险资助计划	住宅用光伏并网发电设备的研发与产业化	江苏新世纪机车科技有限公司	羊尖镇	1
55	市科技保险资助计划	高频低功耗锰锌铁氧体磁性材料	无锡市斯贝尔磁性材料有限公司	东港镇	6
56	市科技保险资助计划	高效清洁发酵生产高纯度支链氨基酸的产业化项目保险资助	无锡晶海氨基酸有限公司	东港镇	3
57	市科技保险资助计划	基于E-ink电泳显示技术的电子书阅读器的研发	江苏新广联科技股份有限公司	开发区	3
58	市科技保险资助计划	科技保险资助	江苏爱德森机车制造有限公司	开发区	2
59	市社会发展项目	医用可吸收纳米纤维防粘连膜的开发与应用	无锡中科光远生物材料有限公司	开发区	30
60	市“333”工程	资优学生健康人格培养的群体研究	天一中学	锡山区	2.5
61	市科技基础设施建设项目	无锡市汽车焊接冲压应用工程技术研究中心	无锡市中捷减震器有限公司	东港镇	30
62	市科技基础设施建设项目	无锡市新型功能聚合物材料及复合材料工程技术研究中心	无锡市阿科力化工有限公司	开发区	30
63	市企业研发投入资助	—	无锡市宇寿医疗器械有限公司	东北塘街道	5
64	市企业研发投入资助	—	无锡市东舟船舶附件有限公司	东北塘街道	15
65	市企业研发投入资助	—	江苏通用科技股份有限公司	东港镇	20
66	市企业研发投入资助	—	无锡安士达五金有限公司	东港镇	10
67	市专利数据库建设资助	—	无锡杰夫电声有限公司	锡北镇	8
68	市专利数据库建设资助	—	无锡汉神电气有限公司	开发区	10

2010年锡山区新增市级以上科学技术进步奖一览表

表31　　　　单位：万元

序号	项目类别	项目名称	承担单位	所在地	拨款
1	省科学技术进步奖一等奖	高层建筑隔震设计方法研究与应用及装置产业化开发	南京工业大学、北京工业大学、无锡圣丰减震器有限公司、中国建筑科学研究院、江苏省防震抗震领导小组抗震办公室	东港镇	—
2	省科学技术进步奖二等奖	锥形流化床生物质热解气化技术与应用	中国林业科学研究院林产化学工业研究所、无锡湖光工业炉有限公司	东港镇	—
3	省科学技术进步奖三等奖	户式低温空气源热泵机组的研发应用及产业化	无锡同方人工环境有限公司	开发区	—
4	市科学技术进步奖	YHJM100、50型液压互爬式附着升降脚手架	江苏申锡建筑机械有限公司	东亭街道	0.6
5	市科学技术进步奖	大功率精细等离子数控切割机	无锡汉神电气有限公司	开发区	0.6
6	市科学技术进步奖	轿车衣帽架先进研发技术及产业化	无锡吉兴汽车声学部件科技有限公司、无锡吉兴汽车部件有限公司	开发区	0.6
7	市科学技术进步奖	磁控管用高性能银基铜、镍合金板产业化	无锡日月合金材料有限公司	开发区	0.6
8	市科学技术进步奖	单（双）丝数字化智能化CO_2/MAG/MIG/PMIG焊接设备	无锡市南方电器制造有限公司	东港镇	0.6
9	市科学技术进步奖	高BS低损耗磁性材料的研制与开发	无锡斯贝尔磁性材料有限公司	东港镇	0.6
10	市科学技术进步奖	重型H钢自动组立机组	无锡洲翔成套焊接设备有限公司	东港镇	0.6

2010年锡山区新增无锡市“腾飞奖”一览表

表32　　　　单位：万元

序号	项目名称	承担单位	所在地	拨款
1	淤泥固化治太湖	江苏聚慧科技有限公司、无锡市重点水利工程建设管理处	开发区	10
2	中国国际象棋高水平后备人才培训基地	无锡市东北塘实验小学	东北塘街道	10

知识产权工作

【概况】2010年，全区专利申请数4584件，比上年增长21%，其中，发明专利申请数706件，比上年增长29.8%。专利授权数5136件，全市第二，专利授权数是上年的3.6倍，大幅超额完成全年任务，亿元GDP专利申请数居全市第一、发明申请数居全市第三、专利授权数居全市第一（科学发展评价考核亿元GDP专利授权数和发明申请数分别为3.4和1.44，锡山区为13.4和1.85）。企业专利保护意识明显增强，一大批企业赢得知识产权维权诉讼胜利，江苏申锡建筑机械有限公司成功赢得中国高空作业机械行业首例国际知识产权侵权诉讼。

新增省知识产权标准化示范单位6家，5家企业完成知识产权专题数据库平台初步建设。同时，无锡翱天电气科技有限公司和无锡市宇寿医疗器械有限公司分别获得全省首批专利质押200万元和400万元贷款。锡山区科技局同时被评为江苏省和无锡市“知识产权工作先进集体”。区科技局知识产权科科长陈逸君被评为“全省知识产权工作先进个人”。

2010年锡山区专利申请情况一览表

表33

所在地	单位	当年累计	发明	实用	外观
东亭街道	件	233	51	59	123
安镇街道	件	484	51	54	379
羊尖镇	件	416	57	68	291
鹅湖镇	件	967	54	24	889
东北塘街道	件	407	55	66	286
锡北镇	件	430	56	56	318
东港镇	件	636	93	170	373
开发区	件	1011	289	211	511
合计	件	4584	706	708	3170

2010年锡山区专利授权情况一览表

表34

所在地	单位	当年累计	发明	实用	外观
东亭街道	件	187	6	50	131
安镇街道	件	469	7	57	405
羊尖镇	件	396	2	58	336
鹅湖镇	件	1334	5	22	1307
东北塘街道	件	510	6	69	435
锡北镇	件	482	8	67	407
东港镇	件	622	18	136	468
开发区	件	1136	60	182	894
合计	件	5136	112	641	4383

2010年锡山区新增江苏省知识产权标准化示范单位一览表

表35

序号	企业名称	所在地
1	江苏新日电动车股份有限公司	安镇街道
2	江苏新世纪机车科技有限公司	羊尖镇
3	无锡市海联舰船附件有限公司	东北塘街道
4	无锡杰夫电声有限公司	锡北镇
5	无锡汉神电气有限公司	开发区
6	无锡佳腾磁性粉有限公司	开发区

2010年锡山区新增无锡市知识产权优势企业一览表

表36

序号	企业名称	所在地
1	无锡市海联舰船附件有限公司	东北塘街道
2	无锡市普天铁心有限公司	锡北镇
3	无锡晶海氨基酸有限公司	东港镇
4	无锡同方人工环境有限公司	开发区
5	无锡集聚纺织器械有限公司	开发区

（王旻明）

（编辑：钱惠芳）

市委常委、组织部部长陈振一（左一）督察锡山区校园安全工作

（区教育局 供）

锡山区教育工作督导考核情况通报会召开 （区教育局 供）

职校毕业生就业招聘活动 （区教育局 供）

无锡市宇寿医疗器械有限公司院士工作站揭牌仪式　　（区科技局 供）

锡山区“530”企业座谈会召开　　（《新锡山》 供）

锡山区青年企业家科技创新座谈会召开　　（区科技局 供）

文化·体育·卫生

文化·体育

【概况】锡山区文体局为区政府工作部门，主要负责全区文化和体育工作，正科（局）级建制。内设办公室、文化科、体育科、新闻出版科（挂“文体市场管理科”牌子）、计财科5个机构。局机关行政编制11名。2010年，锡山区文体局在区委、区政府的正确领导和上级业务主管部门的悉心指导下，在文体系统全体干部职工的共同努力下，紧紧围绕区委、区政府建设“幸福锡山”的决策部署，深入贯彻区文化工作会议精神，扎实推进文化名区、体育强区建设，全区文化体育事业呈现出欣欣向荣的可喜局面。中国乡镇企业博物馆顺利开馆；群众文艺创作获“五星工程奖”；荡口古镇被命名为“中国历史文化名镇”；第十七届省运会获得17.25枚金牌，超额完成比赛任务；13项非物质文化遗产项目被列入无锡市非物质文化遗产名录；锡山区体育彩票销量突破1.7亿元，比上年增长48.3%；文化市场管理规范有序。

2010年，锡山区被江苏省“扫黄打非”工作领导小组表彰为“2010年全省‘扫黄打非’工作先进模范区”。区文体局被江苏省体育局评为“2010年度江苏省全民健身活动优秀组织奖和先进单位”，被江苏省体育局表彰为“2009年江苏省县级体育工作先进单位”。区文物管理办公室被江苏省文物局授予“首届江苏省田野考古工作评比优秀成果奖”。区文化市场稽查大队被江苏省文化厅评为“全省文化市场行政执法先进单位”。锡山区体校被无锡市政府授予“无锡市参加省第十七届运动会先进单位”称号，被江苏省体育局授予“三星级业余体校”称号。

群众文化

【文化活动丰富多彩】成功举办“云林遗韵”2010年锡山六人书画无锡、江阴、宜兴巡回联展活动。成功举办锡山区民俗文化节启动仪式暨青年歌手大奖赛颁奖典礼。举办锡山区“幸福锡山”书画影展，展出作品168件，折射出锡山人建设“幸福锡山”的激情和对幸福美好生活的向往；举办“幸福锡山”2010优秀文艺节目巡回展演，参演演员2500人次，观众3.5万人次。2010年度“走进新锡山”广场文艺演出共演出61场，观众15万余人次，极大地丰富了广大群众的精神文化生活。

【文艺创作硕果累累】组织区内优秀国画作品20余件赴浙江嘉善县参加“元季四家”故里国画邀请展，其中，国画作品《瑞雪吉祥图》、《松风高士图》等5件作品被主办方浙江嘉善县永久收藏于吴镇纪念馆。羊尖镇仲金才家庭在中央电视台《欢乐一家亲》中获才艺展示二等奖。锡北镇八士中心小学学生陈子婧获2010年“敦煌杯”全国青少年二胡大赛少年A组银奖。鹅湖镇甘露实验小学的拉丁舞获全国少儿拉丁舞比赛金奖。东港镇港下实验小学的鼓乐合奏《普天同庆》获“2010上海之春国际音乐节”器乐类节目二等奖，并精彩亮相于世博会期间举办的“2010上海之春国际音乐节少儿音乐舞蹈精品专场”。业余作者顾达新创作的小戏曲《夺箱》获“首届全国戏剧文化奖”小型剧本一等奖，《王三斤戒酒》在第二届“中华颂——全国小戏小品曲艺作品大展”中获小戏二等奖。在无锡市广场鼓舞大赛中，由区文化馆谢丰创作、东港镇选送的《莲湘声声代代传》获舞蹈类节目银奖，安镇街道选送的《安国鼓韵》获广场腰鼓类节目铜奖。认真选送文艺作品参加无锡市群众文艺会演（展），共获得金奖2个、银奖7个、铜奖11个，优秀奖9个。在无锡市举办的“威孚杯·激情周末”广场文艺演出中，区文化馆荣获优秀组织奖，选送的东北塘街道高璐获新人奖、歌舞《和谐中华》获优秀表演奖。锡北镇文体服务站站长王国铮、东港镇文体服务站站长顾静洁分别获全省乡镇综合文化站长技能摄影比赛金、银奖。锡山区书画家曹俊伦、张剑芳，锡山区摄影家王育君、郅恒发获第九届江苏省“五星工程奖”，其中，曹俊伦获“五星工程奖”金奖。

文物保护

【荡口古镇被命名为“中国历史文化名镇”】荡口古镇位于鹅湖镇境内，西邻鸿山彭祖墩遗址和泰伯墓，南近丘承墩吴越贵族墓群，属吴文化源头区域。荡口建镇于明朝中期，兴盛于清朝末年。至今仍保留着华氏建筑群、三公祠（含步弓石刻）、植福庵（含戏楼及殿堂）3个（11处）省级文保单位，3个市级文保单位和40余处历史建筑。荡口古镇孕育了华蘅芳、钱穆、华君武、王莘、华秋苹等多位名人志士，他们在故乡留下了大量的文化遗产和人文景观，素有“名人摇篮”、“孝义之邦”和“滨湖水镇”之称。2004年，荡口古镇被命名为“江苏省历史文化名镇”。2010年12月13日，在北京举行的第五批中国历史文化名镇名村授牌仪式上，荡口古镇凭借其深厚的历史文化积淀，保存较为完整的古镇格局与风貌，众多的文物古迹、历史建筑和物产丰富、地杰人灵、名人辈出等优势，被住房和城乡建设部、国家文物局命名为“第五批中国历史文化名镇”。

【中国乡镇企业博物馆开馆】2008年8月15日，经国家农业部乡镇企业局批准，中国乡镇企业博物馆在中国第一家乡镇企业诞生地——春雷造船厂旧址奠基。2010年7月28日，全国唯一一家收藏乡镇企业发展各时期文史资料和文物的博物馆——中国乡镇企业博物馆开馆。江苏省委常委、无锡市委书记杨卫泽，农业部乡镇企业局副局长卢永军，江苏省文化厅党组成员、南京博物院院长龚良和锡山区委书记朱爱勋共同为中国乡镇企业博物馆开馆。中国乡镇企业博物馆占地面积4.5公顷，建筑面积1万平方米。博物馆主要由室内展示场馆、春雷造船厂旧址两部分组成，主展馆面积4570平方米，辅馆面积1000余平方米，整体建筑具有传统江南民居风格。年内接待40余支团队，3000余名观众。

【非物质文化遗产传承与保护并重】吴歌成功列入国家级非物质文化遗产名录，甘露烈帝庙庙会、黄土塘西瓜等13项非物质文化遗产项目被列入无锡市非物质文化遗产名录。黄土塘西瓜、鹅湖养蜂技术、安镇马氏薄贴和李氏膏药4项非物质文化遗产项目的传承人正在申报市级非物质文化遗产代表性传承人。

公共图书馆

【图书服务便民惠民】全年接待读者5万余人次，外借书刊9万余册次，新增图书3000余册，订阅报刊杂志400种，新办证500余张，新书介绍30期，“读者园地”12期，年内举办读者活动18次。积极开展征集地方文献工作，全年征集地方文献235册。在2010年“我的书屋，我的家”江苏省农家书屋阅读演讲活动中，爱尔艺术幼儿园教师高琳的演讲《忽如一夜梨花开——有了书屋发了家》（撰稿者陆乡）获一等奖。至年末，全区共有7个镇（街道）图书馆，103个村（社区）农家书屋。紧紧围绕“充分发挥公益性电子阅览室作用，积极推进学习型社会建设”主题，组织各镇（街道）、村图书馆（室）开展服务宣传活动。以文化共享工程支中心为平台，免费向公众提供丰富的数字资源，包括农业科技、科普知识及百余部经典影片。同时，作为青少年绿色上网活动中心基地，设置“点点书库”数字动漫图书馆阅览服务项目，给读者带来图文结合的电子阅读体验。

文化市场管理

【大力发展文化产业】以动漫网游为重点，加快动漫创意产业园建设，坚持本地培育和对外招商并举，实现动漫网游产业规模化发展，加大动漫网游人才培养力度。依托丰汇欢乐广场优势资源，积极引进大型娱乐休闲场所，着力打造锡山创意街区品牌。加快文化节庆资源整合，以丰富多彩的会展和浓郁风情的节庆为重点，形成“民俗文化节”、“阿炳文化艺术节”等文化活动品牌。全年新设立文化、新闻出版生产经营单位36家，全区累计设立文化、体育、新闻出版经营单位832家，文化市场从业人员近1.2万人。

【文化市场管理规范有序】以配套服务城市建设为重点，加强书籍报刊、电子音像制品、演出娱乐等产品市场建设，充分发挥资本、产权、人才、信息、技术主导和辐射功能，全面拓展文化产业发展的新空间。加快发展经纪、代理等中介机构，加快行业组织建设，强化行业自律意识，推动建立依法经营、违法必究、公平交易、诚实可信的文化产业市场秩序。另外，通过日常检查、集中行动、专项治理等措施，有效地打击了各类非法经营活动，维护了市场经营秩序，进一步净化了全区社会文化环境，圆满完成中央、省、市对区文明创建的验收达标工作任务。承办全省文化市场工作会议，获“全省文化市场行政执法先进单位”、“无锡‘扫黄打非’先进单位”等荣誉。

群众体育

【群众体育形式多样】 围绕体育“五进”（进企业、进机关、进学校、进社区、进农村）主题，广泛开展形式多样、内容丰富、主题鲜明的群众性体育活动，活跃群众业余生活，提高群众健康水平。全年开展赛维拉社区运动会、村级健身俱乐部乒乓球比赛、“普天铁心杯”企业羽毛球比赛、锡山区企业职工篮球比赛、小学生跳绳踢毽比赛、“三建杯”中国象棋邀请赛、中小学生田径运动会等赛事，并组织参加无锡市元旦万人长跑活动。成功举办“蒙牛杯”2010年全国千村健身气功交流展示系列活动启动仪式暨无锡市锡山区健身气功精英赛，被国家体育总局授予“全国推广健身气功特殊贡献奖”称号。以8月8日为契机，举办全民健身节系列活动，指导各镇（街道）举办健身月系列活动和比赛。全区有各级社会体育指导员907名（其中，国家一级社会体育指导员20名、国家二级社会体育指导员111名、国家三级社会体育指导员776名），每万人拥有社会体育指导员22.7名。

竞技体育

【省运会上创佳绩】 在江苏省第十七届运动会上，锡山区体校参加了棒球、垒球和女子曲棍球三个项目的比赛，包揽棒、垒球甲、乙组四项第一名，获女子曲棍球甲组第二名、乙组第三名，以17.25枚金牌的优异成绩，超额完成预定目标，再一次刷新了锡山区体校夺金的历史记录，获“体育道德风尚奖”，取得了运动成绩和“体育道德”双丰收，名列全省65个县市区第七名，被无锡市政府授予“无锡市参加省第十七届运动会先进单位”称号，被锡山区政府授予集体三等功，垒球队、棒球队被授予“先进集体”，华超等46名运动员被授予“先进个人”。经过四年的创建和努力，锡山区体校被江苏省体育局授予“三星级业余体校”称号。

体彩销售

【体彩销量突破1.7亿元】 切实加强组织领导，通过调整网点布局、环境整治等措施，不断提高网点管理水平；通过开展市场推广活动、强化即开型彩票销售、树立典型网点等，提高销售水平；通过强化培训工作、建立健全激励监督机制等措施，提高服务水平。截至2010年12月31日，全区全年体育彩票销量突破1.7亿元，比上年增长48.3%。

（熊翠燕）

卫 生

【概况】 无锡市锡山区卫生局为锡山区政府工作部门，主要负责全区卫生工作，正科（局）级建制。内设办公室、组织人事科、医政科、卫生防疫科、计划财务科、区爱国卫生运动委员会办公室、药管办7个科室。局机关核定行政编制17名（含行政附属2名）。锡山区红十字会为区群团机关，副科（局）级建制，核定地方编制2名，人员参照国家公务员管理。

2010年，全区设医疗卫生机构175个，其中区、镇两级医疗卫生机构18家；开放床位1807张；执业（助理）医师921名、乡村执业医生126名；平均每千人口拥有床位4.37张，医生2.53名（包含126名乡村医生），卫技人员5.23名。区、镇两级医疗卫生机构完成门急诊257.25万人次（含社区卫生服务站65.33万人次），比上年增长9.5%；住院病人4.79万人次，比上年增长0.8%；病床使用率84.8%，比上年增长1.5个百分点；完成业务量5.20亿元，比上年增长8.33%。

医药卫生体制改革

【概况】 2010年年初开始，全面推进医药卫生体制改革工作，通过专题学习医改文件、调研考察、召开医改工作系列座谈会等，制订出台《中共锡山区委、锡山区人民政府关于深化医药卫生体制改革的实施意见》、《区政府办公室转发区卫生局关于建立基本药物制度的实施意见的通知》、《关于印发〈锡山区医疗卫生机构设置和编制配备的实施意见〉的通知》等。实施医改后，各社区卫生服务中心门急诊人次比上年增长29.33%，门急诊均次费用比上年下降40.15%，住院均次费用比上年下降24.28%。

【基本药物制度实施】 7月20日起，全区9家社区卫生服务中心和所辖75家社区卫生服务站全部配备和使用基本药物，并实行零差率销售，其他公立医院按规定使用一定比例的基本药物。基本药物全部纳入基本医疗保障药品目录，报销比例明显高于非基本药物。各社区卫生服务中心实际使用基本药物品种数355种，选择产品总数1640种，由省中标配送企业实行统一配送，平均配送符合率100%。使用的基本药物与国家零售指导价相比，国家基本药物平均降价幅度39.32%、省增补药品平均降价幅度36.92%。

【实施收支两条线管理】8月1日起，全区9家社区卫生服务中心全面实行收支两条线管理，执行现行财务会计制度，纳入镇（街道）级财政管理体系，并接受区财政、卫生部门的指导与监督。社区卫生服务机构产生的所有收入全部上缴属地镇（街道）级财政专户，全部运行经费由镇（街道）财政予以保障。社区卫生服务中心实行基本药物制度后产生的预算收支差额由区财政给予定额补助。

【人员编制重新核定】根据锡山区机构编制委员会《关于印发〈锡山区医疗卫生机构设置和编制配备的实施意见〉的通知》精神，对全区医疗卫生机构的人员编制进行重新核定，共核定编制数948名，其中，社区卫生服务中心475名、医院473名。全区公共卫生机构和基层医疗卫生机构编制内人员全部按标准配置，到位率分别为92%和96%。

【转制医疗单位回购】6月初开始，由区审计局组织审计组对原实施“租售结合”产权制度改革的7家社区卫生服务中心，开展以2001年转制开始到2010年5月31日为转制结束时点的全面审计。审计结束后，制定《锡山区转制医疗单位回购结算实施方案》，使各社区卫生服务中心回归公益性。

【医改政策宣传】制订下发《关于做好国家基本药物制度宣传工作的通知》，组织开展以“全面实施国家基本药物制度，保障人民群众基本用药”为主题的大型宣传活动，通过悬挂横幅、张贴宣传标语、摆放价格公示牌、电子显示屏、制作专题宣传展板和宣传小册子等多种方式，宣传医改新政和基本药物制度。对基层医务人员开展全员医改政策培训，9家社区卫生服务中心开展集中培训15次，内部学习交流36次，参与培训人数665人，培训考核合格率100%。

社区卫生

【社区卫生服务体系建设完善】根据省市关于每个乡镇（街道）都必须建设一个由政府举办的社区卫生服务中心的要求和锡山实际区划情况，对区内原12家社区卫生服务中心进行重新布局，4个镇、5个街道各建设1家社区卫生服务中心，其中云林街道、东亭街道各新建1家社区卫生服务中心，9家社区卫生服务中心下设75家社区卫生服务站，政府举办的社区卫生服务中心镇（街道）覆盖率为100%。锡北人民医院、鹅湖人民医院、东港医院（原东港镇卫生院）、东亭医院（原东亭街道卫生院）向医院发展，参照二级医院进行管理；安镇医院和锡山人民医院合并，并更名为锡山人民医院分院。

【社区卫生服务中心（站）规范管理】制定并下发《关于对全区各社区卫生服务中心（站）实行“八统一”规范管理的实施意见》，按照“人员、标识、药品、财务、服务、信息、制度、考核标准”统一的要求，对社区卫生服务机构实行规范化管理。同时，制定并下发《锡山区社区卫生服务机构绩效考核方案》，建立起以服务质量、服务数量和群众满意度为核心的考核机制。

【加强社区责任医生团队服务】年初制订并下发《2010年锡山区落实社区责任医生制度考核细则》，全面开展社区责任医生团队服务。社区责任医生积极开展巡诊和出诊工作，全区106个社区责任医生团队年内上门服务19.43万人次。认真做好逐级转诊和双向转诊工作，全年由社区卫生服务中心转入二级以上医院2266人，二级以上医院转回社区卫生服务中心400余人。东港镇、羊尖镇社区卫生服务中心创建成无锡市农村示范社区卫生服务中心。

公共卫生

【基本公共卫生服务项目全面落实】各镇（街道）全面落实9类22项基本公共卫生服务项目，综合考核评价得分都在

90分以上。全区传染病总发病率161.24/10万，无疫情蔓延情况发生。儿童免疫规划疫苗全程接种率98.42%。全人群高血压病、糖尿病人员登记率分别为6.58%、2.15%；规范化管理率分别为94.13%、92.01%。辖区学校学生缺课监测覆盖率为100%。新增东北塘、东港2家现代化预防接种门诊，全区累计4家，在全市处于领先地位。以创建省妇幼卫生先进区为目标，妇幼卫生服务内涵质量得到全面提高。辖区孕产妇死亡率0/10万，婴儿死亡率2.37‰，5岁以下儿童死亡率4.6‰，出生缺陷发生率3.49‰。免费婚前医学检查率92.28%，连续6年婚检率在全市名列第一。全区人均期望寿命77.6岁。

【重大公共卫生防制工作全面开展】2010年，全区重大公共卫生服务项目年度达标率100%。全年完成血防查螺面积207.95万平方米，没有发现活钉螺；完成血防查病3229人。全年完成督导新发涂阳肺结核病人130例，超过市下达全年目标任务5例。启动全球基金艾滋病项目，继续深入开展艾滋病防治知识“四走进”（走进社区、企业、学校、建筑工地）活动，为3000名新进企业职工发放《外来人员防治艾滋病手册》，发放艾滋病健康教育资料8.32万份，入户率68%。公共场所艾滋病高危人群干预社区覆盖率100%，对250家娱乐场所的2260人次进行艾滋病高危人群的健康教育、健康促进和行为干预。制定职业病防治规划，开展职业病危害状况调查，调查覆盖率81%。落实基本职业卫生服务和监管，职业健康监护监督覆盖率86.41%，建设项目职业卫生评价率81.82%。完成2009年度3302名产妇住院分娩费用回补工作、2010年度3302名住院分娩妇女补助经费的发放，农村孕产妇住院分娩补助率100%。免费为3306名计划怀孕或孕早期的妇女发放叶酸制剂预防出生缺陷，妇女孕前和孕早期口服叶酸率100%。为35～59岁妇女提供“两癌”检查，全年完成42028名妇女乳腺癌检查，确诊乳腺癌患者并手术12人；完成41652名妇女宫颈癌检查，确诊宫颈癌患者并手术7人，宫颈癌前病变95人。为1996～1999年出生的2520名儿童补种乙肝疫苗，接种率100%。为834名贫困白内障患者免费开展复明手术。努力健全卫生应急工作体系，建立卫生应急队伍和储备应急物资，组织开展肠道传染病爆发疫情、职业中毒等应急演练，全面提升处置各类突发公共卫生事件的能力。2010年，全区共报告突发公共卫生事件4起，所有突发公共卫生事件原因查明率100%，未发生二代病人。

【疾病预防控制机构绩效考核】对照卫生部《疾病预防控制工作绩效评估标准》，开展疾病预防控制机构绩效考核工作。6月19日至20日，无锡市卫生局疾病预防控制绩效考核评估专家组进行现场核查，通过52项指标的集中审核，锡山区疾病预防控制中心顺利通过2008～2009年度疾控绩效现场考核，成绩为“优秀”，总成绩在无锡市区级疾病预防控制机构排名第一。

爱国卫生

【概况】加强环境卫生长效管理，巩固卫生镇村创建成果，锡北镇、鹅湖镇通过江苏省卫生镇复查，92个村通过江苏省卫生村复查验收。新增无害化卫生户厕639座，完成生态改厕393座，全区无害化卫生户厕普及率为99.1%。依法开展病媒生物防制工作，有效控制“四害”（蚊子、苍蝇、老鼠、蟑螂）密度。深入开展健康教育与健康促进活动，新建健康素养监测点2个、市爱国卫生先进单位5家、市健康社区8个、省健康促进示范企业1家。全区中小学校全面开展争创“健康促进学校”活动，建成市级健康促进铜牌学校8所、省级健康促进铜牌学校2所。

【医疗卫生单位禁控烟工作】全区卫生系统积极参与盖茨控烟项目，全面开展禁控烟工作，创建无烟医疗机构。各医疗卫生单位制定禁控烟工作计划和工作方案，建立创建无烟医疗机构工作制度，开展基线调查。组织发动广大医务人员，认真学习无烟医疗机构标准、吸烟有害健康的相关知识、劝烟技巧等。同时，利用多种途径宣传本单位无烟规定，提高知晓率，促进无烟制度的执行。开展单位内无烟环境布置，统一规范禁烟标识张贴，提醒职工和外来人员自觉执行禁控烟规定，做到让吸烟者主动在单位内不吸烟，让全体职工对外来吸烟人员进行劝阻。77.8%（14个医疗卫生单位）的医疗卫生机构建成无烟医疗卫生机构。

相关链接

盖茨控烟项目：是美国艾默瑞大学全球健康研究所所长、前美国疾病预防控制中心主任杰福瑞·考普兰博士，获得比尔·盖茨基金会支持，在中国开展的烟草控制项目。项目重点是在青少年和妇女中开展预防吸烟的活动，在成年人和年轻人中促进戒烟，以及消除环境烟草烟雾造成的危害。

新型农村合作医疗

【概况】自2002年7月开始探索实践并成功实施新型农村合作医疗起，区、镇两级财政和集体累计投入资金18870.38万元，“新农合”医疗保障惠及人次212.72万人，发放大病医疗救助资金1045.33万元，大病医疗救助10642人次。2010年，进一步完善结报政策，科学设置方案，优化结报分段，切实提高“新农合”保障水平，全区参合农民18.43万人，参合率100%，财政补助（含集体部分）资金人均252元，农民人均筹资额372元。实行住院和门诊统筹医疗补偿模式，参合农民住院政策范围补偿率63%、住院实际补偿率47%，最高支付限额为当地农民上年平均收入10倍以上，资金节余控制在10%以内。对农村“低保”、“五保”等重点优抚对象进行住院医疗剩余可提供费用40%的救助和门诊补偿优惠服务。

卫生监督

【概况】加强餐饮食品安全监管，日常监督抽检合格率为97%。开展公共场所和餐饮单位卫生监督量化分级管理工作。全区餐饮单位量化分级管理实施率为98.55%，其中，B级以上单位实施率比2009年提高20.15%；全区公共场所卫生监督量化分级管理实施率达到标准要求，总实施率为85.05%，其中，住宿业实施率为90.5%。贯彻落实《重大活动食品卫生监督规范》要求，完成重大活动期间的食品卫生安全保障20次。与800家大中型餐饮单位负责人签订预防食物中毒责任书，全区餐饮单位食物中毒零报告。开展放心豆制品工程，全区首批100家学校食堂、外送快餐等重点单位实施率为100%。扎实推进行政许可网络公示工作，对新发证单位及时在网上进行公示。取缔非法行医37家次，立案查处8家。进一步推进依法行政工作，加强卫生监督执法考核评议，管理相对人培训率90%以上，严重违法案件查处率100%，全年无卫生行政复议案件。

【卫生监督体系建设通过省级评估】深化卫生监督体制改革，对照省标准，加强软硬件建设，加强能力建设，提高综合执法能力，初步建立起职责明确、行为规范、执法有力、保障到位的卫生监督体系。卫生监督体系建设通过省级评估，被江苏省卫生厅授予“达标示范区”称号。

医政管理

【概况】开展“医疗质量万里行”活动，各医疗单位全面参与市级医疗质量控制体系，针对医疗核心制度和法律法规知识，开展医疗安全教育活动，切实提高医护人员的安全意识。举办病历书写培训班，有效提高病历书写质量，辖区医疗机构病历甲级率96%、“三符合”（医嘱与病情相符合，病历记录与病情相符合，医嘱与收费相符合）达标率91%、质控参与率100%、质控合格率96%、病案首页规范管理率100%。辖区自愿无偿献血率100%。继续深入开展“平安医院”创建工作，未发生三级以上医疗事故，未有一起纠纷进入医疗纠纷问责制评析程序。未发生安全生产重大事故，未发生重复越级上访事件。开展“卫生科技进社区”活动，组织开展“知名专家进社区”、“适宜技术进社区”和“卫生科普进社区”等系列活动。

【加强医疗卫生队伍建设】加强全科医师规范化培训，年内参加全科医师培训23人、社区护士转岗培训35人。全区“十一五”期间农村卫生人才培训合格并取得证书的全科医师330名、社区护士335名、乡村医生98名、管理人员29名、骨干医生25名。农村卫技人员培训计划完成率100%，卫技人员继续教育学分达标率100%。72名乡村医生中专学历补偿教育任务进入实习期，按计划完成教育任务，乡村医生考试合格率100%。

卫生信息化建设

【概况】社区卫生服务中心、新型农村合作医疗及医院之间实现信息交换，辖区社区卫生服务站100%实现信息系统联网。强化职业病防治网络信息管理平台建设，不断拓宽信息化服务平台试点范围，丰富试点工作内涵，试点企业230家。全区职业健康监护46295人，比2009年增长25%，开展职业病危害预评价6家，职业病危害控制效果评价5家。开发涵盖医疗机构注册、变更、校验、注销、诊疗科目、科室设置、人员和全程卫生监督管理的信息管理系统，实现了医疗服务监管工作全程化、规范化、动态化和精细化，有效地提高了监管效率。

行风建设

【概况】开展卫生服务提升年活动，深入推进商业贿赂专项治理工作，辖区医疗卫生机构服务对象综合满意率在90%以上。

【卫生惠民服务工程】在“老年居民幸福工程”中，锡山人民医院、各镇（街道）社区卫生服务中心对全区60岁以上老年人门诊免诊疗费、挂号费252874人次，免费体检人次38468人次，“医疗惠民工程”中“五免五减半”（免收门诊挂号费、门诊诊疗费、注射费、住院护理费、住院诊疗费，减半收取床位费、化验检查费、治疗费、放射检查费、手术费）1224人次，共减免金额894.78万元。全区参加新型农村合作医疗各类免缴对象（“低保”、低收入、“五保户”、重点优抚对象和持证残疾人）12336人，免缴参合费148.03万元。

【商业购销领域和医疗服务不正之风深化治理】5月1日起，全区二级以上医疗单位（即锡山人民医院）的所有药品进入《江苏省医疗机构药品（耗材）网上集中采购与监管平台》采购，采购的药品均从江苏省集中采购目录中的19000余种药品中遴选，并且由具有配送资质的药品销售公司进行及时配送工作，药品网上集中采购率为95%。

红十字会工作

【概况】开展“红十字人道万人捐”活动，募集善款175.43万元；募集造血干细胞志愿捐献者152名，其中，43名志愿者加入中华骨髓库；募集角膜（遗体）志愿捐献者12名；募集应急无偿献血志愿者1026名。开展“迎新春，送温暖”活动，对全区53名白血病患者和149名尿毒症患者家庭进行走访慰问，共发放慰问金100万元。做好日常救助工作，2010年对全区因病致贫、发生车祸及突发事件致家庭困难户共22户实施救助，共计发放救助金6.7万元。完成无偿献血2917人次。全区新增红十字社区服务站10家。（钱 艳）

档 案

【概况】锡山区档案局（馆）为区委、区政府共同管理的直属事业机构，正科级建制。主要负责贯彻执行党和国家的档案工作方针政策和法律法规；负责制定全区档案事业发展计划和档案工作的规章制度并组织实施；负责对全区机关、团体、企事业单位和各镇（街道）档案工作实行执法监督和指导；负责对区、镇（街道）党政机关、团体、直属单位的重要档案和历史资料进行集中管理，并开展接收、保管、鉴定、统计和提供利用等各项工作；负责组织并指导全区档案理论和技术研究、档案保护、档案教育、档案宣传及档案干部培训工作；负责面向社会征集有保存价值的档案资料；负责开发档案资源，编纂史志和档案资料。内设办公室、保管利用科、征集编研科、业务指导科、史志科5个科室。机关公务员在编人员11名，附属在编人员3名。辖档案服务中心1个事业单位，在编人员2名。

2010年，锡山区档案局（馆）紧扣区委、区政府提出的“抢抓机遇、逆势赶超”和“加快转型发展，建设幸福锡山”的工作目标，坚持以档案“六化”建设（基层建设规范化、档案管理现代化、窗口建设标准化、征集编研多元化、史志编纂精品化、业务技能全面化）为抓手，创新工作理念，创新工作内容，创新工作方法，力促档案史志工作的转型和提升，努力发挥档案史志工作在服务锡山经济社会的赶超发展、转型发展、和谐发展中的职能作用，档案史志工作服务经济、服务民生、服务社会的能力进一步提高。年末，区档案馆有馆藏全宗107个，馆藏总量140537个保管单位，其中，档案125192个保管单位（文书档案90837个保管单位，科技和专门档案34355个保管单位），图书资料15345个保管单位。

1月，2009版《锡山年鉴》获得第四届全国年鉴编纂出版质量综合奖二等奖，框架设计二等奖、条目编写二等奖、装帧设计二等奖。新一轮档案接收工作启动并有序开展。鹅湖国土资源所、云林实验小学、厚桥中心幼儿园、东湖塘中心幼儿园4家单位通过江苏省档案工作三星级标准测评，27个行政村、社区通过江苏省档案工作二星级标准测评，18家单位通过复查验收。档案分工联系机制继续有效发挥积极作用。各科室积极与法定进馆单位、重点企业沟通联系，及时有效地解决基层档案工作中遇到的一些问题，基层档案法制意识进一步加强，建档积极性进一步提高。档案普法宣传取得新进展。全年开展集中宣传活动2次，发放宣传资料2800余份，接受群众咨询600余人次。举办免费档案业务培训17期，受训人数为580余人，其中，为企业免费业务培训6期。档案工作研究取得新成果，全年编写《2010年锡山区大事记》、《2010年档案利用实例选编》和《锡山年鉴（2010）》。

【档案接收工作】坚持“四字方针”有序开展档案接收工作。部署“快”，快速制定接收规范，抽调5名业务骨干，迅速成立接收小组，快速启动全区档案接收工作。内容“细”，详细制定接收的步骤、范围，详细公布进馆档案的标准和移交细则。把关“严”，对进馆档案实行上门初查、移交复查、扫描核查的“三筛查”工作，不放过任何细小问题，严把进馆档案质量关。工作“实”，扎实开展接收工作，克服时间紧、人手少、任务重的困难，加班加点，耐心指导档案工作薄弱单位规范建档，确保档案进馆各阶段工作的完成。全年完成46家单位的74923个保管单位的档案进馆接收工作。

【窗口标准化建设】查档制度进一步规范。对两类档案开展规范试点工作，第一类是涉及个人隐私的婚姻、收养登记等档案；第二类是涉及社会稳定和易引发矛盾纠纷的房产所有权档案。通过改进查档登记内容、加强资格审查、明确查档目的等措施，在保障个人隐私的同时，更好地实现民生档案的利用价值。查档服务日趋人性化。时刻保持查档大厅舒适、明亮和整洁，为查档群众提供良好的查阅环境；坚持“查档、咨询、复印、证明”的一站式服务，简化审批手续，提高查档和利用效率；坚持为困难群众优先查档和免费查档，让持有贫困证、低保证、残疾证的查档群众真正得到实惠；坚持开展电话、信函的预查和回访服务，为查档群众提供方便快捷的服务方式，避免不必要的周折；坚持文明礼貌、热情周到的服务礼仪，工作人员耐心解答查档群众问题，微笑服务。年内，区档案局查档窗口累计提供档案查阅服务2292人次，调阅案卷2603卷，其中，老弱病残和困难群体免费查档千余人次，并继续保持查档服务零投诉。

【数字档案馆建设】2010年，档案目录数据库、全文数据库和图片数据库框架全部建成并投入运行。至年末，完成目录数据130万条；全文数据累计350余万页，比上年增长40%；图片数据4.3万张，比上年增长43%。添置2T的硬盘容量，进行对现有数据存储的扩容和备份，确保档案信息化建设的进度，保障数据安全。进一步完善网络版数字档案室系统的功能设置，及时解决使用过程中出现的问题，完成档案信息化平台与政府电子政务平台对接工程，网络版数字档案室系统在全区65家单位运行并实现在线查档。将2005年至2007年的婚姻档案和部分土地证档案约66万余页纳入2010年度馆藏档案数字化扫描计划并有序开展扫描工作。

【馆藏资源建设】加强与社会各界的沟通和联系。积极与区委宣传部展开合作，深入走访文体、教育、经信、农林、水利、交通、重点办、残联等部门，积极宣传档案征集工作，了解掌握各部门、各条线的重要活动和重大事件的信息，并征集相关资料。加强与档案史料义务征集员的沟通和联系。通过分片、定期召开座谈会，使征集队伍工作常态化、持续化。全年收集到有价值的征集信息13条，征集到有价值的历史资料等4件。进一步巩固与书画界人士的沟通和联系。通过召开书画捐赠证书颁发仪式、迎新春书画家座谈会，与30余位书画艺术家建立了深厚的友谊，取得了社会各界的支持，获取了宝贵的意见和建议，为扩大书画作品征集面、提高捐赠作品的质量打下良好的基础。加强与群众的联系。以《无锡日报》、《新锡山》为宣传平台，提高档案征集工作在社会各界中的知悉程度。年内自主拍摄重大活动会议照片1000余张，整理入库400余张。通过《人文锡山》、《文物新发现》、《风情锡山》、《新锡山》、“生态文明·幸福锡山”环保摄影比赛、网站共享等途径，征集照片3600余张；征集到名人王莘各时期工作生活照310张。征集到由联合国教科文组织、中国民间文艺家协会授予“一级民间工艺美术家”称号的严烈书法、篆刻作品计16件；征集到锡山六人书画联展全部作品的电子版本和书画作品5幅；征集到无锡市博物院副院长陈瑞农书画作品2幅；征集到保存在区文体局的爱新觉罗·毓赡书画作品1幅及云林书画院优秀作品19件；征集到锡山区已故知名书法家朱鼎元作品2幅；征集到知名书画家俞坚平作品4幅；征集到“两会”活动视频近百分钟；征集到区2009年重大活动视频资料4盘；征集到《魅力锡山》宣传片等活动影像资料。视频资料累计总量约20G。

【《锡山年鉴（2010）》出版发行】7月20日，《锡山年鉴（2010）》发行，该书字数69.1万字，比2009版多9.7万字。《锡山年鉴（2010）》全面、系统、翔实地载录了锡山区2009年经济社会发展的基本资料。该书呈现五大亮点。出版发行“新提速”，比2009年提前5天面世。公益栏目“新突破”，通过跨版面图片的选用，形成强烈的视觉冲击力，淋漓尽致地展现了全区2009年度经济社会发展的新面貌。彩页栏目“新设计”，选用一两张图片凸显特色工作，一张全景图片作背景反映全貌，以点带面，点面结合。文字类目“新策划”，在原来25个类目的基础上增加“经济和社会发展统计资料”、“文件汇编”两大类目，以表格和数据的形式反映全区经济社会发展的真实情况，以文件的形式反映全区重要的惠民新政策，增强了年鉴的参考、决策和实用价值。书画作品“新介入”，选用5位区书画艺术家的作品，既补充、亮化了年鉴的版面，又充分展示了锡山区深厚的文化底蕴。

【全区革命遗址普查工作完成】3月15日，中共锡山区委办公室转发区档案局《全区革命遗址普查工作实施方案》，全区革命遗址普查工作启动。为圆满完成革命遗址普查工作任务，区档案局认真学习革命遗址普查工作会议精神，充分认识普查工作的重要性，明确普查工作中承担的职责和工作内容，掌握具体工作要求。由局主要领导、分管领导和3名经验丰富的工作人员共同组成普查工作小组，承担全区普查工作的协调、指导、汇总、上报工作。积极履行牵头部门职责，起草《全区革命遗址普查工作实施方案》，组织召开全区革命遗址普查工作领导小组成员会议，督促各镇（街道）建立革命遗址普查工作小组。根据无锡市革命遗址普查要求，局分管领导与小组成员在3月至6月期间，与8个镇（街道）相关负责人电话联系近70次，深入8个镇（街道）指导2次，提供互证材料25件，拍摄遗址照片50张，扫描材料51件，修改8个镇（街道）的革命遗址普查成果电子稿件，并替换纸张750页。经过近4个月的奋战，全区8个镇（街道）15处革命遗址的名称、地址、面积、建筑样式及材质、形成时间、利用时间等基本情况全部摸清并记录在案，整理完成了包括各类表格、文字简介、互证材料、遗址图片在内总计12万字（无锡市上报数）的全区革命遗址普查成果汇总，按时高质量地完成了普查任务。

（孙 怡）

（编辑：吴 霞）

“走进新锡山”专场演出举办　　（区文体局 供）

锡山区“幸福锡山”书画影展举办　　（区文体局 供）

云林街道选送的《相和歌》获区舞蹈类一等奖　　（区文体局 供）

锡山区深化医药卫生体制改革工作会议召开　　（《新锡山》 供）

锡山区2010年文化科技卫生“三服务”下乡集中活动提供健康咨询检查服务
（区卫生局 供）

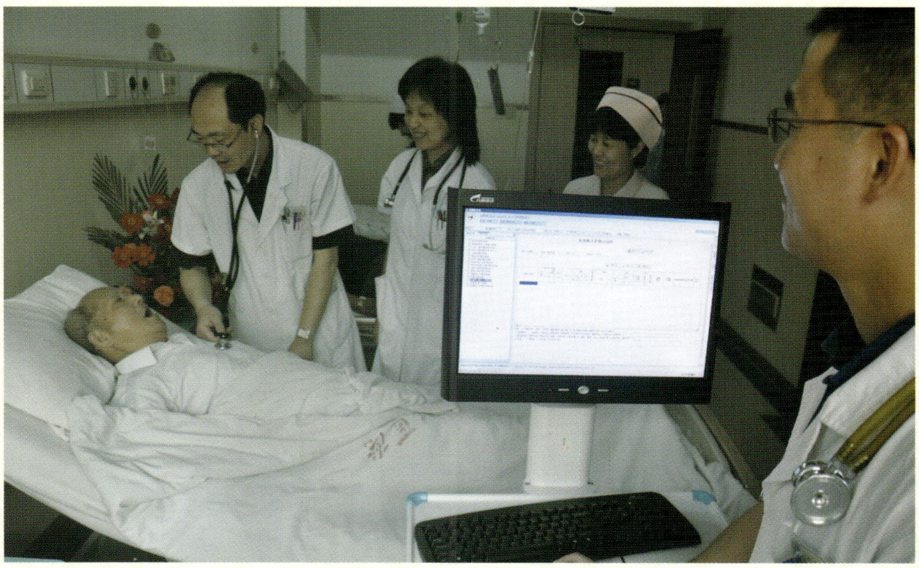

移动查房车落户锡山人民医院　　（《新锡山》 供）

社会生活

人民生活

【概况】2010年，农民人均纯收入（住户调查）13974.01元，比上年增长12.4%。城镇可支配收入27846.00元，比上年增长10.5%。年末居民储蓄存款为240.81亿元，比上年增长13.5%。全区实现消费品零售额116.15亿元，比上年增长19.1%。住房、汽车继续成为新的消费热点，全区销售各类商品房88.10万平方米、49.46亿元。

【居民经济收入】据百户调查资料显示，农民全年人均收入14558.66元，其中，工资性收入10735.09元、家庭经营收入2076.31元、财产性收入561.35元、转移性收入1185.91元；全年人均纯收入13974.01元；全年人均可支配收入13625.95元。

【耐用消费品拥有量】调查资料显示，2010年每百户农民拥有耐用消费品：家用汽车15辆，洗衣机106台，电冰箱111台，彩电190台，空调器178台，普通电话96台，移动电话185台，电脑50台，摩托车94辆。

【居民消费支出】调查资料显示，2010年全区农村年人均生活消费支出10259.43元，比上年增长10.1%。其中，食品消费3496.25元，比上年增长16.6%，占生活消费支出的34.1%；衣着消费794.60元，比上年增长15.3%，占生活消费支出的7.7%；居住消费1933.29元，比上年增长4.3%，占生活消费支出的18.8%；家庭设备用品及服务消费709.93元，比上年增长5.9%，占生活消费支出的7.0%；教育文化、娱乐用品及服务消费1222.74元，比上年增长11.1%，占生活消费支出的11.9%；医疗保健消费525.99元，比上年增长45.2%，占生活消费支出的5.1%；交通和通信消费1241.60元，比上年增长8.6%，占生活消费支出的12.1%；其他消费335.03元，比上年下降33.5%，占生活消费支出的3.3%。（缪 鹏）

人力资源和社会保障

【概况】2010年1月，根据《中共无锡市委、无锡市人民政府关于印发〈无锡市锡山区政府机构改革方案〉的通知》，锡山区人力资源和社会保障局设立，为区政府工作部门，正科（局）级建制。将原区人事局的职责、原区劳动和社会保障局的职责，整合划入区人力资源和社会保障局，主要的工作职能是贯彻执行国家、省、市人力资源和社会保障方面的法律法规，研究拟订全区人力资源和社会保障事业发展规划、方案和政策，并组织实施和监督检查；建立统一规范的人力资源市场，促进人力资源合理流动和有效配置；负责促进就业工作，完善公共就业服务体系；统筹建立覆盖全区城乡的社会保障体系；负责加强机关事业单位人员管理，制定落实工资收入分配政策；会同有关部门指导全区事业单位人事制度改革，负责高层次专业技术人才选拔和培养工作；负责全区军队转业干部的接收安置工作；完善劳动关系协调机制，组织实施劳动监察和劳动人事仲裁，协调劳动者维权工作。内设办公室、财务审计监督科、机关事业人员录用调配科、专业技术人员管理科、劳动关系和劳动监察科、工资福利奖惩科、社会保险和退休职工管理科、调解仲裁科、就业促进和职业能力建设科9个科室。另下设区人才市场管理办公室、区劳动监察大队、区劳动就业管理中心、区人才服务中心、区农村社会保障管理中心、区退休人员社会化管理服务中心、区劳动人事争议仲裁院7个事业单位。

2010年，全区推进城乡劳动力就业再就业6796人，本地农村劳动力充分就业率为93.1%；培训城乡劳动力12294人，农村青壮年农民接受技能培训覆盖率为95.5%；重点扶持自主创业1083人，创业带动就业5868人；净增社保缴费人数1.71万人，纳入社区管理的企业退休人员1.7万人；居民养老保险和居民基本医疗保险两项制度参保覆盖率分别为95%和98%；引进各类人才6541名，其中，“双高”人才89名、海归人才83名；各类企业劳动合同签订率在98%以上，企业劳动争议调处结案率在97%以上。扎实开展“强素质、精业务、重服务、树形象”主题教育活动和基层站所“民主评议活动”，人力资源和社会保障所在参加民主评议的5个基层站所中排名第二。

【社会就业充分】积极开展劳动力供需对接。及时深入企业采集岗位信息，向河南、安徽、苏北等地发布用工信息500余条，举办各类劳务洽谈会13次，组织企业参加各类招聘会18期，发放“春风卡”4000余份，提供就业岗位2.39万个，发布招工信息500余条，较好地解决了部分企业招工难的问题。抓好劳动者职业素质提升。全力拓展校企合作，全区开展校企合作的单位22家，开展再就业培训2119人、本地农村劳动力培训10220人，青壮年农民接受各类职业技能培训覆盖面为95.5%。培养高技能人才236名，新增技师25名。全力促进各类重点人群就业。制定出台《关于在全区开展重点人群就业专项促进活动的通知》，以尚未就业的锡山籍高校毕业生、被征地农民、搬拆迁企业分流职工为重点实施对象，努力促进重点人群就业水平的提高。全年审核发放“两项补贴”（社保补贴、岗位补贴）475.8万元，惠及就业困难人员4665名，帮助办理登记失业的高校毕业生就业301人，特困家庭毕业生就业率为100%。全面建立搬拆迁企业监测机制，局部调查显示超过85%的职工随同搬迁企业就业或通过其他方式及时就业，本地农村劳动力充分就业率为93.1%。全面推进创业促就业工作。出台《关于进一步完善小额担保贷款管理促进就业创业工作的通知》，办理小额担保贷款22万元，4家劳动密集型小企业申请520万元贴息贷款。全区建立创业实训基地6个，创业孵化基地6个，重点扶持自主创业1083人，创业带动就业5868人。

【保障体系完善】加快社会保险扩面工作。开展“社保服务进万家”大型宣传活动，通过设置咨询台、悬挂横幅、发放宣传手册等办法，扩大社保政策知晓面，增强企业和职工双方的参保意识。完善社保扩面联动机制，以新办企业、骨干企业、服务类企业为重点，严格按照规定程序开展社保稽核，全力推进社会保险全覆盖进程。全年实现社保扩面3.28万人，净增缴费人数1.71万人，完成市级下达目标任务的179.5%，全区实际缴费总人数为14.34万人。扎实推进“双置换一转化”工作（以土地承包经营权置换城镇保障，以农村住宅置换城镇住房，从而推动农民身份转化为城镇居民身份）。加快推进历次被征地农民纳入“城保扫尾”工作，加快对“锡张高速”、“锡东新城十平方公里”、“城镇规划建设”等重点地块 4969名失地农民社保安置工作。扩大失地农民中特殊困难群体社保缴费补贴的范围，共计补贴资金128万元。全面提高社会保障水平。“新农保”享受人员待遇年内两次提高，增长至200元/月。失地农民政府保养金第三、第四年龄段分别提高至320元/月和420元/月。全力推进居民养老和居民医疗保险实施。根据区政府的统一部署，加快居民养老保险和居民基本医疗保险两项惠民政策落实进度。全区居民养老、居民医疗保险参保人员分别为3.2万人和24.3万人，参保覆盖率分别为95%和98%。加快完善企业退休人员社会化管理服务。通过广泛的政策宣传和扎实的业务培训，退休人员社会化管理覆盖面不断扩大，纳入社区管理的企业退休人员为1.7万人，各项社会化服务内容不断拓展。认真做好市民卡发放工作，全年发放市民卡13.46万张。

【人才优先突出】加强高层次创新创业人才引进。及时摸清区内重点骨干企业的实际需要，组织相关企业参加无锡（深圳）高端人才引进交流会、成都春季中高级人才洽谈会、武汉中高级人才专场招聘会、中国海外学子大连创业周等高层次人才交流会，推出高层次岗位150个。赴欧洲法国、德国开展海外引才推介活动，与中国旅法工程师协会、欧洲华人半导体协会分别签订建立引才工作站协议，聘请5名海外博士为区海外引才顾问。大力实施“锡山百人计划”，认真做好“530”项目引进工作，组织申报“530”项目95个，新增注册“530”企业43家，累计注册124家。4个项目通过江苏省高层次创新创业人才引进计划。全年引进各类人才6541名，其中，“双高”人才89名、海归人才83名，全面超额完成全年目标任务。全面提升人才培育能力和水平。以人才培育平台建设和“政校企合作”为抓手，在人才的培养方面有了新的进展。大力推进博士后工作站建设，红豆集团博士后工作站升格为国家级博士后工作站，实现了区国家级博士后工作站零的突破。同时，无锡市海联舰船附件有限公司等3家企业成功申报省级博士后工作站，全区省级以上博士后工作站累计7家。积极申报争取上级资助取得新进展，无锡爱侃网络科技有限公司获全省“六大人才高峰”第七批D类资助项目。推进高校毕业生实习基地建设，区大学生就业实习基地增加至13家。继续推进订单式培养人才模式，促成区服务外包重点企业上海橡果网络技术发展有限公司与无锡行知技术学院签订全市首家服务外包企业“订单式人才培养”合作协议，定向培养学生500余名。大力完善人才公共服务。发放高层次创新创业创优人才优待证72张，推进了人才优惠政策的进一步落实。加强人才工作站的建设并实现新的拓展，与53所高校建立人才服务合作关系，为高校毕业生进入锡山区工作提供完善的人才服务。做好人事代理业务，全年为764名人事代理人员做好工资核准、调整、晋升工作。抓好职称评定和评审工作，全年为730人办理职称初定手续，组织145人参加工程中级评审，参评人数比2009年增长62.9%。

【人事改革稳慎推进】加快推进事业单位岗位设置管理。严格按照市级政策规定，稳步推进岗位设置管理工作。切实加强岗位设置业务培训。根据无锡市政策口径，结合全区实际情况，制定完善岗位设置操作程序，并对各主管部门进行两次专门培训，使各单位在实施中有据可依、有章可循。做好岗位设置材料审核。对全区各类事业单位岗位设置方案进行深入检查指导，对岗位设置各类表格进行全面审核，切实做到统一口径、统一标准。至年末，除机构改革尚未到位的单位未进行首次岗位设置外，其他单位的岗位设置工作执行过半。加强机关事业单位人员考核管理。认真做好继续教育公修课培训工作。着重抓好第三、四周期公修课扫尾培训工作，积极发动各单位报名参训。全年参训人数为1040人。切实加强公务员普法工作。以新颁布的《中华人民共和国保守国家秘密法》、《中华人民共和国社会保险法》等为主要内容，通过参加锡山论坛、组织测试等途径，切实增强公务员队伍的法律意识。认真做好机关事业单位人员招考。以公开、公平、公正为准则，把好机关事业单位人员“进口关”。做好公务员考录工作，全区年内推出22个公务员职位进行招考，经过审核有881人参加考试，并最终录用21人。做好教育系统公开招录工作，从548名高校毕业生中择优录用22人。做好其他区级机关所属事业单位招录工作，推出8个职位，24人参加考核，择优录用3人。会同有关部门做好2010年大学生村官招聘工作，全区招录28名大学生村官。认真推进事业单位绩效管理工作。继续做好义务教育阶段学校实施绩效工资工作，涉及28所义务教育学校，共有3022名在职人员兑现绩效工资和生活补贴。同时，按照省市工作要求，配合卫生、计生部门，做好公共卫生和基层医疗卫生事业单位及其他事业单位人员结构和收入情况统计，为全面实行绩效工资做好准备。

【劳资关系和谐】积极开展劳动用工专项检查。在日常巡视检查的基础上，组织农民工工资专项行动、社会保险稽查等6次专项检查，受理投诉举报413起，其中，涉及拖欠支付工资、加班工资的案件占46%，案件及时处理率为100%。加强人力资源市场建设。加大人力资源市场规范和建设力度，开展清理整顿人力资源市场秩序专项行动，清理整顿职业介绍中介机构33家，取缔25家无证经营单位，责令退还求职费用1.5万元，在保护劳动者合法权益的同时，进一步规范人力资源市场的运行秩序。深入企业开展指导服务。扎实开展劳动用工书面审查，全区有5476家用人单位参加书面审查，涉及劳动者人数24.1万人，对存在不稳定因素的企业，提前介入，规范管理，切实把不稳定因素消除在萌芽状态。做好特殊工时审批工作，根据企业生产经营情况，指导用人单位实行科学合理的工时制度，批复88家企业实行特殊工时制的申请。加强诚信企业培育，对纳入培育对象的企业进行上门指导服务，树立规范用工的典型，全年培育22家诚信单位。大力开展劳动（人事）争议调处。全面建立劳动争议调解仲裁院、仲裁委员会“三方驻会”办公室（三方，指区总工会、区经信局、区人保局），劳动争议处理机构建设得到有力加强。进一步完善劳动（人事）仲裁办案制度，建立健全疑难案件会审制、重点案件跟踪回访制、典型案件庭审观摩制，并取得良好的成效。全年处理各类劳动争议案件1033件，涉及经济标的额2179万元，其中，立案受理劳动争议案件684件、结案率为99%（其中，调解及撤诉案件558件，占结案总数的82%）。

（高前锋）

民政工作

【概况】锡山区民政局为锡山区政府工作部门，主要负责全区民政工作，正科（局）级建制。内设办公室、社会组织管理办公室、优抚安置科、救灾和社会救助科、基层政权和社区建设科、计划财务科、老龄工作科7个科室。局机关行政编制为15名。

2010年，全区民政工作始终坚持以科学发展观为指导，秉持“以人为本，为民解困，为民服务”的核心理念，全面融入全区转型发展大局，全力担纲改善民生之责，紧紧围绕区委、区政府中心工作和省市民政工作会议精神，着力形成了民生保障体系化、公共服务均等化、社会管理规范化、基础建设现代化的民政科学发展新格局，充分发挥了民政在建设“幸福锡山”中的重要基础作用，为保障民生、发展民主、服务社会作出了积极的贡献。

全年有5个村（社区）通过社区服务中心建设，11个社区通过市级和谐示范社区创建验收，16个村创建为市级管理民主示范村。全年办理结婚登记3357对，受理离婚登记801对，补领婚姻证362对，出具无婚姻登记记录证明275份，办理收养登记18件，并在无锡市七区范围内率先完成婚姻登记全省联网前的登记数据导入工作。新命名住宅小区11个、大型建筑物1个、道路15条、桥梁5座；新批准成立社团组织8家、民办非企业3家；办理变更登记社团组织31家、民办非企业5家；办理社团注销登记1家、民办非企业注销登记5家。全区共有社团125家，民办非企业39家。新办福利企业1家，注销福利企业2家，全区累计45家，安排残疾职工1753名，残疾职工年人均收入11400元。销售电脑福利彩票5556.9万元，即开型彩票3167万元，累计比2009年增长67%，超额完成全年目标任务。新增社会工作师和社会助理工作师10人，全区累计61人。全年公开报道各类宣传信息、调研文章140篇，其中，省级以上14篇，市级57篇，在《新锡山》先后刊登社会救助、老龄、基层政权建设、社会组织发展等民政工作专版7个，在中央电视台《新闻联播》报道播出《爱心捐赠，援助灾区》，并在局机关内开展民政工作案例征集活动，优秀作品编印成《民政为民，服务百姓——锡山区民政工作案例汇编》。区民政局获“全省民政宣传工作先进集体”、“全市福利彩票销售突出贡献奖”和“区‘团结、廉洁、高效、开拓’好班子”称号，区婚姻登记处获“省级行风建设示范单位”称号，区社会捐赠接收站和区社会福利有奖募捐委员会办公室被评为“无锡市民政工作先进集体”。

【社会救助】城乡“低保”标准有效落实，“低保”标准提高至人均420元/月。全年为3522户、8399名“低保对象”发放低保资金1910.4万元，向困难家庭2781户、4491人发放临时生活救济经费230万元；向被纳入保障范围的1430名重残人员发放重残生活救助金643.5万元；50户特困户破旧房得到翻新改造。对深度贫困家庭开展专项救助，全区正科级以上领导干部与216户深度贫困家庭一对一结对帮扶，并制定出台《深度贫困家庭学生学业补贴暂行办法》，对从幼儿园至高等院校各学龄段的贫困学生进行学业补贴，全年深度贫困家庭“套餐式”救助累计支出242.43万元，户均救助额为1.12万元。按照《无锡市锡山区人民政府办公室转发区民政局等部门关于锡山区医疗救助办法的通知》，对全区个人自付医疗费用在2万元以上的住院患者进行医疗“专项救助”，总计支出101.6万元，有效地缓解了群众看病难、看病贵问题。积极推进国家级减灾示范社区创建工作，东亭街道春江花园社区创建为国家级综合减灾示范社区。

【慈善工作】为进一步培育和增强全社会的慈善意识，组织开展2010年度慈善捐赠和对口支援新疆阿合奇县捐赠活动，区慈善会和慈善分会实际到账募集资金1750.87万元，支出慈善资金1999.72万元，发放各类慈善物资2万余件，并迅速行动，积极援助玉树、舟曲灾区。联合各部门开展多形式的救助活动：与市慈善总会和区妇联开展慈善结对助学和结对助孤活动，发放救助金44.1万元；依托区教育救助管理中心，开展贫困学子救助工作，支付救助金60万元；通过区残联资助60岁以上老人及贫困白内障患者实施康复复明手术，资助手术费用45万元；与区妇联、爱心企业等共同举行“爱心无限”救助贫困单亲母亲和困难学生慈善活动；“六一”儿童节，联合区教育局为两所民工子弟学校学生征订3万元报刊；依托高校力量，引进专业社工人才，开展孤儿心理援助项目，对受助孤儿及困境儿童开展心理援助和社工干预。成功召开区慈善会二届四次全体理事会议，向全体理事通报了上年度工作和财务收支情况，通过了《2010年度锡山区慈善会慈善救助项目实施方案》。

【基层社会管理】召开社区服务中心建设专题推进会，协调多个部门支持该项工作，统筹推进社区服务中心建设全覆盖。进一步落实各部门制订的社区工作指引、工作流程、实施细则等，引导社区整合辖区有利资源培育社区特色亮点。指导东亭街道各社区、东北塘街道梓旺新村社区、羊尖镇龙凤巷村等村（社区）设置电子触摸屏和显示屏，建设社区网站，并联合相关部门探索实施村务网上公开形式，积极推进社区信息化进程。对10个城乡社区“扁平化”管理试点单位进行综合督察评估，并全面推广。全年有104个单位推行社区“扁平化”管理，城镇社区覆盖率累计为100%，农村社区覆盖率为80%。根据城市化进程要求，撤销鹅湖镇蔡湾村建制并入甘露社区居委会；积极协调锡山经济开发区云林街道和锡北镇，探索异地安置小区的属地化管理，指导组建斗山花园社区，并协助区政协对安置小区社区建设工作开展调研，提出工作设想。认真开展调研，周密组织部署，严格依法办事，76个村、39个社区顺利产生新一届村委会和社区居委会成员班子，圆满完成第九届村委会暨2010年社区居委会换届选举工作。按照“四民主”（民主选举、民主决策、民主管理、民主监督）、“三自我”（自我管理、自我教育、自我服务）要求，定期进行督察指导，限期整改薄弱环节，不断巩固省村民自治模范区创建成效。

【老龄事业】进一步完善养老机构软硬件设施建设，锡北敬老院投入使用，港下敬老院改扩建工程顺利完成，新增床位210张；组织实施敬老院消防设施改造，加强敬老院安全保卫工作，确保住养老人生命财产安全；加强养老机构护理员技能培训，并在无锡市养老机构护理员技能竞赛中获二等奖。全年新建居家养老服务站26家，改造薄弱老年活动室23家，并加大建设和运营补贴力度，确保居家养老服务站正常运作；通过政府购买服务，为全区102户符合条件的家庭提供居家养老服务补贴。出台一系列涉老政策，对高龄、贫困老人入住养老服务机构给予补贴，建立“五保”供养标准自然增长机制，确保“五保对象”基本生活；落实尊老金扩面提标，发放范围扩大至85周岁老年人，将百岁以上老人尊老金提高到300元/月，全年累计发放尊老金402余万元；为60周岁以上老人免费办理“江苏省老年人优待证”5000余张。

【“双拥优抚”安置工作】按时足额发放一次性生活补助费、伤残抚恤费和贫困优抚对象慰问金等各类经费112.56万元。全年接收退役士兵（含转复士官）191名，发放安置金672万元，待安置金21.77万余元；探索退役士兵货币安置和职业技能培训相结合的模式，联合区人保局对150余名退役士兵进行为期两个月的计算机中级免费培训，培训率为84.53%，就业率为86%。另外，安置7名军嫂到村（社区）工作。春节、“八一”两大节日前夕，走访慰问无锡军分区、武警8721部队等驻锡共建部队，赠送慰问金、慰问品50余万元。为军休干部办实事，完成干休所自来水表出户和污水改道工程。完成新中国成立后军人优抚安置资料的归档整理工作，形成了一套系统规范的信息档案，内含3600余卷退伍军人档案及17盒、210份伤残人员档案，方便了查询利用。

【社会事务管理】举办全区社会组织负责人业务培训班，完成120家社会民间组织的登记备案工作，协助做好社团“小金库”清理和检查工作。广泛宣传贯彻执行《无锡市地名管理条例》，开展历史地名调查工作，初步建立锡山区地名储备库。清明节前，对全区公益性墓地和安息堂进行专项督察；清明期间，发布文明祭扫活动公告，发放殡葬法规宣传册子等宣传资料，围绕“文明祭扫、平安清明”主题，多层面、多渠道地提高群众对殡葬改革的认识和理解；强化服务，做好原殡仪馆留存港下安息堂骨灰寄存管理、协调工作，满足群众祭祀需求。

（张静华 李晖娟）

人口和计划生育

【概况】锡山区人口和计划生育局为区政府工作部门，主要负责组织、实施、督导基层开展全区人口服务管理和计划生育工作，正科（局）级建制。内设办公室（宣传教育科）、综合协调科、政策法规科（行政服务许可科）、规统科技科4个科室，机关行政编制8名。下设锡山区计划生育指导站，事业编制15名；锡山区流动人口管理服务站，事业编制2名。

2010年，锡山区人口和计划生育局紧紧围绕“稳定低生育水平、提高出生人口素质、统筹解决人口问题”的总目标，以“构建和谐计生，建设幸福锡山”为主线，以迎接省人口协调发展先进区验收评估为抓手，不断完善人口服务管理工作机制，切实加强队伍建设，努力提升优质服务水平，人口计生工作取得了新的业绩。全区低生育水平持续稳定，人口自然增长率保持1‰左右，出生人口性别比维持在正常范围内；计划生育率为99.7%，免费优生检测服务率在98%以上，出生缺陷发生率低于4‰；期内综合避孕率在98%以上；计划生育、生殖健康、家庭保健服务率在95%以上；流动人口服务管理率在90%以上；群众满意率在98%以上。区人口和计划生育局被评为“2007～2009年度江苏省精神文明建设先进单位”。

【高标准通过省先进区验收评估】区委、区政府高度重视，召开全区人口和计划生育工作会议，区长陆志坚到会并重点部署争创工作，全区上下统一思想、提高认识，争创氛围浓厚。区人口和计划生育局围绕创建考评指标、工作内容和工作要求，组织开展基层党政领导、计生干部工作培训，为做好迎检工作奠定基础。局相关科室编制模拟调查卷、宣传服务情况核对摸底表，对2006年后的婚孕育节对象开展再宣传再服务工作；各科室严格落实分片挂钩联系制度，深入基层指导业务工作，帮助基层明确方向、提高效率。在扎实做好准备工作的基础上，区人口和计划生育局根据省市要求，因地制宜制订自查方案，及时组织专题培训，进一步明确目标任务和自查要求。7月下旬，区长陆志坚召开省人口协调发展先进区自查暨“十一五”人口和计划生育目标管理责任制终期评估工作座谈会，各镇（街道）相应召开自查座谈会，畅谈成绩、研讨问题、提出建议。区人口和计划生育局精心部署，开展电话调查、流动人口暗访调查、入户调查和实地考察工作，认真撰写评估报告、重点工作专题报告和自查报告，高标准完成各项自查任务。锡山区被无锡市人口计生委作为“十一五”期间省人口协调发展先进区省政府表彰单位向上呈报。

【人口服务管理持续推进】区人口和计划生育局认真履行职责，制订全区20%的村（社区）建成无锡市人口综合服务示范村（社区）的年度目标，下发《全区人口服务管理工作实施方案》，拟定工作计划表、重大活动和工作推进时序表，组织召开现场推进会，积极协调相关部门，不断推进人口服务管理工作。区人口工作领导小组深入各板块与党政领导、相关部门人员进行面对面座谈，督察人口服务管理体制落实情况、工作现状和下一步设想，进一步统一思想、明确目标，理清思路。区人口服务管理监督受理中心制定社区信息采集流程图，信息变更、交换和反馈流程图等，协同镇级人口办每月深入基层指导，有效提高村级综合服务水平。与公安、民政、人保、房管等重点部门密切协作，开展“联合专题研讨、联合取经学习、联合开展培训”三联活动，有序推进“一证二合同三承诺”试点工作。2010年，全区采集信息29110条，签订公民文明守法承诺书27566份、房屋租赁社会责任承诺书7866份、劳动用工社会责任承诺书8893份，26个村（社区）创建为无锡市人口综合服务示范村（社区）。

【流动人口工作水平提升】重点围绕完善长效机制，以“五个加强”为抓手，全面开展“同在蓝天下、共享新生活”主题年活动，即加强《流动人口计划生育工作条例》宣传，组织开展“你我学条例、个个懂条例、人人守条例”活动，促进社会各界、各级、各部门对《流动人口计划生育工作条例》精神的领会和贯彻落实；加强信息管理，按照“抓清理、提质量、重变更”的原则，以居住点、工作点、经营点为重点，全面开展新一轮信息清查工作，并加强核查，确保信息质量；加强综合治理，制定出台《关于进一步明确流动人口计划生育工作部门职责的意见》，公安、卫生、计生、教育和房管等部门加强联合，以落实“一证先行、无证缓办”工作制度、出生人口实名登记和出生医学证明管理制度、入学入园查验和房屋租赁婚育证明查验等制度为抓手，切实加强管理；加强双向协作，依托人口宏观管理与决策信息系统，开展信息双向协查和网络化协作等工作，与58个地区签订计划生育区域协作协议书，流动人口信息核实反馈率为100%，深化全国“一盘棋”格局，全年解决计划外怀孕232起；加强亲情服务，坚持“属地化管理，市民化服务”，积极落实流动人口计划生育“七免一普及”（免费发放宣传资料、免费发送避孕药具、免费开展孕环情监测、免费提供生殖健康检查、免费提供国家规定的计划生育技术服务项目、免费进行优生检测、免费开展孕前风险评估，免费普及科学适用的计划生育知识）服务以及有关奖励、优待。全年为外来已婚育龄妇女提供孕环情检测服务47236人，发放生育服务证561张，提供生殖健康检查18672人，查验学生家长婚育证明16740人，查验率为95%。

【世代服务体系全覆盖】坚持把加快优质服务体系建设作为政府民生工作的重要内容，加大投入、提质提速、强势推进。区计划生育指导站投入50余万元，配备先进检验设备；鹅湖、厚桥世代服务中心环境温馨、流程规范、服务优质，得到省级验收小组的高度肯定；在115个村级世代服务室中，创建成示范服务室43个、先进服务室46个、合格服务室26个，并全部统一配备药具展示柜，实现了区、镇、村三级世代服务体系全覆盖的目标。

【优生促进工作获省表彰】4月，锡山区被列为无锡市唯一一家全国免费孕前优生健康检查项目试点单位。区政府高度重视，分管区长亲自协调，区政府办转发试点工作实施方案，区人口和计划生育局主动和区财政局、区人保局、区卫生局妇幼保健所等加强沟通协调，为计划生育指导站添置更新设备、招聘1名检验技术人员，对新婚婚检人员增加6个检验项目；同时，多次组织业务骨干参加省级以上技术培训，提高计划生育指导站业务能力和水平。11月5日，全省人口和计划生育科技项目推进会在锡山区召开，江苏省人口计生委副主任张春延对锡山区的工作给予了高度肯定。同时，锡山区人口和计划生育局实施的以“免费婚检、孕前风险评估、优生检测、营养素推广”等为主要内容的“家庭幸福工程”被江苏省人口计生委评为“人口和计划生育综合改革创新奖”。

【生殖健康工程深入推进】联合区卫生局认真实施第三轮生殖道感染综合防治和宫颈癌、乳腺癌筛查工作。全年为51518名育龄妇女进行生殖健康检查，三年累计检查166612人，全面完成100%的检查任务。同时，超额完成“江苏省宫颈癌早期筛查”试点项目的初筛任务，宫颈癌筛查48991人，乳腺癌筛查57203人，对确诊的59例宫颈癌和9例乳腺癌患者均及时动员转诊。全区期内综合避孕率、知情选择率和随访服务率均在90%以上，有效地提高了广大群众的生殖健康水平。

【科研项目成绩居前列】作为江苏省以人群为基础的出生缺陷研究与监测项目首批启动单位，高标准、高质量、高效率地完成了1596名儿童的体检随访、表格审核、信息录入等工作，受到各级领导和专家的肯定。“宫内节育器上市后多中心随机化对照研究”科技攻关项目和国家级“第三批避孕药具不良反应”监测试点工作成绩均居前列。

【宣传教育主题活动积极开展】以“国策三十年、激情计生人”为主题，组织开展征文摄影比赛、新老计生人座谈会、广场文艺汇演等纪念活动，表彰优秀人物。重大节日期间，全区广泛开展“给困难计生家庭送温暖，给困难计生干部送关怀，给新婚夫妇送祝福，给计生寿星送吉祥，给流动人口送平安”五送活动，惠及困难计生家庭927户、困难计生干部77名、新婚夫妇1934对、计生寿星311名、流动人口4.08万名，合计发放贺卡783张、年画3510张、一封信4.4万份、慰问金80.76万元。全年组织大型街头咨询服务33场，发放宣传资料1.67万份，服务群众1.6万人次，自编自演文艺节目10个，受到群众热烈欢迎。

【计生志愿者活动不断深化】全区“走千家万户、传婚育新风”计生志愿者继续深入育龄群众家庭，面对面开展宣传服务，为计划生育困难家庭送去温情。爱心妈妈计生志愿者队伍发展至500余人，广泛活跃在锡山区各地，厚桥爱心妈妈开展“带孤儿游世博”活动，东北塘爱心妈妈计生志愿者创新成立“康乃馨爱心基金会”，筹集善款16万余元。2010年，区“爱心妈妈圆千名贫困学子求学梦”活动被无锡市委宣传部列为无锡市精神文明“十佳”新人新事候选事迹。

【新农村新家庭计划有效实施】作为全省实施新农村新家庭计划28个项目试点单位之一，经过两年多的精心组织，新农村新家庭计划取得实效。基层人口和计划生育村（居）民自治、优质服务、人口文化建设、依法行政等工作的整体水平有效提升。全区有锡北茶叶协会，东港西瓜专业合作社，鹅湖青鱼协会、果树协会、编织协会，厚桥五色种植小组致富项目6个，110名致富能手帮助263户“计生家庭”走上富裕新农家之路；建成人口文化广场（公园）17个，人口文化苑（视窗）2个，图书角125个，宣传一条街11条，“一面墙”20个，区级青春期教育基地1个，人口文化氛围浓厚。2009年，有一镇十村百户分别被评为“江苏省实施新农村新家庭计划示范镇（村、户）”，受到省级表彰。2010年底，有4个镇（街道）、50个村（社区）、500户家庭被评为“锡山区人口和计划生育新农村新家庭计划示范镇（村、户）”。

【打造“诚信阳光计生”】通过开展村民自治、便民维权岗等示范创建活动，采取公布“12356”服务热线、建立有奖举报制度、缩短审批时限等有效举措，积极构建“以村（居）民自治为基础、依法管理为保障、优质服务为宗旨、群众满意为目的”的工作格局。全年共创建省市级村民自治示范村11个，区级示范创建率在98%以上；审批照顾“再生育一孩”504例，办理社会抚养费征收案例46件、征收76.55万元。

【计划生育惠民工程实施】进一步完善计生奖励扶助制度、困难家庭救助制度和社会帮扶制度等利益导向机制，把党和政府的关怀送进“计生家庭”，引导群众拥护支持国策。全区发放计生奖扶金270.7万元、特别扶助金37.96万元、公益金10万元；上报无锡市公益金对象7名。同时，全区按照“区级统筹协调、镇级精心组织、村级积极引导”的模式，全面开展计划生育手术险、独生子女综合保险等险种投保工作，切实提高对育龄群众和独生子女家庭的保障，计划生育各类投保金总额近18万元。（陈珊珊）

民族宗教

【概况】锡山区民族宗教事务局为区委统战部内设挂牌机构，主要负责全区的民族宗教事务等管理工作，正科（局）级建制。下属事业单位有锡山区宗教服务站，事业编制3名。锡山区是少数民族散杂居区，少数民族分布在全区9个镇（街道），有民族成份23个，户籍人口1077名，大部分来自四川、云南、贵州等省的少数民族较贫困地区。主要有天主教、基督教、佛教、道教、伊斯兰教五大宗教，信教群众近3万名。其中，信仰佛教的信徒近万名，信仰天主教的信徒3500余名，信仰基督教的信徒5000余名，信仰道教的信徒198名，信仰伊斯兰教的信徒300余名。全区有6个民族宗教团体组织，宗教教职人员300余名，经政府批准的合法宗教活动场所29处，其中，佛教21处、基督教6处、天主教2处。

2010年，区民族宗教事务局抓住贯彻无锡市统战（民宗）工作会议精神的契机，狠抓落实，进一步推进全区民族宗教工作。3月初，全区召开统战（民宗）工作会议。会上，区委副书记、统战部部长华炳泉，副区长张映雪传达省市有关会议精神并对2010年民族宗教工作进行部署。区民族宗教工作领导小组向各镇（街道）下达2010年民宗工作目标任务书。会后，区宗教局、各镇（街道）迅速进行部署和落实。加强全区村（社区）的民族宗教工作，在上年推进民族宗教工作进村（社区）的基础上，建立村（社区）民族宗教协管员制度，4月建立由村主任、治保主任、妇女主任、民兵营长、支部统战委员等116人组成的全区村（社区）民族宗教工作协管员队伍，并于11月对协管员进行业务培训。区委、区政府高度重视民族宗教工作，把民族宗教工作列入区委、区政府重要议事日程。区委常委会听取统战工作汇报，区政府分别召开维稳工作会议、和谐寺观教堂推进会等会议，对民族宗教工作进行部署，并把民族宗教工作列入区和谐平安创建和综治工作目标管理考评内容。同时，把民族宗教政策法规和基本知识继续列入区委党校干部培训课程，区民族宗教事务局主要领导在“学习实践科学发展观培训班”上作专题授课。

【宗教活动场所财务管理规范】认真贯彻落实3月1日施行的《宗教活动场所财务监督管理办法》，规范财务管理。开展学习宣讲活动，组织宗教场所负责人和相关人员学习财务监督管理办法。对宗教活动场所财务管理情况开展专题调查，从财务管理小组成员情况、收入管理及来源、资产管理等方面进行专题调查并下发调查表。针对调查中反映出来的问题或不符合《宗教活动场所财务监督管理办法》的规定，如会计人员无证、宗教活动场所资金存入个人银行结算账户等突出问题，及时责令宗教场所整改。年内指导基督教纠正资金存入个人银行账户6处，帮助办理代码证开银行账户结算6处。

【宗教活动场所创建水平提升】指导宗教活动场所开展平安创建活动，在信教群众中倡导文明烧香、安全防范人人有责的活动，开展安全防范知识宣传，促进宗教活动场所安全无事故。羊尖云庆寺、羊尖天台寺、羊尖基督教堂、东亭祇陀寺、东亭基督教堂5处被评为“区平安宗教活动场所”；斗山禅寺、双刹贤寺、慈云禅寺、七云禅寺、石村古寺、胶山寺等10处被评为“市平安宗教活动场所”。指导宗教场所积极开展和谐寺观教堂活动。10月13日，区民族宗教工作领导小组召开全区创建和谐寺观教堂活动推进会，总结全区创建情况并部署下阶段和谐寺观教堂创建工作。会议要求区民族宗教工作领导小组的成员单位、各镇（街道）民族宗教工作领导小组迅速贯彻落实会议精神，积极发挥监管、指导、监督、检查作用，强化服务意识，按照协作共管的要求，协同各宗教团体，扎实开展工作，以开展平安宗教场所创建、模范宗教场所创建、和谐寺观教堂创建“三项创建”为抓手，共同提高全区宗教活动场所管理水平。为深入引导宗教与社会主义社会相适应，充分调动宗教界人士维护社会稳定、建设和谐社会的积极性，积极开展全国、省、市创建和谐寺观教堂的先进集体、先进个人评比活动，推荐上报斗山禅寺为“创建和谐寺观教堂先进集体”。

【民族宗教领域维稳工作】4月23日，召开区民族宗教工作领导小组成员（扩大）会议，副区长张映雪对全区民族宗教领域在世博会期间的安全问题工作提出具体要求。世博会期间，安排部署宗教领域维稳工作，建立值班制度、每日零报告制度，要求对排查出来的问题和隐患，做到专人负责、包案处理、妥善化解，确保区宗教领域的稳定。5月5日，在全区统战工作联席会议上，区委副书记、统战部部长华炳泉对做好区民族宗教维稳工作提出具体要求。组织力量对全区取缔的2处非法宗教活动点进行“回头看、回头治”，遏制非法宗教活动点的死灰复燃。5月24日，无锡市委副秘书长金志标率队，深入羊尖镇宛山村非法宗教活动点、平安宗教场所创建单位天台寺检查工作，并给予充分肯定。积极做好天主教信众5月朝圣工作，按照省市有关要求，对拟赴佘山朝圣人员进行解释和劝阻，并会同教会合理组织人员赴江阴、南通朝圣，确保安全有序。配合各镇（街道）和相关部门妥善做好外来伊斯兰教信徒工作，安镇街道和有关部门协调处理2起因涉及清真拉面店租用房拆迁引起的矛盾纠纷。狠抓宗教场所的安全工作，强化“属地管理”原则。年初，各镇（街道）民宗办与辖区内宗教活动场所签订2010年度安全责任书，明确宗教活动场所安全管理主体责任。同时，区、镇（街道）统战、宗教及有关部门做到重要节日、重大宗教活动到现场指导安全工作，公安、城管、卫生等有关部门协作配合，确保重大节日期间宗教活动安全。8月26日，会同消防、公安、卫生、政法委、建设局等有关部门对全区宗教活动场所的安全生产隐患进行大检查。着重对宗教活动场所火灾隐患、基建项目安全隐患、车辆使用及管理安全隐患、食物中毒隐患、房屋结构安全隐患五个方面进行检查，并要求限期整改到位。

【促进民族团结】春节期间，全区各级党委、政府和社会各界人士对少数民族贫困户、敬老院开展走访慰问扶贫帮困活动，走访111户贫困家庭和1家敬老院，总金额11.25万元，其中，慰问金10.03万元、慰问品109份（折价1.22万元），群众反响较好。落实少数民族优惠政策，认真办理少数民族成份审核事项，年内为全区少数民族同胞更改民族成份12人，高考考生审核民族成份9人。认真贯彻落实国办发〔2008〕33号文件精神，积极开展联合检查工作。4月29日，深入辖区的公共财物行业、窗口单位和清真饮食店，开展实地检查。11月，会同区卫生监督所对3家申请清真标志牌的清真饮食店进行卫生监督指导。（汪海峰　李　隽）

残疾人工作

【概况】锡山区残疾人联合会为锡山区人民团体，正科（局）级建制。主要负责残疾人康复、教育、劳动就业、文化、体育、科研、用品用具、福利、社会服务、无障碍设施和残疾预防工作。2005年1月单列升格为一级局。内设办公室和综合科2个职能科室，机关行政编制4名，辖锡山区残疾人教育就业管理中心1个事业单位。

2010年，锡山残疾人工作以科学发展观为指导，紧紧围绕市、区残疾人工作目标任务，坚持“普惠”与“特惠”发展残疾人事业的基本原则，以“建设残疾人幸福区”为目标，以“服务在基层、工作在基层、成果在基层”为抓手，大力推进残疾人保障体系和服务体系建设，进一步改善残疾人康复、教育、就业和社会保障状况，全面开创锡山区残疾人事业科学发展、和谐发展、全面发展的新局面，实现锡山区残疾人事业“从有到优”的新跨越。

【强化组织领导】区委、区政府高度重视残疾人事业发展。年初召开民生工作会议，对镇（街道）下达年度残疾人工作目标任务，并将免费实施白内障复明手术800例和百户残疾人家庭安居工程列入区政府2010年为民办实事工作，年内区政府常务会议两次研究残疾人工作事项。“12·3”国际残疾人日期间，区委、区政府举行“助残在社区、幸福进万家”锡山残疾人幸福区建设援助仪式。区人大在“全国助残日”前夕，对《中华人民共和国残疾人保障法》实施进行执法检查。区政协对1件涉残政协提案进行专题研究。

【助残活动形式多样】深入开展“助残在社区、幸福进万家”行动，动员全社会力量开展“保障救助进家庭、就业援助进家庭、康复服务进家庭、托养照料进家庭”四进家庭助残活动，为1200名残疾人开展康复训练、生活救助、就业帮助、权益维权等帮扶工作。同时，组织“扶残助残——有你有我”活动，区卫生局为全区1186名重度残疾人开展上门义诊活动，区民政局为30名患重大疾病的残疾人发放医疗救助金，团区委为1367名残疾人结对帮扶，开展心理慰藉、就业创业扶持、残疾学生及残疾人家庭义务家教等志愿扶持，区住保房管局为100户残疾人家庭开展安居帮扶，区图书馆设立盲人有声读物阅览室和盲文图书专架，为盲人提供特殊服务50人次。

【残疾人社会保障】加强“低保”救助，根据《锡山区居民最低生活保障办法》，将全区符合“低保”条件的1369名残疾人全部纳入最低生活保障体系，并在现行“低保”标准基础上提高20%。加强重残救助，对全区符合无固定收入重残人员生活救助条件的1374名残疾人，参照当地城乡居民最低生活保障标准100%发放生活救助金。加强特别救助，根据《关于锡山区特困残疾人发放经济补助金的实施意见》、《关于发放无业重度残疾人生活救助金的实施意见》，对纳入最低生活保障后生活仍然困难的743名残疾人实施80元/月或100元/月的特别救助。加强医疗救助，将符合城镇居民医疗保险和新型农村合作医疗保险的残疾人全部纳入医保范围，4510名残疾人免交合作医疗参保费；根据《锡山区医疗救助办法》，将符合条件的贫困残疾人纳入医疗救助范围，救助标准逐步提高。加强病幼救助，为41名0～6岁残疾儿童提供康复救助；为449名贫困精神病患者提供免费服药，为29名精神病患者提供医疗救助；对800名白内障患者免费实施复明手术，创建成全国白内障无障碍区；组织市级专家对30名慈善救助对象（肢体类、精神类）进行康复评估及救助。加强居住改善，在经济适用房、廉租房和拆迁安置房安排上，按照有关政策规定对残疾人给予优惠和照顾；为100户残疾人家庭实施安居工作，为其修漏屋面、整改陈旧水电设施、整理门窗，改善残疾人的居住条件。加强教育救助，为704名残疾学生及残疾人家庭子女提供每学期300元至每年3500元的教育救助金，义务教育阶段残疾人入学率为100%。加强就业救助，积极鼓励贫困残疾人个人缴纳基本养老保险，为12名自由职业者、个体工商户、种养殖业专业户发放补贴；根据《无锡市锡山区关于进一步完善历次被征地农民基本生活保障制度的实施意见》，对持证重度残疾人参加社会保险给予政府补贴。

【社会化康复服务网络】依托社会资源，完善区残疾人康复中心、区聋儿语训中心、区视力康复中心、区残疾人辅助器具中心、区精防康复中心等服务功能，充分发挥示范、指导作用。新建1家镇残疾人康复站、7个村（社区）残疾人康复室，镇残疾人康复站设置率为100%、村（社区）残疾人康复室设置率为91.4%。加大对康复人才的培养，举办1期社区康复医生、精神病防治医生培训班。积极开展各项康复服务和训练，建立残疾人康复服务档案6494份和训练档案5105份，为357名各类残疾人免费提供辅助器具，组织37名盲人开展定向行走训练，对130名贫困残疾人家庭进行“无障碍设施”改造，为354名残疾人提供免费健康体检。

【残疾人就业创业扶助行动】探索和落实“提升职业技能、适应市场需求、挖掘就业创业潜能”的残疾人就业渠道。积极开展以高校毕业学生和零就业残疾人家庭为重点对象的就业援助月活动，为82名残疾人提供残疾人就业援助；组织开展对30名未就业且有就业愿望的残疾人开展“基础知识、行为判断、动手操作”等20余项内容的职业能力测评；对全区47家福利企业残疾职工用工进行调查，全区福利企业集中安置1637名残疾人就业；完成全区所有机关和企事业单位用工情况比对工作，全区残疾人就业保障金全部纳入地税代征，残疾人就业保障金征收2000万元，全区按比例就业人数为354名；举办1期全区性的个性化职业技能培训班，各镇（街道）举办9期培训班，培训人员219人次。大力扶持残疾人自主创业，对6名个体工商户和专业养殖户发放2000元至3000元自主创业扶持金；建成羊尖镇绿羊残疾人扶贫基地，服务人数50名；全年新增残疾人就业140人。

【残疾人托养机构建设】按照“高起点、高标准、高质量”的建设要求，新建东港镇港东村残疾人工疗站、鹅湖镇三新村残疾人日间照料所、羊尖镇重度残疾人安养院3家托养机构，为34名残疾人提供工疗、照料、托养服务。同时，加强已建8家残疾人托养机构的管理与服务，全区有工疗人员58名、日间照料人员24名，托养（安养）人员43名。

【残疾人精神文化生活】积极组织残疾人参加各类文化体育活动，成绩斐然。8月，举办首届残疾人文化周活动，依托社区、家庭开展一系列的适合残疾人的文体活动。9月，举办“迎国庆”锡山区残疾人卡拉OK大赛，进一步丰富了残疾人文体活动。选拔优秀残疾人运动员参加广州亚残会和江苏省第八届残疾人运动会，区运动员在广州亚残会获1枚金牌、1枚铜牌，在江苏省第八届残运会上获4枚金牌、2枚银牌、3枚铜牌。组织25名优秀残疾人代表参观世博会生命阳光馆，真切感受生命阳光馆“消除歧视、摆脱贫穷，关爱生命、共享阳光”的主题，坚定“自尊、自信、自强、自立”的信念。

【残疾人法律服务体系】大力开展残疾人法律援助活动，聘请江苏金易律师事务所为锡山区残疾人法律援助之家。全年为贫困残疾人提供法律救助8次，接待残疾人及群众来信来访31人次，办结率为100%，无越级上访和集访事件。加强残疾人机动车长效管理工作，为401辆机动残疾车规范建档，协调解决25名残疾车营运问题。为592名残疾人换发第二代残疾人证。（陈薇薇）

（编辑：吴　霞）

● 锡山六人书画作品赏析 ●

春江水暖鸭先知　　（鲁金林 作）

百姓参保热情高涨　　（区人保局 供）

区人力资源市场组织举办高校毕业生专场招聘会　　（区人保局 供）

幸福锡山2011爱心圆梦行动　　（区民政局 供）

锡山区慈善会“希望之星”慈善助学发放仪式　　　　（区民政局 供）

锡山区助残帮扶安居工程启动　　　　（区残联 供）

锡山残疾人幸福区建设援助仪式举行　　　　（区残联 供）

各镇（街道）

东亭街道

【概况】东亭街道是锡山区委、区政府驻地，是锡山经济开发区所在地。街道总面积13.31平方公里，下辖13个社区居委会，常住人口10.2万人，其中，户籍人口5.8万人、外来人口4.4万人。街道交通方便快捷，区位优势明显。京沪高铁无锡站、沪宁城铁新区站、无锡机场近在咫尺。国道G42、国道G312、省道S42贯穿全境，沪宁高速在辖区内设有互通式立交道口。与无锡主城区、新区和锡东新城无缝对接的城市框架基本形成，在建的无锡地铁2号线在东亭街道设有华夏路、友谊路2个站点。

2010年，在区委、区政府的正确领导下，东亭街道以科学发展观为指导，坚持城市化和城市现代化发展方向，按照转型赶超发展要求全面加快经济社会建设，产业转型、城市改造、社区管理、民生改善等各项工作得到创新发展，赶超发展的征程迈出了新的步伐。全年完成国税开票销售221.02亿元，比上年增长31.8%；完成服务业增加值30.05亿元，比上年增长22.5%；完成财政收入9.04亿元，比上年增长32.8%，其中，一般预算收入3.97亿元，比上年增长18.5%；全社会固定资产投资28亿元，比上年增长10.1%；社会消费品零售总额16.3亿元，比上年增长29.1%。

城市经济跃上新台阶。完成服务业国税开票销售142.8亿元，比上年增长40.6%，占国税开票销售总量的65%。12家超亿元服务业企业完成国税开票销售101.9亿元。201家服务业企业陆续进驻，147家工业企业列入拆迁，服务业企业数量占比为67.8%。房产市场稳健上扬，商品房成交均价7168元/平方米。新兴业态迅猛发展，服务外包接包合同金额、执行金额等指标均突破1亿美元，增幅超过20%。7个超亿元服务业重点项目完成投资15.3亿元，2个项目竣工，5个项目均按时序快速推进。

城市建设开创新局面。拆迁安置全面加快，全年完成拆迁签约总面积78.9万平方米，拆除总面积73.6万平方米，新启动安置房建设项目6个，开工面积55.3万平方米。城市经营成效凸显，与易居（中国）、上海文博堂等专业机构合作，完成12个节点改造地块包装策划和东亭整体形象VI（Visual Identity，企业视觉形象）设计，确定东亭特色形象徽标，对外推介成效显著。城市商业载体建设加快推进，晶石国际中心、锡山软件园等新型载体相继建成，太湖大道南城市综合体设计方案通过论证。社区管理全面加强，社区“一站一中心”（社区事务工作站、社区服务中心）标准化建设全面完成，13个社区的89个片区全部配备社区事务包干员，实现了社区服务的“全天候、全覆盖、零距离”。

生态环境呈现新面貌。着力改善城市环境，全面构建生态城区。建成市级绿色家园示范村2个、园林式单位1家。垃圾机械化收集率为100%；完成螺丝泾浜等6条河道的整治；排水达标区建设全面完成，建成2个区级排水达标示范区；健全管网养护的长效管理机制。工业企业GDP能耗比上年下降23.8%，水耗下降16.7%，削减COD370吨。

民生事业实现新改善。社会保障工作扎实推进，全年完成社保扩面净缴费1200余人，近3000名退休人员纳入社会化管理体系。社会文明程度不断提高，东亭街道被评为“2007～2009年度江苏省精神文明建设工作先进单位”。文教卫生事业协调发展，柏庄实验小学校园文化景观工程深入实施；隆亭实验小学多功能运动场地建设全面启动，升格为市级实验小学。医疗卫生体制改革深入推进，新屯社区卫生服务站全面建成，东亭医院参照二级医院管理。社会和谐基础更加稳固，星海新村采光等群众信访稳定问题妥善化解，校园紧急报警系统全面到位，春江花园社区建成全区首个全国综合减灾示范社区。

【无锡锡山城市置业有限公司实体运作】无锡锡山城市置业有限公司坚持以项目为依托，加快滚动开发，有效提升了街道的城市经营水平。公司内部强化规范化运作。7月，确立全新的运营方案，明确五项经营原则，通过完善组织架构、健全监管机制和加强队伍建设等，初步构建产权清晰、权责明确、管理科学的现代企业制度。公司与易居（中国）进行高端合作，完成街道12个节点改造地块包装策划。9月，公司取得房地产开发二级资质，为开发住宅物业项目打下基础。继成功开发东亭街道社区综合服务中心后，公司开发的东亭科技创业服务中心于9月1日奠基，总建筑面积2.3万平方米。

【城市改建不断提速】强势推进拆迁工作，全面加快安置房建设，拆迁安置工作均取得历史性突破。完成拆迁签约总面积78.9万平方米，签约住宅856户，面积18.2万平方米；非住宅421户，面积60.7万平方米。拆除住宅 773户，面积16.7万平方米；非住宅414户，面积56.9万平方米。签约面积和拆除面积均超过2008年与2009年的总和，有力地保障了重点工程、经营性地块和安置房建设的进度。新启动建设华亭苑一期、隆亭苑、柏木南苑安置房小区3个，续建金锡苑北区、金锡苑南区、金锡苑南区小高层小区3个，开工总面积55.3万平方米。金锡苑南区、金锡苑北区2个小区全面封顶，安置房屋171套，签订返租协议776户。安置房手续不断规范，13个安置房小区、9639套安置房的手续清理工作全面完成，新建安置房手续齐备。建成过渡房2.3万平方米，启动建设2万平方米过渡房。拆迁安置工作良性互动的态势不断呈现。

【城市经营取得实质进展】强化与高端专业机构合作，着力提高城市品位，城市综合竞争力和知名度不断增强。9月15 日，街道与上海文博堂机构签订合作协议，由文博堂对街道文化、商业和对外形象进行策划定位。确定“无锡东城早，江南亭月晚”的宣传口号，设计结合二胡、窗花等东亭特色元素的形象徽标。以东亭形象为内容的围墙和刀旗广告在街道主要干道进行发布，宣传效果明显。

【地产项目推荐会杭州举办】借力高端平台，开展合作招商。10月28日，在杭州世贸君澜酒店成功举办杭州地产项目投资推介会。宝龙地产控股有限公司、顺发恒业有限公司、杭州国融置地有限公司、浙大网新集团有限公司、上海鼎辉投资有限公司、北京居然之家投资控股集团有限公司和吉宝置业（上海）管理有限公司等25家知名房地产企业应邀参会。浙江财经频道、《杭州日报》、新浪、搜狐等国内知名媒体对推介会给予了广泛关注。会上重点推介金捷、通用钢丝绳厂和资景公园东等7个经营性地块，以及原东亭中心小学南、庄桥湾和二泉苑东等12个节点改造性地块。与会企业兴趣浓厚，并达成一系列合作意向。该次推介会进一步提升了东亭地产的品牌影响力和知名度。

【生活垃圾收运体系全面建成】按照“巩固、提高、深化、延伸”的工作要求，3月起，“村（社区）集中收集、镇（街道）集中清运、区集中转运、市集中处理”的生活垃圾“四集中”收运体系建设全面推进。配齐配强环卫设施设备，设置垃圾收集标准桶1467只、集中收集点172个，配备3吨压缩车5辆，日均清运生活垃圾68吨，垃圾机械化收集率为100%。通过建设和完善生活垃圾“四集中”收运体系，有效地提升了街道的生活垃圾收集水平，强化了广大群众的卫生意识，城区卫生环境显著改观。

【排水达标区全面建成】排水达标区建设实现了“三年任务两年完成”。街道65个排水达标区中，除11个区块明确列入拆迁外，其他54个区块的建设如期完成，并建成2个区级排水达标示范区。铺设三级管网57公里，增设阳台立管2.55万米，污水主支管网总里程突破160公里，全面实现雨污分流排放，生活污水处理率为100%。同时，落实三级管网养护单位，健全公共排水设施正常运行的长效管理机制，管网设施运行顺畅。随着排水达标区建设的全面完成，街道全面实现雨污分流和污水全接管全处理，城市生活污水治理水平全面提升，环境质量显著改善。

【道路改造大规模推进】5月起，对锡州路、资景路、上马墩路、新明路、云林路和柏庄路等道路全面实施改造建设，其中，新建路段1.09公里，改造路段4.33公里。街道路网密度得到大幅提高，路网承载能力显著增强，城区路况进一步改善，路面通行能力和道路安全性均大幅提升。同时，通过科学规划路网布局，街道与周边地区的互连互通进一步加强，更好地实现了与崇安区、新区和锡东新城的无缝对接。

【现代服务业持续壮大】大力发展现代服务业，教育、培训、文化创意和金融服务等各种业态不断丰富。7月23日，全区首家连锁院线——大地数字影院对外营业。大地数字影院是全国十大院线之一的大地电影院线旗下直营影院。东亭店设有4个影厅，602个座位，配备3D播放设备，同步上映国内外大片。大地数字影院的落户，其品牌效应和业态模式有力地提升了街道文化娱乐产业的发展层次与水平，为街道现代服务业的加快发展注入了新的活力。10月25日，全区首家独立法人的证券分支机构——东吴证券无锡锡沪路证券营业部在东亭街道开业。该营业部是东吴证券落户无锡市的首家营业部，对于提升街道产业层级，优化投资环境具有巨大的促进作用，为锡山区乃至无锡市的经济社会发展提供优良的融资渠道和优质的金融服务。

【社区服务管理水平提升】社区“扁平化”管理实现全覆盖，为民服务的效能和水平不断提升。社区硬件设施加快完善，社区“一站一中心”标准化建设全面达标，桑达园社区服务中心完成改扩建，新增社区管理用房300平方米，首创隽府和中大诺卡小镇共2000平方米社区用房顺利交接。社区“扁平化”管理全面落实，社区服务站的“一站式”服务与分片包干的“保姆式”服务实现有机结合，13个社区的89个片区全部配备社区事务包干员。社区信息化工作取得突破进展，13个社区网站全部建成，“民声”热线、居务QQ群全面开通，为居民参与社区事务提供便利。社区队伍专业化建设扎实推进，街道开展多次社区工作专业培训，并首次公开招聘8名社区管理专门人才。

【塞维拉小区志愿者服务总队成立】社会志愿组织不断壮大，居民社会意识显著增强。6月27日，塞维拉小区志愿者服务总队成立，由治安巡逻、医疗服务、教育服务、法律服务和快乐义工5个分队组成，志愿者总人数超过200名。志愿者围绕社区安全、医疗救助、法律咨询和教育指导等方面开展志愿服务，着力满足小区居民个性化、多元化的服务需求。以志愿服务活动为纽带，社区氛围更加和谐融洽，社区的社会目标和价值观更加趋同，为小区的进一步建设和发展奠定了坚实的基础，也为全区住宅小区志愿组织的建立和运行开创了一个可借鉴的发展模式。

【全国综合减灾示范社区建成】街道立足完善社区职能和保障群众生命财产安全，着力强化社区应急保障水平，以春江花园社区为试点，争创全国综合减灾示范社区。建设社区防灾减灾教室，组建减灾宣传队、应急抢险组、医疗救治组和灾害预警组等队伍，通过配齐自救设施、开展减灾教育和实施应急演练，切实提升了社区综合减灾的工作水平。12月，创建工作高标准通过民政部减灾司验收，创建为全区首个全国综合减灾示范社区。综合减灾示范社区的建设，进一步增强了社区居民减灾意识，提高了群众的避灾自救能力，为街道住宅小区安全改造和新建小区防灾减灾软硬件配备积累了宝贵经验，也为街道构建“以减灾为目的，以社区为依托，以群众为基础”的社区综合减灾体系奠定了良好的基础。

【教育卫生布局加速优化】根据人口规模的发展和群众对优质教育资源的需求，着力优化教育发展布局，提升教育水平。东亭实验小学异地新建工程启动，并顺利封顶。新校区总投资约1亿元，占地面积5.32公顷，总建筑面积2.98万平方米，建成后可容纳60个班级2400名学生。柏庄实验小学完成校园文化景观工程建设，成功协办江苏省2010年“华夏杯·教海探航”征文颁奖大会暨“苏派”教学观摩研讨活动。东亭小学单列运行，更名为隆亭实验小学。医疗卫生服务水平有效提升。东亭卫生院和街道社区卫生服务中心分设独立运行，5个卫生服务站按标准建成，形成“一院一中心五站点”的医疗卫生服务体系。

2010年东亭街道各社区基本情况一览表

表37

社区	户数（户）	人口（人）	书记	主任	开票销售（元）
长流	185	638	陈伦贤	吴惠明	15557
门楼	1663	4923	项文良（1～7月） 王　伟（7～12月）	王　伟（1～7月） 项晓斌（7～12月）	38846

续表37

社区	户数（户）	人口（人）	书记	主任	开票销售（元）
柏庄	1994	6055	过寿宝	李培忠	32432
春星	981	3188	过伟琪	倪志良	22089
春合	838	2625	徐　健	陈峰波	31869
庄桥	2554	5083	虞　军（1～7月） 周伟峰（7～12月）	周伟峰（1～7月） 虞红伟（7～12月）	80144
新屯	674	2318	潘建生	曹末生	17241
北街	2903	8569	林　敏	周世兴	37793
东亭	1902	6323	陶齐昌（1～7月） 薛志荣（7～12月）	王新峰（1～7月） 曹　军（7～12月）	39213
东街	1977	5051	沈伟庆	沈伟庆	—
桑达园	1874	5486	周维明	周维明	—
柏庄一村	1041	3004	浦仲良	浦仲良	—
春江花园	1758	4829	马新峰	阙周健	—

（马新峰　陈群叶）

安镇街道

【概况】安镇街道位于无锡市东部，南与无锡新区交界，区内与东亭街道、锡北镇、鹅湖镇、羊尖镇及锡山经济开发区接壤。全街道总面积49.5平方公里，户籍人口4.8万人，外来人口6万人，下辖13个行政村、3个社区居委会。安镇街道于2009年4月撤镇建街道，由无锡高铁站商务区管委会委托管理，并挂“无锡高铁站商务区管委会社会事务局”牌子。安镇街道是锡山区唯一的省重点中心镇（街道），是无锡市正在建设的锡东新城主阵地。锡沪路、锡东大道、锡太路等交通要道在境内交汇，沪宁高速公路道口、无锡机场、国道G312近在咫尺，设立在安镇街道的京沪高铁无锡站于2011年6月竣工并投入使用，规划建设中的地铁2号线、4号线在安镇街道交汇。随着高铁的建成以及无锡市坚定的“东扩”步伐，安镇街道与高铁站商务区融为一体，逐步成为无锡市创新发展的新名片，锡山产业发展的新平台，上海、北京等强中心的功能转移承接地，与苏州、常州、泰州合作发展的大都市区枢纽，以及辐射江阴、常熟等周边城市的区域中心。境内的吼山、翠屏山、胶山、白丹山、鞋山五大山体与九里河、走马塘河、春丰河三条主要水系，构成新城得天独厚的生态环境优势。青山绿水交相辉映，助推了新城旅游、会所功能的强化，带动着周边众多产业的发展和升级。

2010年，安镇街道广大干部群众紧紧围绕“保障新城建设、提升社会事业、促进转型发展”战略任务，牢固确立“高点定位、高端合作、高品质环境打造”的“三高”原则，循着“大转型、大转变、大发展”的思路奋力前行，在经济发展、城建城管和社会事业等方面都取得了较好的成绩，除工业总产值和工业投资因发展转向原因未达到时序要求外，主要经济指标完成情况良好。全年财政收入完成5.58亿元，比上年增长28.6%，其中，一般预算收入完成3.33亿元，比上年增长51.4%；国税开票销售完成96亿元，比上年增长18%，其中，国税工业开票销售87.26亿元，比上年增长16.2%；工业总产值103.82亿元，比上年增长1.8%；全社会固定资产投资完成53.06亿元，比上年增长40.8%，其中，工业投资7.4亿元，比上年下降24.6%。三产投资45.66亿元，比上年增长63.8%。农民年人均收入14435元，比上年增长11.2%。

经济运行平稳有序，综合实力明显增强。工业经济转型提升。全年新增省级工程中心2家、市级工程中心1家，新认定省级高新技术企业2家，全年申请专利450件，其中，发明专利50件，切实加强了以企业为主体、高等院校和科研机构为依托的科技创新服务体系建设。编制完善电驱动产业园发展规划，并投入资金3380万元加强大成园区基础设施建设，出台新世纪工业园产业转型初步方案，启动Auto-Park汽车城的拆迁。城市经济有序推动。街道按照弱化工业经济意识和强化城市经济理念的思路，进一步加大三产投资力度，把繁荣城市经济的着力点放在各类载体建设上。以和泽佳苑、冠达豪景东苑等商业地产蓬勃发展为显著标志，按照商业地产、组团开发的模式，依托市场加快城市化步伐。已经开盘销售的华夏世纪锦园建设进展顺利，四星级长灵大酒店前期各项手续基本完成。现代农业探索前进。街道以高效设施农业、生态旅游农业建设为切入点，以规模化、特色化、差异化发展打造安镇板块的“金角银边”（边缘的零碎地块）。胶山村主动接受无锡现代农业博览园、太湖水稻示范园开发辐射，全力配合区政府推进“万顷良田”建设；山河村按照“一村一园”建设要求，放大新农村建设亮点和特色效应，重点发展花卉苗木、观光农业等现代农业。

拆迁安置重点突破，取得阶段性成果。面对拆除162.17万平方米的年度任务，进一步强化“两确保”（确保重点工程施工、确保重点项目落地）理念，攻坚克难，合力推进，全年完成签约166万平方米，拆除面积141万平方米。同时，突出民生，认真抓好安置工作。全年竣工安置房面积7.2万平方米，交付使用安置房面积39.7万平方米、3035套。其中，鑫安五期32.5万平方米，金牛二期4万平方米，金牛一期A块3.2万平方米。鑫安五期全年完成安置1800余套，鑫安三期、四期，金牛一期、二期，孟家苑一期等交付2000余套安置房。改建临时过渡房500余间，较好地解决了老、弱、病、残家庭的临时过渡问题，确保群众利益不受损。

推进民生改善事业，和谐构建水平不断提升。社会稳定继续强化，在开展平安法治建设的同时，重点实施世博会安保“环沪护城河工程”、校园安全工作，均取得较好成效。生态环境不断优化，圆满完成年初区政府下达的3条区级河道、6条镇村级河道的验收任务；铺设污水管网20.92公里、立管16.71公里，微动力处置设备14个，完成36个排水达标区的创建、36个农村村庄的截污和16个农村村庄的综合整治工作；锁定“三高两低”整治企业11家，并全部关闭；选定的4家企业均通过清洁生产和循环经济考核验收。社保体系不断完善，基本养老保险净增人数1306人，超额完成年度工作目标，全面办妥“十平方公里”内被征地4405人的参保手续；有条不紊进行“双置换”工作，全年完成置换面积714.8公顷，置换人数9100人，获“无锡市‘双置换一转化’先进单位”称号。不断加大劳动保障力度，全年提供就业岗位2520个，免费办理就业登记人员1479名，下岗失业人员实现再就业325人，农村劳动力就业402人，被征地劳动力就业896人；继续加强劳动保障监察网格化管理，为群众追回被拖欠、克扣工资312万元，处理工伤金652万元。全力做好民政慈善工作，落实“低保户”551户、1296人，全年累计发放“低保金”268.26万元；落实无固定收入重残人员131名，全年发放救助金20余万元；完成3户“低保户”的旧房改造工作；救济困难户870户，救助资金60万元；因灾救济3户，发放救灾金3万元；设立“生命之光”大病重病专项救助基金，救助75名贫困患者，救助资金支出约33万元。文卫事业蓬勃发展，完成紫金新城幼儿园的装修和安镇中学新食堂的建设，文体活动综合实力继续名列全区前茅，被评为“省级老年人体协工作示范街道”。

社会管理迈上新台阶，提升群众幸福感。社区管理扎实推进，街道创建为社会主义现代化新农村建设示范镇，13个行政村、3个社区实现社区服务中心、和谐社区全覆盖，80%的村被评为市级、区级“管理民主示范村”。物业管理日趋规范，成立专门的物业管理领导小组，建管、安监、房管、财政等职能部门也全面参与，不断创新管理效能机制。城市管理创新发力，完成高铁站商务区城管办与街道城管的整合。违建整治力度加大，全年拆除违法建筑150起，面积2.83万平方米。

【杨卫泽调研创先争优活动】作为江苏省委常委、无锡市委书记杨卫泽和锡山区委书记朱爱勋亲自挂钩的联系点，安镇街道不仅在活动上示范带头，更在推动安镇街道科学发展上走在全市前列。积极探索行之有效的活动方式和载体，丰富活动内容，强化活动效果。1月17日，江苏省委常委、无锡市委书记杨卫泽到创先争优活动联系点安镇街道，就创先争优活动进行专题调研和点评。杨卫泽高度肯定了安镇街道有序有力推进创先争优活动所取得的成绩，勉励安镇街道通过创先争优活动为“十二五”规划发展凝聚强大动力，抢抓发展机遇，奋力争先进位，以科学发展的实绩来检验创先争优活动的成效。

【民族团结进步示范村试点活动开展】2010年，安镇街道在安南村委开展民族团结进步示范村试点活动，践行“以人为本，为民服务”的宗旨，把党的温暖送到困难统战对象家庭，端午节、中秋节、春节等重大节日均开展慰问救济活动，并联系多家企业为之提供就业和救助。在春节前为统战对象家庭送去年货和祝福，其中，无锡炳发手套有限公司出资1万元，为安南村极其困难的10户统战对象家庭送去新春的问候和祝福。

【创建为市新农村建设示范镇】按照上级党委政府的决策部署，坚持将城乡“五个一体化”（城乡规划、产业发展、基础设施、社会管理、公共服务一体化）的理念贯穿于农村改革发展始终，统筹推进城乡经济、政治、文化、社会和党的建设，初步构建农业提升发展、农民持续增收、农村繁荣和谐的良好局面。11月，安镇街道成功创建为无锡市社会主义现代化新农村建设示范镇。

【获“省老年人体协工作示范街道”称号】安镇街道老年太极拳、太极剑团队异军突起，成为全街道老年体育健身活动的“领头雁”，老年人参与率为85%，年内连续在省市级竞技活动中蝉联一等奖。该健身团队通过学习吸收、消化创新，在巩固传统太极拳、太极剑的基础上，自主创作形式新颖、易学宜练的《太湖美》拳剑6个系列的练功节目，并制定推进方案，迅速普及到16个村（居）委的51支老年体育健身团队，进一步释放了老年体育健身活动的活力。

【安镇人民法庭新办公大楼启用】5月27日，安镇人民法庭新办公大楼启用。安镇人民法庭始终坚持以“公正与效率”为主题，以稳定大局为己任，以审判工作为中心，以加强队伍建设为保障，在普法宣传、法律服务、诉调对接、司法为民等方面均取得优秀的成绩。年内先后建立重大矛盾纠纷指导前置机制、调解主任坐班法庭制度，执行联动机制等创新措施，安镇人民法庭成为安镇街道大调解、大防控体系建设和“平安安镇”、“法治安镇”建设中不可或缺的力量。

【锡山人民医院分院挂牌】12月29日，“无锡市安镇医院”更名为“无锡市锡山人民医院分院”。该院2008年底搬入新医院并提升为二级医院，在上级领导的关心支持下，全院干部职工团结拼搏，开拓创新，迎难而上，医院形象不断提高，综合实力日益增强，医疗业务总量迅速攀升，门急诊人次数、住院病人数、抢救危重病人数、手术例数等均创历史新高，获“江苏省爱国卫生运动先进单位”、“江苏省基本医疗保险定点医疗机构AAA级诚信服务单位”、“无锡市平安医院”等一系列荣誉称号。

2010年安镇街道各村（社区）基本情况一览表

表38

村（社区）	户数（户）	人口（人）	书记	主任	开票销售（万元）	农民年人均纯收入（元）
安南村	1537	5888	蒋红良	瞿巧南	59218	16035
团结村	574	2150	安齐明	张中华	10706	16031

续表38

村（社区）	户数（户）	人口（人）	书记	主任	开票销售（万元）	农民年人均纯收入（元）
胶南村	525	1948	赵裕清	庄惠德	25638	12555
胶西村	329	1323	万加农	倪　赟	12071	14841
胶山村	1061	4149	徐毅坚	朱　峰	45329	14095
安西村	613	2236	倪志刚	郁建平	10338	14976
安镇村	1250	4293	张红英	殷继福	12644	13343
白丹山村	703	2617	陆利清	钱惠明	10525	13048
大厍头村	579	2118	黄锡良	倪伟强	9695	12624
先锋村	993	3528	陆云良	华旭东	126412	19040
谈村社区	260	871	朱成平	万颖波	15834	17315
查桥村	1147	3845	吴剑锋	蔡伟阳	11210	14041
山河村	922	3299	周学明	虞鸣雷	10179	13919
春光村	1403	4968	冯国良	丁伟东	18839	13630
鑫安居委	—	—	朱民权	顾兴根	—	—
吼山居委	—	—	朱小平	邓跃明	—	—

（许文杰）

羊尖镇

【概况】羊尖镇东邻常熟，南连苏州，是无锡的东大门，总面积50.8平方公里，常住人口6万人，下辖8个行政村和1个社区居委会。拥有耕地面积2466.67公顷，素有“无锡粮仓”之称。2010年，羊尖镇坚持以科学发展观为指导，因地制宜，倾力打造机械（高铁）装备产业园区、生态文化休闲区、宜人宜居新镇区和可持续发展区“四大板块”，全力以赴打造“百亿羊尖”、“绿色羊尖”、“花园羊尖”。全年完成国内生产总值26.1亿元，比上年增长14.5%；全部开票销售67.7亿元，比上年增长61.8%，其中，工业开票销售47.1亿元，比上年增长53.4%；财政总收入2.87亿元，比上年增长29%，其中，一般预算收入1.26亿元，比上年增长37.5%；农民年人均纯收入1.4万元，比上年增长11.1%。

产业升级步伐加快。坚定产业发展方向，加快培育机械高铁装备产业，机械高铁产业项目快速集聚，发展势头强劲。机械（高铁）装备产业园区全年实现开票销售16.2亿元，比上年增长108%。注重规模骨干企业的培育发展，建立重点行业预警制度、骨干企业分工挂钩制度和重点项目建设联席会议制度，不断加强对重点企业的服务，全镇58家骨干企业实现全部开票销售53亿元。现代服务业发展势头良好，明瑞花园完成一期工程建设并开始销售；绿羊温泉年内接待游客5万余人次，实现营业额超1000万元。

优质项目快速集聚。继续瞄准“退城进园”企业，以提升项目质量和内涵为重点，进一步创新招商方式，通过规模型企业进行以企引企、以商引商，通过聘请行业协会权威人士开展协会招商，通过与专业推介机构、中介代理机构合作等方式进行专业招商，引进一批优质高效的项目。全年签约项目8个，其中，超亿元项目

7个，项目总投资超10亿元。项目建设全面提速，有盾建重工、澳美机械、弘铭铸业、太湖轧辊、东明路桥等在建项目26个，建筑面积近60万平方米。技改投入持续加大，实施技改项目24个，完成投入约3.5亿元。

高端合作深入开展。切实加强以产业园区、企业为主体，各类协会、高等院校和科研机构为依托的高端合作体系建设，先后赴铁道部、中国铁道科学研究院、中国工程机械协会、中国模板协会等进行沟通对接，与华中科技大学、上海交通大学、江南大学等签订产学研全面合作框架协议；江苏神羊集团与中国纺织科学院、东华大学的技术合作取得新进展；无锡市安迈工程机械有限公司和无锡久一重工机械有限公司完成研发中心建设，骨干企业研发投入占销售比重为2%。

配套功能日益完善。启动大成路东延、廊下路、育才路建设工程；实施胶山路、育才路、园区横一路、神羊路等绿化亮化工程。投入600余万元，完成52座危桥改造工程。通过配强配齐镇村两级拆迁力量，强化一把手抓拆迁的领导机制、镇村联动的责任机制和督察考核考评机制，建立党政领导和机关干部挂钩制度等有效措施，强势推进拆迁工作，完成区级重点工程、经营性地块、产业园区等12个项目的拆迁工作，拆迁总面积超20万平方米。安置房建设进一步加快，有序推进安置房建设清理规范，交付富羊花苑安置房5万平方米，7.4万平方米的廊下花苑安置房建设进展顺利，15万平方米的羊尖花苑安置房前期手续准备就绪，即将启动建设。加大违法建设整治力度，全年拆除违章建筑6400平方米。

农村发展水平提升。现代高效农业规模化步伐加快，新增高效农业面积90公顷。加快实施“一村一园”建设，建成南丰精细蔬菜园、南村设施果蔬园、严家桥优质粮经园、丽安花卉苗木园4个农业园区。严家桥社区服务中心完成建设。农村新型集体经济发展不断加快，成立农村土地承包权流转服务中心，新建土地股份合作社、富民合作社、农民专业合作经济组织各2家。启动农村“双置换”工作，实现土地换社保1000余人。

生态建设稳步实施。扎实推进节能降耗和减排治污工作，5家企业通过清洁生产审核，整治“三高两低”企业3家，万元规模以上产值能耗下降8%，万元规模以上工业产值水耗下降6%。深入开展水生态整治各项工程，强化“河长制”管理，完成13条河道的整治工作，严家桥村创建为市级河道综合整治示范村；完成界泾河洼地治理二期工程建设；创建排水达标区40个，完成40个村庄的污水处理工程和13个村庄的环境综合整治工作，启动4个村庄的环境连片整治工作。全面完成废品回收站、豆腐作坊、住家船“三项整治”工作任务。以南村村为试点，完成村（居）委的垃圾“双集中”（村集中收集、镇集中清运）任务。

民生事业持续发展。统筹城乡就业和自主创业，开展劳动力技能培训和创业培训800余人次，提供就业岗位2000余个，开发灵活就业岗位137个、公益性岗位56个，实现创业带动就业人数505人。加强劳动争议调解仲裁，推进落实劳动监察网格化、网络化“两网化”管理和工资集体协商制度，劳动关系和谐稳定。进一步完善社会保障体系，做好新型农村养老保险和老年居民补贴并轨工作，有9800余人纳入居民养老保险保障体系，新增缴费人数4580人，有20375人纳入居民医疗保障体系。抓好离退休人员社区化管理工作，有1690人纳入社区管理。切实做好弱势群体救助工作，加大对“低保户”和深度贫困户的救助力度，发放各类救济款近100万元，完成9户特困户危旧房改造。

【五大项目开工奠基】 9月1日，在2010无锡锡山金秋国际经贸月重大项目开工奠基之际，盾建重工、澳美机械、中地钻探、东明路桥、江达冶金5个项目的开工奠基仪式在羊尖分会场举行。无锡盾建重工制造有限公司总投资10亿元，注册资本1亿元，主要生产盾构管片模具、无砟轨道板模具、各类盾构掘进机等高铁与地铁建设装备，依托强有力的技术支撑和海内外广泛的市场网络，发展成为国内领先的高科技工程装备创新型企业和隧道工程的引领者与先行者。无锡澳美机械有限公司总投资3.5亿元，注册资本2.5亿元，拥有自行进出口权，主要生产西式金属高档装饰柜，产品远销世界各国。无锡中地钻探装备有限公司总投资1.2亿元，注册资本6000万元，专业生产各类勘探设备和机具，拥有从主机到钻杆、钻具的全套生产流程。无锡市东明路桥机械有限公司总投资1亿元，注册资本3000万元，自主研制成功全国首创的模板表面抛光机，并研制开发250吨油压机，产品成功应用于润扬长江大桥、杭州湾跨海大桥、南京长江二桥等众多重大工程。无锡市江达冶金机械有限公司总投资5000万元，注册资本2200万元，主要生产冶金机械、高速轨道扣件系列产品，拥有特殊行业许可证及德国福斯罗公司合格供应商证书，与中铁十二局集团有限公司、南方轨道公司、南昌铁路局等大型企业均有紧密合作关系。

【项目列入国家星火计划】“羊尖镇农村生活污水生态治理技术开发与推广应用”项目服务范围为6562户农户，采用“生物＋生态”组合成套治理技术，在新陆更巷、马渎湾试点成功的基础上，对储家塘、洑家廊下、汗庄桥等7个自然村实施建设。经运行，污水治理成本小于0.1元/吨，农户单独治理污水治理装置建设成本小于3000元，相对集中型污水治理装置建设成本小于1500元/吨，处理水均优于国家城镇污水处理厂排放标准一级B标准。该项目实现了太湖流域农村生活污水治理在高效除磷脱氮目标下的节能、节地、资源回收以及低建造费、低运行费和低维护性，实现了对氮、磷的资源化利用和污水回用的可持续发展目标。该项目的实施，有效地处理了农村生活污水，治理了农村生活污染，改善了村落环境，得到了农民的广泛好评。2010年，该项目被列为国家星火计划项目，羊尖镇获“江苏省新农村建设科技示范镇”称号。

【市级绿色家园示范村全覆盖】成立创建绿色家园示范镇村工作领导小组及办公室，将创建工作与村级基础设施建设、文明社区建设、园区建设和环境建设有机结合，围绕各项目标任务，切实加大人力、物力和财力投入，扎实开展创建工作。全年新增农村绿化造林面积42.27公顷，全镇林木覆盖率提高至0.8%。南村村、南丰村2个村顺利通过无锡市绿色家园示范村验收，市绿色家园示范村实现全覆盖。

【市首台CRTSⅢ型无砟轨道板模具下线】无锡盾建重工制造有限公司依托强有力的设计研发团队，研制成功无锡市首台CRTSⅢ型无砟轨道板模具，并于10月6日下线，为全市高铁装备企业的发展注入了强劲的动力。10月20日，全国首家隧道施工技术与装备研究院在机械（高铁）装备产业园落户，无锡盾建重工制造有限公司同时启动建设。该公司总投资10亿元，总建筑面积20余万平方米。项目建设投产后，将形成年产100台盾构机、400套盾构管片模具、2000套无砟轨道板模具的规模，年产值约50亿元。

【签订全区首个环境污染责任险】在镇政府、中国人民财产保险股份有限公司无锡市锡山支公司、严家桥村羊尖文化用品厂的三方协商下，羊尖文化用品厂于10月27日签订企业环境污染责任保险。建立环境污染责任保险机制，既能帮助企业分散风险、维护受害人合法权益，又能降低社会成本、分担政府责任，有利于更好地应对生态环境压力、减少重大环境污染事故、提高企业抗风险能力。由于环境污染责任险尚处在试点阶段，政府、企业积极探索，克服了市场有效需求、技术力量以及制度支撑等因素的制约，其成功签约实现了区企业环境污染责任保险零的突破，为全区工作的开展打下了良好的基础。

【羊尖水产专业合作社获市优秀】羊尖水产专业合作社作为地方性行业的民间专业组织，依托当地渔业资源和生态优势，组织、协调和服务羊尖镇渔业的开发、生产、经营、管理等经济活动及合作，开展水产行业技术、信息、产品等交流和服务，引导和推进渔业产业结构调整。同时，为养殖户提供产前、产中、产后的系列化服务，促进了全镇生态高效渔业的建设和发展。全镇拥有河蟹养殖面积72公顷，河蟹平均亩产60公斤，平均规格125克/只。2010年，羊尖水产专业合作社被评为“市级优秀农村专业合作经济组织”，其河蟹养殖基地被授予“农业部水产健康养殖示范场”称号。

【获“‘法治镇’创建工作先进单位”称号】深入开展法制宣传，举行大型法律咨询宣传活动9次，发放各类宣传材料1.6万份、宣传手册2000册。以法律“六进”（进机关、进乡村、进企业、进社区、进学校、进单位）为抓手，推进法治文化与机关文化、家庭文化、校园文化、企业文化相融合，完善羊尖初中部法制宣传栏，并将法制教育纳入教育计划。以镇业余锡剧团为平台，组织开展法制类锡剧小戏巡演活动，切实提高公民的法律意识。完善人民调解、行政调解、诉讼调解和信访接待有机结合的“大调解”机制，全年受理信访137件、414人次，指导调解和直接调解纠纷279件，成功率为98%。整顿法律服务市场，加强法律援助工作，全年办理法律援助案件30余件。积极推进省市级民主法治村创建，全镇8个村1个社区全部创建为民主法治村，廊下村成功申报市级农村法律图书角。2010年，羊尖镇第4次被评为“‘法治镇’创建工作先进单位”。

【获“省老年人体协工作示范镇”称号】确立“文体结合、上下联动”的老年体育工作导向，积极有效地推进老年事业各项工作。全镇老年体育工作组织网络健全、软硬件建设到位，经费来源有保障，累计投入资金1000余万元。全镇下设9个村（居）委老年体协、238个老年体协小组，建立9个老年活动中心、23个老年活动室（其中，7个达到五星级标准），设立27个健身气功站和晨晚锻炼点，组建各类健身团队44个。同时，积极开展和推广适合老年人的体育健身活动，着力构建“银发风采”展示平台，为老年人搭建才能展示和才艺交流的社会舞台。在全国妇联和中央电视台主办的“欢乐一家亲”栏目中，严家桥村仲金才一家祖孙四代在“四套健身气功”组合表演中获得第二名的好成绩，成为无锡市在中央电视台该栏目中的首个获奖家庭。2010年，羊尖镇被江苏省老年人体协授予“省老年人体协工作示范镇”称号。

2010年羊尖镇各村（社区）基本情况一览表

表39

村（社区）	户数（户）	人口（人）	书记	主任	开票销售（万元）	农民年人均纯收入（元）
羊尖村	1327	5121	奚新华	杨建龙	305204	17288
南村村	970	3221	顾明速	陶兴元	13591	13648
宛山村	1681	6300	蒋才良	陆国华	12500	13200
廊下村	1702	6229	滕国良	王建新	69000	14000
南丰村	1101	4211	陈国兴	尤雯梁	6400	12192
严家桥村	1686	5850	汤义惠	巫　伟	8685	13282
丽安村	1192	4447	桂　彬	陆　明	13808	13135
龙凤巷村	1213	4196	张建新	曹剑方	29700	11937
羊尖镇社区	941	2386	陆惠源	陆惠源	—	—

（胡诚恺）

鹅湖镇

【概况】鹅湖镇位于无锡市东南部，东与苏州市相城区接壤，北与常熟市交界。自古就是八湖福地、区域重镇，是远近闻名的“水镇、古镇、重镇”。全镇总面积54.7平方公里，其中，耕地面积1468公顷。下辖11个行政村和2个社区居委会，总人口7.1万人，其中，外来人口2.3万人。

2010年，全镇工商业开票销售为108亿元，顺利实现“百亿鹅湖”目标。实现地区生产总值29亿元，比上年增长14.2%。完成国税开票销售97.5亿元，比上年增长43.6%。其中，工业开票销售71.8亿元，比上年增长35.4%；服务业开票销售35.6亿元，比上年增长70%。完成工业产值75.4亿元，比上年增长30.3%。实现利税总额4.93亿元，比上年增长29%。完成财政总收入4.44亿元，比上年增长40.7%，其中，一般预算收入1.94亿元，比上年增长38.3%。

高端合作初显成效。园区产业定位基本明确，委托上海高力国际物业服务有限公司和无锡市规划研究设计院编制完成产业园的产业策划和建设规划，明确了以提升发展彩印包装业、做大做强金属制品业、培育发展新能源产业为主的三大产业方向，对产业园基础配套设施进行综合规划设计。政产学研合作步伐加快，全年完成产学研合作项目15个。与中国航空技术进出口总公司等央企签订意向协议；与中国金属材料流通协会不锈钢分会建立产业合作协议；与北京科技大学合作建立研究生工作站。在北京举行新型金属材料产业园高端合作发展恳谈会上，与多家央企、科研院所等专业机构进行座谈交流，共谋发展，实现双赢。全年完成签约超亿元项目10个，累计总投资额16.7亿元，项目全部达产预计可增开票40.2亿元。

城镇面貌焕然一新。拆迁安置强势推进，全年拆除面积40余万平方米。全镇已建安置房19.8万平方米，在建8.8万平方米，启动34万平方米，前期手续基本完备。统筹荡口、甘露两片区，实施均衡发展，完成鹅湖文化休闲广场建设，启动甘露农贸市场改造、鹅湖路沿线改造工程。启动10条道路建设，总长近10公里。11万伏横塘变电所建成投用，完成副食品加工中心建设，天燃气管网铺设加快推进。

"一村一园"快速推进。优化规划布局，编制完成"一村一园"分园区规划方案，对全镇非规划区内的20平方公里农业区进行高点定位，突出功能稻米、设施果蔬、特种水产、花卉苗木等高效产业建设。2010年，鹅湖镇投资超千万元，流转土地66.67公顷，高标准建设松芝休闲渔业示范园、圩厍种苗引繁中心以及群联、燕水庄、三新、鹅湖时令果品园6个"一村一园"农业园区，初步形成特色化、规模化、平台化为特征的农业专业园区格局。农业园区的建设带动了商贸、交通、饮食服务等相关行业的发展，据不完全统计，全镇全年接待休闲垂钓人员3万余人，带动饮食业增收1000余万元，带动农产品销售1000万元，创造了农村剩余劳动力就业机会500余人次。

党的建设不断加强。严格按照规范操作，圆满完成乡镇机构改革、基层党组织、村（居）委换届选举工作。同时，制定出台《鹅湖镇机关中层干部选拔任用工作暂行办法》，开展竞争上岗。撤销原蔡湾村村民委员会与甘露社区居民委员会建制，合并设立甘露社区居民委员会。成功举办鹅湖元宵灯会和鹅湖民俗文化节活动。围绕"抢抓古镇保护园区拓展新机遇，开创赶超发展幸福鹅湖新局面"主题，精心组织和推进"三方结对共建，携手创先争优"活动，营造浓厚的赶超氛围。镇党委先后被评为"无锡市先进基层党组织"和"无锡市学习型党组织建设工作示范点"。

【荡口古镇获评"中国历史文化名镇"】全面完成荡口古镇一期工程规划设计，施工单位完成前期1.1万平方米古建筑修复工作，其中，整体搬入复建旧建筑8000平方米，古镇雏形初步显现。基础设施工程全面推进，古镇新开河道基本贯通，新砌石驳岸600米，新建景观桥梁5座，雨水、污水管网铺设和管线下埋工程基本结束。招商推介有序推进，成功举办古镇周边地块的推介会议。委托广告公司策划品牌的推广和广告宣传策略，文展策划同步推开。2010年12月，荡口古镇凭借其深厚的历史文化积淀，保存较为完整的古镇格局与风貌，众多的文物古迹、历史建筑和物产丰富、地杰人灵、名人辈出等优势，被住房和城乡建设部、国家文物局命名为"中国历史文化名镇"。

【获评"全国环境优美乡镇"】纵深推进水生态综合整治六项工程，完成18个排水达标区的创建验收、40个自然村的村庄整治验收及92个农村生活污水管网铺设工作，累计铺设管网92公里。基本完成白米荡、苏舍荡、南青荡的围网养殖整治工作。加强"河长制"管理，完成刘谭桥河、黄家大桥河4条区级河道及25条村级河道的整治验收工作。完成日处理50吨的垃圾中转站建设，垃圾清运率为100%。全镇新增绿化面积57.13公顷、公共绿地

5.18万平方米，4个村创建成市级绿色家园示范村，鹅湖镇创建成无锡市绿色家园示范镇，并被评为“全国环境优美乡镇”。

【农民生活绿岛实现全覆盖】一片绿化广场、一个宣传栏、一套康乐设施，成为农民群众休闲、娱乐的生活绿岛。为提高人民群众的幸福指数，鹅湖镇结合新农村示范村建设和创先争优活动，因村制宜，实施镇、村、企三方联动，即各村（社区）及其镇级挂钩部门以及所在村（社区）的企业家，共同出谋划策，共同出资，共同建设，利用自然村庄中的闲置地块，整合村庄、绿地、田园、水等资源，种植各类花草树木，铺设草坪，安置健身设施、路灯等配套设施，为老百姓提供一个集娱乐、休闲、交流于一体的公共场所。全镇13个村（居）委实现生活绿岛全覆盖，建成生活绿岛19个。

【鹅湖农村合作经济联合会成立】7月28日，锡山区首家农村合作经济联合会——鹅湖农村合作经济联合会挂牌成立。首批会员60余名，会员单位48家，涉及特种养殖、农产品、特色食品及产品流通等服务领域。随着农村产业结构调整力度的不断加大，全镇拥有村级水产养殖、葡萄等水果种养殖专业合作社13家，无公害水产品“甘露牌青鱼”成功注册为江苏省注册商标。除特色水产和农产品，该镇的花沿桥年糕、青白团子等一批农副产品远近闻名。全镇为农服务社实现全覆盖，拥有三星级为农服务社6家，二星级为农服务社5家。全镇土地股份合作社和土地规模经营单位24家，涉及花卉苗木、瓜果、养殖等行业，门类齐全。另外，还有从事编织、搬运、保洁、养护等经营项目的富民合作社4家。

2010年鹅湖镇各村（社区）基本情况一览表

表40

村（社区）	户数（户）	人口（人）	书记	主任	开票销售（万元）	农民年人均纯收入（元）
鹅湖村	1132	3831	夏家平	平建荣	34823	12520
青荡村	1000	3253	华庆祥	华　伟	36210	12300
三新村	1211	3943	华民勇	谢秀琦	37597	12100
圆通村	1014	3250	华道荣	华培兴	15104	11322
新桥村	1069	3709	蒋红江	徐筱惠	19747	12215
圩库村	827	2789	戴小弟	浦向华	7471	10880
群联村	1493	5015	薛凯元	滕　高	36716	11710
燕水庄村	639	2336	华祥根	华亚军	46008	11250
彩桥村	828	2861	赵小康	卜双唯	10496	11300
松芝村	1096	3730	周建华	陈志刚	15512	12250
甘露社区	1675	5042	陆荣华	陆荣华	85058	14235
人民路社区	2050	4839	华新萌	华新萌	6663	—
青虹路社区	1040	2899	殷惠忠	殷惠忠	14938	—

（章晓燕）

东北塘街道

【概况】东北塘街道，原名东北塘镇，位于无锡市主城区东北，与惠山区、崇安区、北塘区及锡山经济开发区交界。沪宁、锡澄高速公路在境内交汇，国道G312、北环路、锡沙路纵横贯通，京杭大运河支流和锡北运河贯穿全境，交通条件便利，区位优势明显。街道总面积18.5平方公里，下辖6个行政村和5个社区居委会，户籍人口2.8万余人，暂住人口2.8万余人。

2010年，东北塘街道以转型发展为主线，以赶超发展为战略，牢固确立“高点定位、高端合作、高品质环境打造”的“三高”原则，坚持项目带动与创新驱动发展，加速城市化建设步伐，切实维护社会和谐稳定，经济社会各项事业取得了较好的成绩。全年财政总收入7亿元，比上年增长51.8%，其中，一般预算收入3.47亿元，比上年增长57.3%；国税开票销售433.8亿元，比上年增长73.7%；全社会固定资产投资23亿元，比上年增长25%；到位注册外资1785万美元，比上年增长28.2%；农民年人均纯收入12973元，比上年增长11.5%。东北塘街道获“省平安农机示范街道”、“市社会治安安全街道”、“市和谐劳资关系街道”等荣誉称号。

科创能力显著增强。成功与河海大学机电工程学院签订科技合作协议，无锡锦和科技有限公司与青岛科技大学签订全面合作协议。科技项目申报稳步开展，累计申报各类专利389件，其中，发明专利51件，实现专利授权357件。高端人才引进实现突破，引进各类创新创业人才453名，其中，海归人才2名、“双高”人才9名。

重点项目建设推进有力。新批设立各类企业412家，其中，工业企业32家、三产企业380家，累计新增注册资本12.9亿元。项目投资逐步放量，累计开工建设项目28个，其中，工业项目16个、服务业项目7个、政府性项目5个。非工项目大量投建，东方科技园、汇坚科创大楼等项目相继启动建设，城市商贸经济发展势头强劲。

城市化步伐加速迈进。盛塘路（东园路延伸）启动建设，城市主轴全面北进，实现南北贯通。芙蓉四路延伸段、春塘路、天奇路等重点道路全面开工建设，路网框架全面优化。配套环境同步完善，兴塘公园建设竣工并通过验收，云林公园、东北塘实验小学易地新建工程有序启动。全年实现拆迁面积75.69万平方米，竣工安置房面积近6.47万平方米，在建面积近6万平方米。正阳安置房建设前期工作基本就绪。栖霞·栖城一期开工建设，融科智地一期房地产项目进入规划方案审批，60公顷A地块、20公顷梓旺地块积极实施土地推荐，城市功能品位实现有效提升。综合整治力度不断加大，全年拆除违法建设8169平方米，生活垃圾无害化处理率保持100%，城乡管理服务站实现全覆盖。

生态建设扎实推进。7家企业通过清洁生产审核验收，关停“三高两低”企业3家，淘汰落后产能企业2家。街道万元GDP能耗和万元规模以上工业产值水耗分别下降8.28%和6.14%。减排治污深入实施，全年累计铺设三级管网11.79公里，完成单位接管30家，成功创建排水达标区11个，提前1年完成创建工作目标；全面实施11个自然村庄整治，并顺利通过区级验收。全面完成埄新河500米改造工程，北兴塘河、北横河、许巷浜等8条河道顺利通过区级河道综合整治验收。实现造林绿化16.2公顷，新增绿地4.2万平方米，成功创建市级绿色家园示范村 2个、市级园林式单位1家、市级绿化达标单位1家。

社会保障水平全面提高。累计提供就业岗位2512个，开发公益性就业岗位60个，实现劳动力就业869人，推动城镇就业困难人员再就业152人，开展重点扶持自主创业132人，本地农村劳动力就业率为99%，成功申报创业孵化基地1个（锦旺睦邻中心）。保障网络更加健全，完成社保扩面人数1305人，净增缴费人数1204人，完成年度目标的150.5%。社会救助全面加强，落实临时社会救助272人、慈善救助164人、资助特困学生327人、走访支出型深度贫困户13户，发放各类救助资金127.87万元。

【8个超亿元重点产业项目开工建设】海联舰船二期项目占地面积8公顷，建筑面积4.5万平方米，年内完成投资1.15亿元；华方科创中心二期项目年内完成投资1.1亿元；大明加工中心一期项目占地面积4.67公顷，建筑面积3万平方米，年内完成投资2.8亿元；汇坚科创大楼占地面积0.67公顷，建筑面

积5万平方米，年内完成投资1亿元；汇坚五金机电城二期项目占地面积4公顷，建筑面积5万平方米，年内完成投资1.2亿元；栖霞·栖城一期项目占地面积6.67公顷，建筑面积15万平方米，年内完成投资6.5亿元；东舟船舶技改扩能项目占地面积4公顷，建筑面积4.8万平方米，年内完成投资5000万元，该项目将依托上海交通大学和哈尔滨工程大学等国内知名院校，联合开发新型环保高效舵及全航速减摇鳍，填补国内空白，打破国外垄断；东方科技园（原不锈钢国际博览中心）项目占地面积4公顷，建筑面积8万平方米，年内完成投资6000万元。

【大明国际控股有限公司上市】12月1日，以江苏大明金属制品有限公司为核心子公司的大明国际控股有限公司宣布在香港联合交易所主板上市，计划发售2.5亿股份，其中，90%作为国际配售，10%在香港进行公开发售，股票发行价格为每股2.1港元，保荐人为建银国际金融有限公司及德意志银行香港分行。大明国际控股有限公司经过多年的发展，已成为一家享有盛誉的大型不锈钢加工、销售和配送企业，在无锡、武汉、杭州及天津拥有四座加工基地，并在上海、浙江宁波、山东淄博、无锡惠山区前洲拥有四个销售分支机构。拥有近百台加工设备，拥有精密裁剪、表面研磨、切割下料、成型加工、机加工五大加工平台，能够为客户提供个性化加工服务。2010年，公司着重引进欧洲高强度横剪线、欧洲3000吨数控折弯机等大型设备，并着力打造重装服务平台，为工程机械、船舶制造等重型装备行业提供配套服务。

【陈德铭视察江苏大明金属制品有限公司】5月3日，商务部部长陈德铭一行在江苏省委常委、无锡市委书记杨卫泽，江苏省副省长张卫国的陪同下，视察江苏大明金属制品有限公司。锡山区委书记朱爱勋，区委常委、常务副区长蒋群，东北塘街道主要领导陪同视察。陈德铭一行视察公司不锈钢加工中心现场，听取公司发展历程，逐一了解不锈钢裁剪、表面研磨、水切割等不锈钢加工工艺。陈德铭勉励公司要充分发挥科技创新能力，再接再厉深化客户服务内容，把企业做大做强。

【首个院士工作站建立】4月7日，街道首个院士工作站——无锡市宇寿医疗器械有限公司院士工作站揭牌成立，标志着街道高新产业进入了一个全新的发展轨道。院士团队由中国科学院上海生命科学研究院生物化学与细胞生物学研究所研究组组长林其谁带队，由六人组成，均为博士以上学历，主要从事科学院生物化学与细胞生物学研究。该院士工作站的建立，将进一步发展生物医疗器械的战略咨询和技术指导，培养造就高层次科研和管理人才，促进产学研相结合，加速科技成果产业化；进一步提高企业的创新能力和产品开发水平，培育企业的自主知识产权和自主品牌，使之立于国内医疗器械行业的前列；进一步增强企业的后续发展能力，使企业能在激烈的竞争中始终占据领先地位，在国际医疗器械市场上占有一席之地。

【博士后工作站建立】2月，根据江苏省人力资源和社会保障厅文件公示，无锡市海联舰船附件有限公司申报的江苏省博士后科研工作站成功获批。该博士后科研工作站的建立，为企业整体高层次人才建设工作提供了平台资质，发挥了巨大的促进作用，同时对企业多项科研项目申请博士集聚计划、双创人才引进计划等人才项目的申报提供了支持。

【兴塘湿地公园全面竣工】5月，兴塘湿地公园全面竣工。该公园利用原有自然资源开发建设，总投资2000余万元，总面积约11.13万平方米，其中，绿地面积7.53万平方米，广场铺装、道路1.14万平方米，水面积2.23万平方米，另外停车场2312平方米。以乡土、植被及与生态湿地相和谐的景观建筑小品等多种元素体现“自然生态、宜居人文、和谐共生”设计主题，建有水榭、仿古景观亭、曲桥、花架、码头、亲水平台、临水栈道14处。园林绿化工程栽植6大类多个品种，其中，分为栽植乔木、栽植灌木、栽植色带、栽植水生植物、栽植竹类（哺鸡竹1750株）和铺种草皮2万平方米，在产生视觉美的同时，满足居民对景观底蕴的深层次要求，既为周边居民提供休闲娱乐的活动空间，又结合植物造景，形成水源生态保护、防风固土、河道自净的生态湿地环境。

【成功举办第三届文化活动周】东北塘街道第三届文化活动周自4月30日开幕至5月7日闭幕，为期8天，由江苏影视频道和街道联合打造的“幸福社区行”广场文艺演出拉开序幕，开展以演讲比赛、书画比赛、锡剧演出为主要内容的系列活动。以“弘扬民族文化、打造精品特色”为主题的东北塘文化活动周旨在大力挖掘、培育和弘扬优秀的民族民间文化，积极倡导健康文明的生活方式，着力打造独具特色的东北塘文化品牌，进一步提升东北塘城市形象。

【东北塘实验小学获“腾飞奖”】在2010年无锡“腾飞奖”评选中，东北塘实验小学“中国国际象棋高水平后备人才培训基地”入选。“腾飞奖”是无锡市人民政府为鼓励在科技进步与科技创新、经济繁荣和社会发展中作出重大贡献的单位和个人而设立的综合性最高奖项。每年评选一次，获奖项目不超过5个。东北塘实验小学2002年被国家体育总局批准成立“中国国际象棋高水平后备人才培训基地”。作为全国国际象棋示范学校和全国中小学棋类教学课题研究先进实验基地，东北塘实验小学在2008年、2009年、2010年连续三年夺得世界国际象棋比赛5枚金牌。

【特色教育成绩斐然】8月，在第二届国家曲棍球奥林匹克后备人才基地夏令营暨全国青少年曲棍球锦标赛上，东北塘中学分获甲、乙组第二名。10月，东北塘中学圆满完成江苏省第十七届运动会的参赛任务，并超额完成预定目标，获得的金牌数超过上一届省运会。在全国国际象棋少年精英赛中，东北塘实验小学学生韦奕、周相衡分别获男子A组和8岁组冠军，学生张妤铉获女子8岁组亚军。11月，在2010年国际象棋世界青少年锦标赛中，东北塘实验小学学生韦奕获男子12岁组冠军。

【建立康乃鑫爱心基金】康乃馨爱心基金是东北塘街道首个由爱心企业家发起的助学爱心基金，在街道宣传办、妇联、计生协会的共同倡议下，由无锡市东舟船舶附件有限公司戴娟丽、无锡恒畅铁路轨枕有限公司费友英、无锡市鸿鹰金属制品有限公司顾红，联合社会各界爱心人士共同向康乃馨爱心基金捐赠专项资金，以“给社会弱势群体以关爱和援助”为宗旨，主要用于扶助街道贫困学子，由戴娟丽任首任理事长，于8月21日举行成立仪式，区委宣传部、区妇联、区人口和计划生育局相关领导及街道主要党政领导出席仪式，27位爱心人士现场筹集善款14.73万元，并于当日下午通过“爱心天使送希望”走访活动将第一批善款2.8万元送至贫困学子手中。

【创建“学习型组织”结对共建】10月22日，东北塘街道与锡山区国税局开展创建“学习型组织”结对共建启动仪式，双方签订共建协议书，就如何进一步加强学习型组织建设、实现共建等方面达成共识。通过结对，双方将进一步加强联系，密切关系，互帮互助，做到优势互补；不定期开展交流活动，共建组织，共促和谐，共创先锋，促进良好互动，从而进一步提高党建工作水平和自我发展能力，促进双方全面发展。

2010年东北塘街道各村（社区）基本情况一览表

表41

村（社区）	户数（户）	人口（人）	书记	主任	开票销售（万元）	农民年人均纯收入（元）
裕巷村	1015	1549	王协东	徐卫兵	49877	14306
坝坝村	1050	2464	戴惠良	谢继锋	73584	14497
大马巷村	703	2332	阚　巍	蒋　彪	62350	14300
正阳村	1357	4474	过育东	钱正兴	2769365	15070
严埭社区	853	2813	李伟明	袁文贤	78261	14426

续表41

村（社区）	户数（户）	人口（人）	书记	主任	开票销售（万元）	农民年人均纯收入（元）
锡通社区	877	2885	袁　东	王仁昌	1187283	14420
锦阳村	723	2329	张霞敏	章文昇	65143	14191
梓旺村	1258	3783	顾晓东	李宝坤	52429	14147
东北塘社区	—	—	曹元兴	曹元兴	—	—
梓旺新村社区	—	—	周涌才	周涌才	—	—

（沈　昕）

锡北镇

【概况】锡北镇位于无锡市东北郊，北接江阴市，紧靠无锡锡东新城、锡山经济开发区和锡山主城区。全镇总面积70平方公里，总人口11万人，其中，常住人口9万人（含户籍人口6.2万人），下辖13个行政村、3个社区居委会。锡沙线、锡东大道、团结大道、友谊路等交通要道在境内交汇，四级航道锡北运河纵贯镇区，距无锡市中心16公里，距无锡机场15公里，距沪宁、锡澄高速公路道口5公里，距京沪高铁无锡站5公里，临近江阴、张家港港口。历史上曾为无锡连接江阴的重要农产品集散地，素有“锡北重镇”之称。境内建有规划面积近6平方公里的无锡市轨道交通装备产业园，是无锡市和锡山区重点打造的特色产业园区，产业园依锡北运河而建，紧靠省道S228，锡东大道贯穿产业园，与锡东新城一路相连。境内总面积21.11平方公里的斗山地区生态条件优越，盛产著名品牌绿茶——太湖翠竹，为无锡市现代农业开发综合创新试验区之一，斗山农业生态园被命名为“省级农业生态园”。锡北历史悠久，胜迹众多，名人辈出，有东林党领袖顾宪成、清代“词家三绝”之一的著名词人顾贞观、无锡革命先驱严朴等20余位历史名人，素有“东林故里”、“文化大乡”、“红色锡北”之称。

2010年，全镇始终坚持“三高”联动主战略，紧紧围绕实施“四轮驱动”（高强度推进园区建设、城镇建设、生态和特色农业建设以及干部队伍建设）、实现“两大跨越”（园区建设实现大跨越，全面提升锡北经济发展水平；城镇建设实现大跨越，全面构建锡北现代化新市镇）的工作总要求，大力推进产业园区、新市镇以及生态农业等各项重点建设，奋力推动锡北镇经济社会赶超发展，全镇现代化步伐进一步加快，日益成为一块融生态、人文、现代产业和现代交通于一体的发展宝地。

全镇有工业企业750家，其中，三资企业37家，境外投资企业6家，年销售1000万元以上的企业113家（其中，超亿元企业10家）。全镇完成地区生产总值40.6亿元，可比价增长18%；财政总收入4.65亿元，比上年增长26.9%，其中，一般预算收入2.25亿元，比上年增长37.1%；全部国税开票销售121.3亿元，比上年增长50.8%，其中，工业开票销售84.1亿元，比上年增长43.4%，服务业开票销售36.9亿元，比上年增长87.3%；实现自营出口总额1.6亿美元，外贸供货额15.4亿元；到位外资125万美元；新办工业企业96家，新增注册资本5亿元；全社会固定资产投资26.2亿元，比上年增长29.2%，其中，工业投入16.2亿元，比上年增长28.4%。

产业园区框架基本成型。园区6平方公里范围内的道路框架全面形成，轨道交通装备产业园泾虹路、泾新路延伸、泾阳路、泾辉路“一横三纵”道路全面竣工通车，建成区泾祥路、泾麟路、泾霞路、泾阳路延伸“两横两纵”道路建设全面推进。水、电、气、路灯等配套设施建设同步推进，全年拆除园中村房屋20余万平方米，基本达到“九通一平”（通市政道路、雨水、污水、自来水、天然气、电力、电信、热力及有线电视管线，土地自然地貌平整）要求。随着无锡友谊钢材市场的开工，江苏宝锡炉料加工有限公司二期工程的推进，无锡宝丰鼎投资发展有限公司规划的完善，“一带两园”（打造100亿元产出规模的运河物流带，打造100亿元产出规模的镇级工业集中园区与轨道交通产业园）产业发展格局基本成形。全年引进一批储备项目并通过区级审核24个，总投资15.9亿元，预计总产出41.1亿元。

科技创新步伐加快。高度重视“三高”联动和政产学研合作，签约高端合作项目2个，新增产学研合作项目12个，组织赴北京召开轨道交通装备产业园专题推介会和对接会，与北京交通大学就合作事宜达成多项共识。实施技改项目73个，完成投资7.83亿元。新增省科技创新型企业2家、民营科技企业4家、国家火炬计划项目立项1个、国家创新基金1个；认定市级工程技术研究中心3家；申请专利423件（其中，发明专利53件），专利授权400件；3个嫁接式海归人才创新项目入选“无锡千人计划”。

城镇发展框架全面拉开。按照新市镇总体规划，全面拉开建设框架，在完成中心商业街——泾声路改造的基础上，全面推进总长6.06公里的新市镇“三横三纵”框架道路建设，丰惠路、泉星路、秀泉路、润泉路等道路完成工程进度，并达到绿化、亮化等形象建设要求；泾声路西延、望泉路即将进行路面摊铺；泉山大道、省道S228辅道准备进行前期工作，为全面实施新市镇建设拓展了空间。基础工程有序推进，全年完成新市镇拆迁6.25万平方米，启动和推进建设安置房35.8万平方米。锡北敬老院完成改扩建并投入使用。完成危桥改造52座。张泾社区综合服务中心、八士商业广场、锡北实验小学相继完成规划设计。城镇经营有效实施，全镇有在销和在建商业楼盘7个，总建筑面积75.8万平方米。鸿景华庭、泾和苑、佰仕苑3个地块相继启动建设。交通设施厂地块及花园浜2号地块成功挂牌出让。

生态建设全面推进。扎实开展水生态综合整治六项工程。完成23个排水达标区创建，建设污水管网50.9公里，实现“三年任务两年完成”。深化“河长制”管理，封堵排污口416个，完成河道综合整治11条，清淤河道23条、19.8万立方米，西新河景观河道完成建设。建设垃圾转运站9个，“四集中”处理体系全面建立。整治“小化工”企业3家、“三高两低”企业3家，通过清洁生产审核企业6家，ISO 14000认证企业11家。农业面源污染治理有效加强，新增造林绿化36.8公顷、城镇绿地5.3万平方米，实现绿色家园示范村全覆盖，创建为无锡市绿色家园示范镇。被环境保护部命名为“全国环境优美乡镇”，继续被确认为江苏省卫生镇。

新农村建设亮点频现。完成村庄截污83个，建设污水管网106.5公里。新建东房桥村、春风村、斗山村3个新农村示范村，新农村示范村建设实现全覆盖。泾新村创建为省生态村，13个村通过省卫生村复查验收。新建土地股份合作社2家、农业专业合作经济组织2家、富民合作社4家，劲丰万家富民合作社被列为省级扶持项目。推进农村“双置换”工作，完成置换承包地面积66.33公顷，宅基地拆迁面积7.47公顷，“双置换”土地复垦面积6.67公顷。

农业产业化成效明显。全年新增高效农业81.87公顷、园区农业105.2公顷、设施农业65.77公顷，新增农业适度规模经营110.53公顷、土地流转286.67公顷。开工建设“一村一园”农业园区18个，五芝源养生生态农业园、斗山白茶园、寨门高效农业园等8个特色园区通过区级验收。泉山防火通道完成建设，斗山农业生态园主干路网基本构成，泉山应急水源规划方案通过论证，泉山生态农业博览园、斗山兰颐园等项目加快建设，斗山农业生态园总体规划方案进一步完善中。

“幸福锡北”工程全面推进。义务教育高位均衡发展，校舍安全工程和C类校舍加固工程全面启动，全镇各校按省Ⅱ类标准全面创建到位。完善公共卫生服务体系，完成镇级医疗卫生体制改革，社区卫生服务中心基本药物制度全面落实到位，医疗用房危房加快设计改造。积极推进文化建设，董欣宾故居完成修缮。深入实施文明创建工作，被评为“江苏省精神文明先进乡镇”和

"无锡市文明镇"。积极落实就业政策，扶持培育创业孵化基地2个，新建创业实训基地1个，开发就业岗位3370个，实现就业再就业921人。完善社会保障体系，净增社保扩面1360人，纳入最低生活保障家庭749户，各类保障资金（补贴）按月发放；完成慈善募捐200.5万元，完成贫困户（含残疾人家）危房改造34户。深入推进"服务进社区"活动，新建社区服务中心2家，社区"扁平化"管理全面推进。深化基层民主建设，顺利完成村（居）委换届选举。加强安置小区管理，新建斗山花苑社区居委会。深入推进"法治锡北"、"平安锡北"建设，进一步完善各项机制，深化"三项排查"、"两项治理"工作，全镇社会政治总体保持和谐安定。

【获"新锡山工作创新奖"称号】3月，锡北镇积极践行"以工促农、以企带村、村企共建"方针，探索以社会化手段支持和推进新农村建设的新路子，在全区率先启动"百企联百村、共建新农村"工程，按照"领导带动、部门联动、政策激励、村企联动、分步推进"的要求，积极推动116家企业与13个行政村的100个自然村结对共建，由结对企业出资和认资2100余万元资金，实施村庄环境综合整治工程，有效提升全镇农村环境，形成了陆家水渠、长浜河、苏家湾、西庄、陆家、尤长桥等一批环境优美、特色鲜明的亮点村庄。该项工作受到市、区两级的高度肯定，并荣膺"2010年度新锡山工作创新奖"称号。

【市最大菌类生产研发基地建成】6月29日，无锡市最大的菌类生产研发基地——无锡五芝源养生生态农业园在锡北镇斗山地区建成开园。该园总规划面积13.33公顷，总投资3500万元，其中，一期工程投资1500万元。该生态园以灵芝、虫草等珍稀药（食）用菌生态种植技术研究与推广、食用菌深加工等为主，是集种植、研发、观光、加工于一体的大型现代灵芝主题生态园，被列为"江苏省高效农业示范基地"和"江苏省农业科学院农产品加工研究所实验示范基地"，同时也是江苏省苏微微生物研究有限公司实验基地。该生态园充分利用现代设施农业技术，实现灵芝四季生产，形成江苏省灵芝袋料栽培行业标准，同时在灵芝、虫草等深加工上形成纳米级超细粉、破壁孢子粉、多糖等系列产品，其生产加工技术及研发能力居国内前列。

【乡村旅游景点和品牌建设】形成一批旅游景点。晨东绿色休闲农庄成为"全国农业旅游示范点"和四星级"农家乐"旅游点，寨门村、溢凡农庄、斗山农业生态园分别成为三星级"农家乐"旅游点，斗山农业生态园成为无锡市农业生态旅游点，五芝源养生生态农庄、陆家水渠新申报为三星级"农家乐"旅游点。修复一批文化工程。先后修复顾宪成故居、新四军六师师部旧址纪念馆、锡北革命历史纪念馆、董欣宾故居等一批历史文化保护工程和爱国主义教育基地，其中，新四军六师师部旧址纪念馆、锡北革命历史纪念馆成为无锡市红色旅游景点。打造一批旅游品牌。先后打造太湖翠竹茶叶系列、泾声牌大米系列、锡北灵芝系列等一批旅游品牌商品，同时打造太湖翠竹茶叶节节庆文化品牌。

【市最大白茶生产基地建成】位于斗山农业生态园的斗山白茶园于2010年年初建成，并于3月下旬开采上市。该园由无锡斗山村白茶园茶文化有限公司投资建设，茶园面积33.33公顷，其中，白茶种植面积20公顷，居无锡市最大。该园引进的"安吉一号"品种，为全国最好、最纯白的白茶品种，是无锡第一大品牌。

2010年锡北镇各村（社区）基本情况一览表

表42

村（社区）	户数（户）	人口（人）	书记	主任	开票销售（万元）	农民年人均纯收入（元）
新明村	1242	4791	陆介正	范晓兵	10514	11478
周家阁村	1091	3802	周国君	王春秋	35846	11000
泾西村	1586	5636	苏宪忠	华小东	52086	12828

续表42

村（社区）	户数（户）	人口（人）	书记	主任	开票销售（万元）	农民年人均纯收入（元）
泾新村	1058	3963	时锡余	沈军贤	55666	12000
寨门村	1393	5090	严诚伟	陆铁平	34254	12300
光明村	1230	4433	汪瑞根	徐　锋	40363	11570
张泾社区	1381	3293	—	马伟标	—	—
新坝村	826	2891	吴建洪	过希军	29000	13000
八士村	1010	3706	张　敏	过献新	15726	11454
联新村	752	2764	孙叙良	王秋涛	13980	12258
劲丰村	864	2968	陈德安	方建平	14929	14000
斗山村	1018	3496	陆　云	张　健	3490	11605
东房桥村	789	2655	秦国强	黄李明	40565	10860
春风村	974	3405	华　军	周建平	7178	9500
八士社区	1339	3499	—	陆志荣	—	—
斗山花苑社区	1504	5305	—	王整跃	—	—

（夏国锋）

东港镇

【概况】东港镇位于无锡市东北部，长江三角洲黄金地带，是无锡市“十二五”规划框架中的新型卫星城。东港镇交通便捷，省道S228、锡东大道、锡张高速公路贯穿全境，距张家港、江阴港、沪宁高速公路、京沪高速铁路、无锡机场均约20公里。全镇总面积84.6平方公里，辖15个行政村、4个社区居委会，常住人口近8万人，外来人口4万余人。2010年，完成地区生产总值72.8亿元；实现国税开票销售176亿元，其中，工业开票销售152亿元；财政总收入7.29亿元，其中，一般预算收入3.16亿元；完成外贸供货额21.88亿元；自营出口额2.69亿美元；社会消费品零售总额17.8亿元；农民年人均纯收入1.45万元。年销售1000万元以上企业163家，规模企业总销售占全镇的89.1%。各项社会事业全面发展，2010年获“2007～2009年度江苏省文明乡镇”、“江苏省平安农机示范乡镇”、“无锡市科普示范镇”、“2009年度和谐劳资关系（街道）镇”、“2006～2010年度无锡市法治建设先进集体”、“无锡市综治委2010年度社会治安安全镇”等称号。

专业园区加快拓展。围绕做优做强项目建设平台，不断加大园区基础设施投入，园区承载重大项目能力进一步增强，产业集聚和带动作用逐步显现。电力装备产业园拓展1.5平方公里，发展规划和建设规划完成编制和论证；新材料产业园拓展1平方公里，发展规划、建设规划和消防专项规划完成编制和论证。两园区内金港大道、勤盛路、红花路、园南路、开发路、环园南路等道路基础设施建设相继竣工投用或开工建设。

科技创新成效显著。深入开展产学研合作，电力装备产业园分别与中国科学院电工所、中国电科院、国网电力科学研究院签署合作协议；红豆集团与麻省理工学院签订合作协议；全镇累计建立省级院士工作站4家，市级院士工作站1家。全年申报各类科技项目120个，成功立项67个，新申请发明专利89件；无锡确成硅化学有限公司等3家企业成功申报省高新技术企业，累计19家。技改投入持续加大，全年实施技改投入项目19个，投入8.16亿元，比上年增长54%。积极实施人才强镇战略，全年引进各类人才511名，其中，“双高”人才7名、海归人才2名；红豆集团和无锡市圣丰减震器有限公司分别入围无锡市科技领军型创新人才和嫁接型人才行列。

现代都市农业产业化发展。坚持现代农业规模化、高效化道路。新增农业适度规模经营面积298.8公顷，累计2693.47公顷；新增高效农业面积96公顷，累计2724.47公顷；新增设施农业面积80公顷，累计955.93公顷。全镇拥有注册农产品商标13件，省级名牌产品1个，省级认证无公害农产品12个，无公害农产品生产基地5个，市级龙头企业2家。农业园区建设进展顺利，全镇8个行政村建成11个特色农业园区。新增红豆杉种植面积153.33公顷，累计超1466.67公顷，盆景销售额超1亿元，山联龙虾生态养殖园、东升食用菌产业园、黄土塘农业观光园、新巷草坪产业园等特色农业园区销售势头良好，全年实现销售4000余万元。同时，农业生态旅游业建设全面推进，山联农村旅游共接待各类游客15万人次，实现旅游营业收入400余万元，红豆旅行社成为全区首家企业创办的专业社，山联村、湖塘桥社区“农家乐”分别获得市级四星级、三星级“农家乐”称号。

教育资源逐步优化。2010年，总投资2200万元，占地面积1.47公顷的东湖塘中心幼儿园新园启用，并创建成省优质幼儿园。港下实验小学新教育楼及多功能厅建成投用，全镇各中小学省Ⅱ类装备全面达标。成人教育和社区教育继续深化推进。

新农村建设成效显著。东港镇牢固树立科学发展观，以村容村貌综合整治为突破口，以调整产业结构、发展高效农业、增加农民收入为重点，努力推进新农村建设，成功创建为市级新农村示范镇，全镇累计有15个村（社区）成功创建为新农村示范村（社区），其中，黄土塘村和山联村分别获“江苏省社会主义新农村建设示范村”和“江苏省社会主义新农村建设先进村”称号。扎实推进富民措施，努力促进农村“三大合作”经济组织建设，提高农村集体资产的运营效益，新组建港南、新巷、湖塘桥3家富民合作社，累计组建富民合作社6家、土地股份合作社18家、村级集体经济股份合作社18家，受益农民7.4万人。农民年人均纯收入1.45万元。

城镇一体化功能不断深化。东港镇一期规划新建范围1.5平方公里的新市镇中心商贸区建设加速推进，完善部分基础设施，投入近7.2亿元，新市镇雏形初现。完成道路建设8.7公里，怀仁路商业街即将投入运营，睦邻中心、新湖苑二区安置房即将完工，市民公园建设工程全面启动。完成75座危桥工程。东港污水处理厂二期工程竣工投用。全年累计铺设污水管网229公里，接管企业693家、三产业361家、机关事业单位61家、居民约1.7万户。进一步巩固国家卫生镇创建成果，投入近140万元新增亮化3公里，投入近60万元新建地槽垃圾中转站6座，垃圾无害化处理率100%。拆迁安置强势推进，全年完成拆迁面积30万平方米；安置房建设全面铺开，新湖苑一区完成分房，11.6万平方米的新湖苑二区于2011年6月竣工，9.45万平方米的新湖苑三区启动，新湖苑四区安置房进入规划设计阶段。

基层民主法治更加健全。深化“法治东港”建设，深入推进法律“六进”工程和广场法治文化活动，不断提高学法用法水平；顺利通过“五五”普法教育考核验收。进一步加大基层民主法治建设，镇司法所创建为无锡市五星司法所；张缪舍村创建为省级民主法治村；陈市村创建为江苏省管理民主示范村；山联村、港南村、华东村3个村创建为无锡市管理民主示范村。进一步推进社区“扁平化”管理建设，全镇“扁平化”管理实现全覆盖。加强安置小区管理，新设立新嘉苑、新湖苑2个社区工作站。顺利完成第九届村（居）委换届选举工作。村务公开得到有效推进，村（居）民自治工作跃上新台阶。

【东港镇首届运动会举办】10月15日，东港镇首届运动会开幕式在怀仁中学举行。开幕式上，仪仗队和运动员代表队共计28个方队1000余人接受领导检阅。运动会由45家单位的1000余名运动员参加，设置乒乓球、象棋、篮球、羽毛球、台球、足球、门球等10个大项、33个小项目的比赛。11月6日，经过6个月紧张激烈的角逐，东港镇首届运动会圆满闭幕。

【获“省文明乡镇”称号】始终坚持经济社会建设和精神文明建设并重，围绕中心、服务大局，以营造文明环境、打造“文明东港”为目标，推进全镇精神文明创建工作。以争创全国文明城市为目标，全面提升文明创建水平。多次召开争创全国文明城市工作动员会议和工作部署会议，分解落实任务，确定人员、明确责任、细化标准。以“迎世博、讲文明、树形象”为载体，着力加强群众性精神文明创建活动。以品牌建设为载体，全面深化未成年人思想道德建设。在黄土塘未成年人活动中心原有的基础上，建成集健身娱乐于一体的文体活动中心和未成年人传统文化教育题材“百工画廊”。建立完善爱国主义教育基地长效管理制度，黄土塘战斗纪念碑和姚桐斌故居两个爱国主义教育基地实行免费开放。2010年12月，东港镇被江苏省精神文明指导委员会授予“2007～2009年度江苏省文明乡镇”称号。

【获“省平安农机示范乡镇”称号】扎实开展“平安农机”示范镇创建工作，逐步构建农机安全生产的源头管理、执法监控、宣传教育“三大防线”，实现了农机安全生产的全程监督管理，加大了农机安全监管力度，事故隐患明显下降，确保了无重特大农机事故发生，具有良好的效果和深刻的社会意义。2010年1月，东港镇被江苏省农业机械管理局、江苏省安全生产监督管理局授予“江苏省平安农机示范乡镇”称号。

【山联村获“省节约型村庄”称号】山联村按照“一次规划、分步实施”的原则，不断探索节约型示范村庄的新路径，围绕村民生产劳动、日常生活、居住环境等方面，优先选取龙虾、红豆杉鸡及经济观赏植物等投入低、见效快、农民得实惠的种养殖项目进行创建，逐步引导村民树立节约理念，学会节约方法，提高村民参与省级节约型示范村创建活动的积极性和主动性，形成了33.33公顷龙虾养殖基地，年收益390万元，放养红豆杉鸡2万只，年产值120万元。2010年12月，山联村被江苏省住房和城乡建设厅授予“江苏省节约型村庄”称号。

【红豆集团被认定为首批商标战略实施示范企业】6月1日，国家工商行政管理总局商标战略实施示范城市（区）、示范企业授牌电视电话会议在北京召开，由于企业商标战略实施成效显著，红豆集团被国家工商行政管理总局认定为首批商标战略实施示范企业。红豆集团也成为服装行业和江苏省唯一一家国家商标战略实施示范企业。

【周海江获殊荣】红豆集团在大力引进国际化水准的高级管理人才的同时，更注重通过与国际知名院校、培训机构开展合作，进一步提升集团管理人员水平，加快企业经营管理人才职业化、市场化、现代化和国际化步伐。同时，红豆集团始终重视一线员工的培养，通过不断培训，打造了一支高技能人才队伍。8月10日，卡内基卓越领导人奖颁奖典礼在无锡红豆国际广场举行，红豆集团总裁周海江成为中国大陆区“卡内基卓越领导人奖”第三人。12月18日，2010品牌中国年度人物颁奖盛典在北京开幕。红豆集团总裁周海江始终支持慈善事业的发展，成为唯一一个获“2010品牌中国慈善年度人物”称号的企业家。

【市首家非公企业纪委成立】10月28日，中国共产党江苏红豆集团有限公司纪律检查委员会成立。红豆集团有党员近千名，党委下设7个党总支、92个党支部、84个党小组，并建立全国民营企业第一个境外党支部——柬埔寨工业园区党支部，实现了党组织建设从集团总部到产销一线的全面覆盖。新成立的红豆集团纪委将根据党章规定，围绕促进企业全面协调、可持续发展，积极履行教育、监督、保护、惩处四项基本职能。同时，将通过加强企业廉洁文化建设，帮助党员和员工树立廉洁诚信的道德价值观，引导和促进企业依法诚信经营。

2010年东港镇各村（社区）基本情况一览表

表43

村（社区）	户数（户）	人口（人）	书记	主任	开票销售（万元）	农民年人均纯收入（元）
新巷村	1854	6570	宋林达	董晓平	23777	14054
港东村	1165	3921	王志明	袁　锋	34168	14858
山联村	1691	6339	吴岳平	秦　超	13327	15785
湖塘桥社区	695	2443	胡建开	朱晓明	21488	14719
陈市村	851	2965	周瑞新	孙　红	3003	15479
张缪舍村	622	2320	蒋志远	黄晓东	33272	15134
勤新村	1343	5369	周瑞新	周祖良	19571	16213
蠡溷西社区	786	2868	顾　铿	冯义忠	3504	11550
港南村	1258	4393	潘振华	殷耀伦	20361	13327
港下社区	380	1900	王　明	张军海	—	15332
东湖村	1205	3872	吴亚平	浦利江	28329	13121
华东村	661	2589	谢浩庆	周云忠	38821	16092
东青河村	853	2879	沈伟东	顾云良	56382	14627
东南村	1505	5337	程惠鹤	徐国平	14827	14491
亚光村	918	3177	张文浩	孙惠明	34001	12131
黄土塘村	2069	7303	肖明荣	卢建平	107300	18365
东升村	709	2480	顾科伟	顾科伟	46224	17151
朝阳村	1118	4350	顾柏清	徐仁良	36480	10681
东湖塘社区	1528	2288	徐梅芳	—	—	16900

（陈　寅　顾敏锋）

云林街道

【概况】云林街道地处无锡市东部，锡山经济技术开发区腹地，区位优势明显，交通便捷。西与锡山主城区毗邻，东与锡东新城（高铁站商务区）接壤，紧邻国道G312、锡沙公路、沪宁高速无锡东出入口，友谊路、团结路贯穿全境，南临九里河，北依锡北运河，兴塘河环带东西。下辖蓉阳1个行政村和仓下、钱家庄、长大厦、春象、杨亭、春雷、竹园、新农丰8个社区居委会，并托管芙蓉、双桥2个行政村，总面积25平方公里，人口2.7万人，外来人口6万余人。

2010年，街道党工委、办事处在区委、区政府的正确领导下，在锡山经济开发区党工委、管委会的支持下，团结带领广大干部群众，紧紧围绕中心、服务发展大局，开拓创新、锐意进取，全面贯彻落实科学发展观；以打造高品质环境为抓手，以拆迁安置、城市管理、民生改善、社会稳定为重点，牢固树立“服务立街、生态立街、文化立街”的发展理念，街道各项事业发展跃上新台阶。

拆迁安置工作取得新突破。街道始终高度重视拆迁安置工作，积极完善拆迁体制、明确责任、强化措施、规范程序，不断加快拆迁安置工作步伐。全年累计完成签约面积72.68万平方米，拆除面积70.68万平方米，分别占全年任务的134%和130%；全年安置总面积17.49万平方米，其中，大套169套、中套133套、小套589套、小高层831套、车库843间，切实保障了北中路、拍卖地块、安置房地块、友谊路以东土地整理地块、服务外包地块、云林路北延、兴业大道等重点地块和项目的清障工作，为开发建设的纵深推进拓展了空间。

城市管理工作迈上新台阶。建立健全城市管理体系，建成覆盖街道各村（社区）的城乡管理服务站。探索实施道路保洁、绿化养护、11条区镇级河道保洁的市场化运作，制定下发考核办法，进一步提高管理作业水平。强化市容环境日常管理，开展各项整治工作，全年累计拆除各类违法建设131处、面积28342平方米，取缔废品回收站23家、豆腐作坊6家、住家船18条，整治无证摊530余起、占道经营700余起，检查渣土运输车200余辆。大力推行以桶代房工程，拆除垃圾房223个，投入240升标准垃圾桶1027只，在街道主干道路两侧添置分类果壳箱247只。以云林苑小区为试点，全面推进生活垃圾机械化收集，街道生活垃圾“四集中”体系建设基本到位，生活垃圾村集中收集率、街道集中清运率均实现100%。

生态治理工作呈现新面貌。完成10条河道综合整治并顺利通过验收，完成寺泾浜和融通港清淤工程，清淤工程量约10.5万立方米，封堵排污口142个，明确雨水口131个、达标排放口9个，“河长制”管理实现全覆盖；对芙蓉村、双桥村的5个自然村实施环境综合整治，全面完成村庄污水处理工程，开展基础设施配套建设和村庄洁化、美化、绿化工程，村庄人居环境有效改善；全面完成排水达标区创建工作，完成115家单位接管，接管率100%；重点实施芙蓉工业园B区污水工程，投资79万元，完成管网铺设0.8公里；累计完成主管网4.5公里，三级管网15公里，基本完成镇区及工业相对集中地区的污水管网铺设工作；在全区率先超额完成水生态综合整治年度目标任务。

社会事业发展实现新进步。加强民生保障工作，累计为928人办理城镇就业失业证及失业登记；实现城镇下岗失业人员再就业250人，农村劳动力就业230人，被征地劳动力就业150人；提供就业岗位3629个，开发灵活就业岗位130个，为农民开展技能培训450余人次；完成社保净增实际缴费5081人，发放社会保障卡28647张；调解劳资纠纷346起，开展各类专项检查活动，追发1000余名劳动者工资共23万余元。全面完成云林少儿书画院一期工程、云林实验小学食堂改造、云林幼儿园门卫扩建、云林幼儿园操场软化、学校技防建设、校舍抗震加固等工程，仓下中学实验楼工程封顶，教师电脑配置到位。

民主法治建设展现新气象。扎实开展大调解机制建设提升年活动，大力开展社会矛盾纠纷排查化解工作，社会矛盾调解成功率100%。以法律“六进”活动为载体，开展形式多样的法制宣传教育，成功承办全区“12·4”广场法制宣传活动，顺利通过区“五五”普法考核验收。做好法律援助工作，年内办结法律援助案件32件，受理咨询62起，建立街道法律援助工作站1家，联系点12个。加强校园物防技防投入，实施校园环境综合整治，对街道中小学、幼儿园及其周边存在的各类问题进行集中整治，全面改善校园环境。

党的建设工作得到新提升。深入开展创先争优活动，全力打造学习型党组织。以街道党工委中心组学习为带动，以村（社区）基层党校为平台，切实加强理想信念、思想道德以及党风党纪教育与学习，不断提高党员干部队伍政治理论水平。选优配强基层干部队伍，11个村（社区）顺利选举产生新一届基层党组织和村（居）委领导班子，街道3个事业单位通过竞争上岗选拔3名中层副职。积极充实街道后备资源，建立后备干部一人一档信息资料；举办街道第一期青年干部培训班，实施大学生村官“社区服务e路服务零距离”项目。组建基层党代表监督队伍，成立云林街道党代表工作站，加强基层党内民主监督。

全面落实党风廉政建设，全力推进惩治和预防腐败体系建设，切实改进机关作风，推进效能建设。

【市首个可同步录音录像调解室建成】无锡市首个可同步录音录像的调解室于2010年12月在云林街道春雷社区启用，标志着云林街道人民大调解工作又上新台阶。调解室可同步录音录像的实现一方面有利于促进调解委员会工作人员的规范工作，另一方面有利于防止纠纷双方矛盾的激化；同时，生成的影像资料可作为调解工作的备忘录，防止旧矛盾的重现。

【区首个社区慈善基金会成立】9月20日，由云林街道春雷社区党委、春雷社区居委会发起组建的全区首个社区慈善基金会——春雷爱心救助基金会成立，59万元启动资金由邓锡锋等7名春雷籍企业家无偿捐赠。基金会以理事会为管理团队，以社区网站为信息平台，制定章程，公布报表，规范基金使用。基金会年内累计募得善款95.74万元，先后对社区的20余名贫困学生、孤寡老人和大病患者进行爱心资助，累计发放救助款3万余元，极大地促进了和谐社区、幸福社区的建设。

【区首个大学生村官网开通】全区首个大学生村官网——云林街道大学生村官网（www.ylcunguan.com）经过试运行，于2010年11月12日开通。云林大学生村官网以“社区服务e路零距离”为主题，通过网络平台的建设，主打社区服务品牌，为社区群众提供就业创业、政策咨询、志愿活动等多方面的社区服务项目，积极探索社区服务的新途径，让居民感受到大学生村官给基层带来的活力与变化。同时，以网络平台为信息化载体与依托，开展大学生村官“四个一”主题活动——每位村官“联系一个楼道、写一本日志、开一堂课、做一篇调研”，搭建村官风采展示、交流沟通的平台，为每位大学生村官建立“成长档案”，全方位展示大学生村官的精神风貌、工作过程和生活态度，帮助村官们总结思考，理清工作思路，促进相互学习。

2010年云林街道各村（社区）基本情况一览表

表44

村（社区）	户数（户）	人口（人）	书记	主任	开票销售（万元）	农民年人均纯收入（元）
仓下社区	552	2010	潘国民	潘国民	15000	13500
竹园社区	600	2212	华逸明	花国明	20000	12500
钱家庄社区	705	2493	阙建源	阙建源	30000	14300
长大厦社区	724	2461	倪向红	倪向红	23000	12700
春雷社区	995	3921	陈群献	陈群献	67000	16280
春象社区	357	1215	徐忠明	徐　军	21000	13700
杨亭社区	819	2887	包国东	高　宏	35000	10682
新农丰社区	251	913	高锦明	沈建伟	8000	8500
蓉阳村	1250	4260	章建红	平国忠	120000	10558
芙蓉村	1016	3895	包建国	过国清	48000	11000
双桥村	950	3665	万志新	沈纪林	15000	9400

（包敏红　项盛林　钱桂生）

厚桥街道

【概况】厚桥街道成立于2009年4月，是锡山经济开发区的重要承载板块之一，是锡山区重点打造的锡东新城S-Park（高新技术产业孵化园）区。厚桥街道地理位置优越，东与羊尖镇接壤，西至走马塘，南邻无锡新区鸿山镇、锡山区鹅湖镇，北接北中路、与锡山区东港镇交界，京沪高速铁路、锡张高速公路贯穿而过，锡太路、锡东大道、锡沪路三条主干道从南、西、北三个方向环绕，区域优势突出。下辖8个行政村，1个社区居委会，行政区划面积33.5平方公里，常住人口2.8万人，流动人口1.2万人。

2010年，广大干部群众坚持以“厚德崇实，创新奋进”的厚桥精神凝心聚力，以“幸福厚桥”建设为根本目标，依托锡东新城建设和锡山经济开发区S-Park整体开发，进一步优化空间，集聚资源，整合要素，城市化和城镇现代化进程全面加快，各项社会事业取得了重大进展，为厚桥街道实现赶超发展和跨越转型积累了宝贵经验、奠定了坚实基础。

现代城镇格局初步显现。全年完成无锡市产业集团、职业教育中心、新日雅迪和美新传感等14个重点地块的拆迁，拆除面积70.59万平方米，完成区下达任务的140%。年余村、太芙村全面完成或基本完成区域内的拆迁目标任务。完成征地286.67公顷，复垦土地15.18公顷，为锡山经济开发区在厚桥板块的发展和厚桥自身建设腾出空间。全年安排安置房340套、3.2万平方米，安置280户、1100余人。大诚苑二期安置房基本建成，厚桥花园一期安置房开工建设，配合锡山经济开发区完成街道镇区控制性详规的最终编制确认工作。所有区以上重点项目建设均得到顺利推进。厚嵩路、厚东路建成通车，东盛一路、环湖西路、安盛路等13条道路建设快速推进，城镇骨架初具雏形。修补厚谢路等街、村道路5条、12582.5平方米，所有危桥均改造完成，厚桥公交停车场建成投用，新市镇面貌初步显现。

生活环境明显改善。坚持“长效机制促落实、重点整治求深化、高品质重塑优环境”的工作思路，多管齐下、联动协作、持续倒逼，解决了厚桥街道长期积累的遗留生态问题，为锡山经济开发区产业升级、加快实现“三高”联动腾出环境空间。水生态治理纵深推进，对区、镇、村三级56条河道进行长效保洁，村庄整治、控源截污和排水达标区创建任务提前完成，农业面源治理全面完成，涉污企业实现“清零”，生态环境全面改善。

城市化管理不断创新。全面推进8个村1个社区“扁平化”管理，新厚桥村和太芙村建成社区服务中心。中东村、嵩山村和太芙村高标准建成居家养老服务站和残疾人日间照料所。积极探索安置小区社区建设委托管理新模式。全面落实河道保洁长效管理机制，建立生活垃圾“四集中”收运体系，保留的90个自然村全面实现垃圾集中收集。新厚桥村、谢埭荡村、中东村、嵩山村、新联村、年余村6个村顺利通过省卫生村复检。

特色农业园区建设初见成效。新增农业适度规模经营面积56.67公顷、高效农业面积16.67公顷、土地流转面积16.67公顷、园区农业面积13.33公顷、造林绿化面积8.67公顷。建成村级农业特色生产基地2个，中东村初步建成13.33公顷优质果品园区，谢埭荡村启动26.67公顷特种水产园区建设。

群众幸福感满意度不断提升。建立锡山经济开发区、街道、村、企业“四位一体”的就业共享促进平台，通过举办招聘会、创建创业孵化基地、帮扶就业困难人员，实现新增创业就业1287人。社会保险扩面净增缴费959人，完成年度任务的192%。嵩山村、新厚桥村首批“双置换”对象1425人纳入置换保障体系。健全以政府救助为主体、社会互助为补充、最低生活保障为核心的救助体系，继续实行街道党政领导、中层干部结对帮扶深度贫困家庭制度，并专门成立街道扶贫开发协会。坚持义务教育高位均衡发展，顾仁庆小学整体稳妥并入厚桥实验小学。厚桥中学、幼儿园、敬老院等新建改建工程全面竣工投用。稳步推进医药卫生体制改革，加强社区卫生服务工作。探索建立“大人口”管理新机制，认真开展第六次全国人口普查，世代服务体系实现全覆盖。文化体育事业日益繁荣，依托荣耀俱乐部积极传承传统特色文化，承办“三服务下乡”、“走进新锡山”等广场文艺汇演，举办街道首届全民运动会，反响热烈。完善法律援助“绿色通道”，法律顾问实现村（社区）全覆盖。积极开展大接访活动，加强对矛盾纠纷排查调处和源头性预防，社会保持和谐安定。

党建引领作用进一步增强。基层党组织和党员创先争优公开承诺践诺活动全面推行，街道机关部门、村（社区）、企业及市镇单位党组织“三方结对共建、携手创先争优”活动持续深入，党员志愿者队伍活动广泛开展，充分激发基层党组织和广大党员创新创优的积极性、创造性。通过“厚桥精神”大讨论、“奋进中的厚桥”图片巡回展、征文比赛、演讲比赛等形式，形成共建“幸福厚桥”的良好社会氛围。组建“夕阳红”老干部宣讲团，成立党风廉政和重点工作义务监督员队伍，形成共建“幸福厚桥”的坚强合力。公推直选产生新一届基层党组织领导班子，顺利完成村（居）委换届选举，一批素质好、能力强、群众认可度高的优秀人选进入“两委”班子，干部队伍梯次结构得到明显改善。制定“343”人才培养计划（自2009年起3年内培养40名35岁以下的年轻后备干部），初步形成建设“幸福厚桥”的后备人才支持。扎实开展党风廉政建设，不断丰富反腐倡廉教育形式，领导班子带头贯彻落实《中国共产党党员领导干部廉洁从政若干准则》，加强廉洁自律，一着不让建设务实高效的干部队伍。建立全市首家基层党风廉政教育基地，深入推进廉政文化建设，着力营造反腐倡廉氛围，分层次开展各类专题培训和集中学习，筑牢党员干部拒腐防变的思想道德防线。

【生态整治成效显著】构建网络全覆盖的生态治管一体机制。由街道、村（社区）两级组成的环保专项整治队伍，街道城管建立的分片巡查队伍，组成政府体制内的实施生态整治和自我监督整改网络；由街道离退休干部、定员干部组成义务宣讲监督队伍，部分区人大代表、政协委员和定期随机抽取的群众组成义务监督员队伍，共同组成集动员、宣传和工作评价于一体的社会工作网络，从而基本实现网格化治理和多层次的测评监管，确保生态整治的实效和绩效反馈。构建多管齐下、联动协作的生态整治机制。以街道安全环保专项工作组为枢纽，建立对接锡山经济开发区的街道、村、村组三级联动整治机制和环保、安监、工商、城管、建设、电力等部门联合执法、共同整治的协作平台，通过8次大规模突击夜查，持续保持对涉污企业的高压整治态势。构建环环紧扣、持续倒逼的落后产能退出机制。通过全面摸底排查涉污企业，锁定目标；深入了解掌握企业证照和超范围经营状况，确定整治方案；严格按照既定要求对无证无照、证照不齐、超范围经营的各类涉污企业，设定关停时间底线，分三批逐步实施淘汰退出。2010年，全面完成500万元规模以下小化工企业的整治任务，关闭、搬迁12家化工企业。

【建立市首家基层党风廉政教育基地】4月27日，全市首家基层党风廉政教育基地在厚桥街道中东村成立。结合自身实际，制定基层党风廉政教育基地规章制度，并“上墙”公布，同时设立廉政教育警句廊和廉政教育版画廊、廉政教育漫画廊等，设立党风廉政宣传栏、党风廉政看板和廉政教育警示石等。该基地已申报市级廉政教育示范基地。街道全体党政领导、各村（社区）街管干部、街道各部门中层干部、市镇单位正副职负责人、街道后备干部等100余人参加培训。街道纪工委以8名新任公务员、大学生村官廉政教育作为基层党风廉政建设的切入点，开设新同志任职廉政教育第一课，通过廉政教育的正面激励、反面警示，新同志受到廉政教育的洗礼，认识到廉政建设要从身边小事做起，防微杜渐，打好廉洁从政基础，提高廉政勤政意识，真正成为建设“幸福厚桥”的顶梁柱。

【社区教育中心、成人教育中心校揭牌】1月18日，厚桥街道社区教育中心、成人教育中心校成立，副区长张映雪为中心揭牌。厚桥街道社区教育中心、成人教育中心校的成立，进一步巩固和拓展了厚桥街道的成人教育阵地，将更好地服务全民终身学习，不断为厚桥街道的转型跨越发展注入新活力、作出新奉献。

2010年厚桥街道各村（社区）基本情况一览表

表45

村（社区）	户数（户）	人口（人）	书记	主任	开票销售（万元）	农民年人均纯收入（元）
新厚桥村	1420	4944	赵燕余	华东明	27600	12850
谢埭荡村	843	2602	杨玉兴	杨玉兴	23500	11800
中东村	860	3019	王祥平	陈　友	41300	13000
嵩山村	1700	6044	俞国良	吴嘉华	64100	10846
新联村	940	3363	周　江	朱祥明	8100	9800
年余村	426	1689	周晓华	瞿梅红	43300	18000
太芙村	970	3345	祁寿伦	蔡晓东	79000	18000
南桥头村	756	2746	巫明伟	周伟江	23600	10580
厚桥社区	470	1044	孙秋江	吕其元	—	—

（华注丰）

● 锡山六人书画作品赏析 ●

水墨荷花　　（朱　群　作）

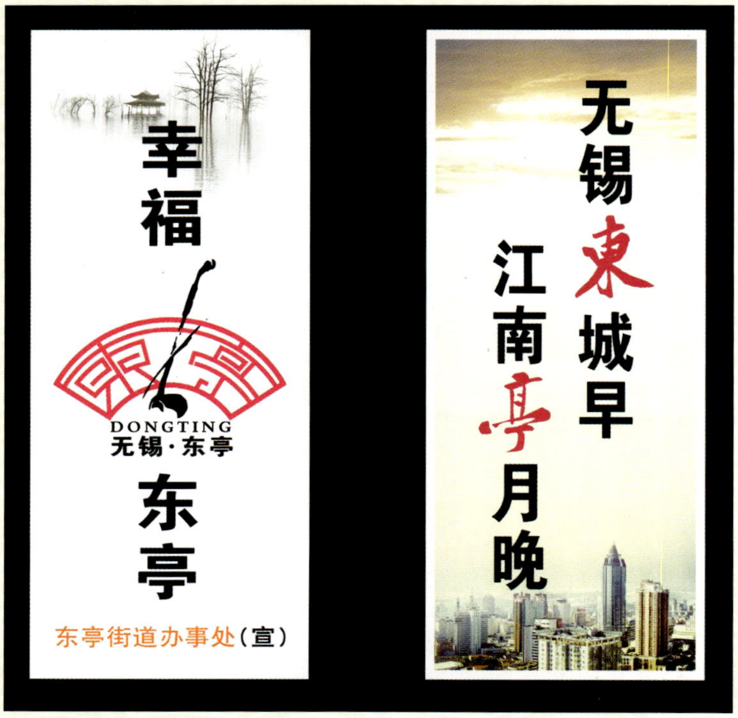

锡山区东亭街道宣传广告 （东亭街道 供）

大地数字影院开业 （东亭街道 供）

锡州路改建新貌 （东亭街道 供）

安镇街道安置小区鑫安苑　　（安镇街道 供）

锡山区羊尖镇重点项目集中开工奠基　　（羊尖镇 供）

东北塘街道东舟船舶技改扩能项目开工奠基　　　　　　　　（《新锡山》 供）

由东北塘街道退教协会主办、区老干部书画协会东北塘书画小组协办的老园丁李育人书法作品展　　　　　　　　（《新锡山》 供）

斗山花苑全景图　　　　　　　　（锡北镇 供）

泾西村苏家湾新貌　　（锡北镇 供）

东升村同乐园　　（东港镇 供）

群众性体育健身活动蓬勃开展　　（云林街道 供）

杨家桥浜两岸美景　　（云林街道 供）

东盛一路新貌　　（厚桥街道　供）

区委书记朱爱勋（右一）调研厚桥街道　　（厚桥街道　供）

新联村新农村风貌　　（厚桥街道　供）

晏家湾精品果园　　（厚桥街道　供）

嵩山村老年舞蹈队在敬老院表演节目　　（厚桥街道　供）

人物·荣誉栏

先进人物

周海江

1966年2月生，中共党员，博士研究生，江苏红豆实业股份有限公司董事长、红豆集团总裁，高级经济师。

他是企业创新的推进者。在他的推动下，红豆集团率先推行“母子公司制”和“内部市场制”，把大企业规模优势与小企业的灵活机制结合起来，使企业做到了“大而活”。同时，集团实行“内部股份制”、“效益承包制”，企业内部推行竞争上岗机制，红豆集团向现代企业迈进。为了加快发展，红豆集团推行集约发展，创立工业园，厂房实现多层化，排污供水供能集中化；实行科技发展，以技术创新提升传统产业，自主研发高新技术产业；实现多元发展，实施高科技载重轮胎项目，种植红豆杉树，进军高科技生物医药行业；实现外包发展，将一些普通产品委托其他企业进行定牌加工。

他是民企党建的示范者。周海江坚持把党的政治优势转化为企业的竞争优势和发展优势，创造了“现代企业制度+党建+社会责任”的“红豆模式”，实现了党组织建设从集团总部到产销一线的全面覆盖，有党员892名、流动党员175名，下设16个党支部（总支）、85个党小组，并建立全国民企第一个境外党支部——柬埔寨工业园区党支部。

他是民族品牌的打造者。周海江一直重视商标文化、重视企业文化建设，坚持创民族品牌、走自主品牌之路。从“中国驰名商标”、“中国十大最具文化价值品牌”，到拥有3个“中国名牌产品”、6个“国家免检产品”，再到中国服装的“成就大奖”，“红豆”品牌几乎拥有中国品牌的所有殊荣。

他是社会责任的承担者。周海江把关心员工、关注社会、关爱环境作为自己应负的社会责任。在企业中营造“公平公正、诚信友爱、充满活力、奋发向上”的环境，对待高层人才给股份、给产权；对待优秀人才，企业公开竞争上岗；对待广大员工，不断提高待遇。他乐善好施，多年来，红豆集团对外捐款捐物超亿元。

从大学教员岗位辞职到乡镇企业创业20余年来，周海江以勇于创新、勤奋工作、善于管理、科学发展的实际行动，把红豆集团打造成年销200余亿元的大型民营企业，成为广大员工公选公信的集团总裁。2010年4月，周海江被国务院授予“全国劳动模范”称号。

（区总工会）

沈茂德

1958年4月生，中共党员，大学本科，天一中学校长，教授级中学高级教师，江苏省特级教师。

他倾心教育事业，以工作的“狂”劲和“钻”劲感染着全校师生和教育同仁。他勤学习、勤访谈、勤思考、勤协调、勤写作，在国家级、省级刊物发表100余篇研究论文并出版专著——《教育，真的不能简单》、《播种者的期盼与困惑》、《窗内窗外》，参与编写《给校长的101条建议》等。数年来，他在全国、省、市各种教育论坛、校长会议作了许多次主题性报告、发言，多次赴省内外校长研修班作学术报告。

他推进学校事业不断发展，将学校建设成“文化圣园、生态公园、数字校园、温馨家园”；实践教育多元化理念，创办“国际部”，超常教育在全国乃至国际上形成影响；引导教师确立“每个孩子都是一座金矿”的学生观，实施高层次的素质教育；用勤奋、智慧和激情带领教师开拓进取，“敬业奉献、崇尚科学、追求卓越”的“天一精神”形成巨大影响；他承担多项国家级、省级重点课题，“超常教育研究”、“科技教育”等研究项目成为江苏省“六大人才高峰”等重点项目，成为“江苏省‘333’工程培养对象”。他是“江苏省劳动模范”、享受国务院特殊津贴专家、“首届感动江苏教育十大人物之一”、新中国成立60周年——“无锡市最具影响力劳动模范”。2010年4月，沈茂德被国务院授予“全国先进工作者”称号。（区教育局）

侯维生

1947年4月生，中专文化，锡山区东港镇里国苗场经理，高级农艺师。

他爱国敬业、质朴勤劳，是锡山区甚至无锡市范围内苗木生产、销售和技术探索的带头人之一，为区域绿化工作作出了重大贡献。十几年来，他无偿提供栽培技术咨询，提供一年生小苗400余万株，每年帮助别人销售香樟绿化苗10万株以上。在他的带领下，东港镇逐步形成以香樟苗木为主体的育苗基地，成为拥有适度规模经营农户300余户，香樟苗年收益1000万元以上，年收益超30万元农户20余户，苗木经纪人30余个的江苏省“花木之乡”和“生态镇”。侯维生被尊称为“香樟大王”，“港下香樟”获“江苏省名牌农副产品”称号。

他守法经营，坚持“共同致富”的理念，热心公益事业，在当地小学和公共设施建设中，先后捐助绿化苗木50余万元。侯维生致力于苗木结构品种调整和改良，决心利用3年至5年时间总结出一套适合本地实际的花卉苗木标准化生产的技术措施，生产出一批适宜本地种植的乡土树种和优质造林苗木，为当地绿化事业的发展再立新功。

侯维生时任港下香樟协会会长、锡山区花卉苗木产销协会副会长、锡山区政协常务委员，先后获得“锡山区科技示范户”、“锡山区农业产业化经营示范户”、“无锡市产业化经营示范带动户”、“无锡市农民经纪人三十强”、“全国绿色小康户”等称号。2010年4月，侯维生被全国绿化委员会授予“全国绿化奖章”。

（区农林局）

诸建勇

1967年7月生，中共党员，本科学历，锡山区护林防火指挥部办公室副主任，高级工程师。

从事护林防火工作多年来，一直致力于林业事业的保护和发展，对待工作兢兢业业，认真负责，为保护发展锡山区林业资源作出了较大贡献。先后主持参与制定锡山区“九五”、“十五”“十一五”各项林业发展规划、森林防火规划、绿色通道规划、茶果产业基地建设等规划。在全区范围内推动落实防火责任制，完善森林火灾扑救预案，做好各项保障工作，在确保森林资源和人民生命财产的安全上做了大量扎实细致的工作。

不管是工作日还是节假日，他经常深入山林，检查各地护林人员到岗到位情况，对于林区防火风险点、防火盲区着重安排人力管理，加强检查。在各地人流量多的节场、假日，常常流动蹲点执勤。平时的防火工作以“预防为主，积极防治”为指导原则，积极发送宣传横幅、张贴宣传标语、发布防火公告，加强森林防火公益宣传和教育，全面提升群众的森林防火意识。积极做好防火物资储备更新，确保防火物资充足，并做好防火物资的整理和规范管理工作。2010年3月1日，诸建勇被国家森林防火指挥部、国家林业局授予“全国森林防火工作纪念奖章”。

（区农林局）

邱海勇

1962年8月生，中共党员，锡山区农林局工作人员，高级工。

作为锡山区护林防火指挥部办公室成员，邱海勇认真学习市、区上级森林防火单位有关文件精神要求，始终坚持依靠科学、依靠群众、依靠法制的工作原则，立足岗位，勤奋工作，在全区范围内推动落实防火责任制，积极发动护林防火宣传教育活动，努力做好各项保障工作，确保森林资源和人民生命财产的安全。

掌握山情和地形是护林防火工作基本功，他平时包括节假日，经常深入林区的山间地头，熟悉山区地形和道路路况，实地检查护林工作落实情况，寻找林区防火风险点和防火盲区。对于哪里平时人流量多，哪些区域的植被属于易燃植物，哪里可以开设防火隔离带，都做到心中有数。在防火期，每天都到林区巡查一次，检查防火人员到岗执勤情况，保持和执勤人员沟通联系，处理好林区各种情况；在非防火期，自学森林防火业务知识，提高护林防火理论修养，并时常学习灭火器材使用方法，清理仓库防火物资，做好台账资料的整理工作。

森林防火工作以预防为主，只有提高群众森林防火意识，才能真正切实有效地预防和避免森林火灾的发生。邱海勇平时特别注重宣传工作，通过发送宣传横幅、张贴宣传标语、发布防火公告等各种方式加强森林防火公益宣传和教育，全面提升群众的森林防火意识，收到显著的成效。2010年3月1日，邱海勇被国家森林防火指挥部、国家林业局授予“全国森林防火工作纪念奖章”。

（区农林局）

佘文烈

1963年9月生，中共党员，本科学历，锡山区统计局调查科科长，统计师。

佘文烈任区经济普查办公室副主任，在第二次全国经济普查工作中他以高度的责任心、认真负责的工作态度，严把"业务培训、单位清查、入户登记、质量审核和质量评估"五大关口，精心组织全区第二次经济普查的业务工作。严把"两员"业务培训关。自始至终参加各级经济普查办公室组织的专业培训和经济普查试点工作，自编培训材料和有关问题解答，对各乡镇（锡山经济开发区）的普查办业务人员和企业普查人员集中培训。严把单位清查关。通过工商、税务、编制、民政等部门搜集单位名录及个体经营户资料，编制普查对象单位名录底册（含个体经营户）；组织普查人员对交叉地域、有争议的区域进行现场踏界；开展"拉网式"清查，与名录底册核对，查漏补缺，确保普查对象不重不漏。严把入户登记关。开展普查人员集中进行入户登记试点，传授普查登记的方法和技巧；要求普查人员佩戴证件逐户上门，入户登记，索取相关财务核算报表，杜绝闭门造车现象；要求逐个核实填写指标，并由单位负责人、填表人当场签名，保证原始调查资料的真实性。严把普查质量审核关。推行互审复审、横比纵比、迂回对比、要素侧面核查、重要指标的核查，开展普查单位数自查；对普查单位与清查名录逐个核对，分专业和乡镇进行汇总，比较汇总结果；开展普查表、填报表质量自查；增加审核要点，及时编制查错修改方法。严把数据质量评估关。对各基层上报统计数据认真进行平衡关系、逻辑关系和大数审核，做到数出有据，合乎逻辑。2010年1月13日，佘文烈被国务院第二次全国经济普查领导小组授予"第二次全国经济普查先进个人"称号。（区统计局）

许　红

女，1961年9月生，中共党员，大专毕业，锡山区统计局工业科科长。

全国经济普查是一项重大的国情国力普查，是一项利国利民的重要基础性工作。普查涉及面广、要求高、难度大，她勇敢肩负重担，发扬攻坚不畏难的精神，全身心地投入到该项工作中，对普查工作有高度热情，认真负责，一丝不苟。从事统计工作三十年来，参与的每一次普查工作，都是身先士卒，同时团结好、指导好同事，和大家一起以高度的热情投身到普查工作中。普查工作是很繁琐的，涉及面很广，参与人员很多，知识层次、业务素质不一。作为与基层接触最直接的一级汇总单位，她刻苦钻研，熟练掌握普查业务知识；在深刻理解业务知识的基础上，勤于动脑，勇于创新，敢于开拓，把上级要求和客观实际相结合，使每一阶段工作具有较强的可操作性，高效率、高质量地完成任务。真实可靠地提供数据资料是统计工作应尽的职责，她在普查工作中始终坚持实事求是的原则，无论出现什么情况永远尊重客观实际，确保了普查工作的真实和准确，工作成绩显著。2010年1月13日，许红被国务院第二次全国经济普查领导小组授予"第二次全国经济普查先进个人"称号。

（区统计局）

吴咏芳

女，1976年5月生，中共党员，大专学历，东北塘街道梓旺村人，助理社会工作师。

吴咏芳1999年起从事计生工作，2006年8月调至东北塘街道计划生育服务站，主要负责规划统计工作。为人诚实正直，热情大方，正义感强，在工作上兢兢业业，埋头苦干，奋力拼搏，任劳任怨，有着强烈的责任心和事业心。

在计生服务站工作三年内，顺利通过成人大专、统计专业人员资格证书的培训考试和全国社会工作师的资格考试，成为一名能适应工作要求、与时俱进的工作人员。2009年5月，锡山区开始启用无锡市人口和计划生育工作平台，新老系统的转换产生了大量的工作，整个数据库的信息需要清理核对，经过认真梳理、归类以及对检测模块中的大量错误信息进行更正，她提前保质保量完成核对任务，确保了新系统的正常运行。2008年8月"十一五"中期评估期间，曾被无锡市计划和生育局抽调为调查员参加样本点的评估，为先进区验收积累了一些工作经验。2010年终期评估准备工作中，为了核对两个样本点的数据以及相关信息，她连续加班加点十几天，将统计资料及时整理好，给领导当好参谋，指导好基层工作。

她认真细致地完成每个月的月报表，并及时做好横向部门出生信息的核对和补漏工作。对于统计报表上的每一项数据都认真仔细地推敲、核对，做到万无一失。东北塘街道计生服务站的统计信息准确率连续几年都是名列全区前茅，在全区起到表率作用。2010年10月，吴咏芳被国家人口和计划生育委员会办公厅授予“人口计生阳光统计之星”称号。（东北塘街道办事处）

华路雄

1970年11月生，中共党员，本科学历，东北塘街道社区卫生服务中心主任，主治医师。

2000年4月，华路雄调任东北塘卫生院院长，在全区率先探索分配制度的改革，彻底打破“大锅饭”，推行成本核算制度，真正实现多劳多得、优劳优得；面对落后的人事和管理制度，灵活设置工作岗位，创造性地进行“二级管理、二级核算”，把人事权、经济权、考核权适当下放给分管领导和科室主任，真正让管理落到实处。在提高医疗业务量的同时，他在解决群众看病难、看病贵、保障群众的基本医疗需求方面采取一系列措施，从提高医疗水平、保障医疗安全，到转变服务理念、提升服务质量；从改善就医环境，到控制就诊费用、减轻患者负担。他在全市率先创建社区卫生服务站，建立“15分钟就医圈”。2008年又在全市率先全面实施社区责任医生团队工作，把服务对象转变为社区居民，把服务方式转变为走进社区上门服务，使每个家庭都拥有自己的社区责任医生。通过扎实的社区责任医生工作推动社区卫生服务工作全面落实，在社区居民中反响较大，受到了全镇广大群众的欢迎和好评。

华路雄在担任东北塘镇卫生院院长十年中，锐意改革，开拓进取，带领全院职工走出困境，走出了一条农村乡镇卫生院创业发展的道路。医疗水平、服务质量飞速提高，群众满意率年年超过98%。卫生院连年被评为“文明单位”，获“江苏省示范社区卫生服务中心”、“无锡市示范社区卫生服务中心”、“无锡市‘十佳’卫生院”等光荣称号。他先后获得“省农村卫生工作先进个人”、“市劳动模范”、“市‘五一’劳动奖章”等荣誉称号。2010年9月，华路雄被中国农村卫生协会授予“全国乡镇卫生院优秀院长”称号。

（区卫生局）

荣誉栏

2010年度获省级（含省条线）以上表彰先进个人

表46

姓名	单位	荣誉称号	授予单位
周海江	红豆集团	全国劳动模范	国务院
沈茂德	天一中学	全国先进工作者	国务院
侯维生	东港镇里国苗场	全国绿化奖章	全国绿化委员会
诸建勇	区农林局	全国森林防火工作纪念奖章	国家森林防火指挥部、国家林业局
邱海勇	区农林局	全国森林防火工作纪念奖章	国家森林防火指挥部、国家林业局
佘文烈	区统计局	第二次全国经济普查先进个人	国务院第二次全国经济普查领导小组
许　红	区统计局	第二次全国经济普查先进个人	国务院第二次全国经济普查领导小组

续表46

姓名	单位	荣誉称号	授予单位
吴咏芳	东北塘街道计生办	人口计生阳光统计之星	国家人口计生委办公厅
华路雄	东北塘街道社区卫生服务中心	全国乡镇卫生院优秀院长	中国农村卫生协会
徐伟昌	仓下中学	中华民族传统美德教育百佳科研工作者	中国伦理学会、中华民族传统美德教育研究会
穆　兰	仓下中学	中华民族传统美德教育百佳科研工作者	中国伦理学会、中华民族传统美德教育研究会
王彩亚	仓下中学	中华民族传统美德教育百佳教师	中国伦理学会、中华民族传统美德教育研究会
吴晓樱	仓下中学	中华民族传统美德教育百佳教师	中国伦理学会、中华民族传统美德教育研究会
包小红	仓下中学	中华民族传统美德教育百佳班主任	中国伦理学会、中华民族传统美德教育研究会
顾敏洁	仓下中学	中华民族传统美德教育百佳班主任	中国伦理学会、中华民族传统美德教育研究会
姜　勤	厚桥中心幼儿园	“成长的足迹·第六届全国幼儿创意美术大赛”组织金奖	广东省群众文化学会、中国儿童创意美术教育网等
朱正芳	厚桥中心幼儿园	“成长的足迹·第六届全国幼儿创意美术大赛”百佳园长	广东省群众文化学会、中国儿童创意美术教育网等
张晓红	区政府法制办	2010年度全省政府法制信息工作先进个人	江苏省政府法制办
张科伟	区检察院	侦查监督办案能手	江苏省检察院
贺俊丽	区检察院	全省检察机关公文写作竞赛办研条线第4名	江苏省检察院
潘洪峰	区法院	个人一等功	江苏省高级人民法院
贾树东	区法院	优秀人民法庭庭长	江苏省高级人民法院
闵化君	区法院	优秀人民法庭庭长	江苏省高级人民法院
丁益民	区委统战部	全省侨务工作先进个人	江苏省侨办
陈逸君	区科技局	2010年度江苏省知识产权工作先进个人	江苏省科技厅、省知识产权局
严健媛	区民政局	2010年度全省民政工作先进个人	江苏省民政厅

续表46

姓名	单位	荣誉称号	授予单位
李伟忠	区民政局	全省“五保”工作先进个人	江苏省民政厅
陈云德	区建设局	江苏省“十一五”期间村庄建设整治先进个人	江苏省住房和城乡建设厅
冯志钢	区住保房管局	住房保障先进工作者	江苏省住房和城乡建设厅
吴建伟	区农林局	2010年度“绿色江苏”建设暨国土绿化先进工作者	江苏省绿化委员会、省林业局
蒋红梅	区农林局	全省发展设施园艺工作先进个人	江苏省农业委员会
周　斌	区农林局	2010年度对台农业合作工作先进个人	江苏省农业委员会办公室
顾丽烨	区农林局	2010年度江苏农机优先优惠加油服务先进个人	江苏省农业机械服务协会、省农机安全协会等
陆森元	区农林局	全省“平安农机通”推广服务先进个人	江苏省农业机械服务协会、省农机安全协会等
尤晓星	区农林局	全省“平安农机通”推广服务先进个人	江苏省农业机械服务协会、省农机安全协会等
王文英	区农林局	全省耕地质量建设与管理工作先进个人	江苏省农业委员会
侯秀芬	区农林局	2010年种子执法年先进个人	江苏省农业委员会
浦海琼	区农林局	2010年度兽药、饲料及畜产品质量安全监督管理工作先进个人	江苏省农业委员会
尤曙峰	区卫生监督所	江苏省优秀卫生监督员	江苏省卫生监督所
虞志艳	锡山人民医院	江苏省百名“优质护理服务标兵”	江苏省护理学会
谢胜新	锡山人民医院	第十届江苏省药学会“常生杯”优秀药师	江苏省药学会
周叙珍	区人口和计划生育局	江苏省人口计生系统特别荣誉奖	江苏省人口计生委
程多娇	区环保局	江苏省绿色社区创建先进个人	江苏省环保厅
夏致国	区环保局	江苏省环境监察能手	江苏省环境监察局
邵建辉	区环保局	江苏省监测中心夏季应急预警监测先进个人	江苏省环境监测中心

续表46

姓名	单位	荣誉称号	授予单位
薛加生	区安监局	江苏省西气东输管道保护先进个人	江苏省安监局
蒋晓湖	区安监局	2010年度江苏省危险化学品安全监管工作先进个人	江苏省安监局
俞晓红	区统计局	江苏省第二次经济普查先进个人	江苏省第二次经济普查领导小组
徐宇迅	区统计局	江苏省第二次经济普查先进个人	江苏省第二次经济普查领导小组
肖　剑	区科协	江苏省科协系统先进个人	江苏省科协
浦锡生	锡山公安分局	个人三等功	江苏省公安厅
吕建华	厚桥派出所	江苏省见义勇为奖	江苏省见义勇为基金会
唐　枫	锡山地税局	2009年度江苏省地税系统政务信息工作先进个人	江苏省地税局
邹红霞	东亭街道妇联	江苏省妇联系统“五五”法制宣传教育工作先进个人	江苏省妇联
许朝明	安镇街道司法所	江苏省优秀人民调解员	江苏省高级人民法院、省司法厅
胡小英	羊尖镇妇联	江苏省诉调对接工作先进个人	江苏省高级人民法院、省司法厅等
吴咏芳	东北塘街道计生办	江苏人口计生阳光统计之星	江苏省人口计生委办公室
王亚珠	东北塘街道司法所	2008～2010年度江苏省优秀人民调解员	江苏省高级人民法院、省司法厅
黄秋明	东北塘街道财政所	全省财政系统先进工作者	江苏省人保厅、省财政厅
谢旭明	东北塘街道农服中心	“中牧杯”2010年度全省重大动物疫病采样监测技能大比武“乡级采样能手”	江苏省动物疫病预防控制中心、中牧实业股份有限公司
谢旭明	东北塘街道农服中心	“苏食杯”第三届全省动物检疫技能操作大比武“标兵”	江苏省农业委员会
过锡贤	锡北镇司法所	全省司法行政系统先进工作者	江苏省人力资源和社会保障厅、省司法厅
黄秋霞	锡北镇经贸中心	全国经济普查工作省级先进个人	江苏省第二次经济普查领导小组
王国铮	锡北镇文体中心	全省乡镇综合文化站长技能（摄影）赛展金奖	江苏省文化厅

续表46

姓名	单位	荣誉称号	授予单位
王士刚	锡北镇文体中心	江苏省群众喜爱的社会体育指导员	江苏省体育局
周玲棣	云林实验小学	江苏省优秀青少年科技教育校长	江苏省教育厅、省科协等
张　军	云林实验小学	江苏省优秀青少年科技教育辅导员	江苏省教育厅、省科协等
华建东	厚桥实验小学	江苏省优秀青少年科技教育校长	江苏省教育厅、省科协等
张海峰	厚桥实验小学	江苏省优秀青少年科技教育先进个人	江苏省教育厅、省科协等

2010年度获省级（含省条线）以上表彰先进集体

表47

获奖单位	荣誉称号	授予单位
安镇街道	全国环境优美乡镇	环境保护部
锡北镇	全国环境优美乡镇	环境保护部
荡口镇	第五批中国历史文化名镇	住房和城乡建设部、国家文物局
区生产力促进中心	国家级示范生产力促进中心	科技部
东亭街道春江花园社区	全国综合减灾示范社区	国家减灾委员会、民政部
鹅湖镇朱雪萍家庭	全国五好文明家庭	全国五好文明家庭创建活动协调小组
区教育局	首届全国教育门户网站评比县级五十佳网站	国家教育部教育管理信息中心
仓下中学	中华民族传统美德教育“百佳示范校”	全国教育管理信息化专业委员会
厚桥实验小学	全国校园影视教育研究实验学校	中国伦理学会、中华民族传统美德教育研究会
厚桥实验小学	全国青少年棒球发展计划定点培训学校	中国教育电视协会
厚桥实验小学	全国励志教育示范基地	中国关工委公益文化中心、美国职业棒球大联盟国际夏令营协会
厚桥实验小学	全国青少年A组棒球锦标赛第七名	国家体育总局手曲棒垒球运动管理中心、中国棒球协会

续表47

获奖单位	荣誉称号	授予单位
厚桥实验小学	全国少年儿童垒球锦标赛儿童组第二名	国家体育总局手曲棒垒球运动管理中心、中国棒球协会
厚桥实验小学	中国青少年棒球联赛华东赛区A组亚军	中国垒球协会
厚桥中心幼儿园	“成长的足迹·第六届全国幼儿创意美术大赛”教育成果三等奖	广东省群众文化学会、中国儿童创意美术教育网等
厚桥中心幼儿园	“成长的足迹·第六届全国幼儿创意美术大赛”组织金奖	广东省群众文化学会、中国儿童创意美术教育网等
区科技局	全国“三农”科技服务金桥奖	中国技术市场协会
东亭街道	第二次全国经济普查先进集体	国务院第二次全国经济普查领导小组
锡山区	江苏省“双拥”模范区	江苏省委、省政府
锡山区	江苏省村民自治模范区	江苏省民政厅
锡山区	江苏省新型农村合作医疗管理先进单位	江苏省卫生厅
锡山区	江苏省平安农机示范县（区、市）	江苏省农业机械管理局、省安监局
区检察院	全省检察机关先进集体	江苏省检察院、省人保厅
区法院	全省集中清理执行积案活动先进集体	江苏省委政法委、省高级人民法院
区法院	全省诉调对接工作先进集体	江苏省综治委、省高级人民法院等
区调委会	全省诉调对接工作先进集体	江苏省综治委、省高级人民法院等
区委宣传部	全省农村精神文明建设工作创新案例	江苏省文明委办公室
区文明办	全省城乡社区校外教育辅导站工作先进集体	江苏省文明委办公室、省关工委
区委农办	全省农工办工作创新奖	江苏省委农办
区级机关党工委	江苏省群众体育先进单位	江苏省体育局
区委党校	江苏省委党校2009～2010年度在职研究生优秀教学点	江苏省委党校

续表47

获奖单位	荣誉称号	授予单位
区发展和改革局	江苏省农业产业化龙头企业工作先进集体	江苏省发展和改革委员会
区教育局	江苏省基础教育课程改革先进集体	江苏省教育厅
区教育局	江苏省优秀教育门户网站	江苏省教育厅
天一中学	江苏省基础教育课程改革先进集体	江苏省教育厅
怀仁中学	江苏省体育教育工作先进学校	江苏省教育厅
区科技局	2009年度省级青年文明号	共青团江苏省委
区知识产权局	2010年度江苏省知识产权工作先进集体	江苏省科学技术厅、省知识产权局
区农保中心	江苏省新型农村社会养老保险业务档案管理先进单位	江苏省农村社会养老保险基金管理中心
区民政局	全省民政宣传工作先进集体	江苏省民政厅
区婚姻登记处	省级行风建设示范单位	江苏省民政厅
区航道管理处	2009年度全省航道系统建功立业活动先进单位	江苏省交通厅航道局
区运输管理处	2007～2009年度江苏省文明单位	江苏省文明委
区农林局	2010年度对台农业合作工作先进集体	江苏省农业委员会办公室
区农业机械推广站	2010年度全省农机化科技推广工作先进单位	江苏省农业机械管理局
江苏省摩托车及电动自行车出口基地	优秀出口基地	江苏省商务厅
区卫生系统	江苏省文明行业	江苏省文明委
区卫生监督所	江苏省卫生监督体系建设评估达标示范单位	江苏省卫生厅
区卫生监督所	江苏省卫生监督工作先进单位	江苏省卫生监督所
锡山人民医院	江苏省精神文明建设工作先进单位	江苏省文明委

续表47

获奖单位	荣誉称号	授予单位
锡山人民医院	基本医疗保险定点医疗机构AAA级诚信服务单位	江苏省人保厅
锡山人民医院分院	基本医疗保险定点医疗机构AAA级诚信服务单位	江苏省人保厅
锡北人民医院	江苏省医疗卫生单位学习实践科学发展观活动先进集体	江苏省卫生厅
区人口和计生局	2007～2009年度江苏省精神文明建设先进单位	江苏省文明委
区人口和计生局	2009年度江苏省人口计生委“人口计生综合改革创新奖”	江苏省人口计生委
区环保局	2009年度全省环保执法工作优秀单位	江苏省环保厅
区环保局	2009年度全省排污收费工作先进单位	江苏省环保厅
区环保局	全省诉调对接工作先进集体	江苏省综治委、省高级人民法院等
区安监局	江苏省烟花爆竹安全监管工作先进单位	江苏省安监局
区经济普查办公室	江苏省第二次经济普查先进集体	江苏省第二次经济普查领导小组
区供销社	“新网工程”建设优胜单位	江苏省供销合作总社
区妇联	江苏省“双学双比”先进集体	江苏省农村妇女“双学双比”竞赛活动领导小组
锡山公安分局刑警大队	集体三等功	江苏省公安厅
锡山公安分局	2007～2009年度全省公安执法优秀单位	江苏省公安厅
竹辉派出所	二级派出所	江苏省公安厅
锡山工商局	2007～2009年度江苏省文明行业	江苏省文明委
区国税局	2007～2009年度江苏省文明行业	江苏省文明委
区国税局第二分局	江苏省精神文明建设工作先进单位	江苏省文明委
区国税局工会	江苏省总工会模范职工之家	江苏省总工会

续表47

获奖单位	荣誉称号	授予单位
锡山地税局	2007～2009年度江苏省文明行业	江苏省文明委
锡山地税局	2009年度江苏省地税系统政务信息工作先进单位	江苏省地税局
锡山地税局第一分局	2007～2009年度江苏省文明单位	江苏省文明委
锡山地税局第二分局	2007～2009年度江苏省精神文明建设工作先进单位	江苏省文明委
东亭街道桑达园社区	江苏省妇联基层组织建设示范社区	江苏省妇联
东亭街道	2007～2009年度江苏省精神文明建设工作先进单位	江苏省文明委
东亭街道	江苏省放心消费创建活动先进乡镇（街道）	江苏省放心消费创建活动办公室
东亭街道计划生育服务中心	江苏省人口和计划生育优质服务示范站	江苏省人口计生委
东亭街道春星社区	江苏省基层计划生育协会工作先进集体	江苏省计生协会
安镇街道	江苏省老年人体协工作示范街道	江苏省老年人体协
羊尖镇	江苏省社会主义新农村建设科技示范镇	江苏省科技厅
羊尖镇	江苏省农民体育工作先进乡（镇）	江苏省农业委员会
羊尖镇	江苏省老年人体协工作示范镇	江苏省老年人体协
羊尖镇计划生育服务站	江苏省人口和计划生育优质服务示范站	江苏省人口计生委
羊尖镇廊下村	江苏省人力资源和社会保障系统2008～2010年度优质服务窗口	江苏省人保厅
鹅湖镇荡口敬老院	全省文明敬老院	江苏省民政厅
东北塘街道	平安农机示范乡镇	江苏省农业机械管理局、省安监局
东北塘街道工会	2010年江苏省模范乡镇（街道）职工之家	江苏省总工会
东北塘街道东北塘社区	2009年度江苏省绿色社区	江苏省环境保护委员会办公室

续表47

获奖单位	荣誉称号	授予单位
锡北镇	江苏省创建文明乡镇工作先进乡镇	江苏省文明委
锡北镇	江苏省妇联基层组织建设示范乡镇	江苏省妇联
东港镇	2007～2009年度江苏省文明村镇	江苏省文明委
东港镇	平安农机示范乡镇	江苏省农业机械管理局、省安监局
东港镇东湖塘敬老院	全省文明敬老院	江苏省民政厅
东港镇总工会	2010年度江苏省模范乡镇（街道）职工之家	江苏省总工会
东港镇黄土塘村	江苏省妇联基层组织建设示范村	江苏省妇联
云林街道春雷社区	江苏省和谐社区	江苏省民政厅
云林实验小学	江苏省陶行知实验学校	江苏省陶行知研究会
云林实验小学	江苏省平安校园	江苏省教育厅、省综治办等
云林实验小学	江苏省青少年科技教育先进学校	江苏省教育厅、省科协等
云林实验小学	江苏省档案工作三星级单位	江苏省档案局
厚桥街道	江苏省老年人体协工作示范街道	江苏省老年人体协
厚桥街道中东村	江苏省三星级为农服务社	江苏省供销合作总社
厚桥街道太芙村	江苏省农民体育工作先进村	江苏省农业委员会
厚桥实验小学	江苏省平安校园	江苏省教育厅、省综治办等
厚桥实验小学	江苏省健康促进学校	江苏省教育厅、省卫生厅
厚桥实验小学	江苏省青少年科技教育先进学校	江苏省教育厅、省科技厅

（区档案局）

（编辑：吴　霞）

经济和社会发展统计资料

综　合

锡山区社会经济主要指标一览表

表48

指标	单位	2010年	2009年	2010年比2009年±%
年末总人数	人	414136	410558	—
地区生产总值	亿元	402.82	335.23	13.7
年末耕地总资源	公顷	14758	—	—
农林牧渔业总产值（当年价）	万元	224371	202853	10.6
工业总产值（现价）	万元	10309709	8384621	23.0
工业销售产值（现价）	万元	10038198	8043450	24.8
全社会固定资产投资完成额	万元	3242469	2534511	27.9
工业投资	万元	1648098	1408409	17.0
社会消费品零售总额	万元	1161450	974975	19.1
外贸供货额	万元	2692714	—	40.0
到位注册外资额	万美元	35053	—	21.6
财政收入	万元	1082548	583340	85.6
一般预算收入	万元	360758	282902	27.5
预算内财政支出	万元	346124	260743	32.7
各项存款余额	万元	5600875	4863699	15.2
各项贷款余额	万元	4380668	3604213	21.5
城镇集体以上单位在岗职工平均工资	元	43925	—	8.5
城镇居民人均可支配收入	元	27845.5	25200.3	10.5
农民人均纯收入	元	13974.0	12433.1	12.4

注：地区生产总值的增长幅度按可比价计算。

锡山区地区生产总值一览表

表49

指标	单位	2010年	2009年	2010年比2009年 ±%
		按当年价格计算		
地区生产总值	亿元	402.82	335.23	13.7
第一产业	亿元	13.91	12.78	3.1
第二产业	亿元	235.81	198.30	13.1
工业	亿元	211.21	177.86	13.5
建筑业	亿元	24.60	20.44	19.9
第三产业	亿元	153.10	124.15	15.9
交通运输、仓储及邮政业	亿元	5.80	4.72	19.1
批发和零售业	亿元	61.10	47.98	17.3
住宿和餐饮业	亿元	13.10	10.48	20.1
金融业	亿元	13.21	12.08	4.6
房地产业	亿元	21.80	18.55	10.2
营利性服务业	亿元	13.01	9.92	26.6
非营利性服务业	亿元	25.08	20.42	15.9
三产所占比重	%	38.0	37.0	提高1个百分点

注：地区生产总值的增长幅度按可比价计算。

锡山区人口基本情况一览表

表50

指标	单位	2010年	2009年
年末总户数	户	124075	123462
镇村户数	户	88500	87371

续表50

指标	单位	2010年	2009年
年末总人数	人	414136	410558
男	人	203219	201724
女	人	210917	208834
全年出生人数	人	3111	2833
全年死亡人数	人	2993	2882
人口自然增长率	‰	0.29	-0.12
迁入人口	人	3887	4614
迁出人口	人	1052	929
机械增长率	‰	6.9	9.0

农 业

锡山区土地总面积情况一览表

表51

指标	单位	2010年
年末土地总面积	公顷	39911
耕地总资源	公顷	14758
园地	公顷	1473
林地	公顷	242
城镇及工矿用地	公顷	13376
交通用地	公顷	3771
水域面积	公顷	6153
其他	公顷	138

注：2010年耕地总资源数据是第二次国土调查定案数据

锡山区农林牧渔业总产值与增加值情况一览表
（按当年价格计算）

表52

指标	单位	2010年	2009年
一、农林牧渔业总产值	万元	224371	202853
农业产值	万元	110852	96639
粮食	万元	23985	20630
蔬菜	万元	71529	63779
茶、桑、果	万元	15338	12230
林业产值	万元	22437	20157
牧业产值	万元	28203	28164
猪	万元	12626	4539
家禽	万元	4849	4835
渔业产值	万元	34348	31651
淡水鱼类	万元	25846	13089
农林牧渔服务业产值	万元	28531	26242
二、农林牧渔业增加值	万元	139127	125426
农业增加值	万元	71943	63065
林业增加值	万元	14023	12800
牧业增加值	万元	14384	14223
渔业增加值	万元	18720	17250
农林牧渔服务业增加值	万元	20057	18088

工业 · 交通

锡山区全部工业企业主要经济指标一览表

表53

指标	单位	2010年	2009年	2010年比2009年±%
工业企业单位数	家	7342	7468	-1.7
工业总产值（现价）	万元	10309709	8384621	23.0
工业销售产值（现价）	万元	10038198	8043450	24.8
流动资产合计	万元	5503692	4695849	17.2
产成品	万元	495494	411811	20.3
应收账款	万元	1688157	1846035	-8.6
固定资产原值	万元	3531471	3196519	10.5
资产总计	万元	9015337	7743636	16.4
负债总计	万元	5056803	4090420	23.6
主营业务收入	万元	10155001	8065324	25.9
主营业务成本	万元	8556860	6924678	23.6
主营业务税金及附加	万元	29970	25605	17.0
营业费用	万元	208899	184565	13.2
管理费用	万元	559210	363679	53.8
财务费用	万元	81603	64095	27.3
利润总额	万元	665061	357912	85.8
应交增值税	万元	188171	174978	7.5
利税总额	万元	883201	558495	58.1
全部从业人员平均人数	人	178964	172074	4.0

锡山区公路、航道、桥梁情况一览表

表54

指标	单位	2010年	2009年	2010年比2009年±%
一、公路				
里程合计	公里	1075	1077	–0.1
干线公里里程	公里	61	61	0.0
支线公路里程	公里	594	572	3.9
镇道里程	公里	418	420	–0.5
村道里程	公里	420	418	0.5
二、航道				
里程合计	公里	244	244	0.0
水深一米以上	公里	166	166	0.0
经常养护里程	公里	128	251	–49.0
三、桥梁				
实有桥梁数	座	554	577	–4.0
实有公路桥梁数	座	48	45	6.7
实有农村桥梁数	座	506	485	4.3
实有桥梁全长	米	24964	25473	–2.0
实有公路桥梁全长	米	7377	8577	–14.0
实有农村桥梁全长	米	17587	16896	4.1
竣工桥梁数	座	81	243	–66.7
竣工公路桥梁数	座	—	—	—
竣工农村桥梁数	座	81	243	–66.7
竣工桥梁全长	米	2715	1750	55.1

续表54

指标	单位	2010年	2009年	2010年比2009年±%
竣工公路桥梁全长	米	—	—	—
竣工农村桥梁全长	米	2715	1750	55.1

锡山区运输、交通情况一览表

表55

指标	单位	2010年	2009年
一、客运企业数	家	9	9
出租企业数	家	5	5
二、客运汽车总数	辆	1672	1633
旅游、接送班车	辆	375	414
出租客运	辆	1297	1297
三、货运企业数	家	3013	2879
普货运输企业数	家	3007	2821
危货运输企业数	家	6	8
四、货运汽车总数	辆	5871	5585
普货运输车辆数	辆	5669	5371
危货运输车辆数	辆	202	214
五、货运总吨位	吨	31113	30832
六、水路运输企业数	家	1	1
七、水路运输船舶数	艘	129	124
八、公交运行线路	条	51	42
九、公交站台数	个	169	139
十、公交运行车辆数	辆	378	342

固定资产投资

锡山区全社会固定资产投资完成额一览表

表56

指标	单位	2010年	2009年	2010年比2009年±%
投资项目个数	个	797	837	-4.8
全社会固定资产投资完成额	万元	3242469	2534511	27.9
一、按建设规模分				
城镇规模以上投资	万元	1712501	1106531	54.8
房地产开发	万元	491583	370851	32.6
农村规模以上投资	万元	1026097	1018376	0.8
规模以下投资	万元	12288	38753	-68.3
二、按城乡属性分				
城镇投资	万元	2204084	1477382	49.2
农村投资	万元	1038385	1057129	-1.8
三、按构成分				
建筑工程	万元	1850593	1528083	21.2
安装工程	万元	89376	70879	26.1
设备工器具购置	万元	1008944	841743	19.9
其他费用	万元	293556	93806	212.9
四、按产业分				
第一产业	万元	200	—	—
第二产业	万元	1648098	1408409	17.0
工业	万元	1648098	1408409	17.0

续表56

指标	单位	2010年	2009年	2010年比2009年±%
第三产业	万元	1594171	1124302	41.8
五、房屋建筑面积				
施工面积	万平方米	1389.05	1189.45	16.8
竣工面积	万平方米	600.19	573.72	4.6
本年竣工房屋价值	万元	944564	869200	8.7

贸易业 · 开放型经济

锡山区社会消费品零售总额

表57

指标	单位	2010年	2009年	2010年比2009年±%
社会消费品零售总额	万元	1161450	974975	19.1
按规模分组				
一、限额以上	万元	188300	133157	41.4
限额以上企业	万元	177426	123760	43.4
限额以上个体	万元	10874	9397	15.7
二、限额以下	万元	973150	841818	15.6
限额以下企业	万元	40968	30194	35.7
限额以下个体	万元	932182	811624	14.9
按行业分组				
一、批发业	万元	13181	18719	-29.6
二、零售额	万元	1066389	886243	20.3
三、住宿业	万元	9302	7954	16.9
四、餐饮业	万元	72578	62059	16.9

锡山区开放型经济情况一览表

表58

指标	单位	2010年	2010年比2009年±%
协议注册外资额	万美元	46403	141.1
到位注册外资额	万美元	35053	21.6
高新技术产业到位注册外资占比	%	33.9	—
服务业到位注册外资占比	%	54.3	—
外贸自营出口额	万美元	239768	39.2
外贸供货额	万元	2692714	40.0
外贸进出口总额	万美元	355998	40.7
外贸出口总额	万美元	239768	39.2
外贸进口总额	万美元	116230	43.9
新批自营进出口企业	家	128	47.1
境外项目中方投资额	万美元	7025	-10.5
境外投资项目	个	7	-41.7

财政 · 金融

锡山区财政收入情况一览表

表59

指标	单位	2010年	2009年	2010年比2009年±%
财政收入	万元	1082548	583340	85.6
中央	万元	336645	269705	24.8
地方	万元	745903	313635	137.8
一般预算收入	万元	360758	282902	27.5
增值税	万元	70637	65312	8.2
营业税	万元	67549	56591	19.4

续表59

指标	单位	2010年	2009年	2010年比2009年±%
企业所得税	万元	56536	33051	71.1
个人所得税	万元	25139	15115	66.3
城市维护建设税	万元	16599	13968	18.8
房产税	万元	10770	9653	11.6
契税	万元	26239	17671	48.5
罚没收入	万元	2523	2909	-13.3
专项收入	万元	8693	7672	13.3

锡山区财政支出情况一览表

表60

指标	单位	2010年	2009年	2010年比2009年±%
预算内财政支出	万元	346124	260743	32.7
一般公共服务	万元	55759	44060	26.6
国防	万元	2497	1542	61.9
公共安全	万元	17778	16473	7.9
教育	万元	69119	47960	44.1
科学技术	万元	11762	7806	50.7
文化体育与传媒	万元	6032	1477	308.4
社会保障和就业	万元	43459	36365	19.5
医疗卫生	万元	12025	7416	62.1
环境保护	万元	22054	20720	6.4
城乡社区事务	万元	38899	36983	5.2
农林水事务	万元	18463	14101	30.9

续表60

指标	单位	2010年	2009年	2010年比2009年±%
交通运输	万元	17801	2729	552.3
资源勘探电力信息等事务	万元	7611	8873	-14.2
商业服务业等事务	万元	12301	4791	156.8
金融监管支出	万元	15	90	-83.3
国土资源气象等事务	万元	353	489	-27.8
住房保障支出	万元	2532	2380	6.4
粮油物资储备管理等事务	万元	824	626	31.6
国债还本付息支出	万元	64	—	—
其他支出	万元	6776	5862	15.6

表61

锡山区金融系统信贷收支情况一览表

指标	单位	2010年	2009年	2010年比2009年±%
一、各项存款余额	万元	5600875	4863699	15.2
企业存款	万元	2948616	2563364	15.0
储蓄存款	万元	2408087	2120853	13.5
二、各项贷款余额	万元	4380668	3604213	21.5
短期贷款	万元	1982817	1630241	21.6
中长期贷款	万元	1597874	1330430	20.1
票据贴现	万元	189503	218927	-13.4
消费贷款	万元	580717	399040	45.5
三、存贷款比例	%	78.2	74.1	4.1
四、银行承兑汇票	万元	762875	628416	21.4

续表61

指标	单位	2010年	2009年	2010年比2009年±%
五、外汇存款余额	万元	43874	35687	22.9
六、外汇贷款余额	万元	17325	13284	30.4

教育 · 文化 · 卫生

2010年锡山区各级各类教育事业情况一览表

表62

指标	学校(所)	教职工数(人)	专任教师数(人)	在校学生数(人)	毕业生数(人)	招生数(人)
合计	37	4332	3866	55978	13496	13818
中等学校	20	2340	2090	25797	8622	8495
中等专业学校	—	—	—	4221	1323	1020
普通中学	19	2157	1923	21576	7299	7475
职业高中	1	183	167	—	—	—
小学	16	1952	1755	30082	4856	5313
特殊教育学校	1	40	21	99	18	10
聋哑学校	1	40	21	99	18	10
附：幼儿园	28	1378	—	14559	—	—
教师进修学校	1	99	63	490	95	98
成人技术培训学校	179	258	184	163988	192338	163988

2010年锡山区文化艺术事业情况一览表

表63

指标	单位	2010年	2009年
一、影剧院、大会堂	个	1	6
区大会堂	个	1	1
镇影剧院	个	—	5

续表63

指标	单位	2010年	2009年
二、文化馆	个	1	1
三、文化中心	个	9	9
四、电影事业			
电影放映队	个	8	10
镇办	个	7	8
电影放映场次	场次	964	165
观众人数	万人次	21	3.4
五、图书馆			
机构数	个	1	8
区图书馆	个	1	1
镇图书馆	个	8	7
藏书数	万册	80.4	78.1
区图书馆	万册	16	15.7
镇图书馆	万册	64.4	62.4

锡山区卫生机构、床位情况一览表

表64

指标	机构数（家）	床位数（张）	卫生技术人员数（人）	医生数（人）
合计	175	1807	2163	921
医院	9	1465	1359	529
社区卫生服务中心	9	337	469	223
综合门诊部	6	—	91	35
个体诊所、医务室	74	—	158	100

续表64

指标	机构数（家）	床位数（张）	卫生技术人员数（人）	医生数(人)
疾病预防控制中心	1	—	29	18
卫生监督所	1	—	31	—
妇幼保健所	1	5	26	16
村、社区设置的医疗点	74	—	—	—

人民生活

锡山区城镇居民人均收入情况一览表

表65

指标	单位	2010年	2009年
家庭总收入	元	29331.8	26126.5
可支配收入	元	27845.5	25200.3
一、工资性收入	元	17000.8	15733.7
工资及补贴收入	元	16704.6	15489.7
其他劳动收入	元	396.2	244.0
二、经营净收入	元	1630.4	1598.0
三、财产性收入	元	956.7	934.8
利息收入	元	55.3	29.3
股息与红利收入	元	257.3	177.1
保险收益	元	32.2	44.9
其他投资收入	元	—	206.1
出租房屋收入	元	585.7	432.0
知识产权收入	元	—	—
其他财产性收入	元	26.3	45.5

续表65

指标	单位	2010年	2009年
四、转移性收入	元	9743.8	7859.9
养老金或离退休金	元	8285.1	7055.5
社会救济收入	元	121.6	30.3
最低生活保障收入	元	10.5	3.0
辞退金	元	576.5	—
赔偿收入	元	38.6	—
保险收入	元	2.9	—
赡养收入	元	204.9	76.0
捐赠收入	元	214.0	391.3
提取住房公积金	元	—	—
记账补贴	元	109.0	92.9
其他转移性收入	元	191.2	213.9

锡山区城镇居民人均支出情况一览表

表66

指 标	单位	2010年	2009年
家庭总支出	元	20279.4	17428.8
一、消费性支出	元	14336.0	12479.2
二、财产性支出	元	73.9	46.0
非生产性贷款利息支出	元	73.9	24.3
其他	元	—	21.7
三、转移性支出	元	2793.5	2630.1
交纳所得税	元	134.2	11.1

续表66

指标	单位	2010年	2009年
捐赠支出	元	2226.4	1420.4
购买彩票	元	15.1	7.2
赡养支出	元	134.2	244.7
在外就学子女费用	元	45.6	103.9
各种非储蓄性保险支出	元	132.4	65.6
车辆保险支出	元	90.9	26.1
其他转移性支出	元	151.4	881.1
四、社会保障支出	元	1321.6	822.2
个人交纳的养老基金	元	611.6	469.8
个人交纳的住房公积金	元	456.5	248.1
个人交纳的医疗基金	元	150.2	69.7
个人交纳的失业基金	元	64.6	23.9
其他社会保障支出	元	38.6	10.6
五、购房与建房支出	元	1754.4	1451.4
购房	元	1754.4	1451.4
建房	元	—	—

锡山区农村住户人均总收入、纯收入情况一览表

表67

指标	单位	2010年	2009年
一、全年总收入	元	14558.7	12870.4
（一）工资性收入	元	10735.1	9542.2

续表67

指标	单位	2010年	2009年
在非企业劳动得到收入	元	2695.0	2429.4
在本地企业劳动得到收入	元	7435.2	6577.3
外出从业得到收入	元	—	—
其他	元	604.9	535.6
（二）家庭经营收入	元	2076.3	1608.3
第一产业收入	元	523.0	542.4
第二产业收入	元	592.1	441.9
第三产业收入	元	961.2	623.9
（三）转移性收入	元	1185.9	1213.9
家庭非常住人口寄回带回	元	35.0	15.5
城市亲友赠送收入	元	34.4	26.1
农村亲友赠送收入	元	44.9	210.9
（四）财产性收入	元	561.4	506.0
二、全年纯收入	元	13974.0	12433.1
（一）工资性收入	元	10735.1	9542.2
从本地企业劳动得到收入	元	7435.2	6577.3
（二）家庭经营纯收入	元	1536.5	1380.2
（三）转移性纯收入	元	1141.0	1004.6
（四）财产性纯收入	元	561.4	506.0

锡山区农村住户人均总支出情况一览表

表68

指标	单位	2010年	2009年
全年总支出	元	11170.4	10025.8
（一）家庭经营费用支出	元	508.4	222.8
农业生产支出	元	83.8	104.7
牧业生产支出	元	159.8	116.8
（二）购置生产用固定资产支出	元	6.1	—
（三）建造生产性固定资产雇工支出	元	3.5	—
（四）税费支出	元	—	—
（五）生活消费支出	元	10259.4	9322.4
（六）转移性支出	元	392.5	473.6
寄回或带给家庭非常住人口	元	102.7	180.8
赠送农村亲友	元	191.8	95.6
赠送城市亲友	元	34.6	24.7
（七）财产性支出	元	0.5	7

（区统计局　区档案局）

（编辑：吴　霞）

文件汇编

区委、区政府主要文件目录

2010年中共锡山区委主要文件目录

1. 关于印发《无锡市锡山区人民政府机构改革实施意见》的通知
   锡发〔2010〕1号　　1月11日
2. 中共锡山区委常委会2010年十二项重点工作
   锡发〔2010〕2号　　1月12日
3. 关于在全区正科级以上干部中开展与深度贫困家庭结对帮困活动的意见
   锡发〔2010〕5号　　2月2日
4. 关于开展"转型促进年"活动的实施意见
   锡发〔2010〕6号　　2月9日
5. 关于加快建设创新型经济城区的决定
   锡发〔2010〕7号　　2月9日
6. 关于2010年锡山区现代农业建设工作的指导意见
   锡发〔2010〕8号　　2月10日
7. 关于加快推进"一村一园"建设的实施意见
   锡发〔2010〕9号　　2月10日
8. 关于2010年锡山区造林绿化工作的实施意见
   锡发〔2010〕10号　　2月10日
9. 关于促进科学发展建设"幸福锡山"的实施意见
   锡发〔2010〕11号　　2月26日
10. 关于进一步加强和改进人大工作的意见
   锡发〔2010〕21号　　5月17日
11. 无锡市锡山区镇级机构改革实施意见
   锡发〔2010〕22号　　5月26日
12. 关于印发锡山区2010年深化改革创新体制工作要点的通知
   锡发〔2010〕25号　　6月3日
13. 关于加快推进公共文化事业建设的意见（2010~2012）
   锡发〔2010〕26号　　6月11日
14. 关于深化医药卫生体制改革的实施意见
   锡发〔2010〕27号　　7月16日
15. 关于建立区委常委党员副区长创先争优活动联系点的通知
   锡发〔2010〕28号　　8月11日
16. 关于开展农村双置换工作的实施意见（试行）
   锡发〔2010〕29号　　8月12日
17. 关于第二轮创建全国科普示范区的实施意见
   锡发〔2010〕32号　　10月9日
18. 关于表彰2010年度新锡山工作创新奖的决定
   锡发〔2010〕33号　　12月17日
19. 关于印发无锡市锡山区街道行政管理体制改革实施意见的通知
   锡发〔2010〕34号　　12月31日

（区委办）

2010年锡山区人民政府主要文件目录

1. 关于建立锡山区违法用地整治会办联席会议制度的通知
   锡府发〔2010〕2号　　1月15日
2. 关于禁止在全区范围内随意倾倒散体流体废弃物的通报
   锡府发〔2010〕3号　　1月20日
3. 关于2010年为民办8件实事的通知
   锡府发〔2010〕8号　　2月8日
4. 关于印发锡山区尊老金发放和管理办法的通知
   锡府发〔2010〕10号　　3月2日
5. 关于进一步加强农村五保供养工作的实施办法的通知
   锡府发〔2010〕11号　　3月2日
6. 关于印发锡山区居家养老服务中心补贴资金管理办法的通知
   锡府发〔2010〕12号　　3月2日
7. 关于印发锡山区高龄、贫困老人入住养老服务机构补贴办法（试行）的通知
   锡府发〔2010〕13号　　3月2日
8. 关于调整全区被征地农民政府保养金标准的通知
   锡府发〔2010〕29号　　4月8日
9. 关于调整全区2010年度农民基本养老保险待遇的通知
   锡府发〔2010〕30号　　4月8日
10. 关于开展安置房建设清理规范工作的实施意见的通知
   锡府发〔2010〕33号　　4月12日
11. 关于印发创建义务教育高位均衡发展示范区实施方案的通知
   锡府发〔2010〕35号　　4月14日
12. 关于区2010年校舍安全工程改造加固实施方案的通知
   锡府办〔2010〕29号　　4月14日

13. 关于完善全区生活垃圾集中处理体系的实施意见的通知
　　锡府发〔2010〕37号　　4月20日
14. 关于印发加快总部经济发展实施意见的通知
　　锡府发〔2010〕38号　　4月21日
15. 关于2010年农村村庄综合整治工程的实施意见
　　锡府发〔2010〕40号　　4月26日
16. 关于推进我区社区扁平化管理工作的实施意见
　　锡府发〔2010〕48号　　5月26日
17. 关于印发锡山区发展生产性服务业促进企业主辅分离实施意见的通知
　　锡府发〔2010〕49号　　6月9日
18. 关于调整城乡居民最低生活保障金标准的通知
　　锡府发〔2010〕69号　　9月15日
19. 关于调整被征地农民中特殊人员享受社会保险费用补贴范围的通知
　　锡府发〔2010〕75号　　10月11日
20. 关于调整我区被征地农民政府保养金标准的通知
　　锡府发〔2010〕82号　　11月15日
21. 2010年度推进依法行政工作报告
　　锡府发〔2010〕89号　　12月15日
22. 关于调整我区五保供养标准的通知
　　锡府发〔2010〕92号　　12月27日
23. 关于开展敬老院规范化达标建设工程的实施意见
　　锡府发〔2010〕94号　　2011年1月4日

（区政府办　区档案局）

指导性文件

中共锡山区委　锡山区人民政府
关于开展“转型促进年”活动的实施意见

锡发〔2010〕6号
（2010年2月9日）

2010年是锡山区转型促进年。为认真贯彻市委、市政府关于开展新兴产业培育年和千人计划促进年活动的实施意见，大力发展创新型经济，增强发展活力和动力，紧紧围绕“抢抓机遇、逆势赶超”奋斗目标和转型促进年的活动主题，加快构建文明和谐的现代化新锡山，制定本实施意见。

一、指导思想

以党的十七大、十七届三中、十七届四中全会精神为指导，深入贯彻落实科学发展观，以建设创新型经济城区为战略导向，以经济结构战略调整为主线，以科技创新和高端人才为支撑，确立高端发展定位，寻求高端合作伙伴，打造高端承载平台，全面启动实施十大产业调整和提升（发展）行动计划和“锡山百人计划”，调整提升传统产业，培育发展新兴产业，着力增强自主创新能力，促进集中集群集约发展，营造转型发展比较优势，努力把锡山建成以高新技术产业为先导、先进制造业和现代服务业为基础的现代产业体系，实现从危机复苏到转型提升的新跨越，奋力推进锡山经济社会的赶超发展。

二、工作目标

（一）产业规模目标。力争机械装备、电子信息、金属制品、新材料、纺织服装五大重点产业实现销售收入突破900亿元，同比增长20%以上，其中机械装备210亿元，电子信息170亿元，金属制品190亿元，新材料280亿元，纺织服装150亿元。力争新能源、生物医药两个新兴工业产业销售收入达到30亿元，实现倍增，其中，新能源15亿元，生物医药15亿元。物流、现代商贸、文化创意三大服务业产业销售力争达到235亿元，其中，物流50亿元，现代商贸120亿元，文化创意65亿元。

（二）产业结构目标。优化产业结构，五大重点工业产业产值占规模以上工业产值比重提高1个百分点，两个新兴工业产业产值比重力争提高2个百分点，高新技术产业增加值占规模以上工业增加值比重提高2.5个百分点，服务业增加值占GDP比重提高1个百分点。优化投资结构，技改项目投资比重提高2个百分点，高新技术产业投资比重提高2个百分点，投资强度增长10%。优化企业结构，培育新增工业亿元以上骨干企业10家，达到113家，销售收入和利税总额占全区工业的比重提高1个百分点。

（三）专业园区目标。编制完成12个专业园区的产业发展策划和建设规划；每个专业园区形成至少3平方公里的建设框架；全力推进建设区域内的搬迁安置工作，力争年内基本到位；大规模展开专业招商，力争在重大项目引进上有新的突破；加快推进专业园区与科研院所或权威专业机构建立产学研全面合作关系。

（四）创新能力目标。大中型企业研发费用占销售收入的比重达到2.1%。推进产学研合作项目，实施科研成果转化，加速产业技术创新联盟建设。支持企业“三站二中心”建设，新增院士工作站、博士后工作站、研究生工作站各2家以上，力争新增工程技术研究中心18家、企业技术中心8家，新增高新技术企业12家。引进海外科技领军型创业创新人才40名。提高知识产权产出规模，增强企业知识产权创造和运用能力，完成申请发明专利581件，专利授权1500件。

（五）品牌建设目标。推进名牌产品和驰名商标创建，力争新增江苏省名牌产品5件、驰名和著名商标8件。鼓励企业积极参与国家标准和行业标准制修订，新增采标项目20个。新增CMMI国际资质认证企业4家。

（六）节能减排目标。建成市级以上循环经济示范企业3家，完成清洁生产审核企业35家。完成24家“三高两低”企业的整治任务。重点用能企业能源审计实行全覆盖，单位GDP能耗下降4.4%。加快实施中水回用工程，万元规模以上工业增加值水耗下降6%。主要污染物排放在2005年的基础上累计削减32%。

三、主要任务

（一）着力培育新兴产业。大力发展生物制药、智能传感、新能源、信息服务、文化创意和生物农业等新兴产业，超前谋划、突出重点、内引外联，培育锡山产业发展新引擎。1．全力引进新兴产业项目。抓住国际新兴产业调整的重大机遇，以高端研发团队、国际知名企业和新兴领域为重点，进一步加大各专业园区、相关部门的招商引资力度，力争落实一批具有发展前景和带动作用的重大项目。2．大力实施产业化示范项目。围绕重大科技成果转化、重大应用项目推进和新产品研发等，实施一批产业化示范项目，集中力量、整合资源、强力扶持，加快推进开普生物能源科技示范工程、“感知农博园”物联网应用示范工程、新广联光盘加密技术研发与产业化、中国乡镇企业博物馆、荡口古镇保护性开发、严家桥古镇保护开发二期、高科技农业示范园生物农业等相关重大项目建设工作，促进新兴产业尽快形成产业、壮大规模、提升水平，不断提高新兴产业在全区经济总量中的比重。3．积极打造一批创新平台。加快建设以锡山科创园、V-Park集智广场、无锡数字动漫创业服务中心为代表的政府投资型科技和服务外包社区，以索立得、Office-Park、锡山软件园等为代表的社会投资型科技社区，以S-Park为代表的政府社会联动型科技社区，年内新建高端“三创”载体26万平方米。根据产业发展规划，以专业园区为单位，着力构建具有重大集聚效应的公共科技服务平台，建立和完善融资平台，实行市场化运作、企业化管理、社会化服务，提升产业高端集聚能力。

（二）全面提升传统工业。全面实施我区重点产业调整提升行动计划，进一步推动机械装备、电子信息、金属制品、新材料、纺织服装等重点产业改造提升。1．加快引进优质重大项目。梳理整合各类政策资源，服务传统产业改造提升，营造良好的招商政策环境。加强重点产业、专业园区、重大项目招商引资统筹，围绕产业发展目标开展合作、引进项目，力争中央企业和大企业集团在我区布局重大项目。组织实施“双百新增长工程”，扶持壮大一批具有较强科技创新能力和核心竞争力的现有优势企业，建成投产一批对产业提升具有较强支撑作用的优质项目，实现100个总产出超100亿元的工业经济新增长点，重点扶植大功率发电机组、高密度电子线路板、不锈钢及合金制造等高端项目，着力引进高附加值电子终端产品、发电机设备、LED等产业链关键缺失项目及高端项目。2．大力推进高端化技术改造。认真落实有关企业技术改造的扶持措施，鼓励企业应用新技术、新工艺、新设备、新材料，使企业质量品种、节能减排、装备水平、安全生产等方面实现新的提升，增强综合竞争力，切实推动工业经济增长方式转变和产业结构调整，实现内涵式发展。积极实施“双百技术改造工程”，重点支持现有骨干企业推进实施100个左右总投资100亿元技术改造项目，加快推进线路板、发电机组、子午线轮胎、生物质发电用锥形流化床气化装置、铜银、铂铑合金等项目的技术改造。3．组织开展园区建设年活动。按照“适度超前、一次成形”的规划建设原则，统筹考虑园区内产业、物流、研发和公共服务平台建设，高标准启动推进专业园区建设。加紧拉开以道路为重点的基础设施以及与企业生产经营紧密配套的设施建设，提升各专业园区的承载能力。围绕园区发展目标，进一步完善刚性执行产业布局规划、发展定位的运行机制，全面形成专业园区产业集聚优势、特色优势。4．加强企业创新能力建设。鼓励企业建立和完善技术研发机构，增强企业技术研发实力，形成有利于自主创新的组织体系和运行机制，力争年内实现产值超亿元规模骨干企业“三站二中心”覆盖面达50%。引导企业注重培育有自主品牌、自主知识产权和专利技术，以及差异化的优势品牌。加强企业信息化建设，运用信息技术改造提升传统产业，朝工业化、信息化“两化”融合、互动并进的方向发展，提高企业生产效率。加快组建电子信息、电驱动力、机械装备等优势产业领域技术创新联盟，实现技术外溢。

（三）优化发展现代服务业。依托锡山主城区和锡东新城建设发展，进一步优化发展商贸流通、现代物流业和城市地产业，加快城市经济发展步伐，推动现代服务业规模扩张和业态转型。1．建设品牌商贸业。着力引进国际著名商贸品牌企业、商业连锁巨头到锡山开设连锁商业网点、区域性总部，提高商贸业国际化水平。推动区内较强竞争力的商贸企业和专业市场升级发展，打造区域性特色商贸中心。积极鼓励商贸企业采用先进管理经验和经营模式，实行连锁化、多元化发展，提升发展能级。力争年内国税开票销售超亿元商贸企业达到55家。2．打造高端地产业。加快引进知名商业地产企业，开发建设集购物、娱乐、休闲、餐饮等功能于一体的现代城市综合体，启动宜家购物中心等高端城市综合体建设。通过扩大规模、优化布局、完善配套，提高房地产开发的整体水平和档次，着力推进高品质、宜商宜居的地产设施和商品住宅区项目。以建设混合型商住地产设施为重点，大力发展购物、餐饮、休闲、娱乐等社区商业，积极推进省级商业示范社区创建。3．发展综合物流业。规划建设通江、锡东新城、东港、鹅湖四大物流板块，积极培育以生活性资料配送为主的江南商贸物流城锡山片区，以不锈钢产业仓储、加工、配送为主的通江物流园，以为周边制造业产业提供综合管理服务、物流仓储配送为主兼顾生活消费品中转的东港物流园，以及为当地发展配套的羊尖、鹅湖、锡北三个配套物流园。大力拓展新型业态功能，发挥鹅湖的嘉菱荡港口优势和锡北运河带优势，发展内河港口物流；重点引进建设景鸿物流中心，发展报关物流；积极推进制造业企业主辅分离，发展生产物流外包。

（四）加快改造淘汰落后产能。全面推进改造淘汰落后产能和节能减排工作，确保“十一五”规划的约束性指标全面完成。1．改造淘汰落后产能。组织实施新一轮改造淘汰计划。编制我区落后产能新一轮三年改造淘汰落后产能计划，加快改造或淘汰金属酸洗工艺、高能耗的热处理炉及超年限的细纱机、染色机、精梳机等不符合环保、节能降耗和低碳要求的生产工艺和设备。2．深入推进产业整治。严格项目准入审核，强化合理用能评估审核前置，防止新上“三高两低”项目。深入开展“五小”和“三高两低”企业整治工作，继续推进“小化工”的关停并转，巩固扩大产业整治成果。3．实施重点节能项目。以区内各类高耗能行业为重点，积极推广节能新技术、新工艺，加快节能改造工程实施进度。大力推广实施合同能源管理，发掘和启动一批符合国家产业政策的节能示范项目。严格节能目标考核，对现有高耗能行业企业定期进行合理用能评估，督促年耗能5000吨标准煤以上企业加强能源统计活动，强化能源审计。4．加快发展循环经济和低碳经济。继续推进循环经济示范园区、示范企业创建，加强清洁生产审核，推广应用循环经济共性和关键性技术，组织实施一批能耗水耗低、资源化和再利用水平高的循环经济示范项目。严格执行温室气体排放政策，加快培育以低碳为特征的“绿色增长点”，发展低碳经济。

（五）强力实施“百人计划”。以引进、留住、用好海外高层次人才为突破口，加大海外引才力度，创优载体用活人才，营造环境聚集人才，为转型发展提供强大的才智支撑。1．建设海外引才载体。设立海外引才工作站两家，聘请海外引才顾问5名，力争组团在北美、欧洲、日韩、澳洲等国家和地区组织推介会。聘请海外引才联络员8名，实施以才引才，多层次拓宽政策咨询、人才需求、项目合作等信息互通渠道，扩大“锡山百人计划”在海外留学人员中的影响。2．发挥企业引才主体作用。开展“‘锡山百人计划’进企业”宣传月活动，加强对企业进行“锡山百人计划”政策宣讲，组织骨干工商企业人力资源部部长开展海外引才工作实务培训，举办成功嫁接的海外人才经验推介会，激发企业海外引才的积极性。通过“中国（无锡）海智洽谈会”、“百名海外博士江苏行”、“清华等海外学子创业无锡行”等主体活动，组织开展海外留学人员参观考察锡山重点骨干企业并进行项目对接，展示锡山良好的创新创业环境，增强引才工作实效性。3．设立便捷的海外引才渠道。以无锡市“530”创业服务网、“无锡千人计划”网站为依托，实现海外引才网上申报、常年受理、分类招聘，一年组织两次评审。秉承公开、公平、公正的原则，对申报项目、评审专家更加科学地进行细分，增强评审专家与项目技术的契合度，提高评审的针对性、准确性和科学性。4．加快引进项目产业化进程。推进“锡山百人计划”立项项目产业化，助推海外留学归国（到锡山）科技领军型人才做大做强企业，加速培育一批新兴产业和具有示范带动作用的高新技术企业，力争培育年销售收入超千万元“530”企业10家。

（六）不断优化发展环境。不断优化区域综合环境，逐步完善城市建设、公共服务平台、生态环境、功能载体等配套设施。1．加快城市现代化步伐。抓住无锡东扩和高铁建成的契机，按照“一年成名、三年成形、十年成城”的发展目标，全面拉开建设框架，全力打造锡东新城，以大投入推动大建设、促进大开发，加快打造无锡创新发展新名片、锡山转型发展新平台。全力推进锡山开发区超越式发展，以超常力度推进产业转型升级，在优化发展上实现新跨越；以超常力度推进园区建设，在城市发展上实现新跨越。2．优化公共服务体系。加快推进城区改造步伐，发展繁荣城市经济，改善提升医疗、教育、交通、住房、娱乐等综合配套条件。注重优化服务企业环境，了解企业需求，做好帮扶工作。创新政策环境，为企业、人才、资本来锡山发展提供优惠的政策。完善投融资环境，健全种子基金、风投基金、股权基金及担保体系等金融服务支撑平台。优化用工环境，进一步健全社会用工保障制度。3．改善生态人居环境。继续推进水生态综合整治，实施河道综合整治、农村村庄综合整治等工程。全面落实区域环境资源补偿制度、污染物排放许可及有偿使用和交易制度、环境污染责任保险制度，依法合理调整排污费征收使用管理体制，健全环境应急预警机制。4．推进支撑载体建设。按照产业规划和经济发展要求，加快推进专业园区、“三创”载体和物流配套等涉及经济转型发展综合性载体建设，全面提升区域产业承载力和功能支撑力。

四、组织保障

（一）加强组织领导。建立开展转型促进年活动领导体制和工作机制，建立由区委、区政府领导以及责任单位负责人和板块负责人参加的“转型促进年季度例会”制度，定期沟通、汇报、考核，研究部署推进工作。各责任单位要根据各自职能分工，各司其职，主动作为，密切配合，确保各项工作的顺利推进。开发区、商务区、各镇（街道）要按照实施意见的总体部署，建立相应的领导机制和工作机制，加强上下联系，将有关任务纳入相应工作规划和计划中，明确目标，落实措施，形成合力。树立正确的用人导向，完善人才保障机制，凝聚人才，用好人才，引导各类人才在转型中锻炼成长。加大宣传引导力度，营造“举全区之力，促转型发展”的良好社会氛围。

（二）建立协调机制。切实发挥政府及相关部门的规划、指导、协调和服务职能，制定完善转型规划和重点领域规划，突出基础设施、生态环境、园区建设和科技创新项目，提高公共服务水平。工业经济转型促进活动由区经信局牵头，服务业经济转型促进活动由区商务局牵头，“锡山百人计划”由区委组织部、区科技局、区经信局、区人保局共同牵头，牵头部门要充分发挥职能部门的作用，加强部门间的协调配合，确保活动的顺利开展。各地区、各部门都要制定相应的工作计划，明确目标、专人负责、落实措施，确保转型促进年活动的开展取得实效。

（三）强化政策扶持。加快出台转型发展各项扶持意见，对转型企业在财税、金融、用地等方面给予优惠，努力营造转型发展的良好政策环境。加大财政扶持力度，全面整合优化区级经济类专项资金，充分发挥区级资金引导带动作用，不断提高财政资金的使用绩效，培育和壮大一批符合我区产业发展方向、具有核心竞争力、对全区发展具有重要作用的现代产业集群，引导资金主要用于重点支持人才引育、科技创新、产业提升和平台建设上。大力引进创新创业人才，推进实施后“530”项目计划，强化产业跟踪服务，优化工作生活服务，落实“530”项目创业导师制度，加快实现产业化进程。

（四）严格督察考核。把转型促进年工作纳入“锡山区科学发展评价考核指标体系”，研究出台工作考核意见和考核细则，实施“目标明确、责任清晰、制度保障、绩效考核”的考核督察管理制度，强化对各级各部门领导班子的考核，实施一票否决。建立健全“转型促进年”的统计指标、监测体系和评价制度，及时准确地反映转型发展信息，促进区域转型优化发展。建立定期督察制度，有计划有步骤地按阶段、分地区进行定期督察，及时发现问题、解决问题，并及时通报情况，督促整改，狠抓落实。

中共锡山区委　锡山区人民政府
关于加快建设创新型经济城区的决定

锡发〔2010〕7号

（2010年2月9日）

为深入贯彻落实科学发展观，全面落实市委、市政府《关于以温家宝总理连续三次视察无锡为动力加快建设创新型经济领军城市的决定》（锡委发〔2009〕79号）文件精神，加快推进我区创新型经济城区的建设，特作如下决定。

一、建设创新型经济城区的指导思想和目标任务

（一）指导思想：以邓小平理论和“三个代表”重要思想为指导，深入贯彻落实科学发展观，以温家宝总理连续三次视察无锡为强大动力，以转变发展方式、创新发展模式为主线，以“科教兴区、人才强区、质量和知识产权立区”为主战略，以建设科技产业和现代服务业互动发展的生态宜居现代化新城区为主要目标，强化人才、科技、生态、文化、民生“五个自觉”，坚持培育高新技术产业、发展高端服务业、集聚高层次人才、营造高品质人居环境“四高联动”，以超越的勇气、超常的力度，大力推进经济转型和产业升级，努力建设创新型经济城区，实现全区经济社会赶超发展。

（二）目标任务：确立高端发展的定位，寻求高端的合作，打造高品质环境，力争到“十二五”期末，基本建成经济与环境良性互动、人与自然和谐发展的生态城区，科技资源和高新技术产业发展具有领先优势的科技产业城区，现代服务业经济位居前列的现代服务城区，人文法治、公共管理和社会服务等综合环境高度满足居民需求的宜居城区，区域自主创新能力、综合竞争力和可持续发展能力总体达到国内领先水平。

二、把“四城”建设作为建设创新型经济城区的核心内容

（三）着力推进生态城区建设。

牢固树立生态文明是科学发展重要标志的理念，围绕建设生态文明先驱城区的目标，狠抓环境保护和生态建设工作，着眼于新的发展形势和任务，突出重点，标本兼治，致力实现经济社会与社会环境的协调发展。突出产业政策的导向性，突出环境整治的延续性，突出生态修复的长效性，突出环保监管的严肃性，基本建成经济与环境良性互动、人与自然和谐发展的生态城区。

（四）着力推进科技产业城区建设。

牢固确立科技创新对于经济社会发展具有决定性推动作用的理念，把争夺经济科技制高点作为战略重点，把科技创新投资作为最重要的战略投资，把发展高新技术及产业作为带动经济社会发展的战略突破口，通过产业高地、创新高地和人才高地建设，加快提升创新能力、竞争能力和可持续发展能力，突出以科技创新提升传统产业，借招才引智培育新兴产业，用高端嫁接打造支柱产业，基本建成科技资源和高新技术产业发展具有领先优势的科技产业城区。

（五）着力推进现代服务城区建设。

充分认识现代服务业在转变经济增长方式、克服要素制约、增强发展后劲中的重要作用，把现代服务业作为长远发展的优势所在。以集聚区建设为支撑，以项目建设为抓手，以高端业态为突破，以综合配套为要素，优化发展布局，扩大

产业规模，促进产业升级联动，加大推动全区服务业经济提速、提质、提效发展。重点培育现代物流、科技创意、商务商业、总部经济、旅游休闲、产品交易市场等六大现代服务业集聚区，加快构筑高增值、多层次、广就业、强带动的现代服务业体系，努力构建区域性的现代服务业高地，基本建成现代服务业经济位居前列的现代服务城区。

（六）着力推进宜居城区建设。

坚持以人为本，始终把优化美化人居环境作为根本目标，全面加强宜居城市科学评价标准的社会文明度、经济富裕度、环境优美度、资源承载度、生活便宜度、公共安全度六大指标体系建设，着力推进秀水、蓝天、绿地、宁静、宜居五大工程，以超常的力度推进城（镇）区改造、加快新城建设、完善公共配套、强化基础支撑、修复生态环境，打造宜人宜居的和谐新锡山，基本建成人文法治、公共管理和社会服务等综合环境高度满足居民需求的宜居城区。

三、把科技创新和人才战略作为建设创新型经济城区的根本动力

（七）大力实施"百人计划"。

在深入推进"530"计划的基础上，全面启动实施"锡山百人计划"，确保五年内，引进不少于100名领军型科技创新创业人才。进一步完善人才服务体系，为创新创业人才在资金支持、住房补贴等方面提供相关政策保障和全方位的优质服务。积极实施"530"项目创业导师计划，鼓励科技创新企业与区内民营企业加强合作，实现优势互补，加快推动"530"项目的产业化。不断加强科技创业型企业家人才队伍建设，优化成长环境，力争将锡山建成为集聚高层次人才、培育高新技术产业、发展高端服务业的创新创业重点地区。

（八）切实增强教育的支撑作用。

大力实施区域职业教育振兴工程，为锡山经济发展提供高素质的人才支撑。加快提升区职教中心校办学条件，大力推进校企合作、产教联合和工学结合，不断优化课程设置和专业结构，着力提高学生的实践技能和创新能力。积极实施社区教育深化工程，完善社区教育工作平台和培训网络，广泛开展劳动力技能转型和提升等培训活动，鼓励发展现代远程教育、成人高等教育，促进全区人口素质和企业素质不断提升。积极推进教育国际化，加快中外合作办学和交流互访步伐，拓展师生视野和胸怀。全面深化科技教育，培养和激发学生创新精神和实践能力，提升全区人口的科学素养。

（九）加快科技"三创"载体建设。

围绕新兴产业发展需要，采用政府投资型、社会投资型和政府社会联动型等多元投资模式，加快科技"三创"载体建设。重点推进锡山科创园、S-Park、V-Park和Office-Park等"三创"载体的建设，加快提升载体的产业承载力和功能支撑力，进一步提高载体的规模化、专业化、生态化和国际化水平，积极争创国家级孵化器，推动"三创"载体向更高层次、更高水平发展。同时，围绕提高科技创新创业企业的入驻率、成活率、成功率，抓紧建设一批技术研发平台、检测试验平台、科技信息平台、技术转移平台等科技公共服务平台，加快建设一批科技企业孵化器和科技企业加速器，增强载体的孵化育成能力。

（十）大力提高企业自主创新能力。

加强完善或有企业科技创新数据库的动态管理，实施规模骨干企业科技创新行动计划。鼓励企业加大研发投入，加快"三站两中心"建设，积极支持我区企业建设各具特色的重大研发机构、重点实验室、工程技术研究中心、企业院士工作站和博士后工作站，力争高新技术骨干企业普遍建立研发机构，鼓励有条件的企业到境外设立研发窗口，提升企业利用国内外科技资源的能力。积极推动现有企业运用高新技术进行改造升级，抢占技术制高点，提高产品附加值和市场竞争力。大力促进现有制造企业向研发设计和营销服务两端延伸，向价值链高端攀升。

（十一）深化政产学研合作。

深入开展科技合作发展系列活动，在更大范围、更广领域、更深层次参与创新合作与竞争，全面提升吸纳和配置创新资源的能力。探索建立政产学研合作的投入机制、人才流动和培养机制、利益分配机制，促进技术合作和成果转化，推动产学研从成果型松散模式向实体型紧密模式转变。结合新兴产业发展需要，政府各类计划、风险投资资金、贷款担保资金优先支持重点支持具有自主知识产权、技术含量高、创新性强、成熟度好、处于国内领先或国际先进水平的重大科技成果转化项目。创新产学研工作方式，围绕区内产业特点和专业园区开展以新兴产业、支柱产

业和乡镇板块为主的专场产学研活动，逐步推进乡镇板块与科研院所建立产学研全面合作关系，加大专业园区与相应科研院所建立合作联盟推进力度。积极推进重点科技型企业与国内相关领域知名科学家、专家的合作，形成灵活务实的产学研合作方式。

（十二）深入实施知识产权战略。

继续坚定不移实施“质量与知识产权立区”战略，建立和完善知识产权创造、运用、保护、管理和服务体系。加大对企业专利申请特别是发明专利申请和国际专利申请的资助、奖励力度，提高企业专利覆盖面。增强知识产权保护力度，加强知识产权中介机构建设，营造良好的尊重知识产权的社会氛围，有效保护企业的创新成果。鼓励和促进知识产权的转化，加快专利技术产业化进程，培育和形成企业核心竞争力。进一步推进企业卓越绩效管理和标准创新，鼓励企业主导或参与制订国际标准、国家标准和行业标准，大力实施名牌战略，完善有利于企业品牌培育发展的政策和市场环境，形成一批具有国际、国内竞争力的产品和品牌。

（十三）建立健全科技服务体系。

加快公共技术平台、公共服务平台、公共研发平台建设。鼓励社会力量和科研院校兴办各类科技中介机构，打造科技中介联盟。加快锡山区科技情报信息中心建设力度，逐步健全完善开放式、网络化的包括科技信息、科研条件、科学数据、科技成果、科技服务机构等各类科技信息公共服务平台。积极完善科技创新投融资体系，建立完善股权、产权、知识产权交易市场，积极推动创新型科技企业上市融资，完善自主创新担保和再担保体系，扩大创业投资资金，大力吸引海内外创业投资机构，完善风险投资体制机制，建立科技保险和科技贷款风险补偿机制，拓宽科技中小企业融资渠道。

四、把培育发展新兴产业和调整提升主导产业作为建设创新型经济城区的主要抓手

（十四）培育发展生物医药产业。

抢抓新医改方案出台和国家拉动内需带来的发展机遇，重点发展药品领域，兼顾发展生物制品、医疗器械领域，推动产业跨越发展。坚持特色发展的原则，突出优势产品，调整提升传统生物制品产业。将药品领域作为重点发展方向，集中有限资源，优先招引优势药品项目，推进科研成果产业化。充分发挥现有优势企业在医疗器械传统产品中的潜力，做精做专医疗器械领域。抓好载体建设，促进产业集聚，积极打造生物医药产业园。抓好科技创新，加快新品开发，实现关键技术突破，提升新品开发能力。

（十五）培育发展新能源产业。

引进和培育一批骨干企业和核心零部件企业，加快提升产业规模。重点支持风力发电机叶片树脂、大型风电机外壳、并网风力电机、单晶硅、多晶硅太阳能电池的生产研发，推动风能和太阳能领域升级。分批推进和跟踪风能发电、地热能、新型电源等新能源关键零部件，以及太阳能成套设备和关键零部件等产业链上下游重点项目。推进生物质能产业规模化发展，大力支持以非粮食为原料的沼气发电项目。科学规划新能源产业内各行业的功能定位，引导企业向园区集中，优化产业布局，促进产业集聚和规模发展。

（十六）调整提升文化创意产业。

积极借鉴国内外文化创意产业发展的先进经验，依托动漫创意产业园和V-Park服务外包园两大平台，以动漫网游为重点，加快动漫创意产业园内数字图书、影视媒产品、动漫作品及其他高端文化产品交易街建设，积极培育相关企业，形成“一街二园千企”的产业架构；以基础软件、信息服务软件为重点，加快V-Park外包产业园建设，形成“三业五区”的软件产业格局；以工业设计为重点，加快形成纺织设计、电动车设计、包装设计三大创意设计平台。

（十七）调整提升新材料产业。

依托国家火炬计划锡山新材料产业基地和国家“863”锡山新材料成果产业化基地，积极提升发展新型电子信息材料、新型有机高分子材料、高性能金属材料、先进无机非金属材料和新型精细化工材料等五大重点领域，以国家重点支持的新材料产业领域为导向，形成结构高端、布局合理、产业集聚、资源节约、环境友好的新材料产业结构。加快建设电子信息产业园和新材料产业园等新材料科技创新创业载体。

（十八）调整提升机械装备产业。

加快发展新型电力装备、电驱动力、汽车零部件、轨道交通装备、纺织机械、工程机械、环保机械、数控机床、焊接设备和工业阀门十大领域。突出发展高、新、特、优的机械制造产业，加快产业集聚节约发展，重点建设精密机械产业

园区、电驱动产业园、机械制造产业园、轨道交通装备产业园、新型电力装备产业园等特色园区。提高企业自主创新能力，建立重点工程技术中心，鼓励企业与高等院校、科研机构共建研究开发机构，支持企业研发能力建设。鼓励企业采用高新技术改造提升加工设备和生产工艺，生产装备向大型化、智能化、高精度方向发展。

（十九）调整提升电子信息产业。

围绕提升产业核心竞争力，全面调整提升以线路板、电子计算机、电子元器件、网络信息设备等四个电子信息产业主体领域。切实把传感网产业作为培育和发展战略性新兴产业的重中之重，加快与南京理工大学、清华大学等院校合建研究院等实体，努力将锡山在现代农业、智能交通、轨道交通装备等方面建成传感网的重要应用示范区和产业集聚区。加快载体和平台建设，着力推进电子信息产业园、光电产业园建设。大力发展一批拥有知名品牌、核心技术、综合集成能力较强的电子信息龙头企业，成为无锡电子信息产业板块的重要一极。

（二十）调整提升纺织服装产业。

坚持高端化、品牌化的内涵式发展，以大企业为龙头，努力抓好品牌建设，提升品牌等级，加大品牌推广，扩大品牌知名度。依托现有资源，拓宽营销渠道，转变营销策略，不断提升产品市场占有率。抓好科技创新，改善装备条件，提升工艺水平，提高和增加产品性能。加快项目建设，加快现有龙头企业的做大做强，鼓励纺织服装优势骨干企业进行兼并重组，培育成为业内领头的知名大型企业集团。

（二十一）调整提升金属制品产业。

进一步巩固和拓展现有优势产品的市场份额，积极推进产品由初级向高级、由低端向高端转变，提高加工精度和深度，努力打造众多产销量国内甚至国际第一的产品。深化产学研合作，通过联合攻关、技术嫁接和技术转移，在金属新材料应用和新产品开发等方面取得突破。提升发展通江物流园、新型金属材料园的产业规模及层次，打造世界知名的不锈钢研发、加工和贸易平台，同步建设全国最大的铜管、电梯用钢丝绳、不锈钢管阀附件生产基地，成为全国性产品价格发布中心和物流配载中心。

（二十二）大力发展现代商贸业。

以集约化、连锁化、特色化为重点，积极推进中央商务区建设，重点培育发展大型购物中心、连锁品牌店、专业市场、城市综合体和星级酒店五大商贸业态，加快打造布局科学、结构合理、功能齐全、高效通畅的现代商贸服务体系。依托城市化推进，着力打造“两圈五街十区”商贸格局。提升发展不锈钢、五金机电、黑色金属、包装印刷等大型专业市场，加快专业市场电子信息交易平台建设，增强在线交易、信息发布、产品展示等功能，提升市场业态水平。

（二十三）大力发展现代物流产业。

以完善城市物流服务功能为核心，加快建设物流基地，构建物流发展平台，大力培育物流市场，打造集仓储、配送、加工和信息服务等功能于一体的通江、锡东新城、东港、鹅湖四大综合物流园区，建设好核心突出、配套完善的羊尖、鹅湖、锡北3个配套物流园区，形成布局合理、设施先进、业态完整、高效便捷的现代物流产业体系。以物流园区为载体、以第三方物流为重点，培育和引进一批现代物流企业。加快发展现代生产物流外包，提升专业市场物流配套功能，推进物流信息化建设，提高物流应用技术水平，加快发展物流总部经济。

（二十四）大力发展现代农业。

按照优质、高产、高效、生态、安全的要求，以农业增效、农民增收为主线，以产业化、市场化为方向，以农业园区、特色基地为载体，以农业适度规模经营为抓手，深化农业开发综合创新试点。加快转变农业发展方式，打造现代农业产业体系，加快推进台湾农民创业园建设，大力实施“一镇一园、一村一园”战略，重点培育发展设施园艺、食用生物两大主导产业，功能稻米、翠竹茶叶、景观苗木、特种水产四大优势产业，生物农业、旅游农业和复合农业三大新兴产业，促进农村经济社会全面协调可持续发展。

五、把生态治理和可持续发展成效作为建设创新型经济城区的重要标志

（二十五）加强生态治理规划建设。

坚持可持续发展战略，牢固树立生态文明理念，贯彻落实《关于高起点规划高标准建设无锡太湖保护区的决定》，认真执行《太湖流域水环境综合治理实施方案》、《望虞河水环境综合整治规划》、《苏南运河水环境综合整治规划》的相关要求，以综合治理、标本兼治为原则，全面推进重点工程和项目的实施。将生态质量和环

境安全作为全区经济社会发展的首要支撑，把产业转型升级作为促进区域经济发展和改善生态环境的主要任务，正确处理区域经济发展和生态保护的关系，科学合理地制定区域生态治理建设规划。进一步加强环境整治和生态修复的延续性及长效性，注重环保监管和体制改革的法制性及创新性，强化刚性执行生态治理规划力度，持续提升区域生态综合质量和环境承载力。

（二十六）大力发展低碳经济。

编制和实施低碳城区发展规划，加强低碳经济关键技术和共性技术攻关，大力开发低碳技术和低碳产品，有效降低二氧化碳排放强度，加快形成以低碳产业为主导的经济发展模式，打造低碳经济示范城区。健全完善节能减排激励、约束和考核机制，切实抓好重点行业、重点企业、重点工程的节能减排工作。大力发展绿色产业，积极推广节能降耗新技术、新工艺，深入组织实施一批节能降耗改造项目。加快淘汰落后生产能力，制订热电、冶金和化工等企业（行业）整治行动计划，有效遏制高耗能、高排放行业过快增长。大力倡导绿色消费，积极调整能源结构，提高能源利用效率，提升光伏太阳能等新能源在能源消耗结构中的比重。

（二十七）积极推进控源截污。

按照“关闭、集中、提标、改造”的思路，持续开展“五小”企业和“三高两低”行业的整治工作。实施最严格的环境准入制度，严把新建项目环评审批关，积极推广生态农业技术，加大畜禽养殖污染整治力度，有效减少农业面源污染。加快污水处理厂和污水管网的建设进度，实施污水处理厂扩容和中水回用工程建设，全面梳理、完善市政排水管网系统，强化排水源头管理，加大污水处理设施运行监管力度，形成污水管网全覆盖、排水用户全接管、污水处理全达标的污水治理体系。完善生活垃圾收运体系，加快垃圾处理设施建设，建立健全“四集中”收运模式，全面实现垃圾收集机械化，推行城镇垃圾处理向资源化、减量化、无害化方向发展。

（二十八）加快水环境综合治理。

继续推进全区水生态综合整治，实施河道综合整治、农村村庄综合整治、污水管网建设、控源截污行动和排水达标区创建活动、农业面源污染整治、生活垃圾集中处理六大工程建设。积极推动水系调整优化，实施运东大包围锡山段围外河道治理、双泾河拓宽、春风河开挖、走马塘拓浚等工程。深入开展河道生态清淤疏浚行动，加快建立以“河长制”为核心，职能部门分工协作的河道综合整治和长效管理责任体系，不断改善区域水环境质量。确保到2012年，主要河道考核断面水质全面达标。

（二十九）积极创新环保体制机制。

积极推行区域环境资源补偿、污染物排放许可及有偿使用和交易、环境污染责任保险等试点工作，完善绿色信贷、绿色税收、绿色采购、绿色贸易等制度。依法合理调整排污费征收使用管理体制，健全环境应急预警机制，建立环境治理代理人制度，形成完善、有效的环保体制机制。推行环境保护信息公开制度，扩大企业环境行为信息公开范围，实行企业环保公开道歉和承诺制度。倡导环保公众参与制度，鼓励有奖举报，落实行政、司法联动环境保护措施，致力形成政府负责、企业为主、社会参与的大环保工作格局。

（三十）切实加强环境监管执法。

认真贯彻执行各项环境保护法律、法规和政策措施，建立区域督察组织，深入开展各类环保专项行动，加强环保监管和执法力度，严厉打击各种环境违法行为，切实解决危害群众健康和影响可持续发展的突出环境问题。进一步完善环境监督管理网络，提高自动在线监控系统、“12369”举报投诉受理系统的运行管理质量，加快建设水质自动监测系统、大气污染监测系统、环境应急查询系统、环境监察“警务通”系统和排污口IC卡智能管理系统，对国（省）控单位及重点污染源治理设施进行全天候、全方位的实时动态监控和超前预警监控，确保治污设施完好、运行正常、达标排放，实现覆盖全区、协同联动的现代化环境监测监控网络。

（三十一）加快城区改造、完善城市功能。

按照“现代化风貌、国际化元素”的要求，结合重点片区、重点地区和重点项目的建设实施，加快功能策划，深化建设规划，统筹建设时序，科学推进建设。以旧城改造为主，调整用地功能，调整产业结构，优化产业布局，做强优势产业，做大产业规模，推进成片改造，加快推进以锡山中心商贸区、太湖大道南地区等复合型社区为主要内容的生活性载体建设。合理控制建设规模和开发强度，积极稳妥推进“三老”（老城区、老厂房、老民房）更新工作。推进以数字动漫创业服务中心二期、软件园二期、乡镇企业博物馆等项目为主的产业载体建设，加快打造文化创意高地，建设嵌入式软件、基础软件、信息服务软件等产业集群高地。逐步完善开放空间系统，深化完善公共服务设施与市政基础设施，加速推进教育、医疗、文化、体育等服务设施建设，提高综合环境品质，保护人文资源，提升城区的承载功能。

（三十二）拉开新城框架、打造东部中心。

把握"四城"同建的战略机遇，围绕"一年成名、三年成形、十年成城"的建设目标，以城市道路建设、市政配套完善、景观环境提升和整合城市功能为主要抓手，通过支撑体系规划、环境提升规划、重点地区规划加大规划设计的深化与建设施工，加快城市框架的拓展。通过城市核心区域的打造与城市功能的完善，加快形成无锡东部的区域中心，夯实锡东新城作为无锡市城市副中心、锡山区政治经济文化中心、高端产业集聚中心和长三角区域性交通枢纽的"三中心一枢纽"城市地位，努力将锡东新城打造成为无锡创新发展的新名片、锡山转型发展的新平台。

六、把建立完善体系作为建设创新型经济城区的坚强保障

（三十三）建立完善的规划体系。

把建设创新型经济城区的内容纳入锡山"十二五"社会综合发展规划，突出社会综合发展规划、城市建设规划、土地利用总体规划"三规合一"，加强区域空间布局和产业结构的战略研究，着力打造"主城新城联动、特色新镇呼应、新社区点缀"的"2220"城乡空间结构。同时，结合锡东新城建设、东亭老城区改造、新市镇建设，以及十大产业调整和提升（发展）等实际发展需要，在总体规划框架保持稳定的基础上，围绕低碳导向、两高产业导向、民生导向、重点项目导向，科学制定"十二五"规划，全面推进规划的优化、细化、深化，强化规划控制力，增强规划的法定性、权威性和约束力，切实发挥规划的基础作用和导向作用。

（三十四）建立完善的建设管理体系。

围绕科技产业城建设，加大对新材料产业、电子信息、轨道交通装备、生物医药、动力等十二大特色主体功能园区以及各类高端"三创"载体建设力度；围绕生态城、旅游城和现代服务业城建设，加快推进"一镇三村"历史文化镇村、"一区十园"现代农业园区、三山两水等自然生态资源为主的现代服务和旅游载体的建设；围绕宜居城建设，加大太湖大道南地区、东北塘通江商务中心等复合型功能性载体的建设力度；围绕无锡建设"感知中国"传感网、物联网中心，加快相关主题功能园区的规划建设。坚持"科学、严格、精细、长效"方针，整合城市管理资源，加强数字化、网格化管理建设，提升城市的综合管理水平。结合新一轮行政管理体制改革，加强服务型、法治型政府建设，大力提升公共服务能力和依法行政能力，大幅降低创新综合成本，优化建设创新型经济城区的"软环境"。

（三十五）建立完善的政策支撑体系。

对国家和省市已出台的各相关政策措施进行全面疏理和大力度整合、协调和对接，确保用足用好。整合现有创新扶持资金项目，发展科技投资、股权投资，集中政府财力，集聚各方资本，形成促进创新型经济城区建设的投融资体系。抓住无锡建设国家传感网创新示范区（国家传感信息中心）及被列入全国生态文明建设试点城市、中国服务外包示范城市等机遇和条件，加快建设创新型经济城区，进一步加强政策创新和突破，形成有效促进创新型经济城区建设的政策体系，促进资金、人才、土地等各种生产要素加速向有利于推进创新型经济城区建设的领域流动和集聚。

（三十六）建立完善的组织协调体系。

建立健全推进创新型经济城区建设领导体制和工作机制，成立由区委、区政府主要领导任组长的领导小组，全面负责对创新型经济城区的组织领导和统筹推进；领导小组下设办公室（设在区发展和改革局），具体负责对建设工作的宏观指导、部署协调和检查督促。成立"四城"建设专项工作推进领导小组，由分管区领导担任组长，牵头部门主要负责人担任副组长，各相关部门负责人任成员，专项工作牵头部门担负日常工作，负责具体工作目标任务的分解量化，并组织实施推进。开发区、商务区、各镇（街道）要把建设创新型经济城区建设工作置于统揽本地区各项工作的龙头地位来抓，建立健全相应的组织领导体系、工作机制和政策措施，确保各项工作扎实推进。加强宣传舆论导向，强化社会参与意识，鼓励基层创新突破，注重先进典型引路，营造全社会共建创新型经济城区的浓厚

氛围。

（三十七）建立完善的督察考核体系。

按照“一级管理、二级考评、三级问责”要求，建立健全建设创新型经济城区的目标管理和绩效考核体系。一级管理，由每个专项工作推进领导小组负责，及时掌握各地各部门在组织领导、方案制定、责任落实、工作推进等方面情况，总结典型经验，确保工作进度。二级考评，由区统计部门根据市定指标评价体系和统计分析方法，负责对全区创新型经济城区建设工作进行动态监测；由区创新型经济城区建设领导小组办公室负责跟踪督察和绩效考核，区人大、区政协进行监督和视察，每半年开展一次专项督察，年底开展一次年度考评和群众满意度调查，作为对党政主要负责人和领导班子的政绩评定、选拔任用和机关部门作风评议、争先创优的重要依据。三级问责，由区创新型经济城区建设小组，对未按工作计划履行职责或工作不力的，责令整改；对造成重大损失或恶劣影响的，严格追究责任，实行“一票否决”。

中共锡山区委　锡山区人民政府
关于2010年锡山区现代农业建设工作的指导意见

锡发〔2010〕8号

（2010年2月10日）

为加快推进现代农业建设，促进农业转型提升、农村经济优化发展和农民增收致富，现就全区2010年现代农业建设工作提出如下意见。

一、指导思想

坚持以科学发展观为指导，围绕提升规模、质量、特色、效益、富民发展水平的要求，以农业增效、农民增收为主线，以产业化、市场化为方向，以农业园区、特色基地为载体，以农业适度规模经营为抓手，深化农业开发综合创新试点，加快推进台湾农民创业园、生物农业产业园建设，大力实施“一镇一园、一村一园”战略，加快转变农业发展方式，促进农村经济社会全面协调可持续发展。

二、目标任务

（一）主要发展指标目标。全区新增高效农业333.33公顷以上，新增园区农业333.33公顷以上，新增设施农业266.67公顷以上，新增农业适度规模经营333.33公顷以上，新增土地流转333.33公顷以上，新增农民专业合作经济组织4家以上。

（二）农业园区建设目标。依托现代农业“五个一”工程，实施“1460工程”（1个台创园、4个镇级园区、3年建成60个以上村级园区），2010年全面建成台创园5平方公里核心区，初步建成18平方公里建设区，加快建设斗山农业生态园、红豆杉高科技产业园、绿羊花卉苗木园、鹅湖休闲渔业示范园4个镇级园区，建成山河高效农业示范园、南丰精细蔬菜园、严家桥优质粮经园、丽安花卉苗木园、南村设施蔬菜园、圩厍高效渔业园、燕水庄时令果品园、松芝精品苗木园、青虹翡翠湾渔业生态园、寨门高效农业示范园、新明高效农业示范园、斗山精品白茶园、山联特色龙虾园、东升食用生物产业园、黄土塘精品西瓜园、湖塘桥无公害葡萄园、新巷精品苗木园、港南特种水产园、谢埭荡特种水产园以及中东优质果品园20个村级园区，初步形成布局合理、特色鲜明、功能互补、错位发展的区、镇、村三级农业园区发展体系。

三、工作重点

（一）深化结构调整，打造现代农业产业体系。坚持以“稳定粮油业、提升种植业、压缩养殖业”为导向，重点发展投资强度大、科技含量高、经济效益好、辐射带动强的设施高效农业和市场前景广、消费需求旺、业态形态新的新型产业，全面提高农业产业结构能级和综合效益。一是做强主导产业。围绕“生产规模化、经营产业化、产出高效化”的要求，以现有精细蔬菜、时令果品、精品花卉、高档食用菌等产业为基础，以农业园区为载体，以上下游产业链为纽带，全面推进产业集聚、整合和升级，努力打造设施园艺（花卉、蔬菜、葡萄等）和食用生物（食用菌、灵芝等）两大主导产业，力争2010年销售达到4亿元，2012年达到10亿元。二是做精特色产业。以形成专业化规模优势和区域化特色优势为目标，加快引进资本、注入科技、打造品牌，重点发展功能稻米、翠竹茶叶、景观苗木、特种水产四大特色产业，进一步显化资源比较优势，放大产业特色效应，力争2010年销售达到1亿元，2012年达到2亿元。三是做大新兴产业。推动三次产业融合化发展，挖掘农业多元化功能，积极培育生物农业（蝴蝶兰组培、生物质能源、红豆杉生物开发等）、旅游农业（休闲观光、“农家乐”等）和复合农业（农产品精深加工、博览展示、物流交易等）三大新兴产业，进一步拓展产业链、提升价值链、完善市场链，力争2010年销售达到1亿元，2012年达到2亿元。

（二）加快园区建设，优化产业空间布局体系。按照“坚持市场化宗旨、加强企业化运作、提升综合效益”的要求和“招商建园、产业兴园、功能强园”的思路，同步推进区、镇、村三级农业园区建设，加快推动农业发展空间、功能、资源的优化重组。一是提升区级园区内涵。依托高科技园53.33公顷土地整理、开普生物能源、荣善食用菌产业基地、农业休闲观光中心、DIY番茄园、无锡现代农业博览园6.13公顷配套功能区等一批基础设施和产业项目建设，打造生物农业新亮点，构建锡山台湾农民创业园“五大中心”（博览展示中心、科技创新中心、科技培训中心、物流交易中心、休闲观光中心）发展新格局，进一步提升产业层次和科技水平，完善配套功能和运行机制，引领和带动全区现代农业发展。二是完善镇级园区功能。积极借鉴、移植区级农业园区发展经验和模式，完善规划体系和实施方案，强化产业支撑和机制创新，进一步拉长做强红豆杉产业链（新建种植基地100公顷、育苗基地2万平方米），开发建设绿羊温泉等新增长点，整合利用斗山、鹅湖的产业资源、生态资源和人文资源，全面推进镇级农业园区建设。三是加快村级园区建设。以科学规划、准确定位为龙头，以招商引资、项目建设为重点，以土地流转、机制建设为保障，立足各村的产业基础和资源条件，结合“一村一品、一村一企（社）”发展，按照“先开发农业产业、后完善配套功能”的思路，大力推进村级农业园区建设，整体推动全区现代农业发展。

（三）深化市场运作，构筑发展要素支撑体系。把握国家扩大内需的政策导向和工商资本投资农业不断升温的机遇，依托锡山台湾农民创业园等产业发展平台和园区管理公司等运作平台，推动资金、土地等生产要素向农业园区和主导产业、特色产业、新兴产业集聚。一是加大招商引资力度。坚持招商先行、项目带动战略，台资、外资、内资齐抓，招商、引商、选商并举，重点采取产业招商、以商引商、主题招商等方式，全力推进农业招商引资工作，确保引进农业产业项目20个以上，农业园区配套功能项目10个以上，吸引各类社会资本3亿元以上，引进培育年产值超5亿元、3亿元、1亿元的农业龙头企业各1家。二是有序推进土地流转。按照依法、自愿、有偿的原则，结合农村“双置换”和“万顷良田”建设，依托区、镇、村三级服务管理机构，鼓励农民采取多种方式流转土地。流转价格根据不同产业、不同片区实行一镇一价、一园一价，并建立完善符合本地实际的价格正常调整机制。三是完善市场运作平台。切实加大镇村园区冠名申报力度，为招商引资、产业发展、对上争取等提供承载平台。按照企业化运作要求，在进一步优化完善新天地公司等园区管理公司运行机制的基础上，加快成立镇村园区管理公司，为园区投融资、项目建设、园区运行、入园企业管理服务、对上争取等提供运作平台。

（四）加快机制创新，完善为农服务平台体系。围绕现代农业发展目标，进一步转变服务职能，创新服务机制，完善服务平台，全面提升行政引导力和服务力，促进农业产业真正形成核心竞争力和增收带动力。一是加强农业科技创新平台建设。依托现有农业科技“三创”载体，加强与南京农业大学、浙江大学、上海农科院对接，深化政产学研合作，力争建成功能稻米（水稻园）、精细蔬菜（高科技园）、特种水产（鹅湖群联）、景观苗木（东港新巷）四大新品种引繁中心，以及浙大（无锡）生物农业研究院和海峡两岸农业培训中心（无锡现代农业博览园）等一批专业化、品牌化、国际化、现代化的科技创新平台，并对镇村农技员、农业企业业主、合作组织负责人、种养大户等人员全面开展培训，带动农业生产力的全面提高。二是加强农政执法管理平台建设。按照产业生态化、生态产业化的思路，建立完善农业投入品监管体系、农政执法体系、农产品检验检测体系、质量标准体系、绿色无公害有机食品认证体系、品牌管理体系等农产品质量安全全程监管平台，推动农业增长方式由数量型、粗放型向质量型、效益型转变。三是加强农民增收致富平台建设。按照“三个一批”的要求，积极引导农业龙头企业等市场主体和种养大户、农业科技人员、返乡创业农民等农村能人领办、创办农民专业合作经济组织，强化村级园区发展主体，完善“合作组织+园区（基地）+农户”的产业化经营模式，同时，积极发展土地合作、劳务合作、农机合作等集体经济组织，使之成为引领农民开展生产经营、参与市场竞争的主要组织形式和实现增收致富的重要载体。

四、保障措施

（一）强化组织保障。各地各有关部门要充分认识做好农业工作的重要性和紧迫性，切实把现代农业建设作为重要任务抓紧抓实，进一步加大组织领导力度，强化工作班子，细化工作方案，对各项工作早谋划、早部署，确保早落实、早见效。要建立完善“区级政府引导，主管部门和镇级政府规划指导，村级组织主要负责，农民群众广泛参与”的现代农业发展责任体系，全面落实责任分工，加强沟通协调，形成推进现代农业发展的强大合力。要把现代农业工作纳入区镇两级重点工作目标考核体系，层层分解目标任务，健全考评机制，量化考核内容，细化考核要求，加大考核力度，形成一级抓一级、层层抓落实的工作格局。

（二）强化规划保障。坚持以科学规划为龙头，充分发挥规划的引导和调控作用，进一步推进规划工作的法制化，做到没有规划不决策，没有规划不招商，确保全区现代农业建设在科学的轨道上稳步推进。高起点编制锡山区现代农业发展规划，以衔接一产、二产、三产，融合生产、生活、生态为导向，以沿路、沿河、环山、入园为重点，结合镇村布局规划、新农村建设规划、土地利用规划等专项规划，突出布局优化整合、资源优化配置、产业优化升级三大主题，加快完善全区现代农业发展规划体系，年内完成锡山台湾农民创业园（以生物农业产业园为重点）、4个镇级园区建设规划、20个村级园区的总体规划以及全区现代农业发展“十二五”规划。

（三）强化政策保障。按照“灵活、高效、更具激励作用和可操作性”的要求，制定完善农业政策体系，促进现代农业又好又快发展。在全面贯彻落实上级各项强农惠农政策的基础上，进一步加大财政对现代农业建设的扶持力度，区财政安排专项资金，主要用于园区建设、招商引资、土地流转、规模经营、合作组织、科技创新等方面，镇级财政配套安排“一村一园”等专项资金。鼓励、引导各类金融机构加大对现代农业发展的支持力度，建立完善贷款、融资、担保及农业保险等金融服务体系。加强沟通协调，加大对上争取力度，争取上级在园区冠名、项目、政策、资金等方面最大限度的支持和扶持。

（四）强化队伍保障。积极适应现代农业发展的新形势、新任务和新要求，努力培养造就一支既懂技术、又精管理、更善经营的复合型农林队伍，做到由原来只注重跑田头向既跑田头又跑市场、跑企业、跑科研院校转变，把主要精力放在定规划、搞服务、抓招商、创示范和优环境上，更加注重发挥市场机制在资源配置中的基础性作用，更加注重调动工商资本、农民群众的积极性，更加注重运用经济、法律、行政、市场等综合手段促进农业发展。进一步强化基层农技推广队伍建设，充实一线力量，优化队伍结构，确保到岗到位，不断提升科技推广、检验检测、防疫检疫、生产监管等综合服务能力。

中共锡山区委　锡山区人民政府
关于促进科学发展建设“幸福锡山”的实施意见

锡发〔2010〕11号

（2010年2月26日）

党的十七大从中国特色社会主义事业的总体布局和全面建设小康社会的全局出发，把人民群众的幸福安康提升到更高层面，指出科学发展观的核心是以人为本，必须把实现好、维护好、发展好最广大人民的根本利益作为推动科学发展的出发点和落脚点，始终把保障和改善民生放在首要位置。无锡市委、市政府为巩固和拓展深入开展学习实践科学发展观活动成果，在总结“幸福江阴”建设成功经验的基础上，制定下发了《关于在全市开展落实科学发展观建设“幸福市（县）区”活动的决定》（锡委发〔2010〕12号）。为积极响应和贯彻落实市委、市政府号召，不断转变发展方式，提高人民福祉，真正让人民群众更多地共享改革发展成果，现就促进科学发展、建设“幸福锡山”制定本实施意见。

一、“幸福锡山”建设的指导思想、目标任务和基本原则

（一）指导思想：以邓小平理论、“三个代表”重要思想和科学发展观为指导，把“幸福锡山”建设作为落实科学发展观的实践载体，以提高人民群众的幸福感、满意度为主旨，坚持“富民优先、科教优先、环保优先、节约优先”方针，强化人才、科技、生态、文化、民生“五个自觉”，以超越的勇气、超常的力度，大力推进物质文明、精神文明、政治文明和生态文明建设，力求个个都有好工作，家家都有好收入，事事都有好保障，人人都有好身体，处处都有好环境，天天都有好心情，加快促进社会全面进步和人的全面发展。

（二）近期目标：以建设创新型经济城区为战略导向，突出“三高”原则，加快“四城”建设，协调推进经济转型、产业升级、民生保障、社会事业、文化建设、民主法治、生态环境和城乡统筹等重点工作，力争到“十二五”期末，把锡山建成经济社会发展、创新活力迸发、人民就业充分、生态环境优美、民意诉求畅通、社会公平正义、人际关系和谐的幸福城区。

（三）中长期目标：以先进幸福地区为标杆，大力推进全民幸福计划，力争到2020年，经过全区上下的共同努力，基本形成符合科学发展观要求的发展方式，产业竞争力、自主创新力、社会和谐力、文化软实力、环境承载力和可持续发展力全面增强，经济社会全面发展，创新体系全面建立，文化事业全面繁荣，生态环境全面改善，使锡山广大群众更具幸福感、快乐感、满意感和归属感。

（四）基本原则：

一是以人为本、共建共享的原则。把人民幸福作为科学发展的最高和最终追求，更多关注人的价值、权益和自由，关注人的生活质量、发展潜能和幸福指数，真正做到发展为了人民、发展依靠人民、发展成果由人民共享。

二是着眼发展、开拓创新的原则。按照科学发展的新要求、优化发展的新形势、人民群众的新期盼，不断转变发展理念，创新发展模式，提升发展质量，深入推进“幸福锡山”建设，努力促进经济社会和人的全面发展。

三是重点突出、统筹兼顾的原则。紧紧抓住人民群众最关心、最直接、最现实的利益问题，着力解决群众反映突出的民生问题，重点改进民生领域的薄弱环节。同时，着眼全局和长远，加强统筹规划，兼顾各方利益，统筹推进物质文明、精神文明、政治文明和生态文明建设，实现全面、协调、可持续发展。

四是和谐共进、均衡普惠的原则。着眼群众普遍得益受惠，切实保障人民群众的合法权益，不断推进基本公共服务均等化，加强民生政策的统筹协调，不断缩小城乡、区域、群体之间的民生发展差距。

五是因地制宜、注重实效的原则。以创建幸福家庭、幸福社区、幸福镇（街道）为抓手，立足实际，深入挖潜，发挥优势，通过创新体制机制和工作方法，强化工作的科学性、针对性、实效性和可操作性，走出一条符合民生规律、具有锡山特色的“幸福锡山”创建新路子。

二、全力实施“幸福锡山”建设六项工程

促进科学发展、建设“幸福锡山”是一项长期性、系统性工作，必须从事关长远的根本问题着眼，从事关民生的现实问题着手，从事关全局的重大问题着力。当前，建设“幸福锡山”的主要任务是加快实施六项工程，力求以重点工作突破带动整体工作提升。

（一）实施转型促进工程，夯实富民物质基础。经济发展是实现人民幸福的物质基础和必要保障。要围绕经济结构战略调整这条主线，按照高点定位、高端合作、高品质环境“三高”原则，以十大产业调整和提升（发展）行动计划为引领，进一步推动产业优化转型升级，促进集中集群集约发展，为富民强区提供强大物质保障。一是以园区建设加快集约发展步伐。按照“成片开发、功能开发”的建设理念，加快开发区产业发展、自主创新、集约开发、环境建设和载体建设步伐，大力引进培育重大产业和创新项目，切实增强集聚力、辐射力和带动力。按照“适度超前、一次成形”的建设原则，加快特色园区的基础设施和配套设施建设，全面形成专业园区集聚优势和特色优势。围绕新兴产业和科技企业发展需要，重点推进锡山科创园、S-Park、V-Park和Office-Park等科技“三创”载体的建设，加快提升载体的产业承载力和功能支撑力。二是以

科技创新引领传统产业升级。鼓励企业建立和完善技术研发机构，支持有条件的企业建设“三站两中心”，增强企业技术研发实力。继续坚定不移实施“质量与知识产权立区”战略，培育和形成企业核心竞争力。认真落实有关企业技术改造的扶持措施，使企业质量品种、节能减排、装备水平、安全生产等方面实现新的提升。积极实施“双百技术改造工程”和“双百新增长工程”，加快培育新的工业经济增长点。三是以招才引智推动新兴产业发展。抓住国际新兴产业调整的重大机遇，以高端研发团队、国际知名企业和新兴领域为重点，进一步加大招商引资力度，大力发展生物制药、新能源、智能传感以及信息服务、文化创意等新兴产业。围绕无锡市“8+1”政产学研合作框架，以产业需要和企业需求为导向，进一步拓展与高等院校和科研院所合作的层次与规模。在深入推进“530”计划的基础上，全面启动实施“锡山百人计划”，确保五年内引进不少于100名领军型科技创新创业人才。四是以高端嫁接促进支柱产业壮大。以高端嫁接的方式，集聚资金、技术、人才等资源要素，大力发展电子信息、装备制造、新材料、金属加工等支柱产业。根据区重点产业振兴计划和各专业园区规划，加快完善产业布局，明确产业定位、产业集聚、产业分工，加强重点产业、专业园区、重大项目招商引资统筹，力争中央企业和大企业集团在我区布局重大项目。加大对高科技创新型企业上市支持力度，着力培植一批优势突出、竞争力强的支柱产业、重点企业和知名品牌。

（二）实施民生改善工程，提升群众生活水平。突出以人为本，完善政策措施，创新体制机制，大力推动改善民生的各项工作，使改革发展成果惠及全体百姓。一是围绕就业富民目标，健全收入分配机制。健全城乡一体的就业政策体系、就业培训体系和管理服务体系，加快实现城乡就业优惠扶持政策的全覆盖。健全政府促进就业的责任体系，加大政府财政对扩大就业的投入支持。健全完善以市场为导向的就业培训机制，加快形成政府引导、社会参与、市场主导、就业与培训相结合的大培训格局，着力提高城乡劳动力的技能水平和就业能力。完善就业援助制度，以被征地农民、大学毕业生和下岗失业人员三类人群为重点，积极开展就业援助工作，努力为残疾人开发和提供公益岗位和专营岗位。以创业带动就业，建立政府鼓励创业、民众自主创业、社会支持创业的机制，进一步降低创业门槛，优化创业环境，简化创业手续，加强指导服务，为创业者提供优质高效的创业服务。二是围绕保障安民目标，构建社会保障网络。以城乡衔接、全面覆盖为目标，进一步健全完善社会保障政策体系，努力提高社会保障服务水平。继续加大社保扩面力度，推进农民工、非公有制经济组织就业人员、城镇灵活就业人员和农村各类企业职工参加社会保险，做好中断参保人员的续保缴费工作。巩固完善被征地农民基本生活保障、新农保、城镇老年居民养老补贴等制度，继续完善被征地农民基本生活保障资金投入增长机制、政府保养金分类调整机制和纯农民基本养老金正常增长机制。以城镇养老保险扩面带动基本医疗、失业、工伤、生育等社会保险参保人群的拓展，加快形成“五险合一”的征缴框架，努力实现各类社会保险应保尽保。三是围绕救助惠民目标，完善社会救助机制。着力完善以城乡“低保”、灾害救助和农村“五保供养”制度为基础，以社会捐助、慈善救助、结对帮扶等社会帮困手段为补充的新型城乡社会救助体系，不断加大政府“低保”和救助政策的覆盖面及保障力度。对全区因病、因残、因灾等原因造成深度贫困的家庭全面实施生活救助，健全完善“低保”动态分类管理机制，切实增强社会救助整体功能。加快残疾人社会保障体系和服务体系建设，不断丰富残疾人物质文化生活。大力发展社会慈善事业，扩大慈善资金来源和规模，重点围绕助学、助医等“六助”活动开展各项对困难群众的慈善救助活动，不断完善慈善救助功能。

（三）实施社会建设工程，优化公共服务体系。以扩大公共产品供给，提升公共服务水平为目标，加快完善公共服务体系，全力推动社会事业发展，进一步改善群众的生产生活条件，着力形成广大人民安居乐业，社会事业欣欣向荣的生动局面。一是加快教育高位均衡发展。紧紧围绕建设现代化教育强区目标，以义务教育高位均衡发展示范区创建为抓手，着力优化教育资源布局，加快实施薄弱学校改造，继续推进校舍抗震加固工程，全面推进锡东新城新高中、天一实验学校、东亭实验小学等学校建设，持续提高学生在实验（示范）等优质校园就读比例。二是不断完善医疗服务体系。继续完善医疗卫生服务体系，形成以社区卫生服务中心为主体、社区卫生服务站为补充的社区卫生服务体系，强化医疗、预防、保健、康复、健康教育和计划生育指导“六位一体”功能，完善社区首诊和双向转诊制度，实现“小病在社区、大病进医院、康复回社区”目标。三是大力推动文化发展繁荣。坚持政府主导、社会参与、全民共享、覆盖城乡的原则，以加大投入、转换机制、增强活力、改善服务为重点，大力发展公益性文化事业，深入推进“百村康乐工程”，加快构建区、镇（街道）、村（社区）、文化开放户四级公共文化服务网络，不断繁荣群众文化体育生活。依托资源禀赋，坚持市场导向，科学规划产业园区和集聚区，致力发展动漫网游、软件服务、工业设计等优势产业，到2012年，全区软件及服务外包年营业收入达到35亿元，动漫及数字产业年营业收入达到20亿元。加快挖掘利用各类文化旅游资源，着力打造一批精彩纷呈、各具特色、优势互补、相得益彰的特色旅游景点。至2012年年末，全区初步形成“一街二馆三园四点五村”的旅游布局框架，做大做优“阿炳文化艺术节”、“七夕红豆相思节”、“锡北斗山茶叶节”、“甘露民俗文化节”等会展节庆活动，锡剧、吴歌等非物质文化遗产项目在创新发展中实现保护传承。四是积极开展文明创建工作。坚持用社会主义核心价值体系引领多元文化发展，广泛开展以“八荣八耻”为主要内容的社会主义荣辱观教育，着力营造良好的道德风尚与和谐的人文环境。大力实施市民文明素质教育提升工程，积极开展爱国主义、集体主义和社会主义教育，切实加强群众性文明创建活动，不断提升市民素质和文明城区创建水平。以基层党校、社区市民学校、单位员工学校为主阵地，深化“四尊四创”学习宣传，大力弘扬创新文化，充分激发广大群众的创新意识和创造意愿。

（四）实施城乡一体工程，加快区域发展进程。紧紧围绕“四城”建设目标，以形成城乡“五个一体化”的科学发展新机制为主线，进一步明确发展定位、加快制度创新、完善基础设施，力争在统筹城乡发展、提升城市内涵、创新城市管理等方面取得新突破，加快锡山城市化和现代化进程。一是优化城乡发展格局，提升区域城市化水平。进一步完善城乡空间结构，优化落实三级城镇体系，形成“新城现代化、新镇集聚化、新村社区化”的区域城市化梯次发展新格局。按照“现代化风貌、国际化元素”的要求，继续推进东亭、东北塘主城区改造建设，强化形态开发和功能建设，进一步提升城市建设品位。围绕“一年成名、三年成形、十年成城”的建设目标，加快商务区开发建设步伐，通过实施“市政支撑、环境先行、公建引领、居住启动、商业发力、行政提升”六大行动，加快完善规划体系，全面推进道路基础设施、环境景观工程和公路配套项目建设，加快形成无锡新的城市副中心。大力推进中心城镇建设，进一步完善服务功能，增强承载能力，促进要素集聚，切实增强城镇对农村的辐射带动作用。继续加强农村“三个集中”，加快推动生产要素、基础设施和公共服务向农村延伸覆盖。二是优化城市综合功能，提升城市现代化水平。加快推进以提高道路通行能力为重点的综合交通体系建设，着力构建高效、畅达的现代城市交通网络，切实发挥道路交通对城市空间拓展的支撑作用。着力完善市政设施建设，积极探索投融资体制改革，引入多元投资机制，加快提升供水、污水、燃气、环卫、供电、供热、通信等市政公用设施的覆盖范围。大力推行城乡公交一体化，形成“畅通、便捷、优质、经济”的公交网线。三是优化城市管理体制，提升管理科学化水平。进一步优化城市管理体制，建立区域统筹的工作机制，不断提高城市运行质量和综合效益，全面提升城市管理水平和城市品位。逐年增加城市管理经费投入，加快公用事业市场化运作步伐，综合运用行政、法律、市场等管理手段，切实提高城市公共设施和公用事业的管理水平。继续推进违法建设整治，坚决遏止各类违法建设势头。根据人口工作新形势新要求，建立健全“区协调监督、镇（街道）组织落实、村（社区）综合服务”的人口工作新体制，探索建立“一证二合同三承诺”的人口工作新机制，推进人口服务管理的社区化、社会化、规范化。充分发挥乡镇（街道）、居委、居民小组以及基层党组织在城市管理中的作用，不断提高社区服务管理水平，建立健全各级城市管理长效机制和网络。四是强化新农村建设，提升农村社区化水平。以农村改革发展重点工作引领全区现代化新农村建设，创新推动产业开发、村级发展、土地使用、农民转化、为农服务等各项工作，加快农村城市化、农民市民化进程。要推进农业转型提升，坚持现代农业园区化发展导向，以培育“生物农业”为重点，在全力抓好台湾农民创业园和现代农业综合创新试验“一区十园”建设的基础上，同步推进区、镇、村三级农业园区建设，大力推动现代农业园区向镇村平台延伸，2012年建成台创园核心区，基本建成4个镇级园区和60个村级园区。要加快推进农村“双置换”工作，依托“万顷良田”工程和镇村农业园区的建设推进，逐步扩大“双置换”试点范围，加快农民市民化进程。要加快合作组织建设，引导农村新型集体经济组织量质齐升。股份合作社要依托区位资源优势，加强资产转化能力，提升红利分配水平；专业合作社要加快创建步伐，组建行业协会，加快提升市场竞争能力；土地合作社要继续推动土地集中连片流转，不断扩大合作经营规模，进一步提高议价能力；富民合作社要创新合作形式，丰富合作内容，逐步扩大农民财产性收入；劳务合作社要加快吸收富余劳力，拓展业务服务领域，为农村劳动力开辟就业增收新渠道。要完善社区服务平台，整合社区服务资源，健全社区服务体系，推动管理重心下移，加快建立“一人多岗、一专多能，分片包干、责任到人，资源整合、信息共享”的扁平化管理机制，创新社区服务管理高效运行模式。

（五）实施环境修复工程，奋力打造宜居城区。始终把优化美化人居环境作为根本目标，按照服务经济社会发展，改善群众生活环境的总体要求，坚持科学规划、远近结合、标本兼治、综合治理，加快实施以水生态综合整治六大工程为主要抓手的环境修复工作，努力实现经济、社会和生态环境的协调发展。一是扎实开展控源截污行动。从严控制项目审批和总量平衡，按照“关闭、集中、提标、改造”的思路，持续开展“五小”企业和“三高两低”行业的整治工作，2010年全面完成500万元规模以下小化工企业的整治任务。深入推进污水管网工程建设，加快污水处理厂建设进度，全面梳理、完善市政排水管网系统，同步实施截污接管、排污口封堵、“排水达标区”创建等配套工作，形成污水管网全覆盖、排水用户全接管、污水处理全达标的污水治理体系。加快农业面源污染治理，进一步调整、优化、控制畜禽养殖结构、布局和规模，加强畜禽养殖监管力度，定期对重点水域内围网设施、定制渔具进行清除。继续推广生物肥料、低毒农药、精确施肥和节水灌溉，削减化肥、农药使用总量。完善垃圾收运体系，加快提升生活垃圾机械化收集水平，建立健全“村（社区）集中收集、镇（街道）集中清运、区集中转运、市集中处理”的“四集中”收运模式，逐步提高城乡生活垃圾集中无害化处置水平。二是大力推进节能减排工作。编制和实施低碳城区发展规划，加强低碳经济关键技术和共性技术攻关，大力开发低碳技术和低碳产品，有效降低二氧化碳排放强度，加快形成以低碳产业为主导的经济发展模式，打造低碳经济示范城区。大力发展绿色产业，积极推广节能降耗新技术、新工艺，深入组织实施一批节能降耗改造项目。加快淘汰落后生产能力，制订热电、冶金和化工等企业（行业）整治行动计划，有效遏制高耗能、高排放行业增长。大力倡导绿色消费，积极调整能源结构，提高能源利用效率，提升光伏太阳能等新能源在能源消耗结构中的比重。三是着力优化生态建设体系。坚持以提升林木覆盖率和城市绿化覆盖率为重点，积极推进绿色干道、绿色河岸、绿色村镇、绿色家园建设，到2012年，全区林木覆盖率提高到21%。按照“体现科学发展、方便生产生活、突出乡村特色、彰显文化底蕴”的要求，大力推进村庄综合整治，重点做好生活污水处理、垃圾集中收集、河道清淤整治、村庄环境美化等工作，2011年全面完成农村村庄整治工作。大力推进重点水系的综合整治工程，加快实施运东大包围锡山段围外河道治理、双泾河拓宽、春风河开挖、走马塘拓浚等工程。深入开展河道生态清淤疏浚行动，加快建立以“河长制”为核心，职能部门分工协作的河道综合整治和长效管理责任体系，不断改善区域水环境质量，确保到2012年，主要河道考核断面水质全面达标。四是创新完善环境监管机制。认真贯彻执行各项环境保护法律、法规和政策措施，建立区域督察组织，深入开展各类环保专项行动，加强环保监管和执法力度，严厉打击各种环境违法行为，切实解决危害群众健康和影响可持续发展的突出环境问题。积极推行区域环境资源补偿、污染物排放许可及有偿使用和交易、环境污染责任保险等试点工作，实行环境保护信息公开制度和企业环保公开道歉和承诺制度，致力形成政府负责、企业为主、社会参与的大环保工作格局。

（六）实施法治平安工程，营造安定和谐

氛围。坚持以学习实践科学发展观活动为根本动力，以改革精神创新实施“法治锡山”、“平安锡山”建设工程，大力推动社会诚信体系建设，为促进经济社会更好更快发展营造和谐稳定的社会环境、公正高效的法治环境和诚信健康的发展环境。一是全面深化法治建设。结合锡山实际，以依法行政和公正司法为重点，以系列创建活动为载体，大力推进“法治锡山”建设。深入推进法治县（市、区）、法治镇（街道）、规范执法单位、规范执法示范点、民主法治村（社区）、诚信守法企业等系列创建活动，制定完善创建实施方案和考评细则，扎实推动基层创建活动深入开展。认真贯彻实施普法规划，抓好重点对象的学法用法。创新法治宣传教育的手段、形式，加强行政执法各部门法治宣传资源和力量的整合优化，有组织、有计划地部署开展法治宣传和法律“六进”等活动。大力开展法治文化建设，加强法治文化载体建设，不断提高公民的法律意识和法治观念。紧密结合经济社会发展要求，大力开展法律服务、司法救助、司法便民等活动，努力推动“法治锡山”建设的实际成效更多地惠及基层群众。二是全面实施平安工程。以确保社会稳定为前提，扎实推进“平安锡山”建设。大力实施“源头预防工程”，以征地拆迁、涉农利益、教育医疗等容易引发社会矛盾的领域为重点，建立健全重大社会决策、重大工程项目社会稳定风险评估机制。不断畅通信访渠道，经常性地开展矛盾纠纷“大排查”活动，加强矛盾纠纷信息搜集研判，提高预警和掌控能力。深入推进信访调解工作，进一步加强维稳工作三级组织网络建设，形成上下对接、左右协调、运作高效的大调解工作机制，强化调处能力建设，加快提升调处质效。积极探索建立信访维稳救助基金和信访听证等制度，促进信访问题得到及时妥善处置。不断完善各级党委负总责、有关方面负责同志参加的联合指挥机制，努力提高对突发事件的预测预判、现场指挥、依法处置和舆论引导能力。大力组织开展各类专项严打整治斗争，依法严厉打击严重影响人民群众安全感的各种犯罪活动。大力推进技防城区和技防入户工程建设，推动视频监控、联网报警、断线报警器等技防设施以及联防互守等技防模式向城（镇）区沿街商户、居民户、农村地区农户等基层防范单元延伸，努力构建全方位、全覆盖的科技防控网络，确保到2012年人民群众对社会治安满意率保持在90%以上。加强安全生产宣传教育，落实企业主体责任，从严查处安全生产违法行为，确保安全生产形势持续稳定好转。加强食品药品安全信用体系、网络体系、监察体系和宣传体系建设，建立饮食用药安全长效机制，提高人民群众食品药品安全满意度。三是全面构建诚信体系。以政务诚信为先导，坚持科学行政、民主行政、依法行政的原则，严格规范行政行为，完善政务公开制度，充分发挥行政服务中心、行政效能投诉中心作用，促进政府工作效率和服务水平的提高。协调推进各项社会诚信工程，通过加强信用市场建设，完善信用监督体系，培育信用中介机构，推动企业诚实守信，加快形成较为完善的社会信用体系。

三、切实加强组织领导，为“幸福锡山”建设提供有力保障

建设“幸福锡山”，关系经济社会发展大局，关系人民群众切身利益，是一项覆盖广泛、内涵丰富的战略工程、系统工程，必须加强领导、科学规划、健全机制、统筹推进，加快形成上下联动、横向互动、全民行动的工作格局。

（一）强化组织领导，形成强大合力。成立由区委、区政府主要领导任组长，分管领导任副组长，区相关职能部门负责人为小组成员的“幸福锡山”建设工作领导小组。领导小组下设办公室，由相关职能部门组成，负责建设工作的联络、监测、检查、指导、分析、汇总、考核和上报，确保各项工作落实到位。各镇（街道）要建立相应的领导小组，由党政主要领导负总责、分管领导直接抓，并根据本《意见》制订“幸福镇（街道）”建设实施方案。区各有关部门要会同各镇（街道）部署开展“幸福进万家”就业惠民、社保（民政）安民、文化乐民、体育（卫生）健民、城管（环保）利民、公安护民、交通（市政、园林）便民等系列行动，研究制订行动计划，认真抓好落实，形成强大工作合力。

（二）强化目标考核，树立明确导向。各镇（街道）要从实际出发，参照“幸福锡山”综合评价指标体系，按照群众认同、评价科学、便于操作的原则，研究制定“幸福镇（街道）”建设活动综合评价体系。区建设工作领导小组办公室要把“幸福锡山”建设工作列入对各镇（街道）和各相关部门重点工作考核的内容，工作的推进成效与各类先进评选及年终考核挂钩，真正使考

核成为推动“幸福锡山”建设的有力杠杆，确保各项目标任务的圆满完成。

（三）强化宣传发动，营造浓厚氛围。充分利用广播、报刊、网络等媒体，多渠道、多层次、多形式地开展宣传活动，努力形成全社会关心、支持“幸福锡山”建设的良好局面。要注重典型引路，大力宣传建设活动中涌现的先进典型，总结推广创新发展的先进经验，充分发挥典型的示范带动作用，努力营造全社会共建“幸福锡山”的浓厚氛围。要注重共建互利，加大民生领域的财政投入，发挥政府资金带动作用，引导社会资本投入民生领域建设，形成政府引导、社会参与、全民建设的多元投入机制。要注重群众参与，虚心征求群众对建设活动的意见，把为民服务、为民解难、为民送暖贯穿建设活动始终，使建设活动真正得到群众认可、成为群众的自觉行动。

（四）强化监督检查，确保落实到位。区建设工作领导小组办公室要积极对上衔接，配合市建设工作领导小组开展调研检查工作；定期会同两办督查科开展专项督察，随时掌握情况、发现问题、提出对策，及时通报督察结果。区人大要深入实际，深入群众，体察民情，反映民意，切实加强对“幸福锡山”建设活动各项重点工作的监督。政协要加强民主监督，积极参政议政、建言献策，为“幸福锡山”建设多提科学性、前瞻性和操作性强的对策建议。纪检监察机关要主动介入、积极推动，强化工作督察、过程督察和纪律督察，对“幸福锡山”各项工作推进进行全过程、全方位的监督检查，确保建设活动取得实实在在的成效。

中共锡山区委　锡山区人民政府
关于加快推进公共文化事业建设的意见
（2010～2012）

锡发〔2010〕26号

（2010年6月11日）

为深入实践科学发展观，进一步繁荣文化体育事业，不断满足广大群众日益增长的精神文化需求，加快建设“幸福锡山”，现结合我区实际，提出以下意见：

一、充分认识加快推进公共文化事业建设的重要性紧迫性

（一）加快推进全区公共文化事业建设，是贯彻落实科学发展观、推动全区经济社会更好更快发展的必然要求，是坚持以人为本、不断满足人民群众精神文化需要的根本要求，是建设“幸福锡山”、构建社会主义和谐社会的内在要求，是打造文化名区、提升文化软实力和区域竞争力的客观要求，是加快城市化进程、不断完善城市功能的迫切需要。全区各级、各部门要充分认识加快推进公共文化事业建设的重要意义，进一步增强责任感和紧迫感，统一思想，强化举措，全面落实推进公共文化事业建设的各项任务。

（二）指导思想：坚持以科学发展观为统领，坚持社会主义先进文化的前进方向，注重文化发展的基础性、长远性建设，注重城乡和区域文化的协调发展，注重文化产品和文化服务的质量提升，以满足广大群众日益增长的精神文化需求为出发点，不断繁荣公共文化事业，努力构建与“幸福锡山”相适应的公共文化事业发展新格局。

（三）主要任务：全面贯彻落实科学发展观，以发展先进文化和提升文化软实力为核心，深入开展“幸福进万家，文化乐万民”行动，着力提升“幸福锡山”的文化内涵；坚持把社会效益放在首位，把发展公益性文化事业作为保障人民文化权益的主要途径，推动文化事业和文化产业共同发展；加强公益性文化设施建设，优先安排关系群众切身利益的文化建设项目，加快建立覆盖全区、布局合理、功能配套的公共文化服务体系；努力形成富有活力的文化品牌打造、文化人才引进和文化市场管理机制；传承弘扬锡山文化脉络，打造文化名区。

二、加快推进公共文化设施建设

（四）努力构建多层次、全覆盖的公共文化设施体系。2010年，制定完成全区公共文化服务体系建设规划，力争“十二五”中期基本形成。2012年，全区每万人公共文化设施和体育场地面积达到市级要求。

——区级：结合锡东新城的开发建设，科学规划、启动建设满足新城功能配套、辐射全区的

区级文化艺术中心、体育中心和市民广场，切实完善新城功能，提升品位形象。

——镇（街道）级：结合新一轮市镇规划建设，各镇（街道）要立足完善新镇区功能，满足广大群众文化体育活动需要，规划建设室内有3000～5000平方米活动场所、室外有综合性文化体育活动场地的镇（街道）级公共文体设施，提升新市镇人文形象和宜居程度。

——村（社区）级：结合新农村建设、睦邻中心建设和社区服务中心“一站式”功能完善，加快“百村康乐工程”延伸深化，推进村（社区）文体活动场地建设。新建居民（安置房）小区、社区等必须同步配套建设公益性文化设施，形成15分钟文体休闲娱乐圈。

（五）加快推进公共文化设施建设。在加快城市化建设的步伐中，坚持将公共文化设施建设纳入新城、新市镇、新社区的整体规划，做到同步规划、同步建设。严格执行《无锡市社区公共服务设施配套规划设计标准》等要求，合理配置公共文化设施建设。严格按照既定规划，加快推进公共文化设施建设。要在广场、绿地公园、城市综合体等建设中因地制宜地规划设置文化体育设施，引入文化体育元素。积极探索引导社会资本兴办文化体育事业、管理经营文化体育事业的新路子。

（六）切实加强文化设施管理利用。要按照“以人为本，方便利用”的原则，有机整合文化馆（站）、图书馆等文化设施内部的功能，切实提高使用效率。加强大型露天广场的管理使用，组织好各项活动。积极整合机关、学校、企业内的文体设施，采取多种方式对社会公众开放，形成“全民共建共享”的良好文化氛围。针对老年、少儿和残疾人等不同群体的需求，合理设置满足多样化需求的项目，使不同群体都能参与到公共文化活动中来。

三、切实加强文化人才队伍建设

（七）建立优化文化人才队伍体系。尊重文化人才成长规律，制定文化人才培养计划。努力挖掘本土人才，通过推介展示、培训交流等形式，不断促进本土文化工作队伍的成长壮大。创新人才引进机制，以多种形式引导优秀专业人才前来工作。通过各种模式，将区内各类文化特长人才推荐、输送到更高平台学习与交流。力争通过3年努力，建立起一支包括演艺、歌唱、创作、书画、图书、文博等方面的专业文化人才队伍；一支素质好、善管理、懂业务、热爱文化事业的文化管理人才队伍；一支有经营头脑，有组织才能的文化产业经营人才队伍；一支群众性业余文艺活动骨干人才队伍。

（八）切实加强基层文化工作骨干队伍建设。配齐配强基层队伍，各镇（街道）文体服务站配备1名文艺创作骨干、2名文体干事、1名文化市场专管员、1名文化遗产专管员、3名图书管理员。加强区、镇（街道）、村（社区）三级文化工作者培训，每年制定培训计划，对文体骨干实施岗位培训和继续教育；通过轮岗、上派下挂等多种形式，不断提高文体工作者的思想道德素质、科学文化素质和专业技术水平。加快年轻干部的培养，健全人才选拔任用机制，选拔一批思想素质好、业务能力强的年轻人才充实队伍。

（九）不断培育和繁荣发展各类文化社团。大力培养和发展文化社团和民间文化队伍，建立民间文艺团体活动联系指导制度，对成绩突出的社团，给予经常性指导和必要的培训、奖励，并提供更多比赛和交流机会。建立镇（街道）、村（社区）文化辅导员制度，充分发挥专业文艺团体退休人员、民间艺人和文化爱好者的作用，并从中选聘一部分热心公益、社会影响力大的人士担任辅导员，协助好基层文体中心组织开展各类社区文体活动，形成以专职人员为主、社会文艺骨干为辅的文化队伍架构。2012年，力争各镇（街道）每万人拥有在册的群众文化辅导员12名。

四、努力提供丰富多彩的公共文化产品

（十）加快实现公共文化服务均等化。积极推动公共文化服务向社区和农村延伸，深入推进“文化下乡”、“百场电影进农村”、“农家书屋”等活动，实行各类博物馆、纪念馆、爱国主义教育基地等免费或优惠向社会开放制度。积极搭建各类公益性文化活动平台，广泛开展“幸福锡山大家唱”、社区睦邻文化节等群众文化活动。积极引导、鼓励社会力量以兴办实体、赞助或冠名承办活动、免费提供设施等多种形式参与公共文化产品生产和服务。充分利用现代科技推动先进文化的传播，到2012年，实现全区文化信息资源共享工程“镇镇通，村村联”，建立起分布合理、功能完善、设施先进、人人享有的社会文化服务体系。

（十一）充分发挥品牌文化活动优势。以

“阿炳艺术节”为品牌，组织开展以新锡山精神为主题的重大群众性文化活动。每年举办“走进新锡山”广场文艺演出40场以上；每两年举办一届阿炳文化艺术节、校园文化艺术节；积极举办太湖翠竹茶叶节、鹅湖民俗文化节、红豆七夕相思节等民俗节庆活动。以锡剧、吴歌、灯会、舞龙等民俗民间特色文化活动为主要内容，巩固发展好现有农历庙会节庆活动，培育一批具有地方特色的群众文化品牌。加强区域特色文化团队、特色文化培训基地和特色文化家庭建设。2012年，实现每镇（街道）建有1个文化特色项目，1所特色艺术学校或1个特色文化培训基地，每村（社区）有3支特色文化团队、5户以上特色文化家庭。

（十二）大力坚持文化市场繁荣与管理并重。加强文化市场的管理，规范文化市场秩序，坚决制止传播色情、暴力、愚昧迷信等内容的违法活动。从完善市场准入制度、健全市场监管体制、提高政府服务能力、加强行业协会自律等四个方面入手，加快推进文化市场体系建设。加强文化市场机构和稽查队伍建设，强化专业力量配备，不断提高执法队伍的执法水平和业务能力。积极引导企业、社会团体和其他社会力量及公民个人，投资兴办各类以开展公益性文化艺术服务为主要内容的社会组织。

五、切实做好文化遗产保护利用

（十三）合理制定文化遗产保护规划。围绕打造文化名区的目标，切实加强历史文化遗产的保护。结合新城、新市镇开发建设，科学制订“十二五”区域文化遗产保护发展规划，完成辖区内各级文保和控保单位的规划保护方案。加强文物保护法律法规的宣传力度，增强群众和社会的文物保护意识，积极宣传保护文化遗产的先进典型，形成全社会共同保护文化遗产的良好氛围。在每年中国文化遗产日及文物保护宣传周期间开展多种形式的活动。

（十四）切实加强文化遗产保护。全面开展文物保护单位保护状况调查和评估，建立动态信息数据库，建立定点定人联系负责制。加快推进荡口、严家桥、黄土塘、甘露等古镇（古村）的保护、修复及对上申报工作，力争荡口古镇早日申报成为国家级历史文化名镇。做好各级各类文保单位的申报、评估工作。推进名人故居及古民居等的保护修复工作，鼓励引导社会力量参与文保单位的修复保护和开发利用。

（十五）积极开展非物质文化遗产和工业遗产保护。坚持“保护为主、抢救第一、合理利用、传承发展”的方针，加强非物质文化遗产和工业遗产保护工作，重点保护锡剧、吴歌和乡镇企业发展的历史遗存。2010年建成开放中国乡镇企业博物馆、无锡吴歌馆。全面开展非物质文化遗产资源和乡镇企业历史遗存的普查工作，积极申报国家和省市级非物质文化遗产名录。通过命名、授予称号、表彰奖励、资助扶持等方式，鼓励非物质文化遗产代表作传承人、传承单位进行传习活动，建立科学有效的传承机制。加强对非物质文化遗产的研究、保存和传播，通过各级文化馆（站）、图书馆、博物馆等公共文化机构，传播和展示非物质文化遗产。

六、切实保障公共文化事业繁荣发展

（十六）切实强化组织保障。全区各级、各部门要切实将推进公共文化事业发展繁荣摆上重要位置，牢固树立抓文化就是抓发展、抓文化就是抓民生的理念。区文体局要加强对基层文化设施建设的统筹规划和协调指导。各相关职能部门要各司其职，大力支持文化事业发展。工青妇等群团组织要发挥自身优势，开展各具特色、丰富多彩的群众文化活动，形成推动文化发展的合力。要建立文化建设工作责任制，把文化事业软硬件建设作为评价地区发展水平、衡量群众幸福指数和领导干部考核的重要内容，纳入党委、政府目标考核体系之中。

（十七）切实加大投入保障力度。进一步加大公共财政对公共文化事业的投入力度，重点加强对农村基层文化建设、重大公共文化服务工程、重要社会公益文化活动、重要文物考古发掘等的保障力度。严格执行公共文化活动项目的立项、申报、评估以及公开招标和政府采购制度，优化投入结构，提高财政资金投入效率。采用多种方式，积极鼓励和引导社会资本参与全区文化设施建设。

（十八）努力营造良好氛围。通过各种媒体，广泛宣传公共文化设施建设的重要意义，构建全社会齐抓共管、共同参与的文化工作新格局，鼓励和动员全社会力量参与文化建设，形成人人支持文化建设、人人参与文化建设的强大合力。要把基层文化建设与创建文明城区、文明单位和幸福社区、幸福家庭等活动结合起来，精心组织各具特色的文化活动，活跃基层文化生活，共同推进先进文化建设。

中共锡山区委　锡山区人民政府
关于开展农村双置换工作的实施意见（试行）

锡发〔2010〕29号

（2010年8月12日）

农村“双置换”是指引导和鼓励农民在自愿的基础上，以农村住宅置换城镇安居房，同时以土地承包经营权置换城镇社会保障的行为。实施农村“双置换”工作是深化改革、破除二元结构、促进城乡统筹发展、优化发展的重大举措，有利于提高土地节约集约利用水平，逐步建立城乡一体的社会保障制度，不断改善农民生产、生活条件和发展环境。根据市政府《关于组织实施农村住宅置换安置房农村土地承包经营权置换城镇社会保障工作的指导意见》（锡政发〔2009〕180号）、《市区农村土地承包经营权置换城镇社会保障工作的实施意见》（锡政发〔2009〕181号）、《市区农村住宅置换安置房实施意见》（锡政发〔2009〕83号）精神，结合锡山实际，现就开展农村“双置换”工作提出如下实施意见。

一、指导思想

坚持以邓小平理论和“三个代表”重要思想为指导，深入贯彻落实科学发展观，紧紧围绕繁荣农村经济、富裕农民生活、发展现代农业这个中心任务，把农村新型社区构建、新市镇发展和产业提升更好地结合起来，以推进土地承包经营权置换城镇社会保障、农村住宅置换城镇安居房为抓手，不断深化农村改革，优化农村土地资源配置，促进经济社会集聚集约发展，加快形成城乡一体化发展新格局。

二、基本原则

农村“双置换”工作必须遵循以下原则：

（一）坚持统筹规划、有序推进的原则。按照城乡一体化发展和推进农村“三个集中”的总体要求，紧密结合城乡建设和产业发展规划，科学确定“双置换”工作的实施方案和范围，明确村庄保留、撤并和搬迁计划，并统筹安排置换人员安置区域。“双置换”工作必须服从城乡发展需求和方案计划的安排，同时要切实考虑推进实施范围内农民的切身利益，把农民的权益维护好、实现好、发展好。

（二）坚持依法办事、规范操作的原则。在有关法律法规和政策允许的范围内，根据新的形势和任务要求，大胆探索各种行之有效的实施途径和操作办法，在保持现有政策连续性的同时，强化政策的引导性。公开办事程序，规范实施行为，确保补偿安置公开透明。坚持政府引导、规范运作、农民参与的运作方式，创新完善工作机制，把各方面的利益协调好。

（三）坚持捆绑推进、联动实施的原则。“双置换”工作中两个“置换”必须捆绑进行，同步制定实施方案，根据发展建设对土地的实际使用要求和计划安排，只有愿意拆除并置换农村住宅的农户才能申请用土地承包经营权置换城镇社会保障。对实施“双置换”的农户，要加快纳入城镇居民管理，落实其城镇居民待遇和各项政治民主权利。

三、范围和对象

农村“双置换”工作的具体范围根据城乡建设和产业发展需求，在土地利用总体规划建设用地预留区和非规划建设区等区域内确定。根据确定的农村“双置换”推进区域和实施方案，符合条件的农户可提出“双置换”申请，经审核批准后方可组织实施。

四、农村住宅换取城镇安居房

（一）补偿安置。农户根据城乡发展和新农村建设规划需要，经审核批准以农村住宅置换城镇安置房的，应按现行的拆迁政策给予相应的补偿安置。具体补偿安置标准参照锡府发〔2009〕73号文件执行。

（二）农村住宅置换后，农户原宅基地使用权自动终止，并由区土地管理部门注销土地登记和土地证书，拆除原住宅。

（三）土地整理和挂钩指标使用。开发区、商务区、镇（街道）以及区政府指定的相关单位负责农村宅基地复垦整理。农村宅基地整理后产生的城乡建设用地增减挂钩指标，在满足安置房及相关配套设施建设用地的基础上有所剩余的，可在本镇（街道）范围内异地挂钩、有偿转让，实行商业开发，实现土地开发效益的最大化。挂钩指标镇（街道）内使用有余的，可以跨镇（街道）有偿调剂到异地使用。使用挂钩指标必须符合城乡建设用地增减挂钩规划确定的拆旧区和建新区布局。

五、土地承包经营权换取城镇社会保障

（一）在服从政府"双置换"工作推进规划和实施步骤的前提下，对"双置换"实施计划范围内退出农村住宅，同时自愿将承包土地交回集体经济组织的农户，经审核符合土地承包经营权置换城镇社会保障条件的，可由所在镇（街道）政府（办事处）落实城镇社会保障。

（二）以村集体经济组织或村民代表大会讨论确定"双置换"方案之日为基准日，符合置换条件的农户可以户为单位向村集体经济组织交回集体承包土地，与镇政府（街道办事处）签订《锡山区农村土地承包经营权置换城镇社会保障承诺书》，并提出要求落实社会保障的申请。

（三）农村土地承包经营权置换城镇社会保障对象身份的界定，参照《无锡市锡山区人民政府关于无锡市征用土地补偿和被征地农民基本生活保障暂行办法的实施细则》（锡府发〔2004〕128号）文件的相关规定办理。已按照区政府相关政策办理了征地安置手续，享受相应保障待遇的人员，不再列入土地承包经营权置换城镇社会保障对象。

（四）农村土地承包经营权置换城镇社会保障的费用，参照锡政办发〔2008〕370号以及锡山区征地补偿和被征地农民基本生活保障政策规定的相关筹资标准确定，缴纳方式根据市相关规定办理。

六、"双置换"农民的管理

（一）规范户籍管理。农村居民进行"双置换"并已落实其住房和保障安置的对象，户籍关系迁入城镇社区管理，在子女教育、职业培训、就业服务等方面享有与城镇居民同等权利。对被置换人员要加快相关政策待遇转接，促进其"市民化"转变。

（二）落实民主政治权利。农村居民进行"双置换"其户籍迁入城镇社区后，被置换人员选举权、被选举权、征兵服役等各项民主政治权利，落实到城镇社区。

（三）集体经济组织分配。农村居民进行"双置换"后，仍享有村集体经济股份合作社量化到个人的股权和分配的红利。

七、强化组织领导

（一）强化责任落实，形成工作合力。农村"双置换"工作牵涉面广、政策性强，全区各级、各部门要明确分工、落实责任、通力协作，加快工作推进。区成立农村"双置换"工作领导小组，负责对这项工作进行统筹协调、政策研究和督促检查等工作。领导小组下设社会保障组、土地置换组和综合协调组等三个工作小组，社会保障组由区人保局牵头，区委农办、区财政局、锡山国土分局和开发区国土办为成员单位；土地置换组由锡山国土分局和开发区国土办牵头，区建设局、区农林局、区住保房管局，锡山规划分局和锡东新城规划办为成员单位；综合协调组由区委农办牵头，区发展和改革局、区人保局、区财政局、区民政局、区建设局、区农林局、区住保房管局、区政府法制办，锡山公安分局、锡山国土分局、开发区国土办、锡山规划分局和锡东新城规划办为成员单位，具体负责农村"双置换"工作的人员社会保障落实、规划制定审查、用地计划分配和综合情况报告等，搞好科学分工、明确职责安排。区级其他部门要积极配合，协同推进"双置换"工作。开发区、商务区、各相关镇（街道）也应建立相应的领导机构和工作班子，保障"双置换"工作顺利推进。

（二）建立整体方案，确保工作实效。在工作推进过程中，必须统筹规划、建设和管理，合理设计、安排"双置换"工作的成本及资金投入和发展预期，统筹各方面的承受能力，科学安排，积极稳妥，突出重点，兼顾平衡。坚持从各地的现实状况和基础条件出发，合理选择试点，在摸清"人员、资金、土地"三本大账的基础上，明确时序进度，制定切实可行的实施方案，确保稳妥有序推进。要加强"双置换"费用的动态测算工作，掌握"双置换"成本的变动情况，建立土地收益补偿机制，通过不断提高土地尤其是经营性用地收益部分的投入比重，逐步提高土地承包经营权置换城镇社会保障的资金筹措和保障能力。

（三）把握实施要求，加快工作推进。原则上土地置换和住宅置换要同步规划、联动实施。

规划为非农建设用地区域的，以项目建设为依托，实行土地置换和住宅置换同步实施、同步推进。在各项城市建设工程中，农村住宅已拆除，实行集中居住，但还具有土地承包经营权的农民，根据发展规划和用地要求，经审核批准以土地承包经营权置换城镇社会保障的，可享受“双置换”有关社保基金缴费优惠政策。

（四）搞好资金筹措，强化核算管理。区、镇建立农村“双置换”工作的操作平台，具体负责安置房建设、土地流转和农民保障等运作。建立“双置换”分级筹资机制，由开发区、商务区，各镇（街道）自行组织实施的“双置换”项目，其资金由开发区、商务区，各镇（街道）自行筹措解决。由区级投资并组织实施的“双置换”项目，资金原则上由区财政负责筹措解决，其中，区级“双置换”项目涉及开发区、商务区范围的，其项目资金分别由开发区、商务区负责筹措解决。对各地纳入保障安置、就业安置的人员，开发区、商务区，各镇（街道）要按时足额将“双置换”保障安置费和就业安置费划入区级财政专户。各级要积极搭建融资平台，并通过吸引工商资本参与等方式，建立多元化筹资渠道。加强农村“双置换”资金使用管理，设立专户，工作中发生的融资、项目开发建设、政策补贴等各类经营活动和各项收支均在专户中统一核算反映；对各种渠道筹集的建设资金实行专款专用、封闭运作、自求平衡。

（五）规范操作程序，理顺资产关系。农村“双置换”工作由村集体经济组织、村民委员会或村民小组等发包方通过民主形式提出农村土地承包经营权置换城镇社会保障和农村住房置换安置房整体方案，经镇（街道）政府（办事处）初审，报区农村“双置换”工作领导小组相关成员单位审核并报市相关部门备案，根据市相关规定办理；其中，由区级投资并组织实施的“双置换”项目，方案经镇（街道）政府（办事处）初审，区农村“双置换”工作领导小组相关成员单位审核后，须报区政府批准再上报市相关部门备案。农户置换出来的承包土地按照“谁出资谁受益”的原则，交由镇集体经济组织统一管理。各镇（街道）设立农业发展公司，作为承接农村置换承包经营土地的主要平台，搞好规划，加快发展现代农业。对其他农业企业或项目使用被置换农用地的，由镇集体经济组织与其签订协议，明确土地使用管理责权关系；其中，对农民社会保障等置换成本由区级国有农业公司承担的农村“双置换”项目，可在投资方与镇集体经济组织签订协议，明确责权关系的前提下，由区级国有农业公司行使对置换承包土地的经营、管理、收益等相关权益，用地性质不变。农村“双置换”工作涉及村民小组资产处理的，资产处置方案经所在村村民（代表）会议决议通过，并报镇（街道）集体资产管理委员会批准后实施。

（六）严肃工作纪律，造浓工作氛围。农村“双置换”工作涉及广大农村居民的切身利益，必须严格按照规范的程序和既定的方案，公开、公平、公正地实施，严肃纪律、加强监督，防止个人独断、假公济私，确保改革不留后遗症。要通过各种途径加强舆论引导，广泛宣传农村“双置换”工作对集约节约用地、改善农民生产生活条件的重要意义，特别是要利用成功典型组织贴近生活、贴近实际、贴近群众的主题宣传，让农民直观地感受到工作的成果，帮助农民克服居住习惯和生活方式等问题上的思维定势和传统认知，提高其参与住宅、土地承包经营权置换的积极性和主动性。

八、本意见由区“双置换”领导小组办公室负责解释。

无锡市锡山区人民政府关于印发创建义务教育高位均衡发展示范区实施方案的通知

锡府发〔2010〕35号

开发区、商务区管委会，台创园管委会，各镇人民政府（街道办事处），区各办局，区各直属单位，驻区各条线单位：

《创建义务教育高位均衡发展示范区实施方案》已经区政府同意，现印发给你们，请认真贯彻执行。

二〇一〇年四月十四日

创建义务教育高位均衡发展示范区实施方案

为认真贯彻落实科学发展观，全面推进我区义务教育高位均衡发展，更好地满足人民群众接受更加公平和更高质量教育的新期待，努力办好人民满意的教育，确保在全市率先创建成义务教育高位均衡发展示范区，根据《中华人民共和国教育法》、《中华人民共和国义务教育法》和教育部、省教育厅的相关要求，以及市政府《关于加快推进义务教育高位均衡发展的意见》（锡政发〔2010〕36号）文件精神，结合我区实际情况，特制定本实施方案：

一、指导思想

以党的十七大精神为指导，深入贯彻实践科学发展观，紧紧围绕教育“科学发展、人民满意”的总目标，坚持党和国家的教育方针，落实各级政府民生责任，积极践行教育公平，扎实推进全区义务教育高位均衡发展，不断提高人民群众对教育的幸福感和满意度，为我区率先实现现代化，建设“幸福锡山”作出积极贡献。

二、总体目标

坚持统筹规划、整体设计、快步实施的发展思路，确保到2012年，基本实现全区义务教育学校，特别是公办学校在办学条件、师资队伍、管理水平、教育质量等方面的优质均衡，着力办好、办强每一所学校，让每个学生共享教育改革与发展的成果，在全市率先创建成义务教育高位均衡发展示范区。

三、工作原则

（一）政府主导、社会参与。按照《中华人民共和国义务教育法》的规定，认真履行各级政府发展义务教育的主导责任，强化部门职责分解和联动，吸引和鼓励社会力量参与，凝聚全区各方合力，确保按期完成各项目标任务。

（二）整体设计、科学推进。将创建工作纳入社会主义新农村建设、“幸福锡山”建设等中心工作，与优化教育布局结构、改造提升相对薄弱学校、校舍抗震加固、深入实施素质教育、教师队伍建设、经费保障等教育重点工作有机结合，着力促进教育科学发展，进一步提升区域教育现代化水平。

（三）务实高效、人民满意。坚持贴近实际，贴近群众，找准薄弱，解决矛盾，以求实效、创新高效的务实行动和有力举措，让人民群众享受到教育改革与发展的实惠。

四、主要措施

（一）加大投入，加快建设，全力推进办学条件的高位均衡。坚持以优化布局为抓手，按照《中华人民共和国义务教育法》的规定均衡配置义务教育资源，着力推进办学条件高位均衡，确保2010年义务教育学校教育装备条件全部达省Ⅱ类标准，2012年全区100%的义务教育学校（含村小）创建成为义务教育现代化学校。

1．优化义务教育学校布局。根据辖区内人口特别是外来人口增长的新情况，进一步优化义务教育学校布局，及时撤并无法通过改造而达标的学校。凡改扩建或易地新建的学校，必须严格执行国家和省中小学办学条件、校舍安全等标准。按照就近入学、兼顾学位许可的原则，科学调整施教区，探索构建跨镇（街道）范围的就近入学体系。积极推进规模村（社区）小学独立建制。

2．加快改造相对薄弱学校。对照《江苏省基本办学条件标准》，要将未达标的义务教育学校全部列入相对薄弱学校或学校薄弱项目改造计划，分期分批进行建设和改造。对已纳入市2010年相对薄弱学校改造提升计划的义务教育学校，须按申报的项目内容精心组织实施，确保如期完成任务。

3．大力推进教育装备现代化。全面完善全区中小学实验室、图书馆、地理和劳动与技术课程实践室以及音乐、美术、体育等装备设施。进一步推进信息化基础设施建设，2010年，全区义务教育学校全部建成校园网并通过宽带接入互联网，初中和小学生机比分别达到6：1和8：1，师机比达1：1，80%以上的教室配备电脑和大屏幕输出设备，实现“班班通”。民工子弟学校要进一步加大投入，确保2010年教育装备全面达省Ⅲ类标准，其中，音乐、美术、体育器材等教育装备达省Ⅱ类标准。

（二）加快培养，推动交流，全力推进教师配置的高位均衡。牢固树立人才兴教、人才强教的理念，坚持校本培养和轮岗交流相结合，切实加强教师队伍建设，为义务教育高位均衡发展提供人力资源保障。

1. 深化教师队伍人事制度改革。要按照优质化、信息化和现代化的要求，兼顾年龄梯队、专业结构等因素，科学核定义务教育学校教师编制，努力为每一所学校配齐配强专任教师，促进全区小学（含村小）、初中学校之间专任教师学历达标率、中高级职称教师比例及骨干教师比例大致相当。严格实施教师考录制度，凡新进教师全面实行高一级学历要求；完善优胜劣汰机制。规范实施岗位管理、岗位聘用和职务聘任制度，加快完善体现绩效要求的教师考核评价体系，探索实施超岗位单位中、高级教师合理流动。

2. 加强师德师风建设和教师提高培训。坚持育人者先育德，强化师德教育，弘扬教书育人的良好风尚，对在职教师从事有偿家教、体罚和变相体罚学生等严重违背师德规范的行为实行绩效考核“一票否决”。加快完善校本培训和区本研修相结合、个人进修和选送外培相结合的专业化、终身化现代教师教育体系，专任教师继续教育率达100%，凡经进修取得研究生学位的，给予一定补贴。教师教育经费纳入本级财政预算，按教师工资总额的1.5%安排。

3. 大力实施教师轮岗交流制度。按照镇（街道）范围内初中互动、相对就近学校结对相结合的思路，从2010年起，全区义务教育学校每年按不低于专任教师总数15%和不低于骨干教师总数15%的要求，探索实施教师轮岗交流工作，确保每一所学校拥有区级以上骨干教师占教师总数的比例不低于10%。对到薄弱学校任教表现优秀、绩效突出的教师，在业务进修、考核评优、职称评定和职务晋升等方面给予优先考虑。

（三）依法治教，强化规范，全力推进管理水平的高位均衡。积极倡导和大力践行教育家办学的理念，切实强化校长的法人地位，尊重校长的办学自主权，推进学校依法管理、规范管理、科学管理，整体提升义务教育学校的管理水平。

1. 深化干部选任制度改革。不断完善校长任命任期制，积极推行公推竞岗、“两推一决”、校内直选和授权聘用等校长选任机制，为每一所学校配优配强校长。统筹全区教育管理资源，健全学校中层干部竞岗、聘用制度，大力推行校际间校级领导、中层干部轮岗交流和校内部门负责人换岗交流制度，不断拓展校长和中层干部的管理视野，整体提高领导教育改革与发展的能力和水平。对从城镇到农村、从条件较好学校到相对薄弱学校任职且成绩显著的校长和中层干部，在职务晋升、培训深造、职称评定、评先评优等方面予以优先考虑。

2. 加强校长队伍建设。坚持校长专业化发展方向，健全校长职前培养、职中培训和提高研修制度，不断增强校长执行教育方针和法律法规的意识，自觉规范办学行为，提高校长把握教改动态、实施素质教育、带好管好队伍的能力和水平。紧紧抓住绩效工资改革的契机，加快完善校长绩效考核和办学水平评估办法，引导校长确立全面的质量观、人才观和服务观，改进和优化教育教学管理，不断提高领导学校科学发展的能力。推行校长问责制，对管理实绩突出、群众公认的优秀校长予以表彰奖励，对严重失职的校长按规定予以问责。

3. 推进现代学校制度建设。推动政府和教育行政部门转变职能，建立新型政校关系，着力构建以学校文化凝聚师生、以特色建设提升品位、以教育国际化拓展视野的现代学校运行机制。深入贯彻《江苏省中小学管理规范》，认真研究和系统修订学校各项管理制度，推动学校依法管理、规范管理、科学管理。全面落实义务教育绩效工资政策，严格执行绩效工资财务管理纪律规定，充分发挥绩效考核对促进学校、教师和学生发展的积极作用。进一步加强教代会和理事会建设，丰富拓展教代会民主管理监督和理事会议事监督职能，推动形成“自主办学、自我约束、民主管理、社会监督”的现代学校管理制度。

（四）面向全体，立德树人，全力推进教育质量的高位均衡。树立全面科学的教育质量观，遵循教育规律和人的成长规律，深入推进全员德育和课程改革，整体提升素质教育实施水平。

1. 树立全面科学的教育质量观。要树立全面科学的质量观，着力构建以学生终身发展为基点，以全体学生为评价对象，以完成国家规定教育教学内容、达成国家规定培养目标为评价标准，以合格率、完成率和学生综合素质为主要指标的评价体系，坚决杜绝任何下达升学指标，分设重点校、重点班等违规行为，继续推行区域内优质热门高中招生名额100%分配到初中学校的政策，引导学校从升学竞争向办学水平、育人水平竞争转变。严控过度“择校”行为，从2010年起，各校“择校生”人数不得超过本校新生总数的25%并逐年递减。“择校”缴纳的相关费用实行区财政统筹，集中用于相对薄弱学校或薄弱项目的改造提升。

2．促进学生全面发展。认真贯彻党和国家教育方针，坚持育人为本、德育为先，深入推进“面向全体、全员参与、全程关注”的全员德育工作，切实加强学校、家庭和社区“三位一体”合力建设，不断提高学校德育工作的针对性和实效性。深化实施素质教育，严格执行课程计划，广泛开展体育、艺术、科技以及社会实践活动，促进学生综合素质的全面提升。强化“减负增效”，扎实开展“三品课堂”的实践与研究，努力提升每一所学校的教育教学质量。

3．推动学校特色发展。坚持特色办学、品质立校，充分挖掘和利用学校文化传统、社区资源和教师特长，以创建体育、艺术、科技、学科教育及学生社团等特色为抓手，全面推进学校特色建设，着力形成“一校一特色、一校多特色”的发展格局，重点指导和加快培植一批在省内外有一定影响力的特色学校，为促进中小学生特长发展、个性发展，培养具有社会责任感、创新精神和实践能力的高素质人才搭建发展平台，整体提升学校的办学品位和区域教育的影响力。

五、组织保障

（一）加强组织领导。全区各级、各部门要切实把义务教育高位均衡发展示范区创建工作摆上重要位置，建立健全党政一把手负总责的目标责任制。区发改、教育、人事、财政、建设、规划等部门要牢固树立大局意识，在区创建工作领导小组的领导下，认真履行职责，加强协调配合，细化工作措施，确保各项工作落实到位。

（二）加大教育投入。要将义务教育全额纳入财政保障范围，全面教育经费“三个增长”的法定要求，所需经费纳入财政预算，按时、足额拨付。坚持逐年提高区义务教育发展专项基金，不断加大义务教育“改薄”资金投入，支持全区义务教育重点项目建设和相对薄弱学校改造提升。要坚持财政专项主导和社会捐资补充相结合，加快改造提升辖区内义务教育学校的办学条件。

（三）实行目标管理。要将创建工作纳入目标管理，由区创建工作领导小组分年度下达目标任务书。强化督政督学，对创建工作及时进行科学指导和公正评估，评估结果作为镇（街道）政府年度考核的重要依据。对工作措施扎实、成绩突出、群众满意度高的镇（街道）和部门，给予表彰奖励；凡工作成效不明显、群众满意度低的，要追究相关领导责任。

（四）营造良好氛围。要充分发挥媒体作用，积极宣传义务教育高位均衡发展的重大意义和行动部署，广泛宣传义务教育法律法规和政策要求，宣传示范区创建工作的先进典型、成功经验，着力营造全社会参与、支持和监督义务教育高位均衡发展的强大合力和良好氛围。

无锡市锡山区人民政府关于
2010年农村村庄综合整治工程的实施意见

锡府发〔2010〕40号

（2010年4月26日）

开发区、商务区管委会，台创园管委会，各镇人民政府（街道办事处），区各办局，区各直属单位，驻区各条线单位：

为切实改善农村人居环境、有效提高人民生活水平，全面促进农村经济社会可持续发展，根据《中共锡山区委、锡山区人民政府关于开展水生态综合整治的实施意见》（锡发〔2009〕26号）、《无锡市锡山区人民政府关于印发锡山区农村村庄综合整治工程实施方案的通知》（锡府发〔2009〕39号）等相关文件精神，结合2009年工程实施情况，现就2010年全区农村村庄综合整治工程提出如下实施意见：

一、目标任务

按照“力争两年、确保三年”全面完成综合整治工程的工作要求，2010年将主要河道两侧各1000米范围内和水质监测断面周围2平方公里范围内的村庄，全面纳入农村生活污水处理范围。围绕生活污水处理的推进，加快实施村庄整治工程。年内完成村庄综合整治的村庄必须达到三年总目标任务的35%以上。

二、农村村庄生活污水处理

（一）处理方式。根据城镇建设规划、自然环境、农村经济条件和城镇污水管网布局情况，继续采用污水接管、污水外运、微动力处理等不同类型的污水处理方式。

（二）年度工作安排。2010年农村村庄生活污水处理工程共涉及自然村432个，其中，接管178个，外运25个，微动力处理229个。

三、村庄整治

（一）整治类型。在农村村庄生活污水处理推进的基础上，及时跟进开展村庄整治。根据村庄规划保留情况、现状基础和自然条件的不同，继续按照康居村、生态村和传统村三种类型分别整治。

（二）年度工作安排。2010年村庄整治工程共涉及自然村246个，其中，康居村2个，生态村13个，传统村233个。农村规划保留村庄必须在2010年底前完成整治。

（三）申报要求和程序。凡申报整治的村庄，要对照要求，实事求是地制定出村庄整治书面方案。康居村和生态村通过自愿申报、公开竞标、上网公示、择优选定的方式确定。各有关村根据全区村庄整治工作部署和时间安排，结合本村实际情况，自愿提出申请。村级申请经所在镇（街道）研究并签署初审意见后，由镇（街道）统一报至区村庄综合整治工作推进办公室（区建设局），经审核并报区委、区政府同意后实施整治工作。

四、资金筹措与拨付方式

（一）农村村庄生活污水处理，由区级统一免费提供污水管及附件、微动力处理设备、外运车辆设备，由各镇（街道）按照年度工作安排，提供用量计划，报区村庄综合整治工作推进办公室审核申领。

（二）农村村庄整治由区财政实行定额补助，传统村按照10万元标准，生态村按照40万元标准予以补助。以行政村为单位创建康居村，另行补助50万元。

区级补助资金按建成期、巩固期两个阶段拨付。建成期当年验收合格后拨付50%。一年巩固期内经不定期抽查验收合格再拨付50%，检查验收不合格的，巩固期再延长半年，经抽查合格后资金减半拨付，抽查不合格的不予拨付。

区建设局、区委农办、区监察局、区财政局等相关部门按照“工程完工一批、检查验收一批、资金拨付一批”的方式，根据每个自然村整治工程竣工验收报告，每两个月向区政府集中申请办理一次建成期的补助拨款手续。

（三）开发区（云林街道、厚桥街道）、商务区（安镇街道）的村庄生活污水处理和村庄整治资金自行安排。

五、工程项目管理和验收

（一）开发区、商务区，各镇（街道）应按照属地原则，对政府投资的村庄整治项目，特别是生活污水处理项目，进行项目上报审批立项。

（二）各镇（街道）应聘请有资质的专业设计单位在现场踏勘的基础上进行污水处理项目方案设计，供区村庄综合整治工作推进办公室审核通过后实施。

（三）区级提供的管材、附件、设备和服务应采用招投标的方式进行，其中，污水处理的管材、微动力设备委托政府采购中心采购。各镇（街道）凭整治台账手册领用单据和管网设计图纸，经区建设局审批后领取管材和附件，未经审批不得从供应商处领用材料。

（四）区建设局、区委农办、区监察局、区财政局、区环保局、区审计局等相关部门要积极对项目实施全过程进行相应的指导，各镇（街道）要落实专人对工程建设全过程进行监督。

（五）施工单位必须严格按照设计方案和图纸施工，确保施工安全和工程质量。

（六）工程完工后，经镇（街道）初审合格后，报区村庄综合整治工作推进办公室申请竣工验收。

1．申请验收审计材料：招投标文件、施工合同、招标备案资料一套、管材领用单据、施工单位领用单、隐蔽资料验收单、竣工图纸、竣工验收资料、工程结算资料（包含材料费、人工费等）等。涉及采用微动力设备处理村庄需另附以下审计资料：小吨位设备（1T/D，2T/D）管网设计图和管材领用单、土建工程估价单、土建工程结算资料。

2．验收准备：各镇（街道）同所在行政村负责准备村庄整治检查现场和检查路线，在一般情况下，微动力设备应预留进出水样取水检查口。

3．原则上各镇（街道）上报审计材料后，向区村庄综合整治工作推进办公室申请验收。各镇

（街道）负责将审计资料汇总上报，先由区村庄综合整治工作推进办公室审核后，报送区审计局基建审计科审计。

4．微动力设备水质监测原则上和生活污水处理及村庄综合整治验收一并进行，各镇（街道）负责向环保部门提供相关村庄的微动力设备验收表。

5．区审计局对工程审计合格后，由区村庄综合整治工作推进办公室根据通过验收的整治村庄名单，分批向区政府申请定额补助资金。

六、时序进度

原则上，村庄综合整治工作应在2010年12月15日前基本完成。具体时间安排如下：

（一）2010年3月：设计单位现场踏勘，完成施工图纸的设计；

（二）2010年4月：编制工程预算，完成工程招投标工作；

（三）2010年5月至9月：完成工程施工建设；

（四）2010年10月至12月：全面实施综合考评验收。

七、保障措施

全区各级各部门要统一思想，统一行动，真抓实干，有序推进，确保村庄综合整治工作落到实处。

一是强化责任落实。各级、各部门要建立健全农村环境整治和村庄污水处理的组织领导体系，对这项工作进行统一领导、统筹协调和督促检查。区推进办公室各责任部门要对照分工职责，落实工作任务，具体为：区建设局牵头负责工作协调、技术指导、进度汇总和信息上报；区委农办负责协助做好整治规划设计和督促推进；区监察局负责工作推进、材料领用以及招投标过程中的纪律监察；锡山规划分局、锡东新城规划办负责指导村庄整治规划设计工作；区环保局负责对进出水水质的监测，确保达标排放；区城管局负责村庄污水外运的接收管理；区审计局负责对工程决算资料进行审计；区财政局负责资金及时拨付；区政府采购中心负责管材、微动力设备采购；电力、电信、广电、自来水等部门和单位要根据村庄整治的实际情况，制定政策意见，减免规费或降低收费标准；各镇（街道）要明确责任部门和工作人员，牵头做好整治规划、招标投标、工程监管、初步验收、资金物资使用监督等工作，及时按照要求上报推进进度和工作信息。各行政村是农村生活污水治理的实施单位，要切实承担起主要责任，积极做好地块落实及周边群众工作，涉及微动力处理的村庄要及时协调用电问题，做好一手资料收集和归档工作，确保村庄综合整治工作有序推进。

二是强化工作推进。各地区要根据实际情况，深化实施方案和工作细则，认真排查工作的重点和难点，结合自身的区位条件、发展水平、资源禀赋、历史文化等实际情况，研究落实切实可行的整治方案和工作措施。要根据整治项目具体的工作目标和时序要求，倒排计划，明确职责，将工作任务层层分解，确保每个阶段、每个环节不脱节、不落后，实现任务达标。要进一步推行月度上报制、季度例会制、质量督察制、项目补贴制等行之有效的工作制度，做到工作进度及时上报、难点问题及时解决、质量监督有效跟进、基层动力有效激发，进一步凸显村庄综合整治成效。

三是强化项目管理。按照工程项目化管理的要求，建立工程建设和工程监理保证金制度，切实加强“质量、安全、工期、造价、文明”等五个方面的工程管理。做好项目立项、方案设计等前期工作；完善质量控制体系，严格执行质量监理、质量终身追究制度；完善投资控制体系，严格执行工程招投标制度；完善施工方案，建立健全进度汇总通报制度；加强施工现场管理，强化安全防护制度。

四是强化长效管理。坚持政府管理与引导相结合，探索村民自主管理的途径，组织引导农村干部群众参与公共设施运营维护与管理，逐步完善和推广村民理事会制度。积极探索市场化运作机制，推进公共服务设施管理规范化、长效化。坚持把集中整治与日常管理结合起来，加强村级保洁员队伍建设，整合河道、道路、村庄保洁的人力、财力等资源，规范配备专职保洁人员，明确保洁员区域包干等岗位职责，建立健全环境卫生保洁、绿化养护等一系列长效管理制度，加快实现村庄生态环境的长效治理。

（区委办　区政府办　区档案局）

（编辑：吴　霞）

索引

说明：（1）本索引采用主题分析法编制，也有部分选用关键词。（2）本索引设有条目索引、表格索引、随文图片索引三个分目。按标引词首字的汉语拼音音序排列，首字相同按第二字音序排列，依次类推。（3）标引词后的阿拉伯数字表示内容所在的页码，数字后面的a、b和C表示栏别，即a为左栏，b为中栏，c为右栏。如无明显分栏，索引主题词只标注页码。

条目索引

K

L

表格索引

随文图片索引

（编辑：孙剑光）

锡山区档案局

2010年，锡山区档案局（馆）继续围绕档案“六化”建设工作目标，自加压力，奋力推进档案史志工作的转型和提升，档案史志工作服务锡山经济社会赶超发展、转型发展、和谐发展的能力进一步提高。档案规范化建设工作进一步深化。全区新增4家省档案工作三星级标准单位，27个行政村、社区通过省档案工作二星级标准测评，18家单位通过省档案工作星级标准复查；企业退休人员档案、退伍军人档案等民生档案工作进一步规范。企业建档迈出新步伐。档案安全保管软、硬件环境同步提升。新一轮档案接收工作有序开展。档案信息化平台建设在馆藏档案数据扫描、存储和网络版数字档案室系统完善方面进一步加强。查阅制度、服务方式的改进促使档案窗口标准化程度进一步提升。档案征集工作继续向着多元化目标迈进。高质量完成全区革命遗址普查任务。

副区长张映雪（右二）调研档案工作

扎实推进企业建档。图为区档案局局长宋永敏（左一）陪同无锡汉神电气有限公司董事长何晓阳（左二）一行参观区档案局库房设施

党史工作获得市级先进集体荣誉，图为副局长倪勇（前排右一）领取荣誉奖牌

深入基层宣传档案法律法规和档案知识

荣誉证书
HONORARY CREDENTIAL
编号：鉴评综字365号
在第四届全国年鉴编纂出版质量评比中，《锡山年鉴》被评为综合二等。
特发此证，以资鼓励。
中国出版工作者协会
二〇一〇年一月

荣誉证书
HONORARY CREDENTIAL
编号：鉴评专字365号
在第四届全国年鉴编纂出版质量评比中，《锡山年鉴》被评为框架设计二等，条目编写二等，装帧设计二等
特发此证，以资鼓励。
中国出版工作者协会
二〇一〇年一月

"学习型、创新型、服务型"党组织
中共无锡市锡山区委员会
二〇一〇年三月

多方征集锡山特色档案。图为副局长周红亚（右）在锡北镇寨门村向严烈之子严淡心（左）颁发捐赠证书

2010年全区法定进馆单位档案接收进馆工作启动。图为区档案馆工作人员审查和登记进馆档案

建设全能型档案队伍。图为区档案局工作人员进行档案扫描技能比赛

（以上照片由区档案局提供）

锡山区水利局

近年来，锡山区委、区政府高度重视水利工作，实施了一批河道整治工程、洼地治理工程、防洪排涝工程、堤防达标工程、农田水利工程，全区防洪减灾能力显著提高，区域水环境质量明显改善，为促进全区经济与社会、资源与环境的协调发展提供了坚实的支撑和保障，有力地推动了“幸福锡山”的建设。2010年，锡山区水利局共完成水利建设总投资1.87亿元。完成总土石方380万立方米，占无锡市下达计划的245%；完成农村河道疏浚166条、150万立方米；修建防渗渠道30公里，新翻建水泥明排沟8公里，新建泵站10座，改造泵站20座；完成小沟以上建筑物200座，改造中低产田350公顷，新增有效灌溉面积300公顷，加高加固13公里、新翻建石驳岸10公里，全面完成无锡市下达的计划任务。

双泾河拓浚工程开工典礼

区长陆志坚（中）视察全区防汛工作

北兴塘水利枢纽

张周桥港

局长：魏 良
电话：0510-88258578
地址：锡山区云林街道团结大道3号
邮编：214101

双泾河拓浚工程施工现场

（以上照片由区水利局提供）

锡山区人口和计划生育局

人口计生委纪检组组长勾清明（中）一行到锡山区考察人口计生工作

2010年，锡山区人口和计划生育局紧紧围绕“稳定低生育水平、提高出生人口素质、统筹解决人口问题”的总目标，以“构建和谐计生，建设幸福锡山”为主线，以迎接省人口协调发展先进区验收评估为抓手，不断完善人口服务管理工作机制，切实加强队伍建设，努力提升优质服务水平，人口计生工作取得新成效。全区低生育水平持续稳定，人口自然增长率保持1‰左右，出生人口性别比维持在正常范围内；计划生育率达99.7%，免费优生检测服务率98%以上，出生缺陷发生率低于4‰；期内综合避孕率98%以上；计划生育/生殖健康/家庭保健服务率95%以上；流动人口服务管理率90%以上；群众满意率98%以上。区人口计生局先后获得“2007～2009年度江苏省精神文明建设先进单位”、“江苏省人口和计划生育综合改革创新奖”和区“2006～2010年社会治安综合治理先进单位”等荣誉称号。

为育龄夫妇提供避孕节育知情选择服务

局长：过文洁

电话：0510-88704354

地址：锡山区东亭中路8号

邮编：214101

创建省人口协调发展先进区区级自查座谈会

人口服务管理工作推进会

计划生育“爱心妈妈”志愿者活动

建立区级青春期健康教育基地

（以上照片由区人口和计划生育局提供）

锡山区城市管理局

2010年，锡山区城市管理局围绕“精细管理常态化，长效管理有效化，科学管理效益化”的目标，强化环境整治和创建力度，城市管理工作成效显著。推进实施以“村（社区）集中收集、镇（街道）集中清运、区集中转运、市集中处理”为主要内容的生活垃圾“四集中”体系建设。生活垃圾“村（社区）集中收集”完成率为97%，“镇（街道）集中清运”完成率为100%。东亭主城区垃圾机械化覆盖率达到100%，全区全年清运处理生活垃圾19.5万吨，同比增长14%，垃圾无害化处理率继续保持100%。规范广告审批程序，全年共审批城区门头店招254块，协同驻区执法大队集中拆除违法户外广告6000余平方米。全面实施好400万平方米的绿化管养任务，全年补植补栽各类乔木400余株、灌木30万余株，补种白三叶草坪500平方米。全年修复人行道板1300平方米，侧石1472米，修补人行盲道8663米，补划交通标线1.5万米，清淤窨井6700余座，更换路灯光源1053只，修补护栏2730余米、警示桩1670余根，维修红绿灯730余处，确保了城区道路公用设施的完好及正常运行。结合“迎世博、讲文明、树形象”、文明城市创建等市容环境整治活动要求，联合驻区执法大队开展各类大型专项整治，共排查建筑工地、工程车辆750余次，暂扣无证运输车辆175辆，全年累计拆除违法建设475处，面积8.75万平方米。联合交通、公安、交警部门组织开展夜间乱停车整治10次，查处违章车辆120余辆。

生活垃圾机械化收集

烈日酷暑下环卫工人清扫城区道路

浇水抗旱保苗

绿化工人在太湖大道冒高温除杂草

局长：朱晓军
电话：0510-88708728
地址：无锡市华夏南路9号
邮编：214101

抢修信号灯

开展法制宣传活动

东北塘街道拆违现场

（以上照片由区城市管理局提供）

锡山区总工会

2010年，锡山区总工会联合行政组织以促进职工素质提升、促进经济转型提升和促进职工整体利益实现明显提升为主要内容的“共同提升行动”，6.5万余名职工参加业务和文化知识的学习，2.37万名职工的技术等级和文化程度得到提升，完成3100余名班组长的培训任务。全区工会共组织技能操作比赛552场（次），共收到职工提的“金点子”5350个，被采纳2247个，预计创经济效益6200余万元。全区签订工资集体协议的企业有4248家、签订率98%。全区各级工会共筹措资金280万元，慰问困难职工2134人次。针对困难职工子女，开展“金秋助学”活动，共筹措资金76万元，救助887人次。有1.53万人参加职工住院医疗互助保障，区职工互助互济会审核救助患大病职工37人次，理赔金额14.72万元。全区各级工会配合行政组织为劳动者提供就业再就业信息2627条，介绍就业人数5322名。区总工会受理职工来电来访378人次，受理调解29起，办理劳动争议仲裁64起，接受法院委托调解19起。2010年，区总工会被江苏省总工会评为省工会读报用报先进单位。“共同提升行动”项目，被无锡市总工会评为创新成果一等奖。“搭建村级工会工作新平台”项目，获无锡市总工会突出贡献奖。

区领导欢送全国劳动模范周海江（右五）、全国先进工作者沈茂德（左五）赴京参加表彰大会

锡山区职工书屋授牌暨赠书仪式

加强村级工会建设

区总工会主席马其兴（右）春节慰问困难职工

主席：马其兴
电话：0510-88700078-1632
地址：锡山区锡州中路1号
邮编：214101

创先争优工作现场推进会

锡山区职工培训基地授牌暨“共同提升行动”启动仪式

（以上照片由区总工会提供）

鹅湖镇

富有古典气息的现代居住小区

生活绿岛

鹅湖镇享有“古镇、水镇、重镇”之美誉。历史文化底蕴深厚，人杰辈出，荡口古镇被评为“中国历史文化名镇”；生态环境优美，资源丰富，拥有水域面积13平方公里，水产养殖面积5平方公里，培育了国家级无公害水产品——“甘露”牌青鱼、中华鳖；交通区位条件改善，发展潜力巨大，2010年顺利实现“百亿鹅湖”目标。全镇经济社会呈现出主要经济指标增幅较大、高端合作成效较好、城镇建设推进较快、百姓取得实惠较多等快速健康发展态势。

2010年，鹅湖镇先后获得无锡市基层党组织、无锡市文明镇、无锡市绿色家园示范镇、无锡市现代化新农村建设争创示范镇村先进集体、无锡市平安建设先进集体、无锡市规划建设先进集体、无锡市和谐劳资镇等荣誉。

电话：0510-88741001
地址：锡山区鹅湖镇

20万平方米安置房拔地而起

鹅湖镇与中航技国际工贸有限公司进行项目合作签约

无锡恒发幕墙、无锡市寿德木业开工奠基现场

新型金属材料产业园（北京）高端合作发展恳谈会

“幸福锡山”2010优秀节目巡回展演

（以上照片由鹅湖镇提供）

锡北镇

东林故里——锡北镇，位于无锡市东北郊，北接江阴市，紧靠无锡锡东新城、锡山经济开发区和锡山主城区。全镇总面积70平方公里，总人口11万。锡沙线、锡东大道、北中路、团结大道、友谊路等交通要道在境内交汇，四级航道锡北运河（800吨级）纵贯镇区，距无锡市中心16公里，与锡东新城和无锡机场一路相连。依托锡北运河、锡东大道而建的无锡市轨道交通装备产业园，是无锡市和锡山区重点打造的特色产业园区，规划面积近6平方公里，各项基础配套全面到位，已完全具备承接重大项目的基础条件。境内总面积21.11平方公里的斗山生态保护区，是规划建设中的无锡后花园，盛产著名品牌绿茶——太湖翠竹。2010年，全镇紧紧围绕“三高联动”主战略，大力推进产业、城镇、生态等各项重点建设，全镇现代化步伐进一步加快，日益成为一块融生态、人文、现代产业和现代交通于一体的发展宝地。2010年，全镇完成地区生产总值40.6亿元，比上年增长18%；财政总收入4.65亿元、比上年增长26.9%，其中一般预算收入2.25亿元、比上年增长37.1%；全部国税开票销售收入121.3亿元、比上年增长50.8%，其中工业开票销售收入84.1亿元、比上年增长43.4%。

重大项目集中开工仪式

与北京交通大学专题对接会

园区新建厂区及道路景观

建设中的商业步行街

精品住宅小区——泾悦华庭

中心商业街泾声路

电话：0510-83791171
地址：锡山区锡北镇

春风颐养园一角

五芝源养生农庄

（以上照片由锡北镇提供）

【安镇街道查桥村】

查桥村地处安镇街道西部，毗邻春晖路、锡沪路等交通要道，紧靠建设中的京沪高铁无锡站、无锡地铁2号线，交通便利。全村总面积2.75平方公里，常住人口3800余人，暂住人口1万余人。

查桥村党总支按照社会主义新农村建设的要求，围绕“服务锡东新城建设”重点工作，坚持以全心全意为村民服务为宗旨、以发展经济建设为中心，村级经济持续增长，各项社会事业得到协调发展。

党总支书记：吴剑峰

电话：0510-88712411

地址：锡山区安镇街道查桥村

邮编：214104

区委书记朱爱勋（右二）在查桥村调研工作

江苏众星摩托车有限公司

无锡华能电缆有限公司

（以上照片由查桥村提供）

安镇街道胶山村

胶山村地处安镇街道北部，北与东港镇、锡北镇相邻，东邻南桥头村，南至团结村，锡东大道贯穿南北，交通十分便捷。

胶山村是在2007年5月行政区域调整时，由原胶山村、胶北村两个行政村合并而成，全村面积5.1平方公里，辖27个自然村，45个村民小组，共1389户，常住人口4164人，外来务工人员2660人。全村现有粮田面积365.8公顷，村内植被以人工植被为主，经农业结构调整后，种植水稻、西瓜、葡萄等作物。村内共有私营企业18家，2010年完成工业总产值3.6亿元，工业开票销售3.5亿元，实现利税3585万元。胶山村先后获得江苏省卫生村、无锡市文明村、市级优秀基层组织等荣誉。

区长陆志坚（前排左二）陪同市人大常委会主任周解清（前排左三）一行到鑫安苑润和里小区调研“双置换一转化”工作（《新锡山》 供）

胶山社区服务中心 （孙剑光 摄）

党总支书记：徐毅坚
电话：0510-88531098
地址：锡山区安镇街道胶山村
邮编：214105

环境怡人的社区居民安置小区　　（孙剑光　摄）

村委领导慰问生活困难群众
（胶山村　供）

鑫安苑润德里小区　　（孙剑光　摄）

锡北镇新明村

新明村地处锡北镇南端，南以胶山为界，北倚锡北运河，西连锡山经济开发区，安张公路在境内穿过，水陆交通十分便利。全村总面积6.08平方公里，耕地面积346.7公顷，其中粮田面积276.7公顷。全村总人口4780人。村内有工业企业28家，涉及电力电缆、纺织、摩配、锻造等多个制造加工行业。其中有无锡嘉亿锻造有限公司、无锡市正达油箱制造有限公司、无锡市景泰盛工贸有限公司等超千万规模企业3家。新明村在农业产业结构调整上起步早、力度大，形成了以茶叶、水产养殖、花卉苗木、果树、蔬菜等多个产业链，高效水产养殖园初具规模，产业结构调整总面积136.7公顷。胶山牌太湖翠竹、碧螺春茶叶声名远扬，旗峰“泉水蟹”鲜美可口，深受消费者欢迎，33.3公顷市属精细蔬菜园区设施先进、管理规范。村级经济的快速发展，促进了全村“三个文明”建设，社会主义新农村建设取得显著成效。村党总支被评为区“五好”基层党组织和“学习型、创新型、服务型”党组织，新明村先后获得国家级生态村、省卫生村、市社会主义新农村建设示范村、市绿色家园示范村等荣誉。

村委领导慰问困难群众

单更巷整治新貌

无锡市正达油箱制造有限公司

党总支书记：陆介正
电话：0510-83921688 83921996
地址：锡山区锡北镇新明村

无锡市景泰盛工贸有限公司

（以上照片由新明村提供）

荡口古镇位于锡山区鹅湖镇境内，西邻鸿山彭祖墩遗址和泰伯墓，南近丘承墩吴越贵族墓群，属吴文化源头区域。荡口古名丁村（丁舍），相传是东汉孝子丁兰故里。建镇于明朝中期，兴盛于清朝末年。荡口古镇文化底蕴深厚，历代名人辈出。至今仍保留着华氏老义庄、华蘅芳故居等3个（11处）省级文保单位，5个市级文保单位和40余处历史建筑。从这里走出了华蘅芳、钱穆、华君武、王莘、华秋苹等10余位名人志士，这些名人在故乡留下了大量的文化遗产和人文景观。早在2004年，荡口古镇就当选为江苏省历史文化名镇。“名人摇篮”、“孝义之邦”和“滨湖水镇”是荡口古镇的个性特征。

为了更好地保护荡口古镇的历史风貌，无锡市、区、镇三级正确把握保护与利用的辩证关系，加强古镇保护的组织领导，加大对古建筑修缮的经费投入，加大文保单位的保护力度，委托策划规划单位编制了保护规划，力求将荡口古镇原汁原味的历史风貌呈现于世人面前。

省、市、区领导视察荡口古镇

无锡市政协主席贡培兴（左一）视察荡口古镇

无锡县抗日民主政府驻地（蔡鸿生旧宅）

三公祠

古镇建设进度不断加快

荡口古镇被评为中国历史文化名镇

华蘅芳故居

（以上照片由鹅湖镇提供）